厦门大学东南亚研究中心系列丛书

档案资料系列之七

东南亚与华侨华人研究论文索引（2011—2015）

吴文智　编

厦门大学出版社 XIAMEN UNIVERSITY PRESS
国家一级出版社
全国百佳图书出版单位

图书在版编目(CIP)数据

东南亚与华侨华人研究论文索引.2011—2015/吴文智编.—厦门:厦门大学出版社，2018.1

(厦门大学东南亚研究中心系列丛书)

ISBN 978-7-5615-6860-6

Ⅰ.①东…　Ⅱ.①吴…　Ⅲ.①华侨-研究资料-东南亚-2011—2015-索引②华人-研究资料-东南亚-2011—2015-索引　Ⅳ.①Z89:D634.333

中国版本图书馆 CIP 数据核字(2018)第 021183 号

出 版 人	郑文礼
责任编辑	薛鹏志　章木良
美术编辑	张雨秋
技术编辑	朱　楷

出版发行　厦门大学出版社

社　　址	厦门市软件园二期望海路 39 号
邮政编码	361008
总 编 办	0592-2182177　0592-2181406(传真)
营销中心	0592-2184458　0592-2181365
网　　址	http://www.xmupress.com
邮　　箱	xmupress@126.com
印　　刷	厦门市万美兴印刷设计有限公司

开　本	787mm×1092mm　1/16
印　张	28
插　页	2
字　数	720 千字
印　数	1～1 200 册
版　次	2018 年 1 月第 1 版
印　次	2018 年 1 月第 1 次印刷
定　价	98.00 元

本书如有印装质量问题请直接寄承印厂调换

厦门大学出版社
微信二维码

厦门大学出版社
微博二维码

编辑说明

　　为了方便从事东南亚与华侨华人研究的各方人士迅速准确查阅所需文献资料,全面及时地了解国内外的研究动态,促进我国东南亚与华侨华人研究事业的深入发展,特编制此索引。

　　《东南亚与华侨华人研究论文索引(2011—2015)》收录 2011—2015 年间国内公开发行的相关专业中文核心期刊中具有一定理论价值和指导意义的学术论文,选择收录其他一般性刊物中具有参考价值的文献资料。香港、澳门、台湾地区以及东南亚国家的部分人文社会科学期刊中的相关学术论文也一并收录于此。全书共计收录论文索引 1 万余条。

　　本书按学科分为政治 、经济、社会文化、历史、华侨华人问题五大类;各大类目下又分设若干子类目,子类目细分的程度依据论文的具体情况,一般延展到三级。同一子类目下,论文数量多的再依国别划分,少的则不再细分。

　　本书的著录内容包括:题名、责任者、刊名、刊期、起止页。

　　索引编排上存在的缺点和不足,敬请读者批评指正。

编　者

2016 年 12 月

目　　录

0 东南亚问题研究

本刊编辑部.《东南亚研究》2011 年目录汇编[J].东南亚研究,2012,01:111—112.

胡潇文.东南亚文化研究的意义、现状与前景——贺圣达研究员访谈录[J].东南亚南亚研究,2012,02:89—91.

袁同凯,陈石.对马来西亚原住民的研究——写在陈志明教授即将荣休之际[J].西北民族研究,2012,03:124—130.

翟崑.西哈努克·世界知识·我[J].世界知识,2012,21:66.

张荣德.韩国的东南亚研究:历史、现状、趋势与特点——以 1991—2011 年的研究成果为主[J].东南亚研究,2012,06:14—21.

颜敏.民国南洋学的几种话语(1912—1949)[J].东南亚研究,2011,01:90—94.

《东南亚研究》2010 年目录汇编[J].东南亚研究,2011,01:95—96.

刘睿亮,郑晓愉.对战后菲律宾森林政策的全面解读——评包茂红《森林与发展:菲律宾森林滥伐研究(1946—1995)》[J].东南亚研究,2011,03:94—96.

程爱勤.吴哥考察之千年干栏[J].寻根,2011,03:24—30.

梁志明,李一平.中国东南亚史学研究的进展与评估[J].世界历史,2011,02:120—127.

张振江.中国与东南亚:历史汇编和现实观照——《中国与东南亚》(六卷本)介评[J].东南亚研究,2011,03:89—93+96.

陈丽君.泰"铢"释疑[J].广播电视大学学报(哲学社会科学版),2011,03:81—82.

李灿元,王红.东南亚研究信息资源采访策略探讨[J].图书馆界,2011,05:42—43+52.

吴光辉,吕灵芝.东西方文明对话语境下的越南——野平宗弘《新意识——越南流亡思想家范公善》述评[J].南洋问题研究,2011,04:99—102.

马为民,孙健.东盟地区论坛的发展、作用与中国的政策选择[J].和平与发展,2011,03:63—67+75.

罗骥,钱睿.东南亚汉语传播历史研究:现状与思考[J].云南师范大学学报(对外汉语教学与研究版),2014,02:89—92.

本刊编辑部.《东南亚研究》2013 年目录汇编[J].东南亚研究,2014,01:111—112.

张颖,苏瑞竹.中国图书馆东盟信息资源建设现状及趋势[J].农业图书情报学刊,2014,07:5—9.

张晓文,褚兆麟,赵晋凯.东南亚研究文献收藏现状及地域共享思路研究——以广西、广东和云南三省区图书馆为例[J].河南图书馆学刊,2014,04:89—90+103.

毛玉文.20 世纪 50—60 年代越南诗人素友作品在中国的传播和影响[J].东南亚纵横,2014,08:75—78.

杨莉,王伟.全球化时代背景下的东南亚宗教——第三届东南亚宗教研究高端论坛综述[J].世界宗教研究,2014,06:180—183.

杨宙飞.在服务中国企业走东盟过程中把握南宁的发展机遇——打造中国—东盟自贸区升级版思考[J].企业科技与发展,2015,01:11—12.

施真珍,柳戟.云南省汉语国际推广的现状研究[J].现代语文（语言研究版）,2015,03:16—17.

罗艺琳.评《东南亚的贸易时代:1450—1680年》[J].学理论,2015,06:120—121.

张明亮.从"源头"认识东南亚之"利器":《东南亚古代史》评析[J].东南亚研究,2015,01:106—110.

《东南亚研究》2014年目录汇编[J].东南亚研究,2015,01:111—112.

郑小香.东盟文献信息资源共建共享初探——以广西为例[J].晋城职业技术学院学报,2015,01:70—72+91.

竹子俊.东盟经济共同体建设提速中企迎商机[J].中国对外贸易,2015,03:21.

王红.东南亚各国保护非物质文化遗产的措施[J].东南亚纵横,2015,06:48—53.

王淑芳,刘玉立,葛岳静,王惠文.中国—东盟地缘经济研究综述[J].热带地理,2015,05:730—738.

陈志明.从《星槎胜览》看海上丝路的人文交流与贸易往来[J].广西民族大学学报（哲学社会科学版）,2015,05:43—48.

本刊编辑部.《东南亚研究》2012年目录汇编[J].东南亚研究,2013,01:111—112.

张长虹.特色·理念·建设·合作——试析厦门大学东南亚研究中心图书馆的现代建构[J].南洋问题研究,2013,02:94—99.

林志亮,陈碧兰.日本在泰国软实力构建的关键性因素分析[J].东南亚研究,2013,04:41—49.

黄山.老挝革新开放研究综述[J].黑河学刊,2013,08:70—72+141.

王国平.中国的东南亚历史研究:回顾、评估与展望——梁志明教授访谈录[J].东南亚南亚研究,2013,03:87—93.

本报记者张君荣.东南亚研究深化中国—东盟海洋合作[N].中国社会科学报,2014—11—28A01.

韩方明.面向21世纪的中国东南亚研究[C]//中国东南亚研究会、云南大学.东南亚地区研究学术研讨会论文集.2011:5.

赵海立.近些年来中国大陆学者对东南亚共产党研究的现状评估——以期刊网（1991—2010）为依据[C]//中国东南亚研究会、云南大学.东南亚地区研究学术研讨会论文集.中国东南亚研究会、云南大学.2011:11.

周荣进.知识与政治:冷战时期美国的东南亚研究[D].福建师范大学,2014.

张颖.外国图书馆东盟信息资源概况及启示[C]//广西图书馆学会.广西图书馆学会2014年年会暨第32次科学讨论会论文集.广西图书馆学会.2014:7.

苏尔梦,郑力人.从梵钟铭文看中国与东南亚的贸易往来[J].海洋史研究,2012,00:11—62.

陈娜.卓南生教授谈"从日本南进论系谱看战后日本的东南亚报道与东南亚外交"[J].北大新闻与传播评论,2014,00:283—294.

李纪恒.建好中国（昆明）南亚东南亚研究院以更大历史担当服务党和政府工作大局[J].云岭先锋,2015,10:7—8.

虞群,曾文斌."美国战略重心东移与东南亚局势"学术研讨会综述[J].东南亚之窗,2013,01:70—71.

张丕油.泰国红衫军群众运动研究[D].云南大学,2012.

翟小亚.菲律宾独立以来的家族政治研究[D].云南大学,2015.

周绍永.冷战后泰国对缅甸政策研究综述[J].学理论,2013,36:16—17+33.

赵丹丹.浅析东南亚联盟的成立和发展历程[J].神州,2013,08:15—16.

赵江林.对当前中印经济关系的评估——兼论中印新型经济合作关系的确立[J].南亚研究,
　　2013,04:1—19.

李淑媚.广西大学东盟研究作者群调研及图书馆服务对策——基于CNKI的文献计量学调查
　　[J].科技情报开发与经济,2014,22:147—151.

宋洋.中国—东盟计量发展研究中心建设的可行性初探[J].沿海企业与科技,2015,01:
　　38—40.

罗亚泓.国内外"东盟"研究文献计量分析报告——基于常用数据库资源的调查与统计[J].东
　　南亚研究,2013,04:105—112.

钟振."新丝路"的广西新思路[J].当代广西,2014,09:30—31.

林葵.东盟专题研究文献利用实证研究——以广西大学硕士学位论文为例[J].广西教育学学
　　报,2014,03:136—140+148.

黄丽春.基于与东盟对比视角下的广西旅游专业本科课程体系优化研究[D].广西师范大
　　学,2013.

本刊编辑部.泰国法政大学为加入东盟经济共同体而准备[J].世界教育信息,2012,08:10.

段颖.现代世界中的泰国佛教——一个人类学的视野[J].东南亚研究,2012,05:99—105.

周绍永.后冷战时代泰国对"缅甸问题"的认知[J].黑河学院学报,2015,04:111—114.

王锐.东南亚美术在广西高校美术史教学中的重要意义[J].艺术探索,2015,02:119—121+
　　131—132.

周倩."一带一路"视野下的东南亚汉语推广市场分析[J].云南师范大学学报(对外汉语教学与
　　研究版),2015,05:71—76.

王娇.东南亚语种警务复合型人才的培养——以云南警官学院为例[J].云南警官学院学报,
　　2015,05:10—13.

蔡其明,时昌桂.高校毕业生东南亚就业市场拓展的途径与方法——以广西民族大学为例[J].
　　太原城市职业技术学院学报,2014,02:13—14.

喻常森.智者不惑,强者必趋——简评《国际政治中"弱者"的逻辑——东盟与亚太地区大国关
　　系》[J].南洋问题研究,2011,02:97—98.

侯宇霞.东南亚地区汉语教学现状及发展途径[J].东南亚纵横,2012,05:51—54.

郭瑞佳.中国出版物东南亚国家市场拓展策略研究[J].出版广角,2015,14:34—37.

高立,徐万胜.日本安倍内阁东南亚政策析论[J].东北亚学刊,2015,01:18—24.

贾鹏翎.高职院校图书馆信息资源服务创新的实践——以东南亚国家开放获取报纸文献资源
　　及其中文利用为例[J].中国校外教育,2013,S2:225—226.

李磊.新加坡与泰国医疗救助的经验及其启示[J].经济研究导刊,2012,03:213—214.

符广兴.东南亚大陆国家苗学文献收集整理研究刍议[J].原生态民族文化学刊,2014,04:
　　90—92.

马燕坤.国际化进程中地方性知识的性别主体创造——以越南老街省达芬村红头瑶妇女为例
　　[J].湖州职业技术学院学报,2012,02:41—44+57.

朱诺.二战期间东亚傀儡领导人的命运[J].小康,2015,22:90—93.

雷红燕.浅谈应用泰国语专业的开办在云南法治建设中的作用[J].吉林广播电视大学学报,
　　2014,04:58—59.

李尔平,甘日栋.从"了解"到"认同"——东盟大学生"东盟意识"实证分析[J].广西社会科学,
　　2015,03:44—48.

卢文刚,黎舒菡.2014年中国在东南亚地区领事保护状况、问题及改善对策研究[J].东南亚纵
　　横,2015,05:25—31.

翁未伟.浅析东南亚新娘问题的法律规制[J].法制博览,2015,26:46—48.

倪晓霞.建构主义视域下的东盟区域化研究[J].学理论,2014,34:50—51.

韦国善,李艳.社会主义核心价值观融入东盟文化建设探析[J].广西教育学院学报,2014,06:
　　90—93.

周士新.东盟领导地区整合能力的限度分析[J].东南亚南亚研究,2015,01:21—27+108.

王玛.建构主义视角下东盟与东盟意识的发展[J].南阳理工学院学报,2015,03:11—13.

张才圣.中国—东盟区域合作中广西高校外事复合型人才培养模式研究[J].传承,2012,04:
　　20—21+96.

杜承秀.面向东盟复合型法律人才培养与广西高校法学教育的应对[J].经济与社会发展,
　　2012,04:143—145+151.

尹彦,唐博.中国—东盟警察教育训练交流合作的制约因素与对策[J].云南警官学院学报,
　　2012,06:51—56.

尹彦.广西—东盟警察教育训练交流合作的SWOT分析[J].高教论坛,2012,11:44—46+53.

张显伟.论中国—东盟经贸合作对广西法律人才的培养要求[J].广西警官高等专科学校学报,
　　2012,06:48—51.

胡吉红,尹彦.广西与东盟警务培训中师资合作与交流初探[J].创新,2012,06:64—67.

唐博,尹彦.中国—东盟警察教育训练合作质量保障探析[J].广西警官高等专科学校学报,
　　2012,06:25—28.

辜庆志,郑爱龙.欧亚一体化差异的历史考察[J].安徽科技学院学报,2014,05:113—117.

王明国.东亚地区治理机制的有效性评估与未来发展[J].当代亚太,2014,02:66—95+
　　154—155.

牟桃.跨体系社会视野下的东南亚[J].东南亚研究,2015,02:107—112.

韩锋.新加坡智库的现状、特点与经验[J].东南亚研究,2015,06:4—9.

蔺映真,刘方舟.东盟留学生在华创业的路径与策略[J].现代商贸工业,2015,21:59—61.

朱有明.我国企业"走出去"东盟发展人才需求分析与培养——以柬埔寨西哈努克港经济特区
　　为例[J].价值工程,2013,04:146—147.

潘科任.论行政协调推进广西高职教育与东盟国家交流合作[J].现代商贸工业,2015,25:1.

1 政治问题

1.1 政治概况

东南亚地区政治概况

东南亚地缘政治:在龙与鹰之间[J].文化纵横,2013,01:10.

李路曲.威权政治下的民主发育——政党转型的东南亚经验[J].文化纵横,2013,01:34—39.

本刊编辑部.东南亚地区形势 2012—2013 年回顾与展望——专家访谈录[J].东南亚纵横,2013,01:3—11.

包广将,孔建勋.2012 年东南亚地区发展形势综述[J].东南亚南亚研究,2013,01:8—18+92.

范若兰.政治替代者与党内攀登者:东南亚和大洋洲女首脑比较研究[J].中山大学学报(社会科学版),2013,03:77—85.

朱大伟,谢燕菲.第二次世界大战与美国东南亚观的转变[J].信阳师范学院学报(哲学社会科学版),2013,04:137—140.

方天建,何跃.冷战后东南亚地缘政治变化中的大国战略调整述评[J].世界地理研究,2013,03:30—40.

朱陆民,刘燕.东南亚多边主义的特点分析[J].西安建筑科技大学学报(社会科学版),2013,05:18—22.

宋效峰.湄公河次区域的地缘政治经济博弈与中国对策[J].世界经济与政治论坛,2013,05:37—49.

张江河.美西战争与美国向东南亚地缘政治扩张的历史脉络[J].东南亚研究,2013,05:18—26.

李亚男.从"南洋"到"东南亚"——东南亚地区名称变迁与中国地区政策的调整[J].天津大学学报(社会科学版),2014,06:515—520.

刘国柱.东南亚与美国的亚太再平衡战略[J].求是学刊,2014,06:170—175.

顾长永,萧文轩.东南亚局势变迁中的"国族共同体"演进——泰国越南移民处境变化的历史分析[J].人民论坛·学术前沿,2014,21:74—85.

世界的再政治化[J].文化纵横,2014,06:28—29.

张宝香.东亚朝贡体系影响下的亚洲新安全观[J].潍坊学院学报,2014,04:92—94.

蒋佳丽,肖玙.东南亚地区主义与决策参与的局限[J].国外理论动态,2015,02:86—94.

齐欢.2014 年东南亚政治、安全和外交形势综述[J].东南亚南亚研究,2015,01:1—12+108.

本刊编辑部.东南亚地区形势 2014—2015 年回顾与展望——专家学者访谈录[J].东南亚纵横,2015,01:3—12.

王志民."一带一路"战略的地缘经济政治分析[J].唯实,2015,04:19—22.

邓应文.东南亚地区形势:2015年[J].东南亚研究,2015,02:4—15.

张学昆.东南亚国家对美国"亚太再平衡"战略的认知差异分析[J].国际论坛,2015,03:25—30
+80.

高源.东南亚政治变革的多样性(上)——评《东南亚:政治变革与社会转型》[J].中国教育学
刊,2015,06:119.

高源.东南亚政治变革的多样性(下)——评《东南亚:政治变革与社会转型》[J].中国教育学
刊,2015,06:120.

任琳,程然然.欧盟东南亚政策论析[J].欧洲研究,2015,03:27—42+5—6.

谢博,岳蓉.地缘政治视角下的21世纪海上丝绸之路通道安全[J].东南亚纵横,2015,05:
3—7.

卢文刚,黎舒菡.2014年中国在东南亚地区领事保护状况、问题及改善对策研究[J].东南亚纵
横,2015,05:25—31.

李晨阳.东南亚民主的担忧[J].世界知识,2014,03:71.

本刊编辑部.东南亚地区形势2013—2014年回顾与展望——专家访谈录[J].东南亚纵横,
2014,01:6—13.

郭诗颖.迈向东南亚——"东向政策"下的印度—东盟合作机制探讨[J].改革与开放,2014,03:
40—41.

王志民.西南周边地缘态势与"南方丝绸之路"新战略[J].东北亚论坛,2014,01:94—105
+127.

赵姝岚,孔建勋.2013年东南亚政治形势综述[J].东南亚南亚研究,2014,01:11—18+108.

詹姆斯·C.斯科特,李凤春,施雪琴.东南亚社会的庇护政治与政治变革(下)[J].南洋资料译
丛,2014,01:57—74.

张赫名,孙晓光.东南亚海洋政治地理析论[J].产业与科技论坛,2014,04:105.

邓应文.东南亚地区形势:2014年[J].东南亚研究,2014,02:4—13.

曹云华.东盟国家政府权力多元化、分散化趋势及其影响[J].当代世界,2014,06:35—38.

程晓勇."无核世界"构想及其区域性实践——基于东南亚无核区的分析[J].太平洋学报,
2014,05:43—51.

尤乐.论东南亚七国的立法权、司法权及其与行政权之关系[J].华侨大学学报(哲学社会科学
版),2014,02:119—128.

文学.殖民时期英法政治哲学和社会传统对东南亚的影响[J].太平洋学报,2014,08:73—83.

曹云华,张彦.东南亚国家"海权观"的建构和变化分析[J].东南亚研究,2014,03:4—10.

王瑜贺.东南亚女性政治家崛起现象研究[J].南华大学学报(社会科学版),2014,04:32—35.

胡志丁,骆华松."变动中的东南亚地缘政治:边界与边境之地"国际学术研讨会在云南举行
[J].地理研究,2014,09:1791.

许正,钮菊生.中国—东南亚经济合作的战略价值及路径构建[J].求索,2014,07:38—41.

李晨阳.研究宗教对东南亚政治的影响需要新视角[J].世界知识,2014,21:71.

范若兰.父权制松动和性别秩序变化对女性政治参与的影响——以东南亚国家为中心[J].东
南亚研究,2014,05:19—26.

王士录.2010年东南亚政治经济发展概述[J].东南亚南亚研究,2011,01:1—7+92.

曹云华.东南亚地区形势:2011年[J].东南亚研究,2011,02:4—11.

张明亮.从国内、国际政治的角度解析东南亚环境的困境与机遇[J].东南亚研究,2011,02:
　　55—60.

刘渝梅.东亚共同体的政治整合问题[J].同济大学学报(社会科学版),2011,02:73—79.

张明亮.核"动"东南亚的原因及挑战[J].亚非纵横,2011,04:38—44＋60＋62.

张铁根.从东南亚国家政府换届看其政治社会新发展[J].亚非纵横,2011,05:11—16＋59
　　＋61.

王国平,胡潇文.近年来东南亚政治发展的若干特点——曹云华教授访谈录[J].东南亚南亚研
　　究,2011,04:74—75.

张雪.东盟政治安全共同体建设与中美因素[J].和平与发展,2011,02:55—59＋73.

范若兰,陈妍.掌权之后:东南亚女总统与民主转型的性别分析[J].妇女研究论丛,2012,01:
　　79—85.

王士录.2011年东南亚政治经济发展概述[J].东南亚南亚研究,2012,01:1—6＋92.

曹云华,甘燕飞.东南亚地区形势:2012年[J].东南亚研究,2012,02:4—11.

赵海英.威权政治建构中的族际整合——以东南亚国家为例[J].河北学刊,2012,04:
　　173—177.

阎梁,田尧舜.东南亚国家的经济外交与地区安全秩序的重塑[J].当代亚太,2012,04:100—
　　112＋159.

段静琰.云南与东南亚国家文化特征比较研究[J].云南财经大学学报(社会科学版),2012,01:
　　14—15.

李眉颖.亚太地缘政治的稳定因素:东盟与中国崛起[J].工会论坛(山东省工会管理干部学院
　　学报),2012,06:150—152.

郑一省.移民政治认同对国家关系的影响——以东南亚一些国家为例[J].东南亚纵横,2012,
　　12:34—38.

马燕坤.美国重返东南亚对秩序的创建[J].长春市委党校学报,2013,06:30—34.

詹姆斯·C.斯科特,李凤春,施雪琴.东南亚社会的庇护政治与政治变革(上)[J].南洋资料译
　　丛,2013,04:14—20.

许正.儒家传统政治文化与东南亚政治探析[J].西南农业大学学报(社会科学版),2013,11:
　　61—64.

张晓科,理查德·惠特利,付筱娜,时贵仁.东亚资本主义宏观结构多样性的变化[J].国外理论
　　动态,2015,09:2—18.

韩爱勇.东亚区域合作发展演变的地缘环境观察[J].团结,2015,06:26—29.

郭伟华,王红续.危机幕后的东亚地区秩序分析[J].当代亚太,2011,06:33—54.

金新.论东盟一体化中效忠转移的困境——从认同政治的视角考察[J].太平洋学报,2013,06:
　　46—55.

东盟政治安全共同体建成,对美国在东南亚军事存在将产生怎样的影响[J].世界知识,2015,
　　13:18—22.

韦红.东盟安全观与东南亚地区安全合作机制[J].华中师范大学学报(人文社会科学版),
　　2015,06:27—34.

卢军.东盟安全机制的有效性与局限性[J].东南亚纵横,2011,09:8—12.

李路曲.东亚两种政治发展模式的比较分析[J].新视野,2011,01:30—32.

李路曲.关于东亚政治发展模式的思考[J].上海市社会主义学院学报,2012,01:9—20.

尤乐.东南亚七国政体比较研究[J].南华大学学报(社会科学版),2014,01:85—91.

陈文,李小亭.加快推进共同体进程,平衡扩大区域合作——东盟2012年内外合作分析[J].东南亚纵横,2013,03:3—9.

许红艳.东盟区域安全机制研究[J].黑龙江史志,2013,11:340+342.

邵建平,刘盈.大湄公河次区域合作:东盟共同体的重要依托[J].国际论坛,2014,06:13—18+77.

谢磊.理解东盟的发展:历史体系的视角[J].东南亚南亚研究,2014,04:7—12+107.

王毅.东盟共同体:亚洲一体化的新起点[J].人民论坛,2015,13:8—9.

张蕴岭.如何认识和理解东盟——包容性原则与东盟成功的经验[J].当代亚太,2015,01:4—20+156.

林颖,陈文.东盟:2014年回顾与2015年展望[J].东南亚纵横,2015,03:8—13.

魏玲,薛力,刘琳,苏庆义,王亚娟.东盟共同体"冲刺":搅动亚太风云[J].世界知识,2015,13:14—15.

东盟共同体最大的意义就在于东盟这个标识和身份,对内是一个强化,对外是一个宣示[J].世界知识,2015,13:16—18.

陈强.东盟共同体建设对中国与东盟关系的影响初探[J].学理论,2013,34:47—48.

林雯.构建以人为本、平衡发展的东盟共同体——东盟2011年内外合作分析[J].东南亚纵横,2012,04:14—20.

赵海立.东盟政治—安全共同体建设:成就与问题[J].南洋问题研究,2015,04:41—50.

王江雨.东盟共同体,行迈靡靡[J].南风窗,2015,15:102.

毛俊响,党庶枫.亚洲区域内人权保护的新动向:《东盟人权宣言》评析[J].西部法学评论,2014,03:105—116.

冯寅奇.东盟共同体建设的进展与挑战[J].当代世界,2014,09:51—53.

周士新.东盟整合的议程选择[J].世界经济与政治论坛,2011,04:105—114.

张雪.东盟政治安全共同体建设与中美因素[J].和平与发展,2011,02:55—59+73.

李姗姗.东亚威权国家现代化进程中的市民社会发展类型[J].知识经济,2012,09:66.

王洪涛,唐宏刚.论经济绩效对东南亚威权政体合法性的建构与解构[J].乐山师范学院学报,2012,06:99—101+136.

常士訚.协商治理与民主建设——以东亚国家民主巩固为背景[J].晋阳学刊,2013,01:106—114.

白鲁恂,毕文胜,汪艳艳.文明、社会资本和公民社会:用以解释亚洲的三个有力概念[J].国外理论动态,2013,05:81—91.

陈弘毅.亚洲国家宪政发展的道路初探:五大国家的比较研究[J].政法论丛,2013,01:3—20.

范若兰.这些女人不简单[J].决策,2013,Z1:72—73.

周方冶.新旧利益集团的政治博弈——基于权力结构"同心圆"模型的东亚政治转型研究[J].探索,2013,05:70—74+181.

常士訚.民族互惠共生与东亚国家的政治整合[J].当代世界与社会主义,2013,05:26—31.

彭慧.东南亚的庇护政党刍议——以菲律宾、泰国及印度尼西亚为例[J].东南亚研究,2013,

06:4—11.

竭仁贵,祝愿.试析西方民主模式在东南亚国家的实践——以马来西亚、泰国、菲律宾为例[J].
　　黑河学刊,2011,12:49—51.

陈建中.新、马、泰的检察和反贪[J].检察风云,2012,23:28—31.

刘鸣,李开盛,束必铨,吴其胜.美日东盟学者纵论当前东亚局势——第二届淮海论坛会议综述
　　[J].国际关系研究,2015,01:145—149.

房宁.亚洲政治发展比较研究的理论性发现[J].中国社会科学,2014,02:62—78+205.

米良.大湄公河次区域国家2013年政局述评[J].东南亚纵横,2014,02:11—14.

赵海立.东盟诸国执政当局的政治合法性分析[J].南洋问题研究,2014,02:36—45.

尤乐,张裕欣.东南亚七国纵向权力结构比较研究[J].武陵学刊,2014,05:66—73.

邱丽玲,李海华.东盟国家立法主体与立法体制研究[J].天津中德职业技术学院学报,2015,
　　01:114—116.

于会录,董锁成,李泽红,李飞,程昊,李富佳.东亚地缘政治格局演变对东北亚资源合作的影响
　　研究(英文)[J].Journal of Resources and Ecology,2015,02:93—100.

东亚格局:小国不小[J].社会观察,2014,09:4.

黄金荣.人权"亚洲价值观"的复活？——评《东盟人权宣言》[J].比较法研究,2015,02:
　　119—131.

范若兰.东盟国家威权统治时期女性政治参与探析[J].广西民族大学学报(哲学社会科学版),
　　2015,02:115—120.

周玉婷,左停.东盟国家农村社区治理模式及对中国的启示[J].世界农业,2015,06:6+1—5.

黑子栋.东盟安全共同体构建路径的探究——1991年后的地缘政治视域思考[J].唐山师范学
　　院学报,2012,01:124—127.

陈璐.东盟一体化的前景——与欧盟一体化的比较分析[J].云南社会主义学院学报,2012,02:
　　66—68.

宋效峰.公民社会与东盟地区治理转型:参与与回应[J].世界经济与政治论坛,2012,04:
　　31—44.

唐文琳,郑丹丹.《东盟宪章》生效之前东盟成员国政治格局演绎[J].广西大学学报(哲学社会
　　科学版),2014,04:72—78.

沐鸿.东盟社会文化共同体:现状与前景[J].东南亚纵横,2015,08:55—61.

金新.论东盟一体化中效忠转移的困境——从认同政治的视角考察[J].太平洋学报,2013,06:
　　46—55.

赵银亮.民主化和区域主义相关性研究:东盟的地区实践[J].东南亚研究,2011,02:61—67.

王光厚.浅析东盟的"人的安全"理念[J].东南亚研究,2011,04:4—9+23.

郑先武.万隆会议与东南亚区域主义发展[J].世界经济与政治,2015,09:31—58+156—157.

张凯.战略约束、规范扩散与冷战后东亚地区秩序[J].国际关系学院学报,2012,01:66—70.

曹云华.论东南亚地区秩序[J].东南亚研究,2011,05:4—13.

韩志立.《东盟人权宣言》及其与西方人权规范的冲突[J].昆明理工大学学报(社会科学版),
　　2014,05:20—27.

赵宁,张锐昕."东盟＋3"公共服务网络最佳实践——"公共服务网络效益论坛"会议综述[J].
　　电子政务,2013,06:102—109.

菲律宾

杨静林.冷战时期毛泽东思想对菲律宾共运的影响[J].当代世界社会主义问题,2012,01:97—106.

龙昇.菲律宾共产主义运动兴衰探析——以土地改革为解释要素[J].北京电子科技学院学报,2015,01:8—13+34.

黄婧.《菲律宾环境案件程序规则》及其借鉴意义[J].中国政法大学学报,2012,01:75—84+159—160.

刘坤.菲律宾的火药桶——论20世纪中吕宋农村骚乱的起源[J].南洋问题研究,2012,01:78—89.

许春华.菲律宾:"政治清算"牵动家族政治[J].南风窗,2012,05:68—71.

江淮.菲律宾染指中国黄岩岛回溯[J].世界知识,2012,10:20—22.

江淮.过度的亢奋,拙劣的表演——评菲律宾近期在黄岩岛事件上的言行[J].世界知识,2012,10:23.

黄耀东.菲律宾:2011—2012年回顾与展望[J].东南亚纵横,2012,03:31—36.

吴金平,鞠海龙.2011年菲律宾经济、政治与外交形势回顾[J].东南亚研究,2012,02:23—29.

陈向阳.菲律宾的四个误判与豪赌[J].人民论坛,2012,16:5.

孙童飞,宣玉京,姚明义,王超,邢宏广.第三波(民主化浪潮)的另类影响——"八二三"人质事件的反思[J].新西部(理论版),2012,05:89+88.

王晓夏."黄岩岛对峙"的警示[J].南风窗,2012,11:74—75.

冷新宇.制裁菲律宾不是霸权主义[J].中国经济周刊,2012,20:16.

李杰.警惕"哀兵之策与费边策略"[J].北京观察,2012,06:25.

肖建明.菲律宾南部和平进程的困境与前景[J].东南亚南亚研究,2012,02:31—36+93.

白续辉.试析战后菲律宾社会建设失衡与政治危机的耦合[J].现代营销(学苑版),2012,07:10—11.

李涛.试论近三十年来菲律宾的侨务政策及其作用[J].东南亚纵横,2012,06:32—39.

张磊.加强对黄岩岛有效控制的国际法依据[J].法学,2012,08:67—75.

程西冷.菲律宾的"赌场政治"[J].新产经,2012,08:67—69.

吴金平,鞠海龙.2012年菲律宾政治、经济与外交形势回顾[J].东南亚研究,2013,02:23—28.

黄耀东,黄尚坤.菲律宾:2012—2013年回顾与展望[J].东南亚纵横,2013,03:36—41.

朱新山.捉襟见肘:菲律宾的海权困境[J].社会观察,2013,06:26—29.

杨凯.菲律宾天主教会的再政治化与战后菲律宾社会转型互动机理研究[J].东南亚纵横,2013,06:18—23.

许春华.菲律宾:政治家族"导演"家族政治[J].廉政瞭望,2013,07:64—65.

白朝阳.政务公开 与民沟通 公共服务 各国中央政府网站大比拼[J].中国经济周刊,2013,21:78—79.

朱新山.小敌之坚大敌之擒——菲律宾海权战略的困境及中国之应对[J].学术界,2013,07:36—44+306.

保罗·哈奇克罗夫特,邓海清,施雪琴.世袭制国家与寻租资本主义:比较视野下的菲律宾[J].南洋资料译丛,2013,02:11—21.

保罗·哈齐克罗夫特,宓翠,施雪琴.1900—1913 美属菲律宾的中央集权与地方自治:殖民统
　　治者、中央政客以及地方领主[J].南洋资料译丛,2013,03:34—50.

颜武.菲律宾:家族政治与腐败成灾[J].检察风云,2013,15:52—54.

王胜,华涛.菲律宾条约界限的性质刍议——以条约界限的形成、演变与确立为中心[J].太平
　　洋学报,2014,12:23—35.

陈丙先,叶康.2013 菲律宾形势分析[J].梧州学院学报,2014,05:39—48.

范若兰.当代菲律宾家族政治与女性权力政治参与的关系[J].南洋问题研究,2014,04:
　　87—96.

董仲瑜.殖民统治初期美国在菲律宾的税制改革——以 1904 年《国内税收法》为中心[J].攀
　　登,2015,01:97—102.

鞠海龙,邵先成.2014 年菲律宾政治、经济与外交形势回顾[J].东南亚研究,2015,02:29—37.

黄耀东.菲律宾:2014 年回顾与 2015 年展望[J].东南亚纵横,2015,03:20—24.

王尘子.家族政治与腐败桎梏——后威权时代菲律宾的民主困境[J].福建行政学院学报,
　　2015,05:79—84.

史田一.天主教会推动菲律宾民主化转型的意愿与优势[J].武汉科技大学学报(社会科学版),
　　2015,06:634—640.

板桥霜.反复无常的阿基诺三世[J].廉政瞭望,2012,02:64—65.

吴金平,鞠海龙.菲律宾 2010 年经济、政治与外交形势回顾[J].东南亚研究,2011,02:25—30
　　+76.

南方朔.反腐需要体制转型[J].南风窗,2014,15:95.

宋锡祥,梁琛.菲律宾《气候变化法》主要特点评析[J].和田师范专科学校学报,2013,05:
　　6—10.

谷景志.美国、日本、菲律宾 3 国农业巨灾保险法律制度比较[J].世界农业,2013,12:81—85.

龙异.菲律宾精英家族政治的历史演进分析[J].南洋问题研究,2013,04:42—50.

黄耀东,赵树劭.菲律宾:2010—2011 年回顾与展望[J].东南亚纵横,2011,03:29—33.

吴金平,鞠海龙.菲律宾 2010 年经济、政治与外交形势回顾[J].东南亚研究,2011,02:25—30
　　+76.

汪炜.浅析菲律宾民主化进程中的公民社会运动[J].学理论,2011,13:48—49.

杨贵生,刘天然.菲律宾矿业投资法律制度概述[J].矿产勘查,2011,04:445—450.

沈燕清.从门户开放政策看美属菲律宾政府的鸦片政策[J].南洋问题研究,2011,03:77—86.

施雪琴.菲律宾:破碎的亚洲民主橱窗[J].世界知识,2011,17:30—32.

邱普艳.西属菲律宾殖民制度研究回顾[J].南洋问题研究,2011,03:93—100.

瑞军.总统的特权与悔过[J].政府法制,2011,27:42.

肖建明.菲律宾"新人民军"何去何从[J].南风窗,2011,19:84—86.

陈湘林.菲律宾民主转型的原因探析[J].学理论,2011,30:18—19.

田敏.美国在菲律宾的殖民统治政策分析[J].昆明学院学报,2011,05:86—88.

杨静林,王茜.殖民地时期菲律宾土地制度与土地问题[J].农业考古,2014,01:191—198.

房宁,许利平,郭静.菲律宾:一座政治博物馆——对菲律宾民主政治的实地观察[J].文化纵
　　横,2014,01:26—35.

鞠海龙.2013 年菲律宾政治、经济与外交形势回顾[J].东南亚研究,2014,02:22—27.

黄耀东.菲律宾:2013年发展回顾与2014年展望[J].东南亚纵横,2014,03:17—21.

刘振修.马科斯:宣誓就职后流亡美国的菲律宾总统[J].文史天地,2014,06:84—87.

陈佳.浅析菲律宾民主巩固的困境[J].法制与社会,2014,24:140—141.

龙昇.菲律宾政治家族的经济基础分析[J].东南亚纵横,2014,07:12—15.

张小倩.20世纪80年代之前菲律宾的政治文化发展研究[J].东南亚纵横,2014,08:24—28.

路阳.菲律宾政府的海外菲律宾人政策探析[J].华侨华人历史研究,2014,03:11—19.

柬埔寨

罗圣荣,郭晓娟.影响柬埔寨的地缘政治因素研究(1953—1990)[J].广西民族师范学院学报,
    2013,04:88—91.

方天建,何跃.冷战以来柬埔寨地缘政治变动研究[J].世界地理研究,2014,04:32—42.

郑鹏.浅析红色高棉失败的原因——基于革命党与执政党区分的关系维度[J].海南广播电视
    大学学报,2013,01:36—39.

李蔚峰.在友谊宾馆的那些年——柬埔寨临时政府在华往事[J].国际人才交流,2015,02:56—
    58+72.

梁薇.柬埔寨:2014年回顾与2015年展望[J].东南亚纵横,2015,02:17—20.

李涛.平稳发展的柬埔寨政治经济形势[J].东南亚南亚研究,2012,01:27—32+92.

蒋玉山.柬埔寨:2011—2012年回顾与展望[J].东南亚纵横,2012,03:15—21.

Khamboly Dy,王友琴."民主柬埔寨"时期的日常生活[J].炎黄春秋,2012,12:80—86.

周海滨.西哈努克"活"在中国[J].同舟共进,2012,12:51—55.

远航.神一样的国王[J].兵团建设,2012,20:45.

宇捷.解放性奴:一位柬埔寨女性的新生[J].检察风云,2013,02:32—33.

蒋玉山.柬埔寨:2012—2013年回顾与展望[J].东南亚纵横,2013,03:15—20.

张洁.桑兰西的回归:柬埔寨政治的新格局?[J].世界知识,2013,16:24—25.

欧阳晨雨.柬埔寨大选后的强人政治[J].南风窗,2013,17:75—76.

谢和均,张潘东.柬埔寨社会保障制度研究[J].东南亚纵横,2013,07:63—68.

李帅虎.后西哈努克时代柬埔寨君主立宪制的前景[J].亚非纵横,2013,06:10—15+59.

黄慧玲.解开红色高棉之结[J].南风窗,2014,18:75—76.

蒋玉山.柬埔寨:2013年发展回顾与2014年展望[J].东南亚纵横,2014,02:34—40.

黄慧玲.柬埔寨的春天何时来临?[J].南风窗,2014,06:80—82.

五月.柬埔寨为何开始"去越南化"?[J].国企,2014,07:42.

老挝

杨剑峰.老挝电子政务发展研究[J].学习月刊,2014,06:44—46.

老挝效仿中越进行改革[J].社会观察,2012,01:5.

刘文忠,裴毅然.老挝:"全面革新"中的社会主义[J].检察风云,2012,20:31—33.

温荣刚.美国因素和1962年《日内瓦协议》以后老挝内战的重启[J].南洋问题研究,2013,03:
    19—24.

尹声声.老挝公务员培训制度的问题及完善措施[J].人才资源开发,2011,02:63—64.

高隽.论水库移民工作中地方政府的参与模式[J].经济研究导刊,2013,07:63—64.

马来西亚

张倩烨.马来西亚政局动荡的连锁反应[J].南风窗,2015,15:65—66.

曹庆锋.国外马来西亚伊斯兰复兴运动研究述评[J].陕西学前师范学院学报,2014,06:82—86 ＋90.

许红艳.马来西亚国族建构研究[J].广西民族研究,2015,01:15—22.

马来西亚担任2015年东盟主席国[J].中国报道,2015,04:48—49.

马来西亚的不稳定因素[J].社会观察,2015,05:4.

庄礼伟.社会中的马来西亚国家:意象与实践[J].东南亚研究,2015,02:16—28.

骆永昆.马来西亚议会的基本结构及运作特点[J].中国人大,2015,12:54—55.

张榕.多视角下的马来西亚选举制度[J].云南大学学报(法学版),2015,04:169—174.

许利平.马来西亚掀起"倒纳吉布"政治浪潮[J].世界知识,2015,18:36—37.

辉明.马来西亚政治海啸:第13届国会选举分析[J].南洋问题研究,2015,03:19—27.

吴益婷.马来西亚联邦政治与砂拉越地方文教权[J].南洋问题研究,2015,03:91—99.

卞克文.马哈蒂尔和穆塞韦尼的治国之策比较——基于国家引导的现代化发展的视角[J].广 西民族大学学报(哲学社会科学版),2011,03:156—160.

耿长娟.马来西亚政府的改革与启示[J].东南亚纵横,2011,08:14—18.

许利平,骆永昆.马来西亚的种族政治与和谐社会的构建[J].东南亚南亚研究,2011,03:7—14 ＋92.

陈松涛.解读马来西亚的难民政策——以缅甸难民为例[J].黑龙江教育学院学报,2011,12: 190—192＋198.

庄礼伟.马来西亚:政府不明白为什么民心思变[J].同舟共进,2012,03:13—15.

杨元庆.马来西亚发展面临的挑战[J].中央社会主义学院学报,2012,02:22—24.

庄礼伟."阿拉伯之春"之外的马来西亚[J].东南亚研究,2012,02:12—22.

曹庆锋,熊坤新.民族关系维度下的马来西亚治国理念[J].黑龙江民族丛刊,2013,01:1—11.

庄礼伟.第13届国会选举前夕的马来西亚:选举型威权的终结?[J].东南亚研究,2013,02: 15—22.

陈文,李江.透过2013年大选看马来西亚政局特点[J].中国党政干部论坛,2013,07:96—98.

颜武.马来西亚:"被制度化了"的腐败[J].先锋队,2013,24:38—40.

陈家喜,刘王裔.马来西亚巫统的执政危机及其根源分析[J].领导科学,2013,19:54—56.

许春华.马来西亚:"被制度化了"的腐败[J].廉政瞭望,2013,09:68—69.

范若兰.马来西亚2013年大选与政治发展前景分析[J].当代世界,2013,10:56—59.

东南亚大事记[J].东南亚纵横,2013,09:79.

威森・梅雷迪斯・利,王振伟.烈火莫熄运动将何去何从——马来西亚种族和变化中的政治规 则(上)[J].南洋资料译丛,2014,01:11—22.

威森・梅雷迪斯・利,王振伟.烈火莫熄运动将何去何从——马来西亚种族和变化中的政治规 则(下)[J].南洋资料译丛,2014,02:21—25.

庄礼伟.马来西亚竞争型威权体制的走向:以选民结构为考察视角[J].东南亚研究,2014,02: 14—21.

韦朝晖.马来西亚:2013年回顾与2014年展望[J].东南亚纵横,2014,04:23—29.

潘采夫.哪个是真正的马来西亚[J].中国工人,2014,06:57.

李源.突发事件政府信息发布机制探究——以"马航客机失联"事件为例[J].青年记者,2014,23:59—60.

庄礼伟.多元竞争环境下的马来西亚政治生态[J].东南亚研究,2011,02:12—18.

胡正跃.我眼中的马哈蒂尔[J].世界知识,2012,17:44—45.

庞卫东.新加坡与马来西亚分离原因探析[J].史学月刊,2012,09:132—135.

原晶晶."308政治海啸"后马华公会的党争分析[J].东南亚研究,2012,04:97—105.

刘宝军.卓越的穆斯林领袖——马哈迪尔印象[J].中国穆斯林,2013,01:55—56.

庞卫东.反思与重释:英国殖民统治对马来西亚的影响[J].史学月刊,2013,09:131—135.

赵海立.国家认同与族群认同:以马来西亚为例[J].南洋问题研究,2013,03:1—8.

陈兵.多数制国会选举的"机械性因素"[J].人大研究,2013,10:40—42.

文铂.马六甲海峡通行制度及其管理[J].国际研究参考,2013,08:21—25.

关志伟.马来中心主义下的国族认同行销:对《一个马来西亚》广告的批判性思考[J].台湾东南亚学刊,2012,01:113.

缅甸

程东金.缅甸的政治转型[J].文化纵横,2015,04:10—11.

佐尔坦·巴拉尼,项皓.从军人统治到民主:给缅甸的启示[J].南洋资料译丛,2015,03:37—46.

王春桥.土司存废与国家统一(1944—1948)[J].云南民族大学学报(哲学社会科学版),2015,01:103—108.

刘务,贺圣达.缅甸完成民族国家构建所面临的挑战和机遇[J].南亚研究,2014,01:1—16.

郭继光.缅甸的政治改革进程停滞了吗?[J].当代世界,2014,12:50—53.

赵瑾.2010年以来缅甸的改革:成就、挑战与展望[J].印度洋经济体研究,2014,06:102—120+159—160.

闫德华.若开邦冲突对缅甸政治经济安全的影响[J].南亚研究,2014,04:32—46+154.

肖克,卞远.民主转型、民粹情绪与民族主义的三重映像:从莱比塘事件看国家转型中的政治风险防控[J].东北师大学报(哲学社会科学版),2015,02:1—6.

贺圣达.缅甸政局发展态势(2014—2015)与中国对缅外交[J].印度洋经济体研究,2015,01:10—22+156.

李晨阳.缅甸果敢冲突引发的思考[J].世界知识,2015,07:26—28.

刘务,朱立,祝湘辉.缅甸未来国家结构形式:联邦制、单一制还是其他?[J].南亚研究,2015,01:94—111+158.

王子昌.2014年缅甸政治发展[J].东南亚研究,2015,02:38—44.

钟梅,刘强.缅甸:2014年回顾与2015年展望[J].东南亚纵横,2015,02:21—27.

胡志丁,骆华松,李灿松,付磊,熊理然.2009年后缅甸国内冲突的地缘政治学视角解读[J].热带地理,2015,04:561—568.

李灿松,骆华松,胡志丁,付磊,熊理然.2015年缅北局势的未来走向及中国应对策略[J].热带地理,2015,04:569—576+600.

熊理然,骆华松,付磊,胡志丁,李灿松.缅北果敢冲突的时空演进及其对中国边境安全的直接影响——基于事件数据及实地调查的解读[J].热带地理,2015,04:577—584.

苟利武,胡莉.缅甸 2015 年大选与民主化前景分析[J].战略决策研究,2015,04:92—101
+104.

宗道一.美丽"囚徒":中国大使眼中的昂山素季[J].同舟共进,2015,08:55—59.

程东金.缅甸的政治转型[J].文化纵横,2015,04:10—11.

严赛,苍铭.彬龙会议前后缅甸政府对边境地区民族问题的处理[J].中央民族大学学报(哲学
社会科学版),2015,05:15—22.

周绍永.后冷战时代泰国对"缅甸问题"的认知[J].黑河学院学报,2015,04:111—114.

郭继光.全国民主联盟与缅甸的政治转型[J].当代世界,2015,09:62—65.

唐骏,陈月丰.缅北冲突对东南亚局势的影响及对策思考[J].东南亚纵横,2015,07:25—29.

宋清润.议会选举后缅甸的政局走向及中缅关系发展[J].当代世界,2015,12:64—67.

迈克·C.威廉姆斯,龙羽西.缅甸政治改革道路的困境:基于关键性大选年的政治前景分析
[J].南洋资料译丛,2015,03:1—9.

杨祥章.缅甸的政治改革与民族和解——必要的澄清及成效[J].南洋资料译丛,2015,03:
10—30.

热内·埃格勒托,刘静.缅甸立法机构中的军人议员:他们在做什么?他们未来将做什么?
[J].南洋资料译丛,2015,03:31—36.

佐尔坦·巴拉尼,项皓.从军人统治到民主:给缅甸的启示[J].南洋资料译丛,2015,03:
37—46.

申林.缅甸政制变革对中国国家安全的影响[J].云南行政学院学报,2013,01:155—158.

亨凯.解析缅北克钦战火根源[J].南风窗,2013,03:74—75.

晋军.美国影响力重返亚太背景下的缅甸国内变局[J].唯实,2013,03:92—94.

陈宝鎏,宗道一.我与缅甸高层的交往[J].党史博览,2013,03:46—51.

贺圣达.缅甸形势和云南桥头堡建设[J].东南亚南亚研究,2013,01:35—37+92.

熊丽英.缅甸政治经济形势的新发展[J].东南亚南亚研究,2013,01:38—44+92—93.

肖克.缅甸改革的难点、走势与对华影响[J].东南亚研究,2013,01:4—9.

沈臻懿.缅甸成立首个反腐机构[J].检察风云,2013,08:58—59.

王子昌.2012 年缅甸的政治发展[J].东南亚研究,2013,02:29—35.

李晨阳,祝湘辉.缅甸:2012—2013 年回顾与展望[J].东南亚纵横,2013,03:27—35.

马翀炜,张振伟.身处国家边缘的发展困境——缅甸那多新寨考察[J].广西民族大学学报(哲
学社会科学版),2013,02:96—101.

刘务.缅甸奈温时期民族国家构建[J].遵义师范学院学报,2013,01:11—15.

宋清润.缅甸改革两周年成就与挑战[J].国际研究参考,2013,03:15—18.

焦世新.缅甸之变[J].社会观察,2013,08:67—68.

许春华.缅甸变革反"腐坏"[J].南风窗,2013,12:82—83.

普莉西拉·克莱普,苏珊娜·迪马乔,杨祥章.维系缅甸转型:十大关键挑战[J].东南亚南亚研
究,2013,03:30—35+109.

马燕冰.缅甸民主化动真格,美国怎么办?[J].世界知识,2012,04:23—25.

彭念.昂山素季当官悖论[J].中国企业家,2012,07:26.

缅甸去中国化形成趋势?[J].社会观察,2012,03:4.

祝湘辉,李晨阳.2011年的缅甸:在改革中前进[J].东南亚纵横,2012,02:16—23.

时永明.缅甸民主化转型的特点和影响[J].国际问题研究,2012,02:19—29.

亨凯.缅甸没有所谓的春天[J].南风窗,2012,08:74—76.

王子昌.精英互动与缅甸的政治发展:2011年缅甸的政治与外交[J].东南亚研究,2012,02:30—36.

许利平.缅甸改革:从民主到民生[J].小康,2012,05:96—97.

张伟玉.政治身份认同与缅甸果敢同盟军的瓦解[J].当代亚太,2012,02:131—157.

缅甸改革一周年[J].文化纵横,2012,03:12.

马燕冰.缅甸政治经济改革前景及对中国影响[J].亚非纵横,2012,03:45—51+60+62.

赛万赛,何楠.从民族的视角看缅甸当代政治[J].国际资料信息,2012,04:27—29.

Q.Sakamaki,谢奕秋,戴玉.缅北:易碎的和平[J].南风窗,2012,15:25—29.

孔志坚.缅甸大选后政党政治发展趋向[J].东南亚南亚研究,2012,02:27—30+93.

张建中.抗争的动力:新媒体与缅甸的民主化[J].东南亚研究,2012,03:16—19.

梁晋云,郭萍,张文彦,梁超,张育勤,刘爱娇,吴喜,刘敏.缅甸政局波动对中国地缘战略安全的影响[J].云南警官学院学报,2012,04:52—54+64.

西口清胜,邵鸣.转换为民政后的缅甸——以探讨"民主化"与国际关系为中心[J].南洋资料译丛,2012,03:39—51.

李益波.缅甸能否成为第五只小虎?[J].南风窗,2012,20:76—78.

王卫.缅甸军政府的转型及其前景展望[J].东南亚研究,2012,04:33—38.

袁灿兴.英年早逝的缅甸国父昂山[J].文史天地,2012,10:79—83.

于景浩.缅甸,三个人的政治改革[J].领导文萃,2012,17:31—36.

亨凯.新缅甸政坛三巨头[J].南风窗,2012,21:86—87.

谢静.缅甸民主化进程中美国制裁的作用及其挑战[J].改革与开放,2012,20:115—116.

何桂全.缅甸吴登盛政府改革评析[J].国际问题研究,2012,06:97—108.

杜继锋.缅甸政党体制变革及未来走向[J].当代世界,2012,12:52—55.

钟贵峰.论缅甸民族国家构建[J].红河学院学报,2012,06:14—17+21.

孙西辉.缅甸民主化,中国怕不怕?[J].新产经,2012,12:57.

肖克.缅甸改革及其前景刍议[J].现代国际关系,2012,10:22—30.

Gilles Sabrie,谢奕秋.缅甸新面孔[J].南风窗,2012,25:54—57.

尹鸿伟.果敢艰难融入缅甸[J].大经贸,2012,12:72—77.

扈琼瑶.缅甸"新政"及前景[J].和平与发展,2012,02:38—44+71.

罗圣荣,汪爱平.缅北果敢冲突与中国西南安全[J].世界民族,2011,01:20—26.

亨凯.缅甸旧面孔中的新气象[J].南风窗,2011,06:90—91.

王思祺.从最后的军人总理到首任文人总统——缅甸总统吴登盛小记[J].当代世界,2011,04:61—63.

李晨阳.缅甸新政府的变与不变[J].世界知识,2011,09:32—33.

王子昌.进步还是倒退?——政治发展视野下的缅甸2010年选举[J].东南亚研究,2011,02:19—24.

李晨阳.缅甸:2010—2011年回顾与展望[J].东南亚纵横,2011,04:9—15.

肖建明.缅甸新政府面临的挑战与机遇[J].东南亚南亚研究,2011,02:1—5+92.

宋清润.缅甸大选及新政府成立对未来政局及中缅关系的影响[J].东南亚纵横,2011,07:41—46.

张铁根.从东南亚国家政府换届看其政治社会新发展[J].亚非纵横,2011,05:11—16+59+61.

白涛.缅甸成功实施"民主路线图"的原因与影响[J].新余学院学报,2011,05:18—21.

米良.试析缅甸大选以来外国投资制度的变化[J].云南大学学报(法学版),2014,01:133—136.

马燕冰.缅甸政治改革的进展与问题[J].和平与发展,2014,01:64—77+117.

罗圣荣.2013年缅甸形势学术研讨会综述[J].和平与发展,2014,01:91—95.

周绍永.缅甸在泰国对外政策中的地位[J].中外企业家,2014,03:263—264.

王子昌.2013年缅甸的政治发展[J].东南亚研究,2014,02:28—34.

廖亚辉.缅甸:2013年发展回顾与2014年展望[J].东南亚纵横,2014,03:22—29.

李晨阳,杨祥章."缅甸问题"的由来、形成、演变与实质[J].印度洋经济体研究,2014,03:4—19+157.

毕世鸿.缅甸民选政府上台后日缅关系的发展[J].印度洋经济体研究,2014,03:20—32+157.

潘峰.缅甸地缘战略价值分析[J].新西部(理论版),2014,10:172+83.

宋清润.缅甸民主转型的进展与挑战[J].国际研究参考,2014,05:32—38+13.

邓沛沛."虚弱国家"的形态和起源:以1988—2010年的缅甸为例[J].昆明理工大学学报(社会科学版),2014,05:28—34.

赵海建."文化外交热"背后的软实力较量[J].共产党员(河北),2014,14:46—47.

郭家骥.云南周边跨境民族文化交流互动与边疆繁荣稳定[J].云南社会科学,2015,06:117—122.

程宇航.正在走向变革的神秘邻邦——缅甸[J].老区建设,2015,21:55—58.

罗洁.微笑的莲花:国门刚刚打开的缅甸[J].世界知识,2015,22:34—37.

李晨阳.2015年大选:阳光即将照进缅甸?[J].世界知识,2015,23:26—28.

程东金.缅甸的新游戏[J].文化纵横,2015,06:10—11.

宁威.多方角力的缅甸大选[J].唯实,2015,12:87—90.

亨凯.缅北战事微妙影响大选[J].南风窗,2015,06:81—82.

李明波.缅甸的民主走得太快?[J].南风窗,2015,19:69—70.

亨凯.缅甸伐木案一波三折的内幕[J].南风窗,2015,17:68—69.

李栖.奥巴马政府对缅甸政策的演变及走向[J].现代国际关系,2015,12:22—28+65—66.

谢奕秋.缅甸大选巩发党为何惨败?[J].南风窗,2015,24:73—75.

甘正气.昂山素季:缅甸的普罗米修斯[J].人民之友,2012,07:63.

托马斯·富勒.昂山素季成为政客,光环褪色[J].公关世界,2013,04:35—37.

赵阳.以昂山素季为例分析政治家的新闻形象塑造[J].传播与版权,2015,07:173—175.

蒋玉山.政坛女杰昂山素季[J].决策,2012,05:74—75.

泰国

陈辉.泰式"民主":政府无奈军人干政——泰国历史上的第19次军事政变[J].华北民兵,2014,07:54—55.

军事政变再次冲击泰国[J].社会观察,2014,06:5.

李磊.新加坡与泰国医疗救助的经验及其启示[J].经济研究导刊,2012,03:213—214.

任一雄.英拉能否带泰国走出政权轮回的魔咒[J].人才资源开发,2012,01:100.

李燕宇."湄公河血案"的政治与法律分析[J].学习月刊,2012,02:13+70.

万悦容.泰国现代政治发展中军人集团演变轨迹释因[J].学术探索,2012,02:21—23.

陈建荣.2011年大选之后的泰国[J].东南亚研究,2012,02:44—48+57.

陈红升,李丹.泰国:2011—2012年回顾与展望[J].东南亚纵横,2012,04:8—13.

周方冶.泰国立宪君主政治权威兴衰的过程、原因与趋势[J].南洋问题研究,2012,02:29—36
   +55.

竹内隆夫,司韦.泰国的社会变动与东北部地区居民的应对[J].南洋资料译丛,2012,02:
   56—75.

潘玉萍.泰国动荡启示缺乏共识可能带来民主灾难[J].人民论坛,2012,18:49—51.

石发勇.不成熟的"市民社会"——当代泰国政治发展的一个研究视角[J].华东理工大学学报
   (社会科学版),2012,02:63—69+86.

房文博.现代化变革视角下的泰国政治秩序及民主困境探析[J].重庆科技学院学报(社会科学
   版),2012,13:17—19.

周方冶.泰国政治转型中的政商关系演化:过程、条件与前景[J].东南亚研究,2012,04:
   46—53.

张锡镇.论泰国民主之父比里·帕侬荣的民主思想[J].东南亚纵横,2012,08:21—27.

陈松涛.泰国的无国籍山民问题[J].东南亚南亚研究,2012,03:57—61+93—94.

刘常喜,王家榜.东南亚民主发展问题新论——以泰国为例[J].人民论坛,2012,32:242—243.

张洁,张莎.全球化下的泰国民主赤字[J].天水行政学院学报,2012,06:37—40.

程东金.泰国的政治戏剧[J].文化纵横,2015,05:10—11.

刘继荣.困境与出路:后发民主国家公共领域建构的反思——以泰国为例[J].学术论坛,2015,
   11:34—37.

赵聚军.福利民粹主义的生成逻辑及其政策实践——基于拉美地区和泰国的经验[J].政治学
   研究,2015,06:59—75.

埃里克·马丁内兹·库恩塔,艾姆·辛朋,姚键,邓丽娜.泰国民主的倒退:公民社会与政治体
   制的矛盾角色[J].南洋资料译丛,2015,04:43—57.

迈克尔·H.纳尔逊,杜洁,杨茜.关于泰国上议院的宪法论争:1997—2014年[J].南洋资料译
   丛,2015,04:27—42.

保罗·钱伯斯,杜洁,陈欣.东南亚的宪法变迁与安全部队:以泰国和缅甸为鉴[J].南洋资料译
   丛,2015,04:58—74.

常翔,代云祥.泰国过渡期改革大考[J].南风窗,2014,23:70—71.

龙晟,黄杰.泰国宪法法院的法治角色[J].河北法学,2014,01:163—168.

陈红升.泰国政治乱局新趋向[J].当代世界,2014,01:66—68.

憬怡.赦免法案引发泰国风暴[J].南风窗,2014,03:77—78.

湘溪.泰国民主之困[J].世界知识,2014,03:73.

周方冶.泰国政治持续动荡的结构性原因与发展前景[J].亚非纵横,2014,01:54—64+122
   +125.

周少来.民主制度如何才能成熟和稳定?——泰国"民主拉锯困境"剖析[J].当代世界,2014,03:44—46.

贾群林,宋劲松.印度尼西亚和泰国灾害管理体制的建立与发展[J].中国应急救援,2014,01:48—51.

刘杨钺.泰国的互联网发展及其政治影响[J].东南亚纵横,2014,01:39—44.

苏悦娟,孔璎红.TRIPS协议下的泰国地理标志保护制度研究[J].广西社会科学,2014,02:32—35.

瞿健文.泰国政治僵局:出路在哪儿[J].世界知识,2014,06:34—35.

宋清润.解析泰国政局之"乱"[J].同舟共进,2014,03:31—33.

杨光斌.挑战西方民主观念的埃及、泰国和乌克兰[J].理论导报,2014,04:64.

周方冶.泰国政治和解三大障碍[J].领导文萃,2014,07:33—37.

宋清润.悲情泰国的民主死结[J].人民论坛,2014,16:8.

代云祥,李重瑾.泰国选后政治角力转向[J].南风窗,2014,07:74—75.

宋清润.泰国的民主困境与出路[J].世界知识,2014,11:29—31.

刘霞.泰国:脆弱民主制的灾难性后果——基于SPS震荡波理论的解析[J].人民论坛·学术前沿,2014,07:13—20.

代云祥.泰国政变后要改掉"一人一票制"?[J].南风窗,2014,12:86—88.

陈红升.泰国:2013年回顾与2014年展望[J].东南亚纵横,2014,04:30—35.

杨帆.论泰国政治现代化初期未发生暴力革命之原因[J].东南亚研究,2014,03:27—32.

吴鹏飞,余鹏峰.泰国选举民主的困局与出路——以泰国看守政府为例[J].云南行政学院学报,2014,04:53—56.

龚浩群.社会变动之林:当代泰国公民身份的重构[J].开放时代,2014,03:181—197+8—9.

宋清润.军人总理巴育掌舵泰国[J].世界知识,2014,18:44—46.

韩硕.泰国人用颜色表达政治[J].共产党员(河北),2014,08:58.

黄莉娜.再论本国国民不引渡——从湄公河案对泰国军人的引渡谈起[J].法制与社会,2014,27:13—14.

赵海方.佛教对泰国政治现代化的影响[J].理论前沿,2014,09:312.

唐奇芳.泰国现代政治周期性动荡及其成因[J].理论视野,2014,07:64—68.

满其旺.泰国政治中的民粹主义[J].亚非纵横,2014,05:114—122+126+130.

张锡镇.泰国民主政治的悲哀与出路[J].和平与发展,2014,05:103—115+121.

李夏菲.西那瓦家族与泰国政治局势[J].东岳论丛,2014,06:183—186.

王庆忠.泰国街头政治运动的政治社会学分析[J].国际展望,2011,02:46—59+128—129.

龙晟.泰式宪政初探[J].广西大学学报(哲学社会科学版),2011,01:83—87.

张建中,任孟山.当民主遭遇威权政治:他信对泰国媒体的控制[J].国际新闻界,2011,02:94—99.

陈建荣.泰国2010年政治、经济和外交形势[J].东南亚研究,2011,02:37—41.

林成洋,谢冀源.法国与泰国政府主要领导人选举产生之比较研究[J].经营管理者,2011,09:127.

陈红升.泰国:2010—2011年回顾与展望[J].东南亚纵横,2011,03:40—46.

周方冶.泰国政治权力结构调整的动力、路径与困境[J].东南亚研究,2011,02:68—76.

陈利.泰国民主制度脆弱性之根源探析[J].国际论坛,2011,03:75—78+81.

马燕冰.泰国出了个女总理[J].世界知识,2011,14:40—41.

廖沛伶.泰国宪政:从威权政治到泰式民主[J].经营管理者,2011,13:126+118.

龚泽宣.泰国民主乱局与政治学理论界的集体失语症——泰国民主政治危机的共和主义视角
[J].东南亚研究,2011,03:26—32.

周方冶.泰国首位女总理的三大考验[J].人民论坛,2011,22:54—55.

肖剑.泰国:"民主标杆"的困境[J].检察风云,2011,15:32—34.

储昭根.泰国政治和解的新希望[J].检察风云,2011,16:30—32.

英拉与泰国的未来[J].商周刊,2011,16:22—23.

史先振,高丽.泰国大选:为泰党何以击败民主党?[J].理论导报,2011,07:60.

侯隽.泰国首位美女总理迎来新变数"信他妹"神话[J].中国经济周刊,2011,28:68—70.

马克·阿斯丘,许丽丽.泰国南部的叛乱与暴力市场——非战非和[J].南洋资料译丛,2011,
03:39—51.

林志亮,陈碧兰,谢金凤.泰国南疆地区暴力袭击活动的特点及成因分析[J].东南亚研究,
2012,06:4—13.

周方冶.政治转型中的制度因素:泰国选举制度改革研究[J].南洋问题研究,2011,03:1—12
+39.

李雅洁,张丽.泰国现代政治发展研究综述[J].经济视角(中旬),2011,02:117.

憬怡.女总理代兄从政的乐与愁[J].南风窗,2011,22:88—89.

张铁根.从东南亚国家政府换届看其政治社会新发展[J].亚非纵横,2011,05:11—16+59
+61.

宋清润.泰国首位女总理英拉[J].国际资料信息,2011,08:31—33.

肖剑.腐败让泰国陷入困境[J].廉政瞭望,2011,11:58—59.

任一雄.英拉能否带泰国走出政权轮回的"魔咒"?[J].领导文萃,2011,21:29—31.

李琪,宋茜.自由与权威:宪法政府的悖论与前景——以"泰国政变"为切入点[J].南阳师范学
院学报,2011,11:29—33.

解西梧.论民主需要法制来保障——简析泰国动乱[J].现代商贸工业,2011,22:267.

邵建平.浅论泰国境内的缅甸难民问题[J].东南亚研究,2011,06:35—41.

谢方皓.特殊弱势群体人权保护的思考——以泰国"人妖"为例[J].法制与经济(下旬),2011,
12:243—244.

刘一平.论泰国宪政的演变和特点[J].思想战线,2011,S2:251—253.

唐逸如.英拉的泰国能否和解?[J].社会观察,2011,08:72—73.

闫彬彬.泰国首位女总理英拉及其形象塑造[J].新闻世界,2013,03:156—157.

苏克礼·朗普特,翁昕.泰南冲突2012:暴力的升级与平叛的失败[J].东南亚研究,2013,02:
44—47.

王玉娟,夏玉清.从传统到现代:二战后泰国与缅甸国家发展道路比较研究[J].学术探索,
2013,05:15—19.

李姝.试析泰国的不平等问题[J].楚雄师范学院学报,2013,04:54—58.

陈红升.泰国:2012—2013年回顾与展望[J].东南亚纵横,2013,04:40—45.

庄国土.文化相似性和中泰关系:历史的视角[J].华侨大学学报(哲学社会科学版),2013,02:

5—14.

叶麒麟.族群政治、民族政治与国家整合——泰国南部动乱问题的解析[J].武汉大学学报(哲学社会科学版),2013,04:37—42.

杨洋.论国际法院对隆端寺案的判决[J].宁夏大学学报(人文社会科学版),2013,03:81—87.

胡微微.泰国民主政治运转中的困境及其原因研究[J].北京航空航天大学学报(社会科学版),2013,04:7—12.

陶建国,时阳.泰国知识产权侵权纠纷解决制度及启示[J].保定学院学报,2013,03:35—39.

汪爱平,MYOTHEIN.泰缅边境的缅甸难民问题[J].东南亚纵横,2013,06:24—28.

孙广勇.泰国美女总理英拉[J].国际人才交流,2013,09:32—34.

魏莉.泰国民主困境的政治角色解析[J].湖北文理学院学报,2013,07:32—37.

罗敏.中国政府引渡审判湄公河案中九名泰国军人的可能性分析[J].云南警官学院学报,2013,05:62—66.

杜洁,薄文泽.泰国家族制度演变及其启示——基于庇护关系分析[J].人民论坛,2013,29:20—23+256.

周方冶.泰国公职人员财产申报制度建设的成效、经验与瓶颈[J].东南亚研究,2013,05:4—10.

周方冶.泰国政治和解三大障碍[J].南风窗,2013,26:82—83.

瞿健文."泰式民主"再遇街头政治考验[J].世界知识,2013,24:30—31.

周喜梅.泰国物权变动与交易安全保护制度研究[J].广西社会科学,2013,12:56—61.

泰国国会否决对英拉不信任案,动荡局势仍然持续[J].中国投资,2013,12:13.

泰国反英拉示威[J].南风窗,2013,25:27.

周方冶.泰国宪政体制多元化的进程、动力与前景[J].南洋问题研究,2013,04:20—31.

罗圣荣,汪爱平.浅析泰缅边境的缅甸难民问题:缘起、现状及影响[J].南洋问题研究,2013,04:61—67.

宋清润.泰国动荡政局评析[J].国际研究参考,2013,12:42—46+15.

王振华.路径依赖与西方式民主的矛盾——以全球民主浪潮下的泰国政治为例[J].学理论,2014,21:30—31.

顾长永,萧文轩.东南亚局势变迁中的"国族共同体"演进——泰国越南移民处境变化的历史分析[J].人民论坛·学术前沿,2014,21:74—85.

高荣伟.泰国:英拉身陷大米收购案[J].检察风云,2015,07:58—59.

陆建人.历史与现实的碰撞:泰国军事政变[J].广西大学学报(哲学社会科学版),2015,02:96—101+120.

张锡镇,宋清润.21世纪泰国民主困局与多重挑战[J].人民论坛·学术前沿,2015,06:84—95.

马云.泰国政局对东盟地缘政治的影响[J].文山学院学报,2015,02:109—112.

王程.泰国政治动乱原因研究[J].和平与发展,2015,03:97—109+114.

陈红升.泰国:2014年发展回顾与2015年展望[J].东南亚纵横,2015,04:23—28.

马银福.论泰国庇护制及其对民主政治的影响[J].绵阳师范学院学报,2015,07:145—150.

邹娅妮.困境中的英拉政府与泰国的"民主政治"[J].人民公仆,2014,03:77—80.

米良.论泰国曼谷王朝初期的法律整理及法制改革[J].云南大学学报(法学版),2015,04:

131—134.

周绍永.后冷战时代泰国对"缅甸问题"的认知[J].黑河学院学报,2015,04:111—114.

泰国王抱恙引王位继承讨论[J].社会观察,2015,10:5.

刘嘉玲.对泰国军政府实行民主的探讨[J].东南亚纵横,2015,09:19—22.

阳举伟,何平.泰国民族国家建构模式探究——基于民族国家构成要素的分析[J].东南亚南亚研究,2015,03:90—98+110.

周方冶.20世纪中后期以来泰国发展模式变革的进程、路径与前景[J].东南亚研究,2015,05:16—24+34.

邓肯·麦卡戈,杜洁,杨茜.关于泰国司法化的诸种不同观念[J].东南亚研究,2015,05:25—34.

新加坡

范立强.新加坡的民族整合——以公共住房模式为视角[J].民族论坛,2014,09:29—34.

田芸.新加坡廉政文化建设及其启示[J].经济研究导刊,2014,32:261—263.

冯凡彦.新加坡隐性思想政治教育的实施策略及启示[J].前沿,2014,ZC:13—15.

孟德文.浅谈思想政治教育社会化的几点思考——以新加坡为例[J].经营管理者,2014,36:392.

周少来.国家治理:中国能从新加坡学习什么?[J].青海社会科学,2014,06:15—18+2.

吕元礼.新加坡的一党治理模式长期执政的人民行动党如何做到"无处可见,无所不在"——"国家过大,社会过小"引发的衰落风险,会不会推动其由威权治理走向民主治理[J].国家治理,2014,22:21—26.

田芸.新加坡廉政文化建设研究[J].学理论,2014,34:54—55.

李萍.新加坡公民道德建设及其反思[J].徐州工程学院学报(社会科学版),2015,01:23—28.

谭鹏.国家治理现代化的新加坡经验[J].宁夏党校学报,2015,01:25—29.

毛春合.新加坡威权政治下的治国之道[J].未来与发展,2015,01:30—35+16.

于文轩,吴进进.反腐败政策的奇迹:新加坡经验及对中国的启示[J].公共行政评论,2014,05:131—154+191—192.

宋伟.亚太国家和地区廉政治理比较研究——以新加坡、中国香港、美国、韩国为例[J].国外社会科学,2014,05:36—41.

魏炜.新加坡社会政策理念探析[J].赣南师范学院学报,2014,04:38—41.

陈文,孔德勇,黄卫平.新加坡权力制约与监督的做法和经验[J].中国党政干部论坛,2015,03:31—34.

施晓慧,王天乐.新加坡何以成就融洽社区[J].决策探索(下半月),2015,02:84.

孙景峰,于保军.2011年新加坡大选与人民行动党的自我更新[J].四川师范大学学报(社会科学版),2015,02:36—42.

曹雨真.新加坡如何破解"塔西佗陷阱"[J].四川党的建设(城市版),2015,03:75.

安瑞.试论新加坡的立法与国家治理模式[J].法制博览,2015,06:161—162.

谭鹏.国家治理现代化的新加坡经验[J].广东省社会主义学院学报,2015,01:96—101.

Eddie,陈威亢,康琴.再见,李先生,谢谢你——一名新加坡国民写在李光耀逝世时的话[J].廉政瞭望,2015,04:63.

新加坡前总理李光耀病逝[J].经济导刊,2015,04:7.

崔翔.新加坡国家治理模式的主要特点、做法及启示[J].当代世界与社会主义,2015,02:
　　18—22.

本刊编者.新加坡地方政府治理现代化经验[J].管理观察,2015,05:38.

张党琼.论新加坡政府的舆论经营之道[J].保山学院学报,2015,01:82—85.

吕元礼,陈飞帆,张彭强.新加坡国会议事大厅的制度安排[J].中国人大,2015,09:54—55.

沈海平."新加坡模式"的启示[J].决策探索(下半月),2015,04:80.

廖健.法治视阈下新加坡社会治理模式及启示[J].理论视野,2015,04:70—73.

谭鹏.国家治理现代化的新加坡模式及其启示[J].辽宁行政学院学报,2015,03:19—24.

吕元礼.新加坡严惩"微型贪腐"举措及其效应[J].人民论坛,2015,13:64—67.

汪晴.论新加坡秩序建设对中国行政体制改革的启示[J].成都理工大学学报(社会科学版),
　　2015,03:71—76.

胡安琪.2014年新加坡:政治、经济与外交[J].东南亚研究,2015,02:62—68.

陈纳慧,何包钢,刘宏.中国知识分子观念中的李光耀图谱[J].东南亚研究,2015,02:78—86.

罗梅.新加坡:2014年回顾与2015年展望[J].东南亚纵横,2015,03:25—30.

徐华平,吴玲玲.新加坡廉政建设的思考(上)——兼析新加坡对廉政的追求与坚持[J].当代江
　　西,2015,04:46—47.

马亮.大数据技术何以创新公共治理?——新加坡智慧国案例研究[J].电子政务,2015,05:
　　2—9.

司乾.新加坡,窗户掉了要坐牢[J].财会月刊,2013,32:7.

李光耀:新加坡"国父"逝世[J].中国外汇,2015,07:12.

贾雯,姜守明.新加坡:个人本位型的现代化[J].哈尔滨师范大学社会科学学报,2015,02:
　　32—35.

陈文,黄卫平.长期执政与政党适应能力建设——新加坡与马来西亚政局发展的比较分析[J].
　　经济社会体制比较,2015,03:126—136.

新加坡国立大学李光耀公共政策学院院长马凯硕——新加坡的"李光耀遗产"[J].领导决策信
　　息,2015,12:17.

鞠华.新加坡人民行动党经济建设思想及启示[J].求实,2015,06:30—37.

李路曲,张飞龙.新加坡国家治理的特色及启示[J].当代世界,2015,08:52—55.

孙志伟.由槟城"分离运动"到新加坡会议——战后初期英国对马来亚华人决策轨迹分析
　　(1945—1949)[J].南洋问题研究,2015,02:74—80.

王利雪.刍议新加坡人民行动党对大众传媒的管制与共同价值观的推行[J].宁波广播电视大
　　学学报,2015,02:74—78.

钟秀娟.反腐"新常态"下香港地区与新加坡腐败治理的经验与启示[J].四川行政学院学报,
　　2015,03:46—49.

吕元礼.问政李光耀:新加坡如何有效治理?[J].天津人大,2015,06:49.

张志雄,孙建娥.新加坡廉洁公金制度对我国进一步深化公务员养老金制度改革的启示——基
　　于新加坡廉洁公金的功效视角[J].社会福利(理论版),2015,07:42—47.

钟龙彪.新加坡工作福利制的特征、优点与启示[J].天津行政学院学报,2015,04:107—111.

隋芳莉.新加坡社会公德建设的法律规范及其启示[J].改革与开放,2015,12:54—55＋57.

郑海兵.新加坡构建政府权威的三大基石及启示[J].长白学刊,2015,04:73—77.

徐华平,吴玲玲.新加坡廉政建设的思考(下)[J].当代江西,2015,05:14—15.

查雯.新加坡的"禁令"为何能行之有效[J].共产党员(河北),2015,13:55.

李路曲.新加坡与中国政治发展路径的比较分析[J].政治学研究,2015,03:3—14.

方成,胡峰.新加坡中央公积金制度探究[J].人民论坛,2015,23:244—246.

韩洋.新加坡法治反腐的经验及启示[J].上海党史与党建,2015,08:58—60.

王新松.公民参与及基层组织对新加坡人民行动党政策响应的影响[J].社会主义研究,2015,
    04:135—141.

肯特·考尔德,晓舟."世界实验室"——新加坡之父的遗赠[J].博鳌观察,2015,03:80—83.

吕元礼,张彭强.全国对话会与新加坡协商式民主[J].河南师范大学学报(哲学社会科学版),
    2015,05:56—59.

马福运,秦慧婷.经验与启示:中国学者视野中的新加坡廉政建设[J].河南师范大学学报(哲学
    社会科学版),2015,05:60—64.

高峰.新加坡为何能成为廉洁的表率?[J].求知,2015,08:58—59.

李鑫.新加坡社区管理服务"3P模式"研究及其启示[J].求索,2015,08:19—23.

兰华,蒋薇.新权威主义视角下新加坡公共权力监督制约机制研究[J].山东社会科学,2015,
    09:149—153+165.

贾雯.新加坡——权威型现代化对中国的启示[J].赤峰学院学报(汉文哲学社会科学版),
    2015,09:107—109.

张宏杰.新加坡反腐仅仅靠高薪吗[J].英才,2015,10:102—103.

常辉.新加坡人民行动党推动政党治理现代化的探索及其启示[J].岭南学刊,2015,05:
    77—82.

姜军,董娟,刘婷.新加坡政策性住房养老制度的经验启示[J].中国市场,2015,39:139—140.

曹岳,翟崑.新加坡国会选举释放出怎样的信号[J].世界知识,2015,19:28—29.

王杰,王家宝.新加坡以大换小"以房养老"方式分析及其启示[J].社会福利(理论版),2015,
    08:27—29+34.

吕元礼,张彭强.新加坡如何让官员"能下"[J].人民论坛,2015,28:70—72.

孙景峰,刘佳宝.新加坡政治选举视域下的东西方文化融合[J].深圳大学学报(人文社会科学
    版),2015,05:6—13.

吕美琛.新时期新加坡治安管理机制探析[J].广州市公安管理干部学院学报,2015,03:
    28—33.

周衍冰.新加坡凝聚社会共识的成功做法[J].长春市委党校学报,2015,05:64.

吕元礼.兼顾正当性、认受性与合理性——新加坡协商治理的一个经典案例[J].社会治理,
    2015,02:146—151.

刘世伟.新加坡高薪养廉制度的经验与启示[J].廉政文化研究,2015,05:77—81.

陆蓓蓓.新加坡旅游业发展中的政府行为对我国的启示[J].旅游纵览(下半月),2015,10:
    186—187.

王锐园.新加坡禁毒工作的有益经验[J].公安教育,2015,11:75—78.

张英娜.新加坡政治模式转型[J].经营管理者,2015,26:302.

谢俊波.新加坡公务员财产申报制度与借鉴[J].经营管理者,2015,30:329.

范永茂.以共同价值观凝聚国家:来自新加坡的经验[J].新视野,2015,05:117—121.

孙嘉星.新加坡人民行动党落实群众路线的经验借鉴[J].河北省社会主义学院学报,2015,04: 75—78.

曹琼.新加坡人民行动党获取民众政治认同的探析[J].上海党史与党建,2015,11:60—62.

李晓兵.新加坡大选开启"后李光耀时代"[J].山东人大工作,2015,10:60.

唐树备,张桦.李光耀促成汪辜在新加坡会谈[J].当代广西,2015,22:58.

周薇,黄道光.解读新加坡老年社会福利:基于中央公积金制度之外的思考[J].东南亚研究, 2015,05:10—15.

张大伟,周敬青.新加坡人民行动党"法治反腐"的实践经验和现实启示[J].东南学术,2015, 06:64—69.

陈济朋.新加坡"高薪养廉"实情[J].领导科学,2014,04:21.

康永超.新加坡人民行动党的执政方略与启示[J].沧桑,2014,01:213—216.

宫晓雁.新加坡制度研究[J].法制博览(中旬刊),2014,03:196—197.

刘国新,刘瑜.新加坡廉政建设的主要制度架构及启示[J].吉林师范大学学报(人文社会科学 版),2014,02:118—121.

李雪如.文化视阈中的新加坡廉政建设及其启示[J].哈尔滨学院学报,2014,02:39—42.

杨达昆.新加坡廉政建设的成效及启示[J].安阳工学院学报,2014,01:41—43.

罗雪飞.论新加坡的"选举民本权威主义"政治[J].武汉科技大学学报(社会科学版),2014,02: 176—180.

卢艳兰.论新加坡核心价值观教育的制度保障机制[J].学校党建与思想教育,2014,07: 94—96.

高荣伟.新加坡的远见[J].杭州(我们),2014,01:41—43.

李耀锋.论公共政策的价值导向与道德治理——以新加坡社会公共政策的道德引导为例[J]. 上海交通大学学报(哲学社会科学版),2014,03:51—59.

易承志.新加坡大都市政府治理机制运行实践与启示[J].天府新论,2014,02:107—113.

王江雨.法治才是新加坡的"最长板"[J].同舟共进,2014,04:10—14.

刘宇苓.新加坡观察:浅释四位一体成功乐龄化框架[J].特区经济,2014,05:134—135.

谢伟.借鉴新加坡先进理念推动我国社会治理创新[J].探求,2014,02:68—73.

胡安琪.2013年新加坡:政治、经济与外交[J].东南亚研究,2014,02:55—60.

黄靖.中国向新加坡学什么——大国战略视角下的小国经验[J].人民论坛·学术前沿,2014, 07:21—27.

王江雨.新加坡人为什么抱怨公积金?[J].南风窗,2014,13:32—34.

罗梅.新加坡:2013年发展回顾与2014年展望[J].东南亚纵横,2014,03:10—16.

林玲,白苏娣,彭宗祥.新加坡高校德育课程设置评析[J].法制博览(中旬刊),2014,07:315— 316+254.

周文华.新加坡公务员的职业价值观建设机制及启示[J].中共福建省委党校学报,2014,07: 34—38.

张友国,林培源.哈萨克斯坦和新加坡威权政治体制的比较分析及启示[J].北京科技大学学报 (社会科学版),2014,02:106—111.

吕小玉,冯艳.新加坡的文化再生运动研究与启示[J].广西教育学院学报,2014,02:33—36.

谢晓光,公为明.韩国与新加坡民主化进程比较分析[J].辽东学院学报(社会科学版),2014,04:39—43.

李骥.治理与稳定:转型时期新加坡政府的挑战和应对[J].厦门特区党校学报,2014,03:45—51.

刘昕,柴茂昌,董克用.新加坡公务员薪酬平衡比较机制及其启示[J].经济社会体制比较,2014,04:59—67.

邓歆怡.新加坡公务员日常考核的具体做法[J].人力资源管理,2014,08:25.

胡月星.新加坡、韩国在创建完善公民利益诉求机制上的探索[J].行政管理改革,2014,08:82—85.

魏炜.新加坡的社会政策:理念与实践[J].社会学评论,2014,04:65—72.

韦如梅.城市治理中的公民参与:新加坡经验的中国借鉴[J].湖北社会科学,2014,08:51—54.

王峥.新加坡警务培训员制度考察及经验启示[J].广西警官高等专科学校学报,2014,04:19—22.

李爱华,姜旭艳.新加坡慈善组织会计信息监管对我国的启示[J].财会月刊,2014,16:98—100.

陆绮雯,任翀.新加坡经验:用经济杠杆缓解交通拥堵[J].决策探索(上半月),2014,07:72—73.

魏炜.英属时期新加坡的社会政策[J].南洋问题研究,2014,03:73—82.

王勇.新加坡廉政文化传播的经验及启示[J].现代视听,2014,08:24—29.

吕维纲.新加坡2011年国会选举探析[J].法制与社会,2014,32:145—146.

苏玉超,黄红发.新加坡培育和践行其"共同价值观"的经验与启示[J].前沿,2014,ZA:19—25.

赵思洋.国际社会影响下的新加坡国家认同的变迁与现状[J].东南亚南亚研究,2014,03:96—101+110.

刘宸.中国和新加坡反腐制度的比较研究——以权力结构为视角[J].安徽行政学院学报,2014,04:60—66.

李静,王晓燕.新加坡网络内容管理的经验及启示[J].东南亚研究,2014,05:27—34.

姚春德.日本和新加坡社会保障制度比较[J].人力资源管理,2013,01:30—32.

王原.新加坡的可持续发展教育与创新[J].教育教学论坛,2013,04:1—2.

严苍.新加坡模式的形成与持续[J].文化纵横,2013,02:46—51.

陈九霖.我眼中的新加坡"经验"[J].中国党政干部论坛,2013,04:100.

朱雄.国家自主性与新加坡国家构建探析[J].武汉大学学报(哲学社会科学版),2013,02:44—48.

余定猛.新加坡社区警务制度研究——兼论我国大城市社区警务制度建设[J].上海公安高等专科学校学报,2013,01:92—96.

詹国彬.新加坡公立医院体制改革及其对我国的启示[J].东南亚研究,2013,01:17—23.

陈强,黄红星.试析新加坡的文化软实力[J].东南亚纵横,2013,01:63—68.

兰大贤.新加坡惩治和预防腐败的经验与启示[J].沧桑,2013,02:119—122.

罗梅.新加坡:2012—2013年回顾与展望[J].东南亚纵横,2013,03:42—48.

钟龙彪,赵晓呼.动态治理框架下新加坡领导人才培训模式及启示[J].天津行政学院学报,

2013,03:107—112.

杨业玲.新加坡制度反腐与文化防腐对我国的启示[J].中共伊犁州委党校学报,2013,02:47—49.

杜海波.新加坡社会保障体系的特点[J].劳动保障世界(理论版),2013,03:95—96.

陈九霖.新加坡模式不可复制[J].领导文萃,2013,10:33—35.

汪江平.新加坡反贪机构组成及经验借鉴[J].法制与经济(中旬),2013,05:108+111.

魏明枢.张振勋"代理"新加坡总领事考[J].嘉应学院学报,2013,03:5—11.

孙景峰,端木凡昌.新加坡选举文化优化探析——以2011年国会大选为例[J].社会科学研究,2013,03:36—41.

杨达昆.影响新加坡政治的关键因素[J].才智,2013,14:231+233.

李林.新加坡"智慧岛"建设经验与启示(连载二)[J].中国信息界,2013,04:58—63.

屈亚,赵红志.重在执行:新加坡行政伦理建设的启示[J].学习月刊,2013,14:27—28.

吕元礼.重新思考新加坡模式[J].时代金融,2013,16:36—40.

张红星.新加坡公共服务模式对我国的启示——基于网络化治理视角的分析[J].东南亚纵横,2013,05:55—59.

范磊.新加坡政治新生态与选举政治——基于2013年榜鹅东选区补选分析[J].当代世界社会主义问题,2013,02:115—127.

刘志伟.新加坡社会治理经验与启示[J].行政管理改革,2013,08:66—70.

黄然强.借鉴新加坡经验深化服务型政府建设[J].今日中国论坛,2013,15:15—16.

陈超,李响.全球化时代下国家转型的多样性:对新加坡经验的再反思[J].南洋问题研究,2013,03:32—40.

邹振东.新加坡式官话套话[J].领导文萃,2013,20:76—78.

曹爽.新加坡电子政务发展的启示[J].商,2013,15:308—309.

梅少粉.在权威与精英之间:新加坡政治运行的内在逻辑分析[J].贵阳市委党校学报,2013,04:29—33.

郑永年.解读新加坡模式[J].中国党政干部论坛,2013,10:93—94.

卢艳兰.以文化人:构筑和谐社会的价值基石——论新加坡共同价值观教育及对当代中国的启示[J].学术论坛,2013,08:37—40.

周岑银.新加坡民主模式:制度设计与经验启示——一种混合民主政体的考察[J].理论研究,2013,05:45—49.

李双双,闫小沛.新加坡财产申报制度探析[J].学理论,2013,26:31—32.

田湘波.新加坡和香港廉洁政府建设的经验与启示[J].湖湘论坛,2013,06:108—112.

吕元礼.论新加坡模式与新加坡式民主[J].城市观察,2011,01:15—21+144.

李路曲.略论新加坡的政治发展模式[J].城市观察,2011,01:22—31.

余宁,陈默.新加坡警察制度比较研究[J].云南警官学院学报,2011,02:104—108.

乐波,朱爱平.新加坡环境友好型社会建设的经验与启示[J].江汉大学学报(社会科学版),2011,01:54—58.

崔晶,张梦中.公共服务视角下的新加坡政府改革[J].中国行政管理,2011,02:89—93.

王俊华.新加坡共同价值观的建设及启示[J].上海市社会主义学院学报,2011,02:58—62.

王继雨.新加坡推进社会建设的经验[J].理论参考,2011,03:53—55.

罗梅.新加坡：2010—2011年回顾与展望[J].东南亚纵横,2011,03:34—39.

胡安琪.新加坡2010年经济、政治、外交形势回顾与展望[J].东南亚研究,2011,02:49—54.

李光耀与"新加坡模式"[J].商周刊,2011,11:128—131.

王江雨.大选直击：新加坡没有民主吗？[J].南风窗,2011,11:32—36.

曾子越.新加坡是优质民主——专访新加坡国立大学东亚研究所所长郑永年教授[J].南风窗,
　　2011,11:41—43.

薄智跃.新加坡大选与政治文化变迁[J].南风窗,2011,12:8.

郝大卫.新加坡廉政建设带来的启示[J].经济研究导刊,2011,13:221—222.

李文.新加坡大选：威权模式变脸[J].人民论坛,2011,16:52—54.

李晨阳.新加坡政治的分水岭——近观新加坡大选[J].世界知识,2011,11:28—30.

曾鹏,陈剩勇.如何促进社会团结？——新加坡促进社会团结的社会管理经验及其启示[J].浙
　　江社会科学,2011,06:95—100+158.

蒋红军.制度约束、多元机制及政策选择——从新加坡高级官员监督经验看我国党政一把手监
　　督[J].云南行政学院学报,2011,03:114—117.

夏宝君.新加坡政府网络信息传播平台建设的策略与启示[J].东南亚研究,2011,03:44—48.

崔晶.新加坡法定机构的运营模式及启示[J].东南亚纵横,2011,06:50—54.

罗德智.论政治发展的影响因素——以新加坡国家构建为例[J].商业文化(上半月),2011,08:
　　383—384.

新加坡电子政府迈向新旅程[J].中国电信业,2011,07:70—71.

何晓裴.新加坡社会组织考察[J].群文天地,2011,16:263—264.

夏玉清.试论新加坡组屋政策与国家认同[J].河南师范大学学报(哲学社会科学版),2011,04:
　　152—156.

毕瑞峰.论新加坡政府治理的成效与经验借鉴[J].中共珠海市委党校珠海市行政学院学报,
　　2011,04:35—39+56.

黄卫平,陈家喜,陈文.从新加坡大选看执政党建设的新理念[J].领导科学,2011,22:14—16.

万朝珠.单中心科层制治理模式及对我国的启示——基于新加坡实践[J].辽宁行政学院学报,
　　2011,09:5—7.

王群.新加坡议员接待选民制度及其启示[J].人大研究,2011,10:35—37.

向新加坡学习什么[J].山东人大工作,2011,08:64.

张广勇.新加坡如何预防和治理腐败[J].中国监察,2011,19:60—61.

刘子平.新加坡反腐倡廉的经验及启示[J].东南亚纵横,2011,10:58—61.

廖小健.新加坡外籍员工政策的变化及影响[J].东南亚纵横,2011,10:62—65.

徐胜平.新加坡政府公务员的培训与启示[J].中国检察官,2011,17:19—20.

马福运.民主、威权还是专制？——中国学者对新加坡民主的评述[J].长白学刊,2011,06:
　　20—25.

赵欢.新加坡核心价值观建设对我国的启示[J].重庆电子工程职业学院学报,2011,04:
　　115—117.

暨佩娟.新加坡人才立国战略如何凸显奇效？[J].国际人才交流,2011,11:29—31.

张冬杨.新加坡电子政府的成功之路[J].物联网技术,2011,09:5—7.

肖宇.国家认同与腐败治理：新加坡的经验及其启示[J].中共浙江省委党校学报,2011,05:

52—58.

殷利梅.新加坡电子政务总体规划(2011—2015)及启示[J].信息化建设,2011,11:38—41.

杨丽丽,蒋稳.新加坡政府实用理性主义治国方略及启示[J].辽宁教育行政学院学报,2011,06:12—14.

曹雅琪.论新加坡中央公积金制度及对我国的启示[J].商品与质量,2011,SC:104—105.

庄礼伟.越南与新加坡:两种政治模式下的民主方程式[J].大经贸,2011,10:30—32.

李路曲.新加坡 2011 年大选与政治发展模式[J].当代世界社会主义问题,2011,04:67—81.

陈兴锐.肇基于国情、政情的新加坡公务员制度[J].重庆行政(公共论坛),2011,06:74—77.

朱建明.借鉴新加坡经验加强公务员队伍行政效能建设[J].中国检验检疫,2012,01:25—26.

荆林波,贾俐贞.新加坡医疗保障制度的基本情况与经验[J].中国党政干部论坛,2012,03:55+62.

姚迈新.加强和完善社会管理的路径研究——基于新加坡社会管理经验的思考与分析[J].天水行政学院学报,2012,01:7—12.

曾凡星.韩国、日本与新加坡构建社会核心价值观途径研究[J].上海党史与党建,2012,03:60—62.

麻雪峰.韩国和新加坡民主化进程比较研究[J].党政干部学刊,2012,02:23—26.

蒋欢.新加坡志愿服务保障机制及其对中国的启示[J].北方文学(下半月),2012,03:200—201.

胡若雨.新加坡实用主义公共政策评析[J].中国行政管理,2012,04:95—98.

韦红,谢伟民.新加坡集选区制度初探[J].南洋问题研究,2012,01:47—54.

孙景峰,匡竞.试论新加坡人民行动党忧患意识的生成逻辑[J].河南师范大学学报(哲学社会科学版),2012,02:51—55.

徐鸣.透视新加坡政府的"高薪养廉"——对"高薪养廉"的质疑及分析[J].理论建设,2012,01:11—13.

胡忠明.新加坡政党制度的特点和优点[J].理论建设,2012,01:16—17.

黄卫平,陈文.2011 年新加坡大选的观察与思考——兼论一党长期执政如何直面竞争性选举挑战[J].中共四川省委省级机关党校学报,2012,02:48—53.

崔冰.新加坡的公务员制度及其启示[J].人民论坛,2012,08:172—173.

平欣光.新加坡政府战略管理对广州科学发展的启示[J].探求,2012,02:90—95.

刘渝梅.政治文化视角下的新加坡政党政治及其转型[J].南京社会科学,2012,05:72—77.

张青连.新加坡思想政治教育对构建民族地区和谐社会的启示[J].内蒙古民族大学学报(社会科学版),2012,02:85—89.

梁凤美.论社会主义核心价值观的构建——从新加坡的五大共同价值观谈起[J].南华大学学报(社会科学版),2012,02:21—23+71.

罗梅.新加坡:2011—2012 年回顾与展望[J].东南亚纵横,2012,03:37—43.

吴晓虹,朱兆华.新加坡威权政治的发展历程与启示[J].池州学院学报,2012,01:41—43+64.

胡安琪.2011 年新加坡:政治、经济与外交[J].东南亚研究,2012,02:58—62+69.

姚家庆,唐翀.新加坡廉能政府建设的经验及启示[J].东南亚研究,2012,02:70—75.

郭林.四维环境视角下新加坡中央公积金制度之变迁及其启示研究[J].南洋问题研究,2012,02:18—28.

韩锐,李景平.新加坡公务员中央公积金制度及其启示[J].理论与改革,2012,03:99—102.

刘婷.威权政治和多元文化语境下新加坡政府的媒介观[J].东南传播,2012,05:32—34.

孙景峰,陈倩琳.2011年新加坡大选中工人党的竞选策略探析[J].南洋问题研究,2012,02:37—44.

李威.新加坡促进科技创新的实践及启示[J].安徽科技,2012,05:53—54.

曲延平.新加坡经验与深圳廉洁法治城市建设[J].特区实践与理论,2012,03:71—72+79.

李炳毅,吕文丽.从"工具理性"视野看新加坡的廉政制度建设[J].中共云南省委党校学报,2012,03:175—177.

黎莉.新加坡反腐败的经验及启示[J].行政事业资产与财务,2012,10:225—226.

丁可锋.中国与新加坡公务员制度比较与借鉴意义[J].中小企业管理与科技(上旬刊),2012,06:67—68.

崔冰.中国与新加坡行政价值观之比较[J].人民论坛,2012,17:238—239.

林康.借鉴新加坡经验提升电子政府建设水平[J].信息技术与信息化,2012,03:11—13.

龚浔泽.新加坡的生存之道[J].南风窗,2012,16:75—77.

曾巧.精英政治文化背景下的廉政建设——以新加坡为例[J].河南社会科学,2012,10:9—11.

张党琼.新加坡:小国大智[J].今日民族,2012,05:27—30.

张宝春.新加坡辅助警察制度研究[J].大庆社会科学,2012,05:127—132.

宋雄伟.新加坡建设服务型政府的经验[J].决策探索(上半月),2012,11:74—75.

舒艾香,李妙颜,崔巧霞.新加坡的廉政机制及其启示[J].廉政文化研究,2012,05:73—77.

许开轶,王洪涛.新加坡维护政治稳定的经验分析[J].长白学刊,2012,06:41—44.

刘衍玲.浅析东南亚国家"威权政治"中的民主化因素——以新加坡"威权政治"为例[J].宝鸡文理学院学报(社会科学版),2012,S1:132—135.

彭博,张锐昕.新加坡行政服务中心建设的内容、特点和启示[J].电子政务,2012,11:54—66.

袁方成,耿静.从政府主导到社会主导:城市基层治理单元的再造——以新加坡社区发展为参照[J].城市观察,2012,06:124—134.

宋效峰.新加坡的"好政府"模式与社会管理:经验与反思[J].社会主义研究,2012,06:133—137.

刘宜武.新加坡警务工作管理经验和启示[J].山东警察学院学报,2012,06:127—131.

程海亮,韩俊丽.构建多元性腐败治理体系的理论探索与实践尝试——新加坡、香港肃贪的成功经验及其借鉴意义[J].内蒙古社会科学(汉文版),2012,06:12—17.

合田美穗,司韦.新加坡华人的宗教信仰[J].南洋资料译丛,2012,04:63—65.

夏波.新加坡人民行动党科学治党的经验借鉴[J].辽宁行政学院学报,2012,12:91—92.

刘宜武.新加坡警务工作管理经验和启示[J].中共济南市委党校学报,2012,05:121—124.

赵虎吉,毛翔.新加坡:托管式民主之路[J].理论视野,2012,12:40—42.

古新功.新加坡国会议员接见民众制度及其对我国的启示[J].理论视野,2012,12:43—45.

王璐瑶,郑东阳.城市公共服务的"新加坡模式"[J].唯实(现代管理),2012,12:61—62.

陈思佳,吕元礼.从明显主导到隐性引导——浅析新加坡政府对总统选举的影响方式[J].东南亚南亚研究,2012,04:23—28+90.

李年.新加坡的反腐经验及其启示[J].新西部(理论版),2012,Z4:247—248.

柳向乐,樊红兰.新加坡法德兼施思想及其对我国的启示[J].学理,2012,35:22—23.

陈锴.新加坡推进共同价值观生活化的经验启示[J].佳木斯大学社会科学学报,2015,06:65—67+70.

薛金华.新加坡共同价值观建设对我国核心价值观培育的启示[J].中国井冈山干部学院学报,2015,06:35—40.

马占亚.政府主导多元参与——新加坡社区治理的经验与启示[J].广东经济,2015,12:36—40.

张紫.新加坡打造"智慧国"电子政务排名全球首位[J].计算机与网络,2015,23:7.

李林涛.关于新加坡职总工作模式的浅析与思考[J].天津市工会管理干部学院学报,2015,04:56—58.

付晓东.借鉴新加坡经验发挥领导干部在国家治理中的作用[J].大庆社会科学,2015,06:39—41.

宋少军.新加坡星华义勇军抗日事迹探微[J].八桂侨刊,2015,03:28—32.

吴元华.新加坡社会治理要略[J].城市管理与科技,2015,06:24—27.

陶文胜.新加坡发展之路对恩施州的启示[J].学习月刊,2015,24:38—39.

贝淡宁,钟璐珊.李光耀与新加坡式贤能政治[J].南风窗,2015,08:109.

王江雨.新加坡政治未来的三种可能[J].南风窗,2015,21:102.

柳静虹.社会倡导视角下社区公民利益表达机制研究——以美国、德国、新加坡为例[J].社会建设,2015,05:73—87.

杨建国.后冷战时期美国的新加坡政策及对华影响[J].东南亚纵横,2015,12:22—27.

钟秀娟.反腐"新常态"下香港地区与新加坡腐败治理的经验与启示[J].四川行政学院学报,2015,03:46—49.

张宝山.新加坡、香港的反贪建设[J].中国人大,2013,22:33.

朱华顺.新加坡高薪养廉制度对我国反腐体系建设的启示[J].科技信息,2013,36:81+83.

汤姆·普雷特,张立德.李光耀:新加坡的智者[J].领导文萃,2013,24:49—52.

陈曦.新加坡政治领袖产生因素探析[J].学理论,2013,32:31—32.

张植荣,崔晓雯.新加坡民族治理:政策、过程及其启示[J].西藏研究,2013,05:1—8.

隋立双,赵励宁,刘博识.新加坡反腐倡廉的经验及其当代启示[J].甘肃警察职业学院学报,2013,04:42—44+52.

许春华.新加坡如何让腐败"得不偿失"[J].南风窗,2013,25:78—80.

孙娜."亚洲价值观"指引下的新加坡廉政文化建设[J].东南亚纵横,2013,12:19—22.

熊华.新加坡反腐倡廉的经验及其当代启示[J].襄阳职业技术学院学报,2013,06:39—41.

.新加坡经验:大数据时代政府的角色[J].信息系统工程,2013,12:9.

刘剑.新加坡公职人员薪酬制度及其对我国的启示[J].怀化学院学报,2013,12:39—41.

张伟成.新加坡政府在中小企业发展过程中的作用[J].全球科技经济瞭望,2013,08:42—44.

胡若雨.试论民族主义与新加坡的政治发展[J].世界民族,2013,02:17—24.

马利.简论新加坡执政党的监督机制[J].中央社会主义学院学报,2011,01:76—78.

陈文山.李光耀的实用主义福利思想研究[J].苏州科技学院学报(社会科学版),2011,02:81—85.

新望.新加坡反腐机构"权比天大"[J].冶金企业文化,2011,02:21.

寇政文,朴林.新加坡社会管理经验及成果之借鉴[J].领导科学,2011,13:9—11.

刘怀野.新加坡印象——李光耀和他的治国之道[J].现代畜牧兽医,2011,07:82—84.

李爱明.新加坡的"优质民主"[J].今日财富(金融发展与监管),2011,06:74—76.

亦杰.新加坡的反贪经[J].公民导刊,2011,08:55.

陶短房.李光耀:没有退休的退休者[J].廉政瞭望,2011,07:54—55.

杜保友,孔祥利.国外公务员培训质量评估制度的经验借鉴与启示——以美国、加拿大、英国、
  法国和新加坡五国为例[J].湖北行政学院学报,2011,04:37—40.

严春宝.多神合一与宗教和谐——新加坡联合庙(宫)现象透视[J].中国宗教,2011,08:
  57—58.

杨沐.李光耀和朴正熙的治国思想比较[J].河南师范大学学报(哲学社会科学版),2011,04:
  145—151.

秦逸.新加坡政府网站"一站式"服务"电子公民"[J].信息系统工程,2011,08:13.

舒文琼.透视新加坡"智慧国2015"政府角色至关重要[J].通信世界,2011,30:17.

吕元礼.新加坡怎样选用党政人才[J].领导文萃,2011,S2:45—47.

刘菊艳.科技立国新加坡[J].世界科学,2011,09:47—49.

苗方轶.新加坡良好警民关系如何炼成?[J].人民公安,2011,20:50—52.

张铁根.从东南亚国家政府换届看其政治社会新发展[J].亚非纵横,2011,05:11—16+59
  +61.

崇维祥,安娜青.作为一项社会工程的反腐斗争——新加坡经验为例[J].群文天地,2011,20:
  298—300.

胡荣荣.自主性和适应性:政党视角下的政治变迁——以二战后的新加坡和台湾地区为例[J].
  国外理论动态,2011,11:78—84.

新加坡廉政建设经验及其借鉴[J].中国监察,2011,24:60.

陈庆鸿.新加坡政治:向钱包进攻[J].北京石油管理干部学院学报,2012,01:44.

张绍鸿.传统与现代有机融合——新加坡法治发展的启示[J].理论建设,2012,01:13—15.

汪兴福.新加坡民选总统的启示[J].理论建设,2012,01:7—8.

吕元礼,李韶鉴.新加坡高官降薪始末[J].决策,2012,Z1:78—79.

仲思凝.新加坡电子政务对我国电子政务发展的启示[J].传承,2012,06:86—87+89.

李清泉.新加坡良好社会秩序的经验借鉴[J].特区实践与理论,2012,03:66—68.

刘吉.小红点大奇迹——新加坡政府管理制度的启示[J].广东经济,2012,08:6—11.

王洪涛,苏新星.新加坡维护政治稳定的经验[J].天水行政学院学报,2012,05:68—71.

李尚颖.我国政府善治途径探析——新加坡政府治理经验及其启示[J].学理论,2012,32:
  20—21.

岳金柱,宋珊,何桦.新加坡志愿服务主要经验做法及其启示[J].社团管理研究,2012,12:
  53—56.

喻运鑫.从新加坡经验看我国社会基层组织建设[J].公安学刊(浙江警察学院学报),2012,06:
  40—45.

梁梁.从"旁观者清"到"清者自清"——评《李光耀:论中国与世界》[J].北京党史,2014,01:
  61—62.

李锋,凌德.李显龙:新加坡要居安思危[J].领导文萃,2014,01:53—57.

李路曲.比较视野下新加坡的国家构建[J].山东大学学报(哲学社会科学版),2014,01:

52—62.

俸克昭.学习借鉴新加坡电子政务先进经验进一步深化行政审批制度改革[J].广西经济,2014,01:51—53.

李光耀:寻找下一个华文总理[J].当代广西,2014,05:59.

钟开斌.当新加坡遭遇群体性事件[J].廉政瞭望,2014,04:52—53.

曹雨真.新加坡养老制度的"东西兼容"[J].中国民政,2014,04:56.

新加坡养老金平稳改革之鉴[J].劳动保障世界,2015,03:44.

盛华根.新加坡怎样抓公民道德建设[J].群众,2014,05:77—78.

吕元礼.新加坡三代领导人的强势风格[J].人民论坛,2014,18:36—39.

李骥.新加坡政府强化治理能力的措施及启示[J].理论学习,2014,06:57—62.

陈胜.对新加坡社会管理模式本土化的探究[J].管理观察,2014,19:181—183.

袁媛.浅谈新加坡警务体制及其教育培训[J].知识经济,2014,09:59—60.

姜卫平.新加坡构建核心价值观的启示[J].思想政治工作研究,2014,07:61—62.

李雪婷.美国和新加坡构建公民核心价值观的启示与借鉴[J].湖南省社会主义学院学报,2014,04:76—78.

姜旭.新加坡社区养老模式对我国养老模式的启示[J].北方经济,2014,07:68—70.

张思远,刘畅.精英治国的理论诠释——基于新加坡与美国的精英统治[J].改革与开放,2014,15:48+63.

孙杨杰,邓剑伟.新加坡21世纪公共服务计划研究:背景、内容和启示[J].东南亚纵横,2014,05:8—13.

纪潞.加强政府公务人员诚信建设的思考[J].甘肃农业,2014,17:9—10+12.

卞怡.大数据时代下的政府作为[J].信息化建设,2014,08:18—19.

钟开斌.新加坡如何处置群体性事件[J].领导科学论坛,2014,08:34—35.

梁燕君.新加坡家庭养老模式对中国的启示[J].同舟共进,2014,09:36—37.

新加坡如何反腐?[J].国企,2014,10:36.

北顾.新加坡如何把权力关进制度的笼子[J].理论参考,2014,06:56—57.

陈华文.新加坡崛起的成功之道——读《星岛崛起:新加坡的立国智慧》[J].产权导刊,2014,07:78—80.

李志明,邢梓琳.新加坡的社会救助制度[J].决策探索(下半月),2014,07:86—87.

汪国华,张登国.健全养老社会服务体系与机制——基于中外比较视角[J].现代经济探讨,2014,09:83—87.

新加坡宗乡会馆联合总会拟出版《新加坡华人通史》[J].八桂侨刊,2014,02:47.

张光闪.新加坡海关局反腐分析与启示——以1950—1970年代反腐为视角[J].沧桑,2014,05:158—161.

姜卫平.新加坡构建核心价值观的启示[J].当代社科视野,2014,08:32—33.

李志明,邢梓琳.新加坡社会救助制度:兜住社会"底线公平"的"安全网"[J].中国民政,2014,11:52—53.

邓安能.新加坡社会基层组织建设经验对我国的启示[J].湖北省社会主义学院学报,2014,05:86—88.

郑永年.新加坡模式对中国的借鉴意义[J].IT时代周刊,2014,22:12.

沈峰.新加坡社会治理与创新考察有感[J].政策瞭望,2014,10:51—53.

董薇.从新加坡"民事诊所"看如何发挥"代表联系选民点"作用[J].人大研究,2014,11:33—36.

梁普洋.新加坡财政扶持养老模式发展的经验及对我国的启示[J].商,2014,26:41.

谭鹏.动态治理:新加坡国家治理的经验和启示[J].党政论坛,2014,11:51—55.

苏嘉鹏,谢佳熹.中国式维权碰壁新加坡[J].工友,2013,01:13—15.

胡荣荣.政党"寡头统治铁律"及其超越——基于新加坡的制度创新经验[J].党政干部学刊,2013,01:34—38.

王慧.新加坡:制度"管"出国家新形象[J].决策探索(上半月),2013,01:74—75.

郝娜.新加坡模式与中国改革[J].商周刊,2013,03:72—74.

傅思明,罗淦.新加坡的权力运行与监督[J].学习月刊,2013,01:46.

宋效峰.新加坡的"好政府"模式与社会管理:经验与反思[J].廉政文化研究,2013,01:92.

陈华文.新加坡:塑造国家形象的成功之道[J].书屋,2013,03:66—68.

陈济朋.新加坡:尽量避免公务宴请[J].新湘评论,2013,06:55.

彭涛,罗堃.齐力凝聚侨心搭建交流平台访国际潮青联合会会长吴南祥先生[J].潮商,2013,01:32—35.

邓辉.日本和新加坡社会组织在社会治理中的实践与启示[J].厦门特区党校学报,2013,02:38—41.

王江雨.不易学的"新加坡模式"[J].南风窗,2013,06:94.

薄智跃.习近平地方履历:理念与特点——一位新加坡学者的观察[J].人民论坛,2013,13:17—19.

陈其明.新加坡议员接访选民制度的特点及启示[J].人民之声,2013,Z1:97—98.

纪晓光.对"警察数量是政府合法性晴雨表"的反证——以挪威、新加坡、巴基斯坦的比较为研究视角[J].理论观察,2013,06:27—29.

徐卓.借鉴新加坡经验创新社会管理[J].实践(思想理论版),2013,05:31—32.

胡小武.苏州:如何嫁接新加坡社会管理经验[J].发展,2013,07:54—55.

曾园俐.新加坡官员的面簿沟通术[J].决策,2013,07:66—67.

代山.新加坡:子女与父母同住可获政府津贴[J].人民政坛,2013,08:21.

高荣伟.新加坡的贪污成本[J].现代班组,2013,07:48—49.

陈凯.中国梦与家庭梦——新加坡社会建设的启示[J].中国党政干部论坛,2013,09:101—102.

新加坡的"两型"魅力[J].新湘评论,2013,17:21.

李瑞.从新加坡以德治国谈起[J].中国监察,2013,11:62.

蔡晓彬,王香莲,凌继堂.新加坡城市管理对文明城市建设的启示[J].江南论坛,2013,08:45—46.

北顾.新加坡如何把权利关进制度的笼子[J].决策探索(上半月),2013,09:72—73.

向紫容.新加坡:反贪官员"监守自盗"[J].检察风云,2013,17:54—55.

徐锐.新加坡政府"与人民在一起"[J].信息化建设,2013,09:56—57.

马凯硕.新加坡的软实力难复制[J].IT时代周刊,2013,23:17.

常雅慧.共治、共生、共情:社会管理与社会服务的国际比较及其启示[J].哈尔滨学院学报,

2013,09:44—47.

吕元礼."左"看"右"看新加坡[J].同舟共进,2013,10:10—12.

陈正云.新加坡社会管理做法的观察和启示[J].人民检察,2013,09:25—28.

金子琳,林英奇.政府腐败与反腐败的中新比较——基于委托—代理视角分析[J].中共福建省
    委党校学报,2013,10:31—36.

杜艳.以新加坡廉政经验观我国廉政建设[J].经营管理者,2013,24:286.

本刊编辑.小国大政治家李光耀[J].商周刊,2015,07:62—65.

李光耀.李光耀回忆录——我一生的挑战:新加坡双语之路[J].学习月刊,2015,07:56.

郑永年.李光耀的成功给中国三点启示[J].理论导报,2015,03:51.

张华.游走在海峡两岸之间的李光耀[J].世界知识,2015,08:62—63.

章玉贵.李光耀:小国巨人[J].上海国资,2015,04:6.

付碧莲.李光耀:一个小岛一个伟人[J].决策探索(上半月),2015,04:83—85.

黄新咏.李光耀的"经济经"[J].金融博览(财富),2015,04:76—78.

凌朔.李光耀的"反腐经"[J].领导之友,2015,05:47—48.

王湘穗.李光耀:小国智者[J].经济导刊,2015,05:60—65.

吴元华.具备坚定政治决心和远大眼光的李光耀[J].人民公仆,2015,04:88—89.

高天昱,刘杨威.李光耀与几代中国领导人的交往[J].领导文萃,2015,17:39—43.

钟开斌.群体性事件第三方调查——新加坡小印度骚乱的经验与启示[J].国家行政学院学报,
    2015,04:114—118.

陈偲.新加坡核心价值观建设经验[J].理论导报,2015,07:60—61.

吕元礼,张彭强.李光耀对于民主的逆向思考[J].深圳大学学报(人文社会科学版),2015,05:
    14—19.

叩颖.新加坡如何让官员"能下"[J].秘书之友,2015,11:48.

岳世洲.李光耀的政治哲学述评[J].南洋问题研究,2013,03:25—31.

印度尼西亚、东帝汶、文莱

谢静岩.苏加诺执政时期印尼政治发展道路特点及反思[J].广东石油化工学院学报,2014,05:
    12—15+30.

刘少博.印度尼西亚世俗国家的建构与挑战[J].黑河学刊,2015,05:38—39.

杨晓强,杨君楚.印度尼西亚:2014年回顾与2015年展望[J].东南亚纵横,2015,02:11—16.

骆永昆.印度尼西亚新任总统佐科·维多多[J].国际研究参考,2015,01:49—52.

鞠政.简析印度尼西亚民主化之路[J].商,2015,21:82.

吕美琛.新时期印度尼西亚反恐困境和策略[J].东南亚纵横,2015,06:37—41.

谢泽亚.后苏哈托时期印度尼西亚华人的政治生态:变化与延续[J].东南亚纵横,2015,06:
    62—67.

郑先武.万隆会议与东南亚区域主义发展[J].世界经济与政治,2015,09:31—58+156—157.

武政文,张友国.民主改革以来印度尼西亚的反腐败工作[J].东南亚纵横,2015,08:19—24.

杨晓强,欧芮.印度尼西亚:2013年发展回顾与2014年展望[J].东南亚纵横,2014,02:
    21—26.

王春强.民主化道路的模式:韩国与印度尼西亚的比较分析[J].经济研究导刊,2014,23:

267—269.

张浩淼.印度尼西亚政府克服贫困的新举措——家庭希望计划(PKH)[J].东南亚纵横,2014,09:38—42.

许利平.印度尼西亚的多元民主改革及前景[J].南洋问题研究,2011,01:1—9+24.

杨晓强,韦忠福林.印度尼西亚:2010—2011年回顾与展望[J].东南亚纵横,2011,03:16—21.

闫坤.印度尼西亚政治伊斯兰的发展及其与穆斯林国家的关系[J].河北学刊,2012,03:141—143.

杨晓强,陈程.政治稳定,经济增长居东盟之首——印度尼西亚2011—2012年回顾与展望[J].东南亚纵横,2012,04:3—7.

辉明.论印尼恩鲁克网络的形成与发展[J].东南亚研究,2012,04:54—60.

刘鹏,胡潇文,唐翀.印度尼西亚2012年回顾与未来展望:进展与局限[J].东南亚研究,2013,02:4—14.

林梅.印度尼西亚:2012—2013年回顾与展望[J].东南亚纵横,2013,03:21—26.

张敦伟.印度尼西亚总统选举中的寡头政治与民主政治之争[J].东南亚南亚研究,2015,04:15—21+108.

佐科·维多多:印尼"奥巴马"[J].中国外汇,2014,15:13.

吴崇伯.印尼新总统面临的挑战与政策趋向分析[J].厦门大学学报(哲学社会科学版),2015,01:60—67.

林梅,柯文君.苏西洛总统执政10年的印尼经济发展及新政府的挑战[J].南洋问题研究,2014,04:49—59.

张彭强.佐科:一飞冲天背后[J].决策,2015,04:79—81.

李皖南.2014年印尼政治、经济、外交形势回顾与2015年展望[J].东南亚研究,2015,02:53—61+68.

李峰,郑先武.区域大国与区域秩序建构——东南亚区域主义进程中的印尼大国角色分析[J].当代亚太,2015,03:60—91+157—158.

张洁.佐科新政的治国理念与外交战略——评《从贫民窟到总统府:印尼传奇总统佐科》[J].世界知识,2015,18:80.

李皖南.2013年印尼政治、经济、外交形势回顾与2014年展望[J].东南亚研究,2014,02:43—54.

张洁.苏西洛执政十年与印尼的未来政治前景[J].当代世界,2014,06:46—49.

欧阳晨雨.后苏西洛时代转身"明星政治"[J].南风窗,2014,10:70—72.

刘金源.现代化进程中的腐败与反腐败——印尼难题及对中国的警示[J].人民论坛·学术前沿,2014,07:28—37.

江天骄.印尼苏西洛政府治下的10年[J].社会观察,2014,07:60—62.

骆永昆.大选后的印尼:更加自信的地区大国[J].世界知识,2014,17:32—33.

吴崇伯.挑战与希望并存:印尼新政府的内外政策走向[J].当代世界,2014,10:50—52.

李皖南.2014年印尼总统大选出现的新变化及其影响[J].东南亚研究,2014,05:4—13.

许利平.印尼民主改革时期腐败问题探析[J].东南亚研究,2013,03:18—23.

傅军,张振洋.印尼与菲律宾民主转型原因之比较研究[J].国际论坛,2013,05:14—19+79.

李皖南.印尼2010年政治、经济、外交形势回顾与展望[J].东南亚研究,2011,02:42—48.

朱刚琴.印尼式民主政治的文化解读[J].东南亚研究,2011,03:15—19.

肖剑.印尼成亚太最腐败国家的警示[J].廉政瞭望,2012,01:64—65.

李皖南.印尼2011年政治、经济、外交形势回顾与展望[J].东南亚研究,2012,02:49—57.

李忠东.腐败的苏哈托家族[J].检察风云,2015,24:58—59.

许春华.印尼新总统能否掀翻腐败的"桌子"[J].南风窗,2015,02:78—80.

彭萍萍.印尼专业集团执政的经验教训与启示[J].科学社会主义,2012,03:66—69.

刘鹏,胡潇文.从外部排名看苏西诺执政以来印尼的内部变化[J].世界经济与政治论坛,2013,
    02:66—90.

梁敏瑞.印度尼西亚之宪政与民主研究[J].法制与社会,2011,24:7—8.

罗伯特·海夫纳,尚萌,施雪琴.宗教复兴时代的民主化:印尼的个案[J].南洋资料译丛,2013,
    03:60—72.

维克拉姆·尼赫鲁,永年.佐科维迎击经济政治双重挑战[J].博鳌观察,2014,04:108—111.

张党琼.东帝汶:一个你不熟悉的国度[J].今日民族,2012,10:31—35.

马静,马金案.文莱:2010—2011年回顾与展望[J].东南亚纵横,2011,03:9—15.

马静,马金案.文莱:2011—2012年回顾与展望[J].东南亚纵横,2012,03:8—14.

马静,马金案.文莱:2013年发展回顾与2014年展望[J].东南亚纵横,2014,02:15—20.

马静,马金案.文莱:2014年回顾与2015年展望[J].东南亚纵横,2015,03:14—19.

越南

黄薇."内禅"下的"二主"共治——论越南陈朝的君位继承制[J].广西民族师范学院学报,
    2012,02:40—44.

阮光熊,阮英俊,童建挺.近几十年越南的社会主义研究:问题和前景[J].国外理论动态,2011,
    01:62—63+67.

吴晓燕,张艺博.一党执政条件下的社会主义民主政治新拓展——对越南政治体制改革的审视
    [J].探索,2011,03:74—78.

变革中的社会主义四国——2010—2011年越南、古巴、老挝、朝鲜四国社会主义研究报告[J].
    当代世界与社会主义,2011,05:44—50.

蒋晓俊.马列主义越南本土化的早期探索——略论胡志明思想形成及其精髓[J].人民论坛,
    2015,17:192—194.

张思思,罗宗火.简析革新开放以来越南领导干部马列主义教育[J].重庆科技学院学报(社会
    科学版),2013,01:31—33.

张皓,黎德黄.从认识、吸收到践行:胡志明与孙中山的新三民主义[J].中共党史研究,2012,
    07:82—92.

唐展风.从单一到多元均衡:越南革新以来的政治合法性模式重构[J].湖北行政学院学报,
    2012,06:26—30.

匡丽东,刘茹花.革新开放以来马克思主义越南化研究现状综述[J].黑龙江史志,2014,01:285
    +288.

林国栋,周丹妮.越南农村土地改革的做法、成效及问题[J].东南亚纵横,2014,11:62—66.

黎湖山,陈雪峰.越南革新开放的经验及启示[J].领导之友,2015,01:52—53.

张辰钰.越南马克思主义理论对中国的借鉴与启示[J].才智,2015,03:264—265.

李闯,王筱宇,张逸.越南政治体制改革的启示[J].才智,2015,02:268.

施海辞.越南《性别平等法》对中国妇女立法的启示[J].法制博览,2015,03:6—8+5.

米良.越南反腐败法简述——附:《越南社会主义共和国反贪污腐败法》[J].环球法律评论, 2013,02:156—176.

税光辉,黄妮.中国与越南党内基层民主制度建设比较研究[J].吉林省教育学院学报(下旬), 2015,03:145—146.

华氏玉霞.完善越南公务员工作能力培训模式的思考[J].赤子(上中旬),2015,04:107—108.

仲枀阳.越老古朝国家治理体系与能力建设透视[J].当代世界与社会主义,2015,02:32—36.

宋金玉莺.关于提高越南省级人民议会监督效果的问题[J].商,2015,01:90—92.

许梅.2014年越南政治、经济与外交综述[J].东南亚研究,2015,02:45—52.

黎承赫.2007年越南经济社会的发展分析[J].商,2015,14:276—277.

潘金娥.越南社会主义过渡时期:理论沿革及其与中国的比较[J].科学社会主义,2015,02: 130—135.

张进红.越南军事检察制度评析[J].南洋问题研究,2015,02:20—28.

潘金娥.越南马克思主义理论创新的路径与成果[J].马克思主义研究,2015,06:122—129.

韩献栋,董向荣.当代国家统一的几个问题——基于越南、德国、也门等国家统一进程的比较研 究[J].政治学研究,2015,03:15—24.

秦晓华,王舵.中国化马克思主义与越南化马克思主义比较[J].人民论坛,2015,21:221—223.

杜凯华.浅析越南革新开放[J].才智,2015,23:346.

潘金娥.阮富仲访美:越南"亲华派倒向亲美派"?[J].世界知识,2015,16:31—33.

张显伟,张书增,贺秋梅.对跨国婚姻中越南妇女权益的法律保护研究[J].河南财经政法大学 学报,2015,05:153—161.

赵卫华,金东黎.民主的扩展与阶层的固化——十一大以来越南政治革新的成就及挑战[J].重 庆交通大学学报(社会科学版),2015,04:101—104.

闫杰花.革新开放以来越南价值体系建设管窥[J].探索,2015,05:161—165.

王若磊.论越南的政治问责双轨制[J].科学社会主义,2015,05:113—117.

覃晚萍.中越结婚法律制度的比较及启示[J].东南亚纵横,2015,08:68—72.

赵卫华.政治文化与革新开放以来越南的政治民主化进程[J].武汉科技大学学报(社会科学 版),2012,03:271—275.

卢梅花.1986—2010年的越南政治体制改革特点探析[J].东南亚南亚研究,2012,02:22—26 +92—93.

李辉,蔡林慧.刍议近年来越南社会管理改革的新特点[J].社会主义研究,2012,05:107—112.

米歇尔·普罗科普.越南公共服务社会化的好处与挑战[J].中国机构改革与管理,2014,Z1: 81—85.

郝晓静.越南海洋意识若干因素分析[J].中国国情国力,2014,02:67—69.

李立景,詹文君.中越民事检察监督比较[J].法制与社会,2014,11:141—142.

黄合孟,齐欢.2012年越南发展综述——政治、经济革新步伐加快;民生措施得力;外交活跃 [J].红河学院学报,2014,01:5—9.

常欣欣,张丽琴.金融危机后越南、老挝、古巴、朝鲜社会主义发展态势分析[J].中共福建省委 党校学报,2014,04:80—84.

梁礼华.越南司法鉴定法[J].证据科学,2014,01:81—93.

仝立人.越南政治革新背景浅析[J].河南商业高等专科学校学报,2014,02:80—82.

米良.越南社会主义共和国宪法(2013)[J].南洋资料译丛,2014,01:23—43.

许梅.2013年越南政治、经济与外交形势综述[J].东南亚研究,2014,02:35—42.

王霆轩.海外EPC项目中货运代理公司的选择——以某海外EPC项目出口骗税、逃证案为例[J].国际工程与劳务,2014,04:57—59.

郭培伟.越南社会主义共和国《国家赔偿责任法》[J].行政法学研究,2014,02:130—143.

杜孟强.越南公务员行政道德行为失范及对策研究[J].吉林省教育学院学报(上旬),2014,06:130—133.

韦日平.21世纪中越马克思主义本土化比较研究——以中越两党理论研讨会为视角[J].广西民族师范学院学报,2014,02:51—54.

韦国善,李艳.马克思主义越南本土化的胡志明思想成果探究[J].广西民族师范学院学报,2014,02:55—57.

赖艳凌.越南社会主义改革理论述略[J].广西民族师范学院学报,2014,02:62—65.

《学术前沿》编者.越南的生存逻辑[J].人民论坛·学术前沿,2014,09:4—5.

黎湖山,陈雪峰.越南革新开放的经验及启示[J].胜利油田党校学报,2014,02:38—41.

赵博渊.高山密林中的红色老挝[J].南风窗,2014,12:83—85.

农立夫.越南:2013年发展回顾与2014年展望[J].东南亚纵横,2014,03:3—9.

邹焕梅,崔桂田.越共的"人民主体"思想及其实现机制[J].当代世界社会主义问题,2014,01:82—94.

肖立国,李立嘉.论越南政治革新的主要经验[J].重庆社会主义学院学报,2014,04:76—80.

于向东.近期越南政治发展变化的若干问题[J].东南亚纵横,2014,04:16—22.

金点强.胡志明遗嘱留下诸多谜团[J].兰台内外,2014,04:18—19.

劳振,彭剑波,黄朝科.越南检察机关监督商事仲裁探析及其对我国的启示[J].法制与经济,2014,12:4—6+14+7—8.

黄骏,鲍婧.越南的政治体制改革与马克思主义的本土创新[J].云南社会科学,2011,02:34—38.

陈明凡.越南民主化改革及其对我国的启示[J].探索与争鸣,2011,04:58—61.

阮氏方,米良.革新越南选举制度满足建设社会主义法制国家的需求[J].云南大学学报(法学版),2011,03:145—149.

米良.越南土地法律制度探析[J].河北法学,2011,09:160—167.

李育民,杜进君.越南改革中的社会公正和民生问题及其经验探析[J].求索,2011,09:57—60+138.

陈文胜.人民主权原则在越南宪法中的体现[J].学理论,2011,29:109—110.

曹原,王佳,葛岳静.越南政治地理的脆弱性[J].世界地理研究,2011,04:26—32.

陈明凡.越南政治革新的经验教训及其启示[J].探索与争鸣,2013,01:81—85.

陈强.越南政治体制改革的多重动因及发展趋势分析[J].云南行政学院学报,2013,01:150—154.

米良.越南《反贪污腐败法》述评[J].云南大学学报(法学版),2013,02:114—118.

许梅.2012年越南政治、经济与外交综述[J].东南亚研究,2013,02:36—43.

陈飞,崔桂田.越南法治文化建设的现状及态势[J].当代世界社会主义问题,2015,03:45—57.

任云飞.越南政治体制改革对中国的启示[J].重庆社会主义学院学报,2012,01:84—87.

阮洪滔,杨桥光.《越南海洋法》:新形势下落实海洋战略的重要工具[J].南洋问题研究,2012,01:97—102.

以马克思主义为指导研究越南政治、经济和外交——《越南政治经济与中越关系前沿出版》[J].社会科学管理与评论,2012,01:102.

林琳.越南的人际信任价值观与国家政制[J].东南亚研究,2012,01:10—15.

邓应文.2011 年越南政治、经济与外交综述[J].东南亚研究,2012,02:37—43.

赵卫华.政治文化与革新开放以来越南的政治民主化进程[J].武汉科技大学学报(社会科学版),2012,03:271—275.

农立夫.越南:2011—2012 年回顾与展望[J].东南亚纵横,2012,03:44—50.

赵卫华.越南公民社会建设研究:理论、实践与展望[J].云南行政学院学报,2012,03:159—162.

阳阳.短暂的联合:越南民族主义力量联合战线研究[J].南洋问题研究,2012,02:86—94.

伍光红.越南刑事司法鉴定制度及其启示——越南刑事诉讼法律制度及其启示系列论文之三[J].广西社会科学,2012,05:82—85.

鲍婧.革新开放以来越南民生问题浅析[J].辽宁教育行政学院学报,2012,03:9—12.

Amtilorlathtayot,罗家珩,杨静.老挝的外籍和越南籍居住民法律及政策探析[J].广西民族大学学报(哲学社会科学版),2012,03:102—108.

米良.越南反倾销立法及实践研究[J].云南大学学报(法学版),2012,03:137—141.

黄积虹.中国与越南合同法立法体例之比较[J].云南大学学报(法学版),2012,04:51—55.

许春华.越南的反腐运动和制度变革[J].南风窗,2012,14:78—80.

张紫薇.简述越南社会主义革新开放政策的特点与启示[J].世纪桥,2012,11:155—156.

庄礼伟.越南政改的"虚"与"实"[J].同舟共进,2012,08:69—71.

卢梅花.1986—2010 年的越南政治体制改革特点探析[J].东南亚南亚研究,2012,02:22—26+92—93.

蒋德翠.中越边界跨国婚姻之法律探析[J].人民论坛,2012,20:120—121.

侯自强,高著华.走向正常的中越文化交流[J].对外传播,2012,09:18—19.

蒋晓俊.胡志明探索马列主义越南化的思想历程及启示[J].传承,2012,18:70—72.

伍光红.越南刑事诉讼中的检警关系及其启示[J].云南民族大学学报(哲学社会科学版),2012,05:141—145.

《越南国情报告》(2012)出版[J].东南亚纵横,2012,07:80.

徐方宇.雄王公祭与越南民族—国家认同的建构[J].东南亚南亚研究,2012,03:52—56+93.

吕亚军.法团主义视角下越南商业协会的政治参与[J].东南亚研究,2012,05:4—10.

周英华.越南政治体制形成的影响因素[J].吉林工程技术师范学院学报,2012,11:1—2.

肖林.越南向腐败亮剑[J].金融经济,2012,19:56—58.

舒全智.1945—1975 年的越南行政区划[J].东南亚纵横,2012,09:27—33.

陈元中,周岑银.越南社会主义民主建设的成就、经验与困境[J].当代世界与社会主义,2012,05:76—80.

唐展凤.越南政治改革的动力分析[J].云南行政学院学报,2012,06:40—42.

唐展风.从单一到多元均衡:越南革新以来的政治合法性模式重构[J].湖北行政学院学报,2012,06:26—30.

越南国会通过《反腐败法》(修正案)要求高官公开个人财产[J].中国审判,2012,12:5.

刘玉鹏,张玲玲.试论越南1992年修宪的历史背景[J].商,2012,22:149—150.

谈氏秀莺.越南民本和清官文化在当今政治生活中的价值[J].商,2012,24:135.

于向东.关于越南海洋法的若干评析[J].和平与发展,2012,05:5—6.

陈明凡.越南政治革新的经验教训及其启示[J].探索与争鸣,2013,01:81—85.

齐岳峰.越南为什么要改革?[J].小康,2013,02:48—50.

陈明凡.越南的司法改革[J].云南社会科学,2013,01:150—153.

陈强.越南政治体制改革的多重动因及发展趋势分析[J].云南行政学院学报,2013,01:150—154.

高程.国内集团利益与不对称冲突的转折——以北美独立战争和越南战争为案例[J].国际观察,2013,02:39—45.

陈明凡.越南国会改革的举措及其成效[J].新视野,2013,02:121—124.

伍光红.越南律师在场权制度对中国的启示[J].云南民族大学学报(哲学社会科学版),2013,02:145—149.

王进,许勤,方芳.越南社会主义共和国检察制度研究[J].云南大学学报(法学版),2013,02:119—126.

祝福恩.社会主义国家政治体制改革规律的有力探索——读陈明凡的《越南政治革新研究》[J].哈尔滨市委党校学报,2013,02:95.

许梅.2012年越南政治、经济与外交综述[J].东南亚研究,2013,02:36—43.

李忠林,刘刚.《越南海洋法》解读[J].国际研究参考,2013,02:8—11.

冯野.世纪初至今的越南发展道路及对发展中国家的启示[J].鸡西大学学报,2013,07:49—52.

竹翊.越南国会的刚性监督[J].中国人大,2013,12:54.

贺大卫,莫海文.东南亚、广西西部的麽公与土司政权之关系[J].百色学院学报,2013,02:32—40.

黄焕汉.马克思主义民主观在越南的本土化研究[J].创新,2013,03:95—98.

农立夫.越南:2012—2013年回顾与展望[J].东南亚纵横,2013,04:27—33.

葛胜亮.从越南国会改革谈我国人民代表大会制度的完善[J].人大研究,2013,07:38—42.

李之涵.胡志明在广西轶事(中)胡志明在柳州[J].农家之友,2013,06:36—37.

成晓叶.越南特色社会主义:历史沿革、现状分析及未来挑战[J].郑州轻工业学院学报(社会科学版),2013,03:8—12.

李辉,蔡林慧.管窥越南的权力监督改革——基于路径依赖的视角[J].江苏社会科学,2013,04:108—113.

李香菊.拉美模式与中国、越南模式的比较[J].法制与社会,2013,20:138—140.

骆礼敏.从中国视角看越南的政治革新——评《越南政治革新研究》[J].东南亚南亚研究,2013,02:106—107.

威廉姆·科瓦契奇,黄进喜,王里.越南的资本主义、社会主义与竞争政策[J].海峡法学,2013,02:116—120.

李之涵.胡志明在广西轶事(下)在龙州那坡领导越南革命斗争[J].农家之友,2013,07:53.

越南展开反贪污和反颓废文化运动[J].文史博览,2013,09:43.

王家骏.越南改革困局[J].领导文萃,2013,17:34—36.

李辉,蔡林慧.越南权力监督改革管窥——基于路径依赖的视角[J].理论导刊,2013,09:108—112.

成小红,强舸.越南国会代表培训工作的经验与启示[J].人大研究,2013,09:37—42.

李家忠.胡志明的大团结思想[J].东南亚纵横,2013,08:14—16.

《越南国情报告》(2013)出版[J].东南亚纵横,2013,07:82.

陈继华,周伟.越南《海洋法》的动因及对策分析[J].战略决策研究,2013,06:44—51.

越南高官接受信任投票[J].南风窗,2013,13:21.

缪汶江.邻邦越南的边境政策[J].今日民族,2013,09:36—38.

赵卫华.越南政治革新的新进展及启示[J].唯实,2011,01:29—31.

黄骏,鲍婧.越南的政治体制改革与马克思主义的本土创新[J].云南社会科学,2011,02:34—38.

陈刚.滇越边境合作中的政府网络建设研究[J].现代商业,2011,05:196.

韩博,王海毅.胡志明的七次中国之行[J].钟山风雨,2011,02:10—12.

黄氏锦,余云,章志刚,杨小凤.胡志明的用人之道[J].中国浦东干部学院学报,2011,02:134—136.

范文德,潘金娥.越南社会主义革新的理论创新[J].马克思主义研究,2011,04:129—130+132+131+133—135+160.

河氏秋.胡志明与孙中山的三民主义[J].中山大学研究生学刊(社会科学版),2014,02:46—53.

阮重平,王连伟.社会论证——越南公民参与政府政策制定的重要形式[J].东南亚纵横,2014,09:33—37.

卢卫彬.《越南海洋法》:立法评析与对策思考[J].大连海事大学学报(社会科学版),2014,04:59—63.

陶媛.越南注重反腐教育[J].世界教育信息,2013,21:75—76.

黄志斌.中越两国合同效力认定比较[J].传承,2013,14:114—116.

雷裕春,陈琛.中越"悬赏"法律规制比较研究[J].广西民族大学学报(哲学社会科学版),2013,06:142—147.

许梅,邓应文.2010年越南:政治、经济与外交[J].东南亚研究,2011,02:31—36.

殷娜,孟耀军,李浩波.论越南检察制度研究的几个基本问题[J].法制与社会,2011,12:123—124.

李家忠.胡志明和中国驻越大使馆交往纪事[J].党史博览,2011,05:46—47.

谢奕秋.越南实践"可控民主"[J].南风窗,2011,12:16.

农立夫.越南:2010—2011年回顾与展望[J].东南亚纵横,2011,04:3—8.

黄骏.试论中越两国马克思主义的本土创新[J].桂海论丛,2011,02:12—16.

陈明凡.越南民主化改革及其对我国的启示[J].探索与争鸣,2011,04:58—61.

成汉平.越南未来五年政治经济发展走向预测——基于对越共"十一大"制订的发展目标之分析[J].东南亚研究,2011,03:39—43.

阮明端,米良.建立市场经济、融入国际和全球化时期越南国家机构中国家机构改革与反贪污斗争[J].云南大学学报(法学版),2011,03:150—155.

范氏清,米良.论越南全球化过程中中央与地方间分权下地方政权的组织和活动改革[J].云南大学学报(法学版),2011,03:137—144.

阮氏方,米良.革新越南选举制度满足建设社会主义法制国家的需求[J].云南大学学报(法学版),2011,03:145—149.

伍光红.越南刑事侦查阶段的辩护制度及其启示[J].东南亚纵横,2011,05:11—15.

李果仁,李菡.越南的反腐措施[J].金融博览,2011,09:23.

马绍红.中越少数民族权益宪法保障研究——基于宪法文本所做的比较分析[J].云南大学学报(法学版),2011,04:35—41.

陈福利.知识产权国际强保护的最新发展——《跨太平洋伙伴关系协定》知识产权主要内容及几点思考[J].知识产权,2011,06:71—78.

米良.越南土地法律制度探析[J].河北法学,2011,09:160—167.

朱妍.中产阶层对于自身政治参与有效性的评价——比较中国与越南中产阶层的政治效能感青年研究,2011,04:84—93+96.

黄积虹.试论越南合同法在越南民法中的地位[J].云南大学学报(法学版),2011,05:174—177.

詹国枢.越南搞的什么主义[J].中国经济周刊,2011,39:76.

门晓红.越南政治革新的成就与局限[J].当代世界与社会主义,2011,05:51—53.

李育民,杜进君.越南改革中的社会公正和民生问题及其经验探析[J].求索,2011,09:57—60+138.

李莉.越南商事仲裁制度的最新发展[J].特区经济,2011,11:119—121.

陈文胜.人民主权原则在越南宪法中的体现[J].学理论,2011,29:109—110.

郝晓静.越南海上警察的建立与发展[J].湖北警官学院学报,2011,06:116—118.

鲁传颖.革新开放与越南祖国阵线转型[J].东南亚南亚研究,2011,04:13—16+90.

1.2 政党与社会组织

东南亚地区政党与社会组织

甘燕飞.东南亚非政府组织:源起、现状与前景——以马来西亚、泰国、菲律宾、印度尼西亚为例[J].东南亚纵横,2012,03:71—76.

唐展风.政党制度制度化与民主巩固的相关性研究——以泰国政党制度为样本的分析[J].湖北行政学院学报,2013,03:27—32.

菲律宾

本刊记者.采访菲律宾自由党联合主席、众议长费利西亚诺·贝尔蒙特[J].当代世界,2011,07:45—46.

向文华,李旭阳.菲律宾民主社会党的发展及其制约因素[J].当代世界与社会主义,2011,05:77—82.

袁群,黄家远.菲律宾共产党的历史、理论与现状[J].当代世界与社会主义,2014,04:55—59.

张磊.菲律宾非政府组织影响其外交的方式探析[J].经济与社会发展,2012,12:66—71.

杨超.菲律宾的非政府组织[J].东南亚纵横,2011,07:75—79.

柬埔寨、缅甸

李異平.柬埔寨媒介:多党制下的新闻控制与争夺[J].东南亚研究,2011,05:34—38.

钟柬仁."早起的鸟儿有虫吃"——柬埔寨主要政党竞相启动下届大选准备工作[J].世界知识,
　　2015,04:30—31.

武传兵.柬埔寨人民党着眼执政安全解决土地纠纷[J].当代世界,2012,09:54—56.

李晨阳.缅甸政治转型中的政党政治[J].当代世界,2014,03:67—70.

杜继锋.缅甸政党体制变革及未来走向[J].当代世界,2012,12:52—55.

谢奕秋.缅甸大选巩发党为何惨败?[J].南风窗,2015,24:73—75.

徐焰.缅甸共产党覆没的根由[J].领导文萃,2011,06:68—71.

王冲.缅甸非政府组织反坝运动刍议[J].东南亚研究,2012,04:75—82.

周龙.柬埔寨非政府组织的发展及其社会影响[J].东南亚纵横,2015,08:62—67.

王冲.缅甸非政府组织反坝运动刍议[J].东南亚研究,2012,04:75—82.

李晨阳."不再孤独的声音"——缅甸民盟创始人吴温丁[J].世界知识,2014,10:34—35.

孔志坚,雷著宁.国际非政府组织在缅甸的发展及其影响[J].国际研究参考,2014,04:34—38.

老挝

王璐瑶.老挝人民革命党对社会主义的认识与实践[J].当代世界,2015,08:63—65.

许正.浅谈老挝执政党与行政和立法机构间的关系[J].今日中国论坛,2012,11:163—164.

董卫华,曾长秋.古巴共产党和老挝人民革命党以宗教促进社会和谐的理念与做法[J].当代世
　　界与社会主义,2012,06:42—47.

马迎公.老挝党政关系与中国党政分开比较探析[J].学习月刊,2012,24:29—31.

韦健锋.对老挝开展"党内整顿"政治生活的研析[J].兴义民族师范学院学报,2015,06:
　　14—16.

曹慧滢.老挝人民革命党的理论与实践[J].学理论,2014,27:36—37.

马迎公.冷战后老挝人民革命党的思想理论建设[J].学习月刊,2013,02:23—25.

董卫华,曾长秋.以宗教促进社会和谐的理念与路径探索——古巴共产党和老挝人民革命党的
　　视角和经验[J].东北师大学报(哲学社会科学版),2013,03:17—20.

马来西亚

王虎.马来西亚环保非政府组织浅析[J].南洋问题研究,2011,02:81—88.

宋效峰.马来西亚的"第三条道路":民主行动党的理念与实践[J].东南亚南亚研究,2012,03:
　　25—31+92—93.

郭伟伟,徐晓全.马来西亚政党政治的特点与趋势展望[J].国外理论动态,2013,11:99—104.

辉明.试论马来西亚伊斯兰党的发展演变[J].世界宗教文化,2013,03:92—95+119.

叶富春.新加坡与马来西亚一党独大制比较分析[J].学术界,2013,02:25—34+265—269.

骆永昆.马来西亚土著权威组织[J].国际研究参考,2013,02:24—29.

张榕.宪政民主化道路上的马来西亚政党制度[J].东南亚纵横,2015,05:20—24.

泰国

杜洁,Chaphiporn Kiatkachatharn.泰国两党朝野制衡格局与民主政治的理性走向——2013
　　年曼谷市长选举个案研究[J].人民论坛,2013,18:246—248.

高奇琦,张佳威.试论政党制度化与政治发展的关系:以泰国为例[J].南洋问题研究,2015,04:
　　28—40.

张丽,李姣婷.政党制度与政治稳定的关系分析——以德国和泰国的政党制度为例[J].传承,
　　2014,03:84—85.

詹姆斯·奥基,周亭佑,施雪琴.泰国的政党、派系与腐败[J].南洋资料译丛,2013,04:64—76.

唐秀玲,李建光.泰国的民主发展与政党定型分析[J].中共中央党校学报,2012,03:103—106.

万悦容.他信执政前泰国非政府组织的发展特点[J].人民论坛,2011,35:58—59+192.

唐展风.政党制度制度化与民主巩固的相关性研究——以泰国政党制度为样本的分析[J].湖
　　北行政学院学报,2013,03:27—32.

王晓亮,吴惠敏.泰国非政府组织研究现状综述[J].东南亚纵横,2014,12:52—58.

新加坡

胡春桂.新加坡人民行动党纯洁清廉的经验对中国共产党纯洁性建设的借鉴价值[J].社科纵
　　横,2014,12:41—44.

黄帅.志愿服务发展与党的群众工作创新——新加坡和上海志愿服务的比较[J].党政论坛,
　　2015,04:46—49.

张大伟.新加坡人民行动党纯洁党员队伍的经验与启示[J].岭南学刊,2015,03:60—63.

刘长发.新加坡人民行动党建设服务型政党的动力机制[J].中共南昌市委党校学报,2015,02:
　　32—35.

吴浩.新加坡人民行动党青年族群融合的政策与启示[J].青年探索,2015,03:63—67.

许昌,武斐.2014年中国学术界新加坡人民行动党研究新进展[J].河南师范大学学报(哲学社
　　会科学版),2015,03:23—27.

高梓淳,赵洪武.中国与新加坡政党关系的异同比较分析[J].中共济南市委党校学报,2015,
　　04:114—117.

郑传贵.新加坡人民行动党"全面从严治党"的实践经验与启示[J].领导科学,2015,26:
　　50—52.

秦德占.新加坡人民行动党和谐理念的践行与启示[J].新视野,2015,05:111—116.

张大伟.新加坡人民行动党的治党理念和借鉴意义[J].中共天津市委党校学报,2014,01:
　　107—112.

高奇琦.政党优位协商:新加坡人民行动党与社会的互动模式[J].社会主义研究,2014,02:
　　23—31.

吴礼庆,贾凌昌.新加坡人民行动党执政的战略思维[J].衡水学院学报,2014,03:60—63.

靳志强.新加坡人民行动党联系民众的经验和启示[J].中共山西省委党校学报,2014,03:
　　27—31.

张冬冬.分层的党员结构与邀请制——新加坡人民行动党党员制度及其借鉴意义[J].云南行

政学院学报,2014,03:85—89.

许昌,吴贝贝.2013年中国学术界新加坡人民行动党研究新进展[J].河南师范大学学报(哲学社会科学版),2014,02:39—44.

陆波.论新加坡公益慈善组织监管机制:以 NKF 事件为例[J].河南师范大学学报(哲学社会科学版),2014,02:45—49.

施国栋.新加坡人民行动党作风建设探析[J].上海党史与党建,2014,10:56—58.

孙景峰,王新磊.新加坡人民行动党自我更新的内在运行逻辑[J].探索,2014,04:44—48.

乔贵平.新加坡执政党处理党群关系的经验及其启示[J].湖湘论坛,2014,05:35—41.

赵景芳.新加坡人民行动党廉政建设的基本经验[J].当代世界与社会主义,2014,05:114—119.

刘舒,薛忠义.东亚政党与民众的政治沟通及其启示——以韩国和新加坡为例[J].东北亚论坛,2013,01:71—78+129.

陈文,黄卫平.新加坡人民行动党的执政困境[J].中国党政干部论坛,2013,01:80—83.

孙景峰,匡竞.新加坡人民行动党忧患意识的特征分析[J].新视野,2013,02:117—120.

陈文,黄卫平.新加坡人民行动党扎根基层的动力机制[J].中国党政干部论坛,2013,04:95—97.

赵付科,季正聚.新加坡人民行动党廉政建设的基本经验及启示[J].科学社会主义,2013,01:76—79.

杜亮.新加坡你没学会[J].中国企业家,2013,09:112—116.

孙景峰,陈倩琳.新加坡人民行动党形象建设论[J].河南师范大学学报(哲学社会科学版),2013,03:110—119.

熊辉,胡柳娟.新加坡人民行动党的执政经验及其启示[J].国外理论动态,2013,08:109—113.

柯华,范国盛.新加坡人民行动党争取选民的做法对我党做好群众工作的启示[J].党史文苑,2013,14:34—37.

秦德占.新加坡人民行动党长期执政背后的政治哲学[J].新视野,2013,04:120—124.

吴浩.执政党与青年组织间的良性互动探讨——以新加坡人民行动党青年团为例[J].中国青年研究,2013,06:107—111.

齐学.新加坡反对党政治作用探析[J].苏州科技学院学报(社会科学版),2013,03:88—93.

孙景峰,陈倩琳.论新加坡人民行动党形象建设面临的挑战[J].社会主义研究,2013,04:158—163.

吕元礼.新加坡人民行动党独具特色的制度建设[J].中国党政干部论坛,2013,10:90—92.

孙景峰,李社亮.基层组织与新加坡人民行动党执政地位的延续[J].河南师范大学学报(哲学社会科学版),2011,01:76—82.

邱普艳.新加坡人民行动党与其执政道路的选择[J].黄河科技大学学报,2011,03:62—64.

艾四林,王彦军.新加坡人民行动党执政建设经验及启示[J].国外理论动态,2011,05:54—58.

董瑞,杨晓丹.新加坡人民行动党执政合法性的维持[J].江苏省社会主义学院学报,2011,04:40—44.

宋薇.执政党与社会的良性互动——新加坡人民行动党加强社会管理的实践与启示[J].上海党史与党建,2011,12:52—54.

秦德占.新加坡人民行动党人民理念的践行与启示[J].北京行政学院学报,2012,01:42—47.

秦德占.新加坡人民行动党廉政理念的践行与启示[J].新视野,2012,01:116—120.

胡灿莉.新加坡人民行动党支部建设的实践及启示[J].中共云南省委党校学报,2012,02:168—171.

胡志强,陈新,杨元庆,王锦辰,俞峰,王丹,吴蕾.新加坡人民行动党加强社会建设的措施及启示[J].上海市社会主义学院学报,2012,02:56—58.

孙景峰,匡竟.试论新加坡人民行动党忧患意识的内涵[J].社会科学研究,2012,04:29—34.

王秋准,秦德占.新加坡人民行动党法治理念的践行与启示[J].新视野,2012,04:116—120.

孙景峰,匡竟.试论新加坡人民行动党的忧患意识教育[J].社会主义研究,2012,04:139—142.

赵灵敏.新加坡执政党的聆听之道[J].商周刊,2012,22:26—27.

姜卫平.新加坡人民行动党缘何能保持纯洁性[J].党政论坛,2012,09:59—61.

王瑾,季正矩.新加坡人民行动党长期执政的基本经验[J].当代世界与社会主义,2012,06:86—92.

刘智琳.新加坡慈善组织管理对中国慈善组织管理的启发[J].经济视角(上),2012,06:58—59.

孙美晖.政党制度与社会稳定研究——加拿大、新加坡与菲律宾比较分析[J].黑龙江社会科学,2013,06:45—47.

谭鹏.新加坡人民行动党密切党群关系的经验和启示[J].宁夏党校学报,2013,06:14—17.

宋哲仁.从新加坡的政治生态变迁看人民行动党执政文化的转型[J].理论观察,2012,03:16—18.

叶蕴.人民行动党不能停留在过去的历史里——专访新加坡国际事务研究所主席戴尚志(Simon Tay)[J].南风窗,2011,11:37—38.

谢湘江.“平安安全守望小组”——新加坡社区反恐的重要基层组织(编译)[J].云南警官学院学报,2011,04:47—52.

汪文来.新加坡、香港培育发展社会组织的启示[J].特区实践与理论,2011,06:75—78.

李琼英.新加坡社区组织架构及对中国的借鉴与思考[J].理论建设,2012,01:9—11.

王洁.中外党刊中党员形象的比较研究——以中国《求是》与新加坡《行动报》为对象[J].新闻传播,2012,04:216—219.

张磊.新加坡人民行动党执政经验对中国共产党坚持群众路线的启示[J].中共合肥市委党校学报,2014,01:3—5.

欧树军.意识形态策略与政党的力量——基于新加坡人民行动党的分析[J].文化纵横,2013,01:47—53.

袁锐东.新加坡人民行动党为维护执政地位进行新探索[J].当代世界,2013,01:45—47.

隋斌斌.缓冲区机制与政党治理——以新加坡人民行动党为例[J].理论导刊,2013,03:37—40.

何科君,宋薇.新加坡的基层社会组织建设[J].上海党史与党建,2013,05:61—63.

赵付科.新加坡人民行动党长期执政的经验[J].决策与信息,2013,06:62—63.

冷波.新加坡人民行动党稳定执政的经验及启示[J].江西社会科学,2013,05:186—189.

钟龙彪.建设服务型执政党:新加坡人民行动党的经验与启示[J].当代世界,2013,06:63—66.

熊辉,胡柳娟.新加坡人民行动党的基本执政经验和启示[J].学理论,2013,18:21—22.

王玉生,李燕.中外非政府组织管理体制比较研究——以新加坡和新形势下的广东省为例[J].

中国社会组织,2013,06:50—53.

乐腾,乔洁.新加坡人民行动党的廉政建设及借鉴[J].河北企业,2013,08:100.

蔡金花.新加坡人民行动党如何在民主体制内实现一党执政[J].现代妇女(下旬),2013,09:38—39.

吕元礼,陈思佳.新加坡人民行动党执政思维分析[J].深圳大学学报(人文社会科学版),2013,05:81—86.

郑海兵.人民行动党的领导人才选拔之道及启示[J].行政与法,2015,05:50—55.

王新松.国家法团主义:新加坡基层组织与社区治理的主要经验[J].党政视野,2015,04:39.

王江雨.人民行动党长期执政的"秘诀"[J].南风窗,2013,07:98—99.

刘建军.政党:孕育领袖还是遏制领袖?——对中国、日本和新加坡的比较研究[J].复旦学报(社会科学版),2013,04:109—118+170.

霍桑.新加坡全国职工总会培育自身影响力的启示[J].工会信息,2013,10:46—47.

姚莉.新加坡工会的几个特点[J].工会博览,2011,09:54—55.

刘瑛.新加坡工会工作借鉴[J].工会理论研究(上海工会管理职业学院学报),2011,05:42—44.

越南

阮明俊,韦红萍,章志刚,杨小凤.越南共产党关于在政治系统中进行干部选举任免试点的政策[J].中国浦东干部学院学报,2011,01:130—132.

赵磊.越南共产党第十一次全国代表大会开启越南革新开放新时期[J].东南亚纵横,2011,02:23—26.

褚浩.越共"十一大":深化革新开放[J].国际资料信息,2011,02:40—43.

蒙夺,陈元中.越南共产党六大以来推进党内民主建设的理论与实践[J].云南行政学院学报,2011,03:67—69.

陈元中,蒙夺,罗虹.越南共产党十一大的理论创新[J].当代世界与社会主义,2011,04:73—77.

黄骏.从越共"十一大"看越南今后改革的走向[J].教学与研究,2011,08:83—88.

于向东.越共"十一大":坚持社会主义与发展对华关系[J].东南亚纵横,2011,09:3—7.

金波.越南共产党的制度反腐经验[J].国际关系学院学报,2011,05:28—36.

陈元中,税光辉,陈映雪.论革新开放以来越南共产党党内民主制度建设[J].广西民族大学学报(哲学社会科学版),2014,06:117—121.

罗会德,季正矩.越南共产党处理党群关系的做法和经验[J].当代世界与社会主义,2014,06:97—100.

潘金娥.当前越南共产党面临的问题与挑战[J].当代世界与社会主义,2014,06:101—107.

陈元中,黄妮.越南共产党党内选举制度革新及其民主效应探析[J].学术论坛,2014,12:30—33.

崔桂田.越南共产党党规党纪建设态势和经验[J].人民论坛,2014,35:20—22.

税光辉,黄妮.中国与越南党内基层民主制度建设比较研究[J].吉林省教育学院学报(下旬),2015,03:145—146.

蒯正明.20世纪90年代以来越南、古巴共产党的意识形态建设[J].上海党史与党建,2015,

04:58—60.

陈元中.越南共产党党内民主与纪律关系的几个理论问题[J].当代世界与社会主义,2015,04:
106—111.

林洁.越南、老挝、古巴等社会主义国家执政党社会治理特点探析[J].上海党史与党建,2015,
11:58—59.

袁文峰.越共党内民主伴影——论越南国会民主制度[J].法制与社会,2013,17:144—146.

陈胜辉,孙文桂,李珊.越南胡志明共产主义青年团联系凝聚青年模式研究[J].中国青年研究,
2013,08:112—116.

杜继锋.越南共产党:现状与问题[J].中国党政干部论坛,2013,10:95—97.

阮维程,杨晓光.越共十一大与建设越南特色社会主义[J].党政干部学刊,2013,11:20—24.

檀培培.论越南一党制革新发展的主要向度[J].山东社会科学,2015,12:187—192.

李凯.越共党内民主改革的实践及其启示[J].法制博览,2015,34:141—142.

陈元中,周岑银,罗虹.越共十一大推进社会主义民主建设的基本方略[J].理论视野,2012,05:
28—32.

赵卫华.当前越南共产党的国家安全战略及对中越关系的影响[J].重庆交通大学学报(社
会科学版),2012,03:88—91.

鲍婧.革新开放以来越南共产党解决民生问题的认识来源[J].传承,2012,08:80—82.

陈元中,周岑银,罗虹.越共十一大的成就与启示[J].云南行政学院学报,2012,04:73—76.

石学峰.革新开放条件下越南共产党富有特色的党内民主建设及启示[J].东南亚纵横,2012,
07:3—6.

刘刚.反腐败、抗通胀、改革选举制度越共并不平坦的革新之路[J].领导文萃,2012,24:
115—118.

王荣阁,吴卫丽.我国学界对越南共产党研究述评[J].河南师范大学学报(哲学社会科学版),
2012,06:72—76.

董兰淑,李定文.越南共产党与越南革新[J].当代世界与社会主义,2012,05:147—151.

刘新圣.越南共产党六大以来历次代表大会关于政治体制改革问题的探索[J].世纪桥,2012,
21:71—72.

潘金娥.从越共政治变革看改革的终极意义——中国共产党如何始终保持清醒与坚定[J].人
民论坛·学术前沿,2014,01:59—69+79.

承,2014,09:142—143.

陈元中,唐晓凤.越南共产党党内民主发展的政治文化论析[J].当代世界与社会主义,2014,
03:83—87.

胡玲.中国与越南私营业主入党问题比较分析[J].广西社会科学,2014,06:53—56.

郑娜.越南共产党执政能力建设的理解[J].学理论,2014,27:32—33.

赵绪生.越南共产党如何密切党群关系[J].领导科学论坛,2014,04:31.

陈元中,税光辉.越南共产党党内基层民主制度建设探析[J].广西社会科学,2014,08:42—46.

何聪聪.越南共产党党内民主建设及启示[J].中共济南市委党校学报,2014,04:98—100.

徐立波,张立锋.越南共产党十一大以来反腐倡廉建设研究现状[J].传承,2014,09:142—143.

潘金娥.2013年越南共产党党情:防治"内寇"与抵御"外敌"并举[J].当代世界,2014,02:
61—64.

杨柳.越南共产党密切党群关系的探索与创新[J].中共山西省直机关党校学报,2014,02:77—78.

鲁传颖.越南祖国阵线评析[J].国际研究参考,2014,04:1—5.

陈家喜.构筑一党执政的意识形态之维——越南开展胡志明道德榜样学习运动的经验与反思[J].党政研究,2014,05:60—64.

祝奉明.新世纪以来越共法治建设的举措和经验[J].理论视野,2015,07:61—65.

胡玲.中国与越南私营业主入党问题比较分析[J].广西社会科学,2014,06:53—56.

张玲,陈颖.越南管理外国非政府组织法律框架比较研究[J].云南大学学报(法学版),2012,02:193—198.

刘树燕.越、老、朝、古四国贫富差距问题及执政党的应对策略[J].全国商情(理论研究),2012,22:87—88.

裴文善.论越南政府与非营利组织良性互动关系的构建[J].商,2012,24:114.

冉刚.国外政党作风建设专题之一越南共产党着力加强作风建设[J].中国监察,2013,22:60.

雷影娜·阿布拉米.一党执政政权内的问责与不平等——中国与越南的比较分析[J].国外理论动态,2011,05:74—81.

韦日平.中越两党理论研讨会:马克思主义理论发展的新亮点[J].广西大学学报(哲学社会科学版),2011,06:143—146.

1.3 民族问题

李一平.1999年以来印尼马鲁古地区民族分离运动探析[J].南洋问题研究,2011,03:13—19+28.

生安锋.民族主义研究与治学之路——本尼迪克特·安德森教授访谈录[J].文艺研究,2015,02:74—86.

沈燕清.从国内移民计划看印尼地区间种族冲突[J].东南亚南亚研究,2011,03:15—20+92.

蒋炳庆.多元文化背景下的民族和谐实现——基于马来西亚族群关系观察[J].贵州民族研究,2015,08:137—140.

罗圣荣,汪爱平.马来西亚马华族群关系与马印族群关系之比较研究[J].广西师范大学学报(哲学社会科学版),2011,02:123—127.

罗圣荣.评《马来西亚印度人的历史、问题及其未来》[J].南洋问题研究,2011,02:99—100.

齐顺利.他者的神话与现实——马来民族主义研究[J].国际政治研究,2011,04:122—135+189.

罗圣荣.马来西亚华印社会比较研究[J].南洋问题研究,2012,01:62—68+102.

齐顺利.政治整合视域下的马来西亚民族建构研究[J].国际论坛,2012,04:74—78+81.

曹庆锋.马来西亚民族政策的历史嬗变及其启示[J].西北民族大学学报(哲学社会科学版),2013,04:67—72+110.

范若兰.通过平衡达到和睦——解析《战后马来西亚族群关系》[J].华侨华人历史研究,2013,04:69—72.

罗圣荣.马来西亚的族群边界与少数族群的认同——以印度人穆斯林为例[J].南洋问题研究,2014,01:90—96.

赵海立."一个马来西亚"多元族群的国度[J].中国民族,2014,06:70—75.

吴芸.马来西亚的多元文化及族群问题研究[J].思想战线,2014,04:44—47.

郑一省,叶英.马来西亚华人与马来人共生态势初探[J].东南亚南亚研究,2011,02:20—25
    +92.

陈建山.马来西亚华人与印度人的文化认同和政治参与[J].国际研究参考,2013,07:18—22
    +45.

王湘宁.新加坡与中国民族政策对比[J].贵州大学学报(社会科学版),2015,05:113—117.

李京桦.新加坡民族关系厘定的现实逻辑及启示[J].中南民族大学学报(人文社会科学版),
    2014,04:46—50.

范立强.新加坡的民族整合——以公共住房模式为视角[J].民族论坛,2014,09:29—34.

李京桦.新加坡民族关系调控中的动态治理——以双语政策为例[J].贵州民族研究,2014,08:
    30—33.

梁永佳,阿嘎佐诗.在种族与国族之间:新加坡多元种族主义政策[J].西北民族研究,2013,02:
    88—98.

吴静,郭云.新加坡的民族政策及对我国民族政策的启示[J].商,2013,17:408.

夏玉清,孔慧.英国殖民统治时期在新加坡的印度人[J].世界民族,2011,03:57—61.

陈成志,唐鹏.论新加坡在现代化进程中的民族和谐[J].传承,2011,21:80—81+84.

谭林.民族和睦是社会和谐的基石——新加坡社会管理经验的启示[J].中国民族,2011,12:
    39—41.

石冬梅.从陌生人到新加坡人——新加坡民族政策的启示[J].世界知识,2012,23:22—23.

谢青霞,谢晓晖.新加坡民族政策及其对我国的启示[J].东华理工大学学报(社会科学版),
    2012,03:267—271.

宋姗姗.新加坡多元民族主义政策及其启示[J].商,2015,50:55.

胡欣·穆达立,许丽丽.新加坡少数民族的困境——处于马来人的坚持与国家的阻力之间[J].
    南洋资料译丛,2012,04:40—47.

严庆,程云凤.城市及其多族裔同生共处[J].民族论坛,2014,09:22—28.

钟贵峰.当代东南亚南亚国家民族理论政策聚焦问题分析[J].云南行政学院学报,2015,02:
    42—47.

薄文泽.中泰之间的族群互动——历史与现状[J].成都大学学报(社会科学版),2013,06:
    37—40.

傅景亮.族群身份、资本治理与现代国家的领导权——以东南亚地区为视域[J].广西民族研
    究,2013,04:16—22.

郝国强.民族整合、经济发展与文化传承——第五届"中国与东南亚民族论坛"国际研讨会综述
    [J].广西民族大学学报(哲学社会科学版),2012,03:123—126.

徐杰舜,丁苏安.大湄公河次区域合作民族基础论——兼论去中国中心主义[J].广西民族研
    究,2015,06:61—67.

赵树冈.族群互动的历史隐喻:菲律宾南吕宋岛的凯萨赛圣母[J].开放时代,2012,12:
    130—145.

彭慧.菲律宾的山地民族及其"土著化"问题[J].世界民族,2013,04:30—37.

张跃.菲律宾民族和解长路漫漫[J].世界知识,2015,15:30—31.

艾买提,冯瑞.中国周边国家和地区回族的跨国分布及人口探析[J].新疆大学学报(哲学·人文社会科学版),2013,05:87—92.

刘志强.东南亚占人与马来人的民族和谐关系论[J].广西民族大学学报(哲学社会科学版),2012,01:29—34.

陆晓芹.从民间歌唱传统中看壮泰族群关系——以中国壮族"末伦"和老挝、泰国佬族 Mawlum 的比较为个案[J].东南亚纵横,2012,09:54—59.

王会莹,Warunee Wang.泰东北伊沙恩人社会记忆重构中的族群认同——以"HeetSibsong"节日文化为视角[J].湖北民族学院学报(哲学社会科学版),2012,05:47—51.

张锦鹏.历史遗忘与国家观念的重建——透视泰国北部美良河村拉祜族的国家认同[J].广西民族大学学报(哲学社会科学版),2013,01:27—33.

蔡明宏.跨文化视域中的泰华族群认同度研究[J].八桂侨刊,2013,01:24—27.

郑晓云.泰国傣泐人的传统维持与族群认同——基于泰国两个村寨的田野考察[J].云南社会科学,2013,03:115—118.

龙庆华.哈尼族民族认同与边疆社会稳定[J].红河学院学报,2015,01:6—8.

罗婷.少数族群与国族共同体的建构——以泰国老族人和日本爱努人为例[J].民族论坛,2015,08:76—78.

董建中.云南边境民族地区跨境婚姻问题研究[J].西南民族大学学报(人文社会科学版),2013,05:38—43.

梅文松,范春城.中越边境地区苗族人居民在可持续发展战略中的当地知识[J].经济研究导刊,2013,23:108—109.

曹薇娜.越南苗族妇女跨国通婚及国家认同意识变迁研究[J].云南社会主义学院学报,2014,03:38—40.

谷家荣,陈晨.边境民族心理、文化特征与社会稳定实证研究——基于滇越边境 10 个民族的调查问卷分析[J].广西民族研究,2014,06:67—73.

甘开鹏,牟军.边疆安全视野下越南难民的民族认同心理研究——基于云南河口县岔河难民管理区的实证调查[J].思想战线,2015,02:75—80.

王文光,曾亮.《安南志略》与相关民族历史问题浅论[J].思想战线,2015,03:60—64.

卢鹏.中越哈尼族跨境流动与边疆稳定研究[J].红河学院学报,2015,06:4—8.

雷韵."中国、越南与东盟十国少数民族的融合与发展"国际研讨会综述[J].广西民族大学学报(哲学社会科学版),2011,01:114—117.

来仪,蔡华,卢天宝,肖灵.民族政策体系视野下的民族识别及其解读[J].青海社会科学,2011,06:106—112.

王明富.文山州边境地区"濮侬"和越南侬族的文化认同与国家认同——基于实地田野调查[J].文山学院学报,2012,01:29—32.

梁茂春."跨界民族"的族群认同与国家认同——以中越边境的壮族为例[J].西北民族研究,2012,02:40—52+20.

甘开鹏,黎纯阳,王秋.历史记忆、族群认同与国家认同——以云南河口县岔河难民村为例[J].贵州民族研究,2012,05:24—29.

郭家骥.云南周边跨境民族文化交流互动与边疆繁荣稳定[J].云南社会科学,2015,06:117—122.

段雁,谷家荣.涉越通婚边民国家认同和民族认同意识实证研究——基于云南麻栗坡县铜塔村涉越通婚边民数据分析[J].云南社会主义学院学报,2015,03:74—78.

方天建.中越边境跨境民族婚姻调查与分析——以云南省富宁县田蓬镇、木央镇为例[J].民族学刊,2015,06:55—67+111—112.

郝国强.老挝苗族新年上的跨国婚姻——以老挝川圹省丰沙湾市蒙毕县邦洋村为例[J].广西民族大学学报(哲学社会科学版),2013,01:34—37.

马翀炜,张雨龙.跨境橡胶种植对民族认同和国家认同的影响——以中老边境两个哈尼族(阿卡人)村寨为例[J].思想战线,2011,03:17—21.

马翀炜,张振伟.身处国家边缘的发展困境——缅甸那多新寨考察[J].广西民族大学学报(哲学社会科学版),2013,02:96—101.

庄国土.华菲混血族群的形成与消融——以菲律宾前总统奥斯敏纳身世探究为例[J].世界民族,2013,06:55—62.

杨宏云.二战后菲美关系的变化对华菲族际关系的影响[J].合肥工业大学学报(社会科学版),2011,01:62—68.

彭慧.二战后菲律宾穆斯林民族构建的尝试——对摩洛分离运动的另一种解释[J].世界民族,2011,03:29—35.

彭慧.20世纪菲律宾的戏剧与民族主义运动初探[J].华侨大学学报(哲学社会科学版),2011,03:97—103.

阳举伟.泰国整合马来穆斯林族群的困境与出路——基于影响民族同化因素的分析[J].印度洋经济体研究,2015,06:118—140+144.

龚浩群.国家与民族整合的困境:20世纪以来泰国南部马来穆斯林社会的裂变[J].东南亚研究,2011,03:20—25.

熊开万.曼谷唐人街的空间生产与族群文化交流[J].昆明学院学报,2011,05:89—92+103.

庞卫东.安全利益视角下族群认同与国家认同的困境——以文莱在加入马来西亚问题上的选择为例[J].南洋问题研究,2015,04:78—83.

赵海立.越南:54个民族的共同家园[J].中国民族,2014,09:70—74.

陈文兴.云南与相邻国家民族法律政策比较[J].中共云南省委党校学报,2012,04:142—146.

任远喆.越南苗族骚乱:原因与启示[J].亚非纵横,2011,06:53—58+60+62.

张雨龙.老挝北部阿卡人移居坝区的历程与文化调适——勐新县帕雅洛村的民族志个案研究[J].世界民族,2014,06:40—49.

张楚源.云南跨界民族非传统安全问题研究[J].湖北警官学院学报,2015,04:44—45.

罗刚.遏制非法出入境行为的对策建构——基于云南边境民族地区边防安全与民族习惯的现实考量[J].河北法学,2012,08:139—146.

朱陆民,刘燕.森林保护与原住民的选择权——柬埔寨中豆蔻山森林保护区原住民的个案研究[J].世界民族,2014,04:75—84.

钟贵峰.缅甸独立前族际关系析论[J].印度洋经济体研究,2015,01:126—137+160.

李贵梅.缅甸日据时期"缅克冲突"探析[J].东南亚研究,2015,01:21—26.

钟贵峰.缅甸新政府族际关系治理探析[J].东南亚南亚研究,2015,01:95—100+110.

沈乾芳.瑞丽傣族地区的经济发展与民族认同[J].贵州民族研究,2015,03:142—146.

王晓飞.论缅甸民族问题与昂山的民族和解思想——以克伦族为例[J].云南民族大学学报(哲

学社会科学版），2015，03：15—20.

钟贵峰.当代缅甸族际关系治理的路径、特点与挑战[J].广西民族研究，2015，04：34—41.

刘务.1988 年以来缅甸少数民族武装民族政治目标变化初探[J].世界民族，2015，04：27—39.

陈建山.挫折—攻击理论视角下的缅甸民族冲突浅析[J].亚太安全与海洋研究，2015，06：85—
　　96＋126.

钟贵峰.论缅甸民族政策的价值取向[J].赣南师范学院学报，2013，01：63—68.

陈真波.缅甸独立运动中缅、孟两族关系演变研究[J].东南亚研究，2013，01：10—16.

谢念亲.缅北民族冲突与中国西南边境安全[J].亚非纵横，2013，01：29—34＋60＋62.

亨凯.缅甸若开邦民族冲突背后[J].南风窗，2012，13：76—77.

连·H·沙空，乔实.缅甸民族武装冲突的动力根源[J].国际资料信息，2012，04：11—19.

何楠.缅甸民族和平的前景[J].国际资料信息，2012，04：20—26＋35.

孔令琼.试论缅甸民族关系走向对西南边境地区稳定的影响[J].阿坝师范高等专科学校学报，
　　2011，02：15—18.

龚丽娜，曼帕凡·考尔，阿里斯泰尔·库克，祝湘辉，王欢欢.ERM 和 RAM 模型在缅甸族群冲
　　突中的应用[J].南洋资料译丛，2011，03：29—38.

郭秋梅.身份认同视域下的缅甸"罗兴伽人问题"探析[J].东南亚研究，2014，01：10—19.

魏国彬，周伦.缅甸果敢华人民族身份的民族学阐释[J].保山学院学报，2014，01：59—62.

黄彩文，黄昕莹.中缅边境地区布朗族的宗教文化交流与国家安全[J].大理学院学报，2014，
　　07：17—24.

刘璇.缅甸佤邦联合军：起源、发展及影响[J].印度洋经济体研究，2014，03：71—93＋159.

王欢欢.缅甸克钦民族主义运动的起源、演变与发展趋势[J].印度洋经济体研究，2014，03：
　　47—70＋158.

孟靖朝.论缅甸南坎地区跨境民族的民族认同和国家认同[J].江南社会学院学报，2014，02：
　　61—64.

刘务.缅甸 2008 年宪法框架下的民族国家构建——兼论缅甸的边防军改编计划[J].印度洋经
　　济体研究，2014，04：91—113＋159.

郭秋梅，卢勇.缅甸罗兴伽人问题产生原因初探[J].东南亚南亚研究，2014，03：86—90＋110.

焦佩.族群冲突对缅甸民主转型的影响[J].东南亚研究，2014，04：11—17.

彭念.倒逼出来的缅甸民族和解[J].南风窗，2014，19：73—74.

阮秋红.辛亥革命与越南民族解放运动的关系研究[D].湖南师范大学，2014.

1.4　国际关系

1.4.1　东盟组织及其成员国间关系

高瑞连，曾守正.东盟成员国能否在防务采购上实现联合？实际比表面更困难[J].南洋资料译
　　丛，2015，02：38—41＋69.

郭剑，喻常森.菲律宾与马来西亚关于沙巴的主权纠纷[J].南洋问题研究，2015，02：29—37.

约翰·芬斯顿，许丽丽.马来西亚与泰国南部冲突——关于安全和种族的调解[J].南洋资料译

丛,2011,02:39—47+66.

钮松.东盟"伊斯兰化"与东盟10国对以关系的互动研究[J].南洋问题研究,2012,04:1—9.

李益波.印马战略伙伴关系:缘起、前景及影响[J].亚非纵横,2013,06:16—23+59.

罗圣荣,吕述明.试论战后以来的印马关系[J].国际研究参考,2014,06:30—35.

印马石油之争[J].海洋世界,2011,04:30—31.

隆德新.困局与超越:小国危机意识下的新加坡东盟战略解构[J].东南亚研究,2012,04:27—32+38.

隆德新.区域政治中的"软领导"者:再探新加坡之东盟身份[J].太平洋学报,2012,11:13—21.

成汉平.菲律宾与越南的区域战略互动特点分析[J].河海大学学报(哲学社会科学版),2015,01:77—82+88+92.

郭剑,喻常森.菲律宾与马来西亚关于沙巴的主权纠纷[J].南洋问题研究,2015,02:29—37.

何海榕.马泰与马越共同开发案的比较研究[J].太平洋学报,2015,12:83—92.

周绍永.缅甸在泰国对外政策中的地位[J].中外企业家,2014,03:263—264.

周绍永.冷战后泰国对"缅甸问题"的因应[J].经济与社会发展,2014,04:29—32.

唐宁.泰柬边界为何冲突频仍[J].世界知识,2011,10:28—29.

邵建平.缅甸和泰国领土争端的由来及解决前景[J].东南亚南亚研究,2011,04:17—22+90.

咸命植,依莲,张骁虎.历史争议在东亚国际关系史中的意义——以靖国神社和柏威夏寺为例[J].史学集刊,2013,05:102—112.

周绍永.冷战后泰国对缅甸政策研究综述[J].学理论,2013,36:16—17+33.

刘雄.老挝危机与东南亚条约组织的衰落[J].世界历史,2014,05:58—75+158.

玛利亚·拉尔森,蒋小星.柬埔寨与泰国关系:当前的挑战和未来的前景[J].南洋资料译丛,2015,01:47—57.

曾安安.国际法院裁决:柏威夏寺问题的终结?[J].东南亚研究,2015,01:4—12.

梁霞.泰国部分政要和专家对泰国加入东盟共同体的认知[J].南洋资料译丛,2015,01:38—46.

王小梅,周威.泰国和马来西亚共同开发案研究[J].法制与社会,2015,09:146—147.

钮松.东盟"伊斯兰化"与东盟10国对以关系的互动研究[J].南洋问题研究,2012,04:1—9.

赵芳铃.越南与东盟合作的收益及存在的问题[J].国际研究参考,2014,12:31—34+30.

金丹.越南加入东盟20年:回顾与展望[J].红河学院学报,2015,06:1—3.

韦强.新世纪越南与东盟的军事外交[J].国际资料信息,2012,07:23—27.

魏炜.柬埔寨问题与新加坡地区外交的转机[J].南洋问题研究,2012,04:10—17+54.

杨洋.论国际法院对隆端寺案的判决[J].宁夏大学学报(人文社会科学版),2013,03:81—87.

季玲.历史、实践与东盟安全合作进程[J].外交评论(外交学院学报),2014,05:85—103.

范宏伟.东盟对缅甸"建设性接触"政策评析[J].国际问题研究,2012,02:30—39.

程晓勇.东盟超越不干涉主义?——基于缅甸问题的考察与分析[J].太平洋学报,2012,11:22—28.

孙志煜.东盟争端解决机制的兴起、演进与启示[J].东南亚研究,2014,06:27—32.

于臻.新成员国东盟认同的经济和政治影响因素分析[J].南洋问题研究,2014,04:40—48.

贾力楠.东盟冲突管理方式:概念、挑战与变革[J].当代亚太,2014,06:132—155+159.

周玉渊.东盟政治安全共同体进程反思[J].东南亚南亚研究,2014,04:1—6+107.

谢磊.理解东盟的发展:历史体系的视角[J].东南亚南亚研究,2014,04:7—12+107.

林炳録.东盟地区合作战略及其推动规律分析[J].大连海事大学学报(社会科学版),2015,01:82—88.

宋瑞琛.国际政治与国际法交叉视角下的东盟国家间争端解决机制[J].理论界,2015,04:140—146.

张蕴岭.如何认识和理解东盟——包容性原则与东盟成功的经验[J].当代亚太,2015,01:4—20+156.

王毅.东盟共同体:亚洲一体化的新起点[J].人民论坛,2015,13:8—9.

马云.泰国政局对东盟地缘政治的影响[J].文山学院学报,2015,02:109—112.

蔡鹏鸿.东盟共同体建立给中国带来何种机遇?[J].社会观察,2015,07:54—56.

魏玲,薛力,刘琳,苏庆义,王亚娟.东盟共同体"冲刺":搅动亚太风云[J].世界知识,2015,13:14—15.

东盟共同体最大的意义就在于东盟这个标识和身份,对内是一个强化,对外是一个宣示[J].世界知识,2015,13:16—18.

东盟政治安全共同体建成,对美国在东南亚军事存在将产生怎样的影响[J].世界知识,2015,13:18—22.

周士新.东盟管理争端机制及其效用分析[J].国际关系研究,2015,05:80—95+156.

余葱.东盟争端解决的法治化路径:以《东盟宪章争端解决机制议定书》为中心的分析[J].法制博览,2015,29:73—74.

许红艳.东盟成立的原因——基于政治经济学的分析[J].云南民族大学学报(自然科学版),2013,S1:109—111+114.

朱陆民,龙荣.试论非传统安全合作对东盟国家间关系的推动作用[J].东南亚纵横,2012,02:48—54.

林雯.构建以人为本、平衡发展的东盟共同体——东盟2011年内外合作分析[J].东南亚纵横,2012,04:14—20.

赵少群.从《东盟宪章》看东盟的决策机制[J].法学论坛,2012,05:150—154.

程晓勇.东盟规范的演进及其对外部规范的借鉴:规范传播视角的分析[J].当代亚太,2012,04:33—49+157.

徐鹏.《东盟人权宣言》及其评价[J].法学论坛,2013,05:149—160.

王磊,郑先武.国家间协调与区域安全治理:理解东盟安全机制[J].南洋问题研究,2012,04:28—37+74.

郑英琴.东盟安全共同体:权力制衡与规则构建——基于现实建构主义的观察[J].东南亚南亚研究,2012,04:11—16+90.

朱孟婷.东盟国家间领土争端的解决方法评析[J].法制与社会,2013,06:138—139.

李文良.东盟安全机制及其特点探究[J].国际安全研究,2013,02:136—153+159—160.

许红艳.东盟区域安全机制研究[J].黑龙江史志,2013,11:340+342.

伍光红.从《曼谷宣言》到《东盟宪章》——东盟发展过程中的里程碑文件述评[J].广西社会科学,2013,06:71—74.

陈文,李小亭.加快推进共同体进程,平衡扩大区域合作——东盟2012年内外合作分析[J].东南亚纵横,2013,03:3—9.

周士新.东盟管理争端规范及其作用[J].东南亚纵横,2013,06:13—17.

金新,黄凤志.东盟区域安全治理:模式、历程与前景[J].世界经济与政治论坛,2013,04:
　　1—11.

宋宝雯,方长平."东盟方式"与东盟对区域合作的主导作用[J].中国青年政治学院学

山影进,邵鸣.旨在"驯服"大国的小国的战略——聚焦东盟的影响力[J].南洋资料译丛,2013,
　　02:1—10+41.

黄树标.中国与东盟成员国职务犯罪所得追缴机制探析[J].广西社会科学,2013,07:44—47.

姜美玲.从案例看东盟国家领土争端的和平解决方法[J].中国地质大学学报(社会科学版),
　　2013,S1:186—189.

王玉主.RCEP倡议与东盟"中心地位"[J].国际问题研究,2013,05:46—59.

周士新.小国集团的战略动力:基于东盟与海合会的比较分析[J].东南亚南亚研究,2013,03:
　　3—8+108.

姜瑞民,陈文.加快共同体建设扩大发展对外关系——东盟2013年分析[J].东南亚纵横,
　　2014,03:30—36.

冯寅奇.东盟共同体建设的进展与挑战[J].当代世界,2014,09:51—53.

杨忱.论东盟语境下的"不干涉原则"[J].南阳理工学院学报,2014,05:21—25.

周士新.东盟灾害救援评析:机制、实践与前景[J].东南亚研究,2015,06:19—28.

张义明.区域间治理及其"东盟模式"的未来——《区域间主义治理模式》评析[J].东南亚研究,
　　2015,06:97—107.

朱陆民.论环境安全合作对东盟安全共同体建设的推动作用[J].湘潭大学学报(哲学社会科学
　　版),2011,01:131—134.

王威,关正义.《鹿特丹规则》背景下《东盟多式联运框架协议》问题研究——与中国海运立法比
　　较[J].东南亚纵横,2011,05:41—45.

朱陆民,董琳.从柬泰边境冲突看东盟冲突管理的困境与出路[J].东南亚纵横,2011,12:
　　60—65.

周士新.浅析东盟地区论坛的信任建立措施[J].东南亚南亚研究,2011,03:1—6+92.

顾静.东盟"中心地位"面临的变局及其重构[J].当代世界,2014,03:64—66.

苏珊娜·卡迪尔,李卓.对力量与忠诚变迁的地区反应:东盟与印尼[J].国际政治研究,2011,
　　01:23—24.

周伟,于臻.试析入盟以前的越南与东盟关系(1975—1995)[J].南洋问题研究,2011,01:
　　17—24.

萧文轩、顾长永.〈异己〉或〈同胞〉:泰国政府对越南难民的认知及政策之探析[J].亚太研究论
　　坛,2015,61:1.

1.4.2　外交、国际关系

东南亚地区外交、国际关系

晓岸."万隆时代"并未终结——从反"新殖民主义"浪潮到拥抱新全球化时代[J].世界知识,
　　2015,08:25—27.

乔旋.怎样看待东亚合作[J].领导之友,2015,03:51—53.

张洁.中国—东盟:联合防范"迁徙圣战"[J].世界知识,2015,06:21—24.

储殷.英国也要"重返亚洲"?[J].世界知识,2015,17:34—35.

张暮辉.马航失联后国际合作新亮点[J].中国报道,2014,04:102.

江淮.面朝大海,春暖花开——建设和平、友好、合作之海[J].世界知识,2011,01:67.

张继焦.亚洲各国移民研究的现状与未来发展——"亚洲的大都市:建立移民研究合作机制"国际会议综述[J].国外社会科学,2011,03:156—157.

陈福利.知识产权国际强保护的最新发展——《跨太平洋伙伴关系协定》知识产权主要内容及几点思考[J].知识产权,2011,06:71—78.

胡波.中国东南亚外交亟须战略自觉与平衡[J].中国经济周刊,2013,40:17—18.

卢光盛.东南亚外交有深意[J].社会观察,2013,12:42—44+1.

苏晓晖.中国东南亚外交新局[J].人民论坛,2013,30:7.

魏炜.英国撤离新加坡基地及其对东盟合作的影响[J].东南亚南亚研究,2012,01:66—70+94.

归泳涛.东亚民族主义勃兴与中国周边关系的转型[J].国际安全研究,2013,02:74—87+157.

庞中鹏.浅析近年来日本对东南亚的能源外交[J].东南亚纵横,2011,03:74—78.

袁学哲,庹道中.当前中国东盟外交政策简析[J].传承,2014,06:98—99.

葛建廷.日本对东南亚的经济外交:历史与现实[J].欧洲研究,2014,04:100—111+7—8.

于向东,张龙春,成思佳.历史与现实的启示:中国与东南亚和平发展共处共生——中国东南亚研究会2015年年会暨学术研讨会综述[J].南洋问题研究,2015,03:100—102.

邢瑞利,谭树林.东南亚防务外交的演变与发展前景[J].东南亚纵横,2015,08:11—18.

李亚男.1978:重新认识东南亚——再论20世纪70年代末中国与东盟开展安全合作的双重意义[J].北京社会科学,2014,03:121—128.

赵旭.浅析新形势下的中南半岛公共外交[J].当代世界,2014,04:65—66.

李加洞.战后美国由两面性到全面干涉印支政策的转变[J].齐齐哈尔大学学报(哲学社会科学版),2014,04:24—26.

金龙云.外交关系委员会与美国卷入东南亚冲突和战争[J].四川师范大学学报(社会科学版),2012,06:160—166.

李益波.奥巴马"重返"东南亚:挤占中国空间?[J].世界知识,2012,24:22—24.

滕琳.1954年美国策划印支"联合行动"政策探析[J].长春师范学院学报,2013,01:41—42.

胡志勇.奥巴马东南亚之行的战略意义[J].学习月刊,2013,01:44—45.

成汉平.安倍出访东南亚诠释"安倍主义"[J].世界知识,2013,03:40—42.

归泳涛.东亚民族主义勃兴与中国周边关系的转型[J].国际安全研究,2013,02:74—87+157.

本刊综合.广西与东南亚民间外交具有无可替代的优势[J].当代广西,2013,12:16.

熊光清.美中日东亚角力前景[J].人民论坛,2013,22:50—51.

李鼎鑫,黄蕙.试论东盟平衡外交战略的四个维度[J].学习与探索,2014,08:45—49.

杨六金.建国初期中国外交政策对邻国边民的影响研究——以越南、老挝、缅甸哈尼族为例[J].红河学院学报,2013,06:12—16.

周聿峨,郑建成.在华印支难民与国际合作:一种历史的分析与思考[J].南洋问题研究,2014,03:41—47.

贾庆军.冷战时期日本对东南亚国家 ODA 政策的思想实质——以日本 3 个代表性的东南亚外交为例[J].重庆理工大学学报(社会科学),2015,08:93—97.

贾庆军.冷战后日本对东盟国家 ODA 政策中的价值观因素[J].佳木斯大学社会科学学报,2015,05:41—44.

唐翀.从敌对到正常化:冷战时期中国与东盟国家的外交关系[J].东南亚南亚研究,2013,02:1—6+108.

郑一省.移民政治认同对国家关系的影响——以东南亚一些国家为例[J].东南亚纵横,2012,12:34—38.

李宾.关于构建中国—东盟反洗钱区域合作机制的思考[J].经济研究参考,2014,53:43—45.

范祚军,张宏杨.中国—东盟合作关系中政治与经济影响因素测度[J].经济研究参考,2014,59:54—66.

周玉渊.东南亚地区海事安全合作的国际化:东盟海事论坛的角色[J].外交评论(外交学院学报),2014,06:140—156.

张斌.以对东盟国家公共外交策略的创新推动 21 世纪海上丝绸之路建设[J].东南亚纵横,2014,11:14—17.

曾贞,王真真.中国—东盟警务合作人才培养探析[J].广西警官高等专科学校学报,2014,06:19—22.

中国—东盟中心开展公共外交活动增进地区人民友谊[J].中国报道,2015,01:40—41.

王玉主.利益捆绑与中国—东盟关系发展[J].南洋问题研究,2014,04:1—7.

金美花.韩国缘何强化与东盟关系[J].世界知识,2015,03:28—29.

杨海涛.中国—东盟自贸区争端解决机制的完善[J].人民论坛,2015,02:248—250.

张洁.中国—东盟:联合防范"迁徙圣战"[J].世界知识,2015,06:21—24.

吴佳熹.共建"21 世纪海上丝绸之路"推动中国与东盟的和平稳定和繁荣共进[J].国防,2015,02:35—38.

王森.战略探源:东盟大国平衡外交的缘起[J].战略决策研究,2015,02:31—45+102.

郭琼,陈一一.中国在东盟的软实力建设进程及问题[J].兰州大学学报(社会科学版),2014,03:50—56.

赵铁,林昆勇,陈林.中国—东盟命运共同体建设问题探析[J].广西社会科学,2015,02:38—42.

朱慧.东盟气候外交的"小国联盟"外交逻辑及其功能性分析[J].江南社会学院学报,2015,01:34—39.

苗吉,李福建.美日同盟与东盟:亚太秩序大较量[J].世界经济与政治论坛,2015,02:27—40.

曹云华.新型的中国—东盟关系:利益共同体与命运共同体[J].当代世界,2015,03:26—28.

吴凡.国际性区域合作中的政府行为研究——以中国—东盟为例[J].学术论坛,2015,03:77—81.

张晓春.中国—东盟禁毒命运共同体建设问题研究[J].广西社会科学,2015,04:60—64.

聂文娟.东盟对华的身份定位与战略分析[J].当代亚太,2015,01:21—37+156—157.

蔡德仿.广西与东盟法律合作研究:一个文献综述[J].法制博览,2015,11:15—17.

覃珠坚.中国—东盟侦查合作之简析[J].广西警官高等专科学校学报,2015,02:1—5.

王嘉辉.东盟与阿盟:区域一体化进程分析[J].南阳理工学院学报,2015,03:6—10.

李明江.硬实力、软实力、巧实力:透视中国—东盟关系[J].亚太安全与海洋研究,2015,03:
　　28—38+129—130.

晓岸.中国与东盟关系未来在于相处之道——与国际关系学者翟崑一席谈[J].世界知识,
　　2015,11:34—36.

成汉平.中国—东盟:从"黄金十年"迈向"钻石十年"[J].唯实,2015,06:34—37.

雷珺.政治互信对中国与东盟司法合作的影响[J].和平与发展,2015,03:40—49+111—112.

东盟共同体建设与"中国—东盟命运共同体"打造相得益彰[J].世界知识,2015,13:22—25.

蔡鹏鸿.中国—东盟海洋合作:进程、动因和前景[J].国际问题研究,2015,04:14—25+131.

鞠海龙,邵先成.中国—东盟减贫合作:特点及深化路径[J].国际问题研究,2015,04:26—39.

陈友骏.日本安倍政府的东盟外交:基于现实主义外交的理论视角[J].东南亚纵横,2015,04:
　　16—22.

王勇辉,余珍艳.中国与东盟小多边安全机制的构建现状——从公共产品供给的视角[J].世界
　　经济与政治论坛,2015,04:1—18.

曾晓祥.东盟国家在国际冲突管理中的行为选择[J].世界经济与政治论坛,2015,04:19—28.

李尔平."21世纪海上丝绸之路"背景下的中国—东盟博览会公共外交[J].广西社会科学,
　　2015,09:35—39.

林昆勇.积极推进中国—东盟命运共同体建设[J].东南亚纵横,2015,07:35—39.

陈邦瑜.国际共同体视角下构建"中国—东盟命运共同体"[J].领导科学论坛,2015,19:
　　30—32.

周方冶."一带一路"视野下中国—东盟合作的机遇、瓶颈与路径——兼论中泰战略合作探路者
　　作用[J].南洋问题研究,2015,03:39—47.

张恒彬.从地缘战略看东盟在美国印太概念中的地位[J].南方论刊,2015,11:15—16+25.

屠年松,罗云.和谐理念视角下中国与东盟国家关系发展研究[J].学术探索,2015,10:29—34.

黄丽娜.非传统安全视角下中国与东盟的警务执法合作机制研究[J].湖北警官学院学报,
　　2015,10:124—127.

周士新.东盟与联合国伙伴关系的演进:动力溯源与议程选择[J].东南亚纵横,2015,08:
　　3—10.

甘振军.试论冷战后澳大利亚与东盟的关系——从摇摆不定的地区政策到亚太世纪白皮书的
　　出台[J].东南亚纵横,2013,11:50—55.

陈强.东盟共同体建设对中国与东盟关系的影响初探[J].学理论,2013,34:47—48.

吴浩然.冷战后中国与东盟关系变量分析[J].黑龙江史志,2013,23:34—35.

Bobby M. Tuazon,陈红升.加强民间交流促进中国—东盟政治互信[J].东南亚纵横,2013,12:
　　32—34.

阮小芸,吴遵.浅析中国—东盟知识产权争端解决机制[J].现代妇女(下旬),2013,12:47.

聂文娟.中国与东盟地区论坛(ARF):从积极参与到创新实践[J].东南亚纵横,2013,11:
　　16—22.

马女婴."东盟+日本"合作机制的发展[J].和平与发展,2012,04:25—29+71.

施雪琴.认同规范与东盟社会文化共同体建设——兼论对深化中国—东盟地区合作的启示
　　[J].琼州学院学报,2013,06:4—9.

钟铭佑.中国—东盟非法跨国婚姻问题及对策研究——以广西凭祥市为例[J].广西师范大学

学报(哲学社会科学版),2013,06:14—17.

喻常森.东盟国家对中国崛起的认知与政策反应[J].当代亚太,2013,03:111—128+158.

袁伟华.对外政策分析中的角色理论:概念解释机制与中国—东盟关系的案例[J].当代亚太,2013,01:125—156+160.

李晨阳.中国发展与东盟互联互通面临的挑战与前景[J].思想战线,2012,01:87—90.

储召锋.亚太战略视域下的美国—东盟关系考察[J].国际展望,2012,01:14—25+114—115.

季玲.权力格局失衡与心理调适——中国东盟关系中的信任问题[J].南洋问题研究,2012,01:37—46.

杨勇,冯霞.中国—东盟政治合作机制研究[J].太平洋学报,2012,03:30—38.

刘新生.风雨同行共谋发展——中国与东盟建立对话关系20周年回顾和展望[J].东南亚纵横,2012,02:24—28.

许利平,薛松.冷战后印度与东盟关系:调整、发展与趋势[J].东南亚研究,2012,01:25—31.

陈莹.冷战后中美日在东南亚的软实力角力——以对东盟援助为例[J].东南亚研究,2012,01:32—40.

钮松.中东剧变以来的东盟与海合会关系研究[J].阿拉伯世界研究,2012,03:62—75.

许宁宁.中国与东盟关系现状、趋势、对策[J].东南亚纵横,2012,03:51—55.

陈先才,杨昆福.冷战后台湾与东盟政治关系发展研究[J].台湾研究集刊,2012,03:14—21.

马嬿.东盟与印度"10+1"合作机制的发展[J].东南亚纵横,2012,04:34—38.

林永亮,林炳青.主权观念与地区合作——以中国—东盟合作为例[J].南洋问题研究,2012,02:56—68.

李晨阳.对冷战后中国与东盟关系的反思[J].外交评论(外交学院学报),2012,04:10—20.

张艺卓,郑毅.试析中国与东盟关系中的矛盾与问题[J].北华大学学报(社会科学版),2012,03:51—54.

杨磊.冷战结束后至911事件东盟与华关系的地缘政治分析[J].时代金融,2012,14:112—114.

姚家庆.东莞对东盟国家的经济外交[J].东南亚研究,2012,01:41—46+63.

唐翀,李志斐,张楠.不确定下的担忧:冷战后东盟国家对中国在地区安全角色的认知[J].南洋问题研究,2012,03:47—58+66.

郑玲.2011年中国—东盟关系:成效与挑战[J].东南亚纵横,2012,05:6—11.

翟翔,司梓宇,王文浩.中国在亚洲的商务外交策略——以中国与东盟关系的发展为例[J].时代金融,2012,18:272.

郑腊香.亚欧会议对中国、欧盟、东盟关系的影响分析[J].东南亚研究,2012,04:61—66.

杨丽艳.法律和政策视角下中国与东盟合作领域的扩展及其机制分析[J].广西师范大学学报(哲学社会科学版),2012,05:40—47.

黄越,李碧华.中国与东盟关系展望[J].东南亚纵横,2012,10:21—23.

李红,朱明敏,彭慧丽.文化外交与经济外交协调发展初探——以中国—东盟合作为例[J].广西大学学报(哲学社会科学版),2012,05:12—18.

吴夏一.中国与东盟侦查合作浅析——以湄公河惨案为例[J].江西警察学院学报,2012,05:37—39.

盛亚捷.论当代世界格局变动中的中国东盟关系[J].今日中国论坛,2012,10:155—156+158.

王志远.博弈架构下中国—东盟共赢的实现[J].湖北第二师范学院学报,2012,10:51—54.

郭琼,陈一一.主导性国家与东盟安全共同体的建构——兼谈美国重返东南亚对建构东盟安全共同体的影响[J].东南亚研究,2012,05:52—58.

李松寒,王森.与大国共舞—东盟的大国平衡战略[J].东南亚纵横,2012,09:3—7.

钮松.东盟"伊斯兰化"与东盟10国对以关系的互动研究[J].南洋问题研究,2012,04:1—9.

代长友.地缘安全关系和地缘经济关系的相互影响——以印度与东盟关系为例[J].商,2012,22:64—65.

黄译曼.缺角的铁板:东盟—印度关系的限度——访中国人民大学国际关系学院庞中英教授[J].世界知识,2013,02:30—31.

韦宝毅.美国重返亚太对东盟的影响[J].广西经济,2013,01:41—43.

梁颖.领域拓展与高地占领:中国—东盟关系研究的新进展[J].广西大学学报(哲学社会科学版),2013,01:1—6.

何奥龙,乌兰图娅.中国与东盟合作的机制建设及基本动因[J].内蒙古大学学报(哲学社会科学版),2013,02:31—34.

广西社会科学院东南亚研究所、中华人民共和国公安部东南研究所课题组.中国与东盟关系2012—2013年回顾与展望[J].东南亚纵横,2013,01:12—18.

Babette Zoumara.21世纪东盟与非盟合作的必要性分析[J].南洋问题研究,2013,02:26—31.

唐翀.从敌对到正常化:冷战时期中国与东盟国家的外交关系[J].东南亚南亚研究,2013,02:1—6+108.

王光厚.浅析澳大利亚的东盟政策[J].国际论坛,2013,05:20—24+79.

张青磊.中国与东盟警务合作的障碍及解决路径分析[J].北京警察学院学报,2013,03:79—82.

许利平.战略伙伴关系框架下的中国—东盟合作[J].当代世界,2013,10:36—39.

黎宜春.论中国—东盟自由贸易区反洗钱刑事司法合作机制的构建——以分析现有反洗钱刑事司法合作的阻碍因素为切入点[J].广西社会科学,2013,09:34—38.

张青磊.软实力视角下的中国与东盟警务合作[J].东南亚纵横,2013,07:26—31.

蒋巍.中国—东盟关于抗制国际有组织犯罪的刑事合作研究[J].河池学院学报,2014,01:108—112.

陈华.中国—东盟区域警务合作的现状、问题与展望[J].净月学刊,2014,01:21—24.

杜进森.东盟和中国战略伙伴关系十年回顾与展望[J].广西大学学报(哲学社会科学版),2014,02:48—50+59.

文化交流为中国—东盟搭建更广阔舞台[J].中国报道,2014,05:40—41.

袁学哲,庹道中.当前中国东盟外交政策简析[J].传承,2014,06:98—99.

王庆忠.冷战后的中国—东盟关系探析:身份政治的视角[J].南洋问题研究,2014,02:28—35.

程继康.均势理论与东盟外交战略转变探析[J].华中师范大学研究生学报,2014,02:127—131.

陈实,董彦,张宏.中国和东盟迈向"钻石十年"[J].中国报道,2014,04:46—47.

张蕴岭.中国—东盟战略伙伴关系:回顾与前瞻[J].东南亚纵横,2013,09:7—10.

杜进森,李碧华.东盟—中国战略伙伴关系:10年回顾与展望[J].东南亚纵横,2013,09:33—36.

党和国家领导人关于中国—东盟关系重要指示的回顾——中国—东盟战略伙伴关系 10 周年与广西发展系列报告之一[J].传承,2013,12:6—7.

中国—东盟关系的发展历程和展望——中国—东盟战略伙伴关系 10 周年与广西发展系列报告之二[J].传承,2013,12:8—9.

陆建人.对增强中国—东盟政治互信的思考——写在中国—东盟建立战略伙伴关系 10 周年之际[J].东南亚纵横,2013,10:16—19.

农立夫.发挥广西民间资源优势促进中国与东盟国家友好合作[J].东南亚纵横,2013,10:29—32.

白如纯.安倍政权强化对东盟外交的台前幕后[J].当代世界,2014,03:21—24.

郭诗颖.迈向东南亚——"东向政策"下的印度—东盟合作机制探讨[J].改革与开放,2014,03:40—41.

陈华,李芳.论中国—东盟区域警务合作机制的建构——以欧洲经验为启示[J].广西社会科学,2014,01:38—42.

李晓霞.中国崛起过程中与东盟国家间关系中存在的问题与应对策略[J].江南社会学院学报,2014,01:51—55.

李亚男.1978:重新认识东南亚——再论 20 世纪 70 年代末中国与东盟开展安全合作的双重意义[J].北京社会科学,2014,03:121—128.

贺圣达.东南亚地区战略格局与中国—东盟关系[J].东南亚南亚研究,2014,01:1—10+108.

陈友骏.日本安倍政府对东盟的现实主义外交刍议[J].东南亚研究,2014,05:65—71.

喻常森.冷战时期美国对东南亚区域合作的政策选择——从东约(SEATO)到东盟(ASEAN)[J].东南亚研究,2014,05:51—58.

何奥龙,乌兰图娅.中国与东盟合作机制建设的主要成果和现实意义[J].内蒙古大学学报(哲学社会科学版),2014,06:59—63.

范祚军,温健纯.东亚合作格局与中国—东盟政治经济互动[J].广西大学学报(哲学社会科学版),2014,05:38—43.

李鼎鑫,黄蕙.试论东盟平衡外交战略的四个维度[J].学习与探索,2014,08:45—49.

马军.关于山东与东盟合作的几点思考[J].当代世界,2014,11:75—76.

陈遥.中国—东盟政治互信:现状、问题与模式选择[J].东南亚研究,2014,04:34—40.

周方冶.中泰关系—东盟合作中的战略支点作用——基于 21 世纪海上丝绸之路的分析视角[J].南洋问题研究,2014,03:17—22+40.

李晨阳.安全合作与中国—东盟关系[J].世界知识,2015,24:71.

谷名飞.欧盟与东盟的公共外交比较及对中国的启示[J].公共外交季刊,2015,04:31—36+124.

于臻.冷战后东盟对西方人权压力的反应及其影响[J].东南亚研究,2011,01:52—60.

马嫒.东盟中国"10+1"关系的全方位发展——纪念中国—东盟建立对话伙伴关系 20 周年[J].东南亚纵横,2011,02:37—42.

兰岚.东盟的大国平衡战略[J].山东省农业管理干部学院学报,2011,02:141—142.

杨勇.中国—东盟区域政治合作前景展望[J].人民论坛,2011,14:46—47.

阎德学.日本东盟战略对我国中亚战略的启示[J].兰州学刊,2011,04:40—46.

邓集龙."互利共赢"与"相互利用"——冷战后中印在东盟地区的竞争[J].亚非纵横,2011,03:

48—53+16+60.

马嫚.中国和东盟互联互通的意义、成就及前景——纪念中国—东盟建立对话关系 20 周年[J].国际展望,2011,02:16—28+127—128.

李红,许露元.中国—东盟互联互通发展路向与合作策略[J].广西社会科学,2015,03:33—38.

李晨阳.走好中国—东盟互联互通之路[J].世界知识,2015,01:73.

谢静."一带一路"与中国—东盟互联互通中的印度因素[J].东南亚纵横,2015,10:38—41.

李珊.关于完善中国—东盟争端解决机制的立法思考[J].桂海论丛,2011,01:92—95.

高伟浓.东盟国家的对华友好协会:缘起与特色[J].创新,2011,01:72—75.

喻常森.智者不惑,强者必趋——简评《国际政治中"弱者"的逻辑——东盟与亚太地区大国关系》[J].南洋问题研究,2011,02:97—98.

肖安宝,元晋秋.中国化的马克思主义与中国—东盟政治关系的发展[J].学术论坛,2011,09:61—64.

祁怀高.东亚区域合作领导权模式构想:东盟机制下的中美日合作领导模式[J].东南亚研究,2011,04:55—59.

陆建人.政治互信决定合作命运——写在中国—东盟建立对话关系 20 周年之际[J].进出口经理人,2011,10:79—80.

冯涛.继承与延续——奥巴马东盟新政评析[J].人力资源管理,2011,08:159—160.

尤泽顺.话语、身份建构与中国东盟关系:《人民日报》新闻标题分析[J].东南学术,2011,05:240—248.

扈琼瑶.冷战后中国与东盟关系述评[J].和平与发展,2011,02:60—64+73.

吕玉敏.中国—东盟建立对话关系 20 年回顾与展望[J].东南亚纵横,2011,11:11—13.

坎派,吴小夏.中国—东盟建立对话关系 20 周年与中老关系[J].东南亚纵横,2011,11:9—10.

沈鑫.外交共同体:东盟外交文化的形成与实践——评《东盟外交共同体:主体及表现》[J].东南亚研究,2011,06:91—96.

张云.东盟:区域化"国际社会"的理论与实践——英国学派的视角[J].东南亚纵横,2011,11:71—74.

王光厚,张效民.多边外交与中国—东盟关系[J].东南亚纵横,2011,12:3—9.

蒋德翠.中国—东盟争端解决机制探析[J].东南亚纵横,2011,12:20—23.

肖斌,张晓慧.区域间的不对称与制衡行为——以欧盟与东盟关系为例[J].世界经济与政治,2011,11:137—156+160.

张雪.东盟政治安全共同体建设与中美因素[J].和平与发展,2011,02:55—59+73.

马为民,孙健.东盟地区论坛的发展、作用与中国的政策选择[J].和平与发展,2011,03:63—67+75.

周永生.中国对东南亚的大战略思想梳理[J].理论参考,2014,09:22—25+21.

王箫轲,张慧智.大国竞争与中国对东南亚的经济外交[J].东南亚研究,2015,01:27—32.

高立,徐万胜.日本安倍内阁东南亚政策析论[J].东北亚学刊,2015,01:18—24.

何包钢,张建.亚洲的大国协调与复合地区主义[J].国外理论动态,2015,02:67—76.

张学昆.东南亚国家对美国"亚太再平衡"战略的认知差异分析[J].国际论坛,2015,03:25—30+80.

任琳,程然然.欧盟东南亚政策论析[J].欧洲研究,2015,03:27—42+5—6.

何涛.东盟防务合作的演进与前景:从双边主义转向多边主义(英文)[J].China International Studies,2014,06:91—108+3.

刘孟海.检察外交视域中的中国—东盟检察制度与地区合作问题[J].环渤海经济瞭望,2015,10:73—75.

葛红亮.中国"新安全观"及其面向东南亚的外交实践[J].公共外交季刊,2015,03:60—65+126.

庞中鹏.日本加强与东盟关系意欲何为[J].学习月刊,2012,03:43—44.

阎梁,田尧舜.东南亚国家的经济外交与地区安全秩序的重塑[J].当代亚太,2012,04:100—112+159.

阎梁,田尧舜.东南亚国家经济外交的策略研究[J].东南亚研究,2012,04:20—26.

李眉颖.亚太地缘政治的稳定因素:东盟与中国崛起[J].工会论坛(山东省工会管理干部学院学报),2012,06:150—152.

张才圣,张中饶.21世纪越南与亚太大国战略关系发展探析[J].南华大学学报(社会科学版),2012,06:22—26+34.

约瑟思·艾思塔尼斯劳,庞奔奔.中国—东盟合作的前景[J].东南亚纵横,2011,11:17—19.

王金强.TPP对RCEP:亚太地区合作背后的政治博弈[J].亚太经济,2013,03:15—20.

孙西辉.论构建"中国—东盟利益共同体"的外交战略[J].国际关系研究,2013,01:129—140.

庞春恩.中国与东盟关系的新自由制度主义视角[J].山东省农业管理干部学院学报,2013,05:102—103.

习近平:携手建设中国—东盟命运共同体[J].传承,2013,12:4.

蒋巍.美国亚太新平衡战略下的中国与东盟刑事司法合作探析[J].法制博览(中旬刊),2013,12:294+257.

宋春奔,陈红升.双边政治互信:中国—东盟战略伙伴关系10周年回顾暨柬中友谊与合作[J].东南亚纵横,2013,09:11—12.

鲁哈娜,钟丽雯.美国的亚洲再平衡战略及其对区域关系的影响——从东盟的视角分析[J].美国研究,2014,03:103—108.

菲律宾

张向荣.从菲律宾的对外政策看"中间地带"国家的战略选择[J].东南亚南亚研究,2014,04:37—43+108.

罗洁.黄岩岛,中国如何应对菲律宾的挑衅[J].世界知识,2012,10:17—20.

戴旭.菲律宾想要干什么?[J].中国企业家,2012,10:22.

邹志明.日菲关系正常化进程中的战争赔偿交涉探析[J].历史教学(下半月刊),2012,06:59—65.

韩凝.美国国际开发署对菲律宾援助政策的演变及其影响[J].东南亚南亚研究,2012,02:46—51+93.

郭琼,陈一一.论冷战后美菲关系及中菲黄岩岛争端的美国立场[J].烟台大学学报(哲学社会科学版),2012,04:90—95.

邹志明,黄正柏.论战后菲日关系中的战争赔偿问题[J].安徽史学,2012,06:77—83.

周伟.论冷战初期美国对菲律宾的心理战——以1953年菲律宾总统大选为例[J].科教导刊

（中旬刊）,2012,11:132—134.

程晓勇.冷战后美国亚洲同盟体系内的两种趋向——基于美菲同盟与美韩同盟的考察[J].南京政治学院学报,2012,06:72—77.

张磊.论积极利用国际法解决我国与日本、菲律宾岛屿争端[J].镇江高专学报,2013,01:80—83.

邹志明.战后美菲关系中的战争损失赔偿问题探析[J].南洋问题研究,2013,01:27—33+41.

陈文杰.浅析中国对菲律宾的经济外交[J].人民论坛,2013,11:254—255.

徐青.菲射杀台渔民案的台前幕后[J].世界知识,2013,11:48—51.

陈向阳.菲律宾挑战中国底线的后果[J].人民论坛,2013,15:7.

朱陆民,刘燕.中菲南海对峙的深层原因及对东盟的双重影响[J].实事求是,2013,05:32—37.

陈邦瑜.美菲同盟强化及中国的应对思考[J].东南亚纵横,2015,01:44—48.

陈邦瑜.美菲同盟关系的强化及中国的对策解读[J].领导科学论坛,2015,05:34—36.

王胜.1898年后美国对菲律宾领土政策的决择及实践[J].东南亚研究,2015,03:74—79.

张磊.美国协防日菲:法律义务之比较[J].社会观察,2015,09:16—18.

代帆,张博.阿罗约时期菲美安全合作及其影响[J].东南亚研究,2015,04:27—37.

陈庆鸿.菲律宾对华对冲战略评析[J].当代亚太,2015,06:133—154+159.

李静.英国与《澳新美同盟条约》的形成(1945—1951)[J].社科纵横,2013,11:107—111.

代帆.中日在菲律宾的软实力比较研究[J].世界经济与政治论坛,2014,02:92—112.

张景全.美菲同盟强化及其在美国亚太再平衡战略中的作用[J].南洋问题研究,2014,01:1—8.

肖美红.非对称同盟中的美国对菲外交研究[J].经营管理者,2014,05:308.

袁绍佳.日菲关系正常化中的美国因素[J].洛阳师范学院学报,2014,09:66—68.

张行,袁丁.菲美特殊关系与马卡帕加尔民族主义外交[J].东南亚研究,2014,04:41—49.

吴浩.越战时期美国与菲律宾的同盟关系——以美菲两国围绕菲律宾出兵越南问题的交涉为例[J].南洋问题研究,2015,02:88—100.

柬埔寨

冯韬.孔子学院对发展中国家公共外交的意义——以柬埔寨王家学院孔子学院为例[J].人民论坛,2015,02:254—255.

李益波.浅析美柬关系的新变化[J].现代国际关系,2014,11:16—22.

李益波."从试探性渗透"到"全面巧接触"——浅析美柬关系的新变化[J].南洋问题研究,2014,04:28—39.

左天伦.西哈努克选择中立外交政策的原因[J].濮阳职业技术学院学报,2015,03:31—33.

李轩志.2007年美国"重返"柬埔寨的诸因素分析[J].国际论坛,2012,03:35—39+80.

李涛.日柬关系发展的演变、动因及发展趋势[J].国际展望,2012,04:83—96+140.

罗洁.西哈努克与中国[J].世界知识,2012,21:19—20.

李晨阳,邵建平.中柬关系何以如此密切[J].世界知识,2012,21:23—25.

翟强.中柬"特殊关系"的形成(1954—1965)[J].南洋问题研究,2013,01:1—17.

郑先武,王磊.大国协调与全球安全治理:以柬埔寨问题与印巴核危机为例[J].山西大同大学学报(社会科学版),2013,01:11—17.

宋梁禾,吴仪君.中国对柬埔寨的援助:评价及建议[J].国际经济合作,2013,06:54—58.

李丹慧.日内瓦会议上中国解决印支问题方针再探讨[J].中共党史研究,2013,08:27—41.

翟强.周恩来与中柬合作关系的建立(1954—1965年)[J].南开学报(哲学社会科学版),2014,
　　01:24—32.

尹君.柬埔寨"大国平衡"战略下的柬美关系研究[J].思想战线,2014,04:154—156.

老挝

孙阳华.关于越战期间美国老挝政策的国外成果研究综述[J].南洋问题研究,2012,03:
　　95—102.

韦健锋,董晓光.大国参与下的老挝发展及大国博弈[J].和平与发展,2014,05:52—64＋
　　118—119.

黄勇.冷战后老挝外交政策的特点及走向[J].东南亚纵横,2011,04:16—20.

庞卫东.冷战时期的印支形势与胡志明小道的兴起[J].史学月刊,2015,08:133—136.

徐蒙.老挝的"中立"与胡志明小道[J].韶关学院学报,2015,03:87—90.

赵繁星,赵金文.艾森豪威尔政府在老挝的"隐蔽行动"[J].传承,2011,11:68—69.

刘莲芬.肯尼迪政府与解决老挝危机的日内瓦会议[J].南洋问题研究,2011,02:36—43.

温荣刚.1960—1962年老挝危机与美苏有限合作[J].历史教学(下半月刊),2012,03:62—68.

刘莲芬.试析肯尼迪政府和平解决老挝危机的抉择[J].贵州师范大学学报(社会科学版),
　　2012,01:16—20.

熊沛彪.二战中日本干预泰、法印领土争端论析[J].武汉大学学报(人文科学版),2013,06:
　　49—52.

马来西亚

王琛发.美国当前对马来西亚宗教外交的重点[J].求是学刊,2014,06:180—184.

高艳杰.印(尼)马对抗与美印(尼)友好关系的断裂[J].厦门大学学报(哲学社会科学版),
　　2015,01:68—79.

张向荣,王鸣野.从马来西亚与日本的关系变化看冷战后东亚格局的演变[J].东南亚纵横,
　　2014,12:27—31.

谷名飞.马来西亚的国防外交策略与中马安全合作前景[J].东南亚纵横,2015,07:20—24.

秦艳峰,喻常森.20世纪70年代中马建交的背景与意义[J].东南亚研究,2011,04:60—67.

王虎.马来西亚对华关系背景分析:以马中建交过程为例[J].东南亚研究,2011,04:68—73.

刘一斌.中马关系:从平淡到全面战略伙伴[J].湘潮(上半月),2013,11:42—45.

骆永昆.浅析马来西亚外交战略的发展及其特点[J].和平与发展,2013,05:100—107＋
　　112—113.

潘婕,曹劼.中马关系能否挺住MH370?[J].国际公关,2014,03:17.

刘雅楠.美马关系历史发展中的进展与问题研究[J].学理论,2014,27:34—35.

于乐荣.马来西亚国际发展援助现状及其特点[J].东南亚纵横,2014,07:64—68.

谢虞南.多国联合参与国际救援的优势、困境与出路——以马来西亚航空事件为例[J].决策咨
　　询,2014,04:53—56.

庞中鹏.浅析近年来日本对东南亚的能源外交[J].东南亚纵横,2011,03:74—78.

庞卫东.再议英国在新马合并与分离中的态度和作用[J].南洋问题研究,2012,01:55—61.

骆永昆.马来西亚对华认知的演变进程[J].国际资料信息,2012,05:18—21.

黄黎洪.后马哈蒂尔时代马来西亚对华规避战略[J].世界经济与政治论坛,2012,06:126—137.

张思远.理性对待中马关系——对马航失联事件的分析[J].才智,2014,08:263.

罗荣强.马来西亚与中国国际破产域外效力问题探析[J].马来西亚人文与社会科学学报》,2013,02:69.

缅甸

李晨阳.奥巴马政府关注缅甸的背后……[J].世界知识,2014,15:73.

陈璐.美国对缅甸政策的变化及原因探究[J].新远见,2011,05:44—50.

周雷.中缅油气管道的"政治生态"[J].南风窗,2012,08:47.

骆乐.近年来印缅关系升温析评[J].长春教育学院学报,2014,14:10+12.

关培凤.1959年中印边界冲突对中缅边界谈判的影响[J].当代中国史研究,2014,01:99—106+128.

阳举伟,何申英.试论奈温时期的美缅关系[J].玉溪师范学院学报,2014,09:39—47.

刘鹏.孟中印缅次区域合作的国际机制建设[J].南亚研究,2014,04:47—66+154—155.

王立婷,祁露露.缅美关系升温对缅中关系的影响[J].学理论,2015,07:73—74.

邓蓝.孟中印缅地区合作论坛第十二次会议综述[J].东南亚南亚研究,2015,01:106—107.

李艳芳.2011年以来日本对缅政策的调整及影响[J].东南亚南亚研究,2015,01:35—42+109.

苏晓晖.域外势力加大对缅甸介入及其影响[J].当代世界,2015,06:34—37.

刘务.缅甸政治发展对中缅关系的影响[J].印度洋经济体研究,2015,02:20—33+140.

蒋雯.新时期缅印关系和缓对中国的影响探析[J].湘潮(下半月),2015,06:65—66.

缅甸,转变中的"胞波"[J].世界知识,2015,11:14—15.

范宏伟.中缅还是"胞波"吗[J].世界知识,2015,11:16—17.

吴哥哥莱.中缅关系要走双赢之路[J].世界知识,2015,11:18—19.

翟崑,宋清润.忧喜参半的中缅民间交流[J].世界知识,2015,11:20—22.

李晨阳.2015年大选会对中缅关系产生重大影响吗[J].世界知识,2015,11:24—25.

刘先长.缅甸经济政治的新变化对中缅关系的影响[J].产业与科技论坛,2015,07:96—97.

刘德会.析第二届奥巴马政府对缅政策[J].重庆与世界(学术版),2015,03:35—39+49.

宋清润.缅甸当前对华认知特点及其走势[J].公共外交季刊,2014,04:54—60+127.

孔建勋,包广将.不对称结构和本体性安全视角下的中缅关系:依赖与偏离[J].东南亚研究,2015,03:37—43.

李晨阳.对昂山素季访华解读的解读[J].世界知识,2015,13:26—27.

张党琼.缅甸在中国周边外交中的地位与中缅关系的新发展[J].东南亚南亚研究,2015,02:26—30+108.

项皓,张晨.缅甸国际角色的定位与演变趋势分析[J].印度洋经济体研究,2015,03:49—63+142.

戴永红.中美印在缅甸的竞合博弈及中国的应对[J].四川大学学报(哲学社会科学版),2015,

04:146—153.

韩召颖,田光强.试评近年日本对缅甸官方发展援助政策[J].现代国际关系,2015,05:33—40
+64.

蔡鹏鸿.变动中的缅甸政局与中缅关系分析[J].国际关系研究,2015,04:102—113+
156—157.

杨明辉.探究中缅边界问题的解决过程与影响[J].云南开放大学学报,2015,03:90—92.

龚赵国.中缅两国关系发展浅析[J].才智,2015,30:284.

张绍铎.中日对缅经济外交的争夺战(1960—1963)[J].国际观察,2015,05:30—42.

王淑芳,阳婷慧,葛岳静,李灿松.基于事件数据分析法的中缅地缘关系演变[J].经济地理,
2015,10:13—20.

詹姆斯·L.肖夫,随缘.缅甸对于美日同盟的含义[J].南洋资料译丛,2015,03:47—62+86.

张跃.缅甸总统的系列西方之行[J].世界知识,2013,07:28—29.

陈霞枫.缅甸改革对中缅关系的影响及中国的对策[J].东南亚研究,2013,01:43—47.

刘新生.缅甸大变革及其对中缅关系的影响[J].东南亚纵横,2013,01:36—40.

李昕.美缅关系改善对西南油气进口运输通道的影响[J].东南亚研究,2013,02:74—80.

郭琼.评析奥巴马的缅甸之行[J].亚非纵横,2013,02:33—39+60+62.

周邦民.缅甸内斗让中国左右为难[J].人才资源开发,2013,03:94—95.

苏晓晖.缅甸"民地武"问题对中缅关系的影响[J].当代世界,2013,04:49—51.

孔朝阳.美日加紧拉拢缅甸[J].中国石化,2013,08:75—77.

宋清润.当前缅甸对华认知分析[J].国际研究参考,2013,06:41—46.

施爱国.美国对缅甸的"务实接触"政策析评[J].国际论坛,2012,01:1—7+79.

何婧.美国对缅制裁法到期收缩制裁范围[J].中国航天,2013,09:48.

王霄,朱振宇.从奥巴马访缅看美缅关系发展变化[J].和平与发展,2013,01:54—62+
116—117.

王振伟.缅甸—印度"东进"之"牌"[J].今日中国论坛,2013,13:155—156.

邵建平.孟加拉湾海域争端落幕[J].世界知识,2012,08:33.

杜兰.美国调整对缅甸政策及其制约因素[J].国际问题研究,2012,02:40—50.

周鑫宇.美国对缅政策调整述评[J].现代国际关系,2012,02:60—66.

张慧玉.英国首相访问缅甸的内涵[J].世界知识,2012,09:28—29.

范宏伟.日本、中国与缅甸关系比较研究[J].吉林大学社会科学学报,2012,03:55—62.

王欢欢.缅甸政府对民地武的改编对云南桥头堡建设的影响[J].科技信息,2012,15:174
+171.

程西冷.缅甸新变化与对外战略再平衡[J].新产经,2012,04:74—75.

美缅关系不会一帆风顺[J].社会观察,2012,08:4.

李益波.缅甸:美军在亚太的下一朵"睡莲"?[J].世界知识,2012,22:25—27.

廉德瑰.日本对缅甸的政策调整及其特点[J].东北亚学刊,2012,05:9—14.

宋清润,倪霞韵.中美在缅甸问题上的分歧与合作展望[J].亚非纵横,2012,06:15—21+27
+59.

尹鸿伟.奥巴马访缅背后[J].大经贸,2012,10:18—21.

毕世鸿.当前美日两国在改善对缅关系上的合作与竞争[J].和平与发展,2012,03:58—62

＋72.

李晨阳.2010 年大选之后的中缅关系:挑战与前景[J].和平与发展,2012,02:29—37＋71.

陈利君,许娟.现阶段中印缅关系的 SWOT 框架分析[J].南亚研究季刊,2012,04:13—20＋4.

谢士法,杨蓓.中缅特殊关系及其发展前景[J].河北经贸大学学报(综合版),2011,01:34—39.

Winston Set Aung,张成霞.缅甸和中国的非正式跨国界流动[J].东南亚纵横,2011,02:
61—66.

龚明.在石油天然气地缘政治角力中的中印缅甸关系研究[J].当代经济,2011,04:78—81.

林开彬.缅甸独立以来的地缘政治环境与外交政策选择探析[J].赤峰学院学报(汉文哲学社会
科学版),2011,04:48—50.

刘务.第三方因素对美国对缅甸制裁政策影响[J].遵义师范学院学报,2011,01:7—11.

王琛,姚璐.冷战后美国对中缅关系的错误认知与中国的对策[J].郑州大学学报(哲学社会科
学版),2011,03:43—45.

李忠林.新时期中国在缅甸的战略利益及挑战[J].江南社会学院学报,2011,02:28—31.

王琛,姚璐.冷战后中印在缅甸的合作竞争关系[J].东南亚研究,2011,02:77—82.

范宏伟,刘晓民.日本在缅甸的平衡外交:特点与困境[J].当代亚太,2011,02:127—146＋126.

李涛.1988 年以来日缅关系新发展初探[J].南洋问题研究,2011,02:44—53.

刘务.缅俄关系的发展演变及其影响因素分析[J].东南亚南亚研究,2011,02:6—10＋92.

谢士法,梁立营.美国对缅甸政策的调整及其对中缅关系的潜在影响[J].石家庄铁道大学学报
(社会科学版),2011,02:31—33＋74.

朱昭华.试论新安全观下的中缅关系[J].云南行政学院学报,2011,05:163—166.

李忠林.印度在缅甸的战略利益、战略举措及制约因素[J].江南社会学院学报,2011,03:
66—70.

母耕源.冷战后美国对缅甸政策及近期变化[J].亚非纵横,2011,06:46—52＋60＋62.

李晨阳.希拉里访缅与中缅关系[J].世界知识,2011,24:24—25.

邵雯.缅甸对于中国的地缘战略价值[J].才智,2011,30:184.

李晨阳.缅甸政府为何搁置密松水电站建设[J].世界知识,2011,21:24—26.

梁晋云.缅甸局势及其对中国安全战略的影响[J].云南警官学院学报,2011,05:57—67＋99.

韦健锋.中国与印度在缅甸的地缘利益碰撞[J].亚非纵横,2014,02:60—72＋124—125＋
128—129.

马燕冰.缅甸大选后的外交形势及其政策趋势[J].和平与发展,2011,02:50—54＋73.

陈璐.美国对缅甸政策的变化及原因探究[J].新远见,2011,05:44—50.

谢士法,邢红梅.缅甸的平衡外交及其对中缅关系的影响[J].河北经贸大学学报(综合版),
2011,04:13—15.

刘德会.美缅关系的改善及对中国的影响[J].东南亚研究,2014,01:39—46.

李昕.从"孤立"到"互联互通":印度对缅甸外交演变[J].东南亚研究,2014,01:47—55.

李魏巍.中国崛起下的日缅外交分析[J].哈尔滨学院学报,2014,01:61—65.

李晨阳.探索不同规模国家关系模式——以政治转型以来的中缅关系为例[J].国际展望,
2014,02:17—33＋150—151.

施爱国.浅析近年来的美国对缅甸政策及其前景[J].和平与发展,2014,01:78—90＋
117—118.

田立加,王光厚.中缅关系面临的挑战及中国的战略选择[J].长春理工大学学报(社会科学版),2014,05:20—22.

关培凤.中缅边界谈判研究[J].史林,2014,01:163—168+191.

陈建山.冷战结束后美国调整缅甸政策对中国的影响[J].前沿,2014,Z1:207—209.

K.尤姆,袁菁.缅甸对孟加拉湾地缘政治的影响[J].印度洋经济体研究,2014,02:41—47+157.

韦健锋,董晓光.论尼赫鲁—吴努时期的印缅双边关系[J].临沧师范高等专科学校学报,2014,02:30—36.

郑国富.缅甸与韩国政治关系与经贸合作论析[J].湖南商学院学报,2014,03:20—25.

郑国富.中缅两国政治与经贸关系论析[J].江南社会学院学报,2014,02:50—54+75.

谢念亲.缅北民族冲突对中国的影响[J].唯实,2014,08:87—91.

蔺佳,戚凯.缅甸外交政策调整与中缅能源合作[J].国际关系研究,2014,03:52—61+154.

姜帆.非殖民化与冷战策略:战后初期美国对缅甸政策的动因和影响[J].东南亚研究,2014,03:40—46.

陈建山.冷战后印缅关系好转的主要动因[J].东南亚研究,2014,03:47—53.

吴兆礼.缅甸政治改革以来印度与缅甸关系的进展与趋势[J].南亚研究季刊,2014,02:21—26+4.

李晨阳.中国丢了缅甸吗[J].世界知识,2014,17:73.

于泽雯.浅析奥巴马政府对缅外交政策调整的重点内容[J].学理论,2014,24:18—19.

张勇安,刘海丽.国际非政府组织与美国对缅外交——以美国国家民主基金会为中心[J].美国研究,2014,02:21—33+5—6.

方筠娴.缅甸对华外交政策受地缘政治考量的影响有多大?[J].公共外交季刊,2013,01:112—118+130.

杜兰.美国对缅甸政策正面临新选择[J].当代世界,2014,11:43—47.

方天建,何跃.美国对缅甸政策调整中的中国因素[J].东南亚南亚研究,2014,03:8—15+108.

周绍永.冷战后泰国对"缅甸问题"的因应[J].经济与社会发展,2014,04:29—32.

张荣美.2009年以来美国因素对中缅关系的影响[J].印度洋经济体研究,2015,06:61—70+142—143.

戴永红,王俭平.缅甸民主改革后的外交走向及影响因素[J].和平与发展,2015,06:101—113+117.

刘德会.昂山素季与美国对缅政策[J].牡丹江教育学院学报,2014,07:10—11.

泰国、文莱

丁锐.泰国在华公共外交及启示[J].重庆科技学院学报(社会科学版),2012,10:30—32.

孙学峰,徐勇.泰国温和应对中国崛起的动因与启示(1997—2012)[J].当代亚太,2012,05:80—96+159.

李益波.印度与泰国战略伙伴关系:现状、动力与前景[J].东南亚南亚研究,2014,01:30—35+108—109.

段立生,赵雪.从泰语和中文教学看中泰两国关系之发展[J].华侨大学学报(哲学社会科学版),2014,01:5—11+154.

朱寿清.冷战与美国对泰国政策的转变(1947—1950年)[J].东南亚纵横,2014,04:65—70.

江涛.美国重返亚太背景下的中泰关系[J].华侨大学学报(哲学社会科学版),2014,02:16—24.

李魏巍.中国崛起下的日泰外交分析[J].长春大学学报,2014,09:1259—1262.

赵姝岚,孔建勋.从日本对泰国的援助评日本的官方发展援助[J].东南亚南亚研究,2011,01:54—58+93.

王阳林.试论20世纪50年代中期中泰关系中西双版纳傣族自治区问题的缘起[J].东南亚研究,2011,05:52—57.

王家榜.浅议日本"南进"与泰国的"防守型"外交[J].法制与经济(中旬),2011,11:196—198.

李益波.泰国对美中日三国外交的再平衡[J].当代世界,2013,04:52—55.

张永钦.美国重返亚太战略与泰国角色选择[J].长江大学学报(社科版),2013,06:116—118.

孔建勋,赵姝岚.大国在泰国的国家形象:基于亚洲民主动态调查的跨国比较[J].华侨大学学报(哲学社会科学版),2013,02:15—23.

黄晓坚.中泰民间关系的演进:以隆都镇为视域的研究[J].华侨大学学报(哲学社会科学版),2013,03:23—34.

林志亮,陈碧兰.日本在泰国软实力构建的关键性因素分析[J].东南亚研究,2013,04:41—49.

周怡乔,杜洁.浅析美泰同盟关系演变及其中国因素[J].中国西部科技,2013,10:80—82.

熊沛彪.二战中日本干预泰、法印领土争端论析[J].武汉大学学报(人文科学版),2013,06:49—52.

李一平,罗文春.转型时期的外交:1975年的中泰关系[J].华侨大学学报(哲学社会科学版),2013,04:31—37.

姚婷.泰国主流报纸"湄公河事件"报道中的"中国形象"[J].广西民族师范学院学报,2013,06:34—38.

陈鹏,黎宇华.泰国对华公共外交途径浅析[J].学理论,2014,32:27—28.

刘琪.泰国视角的中泰两国友好关系之因探[J].华侨大学学报(哲学社会科学版),2014,04:14—20.

李恒俊,陈玉珊.中泰现代外交关系的建立:以20世纪30年代后两国正式建交努力为中心的考察(1932—1946)[J].南洋问题研究,2014,04:97—104.

朱陆民,田超男.泰、新、越对中美的对冲战略比较研究[J].重庆社会主义学院学报,2015,02:65—68.

张锡镇.泰国巴育政府及其对华关系[J].当代世界,2015,04:46—50.

李昆伟,刘倩.中泰建交前国际国内形势分析[J].现代交际,2015,04:5—7.

夏玉清.建交与护侨:中泰就1945年"耀华力路事件"的交涉[J].东南亚研究,2015,04:67—73+91.

吕挺,崔丽丽.公共外交视角下的泰国政府官员中文学习项目[J].东南亚纵横,2015,07:30—34.

曹筱阳.美泰同盟的合作形式、机制及其前景[J].东南亚研究,2015,05:47—53.

新加坡

刘颖.战后英国的新加坡政策:演变及原因[J].东南亚南亚研究,2014,04:84—88+110.

王晓飞.应对生存"脆弱性":李光耀时代的新加坡经济外交及对中国的启示[J].学术探索,2015,02:35—40.

张弛.新加坡对外政策走向评析[J].当代世界,2015,09:59—61.

何光强,赵宁宁,宋秀琚.新加坡的北极事务参与及其对中国的启示[J].东南亚研究,2015,04:18—26.

黄朝翰,娄宝翠.中新关系前景:新加坡面临的新挑战[J].河南师范大学学报(哲学社会科学版),2014,01:66—70.

陈丽芬.冷战后美国在新加坡外交中的作用[J].印度洋经济体研究,2014,03:94—111+159.

张九桓.以诚相待务实进取——中国与新加坡建交20年评析[J].战略决策研究,2011,01:5—7.

沈德昌.冷战后印度—新加坡关系透析[J].南亚研究季刊,2011,02:25—29+112.

卢姝杏.新加坡的外交原则及其对华政策(1990—2010)[J].东南亚研究,2011,05:27—33.

杨毅,杨玉灵.浅析新加坡的公共外交[J].东南亚研究,2012,03:4—8.

胡潇文,刘鹏.新加坡在印度"东进"过程中的地位与角色扮演[J].云南财经大学学报(社会科学版),2012,01:4—9.

李眉颖.新加坡的"大国平衡"战略[J].新视野,2012,05:125—128.

杨时超.新加坡的经济外交[J].国际问题研究,2012,06:109—117.

魏炜.柬埔寨问题与新加坡地区外交的转机[J].南洋问题研究,2012,04:10—17+54.

韩方明.亲历新加坡与中国的公共外交活动[J].公共外交季刊,2013,01:61—66+126.

胡波.后李光耀时代,中新关系将开启新的可能[J].中国经济周刊,2015,12:20.

印度尼西亚

张小欣.印(尼)马对抗初期的美国外交(1963—1964)[J].史林,2011,02:157—164+190.

高艳杰.印(尼)马对抗与美印(尼)友好关系的断裂[J].厦门大学学报(哲学社会科学版),2015,01:68—79.

代保平.印度尼西亚"九·三零事件"与美国关系的探讨[J].湖北科技学院学报,2013,05:33—36.

张洁."万隆精神":中印尼关系"常坐标"[J].世界知识,2015,08:28—29.

张绍兵.美国对印尼入侵东帝汶的政策[J].中山大学研究生学刊(社会科学版),2015,01:7—18.

邱武德,马艳艳.当代印尼历史和外交研究的新视野——评刘宏著《中国与印度尼西亚的建构,1949—1965》[J].东南亚南亚研究,2012,04:85—86.

戴维·福耳图那·安瓦尔,许丽丽.国内及亚洲区域变化对印尼对外政策的影响[J].南洋资料译丛,2011,01:25—31.

于志强.佐科治下印度尼西亚的外交政策:回归务实和民族主义[J].东南亚纵横,2015,07:14—19.

刘新生.平等相待真诚友好——中国与东帝汶建立外交关系10周年回顾与展望[J].东南亚纵横,2012,05:3—5.

陈长伟."九三〇"事件之后美国对印尼局势的反应与对策[J].美国研究,2013,02:74—92+7.

戴维来.印度尼西亚的中等强国战略及其对中国的影响[J].东南亚研究,2015,04:12—17.

程晓勇.印度与印尼关系解析:战略互利基础上的相互借重[J].国际论坛,2013,02:42—47+80.

越南

黄黎洪.越南对华实施对冲战略的利害关系研究[J].太平洋学报,2014,07:49—59.

古小松.中越建交65周年回顾:经验与反思[J].人民论坛·学术前沿,2015,22:72—91.

越南处理与华争端选择有限[J].社会观察,2014,06:4.

陈翔.从层次分析法的视角看1979年中越战争的根源[J].红河学院学报,2014,06:5—8.

武明雄.冷战时期的越法外交关系[J].唐山学院学报,2015,01:33—36+71.

李家忠.我所知道的胡志明与中苏关系[J].百年潮,2014,12:48—50.

郭佳佳.中越关系中的发展与矛盾[J].传承,2014,12:151—152.

韦强,牟珊.越南民众对华心态评析[J].国际研究参考,2014,12:26—30.

宋园园.胡志明对中越文化交流的促进[J].黑龙江史志,2015,03:183+185.

薛力,李骁.中越边境战争:原因探析与中方收益评估[J].战略决策研究,2015,02:67—83+103—104.

陈翔.越南在中国东南亚外交突破中的价值探析[J].红河学院学报,2015,02:7—11.

赵茜.越南对中国心态纠结探源[J].内蒙古电大学刊,2015,02:76—78.

钟明池.越南历史遗产对其外交政策的影响[J].淮北职业技术学院学报,2015,02:85—87.

陈翔.新兴国家崛起视角下的中越关系[J].南宁职业技术学院学报,2015,02:36—39.

陈翔.越南与中国东南亚外交突破的关系[J].世界经济与政治论坛,2015,02:58—72.

黄松兰.越南的中国外交研究综述(1993—2013)[J].东南亚研究,2015,02:87—97.

林中威,廖大珂.经济因素对中越关系的影响——基于二十世纪七八十年代越南历史的分析[J].东南学术,2015,03:171—177.

李家忠.新中国初期的中越关系[J].百年潮,2015,06:66—71.

潘金娥.越南和日本:相互需求性很强[J].世界知识,2015,19:30—31.

李家忠.中越关系正常化前夕的两国副外长磋商[J].党史博览,2015,11:38—40.

姜寓."海洋石油981"事件回顾[J].红河学院学报,2015,06:9—12.

邓应文.渐行渐近的日越关系:动因及前景[J].当代世界,2015,11:59—62.

梅记周.越南独立以来外交政策的演进[J].社会主义研究,2012,01:137—141.

李春霞.越南官方媒体的中国认知变迁分析——以越南《人民报》(2000—2011)为样本[J].当代亚太,2012,05:97—120+159.

李丹慧.关于1950—1970年代中越关系的几个问题(上)——对越南谈越中关系文件的评析[J].江淮文史,2014,01:68—84.

楼晃,成汉平.越南海洋法实施之后中越关系的新定位[J].唯实,2014,02:91—94.

马立明.新时代中越关系:机遇与挑战[J].东南亚纵横,2014,01:52—56.

张建华.塑造"苏联形象":越南战争中的苏联军事专家及其影响[J].俄罗斯研究,2014,01:92—138.

李丹慧.关于1950—1970年代中越关系的几个问题(下)——对越南谈越中关系文件的评析[J].江淮文史,2014,02:46—55.

越方在中越边境继续进行挑衅[J].文史博览,2014,02:38—39.

邵笑.中美会谈与越美和谈——兼论越南战争期间的中美越三角关系(1971——1972)[J].中共党史研究,2014,04:38—50.

衣远.越南文化外交发展初探[J].南洋问题研究,2014,01:41—49.

赖兆年.越南革新开放以来的文化外交[J].鸡西大学学报,2014,05:38—40+43.

钟立华,陈强.试论当代越南国际关系中的大国因素[J].西部学刊,2014,04:76—80.

李亚男.改革开放与中国的对越政策:嬗变及其意义(1978—1989)[J].红河学院学报,2014,03:1—5.

李桂华.援越抗法决策制定与实施始末[J].兰台世界,2014,13:87—88.

毕世鸿.越南:悍然挑起反华暴乱[J].世界知识,2014,11:26—28.

古小松.中越如何重拾战略互信——从越南的历史传统与大国外交政策说起[J].人民论坛·学术前沿,2014,09:6—18.

杨保筠.中美越关系能否实现"三赢"?——以美国亚太战略为基点的观察[J].人民论坛·学术前沿,2014,09:30—41.

王国平.对新型越俄关系的全面解析——历史脉络、互信基础与发展空间[J].人民论坛·学术前沿,2014,09:42—51.

罗圣荣,杨健.冷战后的美越关系与中国因素[J].保山学院学报,2014,03:68—73.

郭锐.印度与越南的防务安全合作:现状、影响及趋向[J].当代世界社会主义问题,2014,02:67—80.

蒋国学,杜升.后冷战时期美国对越南影响分析[J].和平与发展,2014,03:90—102+115.

赵九生.越南将为排华付出经济代价[J].中国服饰,2014,06:17.

越南打砸中资企业追踪:到底发生了什么?[J].中国外资,2014,11:18—20.

李然.越南打砸中资企业事件导致当地6万人失业[J].中国外资,2014,11:22.

越南考虑对中国采取法律行动?[J].社会观察,2014,06:4.

成汉平.新的"不沉航母"?——美越战略互动对中国的遏制与威胁[J].人民论坛·学术前沿,2014,13:38—47+73.

潘金娥.中越友好的历史经验与现实意义——越南奠边府战役60周年之际的沉思[J].人民论坛·学术前沿,2014,13:58—65.

刘稚,尹君.美越关系的历次关键转折及其决定因素[J].人民论坛·学术前沿,2014,13:66—72.

顾长永,萧文轩.大国平衡手:越南的现实主义外交战略[J].人民论坛·学术前沿,2014,13:74—81.

任若玚."国家理由"下的越南撤军——尼克松政府的脱困决策解读[J].思想战线,2014,04:150—153.

钱江.中国向奠边府战场提供了多少军粮[J].湘潮(上半月),2015,04:37—40.

黄铮.中越两国人民的友谊和团结是不可战胜的——从边界战役到奠边府大捷的历史启示[J].东南亚纵横,2014,04:10—13.

苑春光,宋丽园.探析奠边府战役对中越友好军事关系的影响[J].商,2015,12:79.

黄黎洪.越南对华实施对冲战略的利害关系研究[J].太平洋学报,2014,07:49—59.

李春霞.从敌人到全面伙伴:越南发展对美关系的战略考量[J].国际论坛,2014,04:13—18+79.

徐秀军.解除禁运,能否消解美越关系的症结[J].世界知识,2014,14:13.

李魏巍.中国崛起下的印越外交分析[J].哈尔滨学院学报,2014,09:27—31.

程晓燕,杨玲.中美和解与中国对越美谈判的政策转变(1968—1972)[J].吉林广播电视大学学报,2014,10:88—90.

赵卫华.确保中越关系和平友好大局——《21世纪初叶中越关系中的若干突出问题及对2020年中越关系的展望》评介[J].东南亚纵横,2014,08:29—30.

庞卫东.越南与印度强化战略合作的意图及对中国的影响[J].东南亚研究,2013,03:50—56.

黄敏.越南《年轻人报》报道中的中国形象——以2010年与2011年为例[J].东南亚研究,2013,04:4—16.

梅记周.越南独立以来外交政策的演进[J].社会主义研究,2012,01:137—141.

布兰德利·沃麦克,彭萍萍.现代化与中越模式[J].当代世界与社会主义,2012,01:163—167.

张德维.成都会谈:中越相逢一笑泯恩仇[J].湘潮(上半月),2012,03:40—44.

黄亮.改革开放以来国内学者关于中越关系的研究综论[J].北方文学(下半月),2012,04:233—234.

吴杉杉,耿胜伟.略论美国侵越战争中的几个问题[J].赤峰学院学报(汉文哲学社会科学版),2012,05:72—74.

邵笑.论中国对越美和谈态度的转变及其对中越关系的影响(1968—1971年)[J].当代中国史研究,2012,02:96—105+128.

江淮.越南"立法"企图吞并中国西沙南沙[J].世界知识,2012,14:27—28.

我们的越南"兄弟"[J].中国经济周刊,2012,26:24—25.

黄孟哲,暨佩娟,青木,段聪聪,魏辉,柳玉鹏.越南会成美国反华新盟友吗[J].人才资源开发,2012,08:94—95.

温强.试论加拿大越战政策从默认到自主的转变——以希伯恩使团活动为中心[J].南洋问题研究,2012,03:76—86.

金迅.20世纪70年代末越南推行侵略性对外政策的原因探析[J].通化师范学院学报,2012,09:35—37.

胡潇文.2007年以来的越南与印度关系:发展及特点[J].东南亚南亚研究,2012,03:18—24+92.

梅记周.冷战后越南对华政策及其演进[J].社会主义研究,2012,06:142—145.

DINHTIENHIEU.抗法战争胜利后的越中关系[J].改革与开放,2012,24:120—122.

张才圣,张中饶.21世纪越南与亚太大国战略关系发展探析[J].南华大学学报(社会科学版),2012,06:22—26+34.

成汉平.中越关系:民间维护很重要——从北京一饭馆的"雷人"告示说起[J].世界知识,2013,06:28—29.

广西社会科学院东南亚研究所、中华人民共和国公安部东南研究所课题组.中国与越南关系2012—2013年回顾与展望[J].东南亚纵横,2013,01:19—24.

包广将.越南核能发展战略及其对国际关系的影响[J].东南亚研究,2013,02:54—61.

雷墨.越南对华外交的内生变量[J].南风窗,2013,14:74—76.

马德义.20世纪60年代下半期苏联对越援助及其影响[J].辽宁大学学报(哲学社会科学版),2013,04:139—146.

陈道银.蝴蝶效应——越南海权战略及其对中国的影响[J].学术界,2013,07:60—69+307.

那传林.俄越关系急剧升温的意味[J].世界知识,2013,15:46—47.

陈长伟.台湾与越战——一场充满悖论的历史遭遇[J].国际政治研究,2013,02:154—173+10.

刘飞海,杨庆忠.凭祥构建中越跨国边境反腐倡廉合作区[J].当代广西,2013,14:53.

卫灵,许娟.中国崛起下的印越战略合作态势分析[J].教学与研究,2013,08:60—66.

李桂华.1954年日内瓦会议与中越关系的嬗变[J].党史研究与教学,2013,04:14—26.

庞卫东.越南与印度强化战略合作的意图及对中国的影响[J].东南亚研究,2013,03:50—56.

肖娴.刘少奇与1950—1954年新中国的援越政策[J].陕西师范大学学报(哲学社会科学版),2013,05:24—30.

于向东,彭超.浅析越南与日本的战略伙伴关系[J].东南亚研究,2013,05:43—52.

金光熙,郝欣.越南战争与朝鲜半岛南北关系[J].延边大学学报(社会科学版),2011,02:48—53.

姜璐.中国对越援助的战略考虑与策略选择(1950—1978)[J].福建论坛(社科教育版),2011,02:40—41.

袁训会,徐书鸣.程映虹:中越之间的恩怨纠葛[J].同舟共进,2014,12:16—19.

于向东,宋晓森.试析越美全面伙伴关系[J].和平与发展,2014,05:38—51+118.

许利平,李春霞.从宿敌到全面合作伙伴——越美两国战略选择变迁的思考[J].人民论坛·学术前沿,2014,18:77—83+95.

于向东,宋晓森.越美关于建立全面伙伴关系的《联合声明》[J].东南亚纵横,2013,12:35—37.

李魏巍.中国崛起下的美越外交分析[J].哈尔滨学院学报,2013,10:31—35.

李魏巍.中国崛起下的日越外交分析[J].长春大学学报,2013,11:1473—1476+1480.

唐慧云.1950—1979年间中越同盟中的苏联因素[J].国际关系学院学报,2011,03:7—12.

王淑萍.浅析革新开放后越南的外交政策调整[J].内蒙古民族大学学报,2011,03:78—79.

于向东.1949年以来的中越关系[J].世界知识,2011,14:17—20.

禄德安.中国对越南抗法、抗美斗争的援助[J].世界知识,2011,14:21—23.

孙宏年,王琛.越南大国外交战略的百年变迁[J].世界知识,2011,14:23—25.

张明亮.越南与东南亚邻国的陆海边界问题[J].世界知识,2011,14:25—26.

陈巧凤.一张老照片背后的故事——陈云与1955年越南政府代表团访华前后[J].党史博采(理论),2011,09:27—28.

岳小颖.冷战时期澳大利亚对美追随政策之分析——以越南战争为例[J].福建论坛(社科教育版),2011,10:37—39.

薛理泰.警惕河内缓兵之计[J].领导文萃,2011,21:49—52.

王鑫欣.冷战后美国重返越南对中美越三角关系的影响[J].赤峰学院学报(汉文哲学社会科学版),2011,11:43—45.

陈文.20世纪90年代以来的印度与越南关系[J].南亚研究,2011,04:51—64.

刘珍玉.建交以来中越关系发展的制约因素分析[J].传承,2011,29:74—75.

丁进孝.1950年至1975年的中越关系研究[D].湖南师范大学,2014.

1.4.3 南海问题

中国主权的南海历史[J].国土资源,2012,06:64—65.

朱陆民,刘燕.试析南海问题的特点及对中国东盟关系的影响[J].重庆社会主义学院学报,2012,05:73—76.

周忠菲.两岸南海安全的战略思考——兼论民进党南海政策的不确定性与危害性[J].东北亚学刊,2015,06:3—7.

翟金懿.20世纪90年代台湾当局南海政策研究——以"南海小组"为中心的考察[J].中国边疆史地研究,2015,04:146—153+182.

李忠林.当前南海安全局势与美国角色选择——基于美国主流智库近期听证会的文本分析[J].学术探索,2015,12:52—58.

游博.南海问题中的日本因素[J].江汉论坛,2015,12:71—74.

薛桂芳,郑洁.南海维权:海军遂行非战争军事行动的法律保障[J].海南大学学报(人文社会科学版),2015,06:1—7.

葛红亮.南海问题与东盟"安全共同体"构建[J].国际关系研究,2015,06:107—120+150—151.

李云鹏,沈志兴.从"安全困境"看当前中美的南海博弈[J].东南亚南亚研究,2015,04:3—7+108.

龚大明.印度莫迪政府的南海政策[J].东南亚南亚研究,2015,04:8—14+108.

德里·阿普里安塔,卢李倩倩.印尼在南海争端中的反应:苏哈托与后苏哈托时代的比较分析[J].南洋资料译丛,2015,04:15—26.

金元熙,王克.中菲南海仲裁案管辖权与仲裁条件研究[J].南洋资料译丛,2015,04:1—14+79.

朱坚真,黄凤.中国参与南海海上搜救合作机制问题探讨[J].中国渔业经济,2015,05:10—15.

李琪,李前裕,王汝建.20万年来南海古海洋研究的主要进展[J].地球科学进展,2012,02:224—239.

张海文.从国际法视角看南海争议问题[J].世界知识,2012,04:14—18+20—21.

王圣云,张耀光.南海地缘政治特征及中国南海地缘战略[J].东南亚纵横,2012,01:67—69.

李国强.南海问题的观察与分析[J].思想理论教育导刊,2012,02:52—56.

张礼祥.南海能源安全问题及其战略选择[J].理论导刊,2012,03:82—85.

陈剑峰.南海问题的复杂性及我国面临的挑战[J].毛泽东邓小平理论研究,2012,03:102—107+116.

巩建华.中国南海海洋政治战略研究——论南海争端中的中国作为[J].太平洋学报,2012,03:75—87.

罗国强,郭薇.南海共同开发案例研究[J].南洋问题研究,2012,02:45—55.

曾勇.美国南海政策的理性思考——解读《基于实力的合作:美国、中国与南海》[J].世界经济与政治论坛,2012,03:48—60.

任远喆.南海问题与地区安全:西方学者的视角[J].外交评论(外交学院学报),2012,04:37—48.

葛红亮.东盟在南海问题上的政策评析[J].外交评论(外交学院学报),2012,04:66—80.

鞠海龙.菲律宾南海政策:利益驱动的政策选择[J].当代亚太,2012,03:78—93.

钟飞腾.国内政治与南海问题的制度化——以中越、中菲双边南海政策协调为例[J].当代亚太,2012,03:94—115.

罗国强.理解南海共同开发与航行自由问题的新思路——基于国际法视角看南海争端的解决路径[J].当代亚太,2012,03:64—77.

杜德斌,范斐,马亚华.南海主权争端的战略态势及中国的应对方略[J].世界地理研究,2012,02:1—17.

曾勇.国外南海问题研究述评[J].现代国际关系,2012,06:56—64.

龚晓辉.马来西亚南海安全政策初探[J].南洋问题研究,2012,03:59—66.

宁清同.南海生态安全的法治保障探析[J].吉首大学学报(社会科学版),2012,05:106—114.

王清印,刘世禄,王建坤.切实维护我国南海渔业权益的战略思考[J].渔业信息与战略,2012,01:12—17.

姚莹.南海环境保护区域合作:现实基础、价值目标与实现路径[J].学习与探索,2015,12:68—73.

贾宇.南海问题的国际法理[J].中国法学,2012,06:26—35.

鞠海龙.南海渔业资源衰减相关问题研究[J].东南亚研究,2012,06:51—55.

宫玉涛.南海问题的合作安全与集体安全之辩[J].东南亚研究,2012,06:45—50.

蒋国学,林兰钊.制订"南海行为准则"对中国南海维权的影响及对策分析[J].和平与发展,2012,05:15—19+67.

程桂龙.从"离岸制衡"到"危机管控":美国南海政策的新走向[J].和平与发展,2012,06:42—47+70—71.

姜丽,范晓婷,桂静,王群.越南在南海的战略利益分析[J].大连海事大学学报(社会科学版),2014,01:70—73.

毛俊响.菲律宾将南海争端提交国际仲裁的政治与法律分析[J].法学评论,2014,02:107—116.

李国栋.民国时期中国南海诸岛及其附近海域的主权维护及其启示[J].西南民族大学学报(人文社会科学版),2014,05:207—213.

胡潇文.从策略性介入到战略性部署——印度介入南海问题的新动向[J].国际展望,2014,02:94—108+153.

李永强,赵远.美国南海政策困局浅析[J].三峡大学学报(人文社会科学版),2014,03:16—20.

金永明.南海问题的政策及国际法制度的演进[J].当代法学,2014,03:18—26.

葛红亮,鞠海龙."中国—东盟命运共同体"构想下南海问题的前景展望[J].东北亚论坛,2014,04:25—34+126.

王颖,葛晨东,邹欣庆.论证南海海疆国界线[J].海洋学报(中文版),2014,10:1—11.

张宇权.干涉主义视角下的美国南海政策逻辑及中国的应对策略[J].国际安全研究,2014,05:81—102+158.

周琪.冷战后美国南海政策的演变及其根源[J].世界经济与政治,2014,06:23—44+156—157.

罗国强.东盟及其成员国关于《南海行为准则》之议案评析[J].世界经济与政治,2014,07:86—

102＋158—159.

徐小怡.南海渔业资源争端的冲突分析[J].中国渔业经济,2014,03:21—27.

雷芳.印度介入南海问题的地缘政治因素分析[J].赤峰学院学报(汉文哲学社会科学版),
　　2014,10:99—102.

张晓宇,王书明.完善南海地区海洋行政管理体制的对策[J].中共青岛市委党校.青岛行政学
　　院学报,2014,05:59—64.

刘涛.坚持邓小平外交思想妥善解决南海问题[J].人民论坛,2014,26:183—185.

王森,杨光海.东盟"大国平衡外交"在南海问题上的运用[J].当代亚太,2014,01:35—57＋
　　155—156.

张虎.南海区域港口国监督合作机制探析[J].海南大学学报(人文社会科学版),2014,06:
　　59—66.

曾勇.国外有关南海问题解决方案述评[J].中国边疆史地研究,2014,03:35—45＋179.

李庆功,周忠菲,苏浩,宋德星.中国南海安全的战略思考[J].科学决策,2014,11:1—51.

赵蓓蓓.美国"重返亚洲"背景下的南海问题与中美关系[J].中共济南市委党校学报,2014,05:
　　117—119.

王传剑.南海问题与中美关系[J].当代亚太,2014,02:4—26＋152.

薛力.理解南海争端:来自非声索国专家的观点[J].东南亚研究,2014,06:53—60.

肖昶芊,张宇权.越裔美国人的民族主义与南海局势[J].东南亚研究,2014,06:61—66.

罗楚琼.论南海U形线的法律地位[J].哈尔滨学院学报,2014,12:6—10.

华薇娜.从核心期刊论文看南海人文社科研究的国际视野[J].学术界,2014,10:206—216
　　＋312.

阙志萍,李崇银.南海和南亚大气季节内振荡月异常对夏季风活动及中国东部夏季降水的影响
　　[J].热带气象学报,2014,05:811—824.

印顺.南海佛教和南海战略[J].世界宗教研究,2014,06:47—55.

刘阿明.南海问题中的印度因素浅析[J].南洋问题研究,2014,04:8—16＋39.

信强."五不"政策:美国南海政策解读[J].美国研究,2014,06:51—68＋6—7.

郑泽民,王国红.越南南海侵渔政策探析[J].湖南师范大学社会科学学报,2015,01:41—46.

吴士存.当前南海形势及走向[J].中国井冈山干部学院学报,2015,01:30—35.

林民旺.印度在南海问题中的利益诉求及未来前景[J].南亚研究季刊,2014,04:16—22＋4.

康霖.试析泰国、缅甸、柬埔寨的南海政策[J].新东方,2014,06:16—22.

沈国麟,王倩.利益冲突和观念落差:"中菲南海冲突"的对外传播话语结构及其"二次传播"效
　　果[J].国际新闻界,2014,12:6—20.

吴瑛,吴秀娟,冯超.周边国家对南海争端的议程建构研究[J].国际新闻界,2014,12:21—30.

叶淑兰.南海问题的公众舆论及其对决策影响的分析[J].国际新闻界,2014,12:31—44.

查雯.菲律宾南海政策转变背后的国内政治因素[J].当代亚太,2014,05:120—139＋
　　159—160.

竭仁贵.认知、预期、互动与南海争端的解决进程——基于中国自我克制视角下的分析[J].当
　　代亚太,2014,05:140—156＋160.

马金星.《海洋法公约》中的强制性争端解决机制与中国应对——以中菲南海强制仲裁为切入
　　点[J].法学杂志,2015,02:120—132.

林凤梅,白福臣.南海海洋生态安全及渔业可持续发展研究[J].渔业现代化,2014,06:58—62.

朱念.南海渔业资源有效管控体系框架构建初探[J].南宁职业技术学院学报,2015,01:30—34.

李爱军,吴宏岐.明嘉靖、万历年间南海海防体系的变革[J].中国边疆史地研究,2013,02:1—9+147.

李聆群.日本的南海政策及其发展演变[J].和平与发展,2015,01:96—112+118.

周士新.关于"南海行为准则"磋商前景的分析[J].太平洋学报,2015,03:21—30.

严双伍,李国选.南海问题中的美国跨国石油公司[J].太平洋学报,2015,03:31—41.

王英津.两岸南海合作的空间与路径探析[J].太平洋学报,2015,03:50—58.

李龙.论南海主权争端中"五国六方"动议的不可行性[J].太平洋学报,2015,03:70—78.

王华.1949年至今台湾地区南海问题研究文献述略[J].东南亚研究,2015,01:51—57.

王光厚,田立加.奥巴马政府南海政策特征论析[J].东南亚研究,2015,01:58—65.

楼春豪.美国南海政策新动向及其政策两难[J].河海大学学报(哲学社会科学版),2015,01:71—76+92.

宋继伟.台湾地区馆藏档案在南海问题研究中的应用探析[J].河海大学学报(哲学社会科学版),2015,01:83—88+92.

葛红亮.非传统安全与南海地区国家的策略性互动[J].国际安全研究,2015,02:139—156+160.

宁清同.南海涉外侵权中我国渔业权制度的需求、供给和创新[J].法律科学(西北政法大学学报),2015,02:162—173.

朱锋.南海主权争议的新态势:大国战略竞争与小国利益博弈——以南海"981"钻井平台冲突为例[J].东北亚论坛,2015,02:3—17+127.

闫卫军.论菲律宾诉中国南海争端仲裁案中的管辖权问题[J].河北法学,2015,03:93—104.

宁清同.两岸合作保护南海渔业资源探讨[J].海南大学学报(人文社会科学版),2015,02:24—33.

辉明,廖大珂.近代西方文献中的南海——海南人的家园[J].文史哲,2015,02:34—55+165—166.

杨猛宗,刘万啸.依法治国背景下南海争端解决的国际司法途径探究[J].政法论丛,2015,02:103—110.

马伟阳.从《联合国海洋法公约》看中菲南海争端解决[J].中州学刊,2015,03:64—67.

宁清同.南海涉外侵权中渔业权国际法保护之强化[J].云南大学学报(法学版),2015,02:98—103.

罗国强,陈昭瑾.菲律宾诉中国南海仲裁案管辖权问题剖析——结合中国《立场文件》的分析[J].现代国际关系,2015,01:48—54+66.

宗艳霞,王世涛.南海争端中海峡两岸开展维权执法合作路径探析[J].中国海商法研究,2015,01:86—94.

时永明.美国的南海政策:目标与战略[J].南洋问题研究,2015,01:1—10.

张晶.试析我国南海能源安全新战略:以海南为战略基地[J].理论月刊,2015,04:171—175.

田佳平,邓钧元.论南海问题的司法解决[J].湖南警察学院学报,2015,02:90—95.

刘澈元,李露.两岸合作解决南海问题的性质、限度与方式[J].台湾研究,2015,02:19—26.

安刚."我对南海局势未来发展抱有信心"——专访中国南海研究院院长吴士存[J].世界知识, 2015,08:30—32.

杨震,周云亨,朱漪.论后冷战时代中美海权矛盾中的南海问题[J].太平洋学报,2015,04: 35—45.

赵卫华.越南的南海政策及中越关系走向——基于国际法与区域外大国因素的分析[J].太平 洋学报,2015,04:46—55.

付宇辰,王群.中菲关于南海主权争端问题研究[J].法制与社会,2015,08:148—149.

李国强.南海历史研究中的若干问题——对越南学术观点的分析与回应[J].齐鲁学刊,2015, 02:34—39.

刘霏.东盟及东盟各国南海政策解析[J].理论月刊,2015,05:180—184.

宋燕辉.由《南海各方行为宣言》论"菲律宾诉中国案"仲裁法庭之管辖权问题[J].国际法研究, 2014,02:5—32.

李建勋.南海航道安全保障法律机制对"21世纪海上丝绸之路"的借鉴意义[J].太平洋学报, 2015,05:68—77.

龚洪烈."南海小组"与台湾当局南海政策(1992—2000)[J].台湾研究集刊,2015,02:14—21.

余民才,李博伟.中国与南海仲裁庭的非正式合作及其效果[J].现代国际关系,2015,02:46— 52+64.

何亚非.南海与中国的战略安全[J].亚太安全与海洋研究,2015,03:1—8+128.

马博.南海问题:如何读懂美国?[J].亚太安全与海洋研究,2015,03:113—120.

黄子宜.菲律宾诉中国南海仲裁案辨析[J].亚太安全与海洋研究,2015,03:68—81+ 131—132.

李志文.我国在南海争议区域内海上维权执法探析[J].政法论丛,2015,03:92—99.

贾宇.中国在南海的历史性权利[J].中国法学,2015,03:179—203.

黄瑶,黄靖文.对美国国务院报告质疑中国南海断续线的评析与辩驳[J].国际法研究,2015, 03:3—17.

熊勇先.论南海海上执法模式的选择与建设[J].河南财经政法大学学报,2015,03:13—18.

张卫彬.争议领土主权归属仲裁证据规则研究——基于证据分量视角分析中菲南海主权争端 [J].太平洋学报,2015,06:6—16.

郑凡.半闭海视角下的南海海洋问题[J].太平洋学报,2015,06:51—60.

曾加.试论南海争端对我国地缘战略环境的影响[J].长春教育学院学报,2015,10:3—7.

朱锋.岛礁建设会改变南海局势现状吗?[J].国际问题研究,2015,03:7—20+126—127.

杨翠柏,陈宇.海峡两岸南海区域生态环境保护合作机制探究[J].南洋问题研究,2015,02: 47—54.

鞠海龙.美国南海政策的历史分析——基于美国外交、国家安全档案相关南海问题文件的解读 [J].学术研究,2015,06:106—115+160.

刘玉丽.南海争端中的日本因素及其影响[J].延边大学学报(社会科学版),2015,04:11—16.

叶海林.有限冲突与部分管控——2014年以来南海问题的激化与有关各方的意图和策略[J]. 战略决策研究,2015,04:36—55+103.

林恺铖.菲律宾南海政策的转型[J].世界经济与政治论坛,2015,03:60—73.

陈相秒.2014年马来西亚南海政策评析[J].世界经济与政治论坛,2015,03:74—84.

葛红亮."东向行动政策"与南海问题中印度角色的战略导向性转变[J].太平洋学报,2015,07:17—28.

陈秋云,黄斌,李骥.以先占原则为基础的"南海更路簿"法理诠释[J].太平洋学报,2015,07:100—106.

薛力.南海争端:国际法解读与中国应对——邹克渊教授与薛力博士对话[J].国际关系研究,2015,03:139—147.

李峰,郑先武.印度尼西亚与南海海上安全机制建设[J].东南亚研究,2015,03:52—61.

邵建平,刘盈.泰国对南海争端的态度:表现、成因、趋势和影响[J].东南亚研究,2015,03:62—68.

姚莹.2014年孟加拉国与印度孟加拉湾划界案评述——兼论对中菲南海仲裁案的启示[J].当代法学,2015,04:149—160.

王军敏.中国在南海的权利主张符合国际法——评美国国务院发表的《海洋界限——中国在南海的海洋主张》研究报告[J].法治研究,2015,04:146—159.

李建勋.南海航道安全保障法律机制有效性与局限性研究[J].东南亚研究,2015,03:44—51.

李锋,徐兆梨.基于21世纪海上丝绸之路视域的南海问题研究走向[J].海南大学学报(人文社会科学版),2015,04:29—36.

贾庆军."海上丝绸之路"与南海区域秩序的建构——一种历史的启示[J].海南师范大学学报(社会科学版),2015,07:114—120.

林蓁.美国《海洋界限:中国南海海洋主张》报告评析[J].亚太安全与海洋研究,2015,04:1—10+124.

朱清秀.深度介入南海争端:日本准备走多远?[J].亚太安全与海洋研究,2015,04:27—39+125.

谢庚全.新形势下南海主权外宣译介模式初探[J].中国社会科学院研究生院学报,2015,04:112—118.

宁清同.南海涉外侵权中渔业权行政保护机制之完善[J].行政与法,2015,08:80—90.

郑泽民.近年来越南南海政策与作为评析[J].海南师范大学学报(社会科学版),2015,07:121—125.

吴琳.南海危机与地区视野下的预防性外交——兼论中国的战略选择[J].外交评论(外交学院学报),2015,04:45—60.

郭渊.南海九小岛事件与中法日之间的交涉[J].世界历史,2015,03:87—97+159.

张弛.韩国对南海争端的认知、立场与影响[J].太平洋学报,2015,09:33—42.

丁梦丽,刘宏松.南海机制的冲突管理效用及其限度[J].太平洋学报,2015,09:52—63.

叶强."南海航行自由":中美在较量什么[J].世界知识,2015,16:34—36.

李龙.论两岸合作维护中国南海主权的空间——基于三个影响因素的分析[J].台湾研究集刊,2015,04:28—36.

王卫霞.关于南海主权争端的国际法探讨[J].法制与社会,2015,17:125—126.

张明亮.美国国会介入南海议题的方式与影响[J].南海学刊,2015,03:26—34.

曲波.南海区域搜救合作机制的构建[J].中国海商法研究,2015,03:60—67+82.

李金蓉,姜丽,罗婷婷.美国近期涉南海报告评析——解读《海洋界限——中国在南海的海洋主张》[J].学理论,2015,28:78—81.

唐莉.浅议南海问题由来、现状及其对策[J].学理论,2015,28:82—83.

石春雷.南海建立特别敏感海域问题研究[J].南海学刊,2015,03:43—48.

贾庆军.南海区域秩序的建构、解构与重构——基于海权视角的认知[J].太平洋学报,2015,10:55—64.

高圣惕.论中菲南海仲裁案之"无效性"[J].国际问题研究,2015,05:65—90+130.

赵焕庭,袁家义,王丽荣.南海实现和谐之路[J].热带地理,2015,05:687—700.

聂有财.清代珲春巡查南海问题初探[J].清史研究,2015,04:107—116.

罗国强.中国在南海填海造地的合法性问题[J].南洋问题研究,2015,03:11—18.

张学昆.印度介入南海问题的动因及路径分析[J].国际论坛,2015,06:39—44+78.

王国红,戴艳平.加强两岸南海合作的若干思考[J].学术论坛,2015,09:48—52.

杨光海.日本南海政策的历史演变及其启示[J].亚太安全与海洋研究,2015,06:17—36+123.

孙占坤.日本学者看南海问题[J].亚太安全与海洋研究,2015,06:6—16+122.

杨光海.日本介入南海争端的新动向及新特点[J].和平与发展,2015,05:96—113+117+129—142.

鞠海龙.中国南海维权的国际舆论环境演变——基于1982年以来国际媒体对南海问题报道的分析[J].人民论坛·学术前沿,2015,20:60—69+95.

廖雪霞.南海周边国家海洋划界协议研究[J].国际法研究,2015,06:34—49.

方天建.菲律宾在南海主权争端上的话语权动员[J].东南亚南亚研究,2015,03:25—31+108.

卓海腾,王英民,徐强,李冬,王永凤,周川.南海北部莺歌海盆地东方区上新统侧积复合体沉积特征及成因[J].古地理学报,2013,06:787—794.

闫玉科.南海海洋捕捞渔民增收问题研究[J].农业经济问题,2013,12:88—93.

许浩.论南海渔业执法模式的构建——美国海岸警备队的经验借鉴[J].中国渔业经济,2013,04:5—11.

张学昆.美国介入南海问题的现状、动因及趋势[J].和平与发展,2013,06:42—52+120—121.

葛红亮.东盟与南海问题[J].国际研究参考,2013,11:1—7.

邢广梅.中国拥有南海诸岛主权考[J].比较法研究,2013,06:1—15.

高圣惕.论南海争端与其解决途径[J].比较法研究,2013,06:16—37.

姜慧芹,高丰美.第一届比较法北京论坛:南海问题与海洋法治会议综述[J].比较法研究,2013,06:109—118.

江红义,周理.我国南海区域海洋管理的现状、困境与对策[J].理论导刊,2013,11:31—34.

刘艳峰.区域间主义与南海区域安全机制[J].国际关系研究,2013,06:57—69+157—158.

邢广梅.试论中菲南海仲裁案[J].国际关系研究,2013,06:42—56+157.

邹立刚,王崇敏.适用于南海的航行和飞越制度研究[J].当代法学,2013,06:139—147.

江宏春.美国对南海问题的介入及其政策演变[J].太平洋学报,2013,12:71—81.

陈洪桥.论美菲关系中的南海因素[J].太平洋学报,2013,12:82—91.

杨继龙.论南海争端中的日本因素[J].太平洋学报,2013,12:92—101.

朱坚真.多视角下南海争议岛屿权益问题及对策研究[J].太平洋学报,2013,12:4—13.

任念文.国际公法条件下南海诸岛主权问题的史地考证[J].太平洋学报,2013,12:14—23.

李任远.时际法视野下的南海诸岛主权归属问题[J].太平洋学报,2013,12:24—31.

许浩,杨珍奇.民国时期维护南海主权是中国管辖权的延续[J].太平洋学报,2013,12:32—39.

张磊.对南海九段线争议解决途径的再思考——兼论《联合国海洋法公约》的局限性[J].太平洋学报,2013,12:50—62.

何田田.菲律宾提交"南海问题国际仲裁"的国际法分析[J].太平洋学报,2013,12:63—70.

苏莹莹.从马来西亚官方媒体的报道解读该国政府的南海政策——以马新社及《使者报》1999年至2013年的相关报道为分析依据[J].南洋问题研究,2013,04:51—60+95.

郭渊.20世纪90年代南海地缘形势与中国对南海权益的维护[J].当代中国史研究,2013,01:27—36+123—124.

韦健锋.印度介入南海问题——中国视角下的地区安全思考[J].南亚研究,2013,03:32—47.

陈先才,杨卓娟.当前两岸南海合作问题研究[J].台湾研究,2013,05:39—43.

聂文娟.东盟如何在南海问题上"反领导"了中国?——一种弱者的实践策略分析[J].当代亚太,2013,04:85—106+156.

郎一环,王礼茂,顾梦琛.南海能源地缘政治新格局及其应对的战略思考[J].中国能源,2013,03:4—10.

熊勇先,李亚琼.南海涉外行政执法的对策研究[J].湖南警察学院学报,2013,01:86—90.

张卫彬.南海U形线的法律属性及在划界中地位问题[J].当代法学,2013,02:130—138.

赵国军.论南海问题"东盟化"的发展——东盟政策演变与中国应对[J].国际展望,2013,02:84—100+152—153.

任念文."中国南海"范畴及我国行使主权沿革考——兼论"南海断续线"作为中国传统海疆线的历史依据[J].太平洋学报,2013,02:85—98.

郭渊.2012—2013年文莱南海油气开采及南海政策[J].新东方,2013,03:18—23.

褚晓琳.两岸合作开发南海渔业资源法律机制构建[J].台湾研究集刊,2013,02:42—48.

史春林,李秀英.中国参与南海搜救区域合作问题研究[J].新东方,2013,02:25—30.

张丽娜.南海海权之争对南海油气资源开发的影响[J].河南财经政法大学学报,2013,03:146—150.

王秀卫.南海低敏感领域合作机制初探[J].河南财经政法大学学报,2013,03:151—155.

葛红亮.中国南海维权与国际形象重塑[J].太平洋学报,2013,04:55—62.

鞠海龙.菲律宾南海政策中的美国因素[J].国际问题研究,2013,03:58—69.

张湘兰,胡斌.南海渔业资源合作开发的国际法思考[J].海南大学学报(人文社会科学版),2013,04:7—12.

邹立刚.南海非传统安全问题与安全合作机制[J].新东方,2013,04:23—27.

张学昆.美国介入南海问题的地缘政治分析[J].国际论坛,2013,06:21—26+77.

邹立刚,叶鑫欣.南海资源共同开发的法律机制构建略论[J].河南省政法管理干部学院学报,2011,01:59—63.

余敏友,雷筱璐.南海诸岛争端国际仲裁的可能性——国际法分析[J].武汉大学学报(哲学社会科学版),2011,01:5—11.

吴垠,唐剑.论中国南海的地缘经济战略[J].中国软科学,2011,01:1—16.

鞠海龙.美国奥巴马政府南海政策研究[J].当代亚太,2011,03:97—112+96.

罗超.南海争端解决机制法律框架初探[J].太原理工大学学报(社会科学版),2011,02:11—15.

鞠海龙,宋燕辉.论当前中国和平维护南海权益的国际环境[J].东南亚研究,2011,04:45—54.

张一平,严春宝.南海海上丝绸之路学术研讨会综述[J].史学月刊,2011,12:117—122.

李晨阳,邵建平.区域外大国对南海争端的介入及其对我国维护南海主权的影响[J].昆明理工大学学报(社会科学版),2011,05:18—26.

邵建平.如何推进南海共同开发?——东南亚国家经验的视角[J].当代亚太,2011,06:141—158.

周远.日本对南海政策的脉络及影响[J].山东行政学院学报,2011,06:35—37+41.

邓凡.美国干涉南海问题的政策趋势[J].太平洋学报,2011,11:82—91.

郭渊.2011年日本南海政策回顾[J].东南亚研究,2011,06:4—9.

王光厚.澳大利亚的南海政策解析[J].东南亚研究,2011,06:10—15.

郭薇.南海共同开发实施的困境及可行性研究[J].中国地质大学学报(社会科学版),2014,s1:112—115.

李忠炉,董爱增,王敏生,颜云榕,卢伙胜.越南开发南海金枪鱼资源的历史和趋势[J].渔业信息与战略,2014,01:60—64.

吴哲,许怀智,杨凤丽,邵磊.南海东北部岩石圈伸展的构造模拟约束[J].大地构造与成矿学,2014,01:71—81.

邹伟,刘永学,李满春,张荷霞,陈映雪.南海历史地理争端空间分布与关联性研究[J].地球信息科学学报,2014,02:249—256.

郭渊.冷战初期日本南海政策及东南亚战略取向[J].日本问题研究,2014,01:50—60.

张悦,陈宗海.国内南海问题相关研究概述[J].东南亚南亚研究,2014,01:102—107+110.

张辉.南海环境保护引入特别区域制度研究[J].海南大学学报(人文社会科学版),2014,03:37—42.

何梦.论南海高度洄游鱼类资源合作保护机制[J].绍兴文理学院学报(哲学社会科学),2014,02:112—117.

兰建新,吴瑞,王道儒.三沙市及南海生态环境保护探讨[J].海洋开发与管理,2014,04:100—102.

舒先林,龙隆.海洋强国背景下中国石油安全的南海战略[J].长江大学学报(社科版),2014,02:67—69.

王玫黎,谭畅.论有效控制理论在南海岛屿主权争端中的运用——基于国际法院裁判案例的分析[J].太平洋学报,2014,05:77—84.

薛力.美国学者视野中的南海问题[J].国际关系研究,2014,02:99—108+156.

张洁.对南海断续线的认知与中国的战略选择[J].国际政治研究,2014,02:45—60+6.

王孔祥."南海九段线"之法理探析[J].法治研究,2014,05:54—59.

张磊.历代地名演变与中国对南海的管辖[J].海南师范大学学报(社会科学版),2014,04:87—95.

刘云亮.发展南海海洋经济的政策规制和立法构思[J].行政与法,2014,05:107—110.

李国选.南海问题与中国南部地缘安全[J].中国石油大学学报(社会科学版),2014,04:42—48.

于向东.维护和平、发展合作:南海问题现实可选择的解决路径——越南第五次南海国际研讨会评析[J].东南亚研究,2014,03:103—107.

郭剑.南海周边国家问题研讨会综述[J].东南亚研究,2014,03:108—112.

郑泽民,王国红.南海权益维护中的渔民作用探析[J].海洋开发与管理,2014,10:40—44.

郑苗壮,刘岩,李明杰.南海生态环境保护与国际合作问题研究[J].生态经济,2014,06:27—30.

林丕文,邹建伟.我国当前南海南部拖网渔业的困局和对策[J].渔业信息与战略,2014,03:172—177.

蔡尚伟,娄孝钦.南海妈祖文化圈建设与我国南海文化发展战略[J].莆田学院学报,2014,04:1—7.

康霖.文莱南海政策评析[J].新东方,2014,04:32—36.

阳阳.菲律宾军队现代化计划与南海问题[J].和平与发展,2014,04:75—86+115.

刘云亮.促进南海海洋经济发展的法律对策研究[J].新东方,2014,05:34—39.

刘守义.国际法视野下中国对南海诸岛拥有主权的历史考察[J].中州学刊,2014,07:51—56.

张辉.南海问题与中国的应对策略[J].理论界,2014,10:152—156.

郑泽民,王国红.南海实施渔业新政的多重启示[J].学术论坛,2014,08:142—145.

曾皓.试论完善我国南海政策的对策建议——以国际法为视角[J].长沙理工大学学报(社会科学版),2014,05:47—52.

邱永松.海洋施肥及其在南海外海渔业开发方面的应用前景[J].中国水产科学,2013,01:224—234.

刘俊珂.继承与发展:元明清时期的南海经略[J].云南师范大学学报(哲学社会科学版),2013,01:1—7.

蒋国学,江平原.台湾的南海政策与两岸南海合作[J].新东方,2013,01:20—25.

马志荣,林苏红.南海资源开发与岛屿管理政策建议[J].开放导报,2013,01:29—31.

阮玉长,杨桥光.论美日俄印等大国的南海战略[J].南洋资料译丛,2013,01:1—6.

陈汉东.我国处理南海主权争执的战略和策略[J].法制博览(中旬刊),2013,04:133—134.

余民才.海洋争端强制仲裁程序及我的应对策略——以中菲南海争端强制仲裁事件为例[J].法商研究,2013,03:32—39.

童伟华.南海海域刑事管辖问题研究[J].河南财经政法大学学报,2013,03:140—146.

马心月.中国南海问题解决策略研究[J].今日中国论坛,2013,11:188—189.

余民才.菲律宾提起南海争端强制仲裁程序与中国的应对[J].现代国际关系,2013,05:51—57.

周意岷.构建南海机制分析[J].东南亚南亚研究,2013,02:14—19+108.

胡娟.印度介入南海问题的原因和举措[J].东南亚南亚研究,2013,02:20—24+108.

江红义,周理.关于南海问题研究的回顾与反思——兼论海洋政治分析的基本要点[J].世界经济与政治论坛,2013,04:12—29.

任远喆.东南亚国家的南海问题研究:现状与走向[J].东南亚研究,2013,03:41—49.

刘雪莲,曲恩道.奥巴马政府积极介入南海问题的层次性动因分析[J].国际观察,2013,04:39—45.

邵建平.南海问题对中国"三邻"周边外交政策的挑战及对策思考[J].广西大学学报(哲学社会科学版),2013,03:12—18.

余民才.中菲南海争端仲裁庭的法律问题[J].国际安全研究,2013,05:21—35+155.

许浩.南海油气资源争端的冲突分析[J].创新,2013,05:71—75.

康甫.日本南海政策变迁及其影响因素分析[J].国际关系研究,2013,05:67—77.

高凤.南海争端与《联合国海洋法公约》[J].国际政治研究,2013,03:152—162+10.

卢晓莉.浅析南海问题的历史、现状及中国的立场[J].南昌教育学院学报,2012,01:192—194.

金永明.论南海问题法律争议与解决步骤[J].云南大学学报(法学版),2012,01:183—187.

郭振雪.美国南海问题政策演变的海权分析及中国的应对之策[J].延边大学学报(社会科学版),2012,02:40—45.

黄华梅,王银霞,王强,谢健.吕宋海峡 Ekman 输运和南海 SST 的相关性分析[J].海洋预报,2012,02:50—58.

葛红亮.印度在南海问题中的角色探讨[J].南亚研究季刊,2012,01:6—13+4.

张红.南海问题与中国对南海主权的维护[J].商品与质量,2012,S4:322.

钟飞腾.南海问题研究的三大战略性议题——基于相关文献的评述与思考[J].外交评论(外交学院学报),2012,04:21—36.

李国强.关于南海问题的若干理论思考[J].外交评论(外交学院学报),2012,04:1—9.

娄亚萍.南海问题中的美国因素[J].云南社会科学,2012,04:85—88.

巩建华,张建刚.南海争端的问题情势、问题属性与战略困境分析[J].云南行政学院学报,2012,04:119—122.

张罡华.论国际法与海权之于南海领土争端的意义[J].东南大学学报(哲学社会科学版),2012,S1:83—89.

方晓志.对美国南海政策的地缘安全解析[J].太平洋学报,2012,07:44—52.

吴士存.究竟是谁在南海挑起事端?[J].求是,2012,17:58—60.

吴士存.南海问题面临的挑战与应对思考[J].行政管理改革,2012,07:15—19.

刘少华,唐洁琼.南海问题对中国国家安全的影响[J].国际关系学院学报,2012,04:99—104.

温耀原.国际法视野下共同开发南海的法律问题研究[J].法学杂志,2012,10:23—28.

曾勇.国内南海问题研究综述[J].现代国际关系,2012,08:58—65.

于营.南海安全问题与中国海洋战略研究[J].天津师范大学学报(社会科学版),2012,06:18—23.

李金明.南海断续线:产生背景及其法律地位[J].现代国际关系,2012,09:7—14.

王巧荣.南海争端中的美国因素及其对中国维护南海权益的影响[J].毛泽东邓小平理论研究,2012,11:98—102+117.

陈平平.从历史的角度看南海维权[J].南京晓庄学院学报,2012,04:88—92+101.

熊勇先.南海权益的行政法保护[J].中国海商法研究,2012,04:82—86.

方晓志.试论印度介入南海问题的战略动因及发展前景[J].和平与发展,2012,06:48—54+71.

郭渊.20 世纪 80 年代南海地缘形势与中国对南海权益的捍卫[J].历史教学(下半月刊),2011,02:27—32.

张明亮.南海海难合作救助:经验与启示[J].新东方,2011,01:32—36.

李金明.中国南海断续线:产生的背景及其效用[J].东南亚研究,2011,01:41—47.

蔡高强,高阳.论解决南海争端的国际法路径[J].湘潭大学学报(哲学社会科学版),2011,02:38—42.

邱旺土.印度对南海争端的介入及其影响评估[J].南洋问题研究,2011,01:10—16.

张瑶华.日本在中国南海问题上扮演的角色[J].国际问题研究,2011,03:51—57+35.

李英,瞿彬彬.关于南海主权问题的国际法思考[J].国际关系学院学报,2011,03:54—58.

郭渊.南海地缘形势与中国政府对南海权益的维护——以20世纪六七十年代南海争端为考察中心[J].太平洋学报,2011,05:83—92.

宋燕辉,鞠海龙.南海问题分析与预测(2010—2011)[J].东南亚研究,2011,03:49—54.

齐盛.南海争端的国际法思考[J].重庆科技学院学报(社会科学版),2011,14:43—45.

赵维泰.后冷战时期中国南海政策及其展望[J].襄樊学院学报,2011,07:31—36.

李金明.南海争议现状与区域外大国的介入[J].现代国际关系,2011,07:1—8+38.

潘亚玲.越裔美国人的政治游说及其对南海争端的影响[J].现代国际关系,2011,06:15—22.

刘阿明.两面下注与行为调整——中国—东盟在南海问题上的互动模式研究[J].当代亚太,2011,05:57—72+56.

陈彩云,邓周平.论南海纷争的中国对策[J].江苏科技大学学报(社会科学版),2011,03:79—84.

周江.论我国南海主权主张中的"附近海域"[J].重庆理工大学学报(社会科学),2011,09:60—67.

郑泽民.20世纪90年代初美国对南海问题的战略考虑与立场转变[J].新东方,2011,05:26—30.

童伟华.南海对策中"搁置争议"与"共同开发"之冲突及其调整[J].中国海洋大学学报(社会科学版),2011,06:1—6.

王公龙.美国南海政策调整与两岸南海合作的空间[J].国际论坛,2011,06:1—5+77.

陈庆鸿.菲律宾南海政策的调整及其原因[J].国际资料信息,2011,10:15—20.

常书.印度尼西亚南海政策的演变[J].国际资料信息,2011,10:25—28+10.

李国强.从地名演变看中国南海疆域的形成历史[J].中国边疆史地研究,2011,04:50—59+148.

曾凡传.新形势下南海问题解决方式的探讨[J].学理论,2011,35:32—33.

韩凝.试论南海问题的当前发展趋势及其应对策略[J].和平与发展,2011,05:55—59+72—73.

仲玮,张雪静.谈如何建立健全南海水下文化遗产保护机制[J].才智,2014,29:321.

弋胜.台湾当局如何面对南海问题[J].世界知识,2014,24:54—55.

李志文,马金星.在南海"断续线"水域内设置避航区的法律问题探讨[J].社会科学战线,2014,09:204—211.

张丽娜,王晓艳.论南海海域环境合作保护机制[J].海南大学学报(人文社会科学版),2014,06:42—49.

汤敏惠.南海定线制规划[J].珠江水运,2014,21:76—78.

孙健中,徐亮.主权争端下的南海安全局势及其走向[J].和平与发展,2014,06:51—64+114—115.

梁超.东南亚国家在南海问题上的对华政策比较[J].学理论,2014,35:19—21.

田芳.从地缘政治看南海争端[J].学理论,2014,34:41—43.

薛力.建设"海上丝绸之路":解决南海争端的催化剂[J].理论参考,2014,09:41—43.

焦天龙.南海南部地区沉船与中国古代海洋贸易的变迁[J].海交史研究,2014,02:9—26.

王军敏.中国在南海的历史性权利[J].中国边疆史地研究,2014,04:127—139+181—182.

朱云秦.南海争端解决:从"共同发展"到"共同保护"[J].科技经济市场,2015,01:144.

刘瑞.对南海国际争端的经济学解析[J].财经理论研究,2015,01:8—13.

柯晓蕾.南海涉外侵权中捕捞许可证制度创新探讨[J].鸡西大学学报,2015,03:57—60.

吴燕妮.菲律宾提起南海争端仲裁的国际法分析及我国的应对建议[J].唐山学院学报,2015,01:55—58.

邱婷.中国南海执法维权对策研究[J].法制与社会,2014,36:163+165.

樊竞.南海战略资源安全各阶段的概况及存在的问题分析[J].现代商业,2015,03:76—79.

刘志飞,李夏晶.南海沉积物中蒙脱石的成因探讨[J].第四纪研究,2011,02:199—206.

靳小勇."南海争端与东南亚国际关系"研讨会综述[J].现代国际关系,2014,12:58—59.

周翠虹,李玉荣.南海周边国家海军军事演习特点分析[J].现代军事,2015,03:46—49.

薛力.南海仲裁案中方立场文件意味着什么?[J].社会观察,2015,02:57—59.

张政."南海九段线"历史地位和法律性质述评[J].法制博览,2015,06:28—31+9.

薄淞尹.南海渔民海难救助问题研究[J].湖北警官学院学报,2015,02:53—57.

罗佳.南海刑事司法合作初探——以保护渔民权益为视角[J].法制与社会,2015,06:207—208+212.

黄云霞.南海渔业资源可持续发展所面临的问题及对策[J].河北渔业,2015,04:52—55.

彭燕婷.印度尼西亚建设"世界海洋轴心"战略和对南海争端的态度[J].南洋资料译丛,2015,01:7—13+67.

陈长水,卢矜灵.海上问题的妥协与合作——《南海各方行为宣言》签署的案例[J].南洋资料译丛,2015,01:14—21.

黄霞.中国南海执法维权对策研究[J].法制与社会,2015,11:141—142.

纪世建,周为峰,程田飞,陈国宝.南海外海渔场渔情分析预报的探讨[J].渔业信息与战略,2015,02:98—105.

李国强.论南海人文资源[J].南海学刊,2015,01:2—9.

郭渊.冷战中期日本南海政策及在东南亚势力的加强[J].齐鲁学刊,2015,02:40—47.

李建勋.南海低敏感领域区域合作:生态环境保护法律机制[J].黄冈师范学院学报,2015,02:4—9.

邢瑞利.中国南海外交政策的转变从韬光养晦到积极作为——以中菲南海争端为例[J].黑河学刊,2015,05:42—45.

吴士存."双轨思路"是实现南海合作共赢的钥匙[J].世界知识,2015,09:35.

侯毅.略论中国南海"断续线"的历史性权利[J].齐鲁学刊,2015,02:48—53.

李敏,刘应平."南海及南海诸岛"特色数据库建设研究[J].图书馆论坛,2015,05:89—93+99.

崔萍,金苏源.海峡两岸南海政策的历史考察——深化两岸合作之基础[J].现代台湾研究,2012,04:14—21.

汪铮.海域划界、岛礁归属与联合开发:探索未来南海争端解决方案[J].亚太安全与海洋研究,2015,03:39—51+130.

李聆群."走向和平与稳定的南海"国际会议综述[J].亚太安全与海洋研究,2015,03:121—127.

吴士存,蒋围.中菲南海仲裁案新近发展述评[J].亚太安全与海洋研究,2015,03:15—27

＋129.

张诗昇.中菲南海仲裁案的国际司法管辖权及审理可行性研究[J].亚太安全与海洋研究,
　　2015,03:97—112＋132—133.

王发恩.美国欲在南海与中国展开战略较量[J].军事文摘,2015,13:19—21.

安晨曦,石春雷,温宝璇.南海渔业纠纷非诉讼解决机制研究[J].浙江海洋学院学报(人文科学
　　版),2015,02:12—18.

肖琳.坚决维护南海权益用对话化解对抗——香格里拉对话会上的南海问题[J].太平洋学报,
　　2015,06:2.

钟厚涛.民进党在南海问题上的三大误区[J].世界知识,2015,12:57—59.

张朔人.晚明以来南海深海渔业经济关系述论[J].西北师大学报(社会科学版),2015,04:
　　62—66.

许桂香.《环中国南海文化》评介[J].地理研究,2015,07:1407.

胡素青,谢薇,冯林贞,冯心恺.文化蓝疆——南海航海保障中心文化建设纪实[J].珠江水运,
　　2015,S1:8—13.

秦晓华.南海诸岛地名文化释义初探[J].海南广播电视大学学报,2015,02:27—32.

王子今.马援楼船军击交阯九真与刘秀的南海经略[J].社会科学战线,2015,05:94—100.

曹群.南海争端司法化中的美国因素[J].当代世界,2015,08:42—45.

李国选.东盟方式与南海争端[J].中国石油大学学报(社会科学版),2015,03:33—38.

周鑫宇.美国为什么在南海问题上过激反应[J].世界知识,2015,13:72.

唐俐.南海无居民海岛开发利用的困境与出路[J].海南大学学报(人文社会科学版),2015,04:
　　9—16.

鲁鹏.在理想与现实之间——从澳大利亚外交战略看澳大利亚南海政策[J].亚太安全与海洋
　　研究,2015,04:11—26＋124—125.

孙建中."当前南海权益斗争与法理交锋研讨会"综述[J].亚太安全与海洋研究,2015,04:
　　117—123.

李锋,徐兆梨.21世纪海上丝绸之路战略对解决南海问题的作用——基于非对称演化博弈视
　　角和对称性演化博弈视角的分析[J].求索,2015,06:19—24.

钟厚涛.两岸南海议题合作的迫切性与可行性[J].统一论坛,2015,04:7—9.

李海丽.南海争端:美国介入和中国面对——论海权在当代的重要性[J].才智,2015,19:315.

白马环.南海主权属于中国的国际法分析[J].法制博览,2015,19:100—101.

谢庚全.美国主流媒体对我国南海政策的误读分析——以《华盛顿邮报》为例[J].海南大学学
　　报(人文社会科学版),2015,04:23—28.

邱普艳.奥巴马时期美国南海政策的变化及影响[J].许昌学院学报,2015,04:107—111.

杨志荣.抗战胜利与南海战略格局的形成[J].国防科技,2015,04:106—110.

郭渊.冷战后期日本在南海地区的存在及对南沙争端的关注[J].南海学刊,2015,03:35—42.

陈进国.南海诸岛庙宇史迹及其变迁辨析[J].世界宗教文化,2015,05:1—34＋158.

谈中正,王婷婷."南海维权:历史与法理斗争研讨会"综述[J].亚太安全与海洋研究,2015,05:
　　119—124.

赵康太."历史性所有权"、"历史性权利"与南海争端[J].南海学刊,2015,03:14—18.

刘笑晨.国际法视野下中国应对南海争端法律问题研究[J].商,2015,33:235.

余贺伟.论中菲之间有关文件的法律效力及其对南海仲裁案管辖权的影响[J].山东警察学院学报,2015,03:11—17.

唐秋玲.解决南海主权问题的国际法思考[J].法制博览,2015,27:256.

侯红芳,王菲.南海开发,解决争端先行[J].信息化建设,2015,08:304—305+308.

周伟民,唐玲玲.南海"更路簿"的文化意义和价值[J].新东方,2015,05:1—7.

于阜民.维护南海权益的法理基础和政治策略[J].中国海洋大学学报(社会科学版),2015,06:1—9.

张昭辉.关于菲律宾对中菲南海争端申请"强制仲裁"问题的思考[J].赤峰学院学报(汉文哲学社会科学版),2015,11:83—85.

聂莹莹.试析中菲南海争端的原因:基于层次分析法的视角[J].黑河学刊,2015,11:30—31.

初北平.国际商事仲裁视阈下的中菲南海仲裁案程序解读[J].社会科学,2015,11:103—110.

刘志良,刘帅.孙子"三伐"视角下的南海战略[J].滨州学院学报,2015,05:10—14.

牛同,何帅.《孙子兵法·形篇》视角下的南海军事战略[J].滨州学院学报,2015,05:15—19.

葛红亮,庞伟.美国在南海问题上的话语主导战略[J].东南亚南亚研究,2015,03:18—24+108.

隋军.南海环境保护区域合作的法律机制构建[J].海南大学学报(人文社会科学版),2013,06:12—21.

李文杰.论"国际环境条约程序制度"发展对南海环境合作的价值[J].海南大学学报(人文社会科学版),2013,06:22—26+33.

李秘.两岸南海合作:性质、空间和路径[J].台海研究,2013,01:44—49.

毛延珍.南海争端与"有效控制规则"的适用问题研究[J].学理论,2013,29:150—152.

代菲.南海九段线法律地位分析[J].学理论,2013,29:153—154+173.

颜洁.南海丝绸之路最早始发港合浦兴衰史考证[J].东南亚纵横,2013,12:62—68.

李智,李天生.有效管辖视角下中国南海海权的维护[J].中国海商法研究,2013,04:82—86+93.

朱陆民,刘燕.中日关系新视角:基于南海问题的分析[J].沈阳工程学院学报(社会科学版),2013,04:478—480.

李金明.中菲南海争议不断升温的成因分析[J].国际关系研究,2013,06:26—41+156—157.

郭冉.论中国在南海U形线内海域的历史性权利[J].太平洋学报,2013,12:40—49.

马学婵.领土取得规则之间的竞争及其对南海争端的启示[J].研究生法学,2013,06:110—119.

范宏伟,王虎.台湾当局南海政策演变之研究[J].台湾研究,2013,05:44—48.

王可奕.南海问题分析及其应对策略[J].吉林省教育学院学报(下旬),2015,12:133—134.

张小奕.毛里求斯诉英国查戈斯仲裁案述评——结合菲律宾诉中国南海仲裁案的最新进展[J].太平洋学报,2015,12:23—32.

傅崐成,郑凡.群岛的整体性与航行自由——关于中国在南海适用群岛制度的思考[J].上海交通大学学报(哲学社会科学版),2015,06:5—13.

余贺伟.论南海U型线的双重法律属性[J].河北科技大学学报(社会科学版),2015,02:52—57.

张军军.论《南海海上丝绸之路历史文化数据库》的建设[J].琼州学院学报,2015,06:33—41.

孙淑秋,张玉强.公民网络参与南海权益维护的政治价值及引导策略[J].理论导刊,2015,12:37—40.

崔松鹤.浅析美国"后"南海政策的战略动因[J].当代经济,2015,35:4—5.

马博.审视南海岛礁建设法理性问题中的三个国际法维度[J].法学评论,2015,06:153—161.

薛力."海丝"催生中国南海新战略[J].南风窗,2015,09:39—41.

张墨宁.南海博弈,美国从幕后到前台——专访中国国际问题研究院常务副院长阮宗泽[J].南风窗,2015,17:82—85.

金永明.海上丝路与南海问题[J].南海学刊,2015,04:1—6.

赵欣欣.从国际舆论视角看中美南海争端[J].公关世界,2015,12:64—67.

赵亮,张争胜,南文龙.《更路簿》对海上丝路南海空间格局构建的研究[J].南海学刊,2015,04:102—108.

杨珍奇.国际法院争端岛礁判例及其法理原则对我国南海维权的启示[J].东南亚研究,2015,05:1.

王晓鹏.美日菲近期热炒南海问题的深层战略意图[J].紫光阁,2015,10:76—77.

苏小曼.浅析国际法视野下的南海问题[J].法制与社会,2014,01:163—164.

黄俊凌.战后国民政府对南沙群岛主权的再认识与维护[J].厦门大学学报(哲学社会科学版),2014,02:58—65.

吴艳.印度尼西亚海洋战略探析[J].战略决策研究,2014,02:50—59.

罗国强.评菲律宾就南海争端提起国际仲裁的法律运作[J].华东师范大学学报(哲学社会科学版),2014,01:61—67+153.

江河.国际法框架下的现代海权与中国的海洋维权[J].法学评论,2014,01:92—99.

刘强,杜学道.南海渔业知识产权保护问题研究[J].行政与法,2014,04:103—107.

邱普艳.中越南海争端的由来与现状[J].东南亚南亚研究,2014,01:96—101+110.

向德平,高飞.南海"政经分离"试验[J].发展,2014,02:58—59.

王伟.浅析中菲南海争端国际仲裁庭是否有管辖权的问题[J].才智,2014,05:232.

杨光海,林松."争"东海、"稳"南海[J].世界知识,2014,08:56.

李洁宇.中国在菲诉中南海争端案件中应采取的对策[J].中共福建省委党校学报,2014,04:85—90.

韩彩珍,时殷弘.东亚区域合作的瓶颈问题与中国[J].现代国际关系,2014,02:32—36+63.

魏红霞.奥巴马"春天访问"将如何影响东亚[J].中国报道,2014,03:34—35.

陈剑峰.分而治之:南海问题管控路径[J].当代社科视野,2014,03:51.

米良.论中国—东盟安全机制的构建[J].前沿,2014,Z3:6—9.

郁志荣.南海问题突破口:厘清"断续国界线"[J].社会观察,2014,03:58—60.

胡德胜.驳菲律宾对黄岩岛的主权主张——领土取得的国际法视角[J].河北法学,2014,05:31—44.

梁志明.中越关系的历史渊源与发展前瞻[J].人民论坛·学术前沿,2014,09:19—29.

李忠林.南海争端中各方诉求重叠状况、解决现状及启示[J].海南师范大学学报(社会科学版),2014,03:111—117.

中国的东南亚战略[J].人民论坛·学术前沿,2014,07:4—5.

薛力.建设"海上丝绸之路":解决南海争端的催化剂[J].世界知识,2014,10:23—25.

李国强. 南海争端是中美之间的较量和博弈[J]. 世界知识,2014,10:26—27.

刘丹. 南海国际仲裁案:中国为何不应诉?[J]. 社会观察,2014,05:59—61.

祁斌. 东南亚海军"升级"路线图[J]. 中国船检,2014,03:75—78.

刘守义. 国家经济安全视角下的南海问题研究[J]. 信阳师范学院学报(哲学社会科学版),2014,04:31—34.

邹立刚. 中国—东盟共建南海海上丝绸之路的战略思考[J]. 海南大学学报(人文社会科学版),2014,04:39—45.

胡波. 南海之争:越南若赌必输双边谈判方有出路[J]. 中国经济周刊,2014,24:17—19.

桂静. 菲律宾提起仲裁中国以"无为"置之[J]. 学理论,2014,11:26—27.

王建文,孙清白. 论中菲南海争端强制仲裁管辖权及中国的应对方案[J]. 南京社会科学,2014,08:101—109.

美国高官延续南海问题偏袒政策提出"三不"建议[J]. 世界知识,2014,15:8.

李春霞. 南海问题中的越南民族主义[J]. 太平洋学报,2014,07:39—48.

李珊珊. 南海岛礁争端的由来及对策分析[J]. 山西省政法管理干部学院学报,2014,03:67—69.

韦亮. 越南在南海问题上的舆论宣传策略[J]. 国际研究参考,2014,04:43—47.

赵新利,刘树良. 日本媒体在中越南海摩擦中的表现[J]. 青年记者,2014,19:72—73.

王征. 从南海争端管窥我国能源战略走向[J]. 石油商技,2014,05:13—17.

南海危局化解之道[J]. 中国石油企业,2014,08:66—70.

刘建伟,张晓菲. 关于解决南海问题的对策建议[J]. 新西部(理论版),2014,12:71—72.

王征. 南海争端影响下的中国能源战略走向及其相关投资策略[J]. 理论学习,2014,08:31—35.

孙晓光,张赫名. 日本海上安全政策与南海争端[J]. 成都理工大学学报(社会科学版),2014,04:11—15.

张建刚. 中国南海主权维护与开发的相关性研究[J]. 新东方,2014,03:10—13.

薛力. "双轨思路"与南海争端的未来[J]. 世界知识,2014,17:13.

李文杰. 菲律宾向国际海洋法仲裁庭提出的诉求[J]. 河南财经政法大学学报,2014,04:23—24.

高婧如. 菲律宾诉中国南海争端案管辖权问题的思考[J]. 河南财经政法大学学报,2014,04:24—27.

邹立刚. 中国的相关保留对中菲南海争端案的管辖权具有排除效力[J]. 河南财经政法大学学报,2014,04:27—29.

王崇敏. 菲律宾的相关谅解与中菲南海争端案管辖权的关系问题[J]. 河南财经政法大学学报,2014,04:30—32.

黄伟. 中国对中菲南海争端案仲裁庭管辖权提出反对的效果辨析[J]. 河南财经政法大学学报,2014,04:34—36.

童伟华. 菲律宾诉中国南海争端仲裁法庭的组成程序思考[J]. 河南财经政法大学学报,2014,04:36—38.

周江. 菲律宾在提起诉中国南海争端案之前应履行的法定义务[J]. 河南财经政法大学学报,2014,04:38—40.

张卫彬. 菲律宾诉中国南海争端案的主体适格性问题[J]. 河南财经政法大学学报,2014,04:40—42.

刘丹. 菲律宾诉中国南海争端案的不可受理性及案件对第三方的影响[J]. 河南财经政法大学学报,2014,04:42—44.

康霖,罗亮. 中国—东盟海上合作基金的发展及前景[J]. 国际问题研究,2014,05:27—36.

李文杰,邹立刚. 国际海洋法仲裁法庭对菲律宾诉中国案的管辖权问题研究[J]. 当代法学,2014,05:152—160.

海民,张爱朱. 国际法框架下的南海合作(英文)[J]. China International Studies,2014,01:88—106.

杨茗淇. 浅析中国海洋权益争端的相关法理渊源[J]. 河南广播电视大学学报,2014,03:47—50.

李宁利. 明清时期疍民社会与中国对南海诸岛的管辖[J]. 西南民族大学学报(人文社会科学版),2014,10:63—69.

吴俊强,陈长瑶,骆华松,胡志丁. 中国—东盟自由贸易区的能源安全问题及对策[J]. 世界地理研究,2014,02:43—50.

董娟娟. 国际海洋法法庭对中菲南海仲裁案无管辖权[J]. 现代妇女(下旬),2014,10:124—125.

魏东旭. 台湾在南海向越菲示威[J]. 共产党员(河北),2014,18:59.

黎湘斌,许翔耀. 浅析中越南海争端未来走向[J]. 学理论,2014,18:15—16.

鞠海龙. 中菲海上安全关系的突变及其原因与影响[J]. 国际安全研究,2013,06:70—82+152.

林莉莉. 浅析南海主权争议[J]. 法制博览(中旬刊),2013,02:256.

湘溪. 菲律宾的"南海逻辑"[J]. 世界知识,2013,12:68.

王焕丽,郭秀莲. 中国能源格局中的南海因素考察[J]. 石家庄经济学院学报,2013,02:110—112.

苏琳. 新形势下南海问题解决方案研究综述[J]. 学理论,2013,13:48—49.

张艾妮. 中国因素对马来西亚新海洋安全观的影响[J]. 湖南工业大学学报(社会科学版),2013,03:86—92.

张磊. 20世纪初中国南海问题述略[J]. 闽西职业技术学院学报,2013,02:27—32.

陈道银. 蝴蝶效应——越南海权战略及其对中国的影响[J]. 学术界,2013,07:60—69+307.

王卓一. 越南民族主义对中越南海争端的影响[J]. 国际关系研究,2013,03:138—147.

郭瑞军. 印度介入南中国海的原因、方式及影响[J]. 高校社科动态,2013,04:41—44.

吴慧,商韬. 国际法律程序中法官和仲裁员因素——以中菲南海争端仲裁案为例[J]. 国际安全研究,2013,05:3—20+154.

陈继华,周伟. 越南《海洋法》的动因及对策分析[J]. 战略决策研究,2013,06:44—51.

胡晔. 简析"南海问题"的成因[J]. 法制与社会,2013,30:179+181.

沈世顺,陆煜颖. 中越在南海法理上的比较和分析[J]. 创新,2013,05:66—70+127—128.

赵泓博. 南海争议的由来和他国对南海问题的影响[J]. 黑龙江史志,2014,11:368.

蔡宏俊,朱卫兵. 明清时期东亚秩序变迁中的南海问题[J]. 理论观察,2014,07:62—63.

杨淑芳. 试析海洋之于国家与民族的重要性——以南海、东海为例[J]. 云南社会主义学院学报,2014,03:384—385.

李人达,张晓东.菲律宾诉中国南海仲裁案之中国立场分析[J].新西部(理论版),2014,21:74+86.

王传剑.南海问题与中美关系[J].当代中国史研究,2014,03:122.

韦忠生.英语新闻语篇的解读与翻译策略——基于中国南海冲突新闻报道的批评性话语分析[J].重庆理工大学学报(社会科学),2014,12:127—133.

刘烨.南海周边国家海军基地与港口概要[J].现代军事,2015,02:62—64.

赵卫华.中越南海争端解决模式探索——基于区域外大国因素与国际法作用的分析[J].当代亚太,2014,05:95—119+159.

袁白沙.从菲律宾提起仲裁谈我国如何解决南海争端[J].法制与社会,2015,01:162—163.

王连伟.针对南海问题,两岸学者联合发表报告——首份南海形势评估报告在台北出版

唱学静.日本热衷插手南海,意欲何为?[J].世界知识,2015,05:24—27.

黄海.我国南海涉外侵权中渔船保险制度探讨[J].温州大学学报(社会科学版),2015,02:88—93.

何志鹏.中国话语的法律表达——基于《关于菲律宾共和国所提南海仲裁案管辖权问题的立场文件》的思考[J].海南大学学报(人文社会科学版),2015,02:8—16.

喀尔敏·苏哈尔那,彭燕婷.南海冲突和解决方案及其对印尼国防安全之影响[J].南洋资料译丛,2015,01:1—6.

张引.基于清朝地图记载中的南海诸岛研究[J].兰台世界,2015,15:1+4.

代中现,罗涛.中国及有关国家关于南海群岛、钓鱼岛归属的法理比较[J].政法学刊,2014,06:36—40.

汪树民.菲律宾在南海问题上与中国的对抗及原因分析——以阿基诺三世上任以来为例[J].海南师范大学学报(社会科学版),2015,05:103—110.

李洁宇,邹立刚.从"权力转移"到"权力共享"——中国南海战略的理论定位[J].湖湘论坛,2015,03:97—101.

戴轶.菲律宾所提南海仲裁案管辖权问题的中国立场评析[J].江汉论坛,2015,06:127—130.

郁志荣.美国加大干预南海为哪般?[J].社会观察,2015,06:62—63.

彭欧健.论南海问题的法律对策[J].商,2015,12:255.

李梦生.浅析"历史性权利"在中方南海维权中的地位[J].商,2015,13:225—226.

贾宇.南海断续线的法理意涵[J].社会科学战线,2015,04:207—213.

汪树民.新中国成立以来南海维权作为分析[J].佛山科学技术学院学报(社会科学版),2015,03:33—38.

肖雄.中菲南海争端仲裁庭无管辖权的原因分析[J].研究生法学,2014,05:129—138.

"南海资源环境与海疆权益"——中国科学院学部咨询评议项目进展[J].海洋地质与第四纪地质,2015,03:2.

王齐冰.南海:中国和马来西亚文化交流的主渠道[J].海南广播电视大学学报,2015,02:54—59.

陈红.南海网络众筹帮扶困难群体[J].社会与公益,2015,07:78—79.

"南海资源环境与海疆权益"——中国科学院学部咨询评议项目进展[J].海洋地质与第四纪地质,2015,04:2.

李俊成.经略中国南海的金融支持[J].南海学刊,2015,02:94—97.

方芳.南海国际仲裁案中新闻话语的评价分析[J].海南大学学报(人文社会科学版),2015,04:17—22.

郑咏青.学术动态资料的搜集、整理与发布——以《南海导报》的编辑出版为例[J].农业图书情报学刊,2015,08:168—171.

杜旸.中国南海危机管理的战略探析[J].当代世界,2015,09:52—54.

李金明.菲律宾在南海不断挑事与应对建议[J].新东方,2015,04:7—12.

李骁,薛力.以南海事务性合作推进海丝路建设[J].社会观察,2015,09:22—23.

周伟民,唐玲玲.《更路簿》是我国南海维权的重要历史依据和法理依据[J].琼州学院学报,2015,04:18—25.

濂溪人.走出南海困局[J].社会观察,2015,09:1.

马艾鸿.南海文献史料考述[J].科技文献信息管理,2015,03:28—31+35.

李金明.清朝政府在南海行使主权和管辖权[J].南海学刊,2015,03:1—7.

樊冰,刘胜湘.分析折中主义及其运用——以南海问题为例[J].太平洋学报,2015,10:27—36.

刘衡.《联合国海洋法公约》附件七仲裁:定位、表现与问题——兼谈对"南海仲裁案"的启示[J].国际法研究,2015,05:3—22.

孙安洛.我国在南海的领土主权、既得权利与剩余权利的权益维护问题[J].山东警察学院学报,2015,03:18—23.

王吉文.海洋争端解决中的强制性仲裁制度——兼论中国在南海仲裁事件中的策略选择[J].东南亚研究,2015,04:38—45+60.

康菊霜.《联合早报》对南海问题的报道框架[J].青年记者,2015,26:17—18.

郭占军.正在燃烧的火药桶——南海问题[J].中小企业管理与科技(中旬刊),2015,10:216—217.

辛华.李克强出席第十届东亚峰会就各国共同维护南海和平稳定提出五点倡议[J].台声,2015,23:22.

薛理泰,何国忠.南海:酿成危机或趋向平静?[J].同舟共进,2015,11:35—40.

邢瑞利,刘艳峰.中国南海岛礁建设与域外大国反应[J].国际关系研究,2015,05:140—152+158.

刘琳.美国炒作"南海军事化",意图何在[J].世界知识,2015,20:26—27.

吴士存.用"双轨思路"推动解决南海问题[J].北大商业评论,2015,08:40.

杨珍奇.国际法院争端岛礁判例及其法理原则对我国南海维权的启示[J].东南亚研究,2015,05:41—46.

王勇.论《联合国海洋法公约》中"强制性仲裁"的限制条件——兼评菲律宾单方面就中菲南海争议提起的仲裁[J].政治与法律,2014,01:146—152.

朱陆民,刘燕.中菲南海对峙的深层原因及对东盟的双重影响[J].西南科技大学学报(哲学社会科学版),2014,01:27—36.

陈剑峰.分而治之:南海问题管控路径研究[J].国际观察,2014,01:84—95.

韦强.日本与越南在南海问题上的战略互动[J].国际研究参考,2014,01:19—23.

邱普艳.台湾的南海政策:回顾与展望[J].黄河科技大学学报,2014,01:79—82.

严双伍,李国选.南海共同开发中的集体行动困境与克服[J].电子科技大学学报(社科版),2014,02:61—67+70.

海民,张爱朱.国际法框架下的南海合作[J].国际问题研究,2014,01:71—83.

刘思培.南海自由贸易区的功能创新与法律保障[J].南京大学学报(哲学.人文科学.社会科学版),2014,01:82—90+158—159.

赵万忠.南海海洋环境安全问题研究[J].河北渔业,2014,04:56—60.

罗婷婷,白蕾,万芳芳.南海领土争端中的国际法渊源适用探析[J].中国海商法研究,2014,01:79—87.

李文杰,邹立刚.中菲南海争端仲裁案中菲律宾诉求评析[J].中国海商法研究,2014,01:88—94.

张鸷远,刘志江,于禄娟.美国介入南海问题的多维度考量及其对策建议[J].保定学院学报,2014,02:43—49.

姜丽,范晓婷,王琦,公衍芬.马来西亚在南海的战略利益分析[J].广东海洋大学学报,2014,02:29—32.

邓敏.浅议南海海洋安全问题及中国的对策[J].理论界,2014,04:27—29.

鲁霜慧.国际仲裁法庭对中菲南海争端有管辖权吗?——兼论法律途径解决国际争端的局限性[J].南京政治学院学报,2014,03:69—72.

郭渊.20世纪南海风云(三):70年代篇[J].世界知识,2014,11:62—64.

张昆,陈雅莉.东盟英文报章在地缘政治报道中的中国形象建构——以《海峡时报》和《雅加达邮报》报道南海争端为例[J].新闻大学,2014,02:72—82.

徐桑奕.明清时期中央政权南海管制式微与海上丝绸之路的衰落[J].历史教学(下半月刊),2014,06:9—13.

谢博文,徐栋."尼哥领土与海洋争端案"评析及对南海问题的借鉴[J].中国海商法研究,2014,02:90—101.

周琪.美国的南海政策缘何趋于强硬[J].当代世界,2014,07:29—33.

姚莹.中国破解中菲"南海困局"的路径选择[J].海南大学学报(人文社会科学版),2014,04:30—38.

郭渊.20世纪南海风云(四):80年代篇[J].世界知识,2014,12:62—65.

叶泉,张湘兰.海洋划界前临时安排在南海的适用[J].南洋问题研究,2014,02:19—27.

郭渊.2013年日本南海政策回顾与评析[J].新东方,2014,03:14—20.

刘淑玉.潭门渔民南海口述档案收集研究[J].档案,2014,08:54—57.

岳鑫,朱坚真.风险管理:南海突发事件应对新起点[J].海洋环境科学,2014,05:808—812.

薛桂芳,毛延珍.有效控制原则视角下的南海岛礁主权问题研究[J].广西大学学报(哲学社会科学版),2014,05:94—98+2.

曾勇.从"黄岩岛模式"看中国南海政策走向[J].世界经济与政治论坛,2014,05:127—144.

王子昌.依照国际法院判例论证中国南海岛屿主权:方式与问题[J].东南亚研究,2014,05:45—50.

马为民.美国因素介入南海争端的用意及影响[J].东南亚纵横,2011,01:39—43.

蔡鹏鸿.美国插手令南海复杂化[J].社会观察,2011,07:61—63+1.

代泽华.美国奥巴马政府的南海政策析论[J].福建论坛(社科教育版),2011,06:18—20.

张琨.南海"U形线"内岛屿主权法律问题研究[J].知识经济,2011,18:35—36.

吴莉莉.关于美国在南海问题新变化及中国对策的探讨[J].南方论刊,2011,09:19—21.

郭渊.南海断续线的形成及其历史涵义的解析[J].浙江海洋学院学报(人文科学版),2011,03: 1—6.

司徒尚纪.南海九段线的形成及其意义[J].新东方,2011,04:17—21.

南炳文.明太祖对待南海周边诸国政策初探[J].历史教学(下半月刊),2011,09:3—7.

韩阁.南海问题形势分析[J].商品与质量,2011,S8:251.

王娜."南海困局"何去何从[J].理论视野,2011,09:60—62.

余敏友,雷筱璐.评美国指责中国在南海的权利主张妨碍航行自由的无理性[J].江西社会科学,2011,09:13—19.

周意岷.南海争端解决模式分析[J].国际资料信息,2011,07:18—20+29.

袁澍.民国时期的南海[J].海南师范大学学报(社会科学版),2011,05:53—59.

甘莅豪.媒介话语分析的认知途径:中美报道南海问题的隐喻建构[J].国际新闻界,2011,08: 83—90.

骆永昆.马来西亚的南海政策及其走向[J].国际资料信息,2011,10:21—24.

于向东.中越关系历史演变与南海争端[J].新东方,2011,06:16—17.

李明江,张宏洲.新加坡的南海政策:中立有为、稳定和平[J].东南亚研究,2011,06:16—22.

马菡若,应文.中国南海岛屿主权争端问题及对策探析[J].思想战线,2011,S2:248—250.

朱陆民,王珊.试析中国在南海问题上面临的挑战[J].传奇.传记文学选刊(理论研究),2011, 08:46—51.

时永明.南海问题与中越关系[J].和平与发展,2011,06:19—23+71—72.

师小芹.新的较量之地:国家、地区和全球视野中的南海问题[J].和平与发展,2011,06:24—30 +72.

吴玉珑.黄岩岛争议的相关法律问题解决——以《南海各方行为宣言》为视角[J].法制博览(中旬刊),2013,01:174—175.

王巧荣.20世纪90年代以来南海争端中的美国因素[J].桂海论丛,2013,01:52—56.

韩永利,谭卫元.时际法与南海诸岛主权的历史演变[J].武汉大学学报(人文科学版),2013, 02:110—114+129.

惠耕田.南海问题国际化的多层次动因[J].战略决策研究,2013,02:16—26.

成汉平.越南海洋法对南海争端的影响与我对策思考[J].世界经济与政治论坛,2013,01: 30—43.

许玉泰.南海问题中的日本因素与我国的安全环境[J].温州大学学报(社会科学版),2013,02: 68—73.

王刚,张兴斌,张若钦.我国南海共同开发的法律问题分析[J].法制博览(中旬刊),2013, 04:307.

蒋国学,黄抚才.域外大国介入南海目的、方式及影响探析[J].亚非纵横,2013,03:22—26+33 +59+61.

袁野,王光厚.浅析澳大利亚在南海地区的战略利益[J].海南师范大学学报(社会科学版), 2013,05:106—111.

郑志华.中国南海U形线地图的可采性与证明力[J].外交评论(外交学院学报),2013,04: 30—44.

曲恩道.南海地缘政治形势发展的动因——以2011—2012年为研究时段[J].太平洋学报,

2013,04:46—54.

邹立刚.关于南海若干重大法律问题的探讨？[J].法治研究,2013,06:3—9.

孙炳辉.从历史和法理看菲律宾提起南海争端强制仲裁的非法性与非理性[J].当代世界,2013,08:57—60.

严志军,高子川.维护我南海海洋权益的斗争策略思考[J].今日中国论坛,2013,10:219—220.

李国选.冷战后美国的南海政策——以政治文化为视角[J].中国石油大学学报(社会科学版),2013,03:34—39.

曹群.南海争端与国际仲裁:菲律宾之妄诉[J].国际问题研究,2013,04:94—112.

陈龙.南海在我国经济安全中的战略地位[J].学习月刊,2013,12:73—74.

蒋利龙.海峡两岸在南海问题上的合作研究[J].哈尔滨学院学报,2013,08:31—36.

况亚男.越南将南海问题国际化的方式及原因——兼论越南主张南海主权的理由[J].现代妇女(下旬),2013,07:15—16.

贾宇,WangHao.南海断续线的国际法视角(英文)[J].China Legal Science,2013,02:26—55.

陈丙先,许婧.马来西亚官方对南海争端的立场分析[J].南洋问题研究,2013,03:87—91+96.

周喜梅,梁霞.泰国高层对南海争端的看法[J].南洋问题研究,2013,03:92—96.

周建松.南海地缘环境分析及对策[J].今日中国论坛,2013,15:370—371.

金永明.论海洋法解决南海问题争议的局限性[J].国际观察,2013,04:46—51.

曾凡传.印度介入南海的政策浅析[J].改革与开放,2013,19:30+37.

刘阿明.南海问题的实质演变及其未来发展[J].国际观察,2013,05:51—57.

邵建平.柬埔寨对南海争端的态度探析[J].国际论坛,2013,06:15—20+77.

蒋利龙,安成日.试论海峡两岸在南海问题上合作维护民族利益的可能性[J].东北亚学刊,2013,05:48—54.

张建刚.处理和平与武力的辩证关系把握解决南海争端的主动权[J].当代社科视野,2012,01:40—43.

郭渊.冷战初期苏联支持中国政府对南海主权的捍卫[J].俄罗斯学刊,2012,01:83—89.

王政.马来西亚与南海问题研究[J].学理论,2012,02:18—19.

马志荣,李莹.争议海域海岛争端问题的史地考证及对策研究——以南海海域为例[J].西北师大学报(社会科学版),2012,02:55—59.

史春林.当前影响南海航行安全主要因素分析[J].新东方,2012,02:7—10.

娄亚萍.中美在南海问题上的外交博弈及其路径选择[J].太平洋学报,2012,04:31—38.

卢婧雯,张心齐,杜丽丽,杨志坚,吴敏,卢龙斗.中国东海及南海近海4采样点海水可培养细菌的多样性研究[J].浙江大学学报(理学版),2012,04:443—449.

凌征,金宝刚,崔红,何海伦.热带气旋对南海表层流和波浪的能量输入[J].中国海洋大学学报(自然科学版),2012,Z2:10—18.

张翰,管玉平.南海夏季风与登陆我国大陆初旋的关系[J].物理学报,2012,12:607—612.

田纪伟,曲堂栋.南海深海环流研究进展[J].科学通报,2012,20:1827—1832.

杜钢建.南海古代国家与争议岛屿史地考证的若干法律问题[J].太平洋学报,2012,05:11—19.

胡娜.印越关系对南海问题的影响[J].郑州航空工业管理学院学报(社会科学版),2012,04:9—11+37.

周鑫宇.南海问题由来与中美关系[J].思想理论教育导刊,2012,06:61—64.

李会兰.试论南海海洋生态补偿法律机制及其实现途径[J].长沙民政职业技术学院学报,2012,02:47—50.

范兆飞.浅析解决南海争端的策略——基于博弈论的视角[J].胜利油田党校学报,2012,04:85—87.

童伟华.如何在南海强化有效治理[J].新东方,2012,03:14—17.

戴旭."兵半渡可击":南海战略万言书[J].人民论坛·学术前沿,2012,06:12—20.

宋杰.法律视角下的"南海争端"——含义与解决的技术性建议[J].当代法学,2012,04:10—16.

管建强.南海九段线的法律地位研究[J].国际观察,2012,04:15—22.

龙湘群.南海诸岛的开发与建设构想[J].新东方,2012,04:21—24.

杨荣国.安全困境:中印南海地缘利益博弈——以印越南海油气项目为例[J].辽宁行政学院学报,2012,10:89—91.

李洁宇.南海主权争端相关国家证据的比较研究——兼论中国证据优势及其他国家证据的缺失[J].国际论坛,2012,05:30—35+80.

邵建平,刘盈.国际法院对岛礁争端的裁量与南海维权——东南亚国家的经验及其对中国的启示[J].当代亚太,2012,05:138—156+160.

白益民.携手BP进南海—南海争端系列报道之四[J].中国石油石化,2012,21:40—41.

刘荆洪,陈水雄.制定南海发展战略加快南海区域开发[J].今日海南,2012,10:34—35.

潘婧,许浩明.论正确处理南海争端的国际法问题[J].国家行政学院学报,2012,05:71—75.

孙丽琴.南海问题的实质与发展前景[J].牡丹江教育学院学报,2012,06:166—167.

高阳.《南海行为准则》法律框架研究[J].贵州大学学报(社会科学版),2012,05:122—126.

张锐.南海经济资源的国家博弈与中国谋略[J].东北财经大学学报,2012,06:72—77.

王联合.南海问题新趋势及前景探析[J].南洋问题研究,2012,04:38—45.

陈丙先.浅析近年来菲律宾的南海政策[J].梧州学院学报,2012,05:31—38.

杨青.南海争端日趋激烈的地缘因素[J].新东方,2012,06:17—19.

张继木.1933年中国报刊捍卫南海九岛主权的斗争——以《申报》、《大公报》为例[J].国际新闻界,2012,07:116—121.

陈韶阳,程镇燕.我国未来南海政策及维权措施探讨[J].中国渔业经济,2012,06:11—17.

于向东,郝晓静.关于南海争端越南学者的若干观点评析[J].和平与发展,2012,03:48—52+71.

吴泽林,钮维敢.冷战遗留的美菲同盟与南海局势变化[J].和平与发展,2012,03:53—57+71—72.

黄艾禾.中国南海维权百年:外国侵占逼出主权意识[J].今日国土,2013,01:42—45.

蒋金晖.晚清政府处置粤西海疆危机及对南海维权的历史意义——以中法战争后冯子材的军政建树为中心[J].广西师范大学学报(哲学社会科学版),2013,04:16—21.

曾凡传.从地缘政治看南海争端[J].学周刊,2013,34:200.

王华.南海神庙的三重意境:神庙、官庙、文庙[J].广州航海学院学报,2013,04:46—48.

黄锦树.南海王国之族属、地域、城址考析——兼考相关的吴城、大洋洲文化[J].广东技术师范学院学报,2013,11:1—13.

林文翰.中国南海 Sinularia 等珊瑚次级代谢产物的结构多样性[J].国际药学研究杂志,2013,06:670—677.

张晓鸣.张之洞与南海神庙[J].广州航海学院学报,2013,03:30—33.

马英明.陈济棠与南海神庙[J].广州航海学院学报,2013,03:34—37.

郑海麟.中国对南海诸岛的领有权考辨[J].太平洋学报,2013,12:1—3.

宋志伟.中国海警在南海有争议海区执法的几点思考[J].公安海警学院学报,2013,04:48—50.

徐滨.南海泡泡——英国第一场金融危机的因果始末[J].经济社会史评论,2012,00:28—42.

郭纪.坚定不移维护南海和平稳定[J].求是,2015,21:56—57.

叶强."南海仲裁案"仲裁庭在挑战什么[J].世界知识,2015,23:36—38.

简花平,黄春和.中国南海区海洋倾废管理问题研究[J].学理论,2015,36:16—17.

彭俊,胡阿祥.海上明珠:我国对南海诸岛的发现与管辖[J].唯实,2015,12:79—82.

赵磊.唐韩愈撰《南海神广利王庙碑》研究[J].岭南师范学院学报,2015,05:94—98.

谢琼.析"极地曙光号"案对"南海仲裁案"的可能影响[J].中国海商法研究,2015,04:68—78.

顾聪超.失序还是正常权力转移:乌克兰危机后与南海紧张局势下的大国关系——第三届淮海大国关系国际论坛综述[J].国际关系研究,2015,06:136—141.

薛力.南海问题或转入"退烧"阶段[J].南风窗,2015,13:26—28.

杨志荣.抗战胜利与南海战略格局的形成[J].理论参考,2015,09:58—61.

杨励轩.传播学视野内的古南海丝路文化交流[J].传播与版权,2015,12:152—155.

张海文.对当前南海局势的看法[J].世界知识,2012,01:28—29.

郑华芳.南海问题解决方案研究综述[J].东方企业文化,2012,01:89—90.

曹树金,郭春琦.从国际法的角度论中国对南海诸岛的主权[J].赤峰学院学报(汉文哲学社会科学版),2012,02:73—75.

朱元凯.中国南海问题面临的挑战及解决途径[J].工会论坛(山东省工会管理干部学院学报),2012,01:161—163.

黄佳音.南海争端再升温促使中国重新审视南海战略[J].国际石油经济,2012,Z1:44—46.

徐滨.英国南海金融危机及其政治经济因果[J].史林,2012,01:144—152+190.

郭渊.2011年日越关系的发展——以南海问题为考察中心[J].新东方,2012,01:16—21.

许利平,曾玉仙.试析南海争端及其解决思路——基于国外学者观点的分析[J].太平洋学报,2012,02:92—98.

陈璐.浅析南海问题国外研究现状[J].改革与开放,2012,06:97.

于梦楠.浅析南海争端的成因及解决对策[J].东方企业文化,2012,06:135.

齐岳峰.角力黄岩岛南海需要"突围"[J].小康,2012,05:60—63.

李金明.美国"重返亚洲"与南海问题复杂化[J].新东方,2012,02:1—6.

李玮.南海问题与中国南海地缘战略[J].商,2012,02:120—121.

汪熙.南海!南海![J].学术界,2012,04:103—107+285.

江河.南海争端的国际法研判及韬略筹划——以中菲南沙群岛主权争端为视角[J].南京师大学报(社会科学版),2012,03:36—44.

陈万平,陈仕平.海盗防治与南海海上安全的保障[J].海洋开发与管理,2012,05:62—66.

汪爱平.美国南海政策的演变及其影响研究[J].广西师范大学学报(哲学社会科学版),2012,

02:139—145.

廖雷.中国主流媒体在南海争端中的作用与影响——基于信号传递视角的分析[J].外交评论（外交学院学报），2012,04:49—65.

江淮.南海：中国百年维权纪实[J].世界知识，2012,14:17—23.

王飞.南海问题溯源[J].档案天地，2012,06:40—45.

刘大勇.南海问题背景下我国对外传播的长期策略粗探[J].军事记者，2012,07:27—28.

凌胜利.南海争端准联盟化探析[J].东南亚南亚研究，2012,02:11—15＋92.

葛红亮.冷战后美国的南海政策及其对中美关系的影响[J].东南亚南亚研究，2012,02:16—21＋92.

周仲兵.印度南海搅局[J].中国石化，2012,08:76—77.

康霖.海南在南海问题中的作用——兼谈区域竞争与发展[J].新东方，2012,04:17—20.

张锐.金色南海的国家博弈[J].决策与信息，2012,10:21—25.

李耀华,安钧迦.南海争端中的中国与东盟关系[J].学理论，2012,24:13—14.

刘建飞.美国战略重心东移背景下的南海局势与中美关系[J].国际关系学院学报，2012,04:93—98.

司徒尚纪.从海洋制度文化看历代中国政府对南海领土主权的管理（上）[J].岭南文史，2012,03:1—7.

李金明.南海问题现状及其应对[J].现代国际关系，2012,08:20—23.

张连福.南海争端演变的历史回顾与现实考察[J].巢湖学院学报，2012,05:32—36＋50.

汪筱苏,刘海裕.南海问题的国际法考量——以中菲黄岩岛对峙事件为视角[J].法制博览（中旬刊），2012,07:10—11.

王梦蝶.论南海争端解决的法律方法[J].法制博览（中旬刊），2012,07:12—14.

李会兰.论南海海洋生态补偿法律机制及其实现途径[J].贵州警官职业学院学报，2012,05:111—115.

骆永昆.文莱的南海政策[J].国际资料信息，2012,09:13—15＋42.

姚基.冷战后美国介入南海问题的原因分析[J].学理论，2012,31:42—43.

曲波.南海周边有关国家在南沙群岛的策略及我国对策建议[J].中国法学，2012,06:58—67.

杨光海.论中国在南海问题上的国家利益[J].新东方，2012,06:10—16.

黄景章.南海争端产生的原因分析[J].今日中国论坛，2012,12:134—135.

陈庆鸿.南海局势再度紧张的原因探析[J].国际资料信息，2012,11:34—38＋47.

林晓光.日本积极介入南海问题的战略意图和政策走向[J].和平与发展，2012,02:54—59＋72.

岳文典.浅析南海问题的性质转向与战略应对[J].和平与发展，2012,06:37—41＋70.

李金明.菲律宾将南海争议提交国际仲裁——一场大国代理人的战争[J].新东方，2014,01:19—24.

郭渊.20世纪南海风云（一）：50年代篇[J].世界知识，2014,08:64—67.

郭涛.大国视角下南海问题的研究[J].才智，2014,03:225.

王志强.南海区域文化研究新论——评刘志强著《占婆与马来世界的文化交流》[J].海南师范大学学报（社会科学版），2014,03:118—120.

王子卿,蔡宏俊.菲律宾南海政策发展动向与中国的对策建议[J].理论观察，2014,04:75—76.

晓岸.南海合作共赢:新形势需要新思路[J].世界知识,2014,09:24—26.

汪洋.波罗的海环境问题治理及其对南海环境治理的启示[J].牡丹江大学学报,2014,08:140—142.

许利平.管控南海争端推动南海合作[J].当代世界,2014,08:31—33.

阮帅,杜博,荆东良.多管齐下坚决维护南海海洋权益[J].唯实,2014,07:91—94.

张爱华.中国南海战略:从被动走向主动[J].社会观察,2014,06:59—62.

苏莹莹.在应对南海困局中发挥马来西亚因素的积极作用[J].海交史研究,2014,01:26—35.

任念文.明初南海朝贡制度与封建国家海洋战略述论[J].太平洋学报,2014,08:94—105.

赵松楠.由南海九段线法律性质争议引发的对《海洋法公约》缺陷探析[J].经济研究导刊,2014,22:301—303.

李金明.中菲南海争议的几个问题及其变化趋势[J].现代国际关系,2014,06:41—48+22+68.

陈红.跨界合作破解南海之问[J].社会与公益,2014,08:46—47.

都培丽.南海九段线的法律性质分析[J].商,2014,05:176+167.

严浙,杨光海.南海沿岸国在海域划界前应承担的相互克制义务[J].太平洋学报,2014,07:1—8.

魏涵.美国重返亚太战略对中菲南海争端解决的影响[J].学理论,2014,19:38—39.

郭渊.20世纪南海风云(五):90年代篇[J].世界知识,2014,14:58—61.

金永明.中国南海U形线与菲律宾诉中国南海争端案管辖权的关系[J].河南财经政法大学学报,2014,04:32—34.

童伟华.南海权益主张:有效治理与刑事管辖[J].新东方,2014,04:28—31.

李巍.南海争锋:寻求多方合作的大国策——专访中国社会科学院世界经济与政治研究所国际战略研究室主任薛力[J].中国经济报告,2014,07:101—103.

李鹏远,唐金荣.聚焦南海风波中的矿产资源安全[J].国土资源,2014,08:22—23.

周琪.美国的南海政策缘何从"观察"变为"干预"[J].当代社科视野,2014,08:40.

雷芳.中国崛起视角下的南海问题分析[J].宿州学院学报,2014,10:3—6.

宋燕辉.两岸南海合作:原则、策略、机制及国际参与研析[J].台海研究,2014,03:4—14.

罗凤灵,陈晓鹏.老骥伏枥添新作壮心不已论南海——评介《美国重返亚太概评》[J].太平洋学报,2014,10:101.

朱陆民.试论菲律宾挑衅中国南海主权的政策逻辑[J].印度洋经济体研究,2014,05:94—108+159.

王安宁.南海争议中的"九段线"问题刍议[J].新西部(理论版),2014,19:75+55.

杨光海,严浙.南海航行自由问题的理性思考[J].新东方,2014,05:28—33.

刘云亮.完善我国南海海域管辖制度的法律构思[J].行政与法,2013,01:101—104.

白益民.日越"亲善"图南海——南海争端系列报道之七[J].中国石油石化,2013,01:48—49.

成汉平.2013,南海的水注定将更浑[J].世界知识,2013,02:23—25.

方晓志.对当前印度南海政策的战略解析及前景展望[J].国际论坛,2013,01:66—71+81.

许桂灵,司徒尚纪.明代南海海疆文化的建设与发展[J].新东方,2013,01:9—13.

王晓鹏.国内学术界南海问题研究:回顾与思考[J].云南师范大学学报(哲学社会科学版),2013,01:20—24.

刘帅.浅析当代中美关系中的南海问题[J].长春市委党校学报,2013,01:64—67.

刘长霞,傅廷中.南海 U 形线外源自我国的水下文化遗产保护:机制、困境与出路[J].法学杂志,2013,02:94—101.

郭渊.冷战后期苏联在南海的势力存在及其南海政策的调整[J].俄罗斯学刊,2013,01:46—55.

爱丽丝 D.BA,许丽丽.主权宣言与南海风波[J].南洋资料译丛,2013,01:14—23+33.

刘应芳.论杜定友对南海诸岛资料的整理及研究[J].图书馆,2013,02:87—89.

郭渊.20 世纪 70 年代越南南海政策与南海局势的恶化[J].中国浦东干部学院学报,2013,02:19—25.

王永厅.浅析"南海问题"的成因[J].学理论,2013,08:23—24.

彭薇.南海国际形势变革与我国的战略选择[J].中共石家庄市委党校学报,2013,06:38—41.

李金明.菲律宾为何将南海问题提交国际仲裁[J].世界知识,2013,10:24—25.

张洁,朱滨.中国—东盟关系中的南海因素[J].当代世界,2013,08:52—56.

胡波.中国南海法理保卫战[J].中国经济周刊,2013,29:20—22.

佘菲.南海问题背后的中美博弈[J].商,2013,09:166—167.

李广敏,张娟.南海海上事故时空分布、成因分析及对策[J].海洋开发与管理,2013,09:32—33.

严志军,高子川.美国战略东移下的南海棋局分析及应对[J].中国科技投资,2013,14:22—23.

聂文娟.东盟在南海岛礁主权争端上的立场分析[J].国际关系研究,2013,02:126—134.

张建强.浅析冷战以来美国南海政策的演变[J].黑龙江史志,2013,17:28—29.

侯毅.论菲律宾在南海诸岛主权问题上的"历史依据"[J].云南师范大学学报(哲学社会科学版),2013,04:34—41.

李魏巍.元朝南海海洋经略新探[J].牡丹江大学学报,2013,09:42—44.

郑坤.南海九段线性质的法律和政治思考——以解决南海争端的现实需要为视角[J].郧阳师范高等专科学校学报,2013,04:94—98.

罗国强,张阳成.论国际舆论对国际法的影响——兼析对解决东海南海岛屿争端的启示[J].南洋问题研究,2013,03:9—18.

庄国土,卢秋莉.近年来澳大利亚官方对南海争端的基本立场[J].南洋问题研究,2013,03:97—102.

方璐.中国南海政策:非对称性互动中的"大国困境"思考[J].理论界,2013,09:172—177.

南海开发与安全战略[J].全国新书目,2013,09:68—69.

卢芳华.南海争议仲裁案的国际法研判及中国应对[J].人民论坛,2013,23:246—247.

周江.也谈南海断续线的法律性质[J].法律科学(西北政法大学学报),2013,05:130—136.

张祖群.试论三沙市与中国南海"海权论"防御思想[J].云南地理环境研究,2013,03:66—70+76.

陆俊.从地缘政治角度看南海问题[J].新余学院学报,2013,05:18—20.

朱陆民,刘燕.中菲南海对峙的深层原因及对东盟的双重影响[J].实事求是,2013,05:32—37.

黄伟.论中国在南海 U 形线内"其他海域"的历史性权利[J].中国海洋大学学报(社会科学版),2011,03:36—40.

李金明.南海领土争议的由来与现状[J].世界知识,2011,12:26—29.

李锦辉.南海周边主要国家海底文化遗产保护政策分析及启示[J].太平洋学报,2011,06:72—84.

赵全鹏.我国历代渔民在南海诸岛上的活动[J].新东方,2011,03:20—24.

李国强.中国南海诸岛主权的形成及南海问题的由来[J].求是,2011,15:49—51.

周培敏.论南海诸岛主权争端[J].法制与社会,2011,23:158—159.

巩建华.海权概念解读与南海争端省察[J].当代社科视野,2011,Z1:6—7+5.

张翠.浅析南海争端风云再起的原因[J].阜阳师范学院学报(社会科学版),2011,05:84—86.

韦民.南海僵局中的美国因素[J].学习月刊,2011,17:41—42.

胡键.南海缘何成为问题?[J].社会观察,2011,10:60—63.

李金明.南海问题:区域外大国介入及其发展态势[J].新东方,2011,05:19—25.

霍冠东,戚超英,李志民.南海九段线的由来和法理价值[J].政工学刊,2011,11:79.

吴晋清.南海冲突升级与中日美关系[J].赤峰学院学报(科学教育版),2011,10:28—29.

唐宁.日本:全面介入南海事务[J].世界知识,2011,21:26—27.

冯梁,鞠海龙,龚晓辉.南海周边其他国家态势扫描[J].世界知识,2011,22:25—26.

乔培华.南海神信仰:维护南海海权的文化力量[J].广州航海高等专科学校学报,2011,04:43—45.

魏丕植.我们必须行动起来,坚决捍卫"中国南海主权"[J].黄河之声,2011,22:12—15.

黄碧蓉.从南海地名演化看我国的海洋认知——及英国的海洋殖民意识[J].求索,2011,11:65—67.

李帅.新世纪以来南海问题研究综述[J].法制与社会,2011,35:168—169.

贺晓玲,姜波.浅析中美博弈之南海问题[J].新西部(下旬.理论版),2011,13:81.

郑泽民.2010年美国南海政策探析[J].新远见,2011,06:40—46.

蔡鹏鸿.启动"21世纪海上丝绸之路"建设南海和平之海[J].当代世界,2015,02:28—31.

杨茗淇.中国对于南海海域所享有的主权合理合法[J].广播电视大学学报(哲学社会科学版),2014,04:124—125.

田昕清.历史性权利在国际习惯法中的地位及效力——由中菲南海仲裁案引发的思考[J].法制与社会,2015,03:15—17.

深海.巨龙进击:日趋激烈的中国南海石油争端[J].领导文萃,2015,07:49—52.

龙隆.我国能源格局中的南海因素探讨[J].现代商贸工业,2015,05:34—35.

蔡鹏鸿.中越应成为南海和平合作的典范[J].社会观察,2015,05:57—59.

李洁宇."基线"研究及南海争端中的"基线"因素[J].海南师范大学学报(社会科学版),2015,05:96—102.

李炜光.南海事件的现代启示[J].中国储运,2015,07:40—41.

梁同纳,随缘.南海防务联合采购:越南和菲律宾可以通过规模经济改善领土防御[J].南洋资料译丛,2015,02:36—37.

张引.南海岛屿建筑外观设计中的国家主权形象应用价值研究[J].产业与科技论坛,2015,14:127—128.

魏亚.论中菲南海争端的解决机制[J].法制博览,2015,22:219+218.

李莹.孙子战略思想与我国南海维权舆论斗争[J].滨州学院学报,2015,03:16—19.

孙赫.清前中期珲春协领对所属南海地区的管辖[J].兰台世界,2015,24:15—16.

赵丹枫.试析我国的南海政治战略[J].天中学刊,2015,05:7—9.

走出南海困境[J].社会观察,2015,09:8.

杨超.围绕菲美加强防务合作协议(EDCA)的菲律宾南海战略转向及其美国因素[J].东南亚纵横,2015,06:42—47.

菲大涨军费提升南海影响力购买教练机和二手军舰[J].教练机,2015,03:5.

南海所正式启动北部湾海洋渔业研究中心建设[J].水产养殖,2015,10:47.

邹克渊.岛礁建设对南海领土争端的影响:国际法上的挑战[J].亚太安全与海洋研究,2015,05:1—13+125.

徐长银.美国在南海挑战中国的缘由[J].军事文摘,2015,19:10—13.

晓岸.重振中国南海问题话语系统[J].世界知识,2015,18:32—35.

罗岚.中国政府拒不参与菲律宾南海仲裁案符合国际法[J].法制与社会,2015,33:259+276.

陈隆祥.日本担忧美国对南海关注度降低[J].新产经,2015,12:7.

彭长林.石器时代环南海地区的文化互动[J].东南亚南亚研究,2015,04:83—89+110.

叶强.中国外交抗议在南海仲裁程序中的法律意义[J].国际法研究,2015,02:3—11.

黄忠鑫,韩周敬.边疆与域外历史地理研究的新探索——"环南海历史地理与海防建设论坛"纪要[J].中国历史地理论丛,2013,04:158—160.

陈向阳.美国在南海挑战中国——"喧宾"难以"夺主"[J].紫光阁,2015,07:75—76.

郑海麟.从"条约法"看战后对台湾及南海诸岛的处置——纪念中国人民抗日战争胜利70周年[J].太平洋学报,2015,12:1—11.

何海榕.马泰与马越共同开发案的比较研究[J].太平洋学报,2015,12:83—92.

王键.日本海洋战略与东亚海洋安全[J].东北亚学刊,2015,06:8—14.

杨洋.从"历史性水域"到"岛屿归属线"——南海"九段线"法律地位研究[J].研究生法学,2015,03:127—134.

李富兵,张茂荣,白羽,王建忠.越南能源战略发展趋势及启示[J].中国矿业,2015,S2:9—11+24.

田慧敏.国际法上的默认——以南沙群岛主权争端中的U形线地图为视角[J].中国海商法研究,2015,04:54—60.

张国斌.《联合国海洋法公约》"强制性仲裁"的受案范围——毛里求斯仲裁案对中国的启示[J].中国海商法研究,2015,04:61—67+102.

刘相平.蔡英文"新南向政策"评析[J].台湾研究,2015,06:23—32.

第三届淮海论坛"失序还是正常权力转移?——乌克兰危机后与南海紧张局势下的大国关系"成功举行[J].国际关系研究,2015,06:161.

何维保.再论《旧金山对日和约》关于西沙、南沙群岛的规定及影响[J].美国研究,2014,04:68—89+6—7.

王静.20世纪70年代台湾当局对西沙、南沙群岛主权维护的应对[J].当代中国史研究,2014,02:38—43+124—125.

中国南海战略体现围棋思维[J].社会观察,2015,01:5.

李金明.南沙群岛从不属于菲律宾领土范围[J].世界知识,2015,10:28—29.

郭健青.两岸应携手维护南海主权[J].现代台湾研究,2012,02:4.

金永明.美国军舰进入南沙岛礁领海的可能影响及应对策略[J].海南大学学报(人文社会科学

版),2015,04:1—8.

兰强,董冰.冷战后中越南海争端中的日本因素[J].和平与发展,2015,04:62—72+117—118.

周伟.南海岛礁建设:中美的较量与暗战[J].唯实,2015,08:91—94.

王参民.冷战后中美两国在南中国海的博弈[J].黑龙江史志,2015,11:22—23.

王勇.中国在南沙群岛扩礁加固行为的国际法效力问题[J].太平洋学报,2015,09:12—22.

崔波.解决南海问题:构建海上丝绸之路的战略透析[J].北方经济,2015,10:34—37.

刘海廷.当代中国海权面临的形势与对策[J].人民法治,2015,06:24—25.

赵万忠.南海海洋环境安全问题研究[J].河北渔业,2014,04:56—60.

陈剑峰.分而治之:南海问题管控路径[J].当代社科视野,2014,03:51.

罗婷婷,白蕾,万芳芳.南海领土争端中的国际法渊源适用探析[J].中国海商法研究,2014,01:79—87.

李文杰,邹立刚.中菲南海争端仲裁案中菲律宾诉求评析[J].中国海商法研究,2014,01:88—94.

杨葵.建党初期中国共产党人海权认识的历史考察[J].海南广播电视大学学报,2014,01:51—55.

李孝聪.从古地图看黄岩岛的归属——对菲律宾2014年地图展的反驳[J].南京大学学报(哲学·人文科学·社会科学),2015,04:76—87+158.

刘琳.越南:加强军力虎视南海[J].世界知识,2011,15:38—39.

成汉平.越南:争夺南海最嚣张[J].世界知识,2011,22:17—19.

许盘清,曹树基.西沙群岛主权:围绕帕拉塞尔(Paracel)的争论——基于16—19世纪西文地图的分析[J].南京大学学报(哲学.人文科学.社会科学),2014,05:19—34+157.

王涛.从"牛角Paracel"转为"西沙群岛Paracel"——18世纪末至19世纪初西人的南海测绘[J].南京大学学报(哲学.人文科学.社会科学),2014,05:35—47+158.

张焕娜.越南侵占我南沙诸岛的由来和发展[J].湖南工业职业技术学院学报,2011,01:50—51.

张卫彬.中越南沙群岛之争的证据分量比较——基于国际法院解决领土争端判案规则视角[J].太平洋学报,2014,10:70—78.

龚晓辉.2011年马来西亚南海政策分析[J].东南亚研究,2011,06:23—28.

1.5 安全问题

吕美琛.新时期印度尼西亚反恐困境和策略[J].东南亚纵横,2015,06:37—41.

陈鹏.东南亚国家信息安全建设新观察[J].中国信息安全,2014,09:88—92.

王琦,夏晓玲.浅析我国海洋争端解决机制的完善——由澳大利亚与东帝汶海洋争端解决引发的思考[J].海南广播电视大学学报,2012,04:61—65.

许善品.论澳大利亚地理与文化的冲突——以东帝汶危机为例[J].印度洋经济体研究,2015,05:92—105+159.

李晨阳.安全合作与中国—东盟关系[J].世界知识,2015,24:71.

张传江,张健魁.《美菲共同防御条约》适用范围研析[J].西安政治学院学报,2015,06:88—93+118.

董珊珊.日本解禁武器海外出口对亚太安全环境的挑战[J].法制与社会,2015,35:142—143.

李秀石.试论日本对东盟的安全合作政策[J].日本学刊,2014,02:48—64.

邰相瑀.中国与周边国家领土争端的国际法问题研究[J].赤子(上中旬),2015,20:24.

吴宁铂.论国际民用航空安全的国家责任[J].理论界,2015,02:82—86.

董念清.国际民航安全法律——基于马航 MH370 事件和 MH17 事件的分析[J].北京航空航天大学学报(社会科学版),2015,01:41—52.

拉姆利·多拉,万·沙瓦鲁丁·万·哈桑,文一杰.印度尼西亚海洋边界管理中的挑战:对马来西亚的启示[J].南洋资料译丛,2015,01:22—37.

龚晓辉.马来西亚海洋安全政策分析[J].世界经济与政治论坛,2011,03:37—50.

张艾妮.中国因素对马来西亚新海洋安全观的影响[J].湖南工业大学学报(社会科学版),2013,03:86—92.

岳蓉.《五国防御协议》:马来西亚安全困境下的合作[J].历史教学(下半月刊),2014,06:19—22.

卢文刚,蔡裕岚.新加坡的全民反恐及其启示[J].中国应急管理,2015,05:43—47.

周俊佑,李志东.美国在亚太地区"雁阵安全模式"浅析[J].未来与发展,2015,02:8—12.

朱陆民,田超男.泰、新、越对中美的对冲战略比较研究[J].重庆社会主义学院学报,2015,02:65—68.

王震.全球反恐形势解读:越反越恐?[J].社会观察,2015,04:63—65.

李晨阳.谁掌控东南亚的安全[J].世界知识,2015,12:73.

王缉思,刘春梅.中美关系新趋势及其对东北亚安全的影响[J].国际政治研究,2011,01:1—5.

朱滨.印尼对地区安全的认知及其防务外交的应对[J].军事文摘,2015,15:17—20.

贺磊,孙倩.东南亚地区恐怖活动现状评析[J].传承,2012,14:78—79+83.

周俊佑,李志东.美国在亚太地区"雁阵安全模式"浅析[J].未来与发展,2015,02:8—12.

皮特·乔克,安琪·罗巴萨,随缘.东南亚三国交界地区的非传统威胁及海洋版图意识:菲律宾的海岸监视系统[J].南洋资料译丛,2015,02:15—35.

陈剑飞.菲律宾"8·23"劫持人质事件的反恐执法启示[J].法制博览,2015,20:282.

鞠海龙.中菲海上安全关系的突变及其原因与影响[J].国际安全研究,2013,06:70—82+152.

胡波.中关东亚海上权力和平转移:风险、机会及战略[J].世界经济与政治,2013,03:27—44+155.

孟庆顺.中东国家在菲律宾南部和平进程中的作用[J].西亚非洲,2011,02:11—17+79.

李栋,李波阳.对菲律宾8·23劫持游客事件的反思——兼论中国警方解救人质的战术策略[J].武警学院学报,2011,01:86—89.

龙海元.浅谈人质事件中的指挥谈判与攻击——马尼拉"8·23"惨案的启示[J].警察实战训练研究,2011,02:87—91.

刘晓霖,陈静.从菲律宾人质劫持事件谈危机管理[J].重庆科技学院学报(社会科学版),2011,08:34—36.

钟飞腾,张洁.雁型安全模式与中国周边外交的战略选择[J].世界经济与政治,2011,08:47—64+156—157.

李益波.浅析日本与东盟军事安全合作的新动向[J].当代世界,2014,06:64—66.

卢军.东盟安全机制的有效性与局限性[J].东南亚纵横,2011,09:8—12.

虞群,王维.泰国海洋安全战略分析[J].世界经济与政治论坛,2011,05:65—77.

钮菊生.大湄公河次区域国家安全合作缘何"雷声大,雨点小"?[J].唯实,2014,12:91—94.

曹筱阳.中泰安全合作的基础、现状及趋势[J].东南亚研究,2014,06:67—73.

盖沂昆.大湄公河次区域"金三角"合成毒品危害及对策[J].云南警官学院学报,2015,03:23—25.

聂雯.简析泰国周边安全问题[J].新西部(理论版),2015,17:138+136.

鞠海龙.文莱海洋安全政策与实践[J].世界经济与政治论坛,2011,05:55—64.

马筱妍.新安全观:亚太安全共同体建设的行动指南[J].党政论坛,2014,01:37—39.

信强."次轴心":日本在美国亚太安全布局中的角色转换[J].世界经济与政治,2014,04:39—53+157.

李磊.云南中缅边境毒品犯罪现状及打击对策[J].法制博览,2015,04:281—283.

卢矜灵.对越南非传统安全状况的分析——以2013年的情况为例[J].东南亚纵横,2015,07:61—66.

唐奇芳.日本越南加强海洋安全合作[J].世界知识,2014,17:30—31.

罗刚.遏制非法出入境行为的对策建构——基于云南边境民族地区边防安全与民族习惯的现实考量[J].河北法学,2012,08:139—146.

杨树华.云南禁毒任重道远[J].人民公安,2012,24:56—59.

曹勋.打击跨国拐卖越南妇女儿童犯罪动态机制的构建[J].广西警官高等专科学校学报,2013,01:37—41.

张洁,朴键一,钟飞腾,杨丹志,吴兆礼,曹筱阳,李志斐,杨晓萍.周边安全形势四大变化与中国对策[J].世界知识,2011,02:14—21.

罗刚.云南跨境洗钱犯罪现状及对策研究[J].西部法学评论,2011,01:101—106.

信强.美越安全合作的发展及其影响因素[J].国际问题研究,2014,06:61—71.

许红艳.东盟区域安全机制研究[J].黑龙江史志,2013,11:340+342.

史松.缅甸毒品形势对中国的影响[J].法制博览,2015,05:298—299.

高青.缅北毒品的现状及对我国边境地区的影响[J].赤子(上中旬),2015,10:139.

刘凤.难民问题对国家冲突及不安全感的影响研究——以罗兴亚难民问题为例[J].法制博览,2015,18:18—19.

汤姆·克雷默,陶晓阳.缅甸禁毒政策现状与毒品问题改革争议[J].南洋资料译丛,2015,03:77—86.

梁晋云.境外"金三角"缅甸北部地区毒品复燃对中国的影响[J].云南警官学院学报,2012,01:24—30.

王娇,普艳梅.缅甸禁毒执法现状及国际合作(编译)[J].云南警官学院学报,2011,01:64—68.

韦健锋.论印缅关系中的跨境反政府武装问题[J].东南亚南亚研究,2014,02:13—21+107.

余瑞华.糯康案的国际法问题思考[J].法制博览(中旬刊),2014,09:249.

邱守涛.关于缅甸毒品问题对云南非传统安全影响的思考[J].云南警官学院学报,2014,05:45—48.

魏玲.小行为体与国际制度——亚信会议、东盟地区论坛与亚洲安全[J].世界经济与政治,2014,05:85—100+158—159.

李路曲,高俊龙.大国平衡下的东盟安全机制及面临的挑战[J].晋阳学刊,2015,04:106—113.

周季礼.2014年东盟网络空间安全发展综述[J].中国信息安全,2015,10:78—82.

杨海涛.中国与东盟海上航行安全法律合作机制基本问题探究[J].法制与经济,2015,Z3:21—23.

韦红.东盟安全观与东南亚地区安全合作机制[J].华中师范大学学报(人文社会科学版),2015,06:27—34.

虞群.冷战后东盟加强海上军事安全合作战略意图解析[J].成都大学学报(社会科学版),2013,06:41—46.

孙康,朱耀顺.论中国与东盟非传统安全合作的现状、问题及对策[J].现代商贸工业,2012,03:74—76.

郑先武.中国—东盟安全合作的综合化[J].现代国际关系,2012,03:47—53.

程晓勇.东盟地区安全战略的形成、演变与发展趋势[J].南通大学学报(社会科学版),2012,03:35—41.

郭锐,王文军.韩国—东盟防务安全合作探究[J].南洋问题研究,2012,03:37—46.

张才圣.CAFTA框架下的中国—东盟非传统安全问题合作研究[J].广西师范大学学报(哲学社会科学版),2012,03:35—39.

孙伟.后冷战时期日本与东盟安全合作的演变[J].南洋问题研究,2012,04:18—27.

任慕.冷战后日本与东盟地区安全合作的限制因素分析[J].东南亚研究,2012,06:38—44.

聂文娟.大国因素与地区安全机制的制度化——以东盟与非盟的安全机制为例[J].外交评论(外交学院学报),2013,04:84—95.

张才圣.新形势下中国—东盟安全合作机制研究[J].武汉理工大学学报(社会科学版),2013,04:501—505.

方勇.基于中国与东盟禁毒合作的东盟禁毒研究述评[J].广西社会科学,2014,03:45—48.

米良.论中国—东盟安全机制的构建[J].前沿,2014,Z3:6—9.

李益波.浅析日本与东盟军事安全合作的新动向[J].当代世界,2014,06:64—66.

张哲馨.新安全观与中国和东盟的安全困境[J].国际展望,2014,03:35—50+155.

季玲.历史、实践与东盟安全合作进程[J].外交评论(外交学院学报),2014,05:85—103.

李益波.浅析日本与东盟安全合作的新变化及影响[J].世界经济与政治论坛,2014,03:14—27+172.

周琳.东盟区域反恐合作机制的演变与发展[J].东南亚纵横,2011,03:70—73.

王君祥.中国—东盟反恐合作策略探析——兼论"军事反恐"与"刑事反恐"的差异[J].东南亚研究,2011,03:68—72.

戴维·阿拉斯,许丽丽.中国—东盟非传统安全合作——区域安全合作的制度化与东亚地区主义的演变[J].南洋资料译丛,2011,03:1—11+51.

卢军.东盟安全机制的有效性与局限性[J].东南亚纵横,2011,09:8—12.

胡国霞,刘显翠.解读21世纪中国—东盟非传统安全合作及对云南的影响[J].经济研究导刊,2011,33:172—173.

徐进.未来中国东亚安全政策的"四轮"架构设想[J].当代亚太,2014,01:4—20+154.

刘胜湘,张楠.总体国家安全观与中国东南多边安全机制[J].华中师范大学学报(人文社会科学版),2015,06:35—42.

宋菲.中国周边的主要非传统安全问题及应对思路——以中国与东盟国家在非传统安全领域

合作为例[J].职业时空,2011,11:144—146.

汪巍.中国与东南亚地区安全合作发展趋势[J].和平与发展,2011,03:68—71+75.

韦红.东南亚地区非传统安全合作机制架构与中国的策略思考[J].南洋问题研究,2013,02:
1—8.

1.6 军事

艾利·拉特纳,随缘.驻场力量:建立美国东南亚及澳大利亚军事存在的政治永续性[J].南洋
资料译丛,2014,04:27—45.

纪元,吉镜宇.越南及马来西亚海军反潜作战能力综述[J].现代军事,2014,07:72—75.

刘志刚,李大光.中国周边军费开支看涨[J].国防科技工业,2012,04:70—71.

当前美国在东南亚的军事存在[J].政协天地,2015,05:57.

张建新.新加坡的军事现代化及其地缘安全战略[J].中共天津市委党校学报,2011,03:
40—44.

吴赛,马勇.新加坡的军事外交及启示[J].东南亚纵横,2014,07:69—74.

张慧玉.美国重兵布亚太[J].世界知识,2012,05:28—30.

周鑫宇.美国的亚太军事"再平衡"针对谁[J].世界知识,2012,13:28—30.

张晓林,李大光.美军驻亚太兵力部署的重大调整[J].国防科技工业,2012,08:89—90.

张晓林.喧闹军演背后,美国加紧军力部署调整[J].社会观察,2012,08:34—35.

漆海霞.从军售看美国战略重心东移的布局特征[J].国际关系学院学报,2012,04:57—65.

祁斌.东南亚海军"升级"路线图[J].中国船检,2014,03:75—78.

刘琳.中国与印尼军事关系初探[J].国际资料信息,2012,12:19—22+18.

黄永军.美菲"肩并肩"军演意欲何为[J].今日中国论坛,2012,06:8—10.

李励年.菲律宾:计划购买27艘海洋巡逻艇[J].渔业信息与战略,2012,03:256—257.

陈庆鸿.菲律宾军事现代化及其前景[J].国际资料信息,2012,08:16—21.

李洪才.菲律宾防务转型现状及前景分析[J].东南亚纵横,2015,12:28—34.

成汉平.菲律宾凭什么"战斗到最后一个人"——菲律宾军力与装备扫描[J].世界知识,2013,
12:38—39.

陈辉.日本、菲律宾拉拢越南要干什么?[J].华北民兵,2014,06:54—55.

李大光.美菲"肩并肩"军演瞄准谁[J].中国军转民,2015,05:75—76.

杨小辉.究竟谁是法西斯?——重返菲律宾被日军侵略的历史现场[J].社会观察,2015,07:
74—77.

张跃.菲邀美扩大驻军,为何要拿"轮驻"作幌子?[J].世界知识,2013,19:30—32.

叶刚.泰国军队的"大满贯"之身[J].南风窗,2012,02:83—84.

陈辉.中缅联合勘界警卫作战揭秘[J].党史博览,2011,11:39—43.

宋清润.从"亚太再平衡"战略看美泰军事同盟关系[J].国际研究参考,2015,02:1—6.

彭耿,周少平.越南卫星现状及未来发展[J].国防科技,2014,06:92—96.

马建龙,陈敬一,杨凌.越南海空作战及特种作战能力分析[J].国防,2015,03:50—51.

俄为越南建造完成2艘护卫舰[J].现代军事,2015,07:21.

王楠,王甄,黄铃.越军近期武器装备升级改造综述[J].现代军事,2015,07:92—94.

王楠,王甄.蓄势待发的越南导弹工业[J].现代军事,2015,05:72—74.

李碧华.越南国防安全教育法[J].东南亚纵横,2013,08:24—29.

向辉,王树和.印度、越南退役军官安置概况[J].中国人才,2011,06:59—61.

于向东.越美海军关系新发展值得关注[J].亚非纵横,2011,03:13—16+59.

杨桥光,王小年.试析新世纪越南与印度军事合作的举措和原因[J].东南亚研究,2012,03:53—57.

韦强.新世纪越南与东盟的军事外交[J].国际资料信息,2012,07:23—27.

冯东兴.美韩越南军事合作析论[J].当代韩国,2013,03:27—35.

李华杰.越南海上民兵自卫队解析[J].国际研究参考,2013,12:24—27+32.

郭锐,王箫轲.俄越防务合作的现状、动向与影响[J].南洋问题研究,2011,04:51—61.

赵茜.2010年以来南海争端背景下的越南对外军事关系[J].东南亚南亚研究,2015,02:31—36+108—109.

陈道银.越南经略海军,剑指中国南海[J].社会观察,2013,06:30—32.

王楠,王甄,肖强胜.越军无人机研发与装备情况研究[J].现代军事,2015,04:65—67.

王蕾,成友才.越南海军发展现状以及对周边海上安全的影响[J].现代军事,2015,04:78—81.

黄铃,王楠,罗珊.越南海军加快无人机装备步伐[J].现代军事,2015,12:77—79.

胡美玲,郭莉.越南陆军现状及发展前景[J].现代军事,2015,06:96—98.

李淑俊,倪世雄,张义凤.美国亚太自由贸易协定与东亚区域安全——基于军事冲突的视角[J].教学与研究,2014,11:5—17.

陈辉.法国介入马里内战、朝鲜重开核试验、缅甸内战何时休?[J].华北民兵,2013,03:54—55.

李益波.印缅军事安全合作:现状、走势及影响[J].当代世界,2013,09:69—71.

马克·S·莱利拉维·A·巴拉姆,随缘.美国与缅甸的国际军事教育和训练项目:1980—1988年项目回顾兼未来展望[J].南洋资料译丛,2015,03:63—76.

泰国征兵抽签人妖、和尚齐上阵[J].中国总会计师,2013,04:21.

宋清润.当前美越军事关系的发展与局限[J].和平与发展,2015,01:41—57+114—115.

杨桥光,王小年.试析新世纪越南与印度军事合作的举措和原因[J].东南亚研究,2012,03:53—57.

付瑞红.美国和越南军事合作的新变化与未来走向评析[J].东南亚研究,2013,01:24—29.

王佳.浅析20世纪60至70年代泰国在老挝开展秘密军事行动背后的美国因素[J].中山大学研究生学刊(社会科学版),2014,04:50—54.

萧萧.新加坡陷落:英军史上最大规模的投降[J].军事文摘,2015,07:70—72.

奎晓亮,张汉仙.缅甸军政府对果敢同盟军的有效遏制和分化打压[J].商,2014,13:60.

中俄印及东盟:联合军演的另一股力量[J].世界知识,2013,07:18.

2 经济问题

2.1 经济概况

东南亚地区经济概况

乔·史塔威尔.亚洲教父的金钱游戏[J].商界(评论),2012,02:53—57.

温斯婷.东南亚博弈[J].大经贸,2011,10:24—25.

张明亮.角力东南亚:多方暗战升级[J].大经贸,2011,10:26—29.

刘通.东盟经济共同体进程初探[J].经济视角(上),2012,05:36—38.

陈言.东盟推进经济联盟:日本的机遇与挑战[J].中国经济周刊,2013,36:16.

亚洲教父的金钱与权力[J].董事会,2011,12:119.

王勤.当代东南亚经济的发展进程与格局变化[J].厦门大学学报(哲学社会科学版),2013,01:72—79.

王勤.2012—2013年东盟经济的分析与预测[J].东南亚纵横,2013,02:9—13.

陈荣誉,农立夫,覃丽芳.越南及东南亚其他国家经济:出现不同特点[J].东南亚纵横,2013,01:55—58.

田涛.经济波动同步性、需求冲击与供给冲击——来自东盟国家的实证分析[J].区域金融研究,2013,11:51—56.

郭金兴,胡映.拉美、东南亚和东亚经济体跨越中等收入陷阱的比较研究[J].学海,2015,02:135—141.

孙英楠,张大为,战岐林.东盟与中日韩自由贸易区的定性比较[J].沈阳师范大学学报(社会科学版),2015,01:63—65.

张丽敏,刘俊义."一带一路"框架下东盟市场战略研究[J].国际工程与劳务,2015,04:37—39.

王勤.迈进共同体时代前夕的东盟经济[J].东南亚纵横,2015,03:3—7.

马世杰."一带一路"背景下的中国与东盟国家经济关联分析[J].农业图书情报学刊,2015,10:15—18.

许颖.东南亚各国的经济发展模式研究[J].商场现代化,2015,21:242—243.

玉家铭.创新中国与东盟标准化合作模式的探讨[J].标准科学,2015,11:6—9.

包广将.环境合作:东盟一体化的"粘合剂"——2011年东盟经济回顾与展望[J].世界热带农业信息,2012,02:9—10.

王勤.后危机时期的东盟国家经济[J].南洋问题研究,2012,01:1—8.

王勤.2011—2012年东南亚经济回顾与展望[J].东南亚纵横,2012,02:3—6.

王勤.2011—2012年东盟经济的分析与预测[J].亚太经济,2012,02:13—16.

方笑君,孙宇.新时期亚太经济一体化进程分析[J].国际贸易,2012,04:54—57.

北畠重显,柳弘.东盟5国经济现状与展望[J].南洋资料译丛,2012,02:31—39.

王勤.中国的东盟区域经济研究评述[J].东南亚纵横,2012,08:16—20.

朱丽群,骆华松,熊理然.国际金融危机后东南亚地缘经济格局的探析[J].东南亚纵横,2012,
    08:37—40.

王勤.东盟国家的经济转型与结构调整[J].东南亚纵横,2012,10:39—41.

朱丽群.1997—2007年东盟五国地缘经济格局特征[J].商,2012,22:60—61.

王勤.2010—2011年东盟经济的分析与预测[J].东南亚研究,2011,03:4—8.

曹金华.面向东盟的北部湾经济区总部经济研究[J].沿海企业与科技,2011,05:57—58.

刘志雄,蒙菊花.东盟对华投资地区差异的影响因素研究[J].中国物价,2011,07:48—51.

西泽利郎,柳弘.东盟5国经济现状与课题[J].南洋资料译丛,2011,03:18—28.

王晓惠.海洋经济对东南亚社会经济发展影响分析[J].海洋经济,2011,01:53—61.

王雅倩.浅析东盟各国与欧盟各国之间的差异[J].南方论刊,2014,03:46—47+20.

阎三虎,骆华松,刘云.中国和东盟经济增长对世界经济的影响分析[J].绿色科技,2014,02:
    246—249.

王勤.2013—2014年东盟经济的分析与预测[J].东南亚纵横,2014,03:37—41.

从东盟竞争力看东盟经济发展前景[J].时代金融,2014,16:42—45.

李维,邱成.论东各国计量发展情况[J].沿海企业与科技,2015,06:11—14.

谢红雨,伊继东.地缘结构关系中东盟经济发展前景的探讨[J].中国商贸,2013,32:125+128.

王勤.当前东盟经济发展的新格局[J].亚太经济,2013,06:16—19.

徐瑾.中等收入陷阱研究评述——兼对"东亚增长模式"的思考及启示[J].经济学动态,2014,
    05:96—103.

黄继炜,全毅.东盟国家落入"中等收入陷阱"的原因与教训[J].当代经济管理,2014,07:
    92—97.

菲律宾

杨超.阿基诺三世治下的菲律宾经济社会情况[J].东南亚纵横,2015,09:23—28.

沈红芳,冯驰.菲律宾经济:没有发展的增长[J].亚太经济,2014,03:72—76.

菲律宾:亚洲的又一个奇迹?[J].进出口经理人,2014,10:20—21.

沈红芳.改朝换代后的菲律宾经济:2011年回顾与展望[J].南洋问题研究,2012,02:1—10.

乔俊果.菲律宾海洋产业发展态势[J].亚太经济,2011,04:71—76.

陈庆鸿.菲律宾经济起飞略论[J].国际研究参考,2013,01:28—32.

李涛.1974年以来海外菲律宾人与菲律宾的社会经济联系[J].东南亚南亚研究,2013,03:
    49—53+109.

北畠重显,柳弘.菲律宾经济现状与金融政策[J].南洋资料译丛,2013,04:21—31+76.

柬埔寨、老挝

堀江正人,柳弘.柬埔寨经济的现状与课题[J].南洋资料译丛,2013,03:25—33.

五月.柬埔寨为何开始"去越南化"?[J].国企,2014,07:42.

郭元丽,余泳.云南—柬埔寨"政热经冷"现象的解析及对策研究[J].中国市场,2015,16:142—

143+159.

董彦.柬埔寨的"西港特区"是如何炼成的[J].中国报道,2015,05:32—33.

王志刚.开放经济下的高增长奇迹:重建后柬埔寨经济评析[J].东南亚研究,2015,04:4—11.

福地亚希,柳弘.柬埔寨经济现状与展望[J].南洋资料译丛,2014,01:44—48.

姚建莉,朱艺艺.柬埔寨西港特区"走出去"的无锡模式[J].南风窗,2015,06:86—88.

高怡松.柬埔寨经济特点与中柬合作的机遇[J].东南亚纵横,2011,11:86—89.

春花.老挝经济发展与贫困的关系[J].东方企业文化,2011,08:170.

陈定辉.老挝经济特区和经济专区简介[J].东南亚纵横,2013,07:16—21.

蒋卓成.老挝革新经济的措施与成效[J].衡阳师范学院学报,2013,04:70—74.

黄山.老挝革新开放研究综述[J].黑河学刊,2013,08:70—72+141.

纪大为,方文.浅论老挝的马克思主义之路[J].黑河学刊,2014,05:35—37.

马来西亚

杨元庆.马来西亚发展面临的挑战[J].中央社会主义学院学报,2012,02:22—24.

闫森.马来西亚经济转型计划的实施与成效[J].亚太经济,2012,04:76—80.

郭继光.利益集团、制度僵化与马来西亚中等收入陷阱[J].东南亚研究,2012,04:14—19.

郭惠琳.马来西亚陷入"中等收入陷阱"的原因和政策应对[J].亚太经济,2012,05:96—100.

王守贞,吴昊.从FDI流动看马来西亚经济发展的隐忧[J].东南亚研究,2011,01:17—22.

黄雪莹.马来西亚文化对北部湾经济、文化的影响分析[J].改革与开放,2014,03:36—37.

缅甸

肖建明,郭平.影响缅甸经济社会发展的几个主要因素[J].东南亚南亚研究,2013,01:45—49 +93.

祝湘辉.试析缅甸新商业精英阶层的崛起[J].东南亚纵横,2011,05:71—77.

张党琼.政治转型以来的缅甸经济改革:进展与展望[J].东南亚南亚研究,2014,04:56—62 +109.

周荆展.缅甸1948年以来经济发展的历程、特点及启示[J].云南社会主义学院学报,2014,01: 330—333.

于靖园.缅甸:亚洲发展的新"前沿"[J].博鳌观察,2014,01:98—109.

熊谷章太郎,柳弘.缅甸的经济开发与缅元汇率[J].南洋资料译丛,2014,03:37—43.

刘学忠.从目前缅甸局势看联邦经济发展[J].中国外资,2013,07:126—127.

祝湘辉.缅甸新政府的经济政策调整及对我国投资的影响[J].东南亚南亚研究,2013,02:46— 51+109.

苅达俊二,柳弘.缅甸取得经济发展的可能性[J].南洋资料译丛,2013,03:17—21+80.

张党琼.缅甸经济发展道路之我见[J].东南亚南亚研究,2013,03:43—48+109.

赵洪.中国应积极应对缅甸转型[J].领导文萃,2012,08:34—36.

高田创,司韦.从全球对缅甸的关注看"新重商主义"[J].南洋资料译丛,2012,03:52—53.

李艳君.西方国家放宽经济制裁背景下的缅甸经济发展前景[J].东南亚纵横,2012,11:3—9.

泰国、文莱

泰国版"炫富"闹剧主角是僧侣[J].世界知识,2013,13:71.

康晓丽,李慧芬.论海外泰国人与泰国的社会经济发展[J].亚太经济,2013,05:80—85.

堀江正人,邵鸣.泰国经济能否与巨大新兴国家经济相对抗?[J].南洋资料译丛,2011,01:39—45+80.

魏春蓉,张宇霖.当前泰国宏观经济及实证分析[J].成都大学学报(社会科学版),2014,01:96—101.

李仁良.泰国人的收入、支出和债务分析研究[J].成都大学学报(社会科学版),2014,03:79—84.

徐秀军.泰国经济,还经得起折腾吗[J].世界知识,2014,12:13.

欧兰·猜巴拉瓦,马银福.2013年泰国经济预测[J].成都大学学报(社会科学版),2013,05:15—21.

泰国经济与商业环境风险分析报告[J].国际融资,2015,02:64—67.

王冀平."一带一路"战略引发的对泰国发展实践的思考[J].金融经济,2015,10:43—46.

王钰.泰国:东盟的"门户"[J].进出口经理人,2015,06:5.

游英雄.泰国区域经济合作的现状及发展趋势研究[J].现代经济信息,2015,21:456—457+459.

李琳.泰国贫困问题分析[J].现代经济信息,2012,04:2.

黄瑛,罗传钰,黄琴.文莱经济社会发展与"一带一路"建设的互动分析[J].东南亚纵横,2015,11:15—19.

夏敏莉.试论在伊斯兰教影响下文莱的商业文化交际[J].经营管理者,2014,05:355.

林育生.泰国一贯道的发展与经济社会变迁[J].亚太研究论坛,2015,12:55.

新加坡

于凤玲.新加坡新兴产业的发展对我国沿海产业发展战略的启示——以广东台山为例[J].广西财经学院学报,2015,06:19—23.

唐萍.香港与新加坡经济发展模式比较分析[J].合作经济与科技,2012,01:15—16.

王御前.新加坡经济结构转型的特点及对中国的启示探讨[J].商业文化(上半月),2012,01:82.

胡国洪.新加坡经济发展的模式及经验管窥[J].中国城市经济,2012,03:16—17.

王星闽.新加坡如何发展总部经济[J].理论建设,2012,01:17—19.

李振.新加坡的经济发展对中国的启示[J].经济视角(下),2012,02:62—63.

陈强,左国存,李建昌.新加坡发展科技与创新能力的经验及启示[J].中国科技论坛,2012,08:139—145.

王彦成,王宝铭.新加坡经济发展模式带给我们的启示[J].现代经济信息,2012,21:1—2.

新加坡:创新推动经济转型[J].财经界,2012,11:100.

黄荣斌.新加坡经济转型与人才战略[J].南洋问题研究,2012,04:46—54.

张伟成.新加坡政府跨越"中等收入陷阱"的经验[J].全球科技经济瞭望,2014,03:73—76.

滕熙,沙永杰.新加坡产业空间发展历程及启示[J].上海城市规划,2014,04:77—82.

范磊,杨鲁慧.新加坡族群治理中的经济变量分析[J].亚太经济,2014,05:84—88.

杨建伟.新加坡的经济转型与产业升级回顾[J].城市观察,2011,01:56—65.

李皖南.新加坡构建现代市场经济体制的经验及启示[J].广西民族大学学报(哲学社会科学版),2011,03:103—108.

郭建军.新加坡外向型经济发展历程:全球化与区域化视角[J].思想战线,2011,04:96—99.

赵飚.新加坡迅速发展的引擎[J].四川党的建设(城市版),2011,08:57.

李皖南.新加坡知识经济战略的发展与输出——兼谈中新广州"知识城"建设[J].暨南学报(哲学社会科学版),2011,03:14—22.

骆遥.新移民带给新加坡经济发展的机遇与挑战(英文)[J].中国外资,2011,20:177.

杨丹.新加坡 20 世纪 60—90 年代经济高速发展的原因及启示[J].科技与企业,2014,21:150—151.

杨荣.新加坡 R&D 投入体系、机制与绩效研究[J].全球科技经济瞭望,2015,01:39—46+59.

王勤.论新加坡现代化发展五十年[J].厦门大学学报(哲学社会科学版),2015,04:70—77.

张旭.新加坡经济发展战略浅析[J].商,2015,26:81—82.

武军定,彭程,张颖.天津和新加坡经济结构对比及互补性发展分析[J].中国统计,2015,09:44—46.

王娟宁,杨立强.新加坡开发区海外扩展模式及启示[J].国际经济合作,2013,02:20—23.

薛菁华.新加坡科技规划政策研究与启示[J].华东科技,2013,09:26—29.

本刊综合.新加坡产业转型发展经验谈[J].城市开发,2013,17:66—67.

王静.新加坡独立后经济发展道路的特点及启示[J].学理论,2013,32:114—115.

王丽.新加坡与香港产业发展路径对比及启示[J].广西经济,2013,10:49—51.

丁焰辉.新加坡开放发展战略研究[J].广西经济,2013,11:39—42.

印度尼西亚

吴崇伯.印尼新总统佐科的海洋强国梦及其海洋经济发展战略试析[J].南洋问题研究,2015,04:11—19.

沙菲雅·F.穆希芭,李骁.印尼海洋主张如何对接"一带一路"?[J].社会观察,2015,12:14—15.

吴崇伯.正在崛起的印尼经济分析与前景透视[J].南洋问题研究,2012,03:1—9.

刘均胜.后危机时代印度尼西亚的发展战略及其影响[J].亚太经济,2012,05:91—95+148.

吴崇伯.印尼内需主导型经济发展及其政策启示[J].亚太经济,2012,06:81—85.

张远鹏.印度尼西亚:浮现中的"金砖第六国"——全球金融危机以来的印度尼西亚经济及前景展望[J].世界经济与政治论坛,2012,06:75—85.

肖福旺·巴纳,许丽丽.印尼伊斯兰经济运动的发展(1980s—2012)(下)[J].南洋资料译丛,2014,04:66—80.

林梅,柯文君.苏西洛总统执政 10 年的印尼经济发展及新政府的挑战[J].南洋问题研究,2014,04:49—59.

杨程玲.印尼海洋经济的发展及其与中国的合作[J].亚太经济,2015,02:69—72.

谢泽亚.论印尼经济发展中的中国成分[J].柳州师专学报,2015,01:67—70.

冯怀宇,马庭瑞,王全永.印度尼西亚未来国家标准化战略[J].标准科学,2015,06:88—92.

谢静岩.对当前印度尼西亚新推行的经济计划的思考[J].科技创业月刊,2015,21:27—29.

蔡金城.印尼经济发展总体规划解读[J].战略决策研究,2011,05:89—96.

李鸿阶.印尼经济转型及其与中国经贸合作前景[J].亚太经济,2011,05:8—13.

肖福旺·巴纳,许丽丽.印尼伊斯兰经济运动的发展(1980s—2012)[J].南洋资料译丛,2014,
    03:26—36.

吴崇伯.印尼经济的崛起与面临的挑战分析[J].东南亚纵横,2013,02:21—26.

陈维佳.印度尼西亚扶贫开发策略研究[J].法制与社会,2013,21:176—177.

王晓惠,赵鹏.印度尼西亚蓝色经济发展现状[J].海洋经济,2013,04:53—61.

越南

农立夫.越南2014年报告与2015年前8个月经济发展态势[J].东南亚纵横,2015,08:
    25—30.

毕世鸿.中产阶级:越南华丽转身幕后的重要功臣[J].世界知识,2013,13:34—35.

齐欢.越南的社会现代化:现状、问题及发展趋势[J].东南亚南亚研究,2011,03:45—49+93.

许梅.2014年越南政治、经济与外交综述[J].东南亚研究,2015,02:45—52.

蒋玉山.试析越南FDI结构变化及其对越南经济的影响[J].东南亚研究,2011,01:23—29.

盛文颖.浅析越南社会主义定向市场经济理论[J].吉林工程技术师范学院学报,2011,03:
    67—69.

陆桢.国际金融危机中越南的经济表现和反危机措施评价[J].创新,2011,02:10—12+20
    +126.

杨保筠.为何越南经济崩溃论又起[J].人民论坛,2011,13:48—49.

克里斯·曼宁,魏必.经济繁荣和经济危机时期的全球化和劳动力市场:以越南为例[J].南洋
    资料译丛,2011,02:18—32.

向媛秀,向秋华,粟增富.越南政府推动(中越)边境地区经济发展的政策及借鉴[J].生产力研
    究,2011,06:135—137.

齐欢.论越南"革新开放"以来对现代化模式的新构建[J].思想战线,2011,04:129—130.

黄云静.越南革新开放与区域平衡发展[J].社会主义研究,2011,04:65—70.

堀江正人,司韦.高速增长下不平衡扩大的越南经济[J].南洋资料译丛,2011,03:52—59.

蒋玉山.危中求变:析后金融危机时期越南经济的转型[J].东南亚纵横,2011,10:3—8.

包学雄,周怡帆.越南革新开放与社会保险制度改革[J].安徽农业科学,2014,34:
    12325—12329.

越南未来经济发展前景良好[J].时代金融,2015,10:49—50.

潘志.革新开放中的越南经济建设研究[J].经营管理者,2015,08:169—170.

吴逸清,姚艳燕.越南2014年经济表现及2015年展望[J].东南亚纵横,2015,02:28—30.

黎承赫.2007年越南经济社会的发展分析[J].商,2015,14:276—277.

赵子龙.中国与越南对外开放度比较研究[J].东方企业文化,2015,12:192—194.

王晶晶.越南经济机遇与风险并存[J].商业文化,2015,30:72—77.

杜明坚,张文松,吴海兵.中国与越南的经济改革比较分析[J].经济与管理研究,2015,12:
    19—25.

赵鹏,李双建.越南岛屿经济发展趋势及特点[J].东南亚纵横,2012,02:60—65.

覃丽芳.2011年越南经济发展回顾[J].创新,2012,03:87—91+128.

阮生菊,梁炳猛.越南2011年经济社会形势与2012年预测[J].南洋资料译丛,2012,02:40—43.

许正.越南应对经济危机的经验与启示[J].当代经济,2012,21:100—101.

窦效民.越南关注民生与促进社会公平的举措[J].郑州大学学报(哲学社会科学版),2012,06:21—24.

冯野.越南统一后至今的经济发展历程研究[J].北京城市学院学报,2013,06:97—104.

陈秋江,陈丽晖,张林艳.越南中部重点开发区经济空间结构及其重组[J].东南亚研究,2013,06:12—24.

吕亚军.越南产业集聚发展战略探析[J].东南亚纵横,2013,02:35—39.

牛剑松,周禹.浅谈越南经济发展前景[J].法制与经济(中旬),2013,03:86—87.

王璐.浅析"危机"下越南经济发展的前景[J].知识经济,2013,02:52+74.

高歌.越南经济发展分析[J].对外经贸,2013,07:34—36.

刘芝平.越南全方位开放战略的实施及对其东南亚经济地位的影响[J].红河学院学报,2013,05:6—9.

何传添,王海洲,周松.金融危机后越南需求结构的变化与启示[J].战略决策研究,2014,02:27—39.

赵江林.越南的经济发展状况究竟如何?——一个"标准"的小国开放工业化模型[J].人民论坛·学术前沿,2014,07:38—47.

张嘉斐,李俊杰.中越兴边富民政策比较研究——以龙州、东兴两地为例[J].云南民族大学学报(哲学社会科学版),2014,04:120—126.

覃肖华.越南经济产业变革历程中的发展对策[J].赤峰学院学报(自然科学版),2014,09:36—37.

梁晶晶.越南资本市场发展探析[J].区域金融研究,2014,08:44—47.

毕晶.越南加入TPP的国内经济与政治因素探析[J].国际经济合作,2014,10:68—72.

2.1.1　劳动经济

杨强,李蓉.从强制仲裁到劳动法庭:印度尼西亚劳动争议解决机制的晚近发展[J].东南亚纵横,2012,05:66—71.

蔡德仿.印度尼西亚劳动争议处理法律制度探究[J].改革与战略,2013,04:117—120.

孙伊凡,陈丽莎.马来西亚雇员准备基金制度的建设与启示[J].金融教学与研究,2013,02:44—46+65.

黄忠.马来西亚合同法论纲[J].东南亚纵横,2013,05:67—71.

周斌.从马航失踪事件说劳动关系管理[J].职业,2014,13:66—67.

周丽娟.新加坡船员福利体系对我国船员社会保障制度的启示[J].中国海事,2014,01:56—57+59.

李宁,廉清云.菲律宾海员劳务外派法规体系[J].水运管理,2012,04:35—37+41.

张璐,郑炫,谢友兵.对我国有关船员社会保障法律规定的反思——基于对《2006年海事劳工公约》的考察[J].市场周刊(理论研究),2015,08:99—100.

蔡德仿.菲律宾劳动争议处理法律制度探究[J].南宁职业技术学院学报,2011,02:41—45.

吕亚军,刘欣.当代越南劳动争议解决机制探析[J].东南亚纵横,2014,08:18—23.

吴远富.越南企业劳资关系状况及工会法的修改[J].河北法学,2011,08:179—183.

蔡德仿.东盟国家劳动争议处理体制及其对我国的启示[J].中国劳动关系学院学报,2015,02:
72—76.

吴伟东,吴杏思.劳动力跨国就业与东盟的社会保障一体化[J].东南亚纵横,2015,07:55—60.

张协奎,刘伟,黎雄辉.东盟国家的工伤保险制度[J].广西大学学报(哲学社会科学版),2015,
05:71—79.

邱房贵,植文斌.我国对东盟国家学徒合同的承认和适用法律问题研究——兼及我国和东盟国
家学徒制度的比较[J].广西社会科学,2013,11:43—48.

蔡菲菲,邱房贵.中国与东盟国家建立统一劳工标准的必要性与可行性[J].经济与社会发展,
2013,02:83—87.

植文斌,蔡菲菲.中国与东盟国家国内法关于核心劳工标准的法律比较[J].梧州学院学报,
2013,04:61—67.

李志锴,张艳梅.对东盟劳务合作法律问题思考[J].特区经济,2011,10:252—253.

刘欣,钟铭佑.中国—东盟区域劳务立法规制探讨[J].法制与社会,2011,15:144—145.

向贵平,苑广中,宋金涛.缅甸密松水电站缅甸外籍劳务管理经验[J].云南水力发电,2014,S1:
121—122.

覃伟寿,陈育权,徐寒.老挝劳工管理刍议[J].水电与新能源,2014,10:51—53.

盛雯聪.越南劳动力对我国制造业影响分析[J].现代商贸工业,2013,21:77—79.

漆东奇.柬埔寨水电项目劳务属地化管理实践[J].人力资源管理,2013,10:136—137.

向贵平,苑广中,宋金涛.缅甸密松水电站缅甸外籍劳务管理经验[J].云南水力发电,2014,S1:
121—122.

印尼推出新医保计划,外国劳工亦可参保[J].中国医疗保险,2014,04:70.

欧阳华,张建中.劳工政策对中国—东盟区域经济合作影响的博弈分析[J].南昌大学学报(人
文社会科学版),2011,03:78—81+130.

冯奕强,黎雄辉.东盟国家失业保障制度研究[J].东南亚纵横,2011,06:83—87.

肖秋鹏.印尼青年失业状况探析[J].东南亚南亚研究,2014,04:89—94+110.

冯桂玲.马来西亚人力资源市场的现状及其特点[J].东南亚纵横,2013,04:67—70.

熊琦.新加坡收入分配的变化及其启示[J].亚太经济,2014,03:67—71.

黄茂英,杨正喜.统合主义下的新加坡劳资协调机制[J].天津市工会管理干部学院学报,2014,
03:42—46.

吕亚军.新加坡人力资源市场的现状、特征及发展趋势[J].重庆教育学院学报,2011,01:
45—48.

杨宜勇,邸凯英.新加坡劳动就业政策及启示[J].中国经贸导刊,2015,03:63—66.

杨华.新加坡就业保障研究及其启示[J].清远职业技术学院学报,2013,01:52—56.

张明亮.新加坡的中国劳工权益问题与解决之道[J].河南师范大学学报(哲学社会科学版),
2013,04:121—125.

吕亚军.当代菲律宾人力资源市场浅析[J].沈阳工程学院学报(社会科学版),2011,01:
49—53.

陈庆鸿.菲律宾海外劳工的喜与悲[J].世界知识,2011,17;58—59.

苗政军,孙堂厚.菲律宾的境外就业研究及启示[J].外国问题研究,2013,03;62—66.

林玲,王成.劳务制裁的经济影响及对策分析——以台湾对菲律宾的劳务制裁为例[J].生产力研究,2013,11;119—121.

许红艳.泰国来自邻国的劳工移民问题[J].世界民族,2011,04;66—71.

徐艳文.泰国的就业形势及留学前景[J].职业,2015,16;32—33.

李慧.全球化背景下泰国收入分配结构研究[J].红河学院学报,2015,02;46—48+52.

Chanthaphilith Chiemsisouraj,许欣,姚佳君.老挝赴泰国劳务人员的工作及社会状况研究[J].广西民族大学学报(哲学社会科学版),2012,03;109—115.

陈松涛.泰国境内的大湄公河次区域移民劳工[J].广西民族师范学院学报,2012,04;58—61.

阮成功.越南关于人力资源质量的问题[J].现代经济信息,2014,21;137+141.

陆海燕.发展中国家劳资关系及其行动者研究——基于越南、印度以及中国的比较研究[J].理论月刊,2015,01;183—188.

阮成功.越南的城乡收入分配失衡及对策研究[J].经营管理者,2015,15;147.

吕亚军.当代越南青年就业问题探析[J].创新,2012,05;116—121+128.

盛雯聪.越南劳动力对我国制造业影响分析[J].现代商贸工业,2013,21;77—79.

阮世坚.越南失地农民就业的问题与解决对策[J].市场周刊(理论研究),2014,01;3—4+36.

阮世坚.越南在城市化进程中失地农民就业的消极影响[J].经济研究导刊,2014,11;15—16+20.

2.1.2　企业经济

阮氏庆维.论越南国有企业产权改革的法律规制[J].现代商贸工业,2014,23;152—153.

黄寒.越南腐败对企业发展影响的研究——基于世界银行企业问卷调查的实证分析[J].东南亚研究,2015,03;30—36.

刘训智.中越两国公司董事会制度比较研究[J].广西民族师范学院学报,2013,01;93—96.

陈氏保映,米良.完善越南企业并购法律进程中的基本困惑[J].云南大学学报(法学版),2011,03;156—161.

陈优海.中越两国股东大会法律制度比较研究[J].湖北警官学院学报,2011,06;50—51.

吴荻,郭建华.港台企业东南亚投资经验及其启示[J].邵阳学院学报(社会科学版),2014,06;64—68.

汪段泳.东南亚基础设施建设与中企走出去[J].社会观察,2014,12;58—60.

邓应文.东南亚地区的中国商会研究——以越南、柬埔寨及印尼中国商会为例[J].东南亚研究,2014,06;74—83.

Nguyenthi Hanh,魏凤.中国家电企业在越南跨国经营战略浅谈[J].中国管理信息化,2014,21;42—43.

董文海.从韩国现代集团透视东南亚家族企业弊端[J].企业管理,2011,08;51—53.

张洪烈,潘雪冬.中国跨国公司外派人员跨文化管理有效性指标体系构建研究——以云南省外派至东南亚国家为例[J].经济问题探索,2011,08;141—148.

吴崇伯.印尼国有企业发展与改革问题研究[J].南洋问题研究,2011,03;40—49.

汪兴隆.泰华银行中小企业金融服务商业模式考察及经验启示[J].武汉金融,2012,03:39—41+72.

刘桔林,罗能生.中小企业融资难的对策研究——基于东南亚国家经验[J].理论学刊,2012,05:57—60.

武井泉,森下翠惠,柳弘.东南亚的清真市场[J].南洋资料译丛,2012,04:24—39.

何亲鹏,梁德太,赵维梅,黄子洛,谭海乐.基于SWOT分析的华力集团东南亚营销策略研究[J].市场论坛,2013,02:25—27.

黄兴华.东南亚金融危机以来新加坡政府中小企业政策分析[J].东南亚纵横,2013,04:46—51.

朱湘.三井重回缅甸[J].农经,2013,08:76—78.

宋鑫陶.青岛企业在东南亚[J].商周刊,2015,25:24—27.

陈丹妮,常志有.东南亚电商ZALORA市场营销策略探析[J].全国商情(经济理论研究),2015,20:31—33.

陈茜慧.中国跨国企业在东南亚地区的跨文化管理研究[J].商,2015,46:116+108.

陈扬,王学锋.鱼和熊掌何以兼得?——两家东南亚企业社会责任实践的案例研究[J].现代管理科学,2014,10:114—117.

孙艳玲,耿慧.东南亚市场卷烟品牌形象特征与优化研究——基于缅甸消费者视角[J].现代商贸工业,2014,21:72—74.

孙冰.日企加速布局东南亚[J].中国经济周刊,2014,46:76—77.

黄灏斌.基于东盟十国文化差异分析对我国企业跨国营销策略的探讨[J].中国管理信息化,2014,01:102—103.

罗真,何雪梅.广西企业"走进东盟"海外子公司外派财务管控模式的研究[J].中国外资,2014,03:30+32.

赵序海.北部湾自贸区中小企业融资创新研究[J].经济研究参考,2014,05:44—45.

赵立斌.跨国公司FDI与东盟国家参与全球生产网络进程[J].国际经贸探索,2014,01:69—80.

罗妍.面向东盟的中小企业跨文化融合管理[J].东方企业文化,2014,08:89+91.

李菲.面向东盟的广西中小企业电子商务发展策略[J].现代商业,2014,28:81—82.

张玉春,余炳,姜颖佳.我国海外企业的供应链融资问题分析——以东盟自由贸易区为例[J].改革与战略,2011,02:133—135.

唐菁菁,黄立群.金融支持中国企业"走出去"发展战略研究——以东盟为例[J].时代金融,2011,08:28—30.

林加全.面向东盟的北部湾企业文化建设[J].中国商贸,2011,28:216—217.

任才茂,江宗超.面向东盟的北部湾企业文化队伍建设研究——以广西沿海地区为例[J].经济研究导刊,2011,30:188—190.

陈兰,梁芷铭.面向东盟的西部物流企业文化建设保障体系研究[J].中国物流与采购,2011,22:74—75.

赖燕,马瑞.面向东盟的广西北部湾企业文化的理论框架研究[J].传承,2011,30:82—83+85.

何绍红,马瑞,赖燕.东盟文化与广西北部湾文化的互动发展研究——基于企业文化的视角[J].传承,2011,29:70—71+79.

马瑞,甘安顺.面向东盟的广西北部湾企业文化建设的运行机制研究[J].钦州学院学报,2011,06:80—82.

莫凡.东盟市场拓展与企业绿色营销[J].市场论坛,2014,09:25—27.

张洋.云南省中小企业东盟国家经营策略研究[J].昆明冶金高等专科学校学报,2015,02:88—92.

黄寒.越南腐败对企业发展影响的研究——基于世界银行企业问卷调查的实证分析[J].东南亚研究,2015,03:30—36.

韦朝晖.依法融入——"一带一路"战略下企业"走出去"的生存之道[J].东南亚纵横,2015,09:3—5.

本刊.中国企业应加速在东盟的本土化[J].时代金融,2015,31:48.

李海凤.东盟与广西北部湾经济区企业文化整合研究[J].长江师范学院学报,2012,05:35—38+146.

袁波.中国企业开拓东盟市场的政策机遇与挑战[J].经济,2012,06:52—53.

何玲.东盟自由贸易区乡镇微企从业人员外语运用能力实训研究与实践——以广西荔浦微企为例[J].太原城市职业技术学院学报,2013,11:3—4.

唐崛,贾引狮.中国企业开拓东盟市场的商标问题探析[J].学术交流,2013,12:92—95.

张宏.广西企业开拓东盟市场的理论思考——基于市场导向视角[J].经济视角(上),2013,08:5—8.

王国栋,孙鹤佳,董文斌.论国际工程项目物资管理控制——印尼 AWAR 电站项目实例[J].中国工程咨询,2014,10:66—68.

薛云建,王珍萍.中国智能手机在印尼的营销策略[J].企业研究,2013,19:30—33.

刘艳玲,高晶,王海.中药产品印尼市场准入浅析[J].标准科学,2014,07:85—88.

邓应文.东南亚地区的中国商会研究——以越南、柬埔寨及印尼中国商会为例[J].东南亚研究,2014,06:74—83.

吴崇伯.印尼国有企业发展与改革问题研究[J].南洋问题研究,2011,03:40—49.

陆振翔.中国石油印尼公司运营管理模式分析[J].石油化工管理干部学院学报,2015,04:68—72.

田刘庆,牛永力.中国企业印尼本地化生产风险管理[J].商场现代化,2014,13:106.

詹小颖.马来西亚"新经济模式"视角下中国企业 FDI 产业选择探析[J].东南亚纵横,2015,05:11—15.

阿睦.马来西亚中小型企业在出口方面所面对的问题[J].科技创新导报,2013,26:180—181+183.

林丽钦.论马来西亚槟城电子产业集群中跨国公司的作用[J].创新,2011,03:73—76.

黄维干,覃红.中马关联方披露准则比较及启示[J].财会月刊,2011,09:96—97.

秦弋雯.中马现金流量表准则比较[J].法制与经济(中旬),2011,11:84—85.

艾莉森·艾宁.余仁生:新加坡家族企业的经营之道[J].中外管理,2014,07:70—71.

曹允春,丁丽.新加坡货运航空公司的社会营销策略研究[J].空运商务,2011,10:44—48.

龚炯.李光耀如何做"甩手"掌柜?[J].经理人,2011,05:94+96.

李皖南.新加坡推动企业海外投资的经验与借鉴[J].国际贸易问题,2011,08:48—57.

王志娟.中国企业境外上市地点选择的实证分析——以新加坡市场和伦敦市场为例[J].现代

商业,2011,26:37—39+36.

王灏.淡马锡模式主要特征及其对我国国企改革的启示[J].中共中央党校学报,2011,05:50—54.

张传奇.新加坡公寓房地产全程营销策划的研究与应用——"宁居"项目全程营销策划案例分析[J].中华民居,2011,11:24+23.

肖久灵,汪建康.新加坡政府支持中小微企业的科技创新政策研究[J].中国科技论坛,2013,11:155—160.

张伟成.新加坡政府在中小企业发展过程中的作用[J].全球科技经济瞭望,2013,08:42—44.

薛菁华.新加坡中小企业发展状况与政策研究[J].全球科技经济瞭望,2013,09:51—57.

杨柳,雷新敏.浅析酒店集团品牌战略选择——以新加坡悦榕集团为例[J].旅游研究,2012,02:73—76.

胡潇文.新加坡政府鼓励和保护企业"走出去"的经验及对中国的启示——以淡马锡在华投资为例[J].东南亚研究,2012,04:67—74.

张丽玮,郑彦宁.新加坡中小企业竞争情报服务体系与实践研究[J].图书情报工作,2012,14:28—33.

岳竹芳.中小企业融资的国际经验借鉴——以新加坡为例[J].黑龙江金融,2012,07:67—69.

牛芳.我国企业在新加坡上市的问题及对策分析[J].中国商贸,2012,28:188—189.

张军.新加坡贸促机构促进企业"走出去"的经验及借鉴[J].中国对外贸易,2012,11:56—57.

中国企业直接上市新加坡的前景与挑战[J].时代金融,2014,04:51.

金刚.从新加坡航空公司看学习型组织与建设[J].中国民用航空,2014,02:73—74.

潘峰华,夏亚博,徐晓红.中国企业赴新加坡上市格局的演变[J].世界地理研究,2014,01:140—150.

邓经纬.解码淡马锡模式[J].决策,2014,04:76—77.

国投研究中心课题组.淡马锡的核心竞争力:投资组合[J].上海国资,2014,06:60—64.

胡改蓉.新加坡国有控股公司的制度设计及面临的挑战[J].法学,2014,06:81—91.

肖久灵,汪建康.新加坡政府培育中小微企业能力政策研究——以能力发展津贴为例[J].科技进步与对策,2014,15:104—109.

李光耀.新加坡的企业家文化[J].现代企业文化(上旬),2014,07:44—46.

周文年.新加坡银行业支持中小企业发展经验借鉴[J].农业发展与金融,2014,06:87—88.

新加坡如何辅助中小型企业成长[J].时代金融,2014,13:44.

邹允祥.新加坡淡马锡管理经验及对改进国有企业管理的启示[J].江苏建材,2013,01:53—55.

黄兴华.东南亚金融危机以来新加坡政府中小企业政策分析[J].东南亚纵横,2013,04:46—51.

贾雨霏,王明黔.新加坡国企管理对我国国企管理的启示——以淡马锡控股公司为例[J].商,2013,13:43—44.

邵安菊.新加坡国有企业监管的成功经验及启示[J].上海企业,2015,03:75—78.

李健.淡马锡模式中的市场化精神及其借鉴[J].企业改革与管理,2015,03:18+27.

尼汀·潘加卡.新加坡中小企业生存指南[J].首席财务官,2015,06:24—25.

刘淄川.国企改革如何借鉴淡马锡模式[J].商周刊,2015,18:18—19.

白明浩.我国民营企业赴新加坡上市后市表现研究[J].中国集体经济,2015,19:68—71.

晏景瑞."淡马锡"模式的管理特征分析及其启示[J].金融经济,2015,16:237—238.

陈九霖.中国国企改革不宜复制淡马锡模式[J].中国经济周刊,2015,34:74—76.

潘俊,陈艳.淡马锡模式对中国国有企业改革的借鉴[J].现代商业,2015,24:241—242.

蔡恩泽.国企改革学淡马锡勿"效颦"[J].上海企业,2015,09:57—58.

蒋岩.新加坡"淡马锡模式"经验及启示[J].群众,2015,10:79—80.

吴维国,彭乾清,安书通.淡马锡的成功对我国国有经济突围的启示[J].中国商论,2015,20:104—106.

周建军.新加坡"淡马锡模式"的政治经济学考察[J].马克思主义研究,2015,10:73—81.

孙兴杰.国有企业改革的淡马锡模式[J].中国工业评论,2015,11:12—16.

林思和,马书明.新加坡建筑企业弹性宽带薪酬体系研究[J].知识经济,2015,19:106—108+110.

唐继微.新加坡助推中小企业发展的标准化措施及对我国的启示[J].标准科学,2015,11:10—13.

润东.国企改革学淡马锡勿"效颦"[J].产权导刊,2015,09:5—6.

陈九霖.国企改革不宜复制淡马锡模式不适合中国[J].广西经济,2015,09:49—50.

杨军节,严子淳.国有企业分类改革与治理模式研究——新加坡公共服务企业的案例[J].管理现代化,2015,06:121—123.

谭保罗."淡马锡式"国资改革的另一种价值[J].南风窗,2015,18:20—22.

李中玉.境外支持中小型实体经济的金融举措及启示[J].金融经济,2013,12:66—68.

Huaypad Sukanya.泰国企业社会责任的方向[J].现代经济信息,2012,09:21—22.

罗长远,张军.中国出口扩张的创新溢出效应:以泰国为例[J].中国社会科学,2012,11:57—80+204—205.

宋帆.浅析佛教影响下的泰国企业文化特点[J].金融教育研究,2015,02:71—74.

马淑萍.日泰两国抢跑中国混合所有制改革[J].中外管理,2015,03:31.

吴国荣.文莱大力扶持中小企业发展[J].中国包装,2011,10:27.

林素娟.浅谈中国企业开拓越南市场的营销策略[J].中国商贸,2011,02:39—40.

黎氏青云.越南中小企业的特点与作用[J].商业文化(上半月),2011,06:42—43.

吕亚军.越南私营企业发展的制度因素[J].东南亚纵横,2011,12:40—45.

阮青创.越南国有企业改革探讨——一种现代企业理论的视角[J].现代商贸工业,2014,05:62—64.

冯超,吴友富.越南的国际经营环境及其对中国企业"走出去"的启示[J].上海管理科学,2014,01:6—13.

越南欲掀国企民营化热潮[J].经济导刊,2014,02:46.

君都.港商在越南[J].沪港经济,2014,07:45.

张璐晶.中国企业在越南[J].中国经济周刊,2014,20:28—29+88.

张璐晶.中国企业越南生存现状调查[J].中国经济周刊,2014,20:32—35.

张氏明壮.越南中小企业融资效率评价——基于DEA方法的分析[J].商,2014,26:163.

吕亚军.当代越南女企业家群体的现状分析[J].广西大学学报(哲学社会科学版),2012,01:109—113.

阮氏庆维.论越南国有企业产权改革的法律规制[J].现代商贸工业,2014,23:152—153.

范宝玉.越南航空公司提升服务质量的营销策略研究[J].经营管理者,2013,09:282.

杜春光,伍中信.越南企业资本结构的决定因素分析[J].财经界(学术版),2013,15:73—74
　　＋131.

尹鸿伟.缅甸骤变警示中国企业变革[J].大经贸,2011,10:39—41＋38.

熊强,朱娜.以老挝市场为例分析我国境外矿产企业的人力资源本土化[J].企业改革与管理,
　　2014,02:58—59.

杨家府.破解中国企业缅甸困境的策略探寻[J].中共云南省委党校学报,2014,02:123—125.

孙艳玲,耿慧.东南亚市场卷烟品牌形象特征与优化研究——基于缅甸消费者视角[J].现代商
　　贸工业,2014,21:72—74.

蔡琦.菲律宾中小企业发展现状及中菲中小企业合作研究[J].区域金融研究,2015,12:
　　54—57.

2.1.3　城市与市政经济

Johannes WIDODO,纪雁,沙永杰.雅加达:一个亚洲大都市的曲折发展之路[J].上海城市规
　　划,2014,03:84—90.

韩笑.马来西亚城市化进程对马来家庭的影响[J].东南亚研究,2014,06:106—112.

辛宗源,赵姝.从新加坡经验看城市社区建设管理服务[J].湖南农机,2014,09:90＋92.

张素玲.新加坡社会治理的经验探析[J].中国浦东干部学院学报,2014,06:98—103.

李洪波.破解城市道路交通拥堵的实践——新加坡道路交通管理的价格机制运用措施市场经
　　济与价格,2014,12:55—57.

白永亮,高璐.水政策的整体性制度构架:新加坡水管理的经验与启示[J].甘肃社会科学,
　　2015,01:244—248.

李志勇.新加坡社会管理创新的几点启示[J].吕梁教育学院学报,2015,01:35—36.

纪江明.中心城市社会保障公众满意度及其影响因素研究——基于"2012新加坡连氏中国城
　　市公共服务质量调查"的实证分析[J].中共浙江省委党校学报,2015,03:76—83.

新加坡如何应对票价上涨[J].人民公交,2015,06:111.

李平,安喆.新加坡城市社区管理模式及其启示[J].管理观察,2015,29:84—86.袁德红.新加
　　坡社区管理模式研究[J].中国管理信息化,2015,22:200—201.

李鑫,冯国栋.社区管理的"资源困境"及解决路径探析——兼论新加坡社区管理[J].宏观经济
　　管理,2015,11:89—92.

徐林.新加坡的社区治理机制[J].今日浙江,2015,18:49.

王晖.新加坡社区治理经验及启示[J].特区实践与理论,2014,04:49—52＋64.

唐晓阳.新加坡社区治理的经验借鉴[J].岭南学刊,2013,01:41—46＋114.

王韬.新加坡社区管理模式对浦东镇管社区的启示[J].浦东开发,2013,10:31—33.

薛维栋.新加坡公共管理的经验与启示[J].前进,2011,02:41—43.

陈霞.新加坡社区管理借鉴[J].领导之友,2011,10:53—54.

王亚男,张爱华.专访新加坡城市规划之父刘太格[J].城市发展研究,2012,05:8—11.

彭厚鹏.新加坡社区建设的经验及启示[J].学习月刊,2011,04:40.

杨宇清.对新加坡社会经济发展的几点认识[J].特区实践与理论,2011,05:79—83.

王恒俊.新加坡、香港特别行政区社区建设的基本做法与启示[J].大连干部学刊,2011,11:58—61.

路向军.正确处理城市可持续发展中的多种利益关系——新加坡实现可持续性城市发展的经验与启示[J].求知,2011,11:44—45.

高荣伟.新加坡怎么规划城市[J].商周刊,2013,03:38.

乌心怡.东南亚之星——新加坡[J].城市管理与科技,2013,04:40—41.

刘军.二战后缅甸社会城乡结构的变迁及其走向[J].学术探索,2015,06:56—62.

李晨阳.感知缅甸的变化[J].世界知识,2014,13:73.

王洋,张虹鸥,黄耿志,金利霞,林丽颖.东南亚国家综合城市化水平差异特征及驱动因素[J].热带地理,2015,05:680—686.

陈章喜,欧阳婧超,张震宇.东南亚城镇化评析:可持续发展视角[J].东南亚纵横,2014,04:60—64.

韦红.泰印菲大都市区发展评析[J].城市问题,2013,03:80—85.

刘文韬.北京与马来西亚槟城的居住质量对比[J].安阳师范学院学报,2012,05:73—75.

王冰,朱爱国.新加坡房地产发展概况及启示[J].金融纵横,2011,08:62—65.

陈冰.新加坡产业地产的主要模式与策略探析[J].中国高新区,2015,03:18—19.

何世刚.新加坡城市水务管理模式的主要经验[J].党政视野,2015,10:31.

蔡宪.新加坡的区域规划与治理及其启示[J].理论建设,2012,01:5—7.

杨一博,宗刚.新加坡城市固体废弃物管理的经验[J].亚太经济,2012,03:70—75.

田川.新加坡的城市治理[J].中国中小企业,2014,01:68—69.

詹正茂,田蕾.新加坡创新型城市建设经验及其对中国的启示[J].科学学研究,2011,04:627—633.

周宇亮,梁宜文.新加坡:永续发展城市的一个范例[J].城市观察,2011,01:32—41.

许翠苹.新加坡无线城市经验谈[J].通讯世界,2011,07:28.

郝文升,赵国杰,温娟.基于新加坡模式推进中国低碳生态城市发展的思考[J].城市环境与城市生态,2011,05:43—46.

黄帮凤.新加坡市政建设和管理的启示[J].江西建材,2015,05:286.

王国辉.以新加坡经验建设资源型城市社会治理"新常态"[J].辽宁经济,2015,03:15—22.

毕云龙,兰井志,赵国君.城市生态恢复力综合评价体系构建——以上海、香港、高雄、新加坡为实证[J].中国国土资源经济,2015,05:47—52+57.

樊建强.以新加坡模式为参考规划城市交通低碳发展[J].环境保护,2013,11:77—78.

许文远.新加坡生态城市建设经验[J].中国建设信息,2013,23:18—20.

魏宗财,陈婷婷,李郇,钱前.新加坡公共住房政策可以移植到中国吗?——以广州为例[J].城市规划,2015,10:91—97.

张诗雨.美国、新加坡公共住房政策与制度[J].发展,2015,12:39—40.

袁杰.新加坡公共住房政策及其对中国的启示[J].学理论,2012,02:16—17.

廖治宇.新加坡保障性住房模式及对我国的启示[J].价格理论与实践,2012,03:29—30.

陈建平.探析我国保障性住房的制度建设——引证于新加坡的组屋制度[J].市场论坛,2012,03:15—16.

张昕怡,刘晓惠.新加坡装配式组屋建设的经验与启示[J].住宅科技,2012,04:21—23.

刘远.新加坡组屋建设的基本经验[J].吉林工商学院学报,2012,03:53—55.

李俊夫,李玮,李志刚,薛德升.新加坡保障性住房政策研究及借鉴[J].国际城市规划,2012,04:36—42.

郭伟伟.新加坡住房保障的经验启示[J].检察风云,2012,16:15.

贾洪波,S.Vasoo.资产构建视域的新加坡公共住房制度考察[J].东南亚研究,2012,05:33—37.

洪霞,刘静.自治后新加坡住房体系研究[J].苏州科技学院学报(社会科学版),2012,06:70—78.

倪云.新加坡中央公积金制度与我国住房公积金制度的比较[J].经营管理者,2014,03:16.

何洪静.新加坡住房政策的发展进程及效果评价[J].东南亚研究,2014,01:20—26.

金晓彤,崔宏静.亚洲国家"以房养老"模式的经验与借鉴——以日本和新加坡反向住房抵押贷款为例[J].亚太经济,2014,01:11—15.

陈志刚.新加坡组屋与中央公积金政策分析[J].国土资源情报,2014,01:2—11.

罗锐,邓大松.新加坡组屋政策探析及其对我国的借鉴[J].深圳大学学报(人文社会科学版),2014,04:93—98.

张玉梅,王子柱.新加坡组屋融资模式对解决我国保障房融资问题的启示[J].经济纵横,2014,05:98—103.

王文棋.新加坡组屋制度的借鉴意义[J].中外建筑,2014,07:82—84.

张祚,刘艳中,陈彪,朱清.新加坡公共住房发展研究:从"广厦"到"恒产"的智慧[J].建筑经济,2011,03:80—84.

张振杰.新加坡公共住房产业政策法比较分析[J].法制与社会,2011,11:142—143.

朱启文.新加坡中央公积金制度与我国住房公积金制度的比较与启示[J].中国房地产金融,2011,04:41—44.

郭伟伟.保障房在国外聚焦新加坡组屋经验[J].中国报道,2011,05:34—36.

惠博,张琦.美国、新加坡保障性住房发展经验及对我国的借鉴[J].海南金融,2011,05:55—59+64.

张祚,刘艳中,陈彪,朱清.新加坡公共住房分配体系研究[J].华东经济管理,2011,07:126—130.

刘秉军.新加坡的保障性住房建设与管理[J].中国建设信息,2011,09:37—39.

惠博,张琦.保障性住房研究——美国、新加坡的经验及其对中国的借鉴[J].武汉金融,2011,05:43—46.

张晨子.新加坡住房保障政策对我国保障性住房建设的启示[J].成都大学学报(社会科学版),2011,04:1—5.

刘挺,肖鹤.新加坡组屋政策的实施与发展概况[J].价值工程,2011,22:88—89.

张昕.新加坡公共住宅政策对我国保障性住房建设的启示[J].价格理论与实践,2011,07:73—74.

张世涵.新加坡住房和公积金制度经验教训及启示[J].中国房地产,2015,15:75—80.

朱鹏.新加坡中央公积金的成功经验与启示[J].法制与经济(下旬),2014,01:94—95.

曹艳春.新加坡中央公积金制度的经验与启示[J].领导科学论坛,2014,14:38—39.

张建华.公积金制度下的新加坡社保[J].中国人力资源社会保障,2012,07:34—35.

秦艳峰,陈宝利.新加坡中央公积金制度的绩效评价[J].产业与科技论坛,2015,03:76—77.

陈军.日本、新加坡公共住房政策的经验与启示[J].前沿,2013,20:96—99.

周庆,杨瑞,韦祉含.新加坡私人组屋计划对深圳企业参建保障性住房的启示[J].国际城市规划,2013,06:97—104.

彭果.新加坡组屋社区人居环境研究[J].黑龙江史志,2013,22:72—75.

盖根路.新加坡中央公积金制度及其社会保障属性[J].天津社会保险,2013,03:44—46.

黄大志,亚得列·雅蒲,张占力.新加坡:从普遍提供公共住房到满足日益增长的私人住房需求[J].经济社会体制比较,2013,04:94—108.

徐东海.新加坡城市现代化的经验启示[J].群众,2013,02:75—76.

张诗雨.美国、新加坡公共住房政策与制度——国外城市治理经验研究之九[J].中国发展观察,2015,10:84—85+89.

姜军,董娟,刘婷.新加坡政策性住房养老制度的经验启示[J].中国市场,2015,39:139—140.

惠献波.美国、德国、新加坡住房金融制度及经验借鉴[J].广西财经学院学报,2015,03:85—88.

黄琳.新加坡组屋建设研究[J].建筑学报,2014,S2:12—16.

郑古蕊.新加坡绿色组屋建设实践对我国绿色保障房建设的启示[J].建筑经济,2015,06:86—88.

黄振源,宋春兰.新加坡中央公积金制度对我国住房公积金制度的启示[J].当代经济,2015,08:4—5.

谢宝富.新加坡组屋政策的成功之道与题外之意——兼谈对中国保障房政策的启示[J].中国行政管理,2015,05:132—136.

易娱竹."居者有其屋"——值得借鉴的新加坡住房制度[J].中华建设,2015,01:52—55.

武文霞.新加坡组屋建设与管理经验及其启示[J].建筑经济,2015,01:82—85.

陈红霞,李德智,谢莉,邓小鹏.新加坡提高保障性住房项目可持续性的策略及其启示[J].工程管理学报,2014,06:70—74.

倪建伟,张伟.新加坡保障性住房建设与管理核心制度及对中国的启示[J].亚太经济,2014,06:75—79.

董婧,王国维,王霞.新加坡住房保障制度分析及借鉴[J].科技风,2014,18:155.

崔晶,Jon S. T. Quah.新加坡公共住房和人口控制政策[J].东南亚纵横,2011,01:44—48.

佟哲.新加坡中央公积金制度对完善我国住房公积金制度的启示[J].现代营销(下旬刊),2014,08:95.

王健民.新加坡:寓城市管理于公共服务之中[J].上海城市管理,2012,06:62—63.

郭林.四维环境视角下新加坡中央公积金制度之变迁及其启示研究[J].南洋问题研究,2012,02:18—28.

王琛.泰国城市化进程的教训[J].中国中小企业,2013,12:72—73.

韦红.越南革新开放以来城市化进程中的问题及其解决措施评析[J].东南亚研究,2013,04:17—24.

2.2 农业经济

东南亚地区农业经济

王子坚.地方政府在推动广西—东盟农业合作中作用初探[J].广西农学报,2013,05:67—69.

杨静.东盟五国农特产品加工业技术创新能力研究——基于专利信息分析的视角[J].技术经济,2011,05:19—26.

胡浩.东南亚洪灾促使天然橡胶价格上涨[J].橡胶科技,2015,02:59.

东南亚产能"高峰"过去橡胶基本面正在好转[J].世界热带农业信息,2015,02:1—2.

本刊整理.网络提速中国——东南亚水果贸易[J].时代金融,2015,04:48—49.

唐冲,陈伟忠,申玉铭.加强东南亚农业合作开发的战略重点与布局研究[J].中国农业资源与区划,2015,02:84—93.

郭熙保,冯玲玲.家庭农场:当今农业发展最有效的组织形式——基于东南亚国家土地制度变迁的视角[J].江汉论坛,2015,06:5—11.

东南亚棉花消费和进口地位日益显现[J].浙江纺织服装职业技术学院学报,2015,02:9.

张锋,张友先,黄莉,屈一哲.中国农业"走出去"开发东南亚的现状、机遇和挑战[J].国际金融,2015,08:28—34.

杨丽娟.我国从东南亚进口天然橡胶存在的问题与对策[J].商场现代化,2015,16:7.

马惠兰.新疆特色林果出口东南亚的特征、趋势及对策建议[J].新疆社科论坛,2013,04:47—50.

张建伦,赵明.大湄公河次区域农业合作研究综述[J].世界农业,2011,06:15—21.

冯涛,张德亮.云南马铃薯产业外贸浅析——以东南亚市场为例[J].当代经济,2012,02:90—91.

王双祺.中国农产品在东亚、东南亚区域内的竞争力分析——基于中国、日本、韩国、泰国农产品的比较分析[J].宁夏师范学院学报,2012,02:152—155.

马富礼,刘建文.中国广西与东南亚国家合作发展蚕业前景广阔[J].东南亚纵横,2012,09:8—13.

马秋云,钟智全.加强与东盟农业合作推动广西农业经济跨越式科学发展——广西与东盟农业合作研讨会综述[J].东南亚纵横,2012,09:76—78.

吴崇伯.东南亚国家的粮食生产与粮食政策[J].东南亚南亚研究,2012,03:32—36+93.

各国农业合作社发展水平比较[J].新农业,2013,02:45.

翁善钢.东南亚养猪业概述[J].中国畜牧业,2013,04:52—53.

吴崇伯.东南亚各国的粮食新政及其与中国的合作分析[J].南洋问题研究,2013,01:42—50.

吴群凤.庄界成:东南亚是未来水产饲料市场[J].当代水产,2013,04:66—68.

刘吉平.东南亚国家蚕桑科技合作与展望——亚太地区蚕桑培训中心成立三十周年纪念[J].广东蚕业,2013,02:1—4.

庞乾林,林海,王志刚.稻文化的再思考3:稻与社稷——印度、泰国等东南亚、南亚主要国家[J].中国稻米,2014,01:51—56.

定光平,韩冰华,黄利民.东南亚农地租赁问题研究述评[J].湖北科技学院学报,2014,05:1—3

+8.

廖谌婳,封志明,李鹏,刘晓娜.缅老泰交界地区刀耕火种农业的时空变化格局[J].地理研究,
　　2014,08:1529—1541.

邓少春,包云秀,浦绍柳,陈春林,田易萍,李云娜,黄玫,刘本英.基于SWOT分析法的东南亚
　　茶产业发展战略研究[J].湖南农业科学,2014,17:69—73.

董海.广东发挥苗种和技术优势与东南亚合作发展水产养殖[J].现代渔业信息,2011,02:
　　28—29.

陈弘成,吴雅琪,陈富美,吴瑞桢.东南亚养虾之现况与展望[J].热带海洋学报,2011,01:
　　165—171.

刘开强,李丹婷,农保选,夏秀忠,高国庆.东南亚基于山地粗放农业的复合稻生产模式[J].湖
　　北农业科学,2011,04:665—667.

国际粮食短缺东南亚各国大米生意旺[J].福建稻麦科技,2011,01:20.

吴珊.云南与东南亚产胶国上演橡胶生产"争霸赛"[J].世界热带农业信息,2011,01:5—8.

云南建立面向东南亚南亚科技合作示范平台[J].农业工程技术(温室园艺),2011,03:33.

李姗."三农问题"再议——《农民的道义经济学:东南亚的反叛与生存》启示[J].吉林农业,
　　2011,05:40—41.

庞美蓉,孙彩霞,董国堃,章强华.东盟农产品质量安全标准概况[J].浙江农业科学,2011,04:
　　737—739.

贺刚.城市化发展对东南亚粮食安全的研究[J].特区经济,2011,12:97—99.

殷存真,胡英.建立面向东南亚农业技术推广合作枢纽的战略思考[J].中国发展,2011,S1:
　　71—74+58.

杨亚非.北部湾经济区推进中国—东盟加强现代农业合作的支撑条件与路径选择[J].世界农
　　业,2013,01:35—38.

毛良祥,岳永兵,黄洁.中国与东盟国家土地税费政策比较与借鉴[J].国土资源科技管理,
　　2013,01:102—108.

冯阳.中国与东盟农产品产业内贸易情况分析[J].广东农业科学,2013,03:214—216+225.

杜凤蕊.中国东盟农产品物流研究[J].价格月刊,2013,04:64—69.

张义伟,曾秋梅,孙良涛.云南省与东盟农产品物流分析[J].物流科技,2013,03:59—60+68.

孙林,倪卡卡.东盟贸易便利化对中国农产品出口影响及国际比较——基于面板数据模型的实
　　证分析[J].国际贸易问题,2013,04:139—147.

杜凤蕊.中国—东盟农产品物流现状与对策分析[J].对外经贸实务,2013,02:89—92.

谢群.云南与GMS农业合作回顾与展望[J].云南农业,2013,04:10—13.

刘合光,谢思娜.2000—2011年中国—东盟农产品贸易变化分析[J].农业展望,2013,03:
　　60—65.

戴俊.中国—东盟关税效应与广西农产品经营模式选择[J].财会月刊,2013,08:26—28.

李萍.促进广西农业结构调整与优化的财税政策研究——以中国—东盟农产品零关税为视角
　　[J].北方经贸,2013,08:11—12.

胡新萍,毕宇珠,黄杰,苟天来.从广西—东盟农业比较优势看农业现代化[J].广东农业科学,
　　2013,12:207—210.

黄春全,聂宇欣.中国与东盟稻米贸易的动态与展望[J].东南亚纵横,2013,05:3—8.

东盟加强良好农业规范领域合作[J].世界热带农业信息,2013,07:18.

东盟各国分享可可树种植经验[J].世界热带农业信息,2013,07:21.

陈珊妮,林文维.中国—东盟农产品产业内贸易分析[J].世界农业,2013,08:80—84+176.

李国胜,曹建华,李玉萍.中国与东盟椰子产业对比分析[J].热带农业科学,2013,08:74—78.

冯阳.中国与东盟农产品贸易竞争性与互补性研究[J].农业现代化研究,2013,05:587—590.

何勇.广西与东盟农产品产业内贸易影响因素的实证分析[J].广西社会科学,2013,09:
    39—44.

戴俊,欧军.广西农产品经营模式研究——基于中国—东盟零关税视角[J].百色学院学报,
    2013,04:112—115+132.

胡新萍,苟天来,黄杰,毕宇珠.中国"泛珠三角"区域和东盟农业比较优势研究[J].世界农业,
    2013,07:155—158.

马骊.零关税下中国苹果对东盟出口的研究[J].世界农业,2013,07:22—25.

崔海宁.东亚粮食安全合作进程:机制建设、问题与中国对策[J].东南亚研究,2013,05:
    53—59.

廖欣.关于加强桂台农业合作共同开拓东盟市场的思考[J].学术论坛,2013,08:79—82.

刘义,张敏.中国对东盟蔬菜出口波动因素的实证分析——基于修正后的 CMS 模型[J].河南
    科技大学学报(社会科学版),2013,05:87—90.

郑素芳,傅国华.构建海南—东盟热带农业空间产业链浅析[J].广东农业科学,2011,01:
    204—206.

张家寿.面向东盟的广西农机综合产业发展的优势与战略选择——"面向东盟的广西农机综合
    产业发展研究"系列论文之二[J].桂海论丛,2011,01:86—91+2.

屈四喜.中国对东盟农产品出口的影响因素分析[J].农业技术经济,2011,03:119—125.

郑素芳,傅国华,张岳恒.构建海南—东盟热带农业空间产业链浅析[J].江苏农业科学,2011,
    01:510—512.

蓝锋杰.发展现代农业打造"走廊"样板——宁明建设中国—东盟现代农业示范基地的设想
    [J].传承,2011,01:88.

邹忠全.广西对东盟农产品出口竞争力实证分析[J].中国产业,2011,02:42—44.

张复宏,胡继连.我国水果产品在东盟市场的竞争力研究[J].国际贸易问题,2011,02:74—81.

钟桂安,侯庆华,郭龙龙.基于与东盟合作的湛江农村人力资源开发研究[J].安徽农业科学,
    2011,08:4956—4957.

张磊,王秋龙,娄昭.东盟国家农业发展水平的差异性分析[J].世界地理研究,2011,01:
    50—55.

林桂红.中国—东盟合作背景下广西发展品牌农业的路径选择[J].广西社会科学,2011,03:
    31—34.

肖绍萍.基于贸易与合作的中国—东盟农产品物流体系构建[J].特区经济,2011,04:
    233—235.

刘珊.中国与东盟农产品贸易实证分析[J].科技信息,2011,12:83—84.

傅晨,李飞武.金融危机中农业发展面临的挑战与中国东盟农业合作[J].广东农业科学,2011,
    07:204—208.

李爽,李洋,程国平.对中国与东盟农产品加工业区域合作的思考[J].农产品加工(创新版),

2011,08:53—55＋75.

王相东,蔡东宏.中国东盟零关税对海南农业的影响与对策[J].甘肃农业,2011,08:11—12.

张家寿.面向东盟的广西农机综合产业发展的政策创新与制度安排——《面向东盟的广西农机综合产业发展研究》系列论文之三[J].桂海论丛,2011,04:36—41.

赵睿,鲁原.探究建立中国东盟自由贸易区对中国农产品出口的影响[J].现代经济信息,2011,14:80.

谭砚文,关建波,陈姗妮.中国—东盟热带水果贸易及对中国热带水果产业影响研究[J].农业经济问题,2011,10:37—43＋110—111.

谢龙莲,曾筱芬.海南与东盟油棕产业对比分析[J].广东农业科学,2011,18:152—154.

吕竞.中国与东盟农产品竞争性与互补性分析[J].经济与社会发展,2011,08:30—34.

覃庆华.借助展会为平台提高田阳农产品销路的实证研究——以中国—东盟(百色)现代农业展示交易会为例[J].传承,2011,25:50—51.

梁滢,王雪瑞.中国对东盟畜产品出口的影响因素与潜力分析——基于引力模型的实证研究[J].科学与管理,2011,05:42—46.

葛孟,何佰钰.中国与东盟农产品的竞争性分析[J].技术与市场,2011,12:205.

袁清.东盟主要贸易国 MRL 政策研究[J].安徽农业科学,2014,28:9768—9770.

路遥,杨益成,杜飞,陈泓霖.中国与东盟良农实践规范(GAP)比较及启示[J].黑河学刊,2014,12:15—16＋85.

章家清,林莉.CAFTA 框架下中国与东盟水产品贸易净效应及贸易潜力分析[J].商业研究,2015,01:91—96.

张丹.中国与东盟地区双边水果产品贸易潜力的分析[J].柳州职业技术学院学报,2014,06:7—10.

孙林,蓝旻,钟钰.贸易便利化对中国与东盟区域谷物可获得性的影响:进口贸易流量视角的考察[J].农业技术经济,2015,01:111—119.

李艳平.东盟经济共同体对泰国香米的影响研究(英文)[J].经济研究导刊,2015,01:259—265.

曹玉娟,杨起全,赵延东.新周边形势下中国—东盟农业科技国际合作的广西实践[J].中国科技论坛,2015,03:155—160.

魏格坤.中国对东盟农产品逆差"常态化"问题思考[J].农业经济,2015,03:108—110.

朱烈夫,陈伟.中国与东盟农产品贸易策略探讨[J].世界农业,2015,02:85—88.

朱诗萌,冯中朝,王璐.中国与东盟农产品产业内贸易的影响因素研究[J].湖北农业科学,2014,24:6157—6162.

曹鑫龙.中国出口东盟农产品贸易流量分析[J].赤子(上中旬),2015,06:215.

岳冬冬,赵文武.中国—东盟水产品贸易竞争力研究[J].渔业信息与战略,2015,01:25—30.

冯中朝,朱诗萌.中国—东盟农产品产业内贸易规模、水平和结构分析[J].华中农业大学学报(社会科学版),2015,04:29—34.

黄梅森.广西与东盟农业合作现状与对策[J].现代经济信息,2015,07:181＋186.

王少婷,孔凡娜.广西与东盟农产品出口贸易的竞争性研究[J].品牌(下半月),2015,03:6—7.

隋博文,庄丽娟.跨境农产品供应链的形成机制、类型特点及整合策略——基于广西—东盟的实践[J].对外经贸实务,2015,06:50—53.

何志伟.广西与东盟农产品贸易发展分析[J].经营管理者,2015,17:124.

程怀儒.关于建立"中国—东盟农产品集散中心"的构想[J].广西财经学院学报,2015,03:100—101+109.

郑芳云,周梅芳.福建省与东盟农产品竞争力比较分析研究[J].理论观察,2015,07:102—104.

林萍.福建面向东盟实施农业"走出去"战略研究[J].亚太经济,2015,04:114—116.

周道.WTO框架下中国与东盟FTA的建立及对农业的影响[J].中国商论,2015,14:93—95.

周晨.中国与东盟茶叶贸易发展前景展望——基于CAFTA框架下的贸易创造与贸易转移效应测算[J].商,2015,20:113—114+69.

杨珂,张利军,李丽.云南农产品在东盟市场的竞争力研究[J].兰州商学院学报,2015,04:47—53.

王洋,黄璐瑶.广西水产品出口东盟问题研究[J].经营管理者,2015,21:130—131.

杨珂,张利军.云南省与东盟农产品产业内贸易研究[J].东南亚纵横,2015,06:26—31.

胡亚权.汇率波动对中国东盟蔬菜贸易量的影响——基于引力模型的实证分析[J].湖北工程学院学报,2015,05:100—102.

本刊.越南为金枪鱼产业链发展创造机会[J].时代金融,2015,28:46.

陈俭,陈果果,丁世豪.基于CMS模型的中国茶叶出口东盟增长因素分析[J].中国农业资源与区划,2015,04:91—97.

姜国庆,于芳.基于SITC分类的中国与东盟农产品产业内贸易分析[J].现代商业,2015,26:26—27.

黄群,唐立群.东盟成为广西农垦"走出去"发展的主战场[J].中国农垦,2015,10:10.

孙大岩,孔繁利.中国—东盟农产品贸易新趋势与对策[J].改革与战略,2015,10:186—190.

翁鸣.从产业协调看中国与东盟农业合作发展的新动力[J].国际经济合作,2015,11:67—69.

何勇.中国与东盟农产品贸易研究[J].世界农业,2014,02:131—134.

骆芳芳,李智军,曾祥山,韩福光,郑锦荣.广州—珠三角与东盟农业国际合作模式研究[J].广东农业科学,2014,02:181—185.

郑艳.中国与东盟农产品贸易逆差成因及对策分析[J].东方企业文化,2014,03:264.

熊彬,牛峰雅.桥头堡战略下云南与东盟农产品贸易研究[J].学术探索,2014,02:52—56.

何律琴,金美玲.中国—东盟农产品产业内贸易发展研究[J].中国集体经济,2014,09:18—20.

原瑞玲,田志宏.CAFTA如何改变中国—东盟的农产品贸易?——第一个十年的证据[J].农业经济问题,2014,04:58—63+111.

杨丹萍,江奕.中国—东盟农产品产业内贸易研究[J].农村经济,2014,05:66—69.

樊晓云.东盟自由贸易区零关税对泰国大米出口贸易的影响[J].世界农业,2014,05:157—159.

袁珈玲.加强广西与台湾农业合作联手开拓东盟市场[J].东南亚纵横,2014,03:53—58.

胡跃.中国—东盟农产品贸易发展影响因素及对策[J].当代经济,2014,10:68—71.

宫同瑶,王蔚.偏好差异对中国—东盟农产品贸易边境效应的影响[J].农业技术经济,2014,06:110—119.

廖林萍.广西与东盟农产品贸易的PEST分析及提升策略选择[J].柳州师专学报,2014,03:53—55+45.

杨磊.依托中国—东盟外向型资源优势打造广西沿边水果产业加工集群[J].广西经济,2014,

05:38—40.

任燕.中国—东盟农产品贸易结构分析[J].山东农业工程学院学报,2014,04:22—23.

谭立群,刘晓亮.中国—东盟水果贸易的竞争互补特性及策略选择[J].对外经贸实务,2014,
05:49—51.

第11届中国—东盟博览会林木展亮点纷呈[J].进出口经理人,2014,09:106.

戴俊,韦复生,屈迟文.广西对东盟农产品出口贸易的影响因素[J].贵州农业科学,2014,09:
273—275.

刘远震,石建斌.中国—东盟农产品电子商务发展的障碍和对策分析[J].中国商贸,2014,25:
163—164.

王伶.中国与东亚主要国家农产品比较优势和贸易互补性分析[J].首都经济贸易大学学报,
2014,02:76—82.

刘钧霆.中国农业向东盟国家"走出去"战略研究[J].经济问题探索,2014,05:86—89+121.

郑洁,时小琳,戴永务.中国—东盟木质林产品贸易竞争性与互补性研究[J].中国林业经济,
2014,04:11—15.

李明爽.中国—东盟专家献计双方渔业合作[J].中国水产,2014,10:16—17.

王劲松,杨光,刘志颐.中国面向东盟地区推动农业"走出去"的现状、问题及政策建议——以中
国云南省为例[J].世界农业,2014,11:22—25.

刘远震.中国—东盟农产品电子商务模式创新——基于交易成本视角的研究[J].电子商务,
2014,10:7—8.

王鑫.河南与东盟农产品贸易互补性实证分析[J].当代经济,2014,17:72—73.

周后红.中国与东盟国家农业合作的现状和前景探讨——以广西壮族自治区为例[J].世界农
业,2012,03:26—28+46.

王伟新,魏金义,祁春节.中国对东盟柑橘产品贸易条件变动分析[J].世界农业,2012,03:
52—56.

傅国华,李隆伟,张德生.中国—东盟天然橡胶空间产业链构建分析[J].经济问题探索,2012,
01:55—60.

孙林,吴莹.中国与东盟区域一体化、合作模式选择与区域粮食储备:以稻米为例[J].江南大学
学报(人文社会科学版),2012,01:132—137.

朱映运.广西与东盟农产品贸易问题与对策研究[J].广西财经学院学报,2012,01:6—10.

东盟农业[J].农家之友,2012,02:17.

钟凤艳.论中国—东盟自由贸易区背景下广西农业龙头企业的新发展[J].经济研究参考,
2012,05:57—58+65.

赵亮,穆月英.东亚"10+3"国家农产品国际竞争力分解及比较研究——基于分类农产品的
CMS模型[J].国际贸易问题,2012,04:59—72.

秦磊.提升云南农业国际竞争力研究——基于与东盟农业合作的视角[J].昆明理工大学学报
(社会科学版),2012,02:29—33.

林昆勇.浅析南宁深化中国与东盟农业合作的目标模式和路径——南宁深化中国与东盟农业
合作的对策研究之一[J].南宁职业技术学院学报,2012,02:28—32.

纪龙.人民币汇率、消费、价格水平与中国对东盟农产品进口[J].经济问题探索,2012,05:
121—125.

黄信.推动合作不断升级——广西与东盟农业科技合作综述[J].世界热带农业信息,2012,03:7—9.

林昆勇.中国—东盟自由贸易区建立与南宁农业发展策略探讨——南宁深化中国与东盟农业合作的对策研究之二[J].南宁职业技术学院学报,2012,03:27—30.

胡超,王新哲.中国—东盟农业生产率增长、技术进步与效率变化[J].中国市场,2012,24:86—91.

东盟加快种植类农产品标准的制定进度[J].世界热带农业信息,2012,05:12.

刘永华,崔勇,吕辉,江伦,黎毅.我国肉桂出口东盟国家市场分析与产业发展探讨[J].广西农学报,2012,02:93—95+98.

朱惠.广东与东盟农产品贸易中的竞争性与互补性研究[J].国际经贸探索,2012,07:67—78.

章家清,张磊.中国对东盟水果出口增长因素分析——基于恒定市场份额模型的实证分析[J].经济问题探索,2012,08:134—138.

李树丽,祁春节.中国—东盟零关税时代对中国柑橘产业的影响及对策研究[J].东南亚纵横,2012,06:7—11.

朱惠.广东与东盟国家农产品贸易的现状与发展趋势研究[J].广东外语外贸大学学报,2012,03:82—86.

董莹,穆月英.基于"10+3"FTA框架的中国蔬菜国际竞争力分析[J].中国蔬菜,2012,20:20—26.

方慧玲.北部湾经济区推进中国与东盟国际区域经济合作的战略思考现代农业合作:占据国际合作先机[J].世界热带农业信息,2012,07:7—9.

刘永华.我国八角出口东盟国家市场现状与产业发展对策[J].南方农业学报,2012,06:891—894.

黄洁,曹端海,岳永兵.中国与东盟国家土地征收政策比较与借鉴[J].中国矿业,2012,S1:228—231.

蒋超,唐明君.南宁—东盟经济开发区打造现代都市农业综合园[J].农家之友,2012,10:9.

马秋云,钟智全.加强与东盟农业合作推动广西农业经济跨越式科学发展——广西与东盟农业合作研讨会综述[J].东南亚纵横,2012,09:76—78.

谢彩文,梁家炬,贺亮军.广西与东盟农业合作成果丰硕[J].法制与经济(上旬),2012,09:38.

苏碧娟,张小嫒.中国—东盟自贸区背景下广西农产品对外贸易发展对策[J].沿海企业与科技,2012,07:7—9.

袁波,李光辉.加强合作扩大中国—东盟农产品贸易[J].经济,2012,11:82—83.

封岩.中国马铃薯及产品对东盟出口市场及潜力分析[J].世界农业,2012,12:64—68.

林义丹,黄启健,杨晓佼.弘扬渔业文化会聚天下朋友——2012中国—东盟(南宁)渔业文化周侧记[J].农家之友,2012,11:6—7.

胡威.CAFTA框架下印尼农业政策对中印农产品贸易的影响[J].商,2012,14:115—116.

李爽,李洋,侯立阳,程国平.云南省农产品加工业对东盟出口的需求和比较优势分析[J].农产品加工(创新版),2012,12:68—71.

齐虹丽,李亮国,何佳杰.我国农产品标准化策略选择的原则及措施——基于中国—东盟自由贸易区农产品贸易经验[J].昆明理工大学学报(社会科学版),2012,06:17—23.

邵桂兰,胡新,李晨.基于SITC分类的中国—东盟水产品产业内贸易分析[J].中国渔业经济,

2012,06:69—73.

黄群.广西农垦:立足东盟,做农业对外合作的排头兵[J].中国农垦,2015,12:6—7.

李聪.联盟组织会员单位参加中国—东盟优质水果推介活动[J].乡村科技,2015,17:17.

范文娟,朱宏登.中国与马来西亚农产品产业内贸易研究[J].世界农业,2015,11:92—96.

张丹.中国鲜苹果在东盟市场的价格竞争力研究[J].安徽农业科学,2015,28:335—337.

曹云华,胡爱清."一带一路"战略下中国—东盟农业互联互通合作研究[J].太平洋学报,2015,
   12:73—82.

张梅,李俊强.中国—东盟自由贸易区框架下南宁与越南农业互补互促问题研究[J].南宁职业
   技术学院学报,2015,06:24—27.

韦嘉嘉.基于中国—东盟自由贸易区的中国农产品物流追溯体系建设研究[J].南宁职业技术
   学院学报,2015,06:36—39.

宣善文.基于RCA和TC指数分析的中国—东盟农产品贸易研究[J].商业经济研究,2015,
   35:19—21.

张雷.第12届中国东盟林木展在南宁开幕[J].广西林业,2015,11:4—5.

韦苏健,贺培.中国—东盟农产品虚拟水贸易分析及启示[J].国际贸易,2015,12:36—42.

王雅坤.河南省生态农业科技创新联盟参加第五届中国—东盟优质水果推介活动[J].乡村科
   技,2015,19:17.

陈戎杰,吕瑞杰.中国与东盟三国木薯贸易竞争力及影响因素比较研究——基于双钻石模型的
   分析[J].广东农业科学,2015,24:194—199.

广西国家税务局课题组课题,汤志水,霍军,严秀成,李林林.广西面向东盟发展蔗糖产业的新
   思路及财税支持——基于国际产能合作的视角[J].经济研究参考,2015,59:61—68.

郑崇宁.面向东盟的农机展示平台已具雏形[J].中国农机监理,2013,10:44.

张梅,李俊强.南宁市鲜活农产品流通体系创新研究——基于中国—东盟自由贸易区的分析
   [J].南宁职业技术学院学报,2013,06:35—38.

王景敏,李壮阔.面向东盟的广西农产品物流体系建设[J].对外经贸实务,2013,12:89—92.

孟秀华,冯晓辉.建立农产品质量安全合作机制保障我国农业走出去战略——专访上合组织暨
   东盟与中日韩(10+3)农产品质量安全合作机制研讨会[J].中国农业信息,2013,23:17.

徐金燕.中国—东盟农产品贸易现状研究[J].时代金融,2013,33:326—327.

农村经纪人胡日威:他把荔浦夏橙卖到了东盟市场[J].农家之友,2013,11:25—26.

丁志吉.云南对东盟农产品出口贸易存在的问题及对策分析[J].对外经贸,2013,11:29—31.

王子坚.地方政府在推动广西—东盟农业合作中作用初探[J].广西农学报,2013,05:67—69.

吕向东,张晓婉.东盟澳新自由贸易区农产品处理方式及对中国的启示[J].世界农业,2011,
   01:4—6+18.

谢龙莲,张慧坚,方佳.东盟椰子产业发展概况及趋势分析[J].世界农业,2011,01:53—57.

任柳柳,罗德强,韦代荣.东盟汽博会农机展雄风[J].广西农业机械化,2013,06:42.

廖谌婳,封志明,李鹏,张景华.中老缅泰交界地区土地利用变化信息挖掘与国别对比[J].自然
   资源学报,2015,11:1785—1797.

苏振华,杨振和.大湄公河次区域国家进口大米对我国稻米产业的影响[J].粮食与饲料工业,
   2015,12:1—5.

王士俊.中国稻米国际竞争力研究——基于中国、印度、泰国和越南的比较分析[J].吉林农业,

2012,02:41+40.

袁国保,陈才良,杨曼妮.记柬埔寨、越南、缅甸农业考察[J].中国种业,2012,04:8—10.

谢思娜,杨军,刘合光,Orachos Napasintuwong Artachinda.中国—东盟农产品贸易结构变化
    及互补性分析[J].湖南农业大学学报(社会科学版),2013,02:10—15.

冉清红,岳云华,沈渝,田文红,杨玲.中国对东南亚蚕丝贸易的现状和合作前景[J].成都师范
    学院学报,2015,02:12—19+32.

本刊整理.网络提速中国——东南亚水果贸易[J].时代金融,2015,04:48—49.届四喜,贾伟.
    CAFTA对中国各省份向东盟出口农产品的影响[J].农业经济问题,2012,02:70—74.

贾伟,届四喜.中国各省份—东盟农产品贸易增长的实证分析[J].中国农村经济,2012,03:
    25—34.

东帝汶

刘德军,李光清,朱东安.东帝汶适种水稻品种的筛选研究[J].安徽农业科学,2015,25:
    52—54.

方远祥,唐启源,李迪秦,张建华,黄大辉.东帝汶发展杂交水稻实现粮食自给的探索与实践
    [J].杂交水稻,2011,01:76—80.

张建华,谭旭生,姜守全,朱东安,方远祥.中国杂交水稻在东帝汶种植表现[J].种子科技,
    2011,02:30—31.

方远祥,唐启源,李迪秦,张建华,黄大辉.东帝汶国家发展杂交水稻实现粮食自给的探索与实
    践(英文)[J].Agricultural Science & Technology,2011,11:1617—1620+1749.

阳剑,黄大辉,方远祥.东帝汶水稻生产的现状及对策[J].杂交水稻,2013,05:81—83.

胡继银,朱东安,李光清,卢志成,银荔,尹彤彤,阳剑.18个杂交水稻新组合在东帝汶的试种评
    价[J].种子,2013,04:109—110.

菲律宾

扬子江.菲律宾发展天然橡胶种植业[J].世界橡胶工业,2011,04:42.

徐建玲,陈期婷.菲律宾土地改革和粮食安全研究[J].东南亚研究,2014,06:10—20.

林勇新.菲律宾渔业发展态势研究[J].南海学刊,2015,01:105—110.

本刊.菲律宾农业发展前景广阔[J].时代金融,2015,19:55.

仇志军.菲律宾热带水果生产和对华贸易情况[J].中国热带农业,2015,04:38—41.

毛瑞清,曾良贵,黄益国,刘美芳.中菲杂交水稻合作开发前景探讨[J].农业科技通讯,2015,
    08:9—12.

仇志军.菲律宾土地改革:进程、成效与展望[J].世界农业,2015,10:104—107.

仇志军.菲律宾为何迟迟未能实现大米自给[J].中国稻米,2015,05:50—52+58.

毛铖.菲律宾土地私有制与农业规模化变迁启示[J].亚太经济,2015,05:84—88.

张丹凤.菲律宾土地管理机构概况[J].国土资源情报,2011,02:33—35.

胡小婵,张慧坚,方佳.菲律宾香蕉产业发展分析[J].广东农业科学,2011,03:178—180.

李玉敏,高志民.菲律宾棕榈藤业发展现状及启示[J].热带农业科学,2011,03:76—80.

刘睿亮,郑晓愉.对战后菲律宾森林政策的全面解读——评包茂红《森林与发展:菲律宾森林滥
    伐研究(1946—1995)》[J].东南亚研究,2011,03:94—96.

何爱,徐宗玲.战后菲律宾土地改革、政策变迁与农业发展[J].汕头大学学报(人文社会科学版),2011,03:72—78+95—96.

何爱.战后菲律宾农业发展困境的深层根源——基于技术和制度的视角[J].东南亚研究,2011,04:17—23.

韩福光,祁喜涛.菲律宾玉米生产概况分析[J].广东农业科学,2011,S1:29—32+5.

李春艳,韩福光,郑锦荣.菲律宾农作物资源状况调研报告[J].广东农业科学,2011,S1:33—37.

黄颖利,黄萍,李爱琴.REDD+机制在中国扩大发展途径研究——基于菲律宾的案例分析[J].生态经济,2012,03:54—56+72.

明俊超,闵宽洪,袁新华,高进,柴天贵,赵才源.菲律宾水产养殖产业发展概况[J].安徽农学通报(上半月刊),2012,11:172—176+181.

王志刚,姚一源.菲律宾有机农业的内生发展及其经验启示[J].农村经济与科技,2012,06:162—164.

菲律宾农业生产资料市场潜力巨大[J].中国经贸,2012,03:90—91.

韦红,窦永生.菲律宾城市化进程中粮食安全问题及其应对措施评析[J].社会主义研究,2012,05:133—137.

杨静林,王茜.殖民地时期菲律宾土地制度与土地问题[J].农业考古,2014,01:191—198.

郑国富,杨从平.中菲香蕉贸易关系论析[J].对外经贸,2014,01:6—8.

韩杨,杨子江,刘利.菲律宾渔业发展趋势及其与中国渔业合作空间[J].世界农业,2014,10:56—61.

陈丽霜.菲律宾粮食供给概况及其影响因素分析[J].东南亚纵横,2014,06:13—16.

肖潇.菲律宾香蕉产业的经济发展潜力[J].世界热带农业信息,2013,10:10.

陈丽霜.浅析菲律宾的粮食安全问题[J].东南亚纵横,2013,12:27—31.

刘坤."失信之地"——试论菲律宾综合土改[J].南洋问题研究,2013,01:82—94.

刘坤.菲律宾土地改革的"尺蠖效应"[J].学习月刊,2013,05:46—47.

柬埔寨

王晶晶,Apisit Buranakanonda.柬埔寨的养猪业发展迅速[J].国外畜牧学(猪与禽),2013,01:4—6.

周彬彬,刘平生.柬埔寨香蕉产业化发展之路[J].世界热带农业信息,2013,02:8—10.

郑淑娟.柬埔寨加强越南与泰国的贸易关系[J].世界热带农业信息,2013,03:21.

陈剑,杨文忠,孙瑞,李茂彪,张劲峰,杨宇明.柬埔寨林业可持续发展面临的挑战与对策[J].西部林业科学,2015,06:150—154.

王钊.土地兼并及其引发的对外投资社会风险——以柬埔寨为例[J].东南亚纵横,2015,12:40—45.

郭又新.简析柬埔寨天然橡胶业的发展[J].东南亚研究,2012,03:20—24.

黄璐,张洪烈.柬埔寨发展稻米产业吸引中国企业投资的环境及对策研究[J].经济研究导刊,2014,09:251—253.

吕婷婷,孙晓宇,刘闯,周翔.基于MODIS数据的柬埔寨基本农业信息提取研究[J].广东农业科学,2014,03:198—203.

柬埔寨木薯出口受制于泰国的政策[J].世界热带农业信息,2013,10:19—20.

曾祥山,韩福光,李智军.广东柬埔寨农业国际合作模式探讨[J].农业与技术,2013,11:
　　210—211.

郭志涛.中国企业在柬埔寨建设稻米加工厂的必要性分析[J].粮食科技与经济,2013,03:15—
　　16+19.

老挝

刘吴英.中老农业合作构想[J].商,2015,30:253—254.

白俊杰.中国—老挝农业合作面临的挑战及政策建议[J].中国农垦,2015,04:43—44.

杜华波,刘勇.中资企业在老挝发展天然橡胶产业问题分析[J].中国热带农业,2012,02:
　　36—39.

马云强,曹瀚翔,王宏虬.基于3S的替代种植区域马铃薯种植适宜性评价——以老挝琅南塔省
　　为例[J].云南地理环境研究,2012,02:68—72.

塞达.老挝咖啡产品出口贸易壁垒的实证分析[J].内蒙古科技与经济,2012,19:11—12+14.

王正立.老挝土地管理机构[J].国土资源情报,2011,03:33—36.

祖文龙,依光香,杨丽,祁春,依旺教,熊志文.老挝传统种植业与中国现代种植业比较[J].云南
　　农业,2011,03:25—27.

龚秀萍,张思竹,张焱.老挝北部九省主要农作物优势分析与区域布局[J].西南农业学报,
　　2011,03:1209—1213.

张富刚,张漾文,王兴振.老挝土地管理工作现状及其启示[J].国土资源情报,2011,08:34—36
　　+48.

董向诗杰.老挝农业及经济社会发展情况[J].当代经济,2015,17:114—115.

马来西亚

李文霞,杨逢珉,周华凯.中国农产品出口马来西亚的二元边际分析[J].经济问题探索,2015,
　　08:170—178.

范文娟,朱宏登.中国与马来西亚农产品产业内贸易研究[J].世界农业,2015,11:92—96.

姚元园.马来西亚天然橡胶业的发展现状与趋势[J].东南亚南亚研究,2012,03:37—41+93.

夏恩龙,李智勇,陈勇,董其英.马来西亚森林采伐管理制度研究[J].世界林业研究,2011,04:
　　61—65.

苗锡哲,胡文生.浅谈中马经贸投资合作论坛对马来西亚榴莲在中国市场的影响[J].市场周刊
　　(理论研究),2011,09:98—99.

钱树静,侯敏.马来西亚粮食安全政策及其启示[J].广西财经学院学报,2013,02:90—95.

黎宣,滕健.马来西亚大伯公庙植物造景设计研究[J].现代园艺,2014,07:82—84.

周莉.马来西亚农业观光园发展研究[J].世界农业,2014,05:171—173.

刘颖.探究马来西亚农业政策及其农村经济发展措施[J].世界农业,2014,08:166—168.

葛书院.马来西亚合作社:农民和贫民的好帮手(上)[J].中国合作经济,2015,01:25—30.

葛书院.马来西亚合作社农民和贫民的好帮手(下)[J].中国合作经济,2015,02:57—61.

陈军军,Anchalee Chang-In.马来西亚农业发展现状及主要经济作物[J].时代农机,2015,04:
　　107—108.

D. K. 巴西特,廖文辉. 英属马来亚的商贸和农业[J]. 南洋资料译丛,2013,03:51—59.

缅甸

钱树静,侯敏. 缅甸农业政策及粮食安全问题的演变[J]. 东南亚研究,2013,03:24—30.

黄艳. 缅甸投资橡胶农林复合经营种植[J]. 世界热带农业信息,2014,07:4.

张芸,崔计顺,杨光. 缅甸农业发展现状及中缅农业合作战略思考[J]. 世界农业,2015,01:150—153.

俞家海. 英属缅甸稻米产业与英属缅甸民族关系研究述评[J]. 农业与技术,2015,07:192—193.

刘祖昕,赵跃龙,石彦琴,李树君,高云. 缅甸农业发展现状与中缅农业合作探析[J]. 世界农业,2015,09:196—201.

杨青,谢恩晓. 云南乡村旅游发展经验对缅甸的启示[J]. 全国商情(经济理论研究),2015,13:53—55.

孔志坚. 缅甸农业发展现状与前景初探[J]. 南宁职业技术学院学报,2011,02:34—37.

刘宝祥. 缅甸渔业现状[J]. 现代渔业信息,2011,05:22—26.

陈立,胡继银,妹妹,叶叶眯,陈大卫,曾光荣. 缅甸杂交水稻现状及发展对策[J]. 杂交水稻,2014,02:78—81+83.

温莱觉,王楠峰. 缅甸林业及其保护政策探析[J]. 广西民族大学学报(哲学社会科学版),2014,04:99—101.

韦锦益,黄敏瑞,赖志强,兰海恩,黄政荣. 缅甸农业畜牧业现状与发展简报[J]. 广西畜牧兽医,2012,02:86—89.

秦光远,程宝栋,张剑. 中缅木材贸易发展特征与前景展望[J]. 林业资源管理,2015,05:8—12+49.

泰国、文莱

陈蓝荪. 泰国渔业与中泰水产品贸易发展特征研究(上)[J]. 科学养鱼,2015,04:1—3.

陈蓝荪. 泰国渔业与中泰水产品贸易发展特征研究(中)[J]. 科学养鱼,2015,05:1—3.

陈蓝荪. 泰国渔业与中泰水产品贸易发展特征研究(下)[J]. 科学养鱼,2015,06:1—3.

王海波. 泰国农产品加工业发展的经验与启示[J]. 东南亚纵横,2012,04:21—25.

胡超,王新哲. 中泰农产品市场一体化的影响因素分析[J]. 华南农业大学学报(社会科学版),2013,03:96—103.

胡超. 中泰农产品市场一体化水平的测度——基于价格法的检验[J]. 国际经贸探索,2013,10:84—94.

旷乾,汤金丽. 中国与泰国农产品的贸易竞争性与互补性分析[J]. 理论探讨,2012,05:82—86.

邓小红,余华,漆雁斌,余伟权,李桃梅. 对泰国农场养猪管理的剖析与借鉴[J]. 中国畜牧业,2013,03:54—57.

王莉莉. 泰国:头号大米出口国地位不再[J]. 中国对外贸易,2013,02:70—71.

田园,董晨. 我国大米国际竞争力分析及提升对策——基于与泰国的比较[J]. 经济问题,2013,06:121—124.

孙振誉. 泰国加大农业推广投入稳定队伍的经验[J]. 基层农技推广,2013,06:41—44.

Sukanjana Chokasut,ZhichaoLiu.泰国香米在中国市场的情况(英文)[J].中国外资,2013,10:
　　208—211.

龚锡强.尴尬的泰国大米收购政策给我们什么启示[J].中国粮食经济,2013,10:25.

侯国庆,马骥.泰国畜禽规模养殖与环境保护协调发展的经验[J].世界农业,2014,07:
　　139—142.

戎陈燕,蓝振峰.中泰农产品国际竞争力比较分析[J].商场现代化,2014,13:25—26.

李荣,涂先德,高小丽,孟远夺.泰国农业技术推广与循环农业发展的启示[J].世界农业,2014,
　　09:146—148.

郭小芳.论泰国农业生产率的提高[J].创造,2014,08:60—62.

钟钰,陈博文,孙林,秦富.泰国大米价格支持政策实践及启示[J].农业经济问题,2014,10:
　　103—109+112.

农业部赴泰国农业合作社考察团,黄延信,杨春悦.合作社原则和市场化运作相结合的泰国实
　　践(上)——泰国农业合作社的发展情况与启示[J].中国农民合作社,2014,11:62—65.

王振江,吴福泉,黄炳辉,李庆荣,罗国庆.泰国蚕业生产现状考察[J].中国蚕业,2013,04:
　　82—84.

路征,张义方,邓翔.基于社群经济的农村公共产品供给:泰国经验分析[J].东南亚研究,2013,
　　06:25—30.

胡超,王新哲.泰国水产养殖质量安全管理体系的构建与启示[J].湖南农业大学学报(社会科
　　学版),2013,06:50—56.

龚锡强.泰国大米典押政策失败教训深刻[J].中国粮食经济,2014,12:32—33.

郭婷婷,戴琳,付光辉.基于偏最小二乘的泰国菠萝出口影响因素实证研究[J].价值工程,
　　2014,31:9—11.

成敦杰.中国对泰国水果出口增长三元边际分析[J].世界农业,2014,12:120—124+161.

周喜梅.泰国农用地百年改革及其对我国的启示[J].东南亚研究,2014,06:21—26.

黄延信,杨春悦,刘雁南,王静,宋雨星.合作社原则和市场化运作相结合的泰国实践(下)——
　　泰国农业合作社的发展情况与启示[J].中国农民合作社,2014,12:66—68.

路征,魏冬."变通发展战略"理念下的农村发展策略——以泰国雷东发展计划为例[J].南洋问
　　题研究,2015,01:35—42.

陈军军.泰国农业支柱产业研究[J].时代农机,2015,01:86—87.

颜小挺,祁春节.碳排放下中泰水果贸易影响因素和贸易潜力的实证研究[J].东南亚纵横,
　　2015,02:50—54.

志远.泰国与中国水果贸易竞争性研究[J].商,2015,02:102.

丁娜,高力力.泰国社区林业对于林农生计改善的启示——基于DIFD可持续生计框架的应用
　　[J].林业经济,2015,05:117—122.

龙吉泽.泰国农业合作社及农业业机械化[J].时代农机,2015,03:168—169.

Nareerut Seerasarn,尹昌斌,尹婷婷,崔艺凡.泰国有机农业的发展与经验借鉴[J].世界农业,
　　2015,07:141—145.

蔺全录,陈家忠,张蔚然.泰国正大集团农业经营模式对中国连片特困区发展畜牧养殖业的启
　　示——以中国甘肃省会宁县为例[J].世界农业,2015,08:58—62.

翁卓,黄寒.中国制糖产业竞争力对比与政策建议——基于对巴西、印度、泰国考察的比较[J].

甘蔗糖业,2015,04:65—72.

李有江,杨傲宁.泰国的农业合作社及其发展经验[J].东南亚南亚研究,2015,03:55—57
＋109.

苏艳芳,于胜涛.泰国"伙伴式"订单农业模式[J].中国农民合作社,2011,04:61—62.

陈杰.加快建设新疆农产品出口加工基地的思考——以泰国和台湾的经验为借鉴[J].特区经
济,2011,08:199—200.

陈才建,何政.泰国水稻生产的发展[J].东南亚纵横,2011,07:54—56.

赵慧.泰国大米减产的经济解释[J].经营管理者,2011,20:93.

陈新,袁星星,陈华涛,张红梅,崔晓艳,顾和平.泰国食用豆生产概况与前景分析[J].江苏农业
科学,2011,05:19—20.

朱晓彦.泰国"大米新政"牵动国际市场神经[J].乡村科技,2011,11:10—11.

李文静,姜海林.近年泰国出口大米下降问题浅析[J].全国商情(理论研究),2011,15:73—74.

陈丽霜.泰国大米出口的比较优势及其影响因素分析[J].农业经济,2015,11:121—123.

俎文红.泰国与日本大米的营销策略研究[J].世界农业,2015,12:189—192＋244.

俞家海.泰国稻米产业与国家现代化[J].农业开发与装备,2015,11:9＋7.

方陵生.泰国:传统农业如何搭上生物科技快车[J].农村.农业.农民(A版),2012,01:53—54.

马绵远,路遥.论农村社区的创新发展——对泰国 Baan Talung Lek 村的案例分析[J].当代经
济,2012,10:38—39.

泰国农产品和海产品市场被越南吞噬[J].世界热带农业信息,2012,10:24.

许能锐,张红,熊庆.泰国天然橡胶产业现状及扶持政策分析[J].世界农业,2012,12:97—99.

陈良敏,吕玲丽.基于政策视角的泰国有机农业发展分析[J].东南亚纵横,2012,12:8—12.

周雨思,阮雯,王茜,纪炜炜,陆亚男.文莱渔业近况与发展趋势[J].渔业信息与战略,2013,04:
312—316.

周国列.文莱水稻生产现状及发展思路[J].南方农业学报,2011,01:114—116.

文莱大力发展沉香木产业[J].农家之友,2012,11:14.

新加坡

新加坡:土地开发和交通规划紧密结合[J].运输经理世界,2011,05:94.

周静,朱天明.新加坡城市土地资源高效利用的经验借鉴[J].国土与自然资源研究,2012,01:
39—42.

曹端海.从新加坡土地管理经验谈土地可持续利用[J].中国国土资源经济,2012,06:20—21＋
23＋54—55.

卢为民.用地政策引领产业转型——新加坡节约集约用地启示[J].资源导刊,2012,07:
42—43.

高进,柴天贵,赵才源,明俊超.新加坡水产养殖业发展研究[J].现代农业科技,2012,14:311—
312＋316.

新加坡的都市农业[J].中国农业信息,2012,15:38—39.

郎朗.新加坡都市农业的发展经验与启示[J].中国乡镇企业,2012,09:81—83.

刘云华.新加坡土地综合利用效率探讨[J].城市观察,2011,01:78—85.

王骎骎,江滢,赵国庆,满令意,钟凯.基于 GIS 的用地适宜性评价方法及应用——以新加坡怀

化生态工业园概念规划为例[J].规划师,2011,04:52—56.

刘丽.精致星岛蕴大观——新加坡土地节约集约利用的经验[J].资源导刊,2011,09:44—45.

谢潇波."田园城市"新加坡——新加坡土地制度观察[J].国土资源导刊,2014,11:63—65.

谢潇波.地权归公地利留民——新加坡土地产权制度简述[J].国土资源导刊,2014,12:71—72.

梁梦茵,汤怀志,范金梅.新加坡"多规融合"的启示与借鉴[J].中国土地,2015,02:37—39.

高国力.新加坡土地管理的特点及借鉴[J].宏观经济管理,2015,06:86—88+92.

范华.新加坡白地规划土地管理的经验借鉴与启发[J].上海国土资源,2015,03:31—34+52.

彭立勋.上海工业地价政策研究及与新加坡和韩国比较分析[J].上海国土资源,2013,01:56—59.

杨仲棋.新加坡农产品价格管理概述[J].市场经济与价格,2014,10:39—44+54.

印度尼西亚

李雯.苏哈托时期印度尼西亚的林业政策[J].东南亚研究,2015,05:4—9.

朱增勇,曲春红.印度尼西亚种植业及其与中国合作研究[J].世界农业,2015,10:64—68+239.

郑华,李军,罗燕春,盘欢,文峰.印度尼西亚木薯产业概述[J].农业研究与应用,2013,05:24—32.

张莉.印度尼西亚畜牧业政策及畜产品贸易分析[J].黑龙江畜牧兽医,2011,24:17—19.

岳冬冬,王鲁民,周雨思,王茜,熊敏思,鲍旭腾.基于SITC分类的中国与印尼水产品出口贸易相似度研究[J].山西农业科学,2014,12:1311—1315.

印尼养殖渔业发展潜力大[J].世界热带农业信息,2014,11:22.

印尼与日本合作研究提升橡胶产品附加值[J].世界热带农业信息,2014,11:9.

李明爽.印度尼西亚新海洋法促进渔业可持续发展[J].中国水产,2015,04:52.

汪汇源.中、印棕榈油需求量下降影响印尼棕榈油业的发展[J].世界热带农业信息,2015,05:22.

汪汇源.印度尼西亚采取措施保证可可产业的可持续发展[J].世界热带农业信息,2015,05:24—26.

张蕾.境外合作区案例之二:农业生产型印尼农业产业区:产业链的整合者[J].中国投资,2015,07:44—46.

代云云,袁永明,袁媛,张红燕.中印罗非鱼产品出口竞争力的比较——基于美国市场的分析[J].中国农学通报,2015,29:15—22.

卢泽回.经济转型背景下印尼农业结构演变研究[J].生产力研究,2014,04:136—141.

韩杨,曾省存,刘利.印度尼西亚渔业发展趋势及与中国渔业合作空间[J].世界农业,2014,05:39—45.

纪炜炜,阮雯,方海,王茜,陆亚男.印度尼西亚渔业发展概况[J].渔业信息与战略,2013,04:317—323.

Sahat M. Pasaribu,崔军.在印度尼西亚推行循环农业经济的影响因素:综合农业合作经营的复兴[J].世界农业,2011,10:85—89.

王正立.印度尼西亚土地征用制度研究[J].国土资源情报,2012,07:29—32.

李国章.印尼大力提升农业生产综合能力[J].农民科技培训,2012,09:45.

Nianjun Shen,韩文炎.印度尼西亚茶叶生产现状及发展趋势[J].中国茶叶,2013,04:4—7.

李梦松,周欢,袁国保.印度尼西亚种业管理和开发概况[J].中国种业,2013,03:72—74.

印尼西苏门答腊藿香收成停滞[J].世界热带农业信息,2011,05:11—12.

张东华,汪庆平,马晋林.印度尼西亚食用魔芋资源分布及产业发展[J].长江蔬菜,2011,14:
　　9—13.

曹守峰,马惠兰.中国与印度尼西亚水果贸易特征及潜力分析[J].国际经贸探索,2011,09:
　　31—37.

尹必健.印度尼西亚农业发展概述[J].粮食流通技术,2011,06:38—40.

姜凤萍,陆文明,孙睿,孙久灵.印度尼西亚木材非法采伐现状分析[J].世界林业研究,2013,
　　03:79—82.

越南

陈志铭,陈苑苑.中越跨境经济合作区发展农业循环经济的探索[J].特区经济,2013,04:
　　75—76.

江文国.中越粮食安全合作[J].商场现代化,2014,30:27—28.

阮刘青,江云珠,吕利湘,林海,庞乾林.越南水稻生产与国际贸易情况分析[J].杂交水稻,
　　2011,02:75—78.

黄霓.广东与越南农业产业合作研究[J].战略决策研究,2011,02:23—28.

吕荣华,高国庆,李丹婷,TRANVQ,刘开强,唐茂艳,唐其展,周行,刘忠.越南农业生产概况
　　[J].南方农业学报,2011,05:562—565.

郭又新.20世纪90年代以来越南天然橡胶产业政策探析[J].东南亚研究,2011,03:33—38
　　+78.

TRAN Phong-vu,何锦峰,PHAM Thi-mai.越南HaNam省近十年来土地利用变化研究[J].
　　重庆交通大学学报(自然科学版),2011,05:1022—1026.

阮英德.越南农产品国际贸易发展对策研究[J].财经界(学术版),2011,11:29.

刘艳,范静.越南农村劳动力迁移与信贷约束研究及经验借鉴[J].世界农业,2013,11:
　　146—149.

苏克轩.越南土地制度的变迁、现状及展望[J].经营与管理,2013,12:24—26.

陈彤.中国与越南农村土地制度的比较[J].发展研究,2013,10:114—116.

陈彤.越南农村土地流转制度对中国的启示[J].亚太经济,2013,06:71—75.

潘垂银,徐敏丽.越南大米出口优势、劣势及对策分析[J].科技经济市场,2013,11:31—33.

陈玉体,佘光辉.越南生态公益林保护与社区协调发展的评价与分析[J].南京林业大学学报
　　(自然科学版),2014,01:163—170.

曹炳汝,阮氏秋河.技术贸易壁垒对越南水产品出口的影响[J].合作经济与科技,2014,06:
　　50—51.

苏悦娟,孔璎红,孔令孜.越南农产品地理标志保护制度概况及中越农产品合作探讨[J].南方
　　农业学报,2014,01:160—164.

宫玉涛.近年来越南的农业改革新举措及评析[J].农业经济,2014,05:14—16.

宫玉涛.越南农业改革的独特性探析[J].世界农业,2014,05:91—93+103.

于喆,李明爽.越南水产品在全球市场保持强势[J].中国水产,2014,09:28.

阮世坚.越南失地农民存在的问题与解决对策[J].东南亚纵横,2014,07:7—11.

刘主光,阮芳草.越南咖啡种植与出口存在的问题与对策研究[J].南宁职业技术学院学报,
　　2014,04:28—31.

田中景,徐新华.越南农业改革及其发展经验研究[J].新东方,2014,03:69—74.

张贤群,Stuart Lumb.越南的猪场发展上的新问题[J].国外畜牧学(猪与禽),2013,02:
　　38—39.

越南与柬埔寨加强农业合作[J].农家之友,2013,01:18.

余艳玲,张永德.越南渔业概况[J].中国水产,2013,03:34—36.

秦昌鲜,唐利球,唐君海.越南甘蔗产业发展的SWOT分析[J].中国热带农业,2013,02:
　　31—32.

凡兰兴.农业规模经营:越南的经验与中国的政策选择[J].世界农业,2013,04:61—64+159.

刘长新,侯微.越南农村土地政策革新浅析与借鉴[J].农业经济,2013,05:73—74.

刘磊.论越南改革中的土地所有制私有化问题[J].湖北经济学院学报(人文社会科学版),
　　2013,08:62—63.

李劼.越南水产业的发展历程及出口现状[J].中国水产,2013,08:37—39.

李劼,吕永辉,李巍.越南水产业面临的困境与出路[J].科学养鱼,2013,08:50—52.

越南与日本加强转基因木薯研究合作[J].世界热带农业信息,2013,07:16.

杜氏海燕.越南农业发展概况与大米出口情况分析[J].经营管理者,2013,20:46.

陈振妮,陈丽新,吕荣华,黄卓忠.越南食用菌产业生产概况[J].中国食用菌,2013,06:50—51.

黎鸿云,阮氏茉莉.越南蚕业概况与发展方向[J].广东蚕业,2013,03:10—15.

凡兰兴.越南推进农机化的经验及其对中国的启示[J].中国农机化学报,2014,06:345—348
　　+335.

叶前林,何伦志.越南推进农村土地改革的经验及启示[J].世界农业,2015,02:143—146.

谢春斌,温国泉,吕荣华,曾媛,刘忠,刘淑仪,周行,孔令孜,韦莉萍,Tran Van Quang.越南香
　　蕉生产概况[J].南方农业学报,2014,12:2284—2287.

唐仕华,凌青根,邓志声.越南的腰果产业[J].世界农业,2015,03:137—141.

刘雪娇,熊理然,左宝琪.中国与越南农产品产业内贸易及其影响因素的实证分析[J].对外经
　　贸,2015,03:9—12.

龙吉泽.越南农业革新及农机化发展[J].时代农机,2015,01:166—167.

夏一维,孙庆梅.越南农业科技政策及其对中国农业科技政策制定的参考意义[J].世界农业,
　　2015,06:94—98.

阮妙玲,梁浈洁.浅析越南大米出口发展趋势[J].云南农业大学学报(社会科学),2015,03:
　　34—38.

本刊.越南为金枪鱼产业链发展创造机会[J].时代金融,2015,28:46.

李华杰.越南渔监力量初探[J].国际研究参考,2015,07:15—19.

PH1MThi-mai,牟凤云,TRANPhong-vu.越南HaNoi市土地利用变化分析[J].重庆交通大
　　学学报(自然科学版),2012,01:144—148.

高燕,张洪波,李锦红,张丽波.越南咖啡产业考察报告[J].热带农业科技,2012,01:17—21
　　+34.

郑树芳,覃振师,韦持章,覃杰凤,邱文武,王文林,何铣扬,赵大宣.浅谈澳洲坚果在越南的发展前景及对策[J].农业研究与应用,2012,02:48—49.

廖东声,黄美贤.广西与越南农业合作问题分析[J].广西社会科学,2012,03:33—37.

季英.中越边境地区合作种植甘蔗现状及检验检疫对策[J].南宁职业技术学院学报,2012,02:33—35.

李乔玲,黎重晋.越南大米出口存在的问题及对策分析[J].中小企业管理与科技(下旬刊),2012,05:170—171.

Tran Xuan Hoang,Do Van Ngoc,房婉萍,陈暄,黎星辉.越南茶叶产业概况[J].中国茶叶,2012,07:12—13.

苏树权,陈引芝,何为中,王天算,王伯辉,颜梅新.越南甘蔗糖业科技考察报告[J].中国糖料,2012,03:82—84.

李大跃,吴开均,蒲大清,况辉,周宜军.关于越南种业的考察报告[J].中国种业,2012,07:19—22.

耿祝芳.越南及其茶文化[J].农业考古,2012,05:300—302.

李清.越南庄园经济对我国农村经济发展的启示[J].学理论,2012,23:135—136.

叶大凤,黄春正.越南新农村建设政策实施的成效及看法[J].东南亚纵横,2012,07:7—12.

刘婷婷.越南的农业发展及改革[J].沿海企业与科技,2012,06:23—26.

何有良,刘婵婵.中越跨境农业产业化研究——以广西龙州与越南下琅地方政府合作建设越南甘蔗基地为例[J].区域金融研究,2012,09:65—69.

NGUYENTHUCHUY,夏云,谭砚文,熊启泉.越南农业利用外国直接投资及其对中国的启示[J].世界农业,2015,12:171—174.

江文国.越南水稻生产发展实证分析[J].商场现代化,2015,26:96—97.

2.3 工业经济

东南亚地区工业经济

李妙华,吴坚.东南亚八国天然气市场供需与管制现状[J].中外能源,2013,11:12—20.

丛丹.对完善中国—东盟能源合作的国际法思考[J].法制博览,2015,13:148＋147.

谭民.国际法视角下的中国—东盟能源安全合作[J].太原理工大学学报(社会科学

谭民.中国—东盟能源安全合作及其国际法律保障[J].云南民族大学学报(哲学社会科学版),2012,02:104—109.

谭民.加强中国与东盟能源安全合作的国际法思考[J].南洋问题研究,2012,01:29—36.

黄莉娜.中国与东盟能源安全合作的障碍与前景[J].北方法学,2011,04:98—103.

谭民,邱寅莹.中国—东盟能源贸易合作国际法问题探讨[J].昆明理工大学学报(社会科

冉清红,岳云华,沈渝,田文红,杨玲.中国对东南亚蚕丝贸易的现状和合作前景[J].成都师范学院学报,2015,02:12—19＋32.

蒋芳婧.浅析全球化时代的东南亚汽车产业[J].东南亚纵横,2015,02:37—42.

韩建强.东南亚能源战略通道的策略思维[J].北京石油管理干部学院学报,2015,02:42—47.

王姣.可再生能源在东南亚国家发展前景广阔[J].农业工程,2015,04:5.

俞懿春.东南亚:下一个"世界工厂"?[J].中国中小企业,2015,08:74—75.

贺平.从"合作"到"事业":日本在东南亚的水务战略[J].现代日本经济,2015,05:19—28.

刘鹏,赵丽敏.山东轮胎企业投资东南亚的动因与策略分析[J].对外经贸实务,2015,10:
　　79—82.

曾鸣."一带一路"战略下看中国与东南亚电力合作[J].中国电力企业管理,2015,23:75—77.

张杰,盛民嘉.东南亚某铁路项目风险管理探析[J].工程建设与设计,2011,06:181—185.

赵明霞.东南亚纺织:是敌?是友?[J].中国纺织,2011,09:16—17.

韩宝庆.中国企业对东南亚水电业的投资及其风险防控[J].国际经济合作,2011,12:46—51.

霍晓萍,付伟.中国企业投资东南亚红土型镍矿的SWOT分析及战略选择[J].资源与产业,
　　2012,01:18—25.

范润泽.不入虎穴焉得虎子——东南亚投资建设镍冶炼厂的现状与风险[J].世界有色金属,
　　2012,03:28—30.

胡建良.东南亚地区炼油行业概况[J].中外能源,2012,03:68—73.

吴崇伯.东南亚国家核能发展战略与新动向分析[J].东南亚研究,2012,02:63—69.

刘卿.东南亚核安全形势评估报告[J].中国核工业,2012,07:20—23.

丰沛.当前东南亚橡胶产业市场分析[J].中国橡胶,2012,21:36—37.

郝云剑,胡兴球,王洪亮.基于ISM的我国水电企业东南亚水电投资风险分析[J].中国农村水
　　利水电,2014,01:157—160.

周洲,丰景春,张可.中国对东南亚国家的水电项目投资研究[J].项目管理技术,2014,02:
　　93—96.

2014年东南亚十国纺织业发展趋势[J].印染,2014,03:59—60.

郝云剑,张阳.中国企业东南亚水电投资风险与防控对策[J].水利经济,2014,02:57—60+69
　　+78.

王晓萍,胡峰.中国代工制造业向东南亚转移的驱动机制研究[J].对外经贸,2014,04:4—7.

陈笑春.国内纺织企业在东南亚投资发展的研究[J].市场周刊(理论研究),2014,06:
　　125—126.

何亲鹏,梁德太,赵维梅,黄子洛,谭海乐.基于SWOT分析的华力集团东南亚营销策略研究
　　[J].市场论坛,2013,02:25—27.

祝大同.迅速发展中的东南亚PCB业——对我国CCL业未来的一大海外市场述评[J].覆铜
　　板资讯,2013,03:16—24.

坂本茂树,司韦.东南亚的液化天然气进口[J].南洋资料译丛,2013,02:42—55.

胡新,王彩萍,惠调艳,林茂青.西部地区制造业与东南亚国家承接国际产业转移优势比较研
　　究——以重庆、陕西为例[J].华东经济管理,2013,08:53—58.

丁杨浩.中国海外能源战略的东南亚选择[J].商,2013,15:225.

许玫.2012—2013年全球空调市场回顾与展望(东南亚篇)[J].电器,2013,12:66—69.

周洲.中国与东南亚水资源合作开发模式分析[J].电子测试,2013,20:231—232.

东南亚生活用纸市场概况[J].中华纸业,2015,22:24—26.

韩冰,姚永坚,张道勇.东南亚主要产油国油气资源投资战略优选[J].矿床地质,2014,S1:
　　1107—1108.

杨静.东盟五国有色金属领域的技术创新能力研究——基于专利信息的视角[J].技术经济,

2011,02:8—15.

方敏,李洪嫔.东盟国家矿产资源管理政策分析[J].中国矿业,2011,05:4—6.

到中国·东盟自贸区去谋发展[J].国外塑料,2011,02:22—25.

许宁宁.塑料加工企业在中国·东盟自贸区中的应对措施[J].国外塑料,2011,02:26—28.

熊辉.中国—东盟相关矿产及政策分析[J].现代物业(上旬刊),2011,04:42—44.

熊辉.浅析中国—东盟相关矿产资源合作[J].中国金属通报,2011,22:40—41.

熊辉.中国—东盟相关矿产合作及政策分析[J].中国国情国力,2011,06:45—47.

宋国明.东盟国家矿业权管理制度及其变化[J].世界有色金属,2011,08:30—31.

余嘉明.中国电力企业弄潮东盟自贸区[J].中国经贸,2011,04:46—47.

郭少坤.如何促进中国与东盟制造业产业内贸易的发展[J].中国证券期货,2011,07:129.

孙林,徐旭霏.东盟贸易便利化对中国制造业产品出口影响的实证分析[J].国际贸易问题,2011,08:101—109.

蒙志献."吃透"东盟矿业政策"走出去"稳扎稳打[J].南方国土资源,2011,07:12—15.

熊辉.中国—东盟相关矿产及政策浅析[J].铜业工程,2011,03:90—94.

吕兢.东盟国家木薯淀粉产品与中国市场分析[J].沿海企业与科技,2011,07:18—21.

韦苏健.中国与东盟绿色食品贸易问题研究[J].全国商情(理论研究),2011,12:77—78.

杨志安,杜超国.中国商用汽车出口东盟现状综述[J].商用汽车,2011,18:14—22.

李好,陆善勇.东盟工业品市场未来发展的影响因素及总体走势研究[J].东南亚纵横,2011,08:3—8.

廖欣.加快互利合作实现矿业共赢——广西与东盟矿业合作互动思考[J].学术论坛,2011,09:125—128.

杨宏昌.广西东盟贸易与广西工业发展——基于Var模型的分析[J].市场论坛,2011,10:13—15.

贾引狮.广西开拓东盟中医药市场的知识产权问题与对策[J].广西社会科学,2011,10:32—35.

宋国明.东盟矿业投资环境[J].国土资源情报,2011,12:21—27+50.

林兴龙,何军明.东盟工业合作的动力:政府、私营企业、跨国公司与市场[J].东南亚纵横,2011,11:75—79.

马述昆.东盟成为中药产品出口最具发展潜力市场[J].法制与经济(上旬),2011,12:13.

本刊.香山衡器在"广东名优产品东盟展"签百万美元大单[J].衡器,2014,11:3—4.

竹子俊.中国与东盟食品业合作渐入佳境[J].中国对外贸易,2014,11:50—53.

丁承学.广西工业品牌拓展东盟市场的路径探析[J].广西经济管理干部学院学报,2014,04:1—7+12.

罗佐县,杨国丰,卢雪梅,谭云冬.中国与东盟油气合作的现状及前景探析——兼论油气合作在共建海上丝绸之路中的地位[J].西南石油大学学报(社会科学版),2015,01:1—8.

张帆.地以"车"传"车"以地——记首届中国—东盟(柳州)汽车、工程机械及零部件博览会[J].汽车纵横,2012,01:99—102.

冯刚琼.从2014印尼国际车展看东盟中重卡市场竞争态势[J].汽车与配件,2015,04:42—45.

王蔚.福建对东盟机电产品贸易优劣势分析[J].台州学院学报,2015,01:10—14.

王蔚.福建与东盟机电产品出口贸易竞争性分析[J].安徽农业大学学报(社会科学版),2015,

02:76—81.

周宁忻.人民币汇率市场化对中国东盟机电产品贸易的影响[J].现代商业,2015,07:92—94.

胡玫,刘春生,王云洁.中国与东盟六国机电产品贸易潜力研究[J].兰州商学院学报,2015,02:111—118.

国警月,李吉灵.我国对东盟中成药出口贸易现状及对策分析[J].中医药导报,2015,09:49—50+55.

李熙.广西对东盟农业机械产品出口贸易探析[J].湖北科技学院学报,2015,04:196—198+204.

黄桂媛,覃波,苏丽丽.广西钦州—东盟港口城市制造业的合作研究[J].现代商业,2015,15:97—98.

苏浩,梁光琦.中国—东盟新能源领域合作方向及模式研究[J].大众科技,2015,05:192—193+204.

顾海旭,相洪波,李娜.谈"海上新丝路"背景下中国与东盟矿产资源合作[J].中国国土资源经济,2015,08:61—63+16.

本刊.中国—东盟加强核电领域合作[J].时代金融,2015,22:46.

卢苇,曹聪,杨林,刘纪云,陈汉.中国与东盟国家房间空调器能效问题探讨[J].科技和产业,2015,08:127—131.

黄炬猷.广西工业集聚与东盟共同体贸易合作可行性研究——以机电产品为例[J].财经界(学术版),2015,15:29—30.

李烈干.投资东盟国家矿业需"吃透"相关政策法规——东盟国家矿业投资相关政策法规概览[J].南方国土资源,2015,10:12—13.

刘晓佳,安海忠,丛琳,张丽佳,丁颖辉.东盟国家新能源政策及启示[J].资源与产业,2013,06:130—135.

秦艳.中国—东盟矿产资源贸易的可持续发展战略[J].生态经济,2013,12:32—35.

东盟地区具有巨大的绿色能源潜力[J].中外能源,2013,12:99.

日本缝制企业东盟扩张迅速[J].纺织服装周刊,2013,39:86—87.

蒋国庆,刘晓维.中国制造企业进入东盟市场的财务风险分析[J].国际商务财会,2013,12:5—10.

王雪.中国—东盟矿产资源合作的理论与现实[J].前沿,2012,02:76—77.

苏颖宏,杨瑞兰.东盟五国制造业结构变动实证分析[J].东南亚纵横,2012,01:20—23.

郑慕强.东盟五国能源消费与碳排放因素分解分析[J].经济问题探索,2012,02:145—150.

周常春,卢哲.云南与东盟的矿产资源合作研究[J].资源开发与市场,2012,03:245—248.

王雪,李键.中国—东盟矿业投资合作的困境研究[J].改革与战略,2012,03:143—146.

王正立.中国对东盟的资源外交策略研究[J].国土资源情报,2012,04:27—29.

郑慕强.东盟五国能源消费与经济增长关系——基于双模型面板协整检验[J].三峡大学学报(人文社会科学版),2012,03:71—75.

郑慕强.东盟5国能源消费与经济增长关系——基于生产型模型时间序列分析[J].南洋问题研究,2012,02:11—17+77.

李烈干.熟悉东盟矿业法律确保矿业合作双赢——解读东盟各国矿业法律法规[J].南方国土资源,2012,05:10—12.

袁宇峰.东盟钢铁市场简析[J].冶金管理,2012,07:24—28.

钟鸣长.东盟五国出口贸易的能源消费效应分析[J].山东理工大学学报(社会科学版),2012,04:21—26.

郑慕强.能源与碳排放强度完全因素分解——基于东盟五国的实证分析[J].云南财经大学学报(社会科学版),2012,02:83—86.

郭健全,罗希.多视角看中国和日本对东盟机电产品出口贸易竞争性[J].东南亚纵横,2012,08:45—48.

周德翔.普洱市拓展东盟市场中面临的问题及对策[J].中共云南省委党校学报,2012,05:95—97.

宋帕泰.东盟自由贸易对老挝食用油企业的影响[J].中国商贸,2012,23:162—163.

袁宇峰.中国钢材出口东盟市场情况分析[J].冶金经济与管理,2012,06:38—41.

任术.东盟地区炼化工程现状及市场开发策略分析[J].石油化工建设,2012,06:33—35+38.

中国与东盟国家共探农资发展新途径[J].福建农业科技,2015,10:52.

张曦,王根厚,肖楠."一带一路"战略构想下广西与东盟矿业合作分析[J].中国矿业,2015,S2:55—59.

王勤.东盟金属矿业与投资环境[J].资源再生,2015,12:72—73.

张丹.中国果汁产品出口东盟影响因素分析[J].安徽农业科学,2015,29:326—327+375.

黄炜,曹丹,胡刚翔,陈强,陈焕鑫."一带一路"背景下中国—东盟电器产品贸易前景展望[J].东南亚纵横,2015,10:65—70.

南旺.南网"一带一路"服务广西与东盟经贸发展[J].广西电业,2015,09:10—11.

张潇.服装企业在东盟五国投资的环境评估及相应对策[J].经贸实践,2015,12:63.

刘志雄.后金融危机时代中国对东盟能源投资的障碍及对策[J].中国矿业,2013,01:30—33.

李好,李立民.广西开拓东盟工业品市场:现状、问题与对策研究[J].国际经济合作,2013,02:86—91.

贾引狮.浅议广西开拓东盟中医药市场知识产权人才的培养[J].南宁职业技术学院学报,2013,02:29—31.

李侃.浅析东盟自由贸易区对中国汽车产业的影响及应对策略[J].中国证券期货,2013,04:155—156.

李烈干."入乡随俗"才能互利共赢——部分东盟国家矿业投资法规政策概览[J].南方国土资源,2013,06:20—21.

方群.广西与东盟矿业合作的思考与建议[J].南方国土资源,2013,06:24—25.

吴崇伯.东盟国家纺织服装业的最新发展与加强中国对东盟纺织业投资的对策研究[J].创新,2013,04:5—11+2+126.

王士明.中国与东盟制造业产业内贸易分析[J].北方经济,2013,12:37—40.

本刊讯.东盟经济共同体对泰国包装与塑料产业的利弊影响[J].国外塑料,2013,08:17.

姜丽,霍卫.2013年上半年我国与东盟中药贸易分析[J].中国现代中药,2013,09:797—799.

周桂香,贾引狮.广西民族医药开拓东盟市场的知识产权问题思考[J].南宁职业技术学院学报,2013,05:33—36.

张艾妮,陆江.南海油气资源开发的国际法思考——中国—东盟框架下构建南海能源共同体[J].法制与经济(中旬刊),2013,09:86—87.

张静,袁仲伟.电力已经成为中国与东盟各国合作的基础产业[J].广西电业,2013,09:5—6.

郑慕强,黎贝贝.东盟五国能源安全的政策保障及其借鉴[J].东南亚纵横,2013,09:57—61.

郭晓丹.东盟:医药"出走"理想之地[J].进出口经理人,2014,01:38—40.

李立民,曾秋芸,李静.东盟工业品贸易结构分析[J].东南亚纵横,2014,01:45—51.

冯琳,魏巍,胥艾.中国—东盟办公室机器零部件产业内贸易现状分析[J].云南财经大学学报,2014,02:146—153.

蒋毅一,史圆圆.中国对东盟机电产品出口现状、问题及对策分析[J].价格月刊,2014,03:58—61.

蒋毅一,史圆圆.基于CMS模型的中国对东盟机电产品出口贸易分析[J].江苏商论,2014,03:46—50.

马骊.中国苹果汁出口东盟形势及对策分析[J].四川大学学报(哲学社会科学版),2014,03:104—108.

张萌,汪永平,许诺,郑滨.东盟国家核电政策探析[J].中国核工业,2014,04:32—37.

李烈干,赖金亮.环境保护成为中国—东盟矿业合作关切点——东盟国家矿业投资法规政策概览[J].南方国土资源,2014,05:13—15.

吴坚.面向东盟市场的广西与台湾工业合作对接重点领域探析[J].东南亚纵横,2014,03:59—66.

郑玲.东盟对华钢铁产品反倾销动因及应对措施[J].中国经贸导刊,2014,11:12—13.

吕朋林.广西—东盟矿业经济互动中的问题与对策浅探[J].矿产与地质,2014,02:253—255.

陈禹静.加速广西与东盟国家矿业经济合作[J].东南亚纵横,2014,07:46—49.

李立民,刘誉翕.中国与东盟纺织服装贸易发展现状及对策[J].东南亚纵横,2014,07:22—27.

丁承学.基于品牌观的我国中小工业企业开拓东盟市场策略研究[J].中国经贸导刊,2014,26:12—13+35.

徐静.广西农机企业如何发展与东盟的出口贸易[J].进出口经理人,2014,S1:5—6.

周密.东南亚工程承包市场:推动互联互通与工业化并进[J].国际经济合作,2013,06:40—45.

汪文进.广西与东盟对外承包工程发展现状、问题及建议——基于外汇管理视角[J].东南亚纵横,2013,07:42—45.

菲律宾

赵百胜,肖文进,张建龙,张云国,刘建国.菲律宾矿业权申请法规简介[J].国土资源情报,2012,02:13—17.

阮前途,杨华.菲律宾电力市场的发展及评价[J].电网技术,2012,01:207—212.

白莉.菲律宾汽车业稳步攀升[J].中国汽车界,2012,01:26.

刘生承.浅析菲律宾巴纳旺灌溉工程输水隧洞地下水治理措施[J].公路交通科技(应用技术版),2012,06:232—234.

越南、菲律宾等国抢采南海油气资源[J].国土资源,2012,07:25—27.

郭渊.冷战时期菲律宾南海石油开采及行为特征分析[J].浙江海洋学院学报(人文科学版),2013,01:1—7.

吴良士.菲律宾铜、铝、磷矿产资源概况[J].矿床地质,2013,03:653—656.

赵百胜,耿林,肖文进,张云国,张莹.菲律宾矿业权人的权利和义务简述[J].国土资源情报,

2013,06:35—38.

阮前途,马若新,肖飞,R. SELUDO,M. L. PASCUAL,H. V. delaCRUZ.菲律宾吕宋电网系统崩溃及黑启动措施分析(英文)[J].电力系统自动化,2011,04:82—91.

王以俊.菲律宾食品包装业的最新趋向与问题[J].印刷世界,2011,02:62—63.

孙海霞.菲律宾汽车市场分析——基于 RCA 指数和 CMS 模型实证分析视角[J].广西财经学院学报,2011,02:9—14.

赵百胜,张建龙.菲律宾的矿业管理及矿业投资环境[J].中国矿业,2011,07:6—9+13.

杨贵生,刘天然.菲律宾矿业投资法律制度概述[J].矿产勘查,2011,04:445—450.

孙建党,戴锦波.美国政府、NGO、跨国公司在菲律宾绿色革命中的角色和作用[J].东南亚研究,2011,06:42—47.

Dominador D. Buhain.菲律宾印刷业发展现状与市场趋势[J].印刷经理人,2015,01:43—44.

Ray N. Geganto.菲律宾造纸工业报告[J].中华纸业,2015,07:42—43.

李金明.中菲礼乐滩油气资源"共同开发"的前景分析[J].太平洋学报,2015,05:78—85.

越南与菲律宾的医药行业发展空间巨大[J].时代金融,2014,19:46—47.

柬埔寨

魏庆坡.中资水电企业在柬埔寨的环保困境及对策[J].东南亚研究,2014,04:50—56.

张新元.柬埔寨矿政构架、投资潜力及填图现状[J].国土资源情报,2012,01:2—9.

孟瑞,冯希.柬埔寨地质矿产资源概况及矿业政策[J].国土资源情报,2011,07:49—51.

柬埔寨 2015 年建筑行业发展趋势乐观[J].陶瓷,2015,05:77—78.

罗积满,乐建华.柬埔寨王国电力建设与发展初探[J].人民长江,2015,13:105—107.

江景诗.对柬埔寨王国矿产资源开发的思考——以柬埔寨柏威夏省罗文铁矿项目为例[J].南方国土资源,2015,06:33—34.

张云强.CENSTAR 加油机柬埔寨市场的营销策略探究[J].现代交际,2013,01:138—139.

橡胶成为柬埔寨 2013—2018 年主要发展目标[J].特种橡胶制品,2013,04:67.

老挝

高隽.论老挝水电项目中的公众参与制度[J].企业导报,2013,04:15—16.

付士山,顾骏涛.老挝轮胎行业的贸易战略分析与思考——以 SITTHISOK 公司为例[J].中国商贸,2014,31:119—120.

张念.老挝矿产资源概况及中老矿业合作开发前景[J].铜业工程,2015,04:85—93.

李亚飞.浅析老挝输变电工程成本控制[J].管理观察,2013,31:71—72.

田明俊,朱玉方.老挝电源 BOT 项目管理策略研究[J].红水河,2013,05:45—49.

X.奉姆索法,王爱生.老挝水电业现状及其跨境电力购买协议[J].水利水电快报,2013,12:4—6.

陈韬,高慧敏,牛炫.老挝钾肥项目投资开发现状及展望[J].云南化工,2013,06:16—19.

朱明松.老挝钾盐矿资源规模化开发的总体思路[J].云南化工,2013,06:1—4.

廖晓君.老挝钾盐矿开发的技术创新工作[J].云南化工,2013,06:13—15.

高潮.老挝水电资源具有较大开发潜力[J].中国对外贸易,2011,02:60.

熊强,朱娜.以老挝市场为例分析我国境外矿产企业的人力资源本土化[J].企业改革与管理,

2014,02:58—59.

朱延浙,朱广维,王泽传,严城民.老挝矿产资源勘查开发的思考与建议[J].中国国土资源经济,2014,08:62—65.

马来西亚

李胜连,黄立军,Francois Dubé.马来西亚清真产业发展经验对我国清真产业的启示[J].经济地理,2015,12:129—134.

王海华.马来西亚油气工业现状及未来发展趋势[J].国土资源情报,2013,01:14—18.

Liew Chee Khong.马来西亚印刷业发展面临新制约[J].印刷经理人,2015,01:40.

马来西亚西马半岛多个州发现重稀土矿藏[J].西部资源,2015,02:65.

SIA Boon Soon.马来西亚纸业发展报告[J].中华纸业,2015,07:40—41.

许美琪.马来西亚家具业的靓丽名片——2015年马来西亚国际家具展述评[J].家具,2015,03:107—108.

杨海娟,Francois,黄立军.马来西亚清真食品产业国际化发展经验与启示[J].中国穆斯林,2015,03:67—70.

张群,黄光锋.开放经济条件下马来西亚能源消费与经济增长[J].经济研究参考,2015,19:41—47.

饶兴鹤.马来西亚:宏大的天然气下游发展计划[J].石油知识,2015,05:60—61.

修木.南洋材原木的供应情况[J].国际木业,2015,09:45.

尚升平.马来西亚电力基础设施现状及前景展望[J].国际工程与劳务,2013,12:13—15.

王以俊.马来西亚印刷行业动态[J].印刷世界,2012,08:60—62.

马来西亚:延伸石化产业链——东盟国家石化工业概览之三[J].江苏氯碱,2012,05:43—44.

李炳炎.枫溪潮州窑对新加坡、马来西亚陶瓷业的影响——以如合、万和发(Claytan 佳丽登)、陶光为中心[J].福建文博,2012,04:31—38.

D.L.霍艾克,T.D.舍特维特,刘泽文.水电在马来西亚沙捞越州电力长期发展中的作用[J].水利水电快报,2011,08:4—6+30.

王以俊,D. Sudharson.马来西亚印刷业面临的挑战[J].印刷世界,2011,09:62—64.

马来西亚塑料业:以高技术为竞争基础[J].国外塑料,2011,10:23—24.

马薇.马来西亚纺织业开始复苏[J].纺织机械,2014,07:24.

缅甸

滇缅制造业合作前景广阔[J].时代金融,2014,31:42.

殷浩.中缅管道项目对东南亚及我国西南地区的影响[J].中国科技信息,2012,09:38—39.

王以俊.缅甸出版印刷新动向[J].印刷世界,2012,03:63—64.

刘务,贺圣达.油气资源:缅甸多边外交的新手段[J].南亚研究,2012,03:15—30.

吴崇伯.缅甸石油天然气产业发展与外资对缅甸油气资源的开发[J].创新,2013,01:60—63+127.

金钟印,俄爱德华·巴德森,南基镛,裴维成,普拉迪普·塔拉坎,迈克尔·布雷肯,刘邱丽.缅甸能源业评估[J].国际研究参考,2013,03:19—27+11.

缅甸油气开发加大对外开放力度[J].国外测井技术,2013,02:77.

王志刚,袁明江,李志超.缅甸炼油工业现状及投资机会分析[J].中外能源,2013,10:67—70.

王登科,陈丙先.缅甸能源政策目标及其评价[J].东南亚纵横,2011,07:47—53.

迟愚,安娜,王海涛,曹光伟,贾子麒,冀亚峰.缅甸油气勘探开发潜力及对外合作前景[J].国际石油经济,2014,11:21—27+33.

戴永红,秦永红.中缅油气管道建设运营的地缘政治经济分析[J].南亚研究季刊,2015,01:16—22+117.

李汉曦.浅谈缅甸水电站投资税务筹划[J].财经界(学术版),2015,06:267—268.

龚伟.中缅能源合作的前景及挑战[J].商业经济,2015,03:87—91+107.

陆如泉,李晨成,段一夫.中缅油气合作:新形势新挑战新思维[J].国际石油经济,2015,06:63—67+111.

刘才涌.缅甸油气产业开发现状与外国参与情况评析[J].南洋问题研究,2014,02:11—18.

蔺佳,戚凯.缅甸外交政策调整与中缅能源合作[J].国际关系研究,2014,03:52—61+154.

朱雄关.缅甸形势变化对中缅油气管道安全的影响与对策[J].昆明学院学报,2014,04:72—75+98.

李妙华,朴光姬.缅甸的天然气工业及其开发项目[J].中外能源,2014,05:18—22.

瑞丽江一级水电有限公司课题组,马立鹏,彭詠军,姜琪伟,赵明,杨立成.中缅合作水电项目投资风险防控[J].中国电力企业管理,2013,13:34—36.

泰国

韩冰.泰国《外商经营企业法》与工业园区投资优惠分析[J].东南亚纵横,2014,05:35—40.

王宇宁,徐庆,张镍.泰国炼油工业面临挑战[J].中国石化,2013,04:85.

陈才建.泰国制造业供应链精益管理的策略研究[J].中国商贸,2013,12:161—164.

孔方方,刘小平.泰国汽车产业投资环境分析[J].汽车工业研究,2013,08:38—42.

顾岩.浅析泰国承包工程市场[J].国际工程与劳务,2013,10:30—32.

刘晓雪,王新超,郑传芳.泰国食糖产业与政策的发展演变——基于1961—2012年的数据[J].世界农业,2013,07:67—74.

叶泽.泰国电价制度及其对我国的启示[J].价格理论与实践,2013,10:24—25.

2011年泰国造纸业的国内外市场扩大[J].纸和造纸,2011,04:85.

姜婷.泰国电力需求侧管理及启示[J].节能与环保,2011,05:54—55.

牟发章.2011年泰国造纸业强势扩张[J].造纸信息,2011,07:63.

林丽钦.跨国公司与泰国汽车产业集群的关系研究[J].东南亚纵横,2011,06:16—20.

王莉莉.泰国洪水重创全球零配件供应链[J].中国对外贸易,2011,12:52—53.

白莉.泰国皮卡走势趋弱[J].中国汽车界,2012,02:26.

郭凌崧.曼谷的道路交通与泰国摩托车发展特点[J].小型内燃机与摩托车,2012,02:91—95.

丁倩.洪水重创下的泰国汽车业[J].汽车与配件,2012,18:46—47.

周英虎,石秋丽.泰国"清莱免税工业区"夭折的分析[J].广西财经学院学报,2012,03:11—13.

王廷廷.泰国农药管理在农业生产中的地位与安全风险[J].农药市场信息,2012,13:36—37.

郝东岳.泰国专用汽车市场概况[J].专用汽车,2012,09:47—49.

王广深.泰国水利投融资制度及启示[J].经济问题探索,2012,12:141—144+153.

芦晓东.泰国造纸工业现状及预测[J].中华纸业,2012,23:41—44.

薛亚培.严鉴铂:以泰国工厂为窗口加速国际化[J].商用汽车新闻,2014,49:11.

王佳佳,邹立群.泰国摩托车市场和认证制度研究[J].摩托车技术,2015,01:50—56.

那美君.东南亚主要橡胶出口国竞争力对比分析研究——基于泰国、印尼和马来西亚为主[J].现代营销(下旬刊),2014,12:11.

泰国、土耳其陶瓷卫浴市场前景广[J].陶瓷,2015,03:75—76.

Montri Mahaplerkpong.泰国浆纸工业的现状[J].中华纸业,2015,07:37—39.

焦向军,何英泽.泰国超高层建筑市场分析[J].国际工程与劳务,2015,05:53—55.

张芷盈.泰国玩具市场初探[J].中外玩具制造,2015,09:68—69+11.

刘佳源,刘旭阳.泰国ICT产业发展规划评述[J].物联网技术,2014,01:10—12.

泰国大力发展生物质能[J].能源与环境,2014,03:69.

泰国泰国制衣业近3年变化大[J].中国制衣,2014,07:51.

关海青.2014年泰国橡胶业前瞻和产业走向[J].中国橡胶,2014,11:32—33.

外媒:中国食品安全问题为泰国企业创造良机[J].食品与机械,2014,05:224.

中粮集团与泰国签署进口大米贸易备忘录[J].粮食与饲料工业,2013,12:63.

叶振祥.泰国市场货运车辆产品特点浅析[J].专用汽车,2013,11:76—80.

金美玲,何律琴.中国对泰国出口食品的竞争力研究[J].商,2013,23:297.

泰国[J].中华纸业,2015,22:28.

杨柳.泰国橡胶木对中国出口现状与前景[J].中国人造板,2015,11:42.

新加坡

新加坡石材行业概况[J].陶瓷,2015,01:75.

孙继德,周舜尧.新加坡建筑设计审查制度分析及启示[J].建筑经济,2013,02:13—16.

王以俊.新加坡印刷行业开辟新的未来[J].印刷世界,2013,02:63—65.

新加坡香料香精业关注生物科技[J].国内外香化信息,2013,03:3.

章哲.新加坡发展生物医药产业对浙江的启示[J].浙江经济,2013,09:38—39.

柯立群,徐庆,张镍.地理位置成就新加坡石化工业[J].中国石化,2013,04:83—84.

王琦,龙覃琴,张晓华.新加坡建筑市场发展趋势[J].国际工程与劳务,2013,06:38—39.

刘友建.新加坡开发裕廊工业区的经验以及对我国的借鉴[J].中国商贸,2013,19:181—183.

付学谦.新加坡可再生能源概况[J].电力需求侧管理,2013,04:62—64.

许欣欣.如何缓解国际油价冲击对宏观经济的影响——基于新加坡的经验[J].世界经济研究,2013,10:81—86+89.

袁新国,滕珊珊.从"责备圈"到"责任圈"——新加坡绿色建筑市场发展经验借鉴[J].现代城市研究,2013,10:70—75.

黄晓茜.新加坡生物医药产业竞争力:基于"钻石模型"的分析[J].东南亚纵横,2011,02:31—36.

汪明峰,袁贺.产业升级与空间布局:新加坡工业发展的历程与经验[J].城市观察,2011,01:66—77.

宋颖慧.新加坡·新生·水——新加坡水资源管理模式概览[J].城市观察,2011,01:104—110.

张定超.他山之石可以攻玉——新加坡发展工业的启示[J].当代贵州,2011,12:44—45.

沈镇平.新加坡加强与中国水处理行业合作[J].工业水处理,2011,06:45.

林丽钦.新加坡裕廊石化产业集群的发展及启示[J].石家庄经济学院学报,2011,03:74—78.

陆彦,陈亮.新加坡对建筑工程质量的管理[J].东南亚纵横,2011,05:27—29.

郑宁来.新加坡大力发展合成橡胶工业[J].世界橡胶工业,2011,11:29.

刘芳.环境变迁与制度演进——新加坡政府投资项目管理模式演变对我国的启示[J].财会通讯,2011,29:55—57.

赵涛.中资建筑企业在新加坡的发展战略研究[J].东方企业文化,2011,23:110—112.

王子昌.新加坡发展模式的输出与借鉴:苏州工业园案例研究[J].东南亚研究,2011,05:46—51.

丁志军.新加坡裕廊岛工业园成功因素分析[J].东方企业文化,2011,23:80—81.

申继忠.新加坡的农药管理和登记要求[J].世界农药,2015,04:45—46.

比亚迪纯电动叉车强势登陆新加坡[J].驾驶园,2015,12:39.

LeithenFrancis,李璇.新加坡的维修企业正在不断拓展新的维修能力[J].航空维修与工程,2015,11:33—34.

蔺通,姜红军,吴少杰,张建府,王鑫.新加坡电力市场化改革对我国的启示[J].中国能源,2015,12:21—25+40.

邵正平.新加坡园区规划建设管理经验及对六合工业园区的启示[J].企业改革与管理,2015,23:195—196.

吴兰香,沈玉珊.新加坡人才培养模式引发的加强水利人才队伍建设的思考[J].水利发展研究,2012,03:71—74.

王以俊.新加坡印刷业努力应对面临的挑战[J].印刷世界,2012,04:64—65.

牛文,白洋,闫丽.2012新加坡航展——亚洲最大的航空宇航及防务技术展[J].飞航导弹,2012,04:10—14+94+93.

谭宇生.国际项目融资中的环境争端及其解决——以新加坡丰益集团印尼棕榈油项目案为例[J].东南亚研究,2012,03:9—15.

新加坡大力发展电子垃圾回收产业[J].企业技术开发,2012,20:68.

谭志勇,王月栋,刘志明,隋作刚.新加坡大型工程项目建设管理程序和监管机制介绍[J].项目管理技术,2012,01:96—101.

王波,韦科武,邢红云,陈明保.新加坡建设项目工程计量及管理介绍[J].项目管理技术,2012,01:108—112.

董岗.新加坡船用燃料油市场发展经验的启示[J].水运管理,2012,11:35—37.

邹允祥.新加坡工业及园区发展对我们的启示[J].江苏建材,2012,03:44—47.

滕珊珊,吴晓.新加坡绿色建筑市场发展探析[J].建筑学报,2012,10:17—21.

关利欣,张蕙,洪俊杰.新加坡海外工业园区建设经验对我国的启示[J].国际贸易,2012,10:40—44.

郑杉,朱代瑛.新加坡"梅花"供电模型的启示[J].中国电力企业管理,2014,09:81—83.

朱大庆,陈斌,刚成军.新加坡电力产品批发零售市场制度变迁及其启示[J].价格理论与实践,2014,10:56—58.

欧阳帆,黄薇,李亦农.新加坡电网规划经验及启示[J].供用电,2015,03:20—25.

吴建卿."泊"来的石油之城——新加坡[J].石油知识,2015,03:60—61.

李钦.新加坡工业园区建设发展经验与启示[J].青海科技,2015,04:86—88.

林思和,马书明.新加坡建筑企业弹性宽带薪酬体系研究[J].知识经济,2015,19:106—108
　　+110.

戈志梅,孙蕊娇.新加坡石化产业发展分析以及贸易发展经验分析[J].商场现代化,2013,28:
　　65—66.

董岗.新加坡船用燃料油市场的供需结构变化及对上海启示[J].中国港口,2013,12:48—50.

叶菁菁.新加坡能源公司成功运营的启示[J].中国电力企业管理,2013,03:47—49.

竹子.由贫水国到水务强国——新加坡解决缺水之道[J].中华建设,2014,09:60—63.

漆辉荣,王跃茹.新加坡地铁市场概况[J].国际工程与劳务,2014,08:36—37.

苏颖宏.新加坡制造业贸易竞争力发展评价分析——基于比较优势和竞争优势的动态均衡
　　[J].南洋问题研究,2014,03:10—16.

滕熙,沙永杰.新加坡产业空间发展历程及启示[J].上海城市规划,2014,04:77—82.

廖日红,陈铁,张彤.新加坡水资源可持续开发利用对策分析与思考[J].水利发展研究,2011,
　　02:88—91.

印度尼西亚、东帝汶

杨献忠,曾勇,刘君安,陈国光,刘闯.东帝汶国金属矿产资源潜力与矿业投资环境[J].地质通
　　报,2014,Z1:334—341.

W.海泽,杜晓宜,张俊.东帝汶水力开发前景[J].水利水电快报,2015,11:8—11.

王佳鹏.乡村手工艺传统的现代命运——评邓纳姆著《困境中求生存:印度尼西亚的乡村工业》
　　[J].社会发展研究,2015,03:232—241.

林梅.印度尼西亚工业化进程及其政策演变[J].东南亚纵横,2011,06:11—15.

蔡娅囡.印尼汽车市场分析[J].科技创业月刊,2014,12:63—65.

朱晓辰.印尼钢铁市场现况及未来展望[J].世界钢铁,2014,06:62—72.

刘贵洲.印尼油气工业格局与中国企业的机遇[J].北京石油管理干部学院学报,2014,01:
　　59—65.

马薇,袁春妹.印度尼西亚:难被忽视的新兴市场[J].纺织机械,2015,01:62.

印尼市场:空间大链条弱[J].纺织机械,2015,01:63.

秦为芬.印尼电力产业现状、规划分析及对中方之启示[J].战略决策研究,2015,01:79—93.

王国栋,孙鹤佳,董文斌.论国际工程项目物资管理控制——印尼AWAR电站项目实例[J].
　　中国工程咨询,2014,10:66—68.

李霁云.印尼棕榈油市场发展概况[J].日用化学品科学,2015,02:11—14.

张帆.印度尼西亚汽车市场:剪不断理还乱[J].汽车纵横,2012,02:88—93.

本刊整理.印尼大力发展造船业为中国企业提供新机遇[J].时代金融,2015,07:50.

赵乐.印尼矿业市场发展机遇[J].国际工程与劳务,2015,04:40—43.

印尼香料香精市场浅析[J].国内外香化信息,2015,05:4.

黄铄涵.印度尼西亚化纤业[J].国际纺织导报,2015,05:11—13.

崔巧,朱新光.相互依赖能源合作模式下的中印(尼)能源合作[J].东南亚南亚研究,2015,02:
　　43—49+109.

林建坤,于晓璐.当前印尼的能源困境及对策分析[J].东南亚南亚研究,2011,02:49—54+93.

施海.印尼电力市场 EPC 总承包的风险与防范[J].华中电力,2011,04:9—13.

大船.从印尼管窥东南亚工程机械市场[J].工程机械与维修,2011,10:50.

尹景燕,付培培.印尼建筑工程的承包与管理[J].水运工程,2011,11:61—65+111.

姚文静.印尼矿产出口条例变化[J].中国钛业,2014,01:51—52.

金亚杰,张蕾,刘英博.印尼油田开发现状、投资政策与合作机遇[J].国际石油经济,2014,Z1:
140—146+224.

郑娟尔,袁国华,王世虎.印尼矿业法规政策变化对中国的影响研究[J].中国国土资源经济,
2014,05:45—49.

黄光锋,卢泽回.印尼独立以来工业化阶段及政策特点分析[J].生产力研究,2014,06:
102—106.

黄欣.印度尼西亚小水电投资市场初探[J].低碳世界,2014,15:104—106.

吴崇伯.论中国与印尼的能源合作[J].人民论坛·学术前沿,2014,08:86—94.

蒋华.印尼税制对石油工程技术服务企业的影响及应对策略[J].国际石油经济,2014,09:61—
66+112.

黄成亮.中国与印尼能源合作研究[J].对外经贸,2013,11:14—15+35.

谢晶仁.印尼新能源战略分析及对我国的启示[J].农业工程技术（新能源产业）,2012,03:
11—15.

印尼:争当东盟石化业老大——东盟国家石化工业概览之二[J].江苏氯碱,2012,05:42—43.

印度尼西亚藤制品状况[J].世界竹藤通讯,2012,05:36.

庄毅.当前印尼矿业发展现状及其政策分析[J].东南亚纵横,2013,02:27—30.

刘丽萍,苏新旭,梁富康.印度尼西亚煤炭资源概况[J].重庆科技学院学报（自然科学版）,
2013,05:76—78+89.

张蕾,金亚杰.印尼石油工业发展与油田开发现状[J].大庆石油地质与开发,2014,02:83—87.

印度尼西亚汽车市场存在发展机遇[J].时代金融,2015,10:52.

越南

越南纺织服装业扩展海外业务[J].网印工业,2013,01:54.

王以俊.越南塑料业的竞争优势[J].印刷世界,2013,01:62—63.

石宝明,张镍,徐庆.越南石油工业发展近况及对周边国家的影响[J].国际石油经济,2013,03:
72—76+110.

包广将.越南核能发展战略及其对国际关系的影响[J].东南亚研究,2013,02:54—61.

覃丽芳.2012 年越南工业发展回顾[J].创新,2013,03:105—111.

越南服装产业发展战略需要变化[J].中国制衣,2013,07:55.

董红军.越南林同项目技术服务的经验与启示[J].世界有色金属,2013,06:68—69.

艾民,薛晨菁.中越服装服饰加工贸易出口竞争力比较研究[J].西安财经学院学报,2013,04:
64—69.

武氏芳草.越南电力行业民营化改革的思考[J].中国外资,2013,12:219—220.

曹文战,安琪,李苇.越南机车的发展现状与展望[J].国外铁道机车与动车,2013,04:28—33.

樊汉新.选择人民币作为广西对越南蔗糖贸易结算货币的探讨[J].区域金融研究,2013,11:
57—60.

米良.越南革新开放以来电力业的发展及相关制度的建立完善[J].东南亚纵横,2013,09:62—66.

黄友兰,陶氏幸,余颜.越南电子信息产业发展的机遇与挑战[J].重庆邮电大学学报(社会科学版),2013,05:137—141.

许军,朱丹.越南承接中国加工产业转移的可行性分析——以第四次产业转移为背景[J].兰州商学院学报,2013,05:89—96+108.

岳彩坤,严广柏.越南煤炭工程质保期服务实践与启示[J].煤炭工程,2014,03:142—145.

越南自由贸易协定推动服装产业增长[J].中国制衣,2014,03:54.

越南与菲律宾的医药行业发展空间巨大[J].时代金融,2014,19:46—47.

李庚申.越南复肥投资案之回顾与展望[J].磷肥与复肥,2014,03:26—28.

郑素玲,李家国,张松,曹洋.越南摩托车产品市场准入管理制度简述[J].小型内燃机与车辆技术,2014,05:85—87.

李俊长,吴智慧.提升越南家具产业竞争力的途径[J].包装工程,2011,02:123—126.

李新波.2010年越南汽车工业综述[J].汽车与配件,2011,16:38—39.

崔福斌,马义飞,阮胡玉.中越矿产资源合作开发研究[J].煤炭经济研究,2011,04:23—27.

马也.越南矿业的机遇与挑战[J].世界有色金属,2011,08:32—33.

谢开泉,胡洁敏.越南专用汽车市场分析及发展预测[J].商用汽车,2011,18:23—27.

许前章.在越南执行EPC总承包项目的财务工作实践[J].中国西部科技,2011,26:53—54+56.

曾军,彭政,严鑫.云南省与越南矿产资源开发合作机制研究[J].东南亚纵横,2011,10:50—54.

余梦洁.印度、越南、土耳其基建市场活跃[J].商用汽车新闻,2011,38:20.

Nguyen Van Luu,刘宝林,宋晓燕,华泽钊.越南食品冷藏链现状[J].安徽农业科学,2011,30:18728—18730.

王以俊.越南印刷行业近5年统计数据[J].印刷世界,2011,11:59—60.

刘贺青.越南生物燃料发展状况及中越生物燃料合作前景[J].东南亚研究,2011,05:39—45.

黄惠宁,黄辛辰,万小亮,柯善军,钟礼丰.越南和土耳其建筑卫生陶瓷发展现状分析[J].佛山陶瓷,2011,12:1—4+22.

曾军,张瑶,侯淼淼.云南省与越南进行矿产资源开发的合作优势研究[J].东南亚纵横,2011,12:31—34.

白佳.越南油气业发展及对中越油气贸易的影响[J].东南亚南亚研究,2011,04:33—37+91.

王四海,孙秀文.俄越油气合作问题探析[J].欧亚经济,2014,04:106—119+128.

刘才涌.越南油气产业发展现状、问题与新动向[J].南洋问题研究,2015,01:43—51.

VuNgocBao.越南纸浆与造纸业状况[J].中华纸业,2015,07:34—36.

刘天琦.中越南海油气资源共同开发问题探究[J].海南广播电视大学学报,2015,01:86—90.

金丹.越印军贸及能源合作背景下的中国对策[J].经济界,2015,03:88—91.

郭渊,王静.苏越南海油气合作历程及评析[J].俄罗斯学刊,2015,03:47—54.

宋相洁,程宝栋.中国木质家具国际市场势力实证分析——基于中国与越南的比较[J].林业经济,2015,06:85—88.

姚大庆.越南会是下一个世界工厂?[J].决策,2015,06:86—87.

赵玉栋.越南煤炭采掘技术现状及投资合作前景探析[J].煤炭经济研究,2015,09:6—8.

越南塑料制品行业保持较快增长[J].塑料工业,2015,08:48.

理倩.越南纺织的中国机会[J].中国纺织,2015,10:31—33.

魏道培.TPP双刃剑:越南纺织服装能否浴火重生[J].中国纤检,2015,21:54—55.

越南造纸工业面临挑战[J].国际造纸,2012,01:68.

王以俊.越南印刷业最近5年运行情况[J].印刷世界,2012,03:61—62.

谢守红,陶氏梅芳.上海电气开拓越南市场策略分析[J].商场现代化,2012,11:32—33.

马苗卉,朱欣然,冯丹丹.越南矿产资源状况及合作前景分析[J].中国国土资源经济,2012,05:
40—42+56.

印度:香料出口面临越南、危地马拉激烈竞争[J].国内外香化信息,2012,05:4.

林学艺,周展.从越南vinashin的"搁浅"浅析该国造船业的发展[J].钦州学院学报,2012,03:
9—12.

越南:产业链雏形渐成——东盟国家石化工业概览之一[J].江苏氯碱,2012,05:41—42.

李云.越南卫星发展分析[J].中国航天,2012,10:22—24.

张志溥,张驰,刘春兰.发展空间广阔的越南造纸工业[J].中华纸业,2012,23:50—53.

越南对风电项目提供政策优惠[J].风能,2012,12:19.

颖."越南制造"品牌服装在华市场持续扩大[J].福建轻纺,2015,11:28—29.

越南[J].中华纸业,2015,22:30.

覃丽芳.越南海洋电力业发展研究[J].南宁职业技术学院学报,2015,06:28—31.

李富兵,张茂荣,白羽,王建忠.越南能源战略发展趋势及启示[J].中国矿业,2015,S2:9—11
+24.

覃丽芳.从VINASHIN看越南现代造船业的发展[J].广西民族师范学院学报,2015,06:
57—61.

TPP下的越南纺织[J].纺织服装周刊,2013,41:27.

2.4 交通运输业

老海.新加坡:岛国交通四通八达[J].交通与运输,2015,01:70.

单慧钢.新加坡的交通状况之印象[J].中国自行车,2015,02:86—91.

公交之星新加坡[J].国际人才交流,2011,04:46—47.

李忠东.新加坡"治堵"有方[J].检察风云,2014,13:56—57.

熊宗鹏.浅谈北京出租车行业的法律规制——以泰国的客运及爱尔兰的出租行业改革为视角
[J].法制与经济(下旬),2012,12:80—81+83.

肖坤冰.铁路、边境与现代性——以20世纪初期滇越铁路上的边境口岸"河口"为中心的考察
[J].西南民族大学学报(人文社会科学版),2013,09:9—13.

张晓.缅甸皎漂港(Kyaukpyu Harbour)概况及进港航法[J].航海技术,2013,04:8—10.

李博.泛亚铁路东盟通道建设的政治战略意义[J].滇西科技师范学院学报,2015,04:29—33.

郭盛.2011东南亚港口物流通道的经济与物流环境分析[J].物流工程与管理,2012,01:
50—51.

聂永有,赵蕾.中国对东南亚地区的地缘战略重构与区域政治、经济价值提升——基于构建泛

亚铁路网的构想[J].学术研究,2012,03:46—51.

王海志,左倩飚,翟恭娟,谭政红.新建中缅铁路通道运营模式研究[J].铁道运输与经济,2012,06:86—90.

杨斌.东南亚干散货海运价格影响因素研究[J].中国港口,2012,12:45—48+27.

曹刚,蒋韵尔.东南亚航空市场简析[J].科技创新导报,2015,27:252—254.

陈飞儿,左志维,冯桂.东南亚航运通道安全合作机制研究[J].重庆交通大学学报(社会科学版),2015,01:19—23.

柬埔寨成为东南亚航空业增长最快国家[J].时代金融,2015,10:51.

中国农业银行国际金融部课题组.泛亚铁路的意义、困境及市场机遇研究[J].农村金融研究,2015,06:18—22.

张燕.东南亚航空市场整体低迷新加坡航空公司因何"一枝独秀"?[J].中国经济周刊,2015,32:72—73.

赵巍.东南亚低成本航空的扩张经验[J].空运商务,2014,08:52—56.

漆辉荣,王跃茹.新加坡地铁市场概况[J].国际工程与劳务,2014,08:36—37.

新加坡:土地开发和交通规划紧密结合[J].运输经理世界,2011,05:94.

林晓言,丁伟,陈小君.中国—东盟快速铁路通道与泛亚铁路运输联盟研究[J].天津大学学报(社会科学版),2012,02:111—117.

余元玲.中国—东盟交通运输合作机制研究[J].甘肃社会科学,2012,04:170—173.

陈秀莲.中国—东盟运输服务贸易一体化的现状、水平与发展前景[J].国际贸易问题,2012,08:66—79.

张英福.中国—东盟合作背景下广西沿海港口物流发展对策研究[J].现代商业,2012,22:60—61.

李国章.东盟海运物流业加快互联互通[J].港口经济,2012,07:23.

云南与东盟共推区域航空发展[J].空运商务,2012,18:27.

王欢.面向东盟的港口物流标准研究初探[J].企业科技与发展,2012,24:3—4.

王喆,王玮.中国企业参与柬埔寨某铁路建设项目开发模式研究[J].工程管理学报,2012,06:75—80.

Aksornsri Phanishsarn,王浩.东盟经济共同体与中国—东盟地区的互联互通——中国在该地区铁路计划的案例研究[J].东南亚纵横,2014,10:45—47.

周方冶.中泰铁路合作:21世纪海上丝绸之路建设的探路者[J].中国远洋航务,2015,02:46—47.

户佐安,邵玉华,罗星星.云南—东盟口岸通关便利化研究[J].综合运输,2015,01:88—93.

林子荣.我国港口航运业发展与中国—东盟双边贸易的互动关系研究[J].广西社会科学,2014,11:42—47.

隋博文,傅远佳.中国—东盟海上互联互通:现实考察与对策设计[J].对外经贸实务,2015,01:28—31.

林智荣,覃娟.中国—新加坡经济走廊交通基础设施建设探析[J].东南亚纵横,2015,01:26—35.

郭元丽.昆曼公路贸易运输一站式服务模式研究[J].中国市场,2015,11:116—117.

田圆.中国—东盟航空运输自由化的影响分析及对策[J].港口经济,2015,07:46—48.

方妍.中国高铁出口东盟的机遇与挑战[J].商,2015,25:110.

付子晴,康灿华.21世纪海上丝绸之路——中国—东盟航线贸易发展空间研究[J].经济研究参考,2015,38:86—95.

沈澜.中国西部铁路系统的研制:泰国——成都进一步发展关系的机会[J].现代经济信息,2015,20:347+349.

谢昕.面向中国—东盟自由贸易区的云南临空经济发展分析[J].中国城市经济,2011,09:67+69.

谷人旭,卫柯洁.中国东盟国际口岸空间运输优化布局研究[J].同济大学学报(自然科学版),2011,07:1093—1098.

张天悦,林晓言.中国—东盟铁路通道建设的思考[J].铁道运输与经济,2011,10:7—9+13.

李照国,王婷.福建省港口物流与福建—东盟贸易协同发展研究[J].物流工程与管理,2015,11:60—61+54.

中国—东盟海事共商加强船员权益保护[J].航海教育研究,2013,04:28.

赵明龙.铺就面向东盟连接西南中南地区交通战略支点的几个问题[J].经济与社会发展,2013,05:13—16.

阮思阳,王关宁,文婉明,徐佳宁,许柯鑫.中国中东部省份(武汉)—泰国(曼谷)便利运输物流通道研究[J].广西大学学报(哲学社会科学版),2013,03:5—11+18.

2015年东盟单一航空市场的挑战[J].时代金融,2014,10:50—51.

从新加坡航展看东盟航空需求[J].时代金融,2014,13:46—47.

赖文光,王静改.克拉运河计划影响分析[J].港口经济,2014,10:18—21.

崔艳萍1,马欣然2.大湄公河次区域铁路联盟发展的探讨[J].铁道运输与经济,2015,08:69—73.

刘丹.中日竞投印尼高铁的焦点及启示[J].国际融资,2015,11:37—40.

中印合作兴建高速公路[J].建筑,2012,23:64.

谊南.马来西亚航空公司:新挑战新对策[J].空运商务,2012,04:37—39.

Jeremy Torr,孙立.马航航空工程公司将何去何从[J].航空维修与工程,2015,01:29.

金刚.从新加坡航空公司看学习型组织与建设[J].中国民用航空,2014,02:73—74.

汪思祎.新加坡航运税制现状及对中国(上海)自由贸易试验区建设的启示[J].水运管理,2014,07:6—8.

孙建军,胡佳.欧亚三大港口物流发展模式的比较及其启示——以鹿特丹港、新加坡港、香港港为例[J].华东交通大学学报,2014,03:35—41.

新加坡公交将改革推行"政府外包模式"[J].人民公交,2014,06:110.

储昭根.新加坡自由港的成功之道[J].中国经济报告,2014,07:107—109.

漆辉荣,王跃茹.新加坡地铁市场的发展前景[J].国际工程与劳务,2014,09:37—38.

张小宁.新加坡和香港的经验及启示[J].交通与港航,2014,03:11—12.

王洛.新加坡再增航运业税务支持[J].珠江水运,2012,07:40—41.

郑明,黄上智.新加坡海事界眼里的中华传统帆船[J].中国远洋航务,2012,06:86—87.

廖奎.新加坡港口物流业发展对钦州市的启示[J].经济研究参考,2012,23:57—59.

郑晓俊.新加坡交通文化对我国公交文化建设的启示[J].交通运输部管理干部学院学报,2012,02:16—18.

郑晓俊.新加坡以人为本的高品质公共交通体系剖析[J].综合运输,2012,08:70—75.

李远.新加坡航运法律人才培养模式对上海国际航运中心建设之启示[J].中国水运(下半月),2012,11:33—35+6.

杨翠萍.对上海港、香港及新加坡港成功的原因探析与比较[J].黑龙江科技信息,2012,30:152.

师城.新加坡的港口物流[J].港口经济,2012,10:28.

邓珊.新加坡国际航运中心法律服务体系研究[J].东南亚纵横,2012,11:10—15.

吴厌.新加坡港口物流业发展的经验及启示[J].港口经济,2012,12:45—47.

张辰.新加坡机场群对我国一市多场建设的启示[J].空运商务,2013,02:42—44+61.

邱爱军,王瑾,李赟.新加坡城市交通管理经验及启示[J].中国经贸导刊,2013,06:56—57.

郭湖斌.新加坡建设国际航运中心的经验借鉴与启示[J].物流科技,2013,06:17—21.

樊建强.以新加坡模式为参考规划城市交通低碳发展[J].环境保护,2013,11:77—78.

冯新毅.新加坡道路交通管理特色及启示[J].特区实践与理论,2013,03:59—63.

王定跃.新加坡"花园城市"之路及参照[J].特区实践与理论,2013,03:64—67+70.

陈景斌,张婕姝.中国、中国香港、新加坡船舶登记注册环境比较[J].水运管理,2013,08:7—10.

新加坡自由港竞争之道:开放·高效·低税负[J].珠江水运,2013,16:63.

王成宝.新加坡PSC检查特点[J].中国船检,2013,09:91—93.

任晓栋.新加坡陆路交通规划的发展[J].交通与运输,2013,05:38—40.

张劲松.新加坡出租汽车的行业管理[J].城市公用事业,2013,04:17—18.

高立,韩洁.新加坡城市交通启示[J].宁波经济(财经视点),2013,11:52.

朱昱豪,吕青青,魏纲.杭州与新加坡城市交通治理对比研究[J].现代城市,2015,01:40—43.

新加坡如何应对票价上涨[J].人民公交,2015,06:111.

周千又.基于模糊综合评价的上海港、新加坡港和香港港比较研究[J].商,2015,16:268.

高歌.上海港和新加坡港比对分析研究[J].经营管理者,2015,17:137.

祝捷,冼先品,朱虹.新加坡海事信托融资模式及对我国的启示[J].长春工程学院学报(社会科学版),2015,02:64—66.

朱倩.新加坡陆路交通管理局在公交汽车服务中的职责[J].人民公交,2015,10:110—111.

黄国诚.新加坡海工领先四因素[J].港口经济,2011,01:21.

韩笋生.新加坡地铁建设决策的过程与启示[J].城市观察,2011,01:86—93.

曹允春,丁丽.新加坡货运航空公司的社会营销策略研究[J].空运商务,2011,10:44—48.

程宜祥.新加坡、香港机场特许经营的财务视角分析[J].中国民用航空,2011,05:15—17.

沈华.感受新加坡陆上公共交通[J].运输经理世界,2011,07:74—75.

新加坡航低成本的启示[J].中国民用航空,2011,08:4.

孙立.腾飞的新加坡航空产业[J].航空维修与工程,2011,05:15.

段里仁,毛力增.从交通文化角度看新加坡精细化交通的启示[J].综合运输,2011,11:74—78.

胥苗苗.新加坡的国际航运中心战略[J].中国船检,2013,12:37—39.

陈."一带一路"之高铁外交——以泰国为例[J].决策探索(下半月),2014,11:46—47.

差隆波,竹西.泰国、中国、老挝铁路合作如何实现"三赢"?[J].博鳌观察,2015,01:42—44.

兰洋."克拉运河"开通对中国未来的影响分析[J].港口经济,2015,02:21—22+30.

杨艳.浅谈竞争中的沈阳—泰国航线及南航竞争策略分析[J].空运商务,2015,05:46—48.

高铁见闻.泰国铁路之争[J].中国报道,2015,07:93.

曹文振,黄微滋.中国海洋强国战略视野下的泰国克拉运河修建探析[J].亚太安全与海洋研究,2015,05:67—83+127.

刘云.论"高铁换大米"模式的变通与创新[J].国际工程与劳务,2014,06:30—32.

唐奇芳.泰国高铁:开启互联互通的智慧之门[J].新产经,2014,09:76—77.

郭凌崧.曼谷的道路交通与泰国摩托车发展特点[J].小型内燃机与摩托车,2012,02:91—95.

李幼萌.积极进取的东南亚发展中国家港口[J].港口经济,2012,09:59—60.

袁天昂.略谈滇越铁路对云南近代经济的影响——写在滇越铁路通车103年之际[J].时代金融,2013,10:66—67.

泰国:信息化助公路运输提速[J].安全与健康,2011,20:20.

郑锐.西南港口与越南港形成跨国界港口群可行性研究[J].物流工程与管理,2014,04:78—79.

覃丽芳.越南海洋交通运输业发展研究[J].东南亚纵横,2014,05:30—34.

徐文.越南交通印象[J].交通与运输,2014,05:61—62.

杨杨.滇越铁路对近代云南社会经济的影响[J].毕节学院学报,2013,02:123—128.

范宝玉.越南航空公司提升服务质量的营销策略研究[J].经营管理者,2013,09:282.

张波,王益良,王常红,金雁.中越红河跨国航运复航通航条件研究[J].中国水运(下半月),2012,03:7—9+11.

褚丽虹.关于越南铁路项目援外培训工作的几点认识和思考[J].现代商业,2012,28:82—83.

胡敬佩,徐剑华.自由贸易协定推动中国—越南集装箱航运快速增长[J].中国港口,2011,08:49—50.

樊一江.交通互联互通:共建"一带一路"的先行官[J].世界知识,2015,11:13.

陈邦贤.滇缅公路[J].中国公路,2015,17:36.

滇越铁路[J].博鳌观察,2015,04:96—117.

印度高速公路支撑"湄公河—印度走廊"[J].中国公路,2012,12:22.

杨举明.对中老铁路主要选线原则的探讨[J].高速铁路技术,2012,05:67—70.

郑斌,汤伊琼,廖慧敏.缅甸仰光港集装箱码头发展概述[J].中国港口,2013,01:62—63.

詹姆斯·林奇,詹姆斯·莱瑟,约翰库尼,周璞芬.缅甸交通运输业评估[J].国际研究参考,2013,03:28—35.

周荆展,宿硕.中国与缅甸铁路交通运输合作的新思考[J].云南开放大学学报,2014,02:75—80.

詹姆斯·林奇.缅甸交通业的投资和发展现状[J].广西质量监督导报,2014,07:30—32.

本刊.中缅铁路项目搁浅探因[J].时代金融,2014,28:43.

李景香.缅甸的"雷"人交通[J].国际市场,2011,01:55.

殷缶,梅深.中老缅泰共商澜沧江—湄公河航运发展[J].水道港口,2011,05:345.

韩继伟.重开史迪威公路的战略意义[J].改革与战略,2011,11:50—52.

崔巍.国民政府的外交努力与滇缅公路的修建[J].江海学刊,2013,06:171—177.

陈秀莲.中国与东盟国家运输服务贸易竞争力的比较和提升的对策建议[J].国际贸易问题,2011,01:63—71.

新加坡国际物流中心启示录[J].中国物流与采购,2012,03:56—59.

翁华斌.新加坡物流启示[J].广西经济,2011,05:46—47.

王欢,马庭瑞.中国与新加坡冷链物流标准对比研究[J].标准科学,2015,11:22—25.

罗圣荣,林素芳.东盟经济共同体视角下的泰国物流业[J].广西民族师范学院学报,2012,06:
　　35—38.

刘子义,李倩.19世纪初期越南南圻地区运河开凿活动——以永济河为中心[J].广西民族师
　　范学院学报,2013,06:43—47.

李峻杰,纪宗安."国际视野下的中西交通史研究"学术研讨会暨《朱杰勤文集》首发式纪要[J].
　　中国史研究动态,2011,04:49—52.

周运中,汉代中国与南亚航路新考[J]南洋学报,2013,67:25.

2.4.1　旅游业

杨雄,张敬畅.探索创建"大三亚与南海国际旅游圈"旅游景区发展战略研究[J].旅游纵览(下
　　半月),2014,08:246—248+252.

孙静,范士陈.南海旅游资源开发的制约因素及其对策研究[J].经济师,2014,03:216+218.

江曼,范士陈.南海旅游资源开发模式初探[J].当代经济,2014,18:26—27.

邓颖颖.以海洋公园为合作模式促进南海旅游合作[J].海南大学学报(人文社会科学版),
　　2014,03:43—49.

李石斌,陈扬乐.南海无居民海岛旅游开发利用现状与对策研究[J].佳木斯教育学院学报,
　　2014,05:429—430.

吴大伟.东盟与中国之间旅游的新机遇[J].社会科学家,2013,S1:25—26.

陈俊安.中越边境地区旅游景区跨境营销合作研究[J].大庆师范学院学报,2013,05:49—52.

宫斐.基于PEST分析的"广西北部湾—东盟"邮轮旅游发展研究[J].东南亚纵横,2015,05:
　　16—19.

苏枫.探索北部湾邮轮旅游圈的构建[J].中国商贸,2014,11:141—142.

朱锦晟,穆莉莉.中泰乡村旅游比较研究——以中国龙脊梯田与泰国黎敦山发展项目为例[J].
　　桂海论丛,2013,03:71—74.

赵明龙.中国南方与东南亚南亚:壮泰族群旅游圈建设构想[J].文山学院学报,2015,S1:
　　113—122.

梁珍铭,李亚,刘敏,黄璐.东南亚旅游景观形成背景条件及特点分析[J].对外经贸,2012,01:
　　48—50.

李雪岩.关系营销视角下的东南亚游客入桂游之人文优势分析——东南亚游客入境游服务贸
　　易品牌战略研究系列之三[J].广西民族研究,2012,02:168—177.

闫红霞.跨界旅游:文化共生视野下的中国与东南亚[J].社会科学家,2012,08:72—75.

罗文标.东南亚的中国游客市场特征及其影响分析[J].湖北广播电视大学学报,2012,11:
　　85—86.

程瑶,陈玲宇.东南亚旅游产业合作思考[J].现代商贸工业,2013,04:75—76.

罗文标.浅析东南亚养生旅游客源市场开拓措施[J].中国市场,2013,25:63—64+89.

李永芬.东南亚入境旅游发展现状浅析[J].现代商业,2011,15:153—155.

黄凌.东南亚天堂"马尼拉"一瞥[J].资源再生,2011,07:68—70.

米飞飞.老挝,地球上最后的香格里拉[J].环境,2011,10:68—71.

陈建国,黄兰喋.东南亚民俗旅游对广西旅游发展的启示[J].商业文化(下半月),2011,12:354.

王坤.基于分形理论的东南亚旅华客流空间结构演变研究[J].东南亚纵横,2011,12:52—56.

伍鹏.柬埔寨旅游业发展现状与拓展中国客源市场的对策[J].北方经济,2014,05:92—93.

高伟雯,陈金华,李秋璞.东南亚海岛旅游安全管理研究[J].东南亚纵横,2014,09:22—27.

陈军军,支国伟.柬埔寨旅游资源分析[J].旅游纵览(下半月),2015,02:223.

陈军军,支国伟.柬埔寨旅游投资环境分析[J].旅游纵览(下半月),2015,02:184.

王家荣,陶颖."孟中缅印经济走廊"背景下的中缅旅游业合作发展研究[J].现代物业(中旬刊),2015,01:37—39.

马伟龙.基于引力模型的东南亚国际旅游经济联系度研究[J].黑龙江生态工程职业学院学报,2015,05:19—21.

余宏婧,孙山.泰国旅游业发展现状与优化策略研究[J].旅游纵览(下半月),2015,10:122—123.

Sharon Foo.东南亚主要出境旅游市场[J].社会科学家,2013,S1:62—63.

邓颖颖.21世纪海上丝绸之路建设的有效路径:中国—东盟旅游合作[J].东南亚纵横,2015,10:15—21.

贺云翱.丝绸之路考古表明:没有一种文明是可以孤立持续发展的[J].大众考古,2013,04:1.

郑灵飞,刘晶晶.基于价值主张理论的城市旅游形象定位研究——以新加坡和香港为例[J].华中建筑,2013,11:132—135.

吕本勋.东盟五国赴中国大陆旅游市场分析与开拓研究[J].广西民族大学学报(哲学社会科学版),2013,06:108—111.

叶莉,陈修谦.基于旅游竞争力评价的中国与东盟国家旅游贸易互动分析[J].经济地理,2013,12:177—181.

孔志坚.缅甸旅游业发展现状、问题及其前景[J].东南亚南亚研究,2013,04:55—58+109.

RoloCanizal.菲律宾的旅游新产品开发[J].社会科学家,2013,S1:37—39.

伍鹏.新加坡会展旅游业(MICE)发展的优势和成功经验[J].东南亚纵横,2012,01:24—28.

欧钟慧,贾桂康.东盟国家生态旅游资源发展浅析[J].旅游纵览(行业版),2012,01:180—182.

朱平华.中国西南—东盟无障碍旅游圈构想下的广西旅游发展策略[J].经济与社会发展,2012,01:8—11.

卢小金.关于广西开发东盟旅游客源市场的思考[J].市场论坛,2012,04:23—25.

李雪岩.顾客关系管理与我国入境游服务贸易品牌路径探索——以越南游客入境广西游为例[J].农业现代化研究,2012,03:350—353+371.

邓敏.桂林与东盟旅游合作对策研究——基于国家旅游综合改革试验区的研究背景[J].中国商贸,2012,13:184—185.

黄丹.柬埔寨入境旅游市场分析[J].旅游纵览(行业版),2012,03:25—26.

宋一兵,夏斌.东盟区域旅游可持续发展战略研究[J].技术经济与管理研究,2012,06:120—123.

雷君.中国游客在泰国的旅游行为分析——以泰国清迈府为例[J].企业科技与发展,2012,12:

166—167.

程成,栾坤,何政.中国—东盟区域旅游一体化机制探析[J].特区经济,2012,07:155—157.

秦艳萍.广西与东盟旅游市场开拓的深度合作研究[J].沿海企业与科技,2012,04:75—78.

邹蓉,明俣.海南与东盟热带海滨旅游竞争力比较研究——基于中国客源市场的视角[J].宏观
经济研究,2012,07:87—92+100.

韩女子,徐小文.沙捞越:非一般的马来西亚[J].防灾博览,2012,04:76—83.

吴崇伯.印度尼西亚旅游业发展及其与中国在旅游业的合作[J].广西财经学院学报,2012,04:
7—11+40.

苏必庆.广西旅游:东盟客源市场待拓展[J].世界热带农业信息,2012,07:9—10.

吕兢.中越边境旅游发展的 PEST 分析[J].东南亚纵横,2012,07:18—22.

巫楠.中国—东盟民俗风情旅游区基本情况分析[J].旅游纵览(下半月),2012,07:29—30.

宋雅楠.澳门、新加坡博彩旅游产业竞争力比较研究[J].特区经济,2012,10:146—148.

梁金兰.新加坡医疗旅游发展研究[J].东南亚纵横,2012,10:55—57.

曹丽,刘治福.加强中国与东盟旅游产业合作对策研究——基于当前国际背景下旅游合作在区
域经济一体化中的重要性视角[J].东南亚纵横,2012,10:63—66.

方世巧,马耀峰,李天顺.中国边境省份的邻国入境旅游与进出口贸易关系实证分析——以广
西—越南为例[J].广西社会科学,2012,10:56—60.

冯娴慧,戴光全.博览会的举办对城市旅游发展的影响——以中国—东盟博览会为例[J].生态
经济(学术版),2012,02:170—172.

罗文标.中国与东盟开展区域旅游合作的发展建议[J].湖北社会科学,2012,12:103—106.

赵雪松.面向东盟的云南省旅行社电子商务发展策略研究[J].现代商业,2012,34:62—63.

孙根年,周露.日韩东盟 8 国入境我国旅游与进出口贸易关系的研究[J].人文地理,2012,06:
87—94.

张娟,刘宏盈.南宁市越南旅游市场拓展研究[J].广西民族大学学报(哲学社会科学版),2012,
06:111—116.

杨亚非,覃海珊.北部湾经济区推进中国与东盟深化旅游合作探析[J].新西部(理论版),2012,
Z5:13+19.

李菲.面向东盟的广西旅游电子商务网站资源整合策略[J].电子商务,2014,01:24—25.

张海琳.跨文化融合——广西在中国东盟无障碍旅游区中的作用[J].现代交际,2014,01:117
+116.

李雪岩.关系市场视角下的东南亚游客入滇游之人文优势分析[J].生态经济,2014,02:170—
175+179.

陈斯雅."快车"畅通中国—东盟"无障碍游"[J].当代广西,2014,03:38—39.

阳亚妮.略论泰国甲米府旅游业可持续发展[J].吉林省教育学院学报(上旬),2014,04:
113—114.

丁苗苗.新加坡博彩业发展状况与我国博彩旅游发展的前景规划[J].旅游纵览(下半月),
2014,04:124+126.

阳亚妮.略论旅游业对泰国经济发展的作用[J].吉林省教育学院学报(下旬),2014,04:
147—148.

卢忠,朱奇志.共生理论视角下广西—东盟旅游合作研究[J].广西大学学报(哲学社会科学

版),2014,01:8—11+16.

马骅.广西—东盟旅游合作协调机制构建研究[J].广西大学学报(哲学社会科学版),2014,01:12—16.

赵泽旭,鲁晓丽,白杨.海南国际旅游岛与东盟的物流合作研究[J].物流科技,2014,05:82—84.

范恒君.构建广西—东盟无障碍旅游圈合作平台的思路及运行机制研究[J].旅游纵览(下半月),2014,05:150—151.

演莉.广西东盟旅游服务贸易提升策略研究[J].特区经济,2014,06:177—179.

彭娉婷.新加坡旅游业发展的现状及前景分析[J].商场现代化,2014,13:127.

朱环.中国—东盟无障碍旅游区旅游人才培养策略探讨[J].广西师范大学学报(哲学社会科学版),2014,03:146—150.

严力.东盟旅游业发展及其对福建的借鉴价值[J].发展研究,2014,07:99—100.

吕本勋,颜思嘉.泰国入境旅游市场的发展与特征研究[J].东南亚纵横,2014,06:17—20.

麻新华,舒小林.中缅旅游合作现状及前景探讨[J].东南亚纵横,2014,06:38—42.

覃小华,甘永萍.新丝绸之路建设背景下广西与东盟旅游合作发展研究[J].东南亚纵横,2014,08:9—12.

朱环."丝绸之路经济带"旅游发展对策——基于中国—东盟无障碍旅游区构建视野[J].开发研究,2014,03:46—49.

裴绰.广西对东盟旅游服务贸易发展策略研究[J].商,2014,20:153.

马剑平.北部湾经济区旅游产业如何升级[J].世界热带农业信息,2014,09:24—25.

胡爱清.东盟区域旅游竞争力分析[J].东南亚研究,2014,05:35—44.

朱莉.中国—东盟视域下广东生态旅游探析[J].南方论刊,2014,11:16—18.

吕本勋,颜思嘉.泰国入境旅游市场时空结构研究——基于2008—2013年数据的分析[J].广西民族大学学报(哲学社会科学版),2014,05:109—113.

曾巍,许海平.中国—东盟自由贸易区背景下海南旅游业的发展研究——基于东盟客源市场的分析[J].河北科技大学学报(社会科学版),2014,03:15—21.

刘小滨,彭若木.旅游业推动下的泰国城镇化管窥——基于文化复兴视角[J].成都大学学报(社会科学版),2014,04:89—92.

吴蓓.当今泰国旅游经济持续发展因素初探[J].物流工程与管理,2014,10:128—130.

宋丽莉.中国发展医疗旅游的条件研究——泰国、新加坡、印度、菲律宾与中国的对比研究[J].经营管理者,2014,30:184—185.

王睿,郑雅婷,普美云.深化滇缅旅游合作的对策建议[J].对外经贸,2014,09:28—30.

马兰.马来西亚休闲观光游[J].中国乡镇企业,2013,01:83—84.

刘薇.中国—东盟自贸区的建立对中国旅游服务贸易的影响[J].江苏科技信息,2013,02:1—2+8.

姚国章,黄俐,王星.新加坡旅游业信息化发展研究[J].南京邮电大学学报(社会科学版),2013,01:45—50.

卢小金.广西如何拓展东盟旅游服务出口市场的探讨[J].对外经贸实务,2013,02:86—88.

罗文标.马来西亚旅游业快速发展的政策因素及启示[J].商业时代,2013,10:114—116.

陈丽珍.泰国对中旅游业的历史回顾与现状分析[J].经营管理者,2013,08:42.

焦健,李灿.越南入境旅游服务贸易发展思路探究[J].南宁职业技术学院学报,2013,03:
　　29—32.

李颖,方兴.面向广西——东盟的区域旅游电子商务系统分析与设计[J].电子商务,2013,07:
　　24—25.

吕本勋,李冲.泰国旅邕留学生旅游信息搜索行为研究[J].市场论坛,2013,03:81—83.

程成.东盟旅桂热点城市及其空间转移态研究[J].经济地理,2013,06:176—181.

黄安民,韩光明.泰国赴华旅游市场现状及发展趋势研究[J].华侨大学学报(哲学社会科学
　　版),2013,02:46—53.

黄云清.马来西亚,如梦的异国风景[J].南方国土资源,2013,07:62—65.

孙大英,罗虹,李伟山.马来西亚旅华市场及发展策略研究[J].东南亚纵横,2013,06:29—34.

钟珂.中国—东盟自由贸易区建立背景下的广西与越南旅游发展机遇与展望[J].东南亚纵横,
　　2013,06:35—39.

石洪斌.论泰国旅游市场发展趋势[J].旅游纵览(下半月),2013,08:62—63.

爱丽.泰国旅游业对泰国经济发展的影响[J].商场现代化,2013,14:122—123.

侯志强,方旭红,朱翠兰.中国大陆游客对泰国旅游感知研究——基于网络自媒体的内容分析
　　[J].华侨大学学报(哲学社会科学版),2013,03:14—22.

叶莉.互动视角下的中国—东盟六国与欧美六国国际旅游竞争力评价[J].广西大学学报(哲学
　　社会科学版),2013,04:5—10.

李嘉欣.菲律宾劫持人质事件对出境旅游的启示[J].商业文化(下半月),2011,01:303—304.

梁涛.论广西跨文化旅游发展的符号化诉求——基于东盟游客感知的视角[J].广西民族大学
　　学报(哲学社会科学版),2011,01:109—113.

朱环.广西参与中国—东盟无障碍旅游区建设策略与方案探讨[J].东南亚纵横,2011,01:
　　32—35.

李秋月.柬埔寨旅游业发展现状及分析[J].中国商贸,2011,09:148—149.

方微,郑玉玲,文婷.CAFTA框架下泰国入桂旅游消费者行为调查研究[J].旅游纵览(行业
　　版),2011,03:107—108.

郭满女.新形势下广西旅游拓展东盟市场营销策略探讨——以泰国市场为例[J].特区经济,
　　2011,06:154—156.

杨琳曦.导游管理体制比较研究——以新加坡与中国为例[J].商业文化(上半月),2011,05:
　　237—238.

杨筠,荀关玉.云南省与东南亚国际旅游产业带建设的现状与展望[J].改革与战略,2011,06:
　　120—122+125.

蒋文,彭育俊.基于SWOT分析的广西对东盟旅游服务贸易发展策略研究[J].特区经济,
　　2011,08:131—133.

朱伟霞,韩静雯.突发事件对城市旅游业的影响分析——以菲律宾马尼拉劫持游客事件为例
　　[J].现代商贸工业,2011,13:63—64.

黄爱莲.基于引力模型的中越入境旅游影响因素分析[J].商业研究,2011,09:207—211.

韦雪豫."包容性"理念下的广西—东盟旅游开发合作[J].当代广西,2011,16:44—45.

邹忠全.中国—东盟旅游合作的现状与对策思考——基于中国—东盟《服务贸易协议》视角的
　　分析[J].广西社会科学,2011,08:64—67.

程胜龙.东盟国际旅游市场研究[J].广西大学学报(哲学社会科学版),2011,04:23—27.

蒋文.中国与东盟五国旅游服务贸易竞争力比较研究[J].广西经济管理干部学院学报,2011,03:48—53.

李永芬.马来西亚入境旅游市场浅析[J].经济研究导刊,2011,24:197—199.

邓文志,闻武刚.旅游业中的奇葩:泰国医疗旅游的经验与启示[J].东南亚纵横,2011,09:22—25.

黄爱莲.东盟旅游合作:动力、障碍及机制研究[J].改革与战略,2011,10:109—111+130.

蒋津辉.广西与越南旅游合作发展策略研究[J].企业科技与发展,2011,23:83—85.

马来西亚古城马六甲揽胜[J].中国地名,2011,11:41.

陈红玲,周坤顺.中国—东盟自由贸易区建成新形势下广西与越南旅游合作研究[J].广西大学学报(哲学社会科学版),2011,06:38—42.

罗有亮,田志勇.中国—东盟自由贸易区框架下的云南旅游业发展思考[J].经济问题探索,2011,12:135—138.

段召阳.浅析佛教对泰国旅游业的影响[J].剑南文学(经典教苑),2011,12:208—209+211.

段召阳.泰国影视热趋势对中国赴泰出境旅游的影响[J].中国传媒科技,2011,12:108—110.

赵明龙.中国—新加坡旅游走廊建设研究[J].广西民族研究,2014,05:127—134.

阮淮江.基于"钻石模型"的旅游产业集群培育的可行性研究——以越南北宁省为例[J].旅游纵览(下半月),2014,10:215—217.

高闻雁.成都拓展东盟旅游市场的营销策略研究——以新加坡市场为例[J].旅游纵览(下半月),2014,09:216—217+219.

王海,罗正琴,张辉辉.分析柬埔寨旅游开发的问题及对策[J].旅游纵览(下半月),2014,11:190—191.

廖静娴.中越两国出境旅游合作现状与思考[J].旅游纵览(下半月),2014,08:27—28.

王毓梅.刍议中国—东盟旅游合作的动因和制约因素[J].旅游纵览(下半月),2014,08:53—54.

宋帆.泰国的象文化及旅游资源开发策略研究[J].旅游纵览(下半月),2014,12:168—169.

覃秀红.泰国医疗保健旅游业发展策略研究[J].东南亚纵横,2014,11:57—61.

周淼泉,杨乐霞.中国—东盟背景下崇左旅游中转站基地的建设[J].广西民族师范学院学报,2014,06:77—80.

钟碧云.泰国旅游的趋势分析——中国游客的案例(英文)[J].经济研究导刊,2014,34:235—239.

吕本勋,胡宝华."居客"视角下的旅游城市形象感知与提升研究——以东盟驻邕留学生对南宁旅游城市形象感知为例[J].广西经济管理干部学院学报,2014,04:73—79.

成竹,陈伟.基于国际旅游合作视角的自助旅游目的地比较研究——以云南和越南为例[J].广西经济管理干部学院学报,2014,04:91—98.

陈伟,成竹.云南元阳哈尼梯田世界遗产地旅游发展研究——基于越南沙巴旅游发展模式的对比分析[J].旅游研究,2015,01:22—27.

刘婷婷.广西与越南旅游合作的现状与展望[J].沿海企业与科技,2014,06:60—61+59.

胡晓立.泰国象岛印象[J].照相机,2015,04:58—60.

赵明龙.关于建立中越老泰缅跨境旅游圈的构想[J].东南亚纵横,2015,01:72—78.

老挝旅游业和基础设施建设市场需求旺盛[J].时代金融,2015,10:48.

路会巧.中国—东盟旅游业竞争性与互补性实证分析[J].对外经贸,2015,03:13—15.

钟智全.新形势下广西与东盟旅游合作路径探析[J].东南亚纵横,2015,03:48—52.

陈静茹.中泰旅游服务贸易发展问题研究[J].商,2015,06:112—113.

雅文,刘钟渝.突发事件对泰国旅游业的影响及应对策略分析[J].旅游纵览(下半月),2015,05:195—196.

胜真纳.促进柬埔寨旅游业发展的市场管理措施研究[J].商,2015,14:259—260.

林昆勇.关于中越边境城市构建国际旅游岛的战略思考[J].城市,2015,06:32—35.

马丽君,江恋,孙根年.菲律宾入境中国旅游与贸易对重大事件的响应及相关关系[J].华中师范大学学报(自然科学版),2015,04:623—629.

董海伟.东盟区域旅游竞争力分析:优势、劣势及提升策略[J].东南亚纵横,2015,04:35—40.

胡爱清.区域公共产品视角下的东盟旅游合作研究[J].东南亚纵横,2015,04:41—47.

樊信友,冯氏清贤.中国公民赴越南旅游消费行为调查研究[J].广东开放大学学报,2015,03:101—106.

本刊.泰国旅游业前景喜人[J].时代金融,2015,19:53—55.

本刊.东盟旅游业亟待破题[J].时代金融,2015,19:57.

胡叶子,李瑞萍.旅游类企业和机构微博营销策略研究——以新加坡旅游局官方微博为例[J].新闻传播,2015,12:46—47.

杨芳,陈艳玲,惠亚冰,杨诗源.一带一路背景下的泉州与东盟旅游合作研究[J].经贸实践,2015,07:6—7+10.

林龙飞,凌世华.马来西亚与新加坡旅华客源时空分布对比研究[J].华侨大学学报(哲学社会科学版),2015,04:103—113+140.

本刊.中国—东盟旅游业呈现合作契机[J].时代金融,2015,22:45.

杨青,谢恩晓.云南乡村旅游发展经验对缅甸的启示[J].全国商情(经济理论研究),2015,13:53—55.

赵军干,张雪贤,朱志颖.云南与东盟国家旅游合作现状及其应对措施研究[J].现代商业,2015,24:108—109.

石张宇,周葆华,沈惊宏,朱磊.亚洲九国入境中国旅游与进出口贸易互动关系研究[J].资源科学,2015,09:1871—1879.

张甜颖,何振.中国游客赴泰国旅游满意度研究[J].科技风,2015,18:270.

杨扬,孙磊.印度尼西亚旅游业投资环境分析——基于等级评分法[J].山西农经,2015,06:33—35.

邱萍.入境游——泰国旅游业的学习与借鉴[J].四川旅游学院学报,2015,06:55—57.

陆蓓蓓.新加坡旅游业发展中的政府行为对我国的启示[J].旅游纵览(下半月),2015,10:186—187.

爱莲,俞渊,杨慧月.2014—2016年缅甸旅游业发展分析与展望[J].东南亚纵横,2015,08:31—36.

唐娟.新丝路视阈下加快中越旅游合作区建设初探[J].钦州学院学报,2015,09:87—91.

胡爱清.东盟的旅游从业人员相互认证机制建设[J].东南亚南亚研究,2015,03:44—48+109.

王玮琳,王爱忠.游客文化感知对城市旅游目的地选择的影响研究——以泰国乌汶为例[J].旅游纵览(下半月),2015,11:206—208.

马琳,孙磊,晏世卿.老挝旅游业投资环境分析——基于 PEST 分析法与等级评分法[J].对外经贸,2015,10:16—20.

塔娜.老挝旅游业服务调度及成本研究[J].甘肃科学学报,2015,06:136—140.

周成,冯学钢.泰国旅华市场时空结构与拓展策略研究[J].世界地理研究,2015,04:142—151.

2.4.2 邮电通信

何流.新加坡:从智慧城市"迈向"智慧国[J].中国信息界,2014,12:20—25.

叶伟春.新加坡政府的立国智慧:一场全民参与的智慧行动[J].中国信息界,2014,12:32—39.

王旭.从新加坡邮政看企业转型的路径选择[J].中国邮政,2015,06:44—45.

刘峰,吴德识."互联网+资本"背景下面向东南亚的视听产业融合发展探析[J].广西社会科学,2015,07:42—45.

本刊.越南数字经济发展潜力巨大[J].时代金融,2015,22:46—47.

侯白鸽.东盟数字技术的问题研究[J].商,2015,23:224.

蒋大亮,孙烨,杨钿,任航,陈影影,符跃鑫,张振克.基于百度指数的东南亚国家网络关注度区域差异[J].热带地理,2015,05:708—718.

黄福东.中国网络游戏进入东南亚市场的前景分析[J].特区经济,2011,02:128—129.

张洪芬.泰国邮政发展对中国邮政的启示[J].邮政研究,2011,01:3—5.

陈扬.浅析印度尼西亚互联网的发展[J].东南亚纵横,2011,04:29—33.

黄健红,祁广谋.越南互联网发展状况分析[J].东南亚纵横,2011,06:30—35.

王方,李会欣.马来西亚 ICT 研发集群战略及对福建的启示——以信息产业技术转移为视角[J].福建商业高等专科学校学报,2011,03:84—88.

许翠苹.新加坡无线城市经验谈[J].通讯世界,2011,07:28.

王岫颖.新加坡邮政业务发展策略[J].邮政研究,2011,06:37—38.

董贺.中国电信业投资东盟国家需要注意的问题[J].东方企业文化,2011,23:100—102.

陈胜辉,孙文桂.中国与越南互联网发展比较研究[J].广西青年干部学院学报,2011,06:65—68+81.

王晨曦.越南 ICT 产业发展现状[J].信息化建设,2012,02:56—57.

黄海峰.马来西亚:P1 明确 TD—LTE 三年发展计划[J].通信世界,2012,22:25.

黄海峰.新加坡:M1 部署东南亚首个 LTE 商用网络[J].通信世界,2012,22:25.

徐代鸿.新加坡智慧国建设的经验及启示[J].天津科技,2012,04:57—60.

陈化南.前进中的越南信息通信业[J].卫星电视与宽带多媒体,2012,24:22—23.

王峰,周文帅.中国与东盟国家计算机和信息服务贸易国际竞争力的比较研究[J].亚太经济,2012,06:112—117.

周宾.印度尼西亚通信市场环境[J].中国新通信,2012,22:19—20+23.

孙宏超.新加坡:便捷的电子政务[J].中国经济和信息化,2013,02:75.

新加坡电信实现 LTE 服务全国性覆盖[J].计算机光盘软件与应用,2013,07:4.

赵宁,张锐昕."东盟+3"公共服务网络最佳实践——"公共服务网络效益论坛"会议综述[J].电子政务,2013,06:102—109.

远庭.新加坡通信展上的卫星通信阵营[J].卫星电视与宽带多媒体,2013,14:14—15.

赵从从.菲律宾邮政借力敦豪扩展国际业务范围[J].邮政研究,2013,04:21.

陈红艳.南宁东盟信息服务综合展示平台建设探究[J].企业科技与发展,2013,17:1—3.

印尼电信携手阿尔卡特朗讯支持印尼国家宽带发展[J].电信网技术,2013,09:55.

陈化南.马六甲海峡沿岸国家网络应用之现状[J].卫星电视与宽带多媒体,2013,22:18—21.

孙建昆.新加坡电信:塑造城市的智慧[J].互联网周刊,2013,22:64—66.

钟桂发.大数据时代:构筑中国—东盟博览会新闻信息库的实践与思考[J].中国记者,2014,
    03:40—41.

洪枚.越南的通信产业及服务市场[J].卫星电视与宽带多媒体,2014,02:28—29.

缅甸电信业成为该国最有潜力行业[J].时代金融,2014,10:49.

赵从从.泰国邮政推出当日递服务[J].邮政研究,2014,02:20.

卢素兰.深化中国—东盟电信合作研究[J].市场论坛,2014,06:15—16.

盛立.新加坡智慧城市建设经验探讨[J].信息化建设,2014,08:16—17.

李璐.新加坡亚洲通信展中国军团抢眼借力海外跳台开拓东南亚市场[J].通信世界,2014,17:
    25—26.

阚道远.美国对社会主义国家的网络战略[J].理论学习,2013,09:52—55.

移动卫星电话建立菲律宾救灾通信[J].办公自动化,2013,23:20.

周济礼.越南信息安全建设基本情况[J].中国信息安全,2013,08:98—101.

李加运,徐志惠.马来西亚信息安全建设综述[J].中国信息安全,2013,12:84—87.

2.5 贸易经济

东南亚地区贸易经济

东亚地区反垄断执法最新进展及启示[J].中国价格监督检查,2012,06:13—14.

张显伟,徐毅飞.论制度与实践的背离——以中国—东盟商贸纠纷的解决为分析基点[J].广西
    社会科学,2013,03:84—88.

刘爱英.广西与东盟经贸合作的现状分析与思考[J].广西师范学院学报(哲学社会科学版),
    2013,01:134—138.

杨帆,滕建州.东亚贸易自由化与经济收敛关系研究[J].经济学家,2013,03:24—31.

王娟,孔玉生,侯青.中国对东盟投资与贸易的引力模型分析[J].经济问题,2013,02:
    114—118.

刘志雄,王新哲.中国—东盟产业内贸易测算及影响因素研究[J].商业研究,2013,02:33—38.

谢锐,肖皓.基于技术分类视角的中国—东盟出口结构相似度研究[J].国际经贸探索,2013,
    01:80—89.

黄静.中国—东盟进出口贸易的出口影响因素研究——基于固定市场份额模型(CMS)的分析
    [J].安徽农业大学学报(社会科学版),2013,01:46—50.

方冬莉,李红,程超颖.2012—2013年中国—东盟货物贸易数量分析与预测——年度分析系列
    报告之十[J].东南亚纵横,2013,02:3—8.

孙林,倪卡卡.东盟贸易便利化对中国农产品出口影响及国际比较——基于面板数据模型的实

证分析[J]. 国际贸易问题,2013,04:139—147.

张建中. 中国—东盟贸易、投资与环境协同发展预警机制研究[J]. 广西民族大学学报(哲学社会科学版),2013,02:161—165.

古小松,杨超. 高慢低快:2012—2013 年的东南亚经济——兼谈中国—东盟经贸关系[J]. 亚太经济,2013,02:16—22.

顾剑华,史烽. 基于钻石模型的广西与东盟国际贸易竞争力实证分析[J]. 数学的实践与认识,2013,10:9—15.

李亚波. 中国与东盟国家保险服务贸易竞争力比较研究[J]. 东南亚纵横,2013,04:8—13.

邹春萌. 东盟区域服务贸易自由化程度的定量评析[J]. 亚太经济,2013,03:38—43.

黄慧敏,张亚东. 人民币汇率变动对中国—东盟双边贸易的影响——基于 VAR 模型的实证分析[J]. 广西经济管理干部学院学报,2013,02:1—6+14.

李迎旭,田中景. 日本对东盟直接投资的贸易效应研究[J]. 日本研究,2013,01:12—16.

李江涛. 中国与东盟一体化合作展望:趋同增长与制度建设[J]. 广东石油化工学院学报,2013,03:82—86.

梁晓丹. 从地缘经济学看中国、印度在东盟自由贸易区的竞争[J]. 北京教育学院学报,2013,03:25—30.

马涛. 中国与东南亚新兴市场国家的经贸发展[J]. 中国经贸,2013,01:52—53.

韦倩青. 中国—东盟工业制成品贸易逆差的真实利益探析——基于贸易附加值的测度[J]. 现代经济探讨,2013,07:10—14.

赵立斌. 从全球生产网络的视角看中国与东盟、美国的不平衡贸易[J]. 首都经济贸易大学学报,2013,02:67—75.

聂聆,薛元. 中国与东盟创意商品贸易的互补性与竞争性研究[J]. 国际商务研究,2013,04:38—48.

邹春萌. 东盟区域服务贸易自由化的障碍——从区域合作的视角[J]. 思想战线,2013,03:126—130.

陈光春,蒋玉莲,周柯. 广西—东盟贸易与广西经济增长的关联性研究[J]. 广西社会科学,2013,08:35—38.

张建中. 中国—东盟贸易、投资与环境协同发展生态补偿机制研究[J]. 广西社会科学,2013,07:25—31.

于晓. 中国—东盟经贸合作前景展望[J]. 中国经贸导刊,2013,21:37—39.

周桂荣,孟可佳. 欧盟和东南亚一体化进程及启示——基于商业组织影响力的视角[J]. 区域金融研究,2013,07:49—54.

雷墨. 中国的东南亚新局[J]. 南风窗,2013,15:28—30.

张晓君. 发展中国—东盟关系的对策和建议[J]. 经济,2013,07:124—127.

贾秀东. 中国与东盟经贸新战略[J]. 中国经济报告,2013,03:110—113.

李平,高玉梅,陈庆云. 扩大我国中药材出口东南亚对策措施研究[J]. 云南科技管理,2013,03:20—23.

张建中,夏飞. 中国—东盟贸易、投资与环境协同发展争端解决机制研究[J]. 东南亚纵横,2013,07:32—36.

张彦. RCEP 背景下中国东盟经贸关系:机遇、挑战、出路[J]. 亚太经济,2013,05:56—61.

杨逢珉,张宁.贸易强度对中国与东盟五国经济周期同步性影响的研究[J].经济问题探索,2013,09:63—70.

韦倩青.中国—东盟工业制成品贸易的贸易附加值及其影响因素分析[J].经济问题探索,2013,09:84—91.

侯金莉.美国重返亚洲政治经济战略对我国与东盟贸易影响研究[J].现代商业,2013,23:250—251.

范祚军,陆晓琴.人民币汇率变动对中国—东盟的贸易效应的实证检验[J].国际贸易问题,2013,09:164—176.

方晓丽,朱明侠.中国及东盟各国贸易便利化程度测算及对出口影响的实证研究[J].国际贸易问题,2013,09:68—73.

王士明.中国与东盟制造业产业内贸易分析[J].北方经济,2013,12:37—40.

李光辉.中国—东盟战略伙伴关系与经贸合作十年回顾与前景展望[J].国际经济合作,2013,09:4—6.

姜丽,霍卫.2013年上半年我国与东盟中药贸易分析[J].中国现代中药,2013,09:797—799.

张彦.经济相互依赖视角下中日与东盟经贸关系比较研究(1990—2011)——基于贸易和FDI数据的实证分析[J].经济问题探索,2013,10:118—124.

彦.中国东盟贸易的依赖度与不对称度分析[J].商业时代,2013,29:60—62.

本刊.TPP的前景:东南亚四国的情况[J].时代金融,2015,34:48—49.

郭仪.面向东盟的广西多式联运SWOT分析[J].物流工程与管理,2015,11:25—26.

陈丹妮,常志有.东南亚电商ZALORA市场营销策略探析[J].全国商情(经济理论研究),2015,20:31—33.

李德军,侯莹莹."一带一路"战略构想对中国与东盟经贸合作的影响[J].商场现代化,2015,24:3—4.

赵金龙,赵明哲.CAFTA对中国和东盟六国双边贸易的影响研究[J].财贸经济,2015,12:89—102.

于可利,张艳会,肖绎.紧抓"一带一路"机遇促进我国与东南亚国家再生资源产业合作[J].资源再生,2015,12:28—30.

王洪涛,周莉.中国与东盟文化贸易的竞争性与互补性研究[J].学术论坛,2015,11:129—135.

傅国华,林爱杰,张琪.海南对东南亚八国出口的多层贸易引力研究——基于国家"21世纪海上丝绸之路"战略下海南外贸发展的新思考[J].海南大学学报(人文社会科学版),2015,06:70—77.

姜康,王文君,陈琼,雷锐,柴飞,曹磊.从技术性贸易措施的角度看东盟自贸区全面升级[J].中国标准导报,2015,12:48—52.

胡杨丽,袁永友.海上丝绸之路与"电商东盟"发展对策[J].对外经贸,2015,12:10—12.

陈俊伟,朱恩东.贸易引力模型下人民币汇率波动对贸易量的影响——基于中国与东盟6国贸易的实证研究[J].东南亚纵横,2015,12:13—16.

赵春明.东盟国家间的贸易政策演变及趋势——基于全球与区域经济一体化进程的回顾与分析[J].人民论坛·学术前沿,2014,21:68—73.

程超颖,吕丰.中国—东盟:互利谋共赢[J].中国海关,2014,06:56—57.

莫凡.东盟市场拓展与企业绿色营销[J].市场论坛,2014,09:25—27.

刘洪钟,孙英楠.中、日、韩与东盟自由贸易区贸易扩大效应的比较——基于引力模型的实证分析[J].辽宁大学学报(哲学社会科学版),2015,01:142—147.

刘松竹.推进中国—东盟经贸合作的思路及对策[J].经济纵横,2014,12:16—19.

赵莹,熊朝旭.东盟贸易竞争力比较性研究[J].中国管理信息化,2015,01:183—184.

闫姣姣.浅谈全球化进程中的中国贸易状况——以云南和东盟的贸易现状及政策为例[J].科技资讯,2014,32:227—228.

隋博文,傅远佳.中国—东盟海上互联互通:现实考察与对策设计[J].对外经贸实务,2015,01:28—31.

孙林,蓝昊,钟钰.贸易便利化对中国与东盟区域谷物可获得性的影响:进口贸易流量视角的考察[J].农业技术经济,2015,01:111—119.

林琳,王欣.中国—东盟贸易与投资合作发展研究[J].东岳论丛,2015,01:149—152.

那美君.东南亚主要橡胶出口国竞争力对比分析研究——基于泰国、印尼和马来西亚为主[J].现代营销(下旬刊),2014,12:11.

苏颖宏.东盟五国外国直接投资与制成品出口贸易相互关系分析[J].亚太经济,2015,01:50—53.

褚雪瓶.中国与东盟五国贸易结构变化研究——基于2001—2012年数据的实证检验[J].广西财经学院学报,2014,06:100—103.

叶刘刚,白福臣,尹萌.中国与东盟的贸易变迁:1992—2012[J].东南亚研究,2015,01:33—41.

檀怀玉.云南与东盟贸易流量的实证研究——基于贸易引力模型[J].安徽行政学院学报,2015,01:63—66.

孙英楠,张大为,战岐林.东盟与中日韩自由贸易区的定性比较[J].沈阳师范大学学报(社会科学版),2015,01:63—65.

本刊整理.中国—东盟2014年贸易投资合作回顾[J].时代金融,2015,07:51—52.

秦响应,刘玉娟.人民币汇率波动对我国与东盟六国贸易收支的影响研究[J].经济研究参考,2014,67:17—23+29.

王勤,黄光锋.基于产品内国际分工视角下中国与东盟、美国的贸易失衡[J].经济问题探索,2015,03:148—154.

缪琨.CAFTA对中国与东盟双边贸易的影响——基于引力模型的实证分析[J].天津商务职业学院学报,2014,06:16—19.

陈冰清.中国与东盟商品贸易互补性研究[J].现代经济信息,2015,03:125.

王蔚.福建对东盟机电产品贸易优劣势分析[J].台州学院学报,2015,01:10—14.

王蔚.福建与东盟机电产品出口贸易竞争性分析[J].安徽农业大学学报(社会科学版),2015,02:76—81.

汪艳.中国与东盟服务贸易竞争力的比较研究[J].经济纵横,2015,04:32—36.

魏方.中国对东盟的出口产品品质与区域贸易结构升级[J].现代财经(天津财经大学学报),2015,03:89—98.

施梅超.基于ANOVA的广西东盟对外贸易海上互联互通发展研究[J].物流技术,2015,06:190—193.

国警月,李吉灵.我国对东盟中成药出口贸易现状及对策分析[J].中医药导报,2015,09:49—50+55.

朱俊豪. 跨境电子商务的发展对东盟经济的影响[J]. 求知导刊,2015,07:52—53.

厉英珍,倪伟清. 中国与东盟服务贸易竞争力、服务业开放度比较研究[J]. 浙江树人大学学报（人文社会科学版）,2015,03:28—33.

本刊. 中国—东盟机械贸易增长显著[J]. 时代金融,2015,16:51.

沈国兵,张鑫. 美元弱势调整会造成中国对东盟国家贸易偏转吗？[J]. 南开经济研究,2015,03:19—37.

于婷婷,徐永权. 广西—东盟贸易竞争性与互补性分析[J]. 山东纺织经济,2015,05:12—14.

东南亚棉花消费和进口地位日益显现[J]. 浙江纺织服装职业技术学院学报,2015,02:9.

郭春艳. 广西—东盟文化贸易发展分析[J]. 时代金融,2015,17:85—86.

宁凌,程璐. 中国与东盟贸易提升研究评述[J]. 东南亚纵横,2015,04:65—68.

刘宓雯,苏婧,魏亦然. 东南亚贸易总量及贸易结构分析[J]. 中国经贸导刊,2015,17:7—8+37.

韦柳婷,张晶,曹令丹,周锰珍,石建斌. 东南亚国家跨境电子商务调查研究[J]. 合作经济与科技,2015,14:124—126.

彭继增,柯颖,熊吉陵. 中国与东盟双边贸易中本地市场效应估计——基于1996—2013年面板数据的实证[J]. 金融与经济,2015,07:34—39.

石建斌,韦柳婷,张晶,曹令丹. 东盟越、马、泰三国电子商务案例研究[J]. 现代商业,2015,18:45—46.

郭树华,霍强,储星星. 汇率变动、增长差异对中国与东盟进出口贸易的影响[J]. 商业研究,2015,07:80—85.

余淼杰,崔晓敏. 中国和东盟贸易及产业比较优势研究[J]. 国际商务研究,2015,04:5—15.

中国—东盟服务贸易合作前景广阔[J]. 进出口经理人,2015,08:10.

刘主光,艾雨婷. 东盟国家贸易便利化措施研究[J]. 东南亚纵横,2015,06:3—8.

黄宁. 中国对东盟国家直接投资的出口效应国别差异分析[J]. 东南亚纵横,2015,06:20—25.

闫昊本. "一带一路"背景下广西东盟贸易对GDP贡献的实证分析[J]. 钦州学院学报,2015,08:42—46.

季鹏. 海上丝绸之路背景下福建与东盟贸易潜力分析——基于贸易引力模型的实证研究[J]. 哈尔滨商业大学学报（社会科学版）,2015,04:67—75.

毛琴凤,姚利民. 中国与东盟双边贸易对双边冲突的削减作用研究[J]. 经营与管理,2015,09:73—77.

尹叶青,刘志雄,尹湘源. 中国—东盟双边贸易流量与贸易潜力的实证研究[J]. 物流技术,2015,16:118—122.

王术,喻美辞,王斌会. 东盟对外贸易发展的影响因素及潜力——基于引力模型的实证研究[J]. 广西财经学院学报,2015,04:74—79.

刘主光,艾雨婷. 中国与东盟海关贸易便利化研究[J]. 南宁职业技术学院学报,2015,05:40—44.

吴夕阳. 中国与东盟贸易互补和贸易竞争分析[J]. 现代经济信息,2015,17:138—139.

秦绍娟,霍强,孙鹤. 提升中国与东盟国家经贸合作的构想及对策研究[J]. 经济论坛,2015,09:119—122+136.

刘洪愧,郭文涛,朱鑫榕. 人民币升值对中国与东盟贸易的影响渠道分析——基于结构引力模型的实证研究[J].经济问题,2015,10:85—91.

黄炬猷.广西工业集聚与东盟共同体贸易合作可行性研究——以机电产品为例[J].财经界(学术版),2015,15:29—30.

何敏,郭宏宇,竺彩华.基础设施互联互通对中国东盟贸易的影响——基于引力模型和边界效应模型的研究[J].国际经济合作,2015,09:56—63.

关海青.东南亚产胶国分析 TPP 实施的得失利弊[J].中国橡胶,2015,20:33.

阮思阳,黎冬凌,李宇薇,章颖.中国—东盟贸易便利化实证研究[J].东南亚纵横,2015,08:37—42.

韦蝶青.中国—东盟服务贸易现状、障碍及对策研究[J].柳州职业技术学院学报,2015,05:50—57.

席浩.中国与东盟的产业内贸易分析[J].经营管理者,2015,31:206—207.

赵虎林.中国—东盟双边贸易研究[J].合作经济与科技,2015,22:112—113.

方志玉.基于海上丝绸之路视角的福建与东盟跨境电子商务发展研究[J].对外经贸,2015,10:4—6+39.

廖泽芳,宁凌.21 世纪海上丝绸之路之中国与东盟贸易畅通——基于引力模型的实证考察[J].经济问题,2015,12:1—7.

王艳红,胡燕霞.中国与 APTA 成员国贸易发展依存及对策[J].对外经贸实务,2013,12:48—50.

唐姣美,钟明容."钻石 10 年":中国—东盟服务贸易发展的机遇与挑战[J].东南亚纵横,2013,11:23—27.

谢法浩.东盟国家的 TPP 角色分析[J].东南亚纵横,2013,11:28—31.

刘慧玲.中国—东盟经贸合作:成效、挑战与对策[J].广西社会科学,2013,12:51—55.

仵洋.中国与东盟国家经贸关系研究[J].商场现代化,2013,30:43.

周士新.美国与东盟的经贸关系与前景[J].世界经济与政治论坛,2013,06:13—27.

黄苏苏.中国与东盟多边与双边贸易共存探究[J].中国商贸,2013,33:97—98.

陈春根,应美群,钱静.中国与东盟产业内贸易影响因素实证分析[J].经济论坛,2013,09:10—13.

季剑军.东盟竞争力提升与中国—东盟经贸合作转型[J].宏观经济管理,2013,12:54—55+80.

张颖婕,李安亮.桥头堡建设中云南与东南亚、南亚服务贸易问题研究[J].前沿,2013,18:98—99.

吕余生.深化中国—东盟合作,共同建设 21 世纪海上丝绸之路[J].学术论坛,2013,12:29—35.

余振,葛伟,陈继勇.中国—东盟 FTA 的贸易结构效应——基于 2000—2010 年间制造业面板数据的经验分析[J].经济管理,2013,12:1—10.

孙林,吴莹.中国与东盟区域一体化、合作模式选择与区域粮食储备:以稻米为例[J].江南大学学报(人文社会科学版),2012,01:132—137.

周江亭.东南亚地区在国际金融贸易新格局中的地位[J].现代营销(学苑版),2012,02:11—12.

邓秦阳.中国与东盟的贸易互补与贸易竞争分析[J].知识经济,2012,01:113.

卢增和,梁国庆,许树承.中国对外承包工程在东盟自贸区市场现状及分析[J].市场论坛, 2012,02:21—22.

于克信.论中国西部企业面向东盟国际化经营的战略向量与对策——以云南资源型企业及加 工业为例[J].经济问题探索,2012,01:43—47+112.

徐新华.海南省与东盟多边贸易促进研究[J].发展研究,2012,01:41—48.

周苹,姜雅飞.中国—东盟经贸关系的发展与深化[J].广西财经学院学报,2012,01:11—16.

王玉主.自贸区建设与中国东盟关系——一项战略评估[J].南洋问题研究,2012,01:9—20.

王峰,梁楚云,盛少钦.中国与东盟的贸易逆差:结构、原因与对策[J].经济问题探索,2012,03: 121—128.

李红,李军,方冬莉.2011—2012年中国—东盟货物贸易数量分析与预测[J].东南亚纵横, 2012,03:3—7.

丁媛媛,彭星.中国与东盟双边贸易成本测度、贸易增长分解及影响因素研究[J].经济问题探 索,2012,05:179—184.

陈小茂,姜阳.重庆与东盟经贸发展对策研究[J].经营管理者,2012,08:163.

杨海,李文静.中国与东盟国家出口商品比较优势研究——基于显性比较优势指数的实证分析 [J].东南亚纵横,2012,04:74—79.

丁水法.优化中国—东盟贸易结构的对策探讨[J].现代经济信息,2012,11:5.

欧阳华.中国—东盟贸易结构不平衡及对策研究[J].开放导报,2012,03:62—65.

汤碧.中国—东盟博览会可持续发展问题探析[J].经济问题探索,2012,07:13—16+32.

王丰.中国—东盟区域贸易发展实证分析——基于贸易引力模型[J].现代商贸工业,2012,16: 64—66.

周金城.中国—东盟服务贸易发展的现状及战略选择[J].东南亚纵横,2012,05:18—21.

邹春萌,林珊.中国—东盟服务贸易自由化程度的评估与分析[J].亚太经济,2012,04:60—65.

王鑫.广西对东盟国家贸易战略研究[J].中国商贸,2012,18:199—200.

刘永华.我国八角出口东盟国家市场现状与产业发展对策[J].南方农业学报,2012,06: 891—894.

周金城,陈乐一.中国—东盟服务贸易的互补性与竞争性研究[J].经济问题探索,2012,10: 107—111.

李显戈,孙林.中国对东盟出口增长的二元边际分析[J].财经论丛,2012,05:3—8.

吴燕,邓荣荣.中国与东盟国家产业内贸易研究——基于面板数据随机效应模型的分析[J].国 际经贸探索,2012,09:15—24.

余芳琼.东向政策框架下的印度与东盟经贸关系[J].亚太经济,2012,05:60—64.

马敏象,尚晓慧,叶琳.云南省面向东盟开展国际技术转移对策研究[J].生态经济(学术版), 2012,02:147—149+152.

刘园,韩斌.人民币实际有效汇率和对外贸易收支的关系——基于中国与东盟5国贸易的实证 研究[J].当代财经,2012,11:101—109.

颜蔚兰,赵菊花.制成品产业内贸易与经济增长的协整分析——以中国与东盟五国为例[J].全 国商情(理论研究),2012,20:5—6.

田琦.促进中国和东盟制造业产业内贸易的对策和建议[J].现代经济信息,2012,24:160.

罗春红.云南与东盟贸易特点分析[J].中国商贸,2012,35:182—183.

刘语臻.中国—东盟出口结构相似度的研究[J].湖南商学院学报,2012,06:25—31.

朱执.中国—东盟经贸合作关系研究[J].经济与社会发展,2012,12:49—51+61.

董国娟,常昊.中国与东盟贸易互补及竞争[J].辽宁科技大学学报,2012,05:516—519+523.

蒋和平.自由贸易区背景下广西与东盟经贸发展的效应、现状及对策[J].生产力研究,2011,01:129—131.

柳丹.中国—东盟产业内贸易研究[J].中国商贸,2011,02:209—210.

赵春明,吕洋.中国对东盟直接投资影响因素的实证分析[J].亚太经济,2011,01:111—116.

陈敏.中国—东盟贸易自由化对我国农产品出口的影响及对策[J].特区经济,2011,01:232—233.

缪文学.加强中国—东盟经贸关系促进广西经济发展[J].玉林师范学院学报,2011,01:31—34.

范爱军,李菲菲.山东省对东盟贸易流量研究——基于引力模型的实证分析[J].东岳论丛,2011,02:138—142.

陈文.建设互联互通东盟凸显大国平衡外交——东盟2010年内外合作分析[J].东南亚纵横,2011,02:15—22.

姜文辉,郑慕强.浅析东盟五国的对外贸易与产业结构演进[J].东南亚纵横,2011,02:27—30.

吕建兴,刘建芳,祁春节.中国—东盟果蔬贸易互补性与竞争性研究[J].东南亚纵横,2011,02:49—54.

何军明.厦门市与东盟国家的经贸合作:新机遇与对策[J].东南亚纵横,2011,02:55—60.

杨羽,黄万阳.人民币汇率与中国—东盟经济体贸易的实证研究[J].区域金融研究,2011,03:20—25.

邱询旻,李敏,石新波.中国东盟战略性新兴产业发展简论[J].贵州财经学院学报,2011,02:78—82.

李宣达.中国与东盟贸易与投资发展状况分析[J].黑龙江对外经贸,2011,02:61—63.

林莉芳,朱振东.面向东南亚的独立学院国际贸易专业人才培养模式探究[J].科技资讯,2011,09:231.

毕世鸿.太平洋战争期间日本对东南亚的贸易统制研究[J].东南亚研究,2011,02:83—88.

钮松.东盟—海合会经贸合作关系:现状、基础及特点[J].南洋问题研究,2011,01:36—43+53.

李红,方冬莉.2010—2011年中国—东盟货物贸易数量分析与预测——年度分析系列报告之八[J].东南亚纵横,2011,03:3—8.

廉勇.中日韩对东盟贸易比较优势与策略选择[J].云南财经大学学报,2011,02:70—77.

蔡雪姣.对中国与东盟双边贸易变化的研究[J].市场论坛,2011,04:9—10.

张建中.后危机时代中国与东盟的外贸发展趋势及贸易政策选择[J].国际贸易问题,2011,05:60—68.

孙蕊.中美与东盟经贸合作的比较分析[J].对外经贸实务,2011,04:28—30.

蓝庆新,郑云溪.中国—东盟区域产业内贸易分析及对策研究[J].亚太经济,2011,03:41—45.

张化强.中国与东盟贸易竞争性的实证研究[J].中国产业,2011,06:69.

缪文学.中国—东盟经贸关系深化下的广西对外经济合作[J].广西财经学院学报,2011,03:6—9.

顾六宝,李艳婕.中国关于东盟的战略枢纽布局[J].贵州财经学院学报,2011,03:87—90.

顾学明,王倩.中国与东盟合作梯次战略发展布局[J].贵州财经学院学报,2011,03:91—94.

朱惠.广东与东盟自贸区合作的机遇、挑战与对策研究[J].特区经济,2011,06:27—28.

陶红.广东省与东盟经贸合作的现状、趋势及对策[J].江苏商论,2011,05:91—93.

史蕾蕾.云南在东盟自由贸易区发展边境贸易的路径选择[J].企业家天地(理论版),2011,04:226—227.

庞卫东.中国与东盟贸易互补性与竞争性分析:2002—2009年[J].东南亚纵横,2011,05:30—35.

袁波.韩国—东盟FTA建立的背景与内容解析[J].东南亚纵横,2011,06:3—10.

陈宇媚.泛珠三角与东盟贸易合作发展研究[J].现代商贸工业,2011,14:90—91.

王艳红.日韩对东盟的FTA战略及我国的对策[J].改革与战略,2011,06:41—43+62.

祝树金,邓群飞.中国—东盟的贸易结构和技术水平的动态变迁与比较[J].湖南大学学报(社会科学版),2011,04:32—38.

郭少坤.如何促进中国与东盟制造业产业内贸易的发展[J].中国证券期货,2011,07:129.

孙林,徐旭霏.东盟贸易便利化对中国制造业产品出口影响的实证分析[J].国际贸易问题,2011,08:101—109.

陈秀莲.中国与东盟国家服务贸易互补性的研究[J].财贸经济,2011,06:74—80.

赖石成,钟伟.中国与东盟各国间的贸易与FDI关系实证研究[J].东南亚纵横,2011,07:16—20.

谢娟娟,岳静.贸易便利化对中国—东盟贸易影响的实证分析[J].世界经济研究,2011,08:81—86+89.

侯巧红.河南与东盟国家经贸合作对策研究[J].河南商业高等专科学校学报,2011,04:45—48.

肖丹,梁小萍.中国与东盟产业内贸易的影响因子分析[J].企业导报,2011,12:8.

陈秀莲.中国—东盟服务贸易一体化的困境摆脱及其前景[J].改革,2011,07:101—111.

徐晶,罗宏翔.云南省与东南亚、南亚各国的出口流量分析及潜力预测——基于引力模型的研究[J].经济研究导刊,2011,28:198—201.

李莉.论中国—东盟经济贸易争端解决的对策[J].中国商贸,2011,29:187—188.

范立春.中国与东盟经济合作的竞争性分析[J].经济视角(中旬),2011,07:105+95.

李丽,张家福.中国与东盟贸易中污染产品越境转移分析及启示[J].中国商贸,2011,35:208—209.

赵琴.广西与东盟服务贸易发展的SWOT分析[J].广西民族师范学院学报,2011,05:45—47.

东盟贸易增长的背后[J].中国海关,2011,11:29—30.

任菲,郑有国.中国与东盟五国出口竞争力比较研究[J].综合竞争力,2011,04:51—56.

孔海文.中国与东盟贸易结构分析及优化对策[J].全国商情(理论研究),2011,15:75—76.

李宏.全球贸易失衡的特征及其形成机制[J].现代财经(天津财经大学学报),2011,11:1.

曹云华,姚家庆.后自由贸易区时代的中国—东盟合作[J].东南亚纵横,2011,11:23—25.

李红,方冬莉.中、日、韩、美与东盟贸易关联效应的实证分析[J].当代财经,2011,12:94—101.

汤红枚,谢仁恩.浅析中国与东盟产业内贸易的发展策略[J].科技信息,2011,34:85.

陈俐.中国出口东盟贸易流量:基于贸易引力模型的实证研究[J].经济论坛,2011,11:19—22.

王敏.台湾与东盟经贸关系发展现状与特点研究[J].台湾研究,2011,04:48—53.

邹琪,季帅贤.跨太平洋伙伴关系协议对世界贸易格局的新调整——基于中国和东盟输美纺织品的数据分析[J].财经科学,2014,01:125—133.

方冬莉,聂艳明,李红.2013—2014年中国—东盟货物贸易数量分析与预测——年度分析系列报告之十一[J].东南亚纵横,2014,02:6—10.

韦倩青.中国与东盟国家工业制成品的贸易条件影响因素研究[J].广西社会科学,2014,01:32—37.

曾伟,雷新华.云南对东盟出口比较优势研究[J].学术探索,2014,01:73—77.

冯琳,魏巍,胥艾.中国—东盟办公室机器零部件产业内贸易现状分析[J].云南财经大学学报,2014,02:146—153.

李文娜.东南亚发展中国家间产业内贸易研究[J].现代商业,2014,11:128.

杜兴鹏,黄勇明.中国—东盟服务贸易发展现状及对策建议[J].现代商贸工业,2014,08:59—61.

雷春龙,杨理.广西—东盟文化贸易发展分析[J].广西大学学报(哲学社会科学版),2014,02:43—47.

卢文雯.论中国企业与东盟四国工程承包合作[J].创新,2014,04:60—63.

倪彩霞,闫思含.云南省与东南亚主要贸易国经贸合作的SWOT分析[J].才智,2014,13:5.

何传添,周松,黎佳韵.中印出口商品的相似性研究——基于东盟进口商品数据的实证分析[J].广东外语外贸大学学报,2014,02:32—37.

孙熙倩.中国与东盟经贸关系:问题、新特征与对策[J].重庆科技学院学报(社会科学版),2014,05:55—57.

吴颖林.贵州与东盟经贸合作研究[J].中国集体经济,2014,19:27—29.

朱琳.中国与东盟经贸合作及其成效研究[J].中国经贸导刊,2014,11:9—11.

陈昭玲,袁珠盈.中国与东盟的贸易密集度分析[J].中国市场,2014,22:103—104.

麻昌港.区域贸易和区域金融一体化研究——以中国—东盟为例[J].商业时代,2014,16:28—31.

李琼,赵刚.贵州对东盟出口贸易的潜力分析——基于贸易引力模型[J].企业经济,2014,07:143—147.

刘再起,谢润德.中国对东盟OFDI的国别贸易效应实证分析[J].世界经济研究,2014,06:80—86+89.

杨燕丽.中国与东盟产业内贸易结构现状研究[J].特区经济,2014,08:157—158.

杨晓云.中日对东盟出口贸易比较研究[J].现代日本经济,2014,05:34—44.

卫丽萍.中国与东南亚近几年服务贸易的发展[J].财经界(学术版),2014,13:18.

胡天龙,王泽宇.标志性事件对中国与东盟国家进出口影响实证分析[J].东南亚纵横,2014,06:29—32.

刘京华.CAFTA框架下中国福建省与东盟对外贸易结构的互补性与竞争性分析[J].东南亚纵横,2014,08:40—44.

马永敏.中国与东盟经贸合作发展历程、问题与对策[J].湖北文理学院学报,2014,09:38—43.

于晓.印度—东盟加强经贸合作分析[J].中国财政,2014,14:70—71.

杨树森,王帅玺.我国与东盟的贸易互补与贸易竞争分析[J].中国商贸,2014,12:131—132.

曹亮,袁德胜,何成杰,赵羊.中国对东盟出口增长的三元边际研究[J].统计与决策,2014,16:110—113.

刘祺阳,刘昶.促进中国对东盟贸易发展的税收政策思考[J].统计与决策,2014,16:164—167.

陈媛.明代中国与东南亚国家的香药贸易及其影响探析[J].兰台世界,2014,24:10—11.

李春顶.香港—东盟自贸区谈判的象征意义与实际价值[J].世界知识,2014,20:13.

钟智全,唐姣美,钟明容.中国—东盟服务贸易发展与广西的战略选择[J].东南亚纵横,2014,09:43—47.

王勇辉,管一凡.中国对东盟教育服务贸易:优势、问题与对策——以东盟来华留学生教育为视角[J].东南亚研究,2014,05:72—78.

赵鸿鑫,谢昆谕,刘玉兰.中国与东盟的贸易现状及强化措施研究[J].经营管理者,2014,24:194—195.

大东南亚直销跨国经营战略地图[J].知识经济(中国直销),2014,11:78.

阚学佳,杨春梅.中国与东盟服务贸易发展现状及竞争力分析[J].经济研究导刊,2014,28:258—260.

朱怡然.关于中国与东盟国家贸易关系的研究[J].中国市场,2014,42:55—57+63.

卢文雯.论中国企业与东盟四国工程承包合作[J].创新,2014,04:60—63.

谢智宁.中国与东盟四国贸易逆差下的利益探析——产品内分工视角[J].广西财经学院学报,2015,03:110—117.

孔凡亮,吴航,赵帅.中国与东亚主要贸易伙伴双边贸易成本的测度与分析[J].未来与发展,2012,10:84—87.

黄立群,唐文琳,于丰滔,张涵.出口产业竞争力的主成分分析——基于中国与东盟国家的实证研究[J].广西大学学报(哲学社会科学版),2013,01:15—21.

胡新,王彩萍,林茂青.西部地区与东盟五国承接国际产业转移的比较[J].统计与信息论坛,2013,07:62—68.

袁清.东盟主要贸易国 MRL 政策研究[J].安徽农业科学,2014,28:9768—9770.

史枫林,陆亚琴.中国与东盟经贸合作的特点、难题及发展趋势研究[J].时代金融,2015,03:194—195.

李玉贵,韩文静.中国—东盟经贸关系发展成果与展望[J].前沿,2015,05:56—60+77.

梁炳猛,龚维玲,谢珺莎.从 TPP 与 RCEP 看中美在东盟的经贸博弈[J].南宁职业技术学院学报,2015,03:30—34.

林丽钦,王勤.东盟产业集群发展的现状与特点[J].东南亚研究,2015,03:16—22.
报,2015,03:30—34.

郭可为.中国—东盟经贸关系的影响因素及金融业对策[J].亚太经济,2015,04:15—21.

王浩.试分析我国过剩产能向东盟国家转移的策略[J].现代经济信息,2015,14:153—154.

王俊桦,张建中.21 世纪海上丝绸之路背景下中国—东盟经贸合作研究[J].东南亚纵横,2015,07:3—7.

王素霞,蒋茵,刘民权.东盟国家的贸易自由化对减贫的影响研究[J].经济研究参考,2012,05:66—76.

孙海燕,王舒宇,陈庆云.云南对东盟知识产权贸易问题与对策研究[J].昆明理工大学学报(社会科学版),2012,03:28—32.

刘永华.我国八角出口东盟国家市场现状与产业发展对策[J].南方农业学报,2012,06:891—894.

许宁宁.中国—东盟产业合作现状、趋势及建议[J].东南亚纵横,2012,06:3—6.

吴员娟.贵州开拓与东南亚及南亚的外贸合作通道探析[J].经济视角(下),2011,05:19—20.

张彦.中美日在东南亚国家的经济软实力量化评估——基于贸易数据的分析[J].经济问题探索,2014,02:142—150.

杨小淋.探索广西东盟贸易发展的新路径[J].市场论坛,2014,02:19—20+61.

菲律宾

陈才建.泰国与菲律宾贸易争端的相关问题分析[J].中国商贸,2012,21:175—177+180.

姜荣春.印度、菲律宾服务外包产业发展模式比较研究及启示[J].南亚研究季刊,2012,04:55—62+5.

郑国富.菲律宾对外贸易发展研究(1971—2013)[J].吉林工商学院学报,2014,06:43—49.

郑国富.中国与菲律宾双边贸易发展的实证研究(1975—2013)[J].广西财经学院学报,2015,02:73—79+106.

马丽君,江恋,孙根年.菲律宾入境中国旅游与贸易对重大事件的响应及相关关系[J].华中师范大学学报(自然科学版),2015,04:623—629.

沈红芳,李志龙.菲律宾政府的FTAs和RTAs政策选择初探[J].南洋问题研究,2015,02:38—46.

谢迪琼,陈小雪,周梅芳,王怀豫,胡瑞法.菲中贸易对菲律宾经济的影响评估[J].东南亚纵横,2013,05:24—29.

王莉莉.中国—菲律宾经贸合作大有可为[J].中国对外贸易,2011,10:63.

郑国富,杨从平.中菲香蕉贸易关系论析[J].对外经贸,2014,01:6—8.

陈玲敏.服务外包产业人才的英语能力提升研究——基于对印度、菲律宾和中国的比较[J].中国商贸,2014,06:150—152.

老挝、柬埔寨、缅甸

李洪贵.美国放松对缅甸商品进入美国市场的限制[J].中国航天,2012,12:57.

张建中.新形势下中国与老挝双边贸易关系研究[J].东南亚纵横,2012,01:29—33.

宣云,胡冠华.广西与缅甸的贸易合作发展浅析[J].沿海企业与科技,2012,06:7—10.

郑一省,王建坤.老挝经济发展及其与中国的经贸合作[J].亚太经济,2012,05:106—110.

安妮.中老双边贸易的问题及对策探讨[J].中国商贸,2012,31:202—203.

郑国富.中缅双边经贸合作发展的历史、现状与挑战[J].对外经贸实务,2014,01:24—27.

郑国富.中国与老挝双边贸易合作关系(1990—2012年)[J].东南亚纵横,2014,02:76—79.

周殿宾.缅甸工程承包风险分析与防范[J].国际经济合作,2014,03:93—95.

黄莎莎.中国与老挝双边贸易的特征及其发展趋势探讨[J].现代商业,2014,11:39.

郑国富.中缅双边贸易合作发展的特点、问题、挑战与前景[J].价格月刊,2014,05:45—48.

郑国富.缅甸对外贸易发展的特点、问题与前景[J].经济论坛,2014,02:150—155.

刘翔峰.缅甸的产业发展及中缅贸易投资[J].全球化,2014,04:111—123+135.

韩爱玲.CAFTA背景下中国与老挝双边贸易发展研究[J].合作经济与科技,2014,11:

47—48.

郑国富.缅甸与韩国政治关系与经贸合作论析[J].湖南商学院学报,2014,03:20—25.

郑国富.外贸、外资、外援与柬埔寨国内经济增长关系的实证研究[J].经济论坛,2014,04:
163—166.

李晨阳.中缅边境畹町、打洛口岸的兴衰[J].世界知识,2014,19:73.

张梅.滇缅贸易与云南经济增长关系的实证研究[J].知识经济,2014,14:92—93.

王怀豫,方丽莎,胡瑞法.中国与老挝经贸关系的可持续性研究[J].经济论坛,2014,10:
128—136.

郑国富.中国与柬埔寨双边经贸合作关系论析[J].对外经贸实务,2013,07:26—29.

郑国富.中柬双边经贸合作对柬埔寨国内经济增长效应的实证研究[J].湖南商学院学报,
2013,03:45—49.

熊云书.老挝加入世界贸易组织面临的机遇和挑战[J].东南亚纵横,2013,08:41—45.

Chanthaphilith Chiemsisouraj,陈红升.发展中的中国与老挝贸易[J].东南亚纵横,2013,10:
26—28.

唐志华.老挝与中国双边贸易合作的比较分析[J].中国商贸,2013,24:133—134.

郑国富.老挝外贸、外资、外援的特征及其经济效应分析[J].对外经贸,2013,12:39—42.

吴娟.老挝的国际贸易与国际投资互动关系的实证检验[J].商,2013,23:299.

赵丽芳.CAFTA背景下中国与老挝贸易发展状况分析[J].中国商论,2015,33:128—130.

送杰.老挝与主要贸易伙伴国未来展望对策研究[J].商,2015,47:125.

郑国富.缅甸新政府执政以来外资格局"大洗牌"与中国应对策略[J].对外经贸实务,2015,01:
36—39.

郑国富.缅甸新政府执政以来中缅双边贸易商品结构演变的特征、问题及建议[J].经济论坛,
2015,02:131—136.

谭启英.新时期滇缅贸易发展战略研究[J].现代经济信息,2015,03:134.

熊理然,蒋梅英,骆华松.柬埔寨对外贸易依存的时空变迁分析(1993—2012)[J].学术探索,
2015,06:63—67.

马强.中国已是缅甸最大贸易伙伴和最大投资来源国中缅拓展经贸投资合作面临的六大挑战
与七大机遇[J].中国经济周刊,2015,23:22—23.

高蔚玲.老挝服务业发展的对策研究[J].上海管理科学,2015,02:80—82.

康琼.中老进出口贸易问题及对策研究[J].商,2015,14:111—112.

万妮达.老挝与中国双边贸易问题研究[J].商,2015,11:87.

傅绍华.老挝对外贸易分析[J].经济师,2015,08:85—86.

张明文.老挝与中国双边贸易问题分析[J].商,2015,30:113.

傅绍华.老挝对外贸易结构分析及政策探讨[J].财经界(学术版),2015,17:36.

涵虚.中国与缅甸共同讨论边境非法贸易问题[J].国际木业,2015,10:38.

刘钦光.柬埔寨电子商务发展研究[J].商,2015,38:105—106.

熊彬,严海霞.云南省与缅甸贸易竞争性与互补性分析[J].东南亚纵横,2011,04:52—56.

黄永娇.从老挝市场看我国对东盟国家开展对外承包工程的机遇和挑战[J].中国市场,2011,
32:46—47.

高蔚玲.中国与老挝经贸模式的发展研究[J].产业与科技论坛,2014,19:22—23.

高歌.缅甸民主进程下中缅经贸合作分析[J].东南亚纵横,2013,04:14—18.

马来西亚

王筱鑫.中马产品责任比较研究[J].现代商贸工业,2011,07:235—236.

李莉.马来西亚经济贸易仲裁制度介评[J].中国经贸导刊,2011,13:75—76.

刘娅蓓.论马来西亚产品责任中的契约责任[J].现代商贸工业,2011,16:232—233.

马来西亚的贸易概览(2011年)[J].世界贸易组织动态与研究,2011,02:79.

马来西亚的服务贸易概览(2011年)[J].世界贸易组织动态与研究,2011,02:80.

林梅,闫森.中国与马来西亚的经贸关系:竞争性与互补性分析[J].南洋问题研究,2011,01:25—35.

陆建人.中国与马来西亚经贸关系分析[J].创新,2015,02:92—96+128.

刘志雄,张凌生,朱剑华.中国与马来西亚产业内贸易测算及影响因素的实证研究[J].东南亚纵横,2015,09:48—54.

刘志雄,陈旭.中国与马来西亚双边贸易流量及贸易潜力研究[J].东南亚纵横,2014,07:36—41.

李哲威,韩秋.探析马来西亚税制与海外承包工程税务筹划[J].中国总会计师,2013,11:142—143.

高潮.马来西亚中国城:中国商品拓展东盟市场的重要平台[J].中国对外贸易,2013,11:94—96.

阿睦.马来西亚中小型企业在出口方面所面对的问题[J].科技创新导报,2013,26:180—181+183.

邓洲,李灏.马来西亚产业竞争力现状及中国与马来西亚产业合作展望[J].东南亚纵横,2015,11:35—40.

吴碧波,阿布都瓦力.广西与马来西亚经贸合作研究[J].东南亚纵横,2013,12:53—56.

泰国、文莱

泰国的贸易概览(2011年)[J].世界贸易组织动态与研究,2011,01:71.

泰国的服务贸易概览(2011年)[J].世界贸易组织动态与研究,2011,01:72.

陈蕊.泰国出口产品战略[J].合作经济与科技,2011,08:109—110.

薛铭铭.中泰贸易逆差问题及对策分析[J].经济研究导刊,2011,19:170—171.

黄金贞,卢光盛.泰中贸易的现状、问题及前景分析——泰国的视角[J].东南亚纵横,2011,09:75—80.

涂庄,王艳芳.中国与泰国双边贸易互补性与竞争性研究[J].北方经济,2014,12:56—57.

魏利伟.泰国技术贸易壁垒发展趋势和对策研究[J].标准科学,2014,12:78—81.

泰国经济与商业环境风险分析报告[J].国际融资,2015,02:64—67.

周艳丽.中国与泰国服务贸易竞争性与互补性分析[J].当代经济,2015,01:11—13.

邓美花.中泰贸易进出口商品对比研究[J].商,2015,07:113—114.

马冰琼,玉宁.泰国电子商务行业发展现状及趋势分析[J].商,2015,12:121.

吴永霞,杨金玉.中泰贸易的竞争性分析[J].科技风,2015,20:252.

邹春萌.迈向东盟经济共同体的泰国服务业[J].南洋问题研究,2015,03:48—56.

周练.21世纪"海上丝绸之路"与中泰经贸拓展[J].中国商贸,2014,02:4—8.

谢锐.加强广西与泰国货物贸易合作的对策研究[J].企业科技与发展,2014,15:17—18+21.

潘珍妮,蓝振峰.中泰贸易逆差问题及对策分析[J].经营管理者,2014,20:161—163.

郑国富.中国与泰国双边贸易合作发展的状况、问题与对策[J].经济论坛,2014,09:139—145.

杨力刚.中泰贸易的现状及发展前景分析[J].现代商业,2012,12:56.

屠年松,刘蓓.中日竞争背景下的中泰贸易研究[J].云南社会科学,2012,05:112—116.

泰国调整出口策略[J].世界热带农业信息,2012,11:12.

张利霞.CAFTA下中国与泰国经济贸易发展及展望[J].东南亚纵横,2012,12:17—20.

沈利生.中国和泰国间双边贸易分析与展望[J].华侨大学学报(哲学社会科学版),2013,03:
5—13.

新加坡

查贵勇.上海、香港和新加坡服务贸易发展比较分析[J].上海经济研究,2011,01:106—112.

辜应康,曾学慧,杨杰.新加坡与杭州政府主导型会展产业发展比较研究[J].企业经济,2011,
03:114—116.

胡玲玲.中国与新加坡会展业发展比较研究[J].职业时空,2011,03:15—16.

焦朝霞.小议中国—新加坡自由贸易协定对双方经贸合作的影响[J].黑龙江对外经贸,2011,
02:24—25.

黄丙志.新加坡国际贸易中心转型及其贸易发展与便利化政策研究[J].经济师,2011,03:
83—84.

卢丽红,何传添.香港—新加坡贸易竞争力比较与启示[J].广东外语外贸大学学报,2011,03:
68—71.

谭博裕.新加坡"邻里中心"社区商业模式对中国的启示[J].技术与市场,2011,08:256—257
+259.

关红玲.香港与新加坡服务贸易比较及其与中国经济关系[J].亚太经济,2011,06:104—109.

黄玉妹.新加坡会展业成功因素分析及经验借鉴[J].亚太经济,2015,06:71—77.

杨学震,段元萍.中国与新加坡金融服务贸易竞争力对比研究[J].改革与开放,2015,21:
60—61.

刘曼琴.中国、新加坡服务贸易的互补性与竞争性:基于2002—2011年数据的实证分析[J].湖
南商学院学报,2014,01:14—20.

盛宝富,陈瑛.深度剖析新加坡樟宜自由贸易区[J].国际市场,2014,01:46—49.

董晨甦.新加坡自由贸易区的发展[J].港口经济,2014,02:36—38.

高娟,吕长红,周文平,黄崇韧.新加坡自由贸易园区运营的经验及启示[J].世界海运,2014,
03:4—6.

任燕.中国——新加坡产业内贸易影响因素的实证研究[J].赤峰学院学报(自然科学版),
2014,12:104—106.

张志勇.新加坡服务业产业升级经验及对济南市服务业竞争力提升的启示[J].山东商业职业
技术学院学报,2014,01:6—10+35.

唐萍.基于TC系数的服务贸易竞争力实证分析——以香港、新加坡为例[J].特区经济,2014,
06:88—90.

汪思祎.新加坡航运税制现状及对中国(上海)自由贸易试验区建设的启示[J].水运管理,
　　2014,07:6—8.

张丹,张威.中国—新加坡自由贸易协定框架下中国服务贸易开放承诺与实践[J].东南亚纵
　　横,2014,06:33—37.

商务部国际贸易经济合作研究院课题组,邢厚媛.中国(上海)自由贸易试验区与中国香港、新
　　加坡自由港政策比较及借鉴研究[J].科学发展,2014,09:5—17.

李前.从狮城新加坡眺望东南亚[J].进出口经理人,2014,10:52—54.

李菲菲.现代城市商业街的空间特征与建设经验——以新加坡乌节路商业街为例[J].商业时
　　代,2014,23:17—19.

项义军,厉佳佳.中国—新加坡自由贸易区经济效应分析[J].北方经贸,2014,07:5—7.

原广东省物价局课题组.新加坡价格管理概述[J].市场经济与价格,2014,08:35—39.

苏颖宏.新加坡制造业贸易竞争力发展评价分析——基于比较优势和竞争优势的动态均衡
　　[J].南洋问题研究,2014,03:10—16.

刘洋.优惠性原产地规则如何影响投资流向——以中国—新加坡自贸区为例的分析[J].世界
　　经济研究,2014,09:62—67+89.

闫然.全球先进自由贸易区的功能定位、监管模式与政策创新——以迪拜、新加坡、伊基克为例
　　[J].上海商学院学报,2014,04:35—41.

钱耀军.海南与新加坡贸易现状分析[J].中国统计,2014,10:59—61.

刘恩专,王伟.浅析新加坡单一窗口建设对我国的启示[J].科技管理研究,2014,24:195—198.

郑燕,殷功利.新加坡模式的经验及其对上海自贸区建设启示[J].商业经济研究,2015,10:
　　38—39.

钱耀军,李娴.中国与新加坡双边贸易的实证分析[J].东南亚纵横,2015,03:39—42.

殷飞,冯赟.新加坡国际贸易"单一窗口"制度经验及启示[J].中国经贸导刊,2015,18:27—29.

童文萍,陈南,肖萍.新加坡自贸区对福建自贸区建设的启示[J].发展研究,2015,06:68—70.

李振宁.新加坡自由贸易协定简述:贸易规则与产业导向[J].东南亚纵横,2015,06:14—19.

林琳,李怀琪.中国—新加坡自由贸易区的经济效应研究[J].经济问题探索,2015,11:
　　133—137.

关红玲,欧阳艳艳.新加坡金融服务双向贸易的决定因素[J].亚太经济,2012,02:70—74.

金健英,白云霞.中国与新加坡会展业标准化建设比较研究[J].标准科学,2012,06:79—84.

周苹,姜雅飞.中国与新马泰机械运输设备贸易的实证分析——基于竞争性和互补性的角度
　　[J].经济问题探索,2012,08:139—145.

张军.新加坡贸促机构促进企业"走出去"的经验及借鉴[J].中国对外贸易,2012,11:56—57.

俞雷.对中国—新加坡自由贸易区贸易效应的探析[J].国际商务财会,2013,10:88—92.

张光南,邱杰宏.中国台湾、香港、内地与新加坡建立共同市场的影响研究[J].学术研究,2013,
　　02:86—90+160.

郑国富.越南与新加坡双边经贸关系研究(1973年—2013年)[J].广西民族师范学院学报,
　　2013,01:97—101.

徐浩鸣.新加坡、首尔、香港现代服务业发展经验及对深圳的启示[J].特区经济,2013,04:
　　16—20.

陈佩.中国与新加坡货物产业内贸易分析及优化对策[J].全国商情(理论研究),2013,03:

70—71.

刘思嘉,王宾容.中国与新加坡产业内贸易研究[J].现代商贸工业,2013,14:13—14.

吴向阳.中国与新加坡自由贸易区现状和前景探讨[J].现代商贸工业,2013,19:68—71.

侯静超.自由贸易协定对中国与新加坡双边投资的影响[J].中国经贸导刊,2013,32:9—10.

印度尼西亚

金云.中国—东盟自由贸易区(CAFTA)对中印尼贸易影响分析[J].无锡职业技术学院学报,
　　2014,06:66—69.

印尼:谨慎考量加入 TPP 的风险[J].纺织机械,2015,11:34—35.

卢泽回.印尼服务业发展现状、结构演变及问题分析[J].生产力研究,2014,02:129—135
　　+157.

张琳.后巴厘岛时期国际贸易规则治理走向何方[J].世界知识,2014,04:48—49.

宋国明.印度尼西亚原矿出口政策的变化与影响分析[J].国土资源情报,2014,04:7—12.

涂庄.中国与印尼贸易互补性和竞争性研究——基于显示性比较优势指数分析[J].北方经济,
　　2012,15:89—91.

林梅,闫森.中印(尼)两国的服务贸易比较分析[J].南洋问题研究,2013,01:51—61.

张天桂.中国和印度尼西亚的贸易与环境问题分析[J].亚太经济,2011,05:47—53.

武政文.中国与印尼经贸合作在深化全面战略合作时期的现实问题及对策思考:基于印尼语文
　　献的分析[J].区域金融研究,2014,08:48—53.

越南

王婉茹,彭剑波.中越反倾销法比较研究[J].法制与经济(中旬),2013,06:30—32+34.

于翠萍,韩会朝.中越贸易关系实证分析[J].市场周刊(理论研究),2014,11:82—84.

杨力刚.浅析广西边境大新县与越南经贸合作的现状与发展策略[J].企业导报,2014,22:54
　　+48.

毕晶.国际格局演变与越南加入 TPP 的外部因素分析[J].国际经济合作,2015,02:57—60.

郑淑娟.越南经济对中国市场越发依赖[J].世界热带农业信息,2015,01:16.

杨珂,范淑萍.新时期以来中越贸易的特征、障碍及改善途径[J].广西社会科学,2015,03:
　　39—43.

王丽.中国对越南援助及双边贸易的效应分析[J].湖北第二师范学院学报,2015,03:42—45.

刘丽.广西与越南边境贸易发展现状、存在问题及对策建议[J].对外经贸,2015,05:13—15.

陈忠勇.越中贸易发展现状及未来的战略与政策研究[J].经营与管理,2015,05:72—75.

李伊.广西与越南贸易的竞争性与互补性研究[J].当代经济,2015,14:102—104.

张冬明,殷秀玲.越南出口贸易的发展演进以及与中国的比较[J].山东商业职业技术学院学
　　报,2015,03:11—14.

陈茹卉.广西与越南边境贸易现状研究[J].北方经贸,2015,10:8+11.

陆小丽."一带一路"战略背景下广西与越南贸易的引力模型分析[J].东南亚纵横,2015,09:
　　6—10.

彭健.关于发展云南对越贸易的比较研究[J].科技信息,2012,02:98—99.

黎玉兴.促进越中边境贸易发展的政策措施和建议[J].经营管理者,2012,02:101.

郑国富,杨从平.越南与韩国双边经贸合作关系的论析[J].广西民族师范学院学报,2012,01：55—58.

程敏,李鑫.云南省与越南西北四省边境贸易发展演变及启示[J].思想战线,2012,03：141—142.

郑国富.越南与美国经贸合作发展的历程、现状与前景[J].东南亚纵横,2012,04:42—46.

尹鸿伟.中越贸易红火背后[J].大经贸,2012,08:66—67.

旷乾,陈丹黎.中国与越南农产品产业内贸易研究[J].广西民族大学学报(哲学社会科学版),2012,05:122—127.

程敏,罗琳.云南省与越南边境贸易发展的特点及问题[J].云南财经大学学报(社会科学版),2012,05:9—10.

尹公庆,温日豪.越中贸易额2015年600亿目标以及相关推动措施[J].东南亚纵横,2014,02：44—47.

高歌.新机遇下广西龙州与越南经贸合作思路分析[J].东南亚纵横,2014,02:48—50.

李青梅.中越边境贸易形式问题浅论[J].经营管理者,2014,10:186.

张善岱,罗守贵.中越贸易关系的实证研究[J].地域研究与开发,2014,03:49—53.

范氏梅娟,邓新婷,史烽.中越电子商务发展对比研究[J].企业科技与发展,2014,09:11—12＋20.

谢润德,刘再起.中越两国商品贸易的影响因素——基于扩展的引力模型实证分析[J].湖北社会科学,2014,08:93—97.

何智娟,郝敬宇.2003—2013年中国与越南贸易浅析[J].东南亚纵横,2014,09:58—62.

李继云.基于SWOT分析的中越边境贸易发展研究[J].价格月刊,2013,03:81—85.

谢涛.越南加入世界贸易组织后对外贸易的发展态势及对策[J].东南亚纵横,2013,02：31—34.

郑国富.越南与中国台湾地区的经贸合作[J].东南亚南亚研究,2013,01:65—69＋93.

李继云.滇越贸易对云南经济增长的贡献分析[J].旅游纵览(下半月),2013,02:140—141.

郑国富.越南与印度双边经贸合作关系论析[J].吉林工商学院学报,2013,03:28—32.

郑淑娟.越南与马来西亚之间的贸易[J].世界热带农业信息,2013,05:10.

郑国富.越南与欧盟经贸合作的历程、现状与前景[J].东南亚纵横,2013,05:9—13.

王方方,扶涛.基于引力模型的越南对外贸易发展实证研究[J].吉林工商学院学报,2013,04：26—30.

刘婷婷.广西与越南边境贸易历史、现状与展望[J].沿海企业与科技,2013,05:6—9.

文文,李萍.产业内贸易发展的问题研究[J].经济界,2013,05:56—60.

马进,谢巧燕.CAFTA建成后广西与越南经贸关系对策研究[J].企业经济,2011,01：136—139.

刘朝霞,方冬莉.中越边境区"两国共市贸易区"合作模式探析——以中国东兴市为例[J].东南亚纵横,2011,01:88—93.

辛慧祎.CAFTA下广西与越南经贸合作的路径选择[J].特区经济,2011,05:214—216.

阮英章.论越中贸易关系中的越南逆差问题[J].理论界,2011,05:158—161.

郑国富.越南出口贸易发展及其经济效应的实证研究(1999年—2010年)[J].广西民族师范学院学报,2011,02:39—43.

滕腾.中越边境贸易存在问题与对策建议——以广西凭祥市为例[J].广西经济管理干部学院学报,2011,02:56—59.

黄云静.广东省与越南的经贸合作:现状、机遇、挑战与展望[J].东南亚纵横,2011,07:35—40.

罗琳,程敏.越南边境贸易政策体系、演变及其影响[J].云南财经大学学报(社会科学版),2011,01:30—33.

肖杨,刘秀玲.广西对越边境贸易问题研究[J].企业经济,2011,08:128—131.

黄俊锦.越南贸易逆差原因分析及其改善策略研究——以中越贸易为例[J].企业研究,2011,20:9—10.

农立夫.中国与越南经济贸易合作分析[J].东南亚纵横,2011,11:43—46.

郑国富.越南进口贸易与经济增长的互动效应研究:1990—2010年[J].东南亚纵横,2011,11:62—65.

郑国富.越日双边贸易发展的实证研究:1990—2010年[J].特区经济,2011,12:100—103.

杨珂.中国红河—越南老街跨境经济合作区发展研究[J].文山学院学报,2013,05:104—107.

Phan Thuy Ngan,徐敏丽.越南出口贸易对中国的竞争性与依存性分析[J].科技视界,2013,34:63+66.

向敏,黄丽娟.电子商务时代下国际贸易发展的战略研究——以越南为例[J].中国集体经济,2013,34:95—96.

中越两国共同推动凭祥—同登跨境经济合作区建设[J].广西经济,2013,10:20.

谢瑾瑜.越南技术性贸易措施研究[J].中国标准化,2011,07:68—73.

庞广仪.当前桂越边贸利弊因素分析和对策探讨[J].企业技术开发,2013,23:27—28.

杜明坚,张文松,吴海兵.外商投资企业对越南出口贸易的影响[J].求索,2015,11:58—61.

郑国富.中越商品贸易情况研究[J].对外经贸,2015,12:20—23.

马泽波,吴节.中越边贸政策调整对红河州边贸发展的影响[J].中共云南省委党校学报,2015,05:135—138.

曾秋梅,张义伟,王艳."一带一路"战略背景下滇越农产品外贸物流分析[J].物流技术,2015,23:18—21.

吴迪.红河州利用外资的现状分析[J].中国商论,2015,26:103—105.

金丹.越南与欧盟经贸合作的现状、动因及展望[J].经济界,2015,04:57—62.

雷小华.中越经贸合作前景与台商机遇探析[J].东南亚纵横,2014,04:41—44.

2.5.1　中国—东盟自由贸易区研究

张晓君,徐忆斌.打造中国—东盟自由贸易区司法合作升级版的构想[J].中国审判,2014,10:30—31.

雷锐.中国—东盟自由贸易区有关投资及投资争端的法律问题探析[J].广西教育学院学报,2015,01:33—35.

李静.中国—东盟自由贸易区外资准入法律问题探究[J].泰山学院学报,2015,02:130—132.

蔡德仿.浅议中国—东盟自贸区建成后广西法学界的理论与实践[J].法制与社会,2015,07:136—137.

周丽.中国—东盟自由贸易区争端仲裁解决机制探析[J].广西社会科学,2015,08:36—39.

覃芳晖. 浅析中国—东盟自由贸易区投资争端机制[J]. 法制与经济,2015,Z2:167—168.

黄谟媛. 中国—东盟自由贸易区物流业发展合作的法律冲突处理机制分析[J]. 东南亚纵横,
2015,07:40—44.

朱雅妮. "一带一路"对外投资中的环境附属协定模式——以中国—东盟自由贸易区为例[J].
江西社会科学,2015,10:189—195.

王悦. 中国—东盟自由贸易区知识产权合作现状及发展对策[J]. 杨凌职业技术学院学报,
2013,04:18—20+24.

鲁学武. 中国—东盟自由贸易区投资法制评析[J]. 广西社会科学,2013,11:37—42.

刘卉. 交易费用视角下的《中国—东盟自由贸易区投资协议》的 FDI 效应[J]. 湖南社会科学,
2013,06:185—188.

曹平,尹少成. 北美自由贸易区经贸争端解决机制研究——兼论对中国—东盟自贸区经贸争端
解决的启示[J]. 广西警官高等专科学校学报,2013,06:64—68.

潘远斌. 中国—东盟自由贸易区仲裁机制探析[J]. 临沧师范高等专科学校学报,2012,04:
122—126.

毕妍妍. 中国—东盟自由贸易区商事调解机制研究[J]. 中共贵州省委党校学报,2013,02:
93—97.

曹平,杨鹏. 中国—东盟自由贸易区商贸争端仲裁解决机制若干问题研究[J]. 东南亚纵横,
2013,08:36—40.

曹平. 中国—东盟自由贸易区物流业发展与合作的法律保障措施研究[J]. 东南亚纵横,2014,
01:57—60.

凌波. 论中国—东盟自贸区金融服务贸易法律规范机制的构建[J]. 区域金融研究,2014,02:
50—55.

曹平,杨鹏. 中国—东盟自由贸易区物流若干法律问题探析[J]. 创新,2014,02:62—65.

杜江江. 中国—东盟自由贸易区争端解决机制法律问题研究[J]. 前沿,2014,Z2:86—87.

吴俊强,陈长瑶,骆华松,胡志丁. 中国—东盟自由贸易区的能源安全问题及对策[J]. 世界地理
研究,2014,02:43—50.

孙志煜. 区域经贸争端解决的制度与实践——以中国—东盟自由贸易区为例[J]. 法学评论,
2011,01:105—109.

张智勇. 解析中国—东盟自由贸易区《投资协议》[J]. 甘肃政法学院学报,2011,01:84—89
+152.

吴锦美,董晓光. 中国—东盟自由贸易区建成后法律服务业的地位和作用[J]. 云南大学学报
(法学版),2011,01:135—137.

金霞. 从比较法的角度看中国—东盟自由贸易区争端解决机制[J]. 经济问题探索,2011,03:
165—168.

陈伟贤. 建立完善东盟自由贸易区争端解决机制[J]. 经营管理者,2011,05:71+69.

陆以全. 中国—东盟自由贸易区投资争端解决机制评析——以缔约方与投资者间争端解决为
视角[J]. 西部法学评论,2011,03:119—124.

樊安,李春玲. 构建更具司法性的中国—东盟自由贸易区争端解决机制[J]. 学术探索,2011,
01:66—71.

曾文革,王怡. 中国—东盟自由贸易区农业园区风险投资的法律问题分析[J]. 经济问题探索,

2011,11:33—36.

黄信. 中国—东盟自由贸易区法律合作研究[J]. 广西财经学院学报,2011,05:11—16+32.

安群蕊. 中国—东盟自由贸易区知识产权协调与合作机制的构建[J]. 学理论,2011,26:72—74.

孙志煜. 国际制度的表达与实践——以中国—东盟自由贸易区争端解决机制为样本的分析[J]. 暨南学报(哲学社会科学版),2012,03:41—46+161.

王曦. 中国—东盟自由贸区农业园区风险投资促进法律问题研究[J]. 法制与社会,2012,17:76—77.

李娟. 中国—东盟自由贸易区国际投资条约的冲突与协调[J]. 东南亚纵横,2012,05:22—25.

肖义,肖敏. 区域经济框架下劳务合作中的法律问题及对策——针对中国—东盟自由贸易区的分析[J]. 人民论坛,2012,32:252—253.

王奕建. 中国—东盟自贸区货物贸易保障措施问题研究[J]. 知识经济,2011,18:105—106.

刘晓静. 关于中国—东盟自由贸易区法律制度框架存在的问题研究[J]. 知识经济,2011,19:123—124.

乔静. 中国—东盟自贸区对中国地缘战略的影响[J]. 晋中学院学报,2013,04:10—12.

房沫,陈光辉. 试论中国—东盟自由贸易区投资仲裁机制[J]. 广西大学学报(哲学社会科学版),2011,06:43—48.

邱德平. 谈中国—东盟自由贸易区的司法保障[J]. 人民司法,2011,19:85—87.

唐作斌,曾伟. 中国—东盟自由贸易区建成后公安执法规范化建设的若干问题研究[J]. 学术论坛,2011,09:56—60.

谭民. 中国—东盟自由贸易区能源贸易制度的法律问题[J]. 昆明理工大学学报(社会科学版),2011,06:11—16.

谢清. 中国—东盟自由贸易区税收协调对广西企业影响的研究[J]. 企业科技与发展,2015,03:4—6.

韦倩青,杨帆. 广西企业利用中国—东盟自由贸易协定的情况调查[J]. 东南亚纵横,2015,10:76—79.

蒋冠,霍强. 中国—东盟自由贸易区贸易创造效应及贸易潜力——基于引力模型面板数据的实证分析[J]. 当代经济管理,2015,02:60—67.

金云. 中国—东盟自由贸易区(CAFTA)对中印尼贸易影响分析[J]. 无锡职业技术学院学报,2014,06:66—69.

高蔚玲. 中国与老挝经贸模式的发展研究[J]. 产业与科技论坛,2014,19:22—23.

林优娜. 21 世纪海上丝绸之路与中国—东盟自由贸易区升级版建设:印度尼西亚视角[J]. 东南亚纵横,2014,10:18—19.

张蕴岭. 打造中国—东盟自由贸易区升级版[J]. 东南亚纵横,2014,10:52—54.

陈家福. 共同打造中国—东盟自由贸易区升级版[J]. 东南亚纵横,2014,10:55—57.

汤之敏,谢捷魁. 升级版中国—东盟自由贸易区:中南半岛东盟国家的视角[J]. 东南亚纵横,2014,10:58—60.

李正友. 建设广西沿边金融综合改革试验区助推中国—东盟自由贸易区升级版打造[J]. 东南亚纵横,2014,10:65—69.

Temario C. Rivera,王浩. 中国—东盟自由贸易区——机遇和挑战[J]. 东南亚纵横,2014,10:

73—74.

邓应文.打造中国—东盟自由贸易区升级版的几点建议[J].东南亚纵横,2014,11:41—43.

高歌.中国—东盟自由贸易区升级版路径探讨——以设立广西边境自由贸易区为例[J].东南亚纵横,2014,11:49—51.

杨若霞.中国—东盟自由贸易区贸易效应分析[J].河北经贸大学学报(综合版),2014,04:79—83.

刘松竹.中国—东盟自贸区的建立对南宁市居民消费支出的影响问题研究[J].经济研究参考,2014,47:54—56.

刘润华,孟慧.基于中国—东盟自由贸易区的云南物流产业发展研究[J].现代工业经济和信息化,2014,22:5—7.

张英若.中国—东盟自贸区的合作对双向 FDI 的影响分析[J].现代经济信息,2014,24:162—163.

罗婕.中国—东盟自由贸易区背景下广西承接国际产业转移过程中的合作关系管理研究[J].企业技术开发,2015,01:78—79+90.

黄中显.中国—东盟自由贸易区"绿色壁垒"纠纷解决机制研究——基于环境合作视角[J].广西社会科学,2014,11:37—41.

罗佐县,杨国丰,卢雪梅,谭云冬.中国与东盟油气合作的现状及前景探析——兼论油气合作在共建海上丝绸之路中的地位[J].西南石油大学学报(社会科学版),2015,01:1—8.

李德军,孙波.中国东盟自由贸易区的贸易效应的实证分析[J].商场现代化,2014,32:21.

余振,葛伟.经济一体化与产业区位效应:基于中国东盟自贸区产业层面的面板数据分析[J].财贸经济,2014,12:87—98.

王威.论构建中国—东盟自贸区区域经济融合的国际投资问题[J].改革与战略,2015,01:105—110.

祁春凌.TPP 对中国—东盟自贸区的挑战及中国的应对之策[J].对外经贸实务,2015,01:8—11.

杨宙飞.在服务中国企业走东盟过程中把握南宁的发展机遇——打造中国—东盟自贸区升级版思考[J].企业科技与发展,2015,01:11—12.

魏民.打造中国—东盟自贸区"升级版":问题与方向[J].国际问题研究,2015,02:127—140.

黄耀东,黄韬.东南亚华商与中国—东盟自由贸易区升级版建设[J].八桂侨刊,2014,04:18—22.

唐俊.中国—东盟汇率协调机制的实证分析及政策选择[J].云南社会科学,2015,02:88—90.

唐蔚.浅析中国—东盟自由贸易框架下文化传播因素在会展业的作用[J].传播与版权,2015,01:169—171.

罗婕.中国东盟自由贸易区背景下广西承接国际产业转移的 SWOT 分析[J].市场论坛,2014,12:45—46.

马莉.中国东盟自由贸易区背景下广西与东盟物流合作的探讨[J].商业经济,2015,01:63—65.

刘婷.自由贸易区对提高中国对外开放水平的作用——基于中国—东盟自由贸易区的实证测算[J].商业经济研究,2015,05:34—36.

赵明,陈清.中国—东盟自由贸易区标准一致化的经济效果分析——基于 GTAP 模型[J].石家庄经济学院学报,2015,01:13—16.

马继宪.中国—东盟自贸区框架下的跨境经济合作区建设[J].国际经济合作,2015,03:22—28.

李静.中国—东盟自由贸易区外资准入法律问题探究[J].泰山学院学报,2015,02:130—132.

郭柳,张应武.中国—东盟自由贸易区背景下中国与东盟货物贸易竞争力的研究[J].东南亚纵横,2015,01:49—54.

彭赞文.中国—东盟自由贸易区电子商务发展对策研究[J].学术论坛,2015,02:66—69.

李世杰,王成林.21世纪"海上丝绸之路"建设:经贸纽带与战略支撑[J].海南大学学报(人文社会科学版),2015,02:17—23.

佟湾.中国—东盟自贸区构建对老中贸易及老挝经济增长的影响[J].保定学院学报,2015,02:22—26.

陈勇兵,付浪,汪婷,胡颖.区域贸易协定与出口的二元边际:基于中国—东盟自贸区的微观数据分析[J].国际商务研究,2015,02:21—34.

梁经伟,文淑惠,方俊智.中国—东盟自贸区城市群空间经济关联研究——基于社会网络分析法的视角[J].地理科学,2015,05:521—528.

张显伟,钟智全.论中国—东盟自贸区商贸纠纷解决之商事调解及其作用发挥[J].学术论坛,2015,03:67—71.

李建伟,吕玲玲,黄悦琛,甘慧露.中国—东盟自由贸易区升级版背景下中国—东盟货物贸易发展路径[J].东南亚纵横,2015,03:34—38.

邢莘.中国—东盟自贸区升级版下的中泰经贸合作探讨[J].对外经贸实务,2015,05:31—33.

刘丹羽.中国东盟自贸区升级后的商务英语新趋势[J].现代经济信息,2015,09:184.

杨素琳.中国—东盟自由贸易区如何改进通关便利化[J].对外经贸实务,2015,06:24—26.

王立岩.战略视角下天津自贸区建设的思考——中国—东盟自贸区的比较与启示[J].城市,2015,06:19—22.

郭克良,蓝文权.中国—东盟自由贸易区建设背景下提升我国西南地区区域经济竞争力问题探究——基于对波特"钻石模型"改进后的广西分析为例[J].东南亚纵横,2015,04:74—79.

郑晶,潘苏,张智彪,张金华.中国—东盟自由贸易区农产品贸易格局分析[J].华南农业大学学报(社会科学版),2015,03:123—131.

厉力,段景辉.中国—东盟自由贸易区优惠关税利用率研究[J].海关与经贸研究,2015,04:81—99.

左晓安.粤港澳合作转型与中国东盟自由贸易区演进方向协同发展[J].广东社会科学,2015,04:92—100.

吴晓艳.中国—东盟自贸区合作框架下的中越经贸合作分析[J].价格月刊,2015,08:19—22.

郑永娟.中国—东盟自贸区贸易经济效应研究[J].价格月刊,2015,08:23—27.

黄达.打造中国—东盟自贸区升级版[J].商,2015,19:109.

王开玉.中国—东盟自由贸易区现状及中国对策研究[J].北方经贸,2015,08:10—11+14.

中国—东盟自贸区升级版有望年内完成谈判[J].世界电信,2015,08:7.

傅利利.中国—东盟自由贸易区建设存在的问题及优化路径[J].价格月刊,2015,09:87—91.

中国—东盟自贸区升级谈判只差"临门一脚"[J].WTO经济导刊,2015,09:10.

韩倩兰.中国—东盟自由贸易区背景下国际经贸语言服务专业人才的培养模式探索[J].职业

教育（下旬刊），2015,09:12—14＋18.

黄璐瑶.关于中国—东盟自由贸易区"升级版"路径研究的文献综述[J].商,2015,31:98—99.

顾丽姝,吴家萍.中国—东盟自贸区升级版背景下中国对东盟新四国直接投资的推动策略研究
[J].广西财经学院学报,2015,05:67—76.

李晶.试论中国—东盟自由贸易区的建立对我国经济与贸易的积极影响[J].品牌（下半月）,
2015,09:103.

徐武兴.浅析中国—东盟自由贸易区的建立给我国经济与贸易带来的冲击及对策[J].品牌（下
半月）,2015,09:117.

刘薇.中国—东盟自贸区的建立对中国旅游服务贸易的影响[J].江苏科技信息,2013,02:1—2
＋8.

李珏.中国—东盟自贸区特殊人才的培养和储备对策[J].中国成人教育,2013,01:79—81.

龙云安.基于中国—东盟自由贸易区产业集聚与平衡效应研究[J].世界经济研究,2013,01:
80—86＋89.

陈万灵,何传添.中国—东盟自由贸易区:基于东盟经济共同体蓝图的战略构想[J].东南亚纵
横,2013,01:25—30.

杨莎莎,朱玉鑫.中国—东盟自由贸易区背景下国际贸易法律进路机理研究[J].云南民族大学
学报（哲学社会科学版）,2013,02:150—154.

杨凌.湛江在中国东盟自由贸易区发展中的战略选择[J].广东经济,2013,03:50—53.

莫怒.中国—东盟自由贸易区建立对钦州港货源市场的影响及应对措施[J].中国水运（下半
月）,2013,04:36—37.

姚瑞基.浅谈中国—东盟自由贸易区的九大挑战[J].区域金融研究,2013,03:61—64.

顾美玲.中国—东盟自由贸易区发展的障碍及其对策[J].当代经济,2013,07:72—73.

李珏.中国—东盟自贸区服务外包产业发展面临的机遇和挑战——以广西为例[J].商,2013,
05:226—227.

金钢,刘聪,王鹏飞.中国—东盟自由贸易区框架下银行监管合作机制[J].时代金融,2013,11:
7—8.

庄芮,张国军.亚太区域经济合作与中国—东盟自贸区建设[J].宏观经济管理,2013,06:
67—69.

李蓉.中国—东盟自由贸易区理论与实践课程的研究[J].赤峰学院学报（自然科学版）,2013,
11:256—257.

毕妍妍.中国—东盟自由贸易区商事调解机制研究[J].中共贵州省委党校学报,2013,02:
93—97.

伍少金.论中国—东盟自由贸易区背景下广西银行业的发展[J].广西社会科学,2013,06:
25—27.

马赫然.中国—东盟自由贸易区建立的经济效益研究[J].中国商贸,2013,15:129＋132.

杨凌.湛江在中国—东盟自由贸易区发展中的战略选择[J].生产力研究,2013,04:113—115.

丁平,周经.中国—东盟自贸区的发展与挑战[J].国际经济合作,2013,06:7—13.

汪占熬,陈小倩.中国—东盟自由贸易区投资效应研究[J].华东经济管理,2013,06:65—69.

李宾.中国—东盟自由贸易区背景下的反洗钱区域合作机制研究[J].区域金融研究,2013,05:
51—55.

吴清.中马企业会计准则比较与趋同——基于中国—东盟自由贸易区环境下的研究[J].财会通讯,2013,16:111—112.

钟珂.中国—东盟自由贸易区建立背景下的广西与越南旅游发展机遇与展望[J].东南亚纵横,2013,06:35—39.

李彦,罗力强,李俊强.面向中国—东盟自由贸易区的广西大宗商品电子交易市场发展研究[J].东南亚纵横,2013,06:40—44.

黄勇荣,颜松漳,王娟,周琼.论广西经贸人才培养对中国—东盟自由贸易区发展的促进作用[J].经济与社会发展,2013,03:186—189.

覃顺梅.广西产业结构调整对经济增长贡献的实证分析——基于中国—东盟自由贸易区框架视角[J].对外经贸,2013,06:27—28+35.

吴砚峰.中国—东盟自由贸易区物流标准体系建设研究[J].物流技术,2013,09:77—81.

杨宏昌.中国—东盟自由贸易区建设前后广西工业优势产业集聚变化研究[J].产业与科技论坛,2013,07:45—47.

张海琦,袁波.深化中国—东盟自贸区合作的总体思路与措施[J].国际经济合作,2013,07:38—42.

王书飞.中国—东盟自由贸易区的机遇与挑战[J].科技创业月刊,2013,08:35—37.

徐进亮,丁长影.中国—东盟自贸区原产地规则的四大缺陷与对策建议[J].广西民族大学学报(哲学社会科学版),2013,04:117—122.

秦艳萍,易丰,郭满女,姚磊.中国—东盟自由贸易区建成背景下广西旅游人才培养对策研究[J].经济研究导刊,2013,20:93—94+99.

毕秀芝.中国—东盟自由贸易区投资分析[J].合作经济与科技,2013,17:62—63.

李红静,王玉倩.后危机时期中国—东盟自由贸易区面临的机遇和挑战[J].河北企业,2013,08:51.

汪占熬,张彬.中国—东盟自贸区对产业集聚与发展不平衡的影响研究[J].世界经济与政治论坛,2013,04:111—128.

杨早,徐春祥.中国—东盟自由贸易区贸易转移效应的实证分析[J].商场现代化,2013,18:47—48.

罗丽宏,吴婷婷,陶丹.浅谈中国—东盟水果"零关税"[J].中国外资,2013,14:267.

王红晓.中国—东盟自由贸易区财产税协调问题[J].税务研究,2013,05:92—94.

冯雪萍.中国—东盟自贸区背景下广西农产品物流存在问题及对策[J].中国物流与采购,2013,19:76—77.

蒋静梅,何杰.浅析中国—东盟自由贸易区的建设对云南省服务贸易发展的影响[J].知识经济,2013,15:11—12+26.

张国旺.中国—东盟自由贸易区:进程与动因[J].经济研究导刊,2013,22:265—267.

袁波,杜国臣.中国—东盟自贸区将迈向更高水平的一体化[J].中国经贸,2013,08:46—47.

徐瑶.中国对东盟的经济外交——基于中国—东盟自贸区的研究[J].生产力研究,2013,07:71—74.

沈铭辉.中国—东盟自由贸易区:成就与评估[J].国际经济合作,2013,09:11—17.

冯宗宪,赵立伟.基于空间场和引力模型的边界效应分析——以中国东盟自由贸易区为例[J].统计与信息论坛,2013,10:7—12.

中国—东盟自贸区的"热"与"冷"[J].珠江水运,2013,18:39.

何倩,胡颢严.中国—东盟自由贸易区金融合作的困境及建议[J].法制与社会,2013,29:90—91.

李光辉,袁波.深化中国—东盟自由贸易区合作的总体思路与对策建议[J].东南亚纵横,2013,10:10—15.

贺金兰,覃国基,吕伟萍.中国—东盟自贸区背景下广西农民收入的思考[J].沿海企业与科技,2013,05:57—59.

胡维佳.中国—东盟自贸区升级:服务业开放将成谈判难点[J].中国经济周刊,2013,40:44—46.

李博.浅析自由贸易区对区内贸易条件的影响[J].商,2013,17:258.

蒋同明,王雨晗.后危机时期中国—东盟自由贸易区的发展战略调整[J].中国经贸导刊,2014,01:42—44.

吴砚峰.浅析中国—东盟自由贸易区物流标准化研究思路[J].物流技术,2014,01:44—46.

徐忆斌.中国—东盟自贸区的贸易规则升级版之探析[J].对外经贸实务,2014,02:44—47.

夏澂.打造中国—东盟自贸区升级版[J].新经济导刊,2014,Z1:91—95.

王憬.稳健货币政策下中国—东盟自由贸易区的挑战及对策思考[J].现代经济信息,2014,02:92.

何成杰,朱小明.中国—东盟自由贸易区现状及对策研究[J].现代商贸工业,2014,05:29—31.

梁颖.打造中国—东盟自由贸易区升级版的路径与策略[J].亚太经济,2014,01:104—107.

本刊编辑部.升级中国—东盟自贸区打造未来钻石十年[J].中国远洋航务,2014,04:16—17+10.

庄丽娟,罗洁.中国—东盟自贸区框架下中泰荔枝龙眼贸易效应分析[J].华中农业大学学报(社会科学版),2014,03:24—31.

孙南翔,张晓君.中国—东盟自由贸易区规则改进路径研究综述[J].广西社会科学,2014,03:38—44.

刘妍.中国—东盟自由贸易零关税的效应分析[J].当代经济,2014,05:72—73.

程伟晶,冯帆.中国—东盟自由贸易区的贸易效应——基于三阶段引力模型的实证分析[J].国际经贸探索,2014,02:4—16.

陈欢,王曼怡.上海自贸区金融创新与中国—东盟自贸区协同发展研究[J].经济问题探索,2014,03:94—99.

韦倩青,苏宣云.中国—东盟自贸区直接投资效应实证研究[J].商业时代,2014,13:20—22.

张敏.中国—东盟自贸区的合作现状与前景展望[J].商,2014,01:115.

李亚波.政府绩效对产品出口的影响——基于中国—东盟自由贸易区数据[J].广西财经学院学报,2014,02:59—65.

原瑞玲,田志宏.中国—东盟自贸区农产品贸易效应的实证研究[J].国际经贸探索,2014,04:65—74.

崔忠仁.打造中国—东盟自贸区升级版的几点思考[J].广西经济,2014,03:36—37.

黄志勇,颜洁.中国—东盟自由贸易区升级版背景下桂台金融合作展望[J].东南亚纵横,2014,03:46—52.

周英虎.关于广西与中国—东盟自由贸易区的几个问题的看法[J].玉林师范学院学报,2014,

03:34—37.

黄新飞,欧阳利思,王绪硕.基于"多国模式"的中国—东盟自由贸易区贸易效应研究[J].学术研究,2014,04:79—85+160.

罗力强.中国—东盟自由贸易区框架下中越金融合作与广西的战略选择[J].广西社会科学,2014,05:48—53.

李馨.中国—东盟自贸区旅游服务贸易壁垒研究——基于对 CAFTA 服务贸易第二批承诺表的观察[J].山东社会科学,2014,05:131—135+169.

冼艳,李兴智.如何发挥中马钦州产业园在中国—东盟自贸区的作用[J].现代经济信息,2014,04:142.

朱峰.中国—东盟自贸区人民币区域化发展的空间优势和策略创新[J].广西经济管理干部学院学报,2014,02:1—6.

刘卫.中国—东盟自由贸易区环境下会计准则趋同与发展研究框架[J].商业会计,2014,09:10—12.

陆小丽.促进广西民营企业对东盟投资,打造中国—东盟自贸区"升级版"[J].区域金融研究,2014,05:51—55.

杨盈盈.中国—东盟自贸区背景下高职院校广西房地产相关课程改革研究[J].柳州师专学报,2014,03:132—134+138.

汤洪宇.中国—东盟自贸区背景下广西物流企业国际竞争力研究[J].柳州师专学报,2014,03:50—52+28.

揣莉坤."中国—东盟自由贸易区"的建立及其问题研究[J].长春教育学院学报,2014,11:20—21.

陈欣怡,赵天南.谈中国—东盟自由贸易区的升级——基于 CAFTA 与 TPP 的比较[J].商业时代,2014,16:32—34.

林常青,张相文.中国—东盟自贸区对中国出口持续时间的影响效应研究[J].当代财经,2014,07:99—109.

梁小池.中国—东盟自由贸易区"零关税"对中泰蔬果贸易合作的影响与对策研究[J].企业科技与发展,2014,14:10—11.

黄建银,邱珺,税毅强,杨柳,严舒.中国—东盟自由贸易区中医药服务贸易谈判要价研究[J].世界中医药,2014,07:864—867.

蒋峻松,母景平.中国—东盟自由贸易区会计服务市场需求与供给研究[J].东南亚纵横,2014,05:41—46.

李德军,孙波.中国—东盟自由贸易区的贸易现状、挑战及机遇[J].中国商贸,2014,17:23—25.

卫文君.中国—东盟自由贸易区设立经验及对上海自贸区的启示[J].经济研究导刊,2014,17:285—286.

钟洁.基于中国—东盟自由贸易区优化国际贸易物流产业发展[J].物流技术,2014,13:57—59.

林逸婷,陈晨.中国—东盟自由贸易区对我国蔬菜出口竞争力影响的研究[J].现代商业,2014,20:36—37.

韦朕韬.中国—东盟自由贸易区发展的阻碍因素及解决对策[J].商,2014,05:189.

林芳.中国—东盟自由贸易区的产业内贸易效应分析[J].中国市场,2014,33:22—23.

薛韬.中国—东盟自由贸易区的税收竞争与协调研究[J].中国市场,2014,33:41—42.

黄仁强,余坤莲.区域金融与贸易协同发展面临的困境与对策研究——以中国—东盟自由贸易区为例[J].区域金融研究,2014,08:38—43.

叶南均.基于中国—东盟自由贸易区的广西大数据产业发展研究[J].企业科技与发展,2014,11:21—22.

张国军.RCEP架构下的中国—东盟自由贸易区建设[J].广西大学学报(哲学社会科学版),2014,03:51—54.

朱光武.区域经济下的国际贸易税收竞争问题研究——以中国—东盟自由贸易区为例[J].中国商贸,2014,19:181—182.

匡贤明,何冬妮.打造中国—东盟自贸区升级版的远景与突破[J].全球化,2014,06:78—86+134—135.

胡超.中国—东盟自贸区进口通关时间的贸易效应及比较研究——基于不同时间密集型农产品的实证[J].国际贸易问题,2014,08:58—67.

张军.文化差异对企业跨国商务活动的影响——基于中国—东盟自贸区框架下的研究[J].企业经济,2014,08:63—66.

曾巍,许海平.中国—东盟自由贸易区背景下海南旅游业的发展研究——基于东盟客源市场的分析[J].河北科技大学学报(社会科学版),2014,03:15—21.

朱怡然.中国—东盟自由贸易区对人民币区域化的影响[J].中国商贸,2014,22:176—177.

卢思融,曾曦.浅析中国—东盟自由贸易区下防城港市加工贸易发展[J].知识经济,2014,12:9—10.

魏民.中国东盟自贸区:推动东亚经济一体化[J].中国报道,2014,11:21.

蓝相洁,张建中.中国与东盟各国税制比较研究[J].地方财政研究,2014,10:75—80.

蒋和平.自由贸易区背景下广西与东盟经贸发展的效应、现状及对策[J].生产力研究,2011,01:129—131.

邓宝瑚.中国—东盟自贸区如期建成背景下的人才培养研究[J].特区经济,2011,01:292—294.

苑春强,张茂荣.中国—东盟自由贸易区的进展、问题及其与ECFA的互动[J].亚太经济,2011,01:26—31.

王红晓.建设中国—东盟自由贸易区中的税收竞争研究[J].前沿,2011,01:128—132.

张彬,汪占熬.中国—东盟自由贸易区贸易结构效应的实证分析——基于1995—2008年HS92商品分类面板数据[J].世界经济研究,2011,01:75—81+89.

丁振辉.中国—东盟自贸区中的广西角色定位[J].广西财经学院学报,2011,01:12—16.

王水莲,郑璇.后危机时代加快提升中国—东盟自贸区问题研究[J].创新,2011,01:76—79+127.

王戈.中国—东盟自由贸易区商业秘密冲突问题研究[J].商场现代化,2011,03:5.

刘杰,吕有志.推进中国—东盟自由贸易区建设的意义和策略[J].韶关学院学报,2011,01:69—72.

杨晓林.依托中国—东盟自由贸易区发展广西加工贸易[J].南宁职业技术学院学报,2011,01:38—41.

贾引狮.中国—东盟自由贸易区背景下的知识产权博弈[J].广西社会科学,2011,02:81—84.

李世兰.区域贸易协定与中国出口二元扩张:以中国—东盟自由贸易区为例的分析[J].东南亚纵横,2011,01:27—31.

高延芳,雷婧.以中国—东盟自由贸易区建成为契机,提升德宏沿边开放水平[J].价值工程,2011,04:140—142.

黄若君.中国—东盟自贸区的建成对广西农业的影响与应对措施[J].科技创业月刊,2011,02:1—2+8.

张资华.中国—东盟自由贸易区成员国税收协调问题探讨[J].当代经济,2011,01:68—69.

吴锦美,董晓光.中国—东盟自由贸易区建成后法律服务业的地位和作用[J].云南大学学报(法学版),2011,01:135—137.

江帆,郑学党.中国—东盟自由贸易区产业内贸易结构优化分析[J].东南亚纵横,2011,02:43—48.

芮洁华.中国—东盟自由贸易区下的机遇与挑战[J].法制与社会,2011,10:88—89.

姜志达.2010年中国—东盟自贸区:进展与前景[J].国际问题研究,2011,02:10—14+28.

欧阳艳玉.广西国有企业如何融进中国—东盟自由贸易区[J].学理论,2011,09:38—39.

林桂红.中国—东盟自由贸易区框架下广西特色农业发展新思路[J].学术论坛,2011,02:119—122.

周观琪.中国—东盟自由贸易区成立对云南—东盟农产品贸易的影响[J].云南民族大学学报(哲学社会科学版),2011,02:99—104.

普卫明.中国—东盟自由贸易区会计准则趋同问题思考——基于多元文化视野[J].云南民族大学学报(哲学社会科学版),2011,02:105—108.

王忠文.中国—东盟自由贸易区对天津经济发展的积极作用[J].综合竞争力,2011,01:47—50.

郑颖,张静.构筑中国—东盟自贸区服务平台实现区位优势向经济优势转化[J].中小企业管理与科技(下旬刊),2011,02:103—104.

张晔,芮雪银.论中国企业在中国—东盟自由贸易区中面临的机遇和挑战[J].特区经济,2011,03:100—101.

李轩.中国—东盟自由贸易区建设对中国FDI的影响效应[J].国际贸易问题,2011,04:41—47.

李俊,何小芬.中国—东盟自由贸易区对广东的影响研究[J].市场经济与价格,2011,02:31—35.

吴云,李代信,陈兴才,黄力明,雷黎明,吴晓青,石文伟.中国—东盟自由贸易区建成对广西农业发展的影响及对策研究[J].经济研究参考,2011,11:34—41.

吴朝阳.中国—东盟自贸区基础设施建设进展及对策思考[J].国际贸易,2011,03:41—46.

舒劲,武友德,乐馨.中国—东盟自由贸易区货币金融合作基础实证分析[J].经济论坛,2011,02:46—48.

中国—东盟自由贸易区[J].国外塑料,2011,02:25.

李矗,马研.中国—东盟自由贸易区部分关税削减时间表[J].国外塑料,2011,02:31.

何礼健,左停.中国—东盟自由贸易区背景下广西种业发展的SWOT分析[J].西南农业学报,2011,02:799—804.

张丽.浅析中国—东盟自由贸易区与滇南地区的农产品贸易[J].农村经济与科技,2011,04:67—69.

蒋德翠.中国—东盟自由贸易区服务贸易争端解决机制及中国的对策[J].东南亚纵横,2011,03:47—50.

孙健,马为民.中国—东盟自由贸易区建设与江苏省—东盟经济合作研究[J].东南亚纵横,2011,03:51—54.

罗亚萍,陈洁.原产地规则在中国—东盟自由贸易区中的适用[J].湖南科技学院学报,2011,05:114—117.

金赛美.中国企业融入中国—东盟自由贸易区良性发展探析[J].求索,2011,03:38—39+190.

陆金梅.新区域主义视野下的中国—东盟自由贸易区区域治理[J].创新,2011,03:77—80.

叶洪强.中国东盟自由贸易区背景下广西与东盟物流合作的思考[J].时代金融,2011,09:76—77.

阚宏,张雯瑾.中国—东盟自由贸易区对广西经济产生的影响[J].现代商业,2011,11:53+52.

杨力刚.中国—东盟自由贸易区的建成与广西经济发展[J].中国商贸,2011,12:183—184.

马莉,胡超.中国—东盟自由贸易区的贸易效应[J].经济导刊,2011,03:6—7.

赵豫蒙.中国—东盟自由贸易区对海南经济发展的影响与对策建议[J].商场现代化,2011,10:16—17.

马俊.中国—东盟自贸区框架下云南服务贸易人才发展战略研究[J].商场现代化,2011,10:19—20.

胡英全,李蕊.中国—东盟自贸区保险服务需求研究[J].区域金融研究,2011,04:52—55.

刘珊.浅议建立中国东盟自由贸易区对中国农产品出口的影响[J].科技信息,2011,10:99+101.

谢昕.面向中国—东盟自由贸易区的云南临空经济发展分析[J].中国城市经济,2011,09:67+69.

齐虹丽,侯菲.在中国—东盟自由贸易区内进行跨境贸易人民币结算的可行性分析[J].昆明理工大学学报(社会科学版),2011,02:11—15.

胡洋.中国东盟自由贸易区的成立及对我国对外贸易的影响[J].湖北经济学院学报(人文社会科学版),2011,05:32—34.

肖绍萍,李万青.中国—东盟自由贸易区物流联盟的构建与策略研究[J].特区经济,2011,06:222—224.

李振海.广西运用中国—东盟自贸区零关税协议加快发展的对策研究[J].全国商情(理论研究),2011,07:75—77+83.

李皖南.中国—东盟自由贸易区框架下广东与东盟经贸合作的思考[J].南洋问题研究,2011,02:13—21.

于志强."泛珠三角"区域合作在中国—东盟自由贸易区中的作用[J].东南亚纵横,2011,06:26—29.

肖丰,陈红.浅议2011年中国—东盟国际教育服务贸易的发展[J].南昌高专学报,2011,03:28—30.

吴方.论中国—东盟自由贸易区对宝安出口的影响[J].现代商贸工业,2011,12:85—86.

王丽娅. 广东在中国—东盟自贸区进程中的贸易现状分析[J]. 战略决策研究,2011,04:
78—89.

杨容. 中国—东盟自由贸易区的建立及相关研究[J]. 现代管理科学,2011,07:75—77.

冉萍,刘方乐. 基于最优货币区理论的中国—东盟自贸区货币合作分析[J]. 经济问题探索,
2011,06:152—155.

张晶. 试析中国东盟自由贸易区建立的意义[J]. 商场现代化,2011,13:8.

梁小萍,肖丹. 中国—东盟自由贸易区建设背景下的投资效应分析[J]. 企业导报,2011,09:49.

李光辉,林垫垚. 构建中国—东盟自由贸易区的中国大西南先导区[J]. 贵州财经学院学报,
2011,04:74—79.

陈曦. 中国—东盟自由贸易区现状、挑战及对两岸签订 ECFA 的启示[J]. 企业技术开发,
2011,11:120—121.

吴胜蓝. 东亚区域经济一体化进程中中国的选择——基于建立中国—东盟自贸区的思考[J].
福建论坛(人文社会科学版),2011,06:28—32.

赵玉焕,王帅. 中国—东盟自由贸易区投资效应研究[J]. 北京理工大学学报(社会科学版),
2011,04:13—17.

付文侠,邓翠颖. 论中国—东盟自由贸易区海外投资保险制度[J]. 昆明理工大学学报(社会科
学版),2011,03:20—26.

李亚. 零关税下中国—东盟自由贸易区农产品贸易发展[J]. 商品与质量,2011,S6:57.

谢成城,陈勇. 论中国企业在中国—东盟自由贸易区的投资[J]. 现代商贸工业,2011,15:
87—88.

黄永新. 区域性国际公共产品视角下中国—东盟自由贸易区基础设施建设[J]. 特区经济,
2011,08:74—76.

陆凰腾,马达琮琮. 中国—东盟自贸区投资协议防御性条款研究[J]. 中国外资,2011,16:24
+52.

颜银根,安虎森. 中国—东盟自由贸易区建立后 FDI 流入能替代进口贸易吗?——基于新经
济地理贸易自由化的研究[J]. 经济评论,2011,04:114—123.

陈宇翔. 中国—东盟自由贸易区的效应分析[J]. 中国城市经济,2011,12:63.

欧阳华. 中国—东盟自由贸易区对广西北部湾经济的影响研究[J]. 广西财经学院学报,2011,
04:7—10+32.

石文伟. 中国—东盟自由贸易区建成对广西经济的影响研究[J]. 改革与战略,2011,08:
109—111.

黄媛林. 浅析四川省旅游服务贸易的现状及发展——基于中国东盟自由贸易区的建立[J]. 中
国城市经济,2011,15:22—23.

逯宇铎,李丹. 区域服务贸易自由化合作机制的博弈分析——以中国—东盟自由贸易区为例
[J]. 经济经纬,2011,05:61—65.

吴春璇. 中国—东盟自由贸易区税收协调的基本构想[J]. 生产力研究,2011,09:106—107
+148.

江维国. 中国—东盟自由贸易区背景下广西茧丝绸业发展研究[J]. 南宁职业技术学院学报,
2011,05:26—29.

赖石成,钟伟. 中国—东盟自由贸易区建成对云南省烟草业发展的影响[J]. 东南亚纵横,2011,

10:46—49.

黄信.中国—东盟自由贸易区法律合作研究[J].广西财经学院学报,2011,05:11—16＋32.

蒋奇勇,陈路芳.论广西地方政府国际合作能力建设的困境与对策——基于中国—东盟自由贸易区建设的视角[J].南宁职业技术学院学报,2011,05:30—33.

梁权,付锦泉,赵悦.中国—东盟自贸区对河北省产业结构调整的影响[J].河北学刊,2011,06:219—221.

周群峰.浅谈中国—东盟自由贸易区的建立对广西现代物流业进一步发展所面临的问题及对策[J].现代经济信息,2011,18:327—328.

莫易娴,曾嘉蒨.中国—东盟自由贸易区对广东经济影响的实证分析[J].中国市场,2011,37:76—80.

粟增富.中国—东盟自由贸易区下广西与越南经贸合作研究[J].中国商贸,2011,29:203—204.

佘方兰.浅谈如何进一步深化保险交流合作——推动中国—东盟自由贸易区域经济一体化[J].商业文化(上半月),2011,11:345—346.

曾倩.中国—东盟自由贸易区对我国西南地区的贸易效应[J].经济导刊,2011,07:36—39.

曾文革,王怡.中国—东盟自由贸易区农业园区风险投资的法律问题分析[J].经济问题探索,2011,11:33—36.

李馨.经济一体化视角下WTO与中国—东盟自由贸易区相关规则关系的解读——以GATS和中国—东盟服务贸易协议为例[J].昆明理工大学学报(社会科学版),2011,05:27—30.

康蕾.中国—东盟自由贸易区经贸合作进程的阶段性研究——基于货物贸易状况的分析[J].经济与社会发展,2011,10:17—20.

许庆,范英,吴方卫.零关税政策背景下中国—东盟自贸区农产品贸易对中国经济影响的模拟分析[J].世界经济研究,2011,11:81—86＋89.

韩笑.中国—东盟自由贸易区建设对广西产业发展的影响[J].中国证券期货,2011,11:152—153.

贺勤志.中国—东盟自由贸易区视野下的广西产业分工[J].法制与经济(下旬),2011,11:91—93.

陆建人.中国—东盟自由贸易区成立以来的成绩、问题及对中国—东盟关系的影响[J].东南亚纵横,2011,11:20—22.

高歌.巧用中国—东盟自由贸易区原产地规则扩大中国与东盟的投资合作[J].东南亚纵横,2011,11:26—29.

聂德宁.中国—东盟自贸区全面实施以来中马贸易的进展与展望[J].南洋问题研究,2011,04:35—43.

逯彦珍,任烨.中国—东盟自由贸易区框架下中国对东盟FDI可行性分析[J].青岛职业技术学院学报,2011,06:71—75.

陈红玲,周坤顺.中国—东盟自由贸易区建成新形势下广西与越南旅游合作研究[J].广西大学学报(哲学社会科学版),2011,06:38—42.

董微,胡敏,蔡秋红,林畅,庄佩芬.中国—东盟自由贸易区贸易创造与贸易转移效应实证分析——以水果类产品为例[J].福建农林大学学报(哲学社会科学版),2011,06:54—58.

潘尚贤.中国—东盟自由贸易区发展条件下广西物流业发展现状分析与定位思考[J].商场现

代化,2011,21:26—27.

曹剑飞.广西在推进中国—东盟自由贸易区建设中的策略选择[J].特区经济,2011,12:
　　205—207.

罗有亮,田志勇.中国—东盟自由贸易区框架下的云南旅游业发展思考[J].经济问题探索,
　　2011,12:135—138.

阮光时.中国东盟自由贸易区的背景和意义[J].经营管理者,2011,23:89.

莫柏预,王东红.适应中国—东盟自由贸易区发展的物流管理专业人才培养模式创新研究[J].
　　法制与经济(上旬),2011,12:82—83.

王珍莲.广西面向中国—东盟自由贸易区物流人才培养分析[J].市场论坛,2011,12:41—42.

容静文.提高中国—东盟自贸区宣传质量的思考[J].市场论坛,2011,12:13—15.

周叮波.中国—东盟自由贸易区背景下加快广西服务贸易发展对策研究——以百色为例[J].
　　江苏商论,2011,12:107—109.

廖春晖.中国—东盟自由贸易区框架下新一轮金融合作的广西作为[J].财政监督,2011,35:
　　66—69.

孙耀明,刘宇飞,王斌,梁霄.中国—东盟自由贸易区对区域经济的影响研究[J].产业与科技论
　　坛,2011,22:20—21.

陈晓梅,李然.中国—东盟自由贸易区对我国农产品出口贸易的影响[J].同济大学学报(社会
　　科学版),2011,05:102—109.

农雨燕.中国—东盟自由贸易区建立对广西进出口贸易的影响探析[J].南宁职业技术学院学
　　报,2013,06:31—34.

平远.中国东盟自由贸易区贸易效应的实证研究[J].商,2013,19:291.

张述文,扬帆,农玉丽,韦倩青.广西企业对中国东盟自由贸易协定的利用[J].中外企业家,
　　2013,33:15—17.

杨珂.中国—东盟自由贸易区下的云南河口口岸贸易:机遇与挑战[J].红河学院学报,2013,
　　06:9—11+25.

张建平,周怡.打造中国—东盟自贸区升级版[J].中国外汇,2013,21:14—16.

文静.中国与东盟相关贸易效应研究[J].中国投资,2013,S2:23.

杨磊.中国—东盟自贸区下中越边境的经济增长方式与发展模式分析[J].广西经济,2013,12:
　　30—32.

王郁.中国—东盟自由贸易区金融服务贸易自由化初探[J].企业技术开发,2013,Z2:
　　125—126.

徐婷.中国—东盟自由贸易区产业内贸易结构分析[J].天津商务职业学院学报,2013,04:
　　30—32.

黄易勤,詹伟雄.中国—东盟自由贸易区冶金矿产品检验检疫一体化亟需基础研究[J].大众科
　　技,2012,01:214—215+211.

吴砚峰.中国—东盟自由贸易区物流急需标准化[J].中国商贸,2012,06:152—153.

陆晓宇.中国—东盟区域经济合作与金融深化战略研究[J].特区经济,2012,02:91—93.

方文超,肖晨明."合成谬误"之谬——中国—东盟自由贸易区一周年的实证分析[J].国际贸易
　　问题,2012,01:88—98.

田鸿雁,宋学文.中国—东盟自贸区建设的成就、挑战与对策探析[J].改革与战略,2012,01:

123—125.

李丽,张家福,刘申.中国—东盟自由贸易区贸易与环境协调的制度建设——借鉴欧盟、北美自由贸易区之经验[J].中国商贸,2012,09:209—210.

吴声光,吴耀明,邹学亲.我国体育用品产业在中国—东盟自由贸易区的发展探讨[J].广西社会科学,2012,01:81—83.

陆冰.特殊高职人才培养模式探析——基于中国—东盟自贸区文化产业人才需求[J].职教论坛,2012,02:69—70+73.

康蕾.广东省企业参与中国—东盟自由贸易区经贸合作的战略考量[J].东南亚纵横,2012,01:39—42.

陈宏,冯锋,黄铭炫.广西中小企业参与中国—东盟自由贸易区跨国经营的SWOT分析[J].创新,2012,01:122—125.

李珏.中国—东盟自由贸易区产业结构和人才需求分析[J].高等函授学报(哲学社会科学版),2012,01:12—14+44.

张晓华,李敏,王文惠.中国—东盟自由贸易区的贸易效应研究述评[J].中国商贸,2012,08:196—197.

李彬.广西中小型外贸企业发展研究——基于中国—东盟自由贸易区框架[J].中国集体经济,2012,04:39—40.

魏静,李鹏飞.论中国东盟自由贸易区调整模式[J].知识经济,2012,01:109.

卢增和,梁国庆,许树承.中国对外承包工程在东盟自贸区市场现状及分析[J].市场论坛,2012,02:21—22.

马静,林宏烈.中国—东盟自由贸易区投资政策协调研究[J].海南金融,2012,03:38—42.

陈磊,曲文俏.中国—东盟自由贸易区贸易效应评析——基于Heckman选择模型的研究[J].经济与管理评论,2012,02:50—57.

赵迪琼.广西中小企业融资问题研究——基于中国—东盟自由贸易区视角[J].学术论坛,2012,01:113—115+123.

文淑惠,杨玥.中国—东盟自由贸易区市场信用体系建设的问题探讨[J].昆明理工大学学报(社会科学版),2012,01:10—13.

吴砚峰.基于中国—东盟自由贸易区的区域性物流中心建设研究[J].中国物流与采购,2012,05:74—75.

全胜跃.中国—东盟自贸区与广西北部湾产业集群研究[J].中国商贸,2012,07:218—219.

官雪.中国—东盟自贸区货币流通模式浅析[J].时代金融,2012,06:96.

李馨.中国—东盟自由贸易区旅游合作探析[J].经济纵横,2012,04:34—36+92.

郑舒,徐梦艺.中国—东盟自由贸易区存在问题与对策[J].商品与质量,2012,S2:16.

孙耀明,梁捍江,王斌.中国东盟自由贸易区的经济效应分析[J].产业与科技论坛,2012,01:100—101.

张志儒.论WTO体制下中国—东盟自由贸易区服务贸易更优惠措施的实施——从GATS第5条的视角分析[J].东方企业文化,2012,04:35—36.

李艳.中国—东盟自由贸易区背景下广西纺织业面临的机遇与挑战[J].民营科技,2012,04:93.

王晓丽,肖燕,庄佩芬,林畅.中国—东盟自由贸易区区内主要谷物贸易国谷物贸易条件分析

[J].台湾农业探索,2012,02:29—35.

贾引狮.中国—东盟自由贸易区内知识产权纠纷的替代性争议解决方式研究——一种经济学观点[J].特区经济,2012,05:234—236.

施本植,郑蔚.论中国—东盟自由贸易区建设中的税收协调[J].昆明理工大学学报(社会科学版),2012,02:23—28.

王玉主.中国—东盟自贸区建设的目标及对双边关系的影响[J].创新,2012,03:71—75.

容静文.中国—东盟自由贸易区原产地规则签证操作程序变动分析[J].创新,2012,03:76—78+127—128.

林桂红.中国—东盟自由贸易区框架下广西农产品加工业的SWOT分析与对策[J].中国经贸导刊,2012,12:54—55.

郭宇.中国—东盟自由贸易区经济合作分析[J].现代经济信息,2012,05:126.

李红,陈菲菲.中国—东盟自由贸易区的建立对中国的经济增长效应分析[J].现代经济信息,2012,05:5.

李燕."中国—东盟自由贸易区"下的红河州对越贸易研究[J].中国市场,2012,15:122—124+127.

俞一斌.中国—东盟自由贸易区的建成对我国与东盟集装箱运输的影响[J].集装箱化,2012,05:5—6.

严云鸿.中国—东盟自由贸易区建设与我国国际化人才的培养[J].东南亚纵横,2012,04:47—51.

李杰云,范祚军,侯晓.出口产业生产贸易链构建的财政利益补偿机制研究——基于中国—东盟自由贸易区框架下我国粤、桂、琼、滇四省区的分析[J].东南亚纵横,2012,04:64—69.

韦雪豫.做义乌,还是做广州——广西在中国—东盟自由贸易区服务贸易的机遇与挑战[J].经济与社会发展,2012,03:1—7.

查志强,李卉.基于"单国模式"引力模型的区域贸易协定效应分析——以中国—东盟自由贸易区对广西的贸易效应为例[J].企业经济,2012,05:114—117.

李万青.基于中国—东盟自由贸易区的滇桂区域物流一体化探析[J].价格月刊,2012,05:24—29.

林昆勇.中国—东盟自由贸易区建立与南宁农业发展策略探讨——南宁深化中国与东盟农业合作的对策研究之二[J].南宁职业技术学院学报,2012,03:27—30.

尹华,普兰.中国—东盟自由贸易区的老中贸易效应研究[J].财务与金融,2012,03:27—32.

吴则实,冯钰钰,刘展.中国—东盟自由贸易区宏观税负水平的国际比较与研判[J].广西财经学院学报,2012,03:19—23.

林育芳.中国—东盟自贸区与中小企业发展——基于泉州市的实证分析[J].中共贵州省委党校学报,2012,04:123—128.

杨超.广西与中国—东盟自由贸易区:定位、机遇与发展重点[J].东南亚纵横,2012,05:26—32.

杨珂,李燕.云南在中国—东盟自由贸易区发展中的地位探析——兼与广西的对比[J].中国商贸,2012,17:185—186.

夏飞,袁洁.中国—东盟自由贸易区交通运输发展的区位熵分析[J].管理世界,2012,01:180—181.

丁珏,庄毅.中国—东盟自由贸易区建立对浙江纺织服装业发展的影响——基于要素密集型逆转的视角[J].开发研究,2012,04:80—83.

陈倩,唐万欢.基于中国—东盟自由贸易区的高职高专国际金融专业建设的研究和实践[J].文史月刊,2012,08:240.

李好.中国—东盟自由贸易区框架下积极培育广西对外贸易竞争优势的思考[J].东南亚纵横,2012,06:12—16.

全胜跃,廖美红.中国—东盟自由贸易区框架下的广西先进制造业[J].北方经济,2012,14:97—98+101.

周叮波.中国—东盟自贸区建成后对广西边境贸易发展的影响及对策研究——以百色边境贸易为例[J].价格月刊,2012,09:57—61.

杨欢.中国—东盟自由贸易区中国进口的贸易效应研究——基于巴拉萨模型[J].对外经贸,2012,09:10—11.

张建中.中国—东盟自由贸易区贸易、投资与中国环境协同发展程度的实证分析[J].生态经济,2012,09:28—32.

方文超,马怀礼.中国—东盟自贸区二周年的比较研究——基于出口相似度与显性比较优势的分析[J].安徽行政学院学报,2012,03:50—53+67.

冯华.警惕中国—东盟自由贸易区原产地规则的区内壁垒[J].中国检验检疫,2012,08:41—42.

侯文平,钮贵芳.中国—东盟自由贸易区的成立对中国外贸的影响研究[J].对外经贸,2012,09:8—9+152.

钟凤艳.中国—东盟自贸区下中泰贸易发展浅议[J].特区经济,2012,10:97—99.

林育芳.中国—东盟自由贸易区与中小企业发展——基于泉州市的实证分析[J].福建江夏学院学报,2012,04:1—7.

解春艳,朱红根.中国东盟自由贸易区进程化对双边贸易的影响[J].西北农林科技大学学报(社会科学版),2012,06:105—111.

姚婷.中国—东盟自由贸易区(CAFTA)框架下广西银行业的功能定位研究[J].沿海企业与科技,2012,07:10—11+9.

吴砚峰.基于中国—东盟自由贸易区的商贸物流发展策略研究[J].物流技术,2012,17:82—84.

韦红泉,李光辉.中国—东盟自由贸易区的进展与趋势[J].国际经济合作,2012,11:52—54.

肖义,肖敏.区域经济框架下劳务合作中的法律问题及对策——针对中国—东盟自由贸易区的分析[J].人民论坛,2012,32:252—253.

林育芳.中国—东盟自贸区与泉州市中小企业发展——基于生产可能性边界拓展的视角[J].广西大学学报(哲学社会科学版),2012,05:19—24.

孙硕,何政.中国—东盟自由贸易区框架下南宁产业集群发展趋势研究[J].商场现代化,2012,32:162—163.

戴卓.国际贸易网络结构的决定因素及特征研究——以中国东盟自由贸易区为例[J].国际贸易问题,2012,12:72—83.

梁昆.中国—东盟自贸区建成热收获下的冷思维[J].南宁职业技术学院学报,2012,06:31—34.

孙宝,程超颖,谢娱.中国—东盟自贸区建设十年广西与东盟双边贸易回顾与展望[J].广西经济,2012,09:16—20.

齐虹丽,李亮国,何佳杰.我国农产品标准化策略选择的原则及措施——基于中国—东盟自由贸易区农产品贸易经验[J].昆明理工大学学报(社会科学版),2012,06:17—23.

杨军,庞劲松.承担变革使命助创企业价值——中国—东盟自贸区环境下的首席财务官建设思考[J].中国总会计师,2012,12:63—65.

杨文博.中国东盟自由贸易区及其"外溢效应"[J].辽宁教育行政学院学报,2012,06:25—29.

邓超正,冷希洛.基于边界效应的中国—东盟自由贸易区一体化分析[J].云南财经大学学报(社会科学版),2012,06:11—15.

刘宏平,莫翔.中国—东盟自由贸易区的进展及其效应[J].云南财经大学学报(社会科学版),2012,06:28—32.

王郁.简评中国—东盟自由贸易区的投资协议[J].企业技术开发,2015,29:136+152.

张梅,李俊强.中国—东盟自由贸易区框架下南宁与越南农业互补互促问题研究[J].南宁职业技术学院学报,2015,06:24—27.

朱秀亮,杨娟.中国—东盟自贸区加速升级[J].中国海关,2015,10:42—44.

王郁,董继超.简评中国—东盟自由贸易区投资协议的内容[J].企业技术开发,2015,33:127—128.

魏格坤.中国—东盟非关税壁垒强度变动趋势及影响因素分析——兼论中国—东盟自由贸易区贸易自由化路径选择[J].东南亚纵横,2015,10:71—75.

刘明显,莫洪兰.基于AHP方法的中国—东盟自贸区金融生态环境影响因素分析[J].当代经济,2015,35:145—147.

赵仁平,张春皓.中国—东盟自贸区升级谈判中的税收协调[J].国际税收,2015,11:6—9.

万魏,陈康贤,陈小敏."一带一路"框架下中国—东盟自由贸易区反洗钱监管合作研究[J].区域金融研究,2015,12:50—53.

2.6 财政金融

东南亚地区财政金融

牟中仁,李想.全球金融危机对亚洲资本主义的影响:来自中国、印度尼西亚、日本和韩国的观点[J].国际经济评论,2013,05:167—169.

中国人民银行成都分行联合课题组.东南亚四国央行法与人民银行法比较研究[J].西南金融,2014,03:72—76.

邢会强.金融督察服务(FOS)比较研究[J].法治研究,2011,02:83—88.

何帆,徐奇渊,徐秀军.开发性金融在推动周边金融合作中的战略选择:中国与东南亚国家双边的视角[J].中国市场,2011,16:4—6.

陆静波,薛峰.各国支持中小企业税收政策面面观[J].涉外税务,2013,03:35—37.

韩秀双,陆筱璐.东南亚国家总承包项目涉税管理分析[J].国际商务财会,2012,06:26—28.

张家寿.中国与东盟合作参与"一带一路"建设的金融支撑体系构建[J].东南亚纵横,2015,10:42—46.

杨雪峰.人民币会成为亚洲区域内的货币锚吗?——基于东南亚国家的实证检验[J].世界经济研究,2015,05:23—29+127.

李南.中国—东盟货币合作的经济周期条件分析——基于马尔可夫区制转移模型[J].厦门理工学院学报,2015,06:18—24.

吴春璇,胡国强.广西企业"走进东盟"的税务风险管理研究[J].经济研究参考,2015,65:55—58.

广西国家税务局课题组课题组,汤志水,李文涛,霍军,秦大磊.广西对东盟出口竞争力及财税协调问题研究——基于"B&R"沿线省区的比较[J].经济研究参考,2015,59:44—52.

尹峻,张学琼,谢冰.混合所有制背景下依托信息技术重构行政决策流程策略研究——以银行业在东南亚地区推进国际业务为例[J].云南行政学院学报,2014,06:152—154.

张劲波,崔娜,张江洋.东盟加三区域货币合作经济基础研究[J].西安交通大学学报(社会科学版),2014,06:58—64.

李正友.建设广西沿边金融综合改革试验区助推中国—东盟自由贸易区升级版打造[J].东南亚纵横,2014,10:65—69.

赵俊,刘永甜.中国劳动力成本与东盟FDI[J].经济研究参考,2014,47:50—53.

王颖,李甲稳.东盟货币竞争性均衡与人民币货币锚效应——基于购买力平价模型[J].重庆理工大学学报(自然科学),2015,01:144—149.

黄瑞新.论中国与东盟税收合作的深化[J].铜陵学院学报,2014,06:3—7.

汤磊,沙文兵.人民币实际有效汇率对中国贸易收支的影响——基于中国—东盟六国的实证研究[J].长春大学学报,2015,01:1—4.

保险企业如何挖掘东盟市场[J].时代金融,2014,34:51—52.

陈文慧.人民币与东盟国家货币汇率动态关联性分析[J].西部金融,2014,11:78—81.

唐俊.中国—东盟汇率协调机制的实证分析及政策选择[J].云南社会科学,2015,02:88—90.

储星星,韩博.基于OCA指数法的中国—东盟货币合作研究[J].东南亚南亚研究,2015,01:55—61+109.

周绍永.中国与东盟国家金融合作:现状、制约因素与对策[J].吉林工商学院学报,2015,02:70—73.

周宁忻.人民币汇率市场化对中国东盟机电产品贸易的影响[J].现代商业,2015,07:92—94.

何曾,梁晶晶.货币国际化路径研究——以东盟国家美元化为例[J].东南亚纵横,2015,02:31—36.

罗传钰.后危机时代全球金融治理发展对中国—东盟金融监管合作的启示[J].东南亚纵横,2015,02:43—49.

蒋晓凤,唐旻,黄嬖莹,樊菁.营业税改增值税对东盟自贸区经济贸易的影响研究[J].中国高新技术企业,2015,19:6—9.

米勒·怀特,戴敏.关于建立东盟巨灾重建融资体系和东盟再保险公司的探讨[J].上海保险,2015,05:52—55.

陆峰.基于聚类分析的我国寿险公司开拓东盟市场策略[J].保险研究,2015,02:39—49.

苏治,李进.人民币区域化的现状与发展战略——以东盟和东亚地区为例[J].财贸经济,2013,04:50—57.

李顺明.推进中国与东盟合作互利共赢的财税政策探索——"中国—东盟财税合作论坛"会议

综述[J].经济研究参考,2015,11:95—96.

于兵.美国次贷危机与东南亚金融危机的比较及启示[J].现代商业,2015,15:246—247.

杨克斯,胡珺,陈欣.人民币在CAFTA中"货币锚"效应研究[J].企业改革与管理,2015,12:118—119.

梁晶晶.关于人民币在东盟国家流通情况的探析[J].区域金融研究,2015,05:50—53.

林晓丹.CAFTA框架下中国—东盟金融监管体系构建[J].时代金融,2015,20:27—28.

梁薇薇,谢平安,磨雁能,李芳.中国—东盟征信跨境合作发展研究[J].征信,2015,07:16—22.

井溪月,陈佳庚,周宏宇,张冠,李长平,崔壮,马骏.东南亚部分国家的医疗保险体系对我国的启示[J].天津社会保险,2015,04:59—61.

张协奎,刘伟,黎雄辉.东盟国家的工伤保险制度[J].广西大学学报(哲学社会科学版),2015,05:71—79.

许林,邱梦圆.东南亚证券投资基金的发展及对我国的启示——以新加坡、泰国、马来西亚为例[J].金融发展研究,2015,08:75—82.

李轩.中国对东盟直接投资对母国生态环境的影响效应研究[J].经济视角(上旬刊),2015,09:6—10.

王又晨.浅论美国第三轮量化宽松政策退出对东南亚国家的影响[J].东南亚研究,2015,05:63—68.

李智.沿边金融综合改革试验区下构建中国—东盟泛人民币区理论初探[J].创新,2015,06:81—88.

曹彤,赵然.从多核心货币区视角看人民币国际化进程[J].金融研究,2014,08:47—63.

王华.跨境人民币结算对广西—东南亚贸易的影响效应研究[J].金融发展评论,2015,07:106—119.

任康钰.对推动中国与东盟国家之间金融合作的探讨[J].武汉金融,2011,01:11—15.

王飞,房利敏.东盟资本市场一体化战略规划对我国的冲击及其对策[J].新金融,2011,02:25—28.

刘玲,刘红霞.货币替代的铸币税问题及其政策含义研究——以中国、美国及东盟等国家(地区)为例[J].华北金融,2011,01:4—9.

中国—东盟博览会推动双边金融合作纵深发展[J].进出口经理人,2011,04:10.

杨荣海.人民币周边化与东盟国家"货币锚"调整的效应分析[J].国际贸易问题,2011,03:61—68.

毕世鸿.太平洋战争期间日本对东南亚的财政金融统制[J].东南亚纵横,2011,03:91—95.

王小华,田庆刚,王定祥.东南亚国家农村扶贫信贷制度的比较与启示[J].上海金融学院学报,2011,02:93—102.

陈红彦.完善双边税收协定促进中国—东盟股权投资自由化[J].涉外税务,2011,05:40—43.

萧琛,崔楠楠.论汇率变动对出口价格的传递效应——中国、日本、东盟、德国经验数据比较研究[J].国际经贸探索,2011,04:63—70.

胡英全,李蕊.中国—东盟自贸区保险服务需求研究[J].区域金融研究,2011,04:52—55.

宗良,马晓磊.东南亚主要国家对外资银行监管政策介评[J].银行家,2011,06:107—109.

罗传钰.中国—东盟金融合作问题浅析[J].法制与经济(下旬),2011,06:91—92.

王丽娅.东盟国家经济与财政收支状况比较分析[J].东南亚纵横,2011,05:22—26.

马婷婷,陈红.中国—东盟会计协调与欧盟会计协调比较研究[J].东南亚纵横,2011,05:46—49.

刘兴华.经济周期波动中的东南亚利率政策[J].亚太经济,2011,04:27—31.

罗传钰.国际经济政策协调下的中国—东盟金融协调合作[J].亚太经济,2011,04:32—36+48.

刘斌.中国与东盟国家金融资源差异比较及合作的对策建议[J].海南金融,2011,07:41—45.

杨向英.中国与东盟财政政策合作机制探讨[J].中国市场,2011,27:57+59.

付文佚,邓翠颖.论中国—东盟自由贸易区海外投资保险制度[J].昆明理工大学学报(社会科学版),2011,03:20—26.

苏保祥,粟金刚,田代臣.CAFTA框架下深化中国—东盟银行业与监管合作的研究[J].经济研究参考,2011,31:34—39+47.

姚鹏,卢正惠.中国同东盟跨境贸易人民币结算的经济基础及其效益研究[J].经济体制改革,2011,04:151—155.

唐颖.东盟五国财政教育投资与经济增长关系研究[J].福建商业高等专科学校学报,2011,04:29—35.

陈志强,蔺思远.沪、台、港三地与东南亚股票市场的风险溢出效应——基于面板GO—EGARCH模型的实证研究[J].湖北经济学院学报(人文社会科学版),2011,09:29—31.

卢珍菊.中国—东盟金融合作的新态势与思考[J].求索,2011,08:38—39+181.

张珺,陈卫斌.中国与东盟五国股市投资组合的风险和收益——基于MV和M—LPM模型的实证研究[J].亚太经济,2011,05:62—66.

魏本华.东盟与中日韩金融合作[J].中国外汇,2011,15:5.

李俊.中国—东盟社会保障协作问题研究[J].区域金融研究,2011,10:45—48.

黎雄辉.中国与东盟国家失业保险缴费制度的比较研究[J].广西财经学院学报,2011,05:17—20.

韦德贞.中国—东盟合作框架下财务会计问题研究——以广西为例[J].财会通讯,2011,31:38—40.

栗原毅,柳弘.东盟+3地区金融合作——10年的成果与今后的课题[J].南洋资料译丛,2011,04:18—28.

凌斌.中国—东盟博览会知识产权证券化探析[J].广西政法管理干部学院学报,2011,06:118—120.

梁淑红,翟羽佳.制度变迁视角下的中国—东盟国际会计趋同[J].广西大学学报(哲学社会科学版),2011,06:33—37.

段晓红,曹意锟.中国—东盟增值税协调与中国的增值税改革[J].广西大学学报(哲学社会科学版),2011,06:49—52.

张黎,罗宏翔.FDI流入与出口贸易双向关系实证研究——以东盟和云南省为例[J].经济界,2011,06:76—81.

官雪.中国—东盟人民币区域化:思考与对策[J].中国证券期货,2011,12:136.

张培,叶永刚.区域的宏观金融风险——基于东亚及东南亚国家(地区)的实证分析[J].经济管理,2011,08:1—6.

梁淑红.中国—东盟各国会计完全趋同探析[J].会计之友,2012,04:124—126.

陆晓宇.中国—东盟区域经济合作与金融深化战略研究[J].特区经济,2012,02:91—93.

阙澄宇,马斌.后危机时代中国—东盟区域货币合作的路径选择[J].财经问题研究,2012,01:
　　100—106.

周江亭.东南亚地区在国际金融贸易新格局中的地位[J].现代营销(学苑版),2012,02:
　　11—12.

牟怡楠.中国—东盟区域货币合作的历史、现状与未来:文献述评[J].云南财经大学学报,
　　2012,01:95—100.

刘兴华."美元本位"与东南亚的外汇储备管理[J].南洋问题研究,2012,01:21—28.

张见,刘力臻.人民币升值预期与东南亚人民币化——基于小国视角跨期均衡货币替代模型的
　　分析[J].太平洋学报,2012,02:74—80.

谢法浩.中国—东盟金融合作的政治学分析[J].东南亚纵横,2012,02:29—33.

何安妮,王燕.财税政策协调与中国—东盟区域发展[J].广西经济管理干部学院学报,2012,
　　01:1—4+16.

任康钰.中国与东盟国家之间金融合作的机遇和挑战[J].内蒙古金融研究,2012,04:33—35.

陈剑波,胡列曲.中国—东盟区域金融合作进程及展望[J].合作经济与科技,2012,08:50—51.

宋元梁,欧轩琦.中国—东盟金融合作与贸易发展研究[J].经营管理者,2012,06:155.

骆伦良.构建中国—东盟跨境征信合作平台研究[J].区域金融研究,2012,02:50—54.

朱丹.适应中国—东盟经济发展的国际会计人才培养方案[J].法制与经济(下旬),2012,04:
　　91—92.

林治华,巩文君.从两次金融危机看我国的金融安全——东南亚金融危机与美国次贷危机[J].
　　大连大学学报,2012,02:91—93.

王红晓.中国与东盟国家之间的所得税协调问题研究[J].税收经济研究,2012,02:9—17.

张昱,田兴.深化中国—东盟区域金融合作的可行性条件:经济周期同步性研究[J].经济与管
　　理研究,2012,01:69—76.

施本植,郑蔚.中国东盟税收协调的现状及路径选择[J].经济问题探索,2012,04:88—92.

朱安迪.中国与东盟 FDI 变动关系的实证研究——基于格兰杰因果检验[J].中国商贸,2012,
　　16:219—220.

黄丽君,刘光柱.中国—东盟背景下的南宁建设区域性国际金融中心 SWOT 分析[J].市场论
　　坛,2012,06:22—24.

周后红.中国与东盟区域货币合作研究[J].中国商贸,2012,18:188—189.

王中昭,易扬.汇率和外币负债对货币错配传导特征及其异质性——中国和东盟各国的经验实
　　证[J].国际商务(对外经济贸易大学学报),2012,04:23—37.

谭跃龙,陈庆萍.中国—东盟国际税收协调研究[J].经营管理者,2012,13:48+47.

寺井义明,柳弘.东盟 5 国资本交易限制的现状与课题[J].南洋资料译丛,2012,03:14—29.

朱丽群,骆华松,熊理然.国际金融危机后东南亚地缘经济格局的探析[J].东南亚纵横,2012,
　　08:37—40.

朱峰.中国—东盟区域性国际金融中心评估模型构架与实证分析[J].经济与社会发展,2012,
　　08:15—19.

赵立斌.东盟在全球产品内分工的地位与跨国公司 FDI[J].国际贸易问题,2012,10:86—96.

马静.从爱尔兰主权债务危机分析欧盟财政政策的缺陷——兼谈对东盟财政政策协调的启示

[J].金融纵横,2012,09:18—23.

陈红,陈林,余根亚,陈永飞."桥头堡"建设中的中国—东盟会计协调问题研究[J].会计之友,2012,31:8—12.

朱安迪,李锂.基于区位优势的中国和东盟吸引 FDI 竞争力比较分析[J].生产力研究,2012,08:116—118.

屈依娜.中国—东盟会计比较研究综述[J].财会通讯,2012,28:107—108.

蔡彤娟,孙瑾.中国—东盟货币合作的经济基础——基于经济冲击对称性的 VAR 分析[J].亚太经济,2012,06:27—31.

蒋峻松.中国—东盟服务贸易市场开放对我国会计师事务所的影响[J].商业会计,2012,24:46—48.

方慧玲.区域性金融中心催生中国—东盟"金博会"[J].世界热带农业信息,2012,09:9—10.

陈敏娟.境外危机冲击下的东盟国家金融安全及其监管[J].东南亚纵横,2012,12:3—7.

陈瑛,刘红杰,李艳,王淑雪.货币错配对区域金融安全的影响——以中国—东盟区域金融合作为例[J].昆明冶金高等专科学校学报,2012,06:69—73.

雷志强,张玉琴.从人民币国际化视角看待中国对东盟贸易逆差[J].云南财经大学学报(社会科学版),2012,05:7—8.

孙诚.中国—东盟建立区域货币基金的可行性分析[J].中国证券期货,2013,01:185.

王红晓.中国与东盟国家之间的财产税协调问题研究[J].税收经济研究,2013,01:22—31.

毛良祥,岳永兵,黄洁.中国与东盟国家土地税费政策比较与借鉴[J].国土资源科技管理,2013,01:102—108.

牟怡楠.人民币在东盟的区域化途径研究[J].东南亚纵横,2013,01:50—54.

贾俊萍,尹峻.中国商业银行借力 OFDI 在东南亚地区推进国际化进程的策略选取[J].武汉金融,2013,03:45—46.

金钢,刘聪,刘忠超.中国—东盟金融合作进展、问题及对策[J].时代金融,2013,08:6—7.

吕娅娴.云南与东盟地区人民币结算中的问题及对策分析[J].时代金融,2013,08:50+53.

金钢,刘聪,张鑫.中国—东盟银行间危机传导机制研究[J].金融经济,2013,08:14—15.

卢孔标.人民币汇率对东南亚经济体货币的影响分析[J].海南金融,2013,05:23—28.

张飞.关于人民币国际结算在东盟领域的讨论[J].经营管理者,2013,08:57.

赵颖新.促进云南与东盟区域金融合作探讨[J].当代经济,2013,05:8—10.

李亚波.中国与东盟国家保险服务贸易竞争力比较研究[J].东南亚纵横,2013,04:8—13.

欧阳天治,张玲,张琳.中国和东盟国家的最优货币区指数分析[J].学术探索,2013,05:60—64.

张自力,林力.东盟五国债券市场发展的结构特征及前景分析[J].亚太经济,2013,03:26—31.

秦丽芬,杨明周.云南面向东盟会计教育国际化措施研究[J].时代金融,2013,11:174—175.

沈红芳,刘月容.国际金融危机下东盟四国的银行业研究[J].南洋问题研究,2013,02:32—40.

李燕,李应博.OFDI 反向技术溢出对我国经济增长的影响——基于对东盟的实证研究[J].科学学与科学技术管理,2013,07:3—11.

黄志勇,谭春枝,邝中.创建中国—东盟银行思路研究[J].东南亚纵横,2013,06:3—12.

刘文娟.中国—东盟货币互换与推进人民币国际化作用机理研究[J].广西社会科学,2013,08:29—34.

李萍.促进广西农业结构调整与优化的财税政策研究——以中国—东盟农产品零关税为视角[J].北方经贸,2013,08:11—12.

曹玉娜.东盟5国汇率制度新探[J].东南亚纵横,2013,05:30—35.

张涛.中国—东盟货币合作基金的法律支持研究[J].云南社会科学,2013,04:136—138.

中国人民银行昆明中心支行青年骨干人民币跨境流动问题研究小组,李泽智,申蕊.人民币跨境支付清算系统研究——以东盟、南亚区域经济为例[J].时代金融,2013,14:298—300+311.

胡新,王彩萍,惠调艳,林茂青.西部地区制造业与东南亚国家承接国际产业转移优势比较研究——以重庆、陕西为例[J].华东经济管理,2013,08:53—58.

张萌,蒋冠.基于SWOT方法的人民币东盟国际化进程及发展路径探析[J].商业时代,2013,21:62—64.

张萌,蒋冠.人民币国际化路径研究——基于"东盟10+3"发展模式的分析视角[J].思想战线,2013,05:144—149.

刘文翠,蒋刚林.中国—东盟金融合作现状与制约因素解析[J].新疆财经大学学报,2013,03:18—25.

辛渐.家庭债务难题困扰东南亚多国[J].经济导刊,2013,Z3:51—52.

东南亚金融风波[J].浙江经济,2013,18:21.

广西注册会计师管理中心课题组,范世祥,陈国辉.关于广西会计服务出口东盟问题研究[J].经济研究参考,2013,47:105—109.

张媛.中国—东盟区域经济一体化FDI效应实证研究[J].现代商贸工业,2013,22:74—76.

田涛.经济波动同步性、需求冲击与供给冲击——来自东盟国家的实证分析[J].区域金融研究,2013,11:51—56.

周英虎.东盟十国税收及与中国税收之比较[J].南宁职业技术学院学报,2013,06:23—26.

专家:人民币或在东盟区域经济中充当关键货币[J].时代金融,2013,31:58.

朱芳.华商在中国—东盟区域金融合作中的作用探析[J].东南学术,2013,06:162—168.

兰德尔·亨宁,王宇.东亚汇率选择与"人民币集团"的形成[J].金融发展研究,2013,12:34—39.

蒋国庆,刘晓维.中国制造企业进入东盟市场的财务风险分析[J].国际商务财会,2013,12:5—10.

林文勋."贝币之路"及其在云南边疆史研究中的意义[J].中国边疆史地研究,2013,01:1—9+147.

张晓青.中国与东盟金融合作现状与前景展望[J].中国信用卡,2014,03:79—81.

何曾.东盟国家经济一体化与会计信息质量研究[J].金融会计,2014,03:63—67.

吴志明,熊小灵,谷浩然.贸易与金融双视角下的跨境贸易人民币结算影响因素研究[J].财经理论与实践,2014,01:8—14.

赵序海.北部湾自贸区中小企业融资创新研究[J].经济研究参考,2014,05:44—45.

邓杨丰,范祚军.中国—东盟金融发展趋同性研究[J].区域金融研究,2014,01:23—27.

聂勇,彭文文.中国—东盟金融合作研究:一个文献综述[J].武汉金融,2014,04:58—61+37.

邹嫄,罗银鹤.广西与东盟金融资源分布和经济增长的相关性研究[J].广西社会科学,2014,03:33—37.

赵立斌.跨国公司 FDI 与东盟国家参与全球生产网络进程[J].国际经贸探索,2014,01: 69—80.

何曾.建设中国—东盟区域性国际支付系统研究[J].南方金融,2014,02:80—83.

邹嬛.东盟各国资本市场比较以及对广西的启示[J].市场论坛,2014,02:21—24.

刘文娟.南宁市构建面向东盟离岸金融中心的探索[J].经济师,2014,05:147—149.

文学,武政文.中国与东盟国家金融合作的现实问题及对策思考——基于国际金融话语权视角 [J].新金融,2014,04:25—29.

张涛.中国—东盟货币合作基金功能与份额分配公式设定[J].商业研究,2014,03:68—74.

刘强,王志敏.广西文化产品出口东盟的财政支持分析[J].广西大学学报(哲学社会科学版), 2014,02:35—38.

朱峰.中国—东盟自贸区人民币区域化发展的空间优势和策略创新[J].广西经济管理干部学 院学报,2014,02:1—6.

陆文香.中国—东盟跨境结算计价货币选择问题研究[J].当代经济管理,2014,06:92—97.

苏治,李进,方彤.人民币区域接受程度:指数构建与影响因子计量——以东盟及中国香港为例 [J].经济理论与经济管理,2014,07:51—63.

麻昌港.区域贸易和区域金融一体化研究——以中国—东盟为例[J].商业时代,2014,16: 28—31.

肖霆,牙冬棉.人民币汇率变动对广西出口商品价格影响研究——基于广西与东盟国家贸易数 据[J].财务与金融,2014,03:14—18.

陈琳.中国—东盟经济贸易区发展状况对涉外会计人才需求分析[J].商场现代化,2014,08: 24—25.

谢家敏.中国—东盟银行业合作现状与问题[J].区域金融研究,2014,06:55—57.

陈剑煜.东盟国家政府治理能力对其 IFDI 吸引力的影响——基于 2002—2011 年东盟国家面 板数据分析[J].财经界(学术版),2014,12:28—30.

邓杨丰.中国—东盟经济与金融发展差异及其收敛性研究[J].学术论坛,2014,06:34—39.

曾文革,包李梅.东盟"10+3"巨灾保险基金的构想及我国的应对[J].河南商业高等专科学校 学报,2014,04:52—57.

刘文翠,蒋刚林.基于消费风险分担模型的中国—东盟金融合作程度的实证分析[J].新疆财经 大学学报,2014,03:13—17+25.

孙凯,任丽明.东盟自贸区的建立对跨国资本流动性的影响[J].武汉金融,2014,10:8—11.

梁嘉凯.对依托东盟自贸区平台加快经济发展的探讨[J].区域金融研究,2014,09:60—64.

包易平.会计趋同背景下中国—东盟会计异同浅析[J].合作经济与科技,2014,19:150—152.

李天姝,周玉伟.基于税收政策提高开发区经济收入的创新性研究——以南宁—东盟经济开发 区为例[J].南宁职业技术学院学报,2014,05:30—33.

范祚军,徐啸.中国—东盟区域经济一体化进程中的金融支撑[J].改革与战略,2014,09: 52—58.

王中昭,杨文.人民币汇率对东盟各国汇率传染及其时变相关有效性研究[J].国际金融研究, 2014,11:56—66.

张涛.推进后危机时代中国—东盟区域货币合作的成本收益分析[J].时代金融,2014,26: 17—18.

蓝相洁,张建中.中国与东盟各国税制比较研究[J].地方财政研究,2014,10:75—80.

陈楚铃.人民币为何成为东盟地区汇率锚?[J].清华金融评论,2014,01:126—128.

郭珺,周雯.人民币参与东亚货币汇率合作的最优路径探讨[J].经济问题,2011,12:86—90.

佟佳,李明慧.日本加强与东盟财经合作新动向解析[J].中国财政,2014,23:67—68.

张昱,田兴.深化中国—东盟区域金融合作的可行性条件:经济周期同步性研究[J].经济与管理研究,2012,01:69—76.

范祚军,徐啸.中国—东盟区域经济一体化进程中的金融支撑[J].改革与战略,2014,09:52—58.

菲律宾

张玲,刘茜.小额信贷监管的国际经验—以菲律宾为例[J].科学经济社会,2013,01:103—107+127.

范祚军,刘昕晰,闫鹏.菲律宾金融供给缺口分析及其缓解路径[J].广西财经学院学报,2011,01:7—11+48.

张惠茹.菲律宾土地银行的成功经营之策及其启示[J].西安电子科技大学学报(社会科学版),2011,06:69—72.

王守贞.菲律宾微型金融发展经验对中国的启示[J].区域金融研究,2014,03:31—33.

隋政文.菲律宾"罪恶税"实现多方共赢[J].中国财政,2015,14:74—75.

老挝、缅甸、柬埔寨

蒋峻松.中缅财务报表列报具体会计准则之比较[J].东南亚纵横,2015,07:45—48.

孙翌,官姝婧.浅析人民币与老、缅、泰三国货币汇率定价机制——以西双版纳州为例[J].时代金融,2011,02:44—46.

杨向英.中国与老挝所得税制比较[J].中国市场,2011,13:77—78.

中国人民银行西双版纳州中心支行周边国家金融信息化建设调研课题组,玉罕迈.老挝金融信息化状况及影响调查分析[J].金融电子化,2011,01:88—90.

康未来.浅析老挝微型金融机构的现状及发展方向[J].时代金融,2011,12:70.

郭勇,彭强华,毕家新,刘婵婵,陆峰,王海全,潘玉,黎桂林,汪文进.老挝金融改革与发展研究[J].区域金融研究,2011,05:21—27.

拉沙米,文淑惠.老挝金融发展与经济增长的关系研究[J].昆明理工大学学报(社会科学版),2013,03:23—27.

蒋峻松.中缅会计准则趋同研究——基于中缅资产减值具体会计准则之比较[J].东南亚纵横,2013,05:14—19.

周建华,谭映秋.中缅金融合作现状浅析[J].时代金融,2013,17:15+18.

萨琳.老挝中央银行的发展与完善[J].商,2015,41:182.

李汉曦.浅谈缅甸水电站投资税务筹划[J].财经界(学术版),2015,06:267—268.

中国人民银行德宏州中心支行课题组,张金湛,张华,熊凯,李飞,余丽群,徐建秋.中缅跨境人民币双向贷款可行性研究[J].时代金融,2015,08:11—17.

夏甜.老挝商业银行的现状与对策[J].商,2015,40:177.

刘李福,解净宇.中国—缅甸:经贸往来中的会计协调与合作[J].商业会计,2014,11:21—23.

熊谷章太郎,柳弘.缅甸的经济开发与缅元汇率[J].南洋资料译丛,2014,03:37—43.

杨向英.中国与老挝流转税制比较[J].中国市场,2014,34:104—105.

丁培.缅甸现金管理的几个要点[J].财经界（学术版）,2012,07:86.

马来西亚

马来西亚的关税概览（2011 年）[J].世界贸易组织动态与研究,2011,02:78.

王冠男,蒋晓华.消费税对马来西亚市场的影响[J].国际工程与劳务,2015,09:68—70.

刘才涌,黄晓茜.马来西亚伊斯兰银行业的崛起与启示[J].亚太经济,2011,01:101—105.

吴清.中马长期股权投资准则比较[J].财会月刊,2011,03:97—99.

刘兵权,梁向东.马来西亚外汇储备增长的理论与实证研究[J].长沙理工大学学报（社会科学版）,2011,01:28—33.

吴清.中马租赁会计准则比较[J].会计之友,2011,04:124—125.

任宏光.简析日本、韩国、马来西亚的信用担保体系[J].现代商业,2011,11:27—28.

柏思萍.中国和马来西亚资产减值准则的比较分析[J].商业会计,2011,15:22—24.

吴清.中马合并财务报表准则比较[J].广西财经学院学报,2011,04:15—18.

阳春晖.中马会计准则制定模式比较[J].财会通讯,2011,25:141—142.

王晓莹.中国与马来西亚生物资产会计准则比较[J].财会月刊,2011,32:88—89.

黄维干.中国与马来西亚借款费用准则比较及思考[J].财会通讯,2011,34:134—135.

清水聪,司韦.马来西亚银行部门的现状与课题[J].南洋资料译丛,2013,01:24—33.

吕秋红.泰国和马来西亚汇率制度发展新特征[J].亚太经济,2013,03:32—37.

辛向媛.中等收入陷阱国家的金融脆弱性研究——基于对马来西亚金融脆弱性的实证研究[J].生产力研究,2013,04:57—59+138.

吕秋红.泰国和马来西亚通货膨胀影响因素比较[J].东南亚纵横,2013,05:47—50.

李妍,杨晓婷.马来西亚税收优惠概览[J].国际税收,2015,11:18—21.

马来西亚伊斯兰金融借国际化拓展商机[J].时代金融,2014,31:45—46.

马平,潘焕学,柴梅.宁夏伊斯兰金融发展分析——基于马来西亚经验的借鉴与发展[J].新西部（理论版）,2014,24:12+2.

叶宝松.马来西亚个人所得税制对我国的启示[J].税收经济研究,2015,02:20—26.

鞠梦然.企业税与个税缴纳马来西亚[J].中国对外贸易,2015,04:54—55.

杜晓雨.伊斯兰银行经营模式探究[J].商,2015,10:152—153+141.

符志晖.马来西亚消费税与中国增值税的比较[J].当代经济,2015,10:48—49.

戴国强,方鹏飞.智利与马来西亚利率市场化的败与成[J].中国银行业,2014,05:62—64.

赵红兵,郑亮.马来西亚税收政策及 GST 简介[J].商,2015,18:187.

詹小颖.马来西亚"新经济模式"视角下中国企业 FDI 产业选择探析[J].东南亚纵横,2015,05:11—15.

黄维干.我国外币折算准则与马来西亚财务报告准则的比较[J].商业会计,2012,09:14—16.

王晓莹.中国与马来西亚企业年金会计准则比较[J].广西财经学院学报,2012,03:7—10.

付润宝.在马来西亚注册的中国工程公司马来西亚会计核算初探[J].中国外资,2012,15:160—161.

沈祎.马来西亚:具有广阔市场前景的东盟投资目的地[J].国际市场,2014,02:70—71.

张亚琼.中国—东盟自由贸易区环境下对马来西亚会计服务的探讨[J].中国市场,2014,06：81—82.

泰国

邹颖,杨秀丽.中泰上市公司股权资本成本比较研究——基于 2002—2011 年的行业数据[J].财会月刊,2014,02：18—23.

池昭梅,庞锋.中泰租赁会计准则比较探讨[J].商业会计,2011,30：22—24.

冯艳红,刘洪钟.亚洲金融危机后泰国资本管制的经验与启示[J].亚太经济,2013,01：76—81.

刘卫.中泰收入会计准则比较研究[J].商业会计,2013,01：31—32.

李金良.1997 金融危机后的泰国外资环境的发展[J].中国外资,2013,06：259—260.

路遥,赵鸭桥.植根农村建网络稳定微利促发展——泰国 BAAC 农村金融实践再探及启示[J].经济研究导刊,2013,18：51—54.

娄飞鹏.大银行服务小企业的国际经验及启示——以美国富国银行、泰国开泰银行为例[J].武汉金融,2013,09：48—50.

王宇.是钉住汇率制度酿成了泰铢危机吗？——泰国的汇率市场化改革和资本项目开放研究[J].南方金融,2013,08：45—49.

何静,李村璞.泰国金融发展与经济增长:存在门限的非线性关系[J].暨南学报(哲学社会科学版),2012,01：88—94.

汪兴隆.泰华银行中小企业金融服务商业模式考察及经验启示[J].武汉金融,2012,03：39—41＋72.

刘卫.泰国税收制度的变革、影响及启示——基于亚洲金融危机和美国次贷危机的背景[J].财会通讯,2012,15：118—120.

方芳,赵净.中等收入国家金融脆弱性研究——泰国金融脆弱性指数检验[J].国际贸易问题,2012,07：125—131.

马绵远,路遥.论农村社区的创新发展——对泰国 BaanTalungLek 村的案例分析[J].当代经济,2012,10：38—39.

汪兴隆.大中型商业银行构建中小企业金融服务商业模式的参考案例——泰国泰华银行中小企业金融服务商业模式考察及经验启示[J].国际金融,2012,07：17—22.

陈铿."小微企业就是工作伙伴"——泰国泰华农民银行小微企业金融服务的做法及借鉴[J].中国农村金融,2012,16：76—77.

Theeravuth Temsiriwattanakul,周喜梅.泰国企业所得税制度及其现存问题探析[J].创新,2012,05：111—115＋128.

刘卫.中泰财务会计概念框架比较研究——基于中国—东盟会计区域协调背景的思考[J].财会通讯,2012,25：107—108.

何军明.泰国中央银行独立性的历史发展与影响因素研究[J].东南亚研究,2012,05：19—25.

林非娇.云南省对泰国跨境人民币结算现状浅析[J].时代金融,2012,32：153—154.

秦强.泰国实施中期财政规划改革的经验借鉴[J].东南亚纵横,2015,12：35—39.

李蕾.促进中泰跨国物流的税收政策研析[J].国际税收,2015,11：22—25.

尚婕.中泰审计制度框架下国家审计独立性对比研究[J].会计之友,2015,01：119—121.

潘艳贤.泰国吸引外资模式对中国的启示[J].中外企业家,2014,32：248—249.

刘卫,黄波.中国与泰国会计确认比较研究[J].会计之友,2015,04:134—136.

邓瑜.泰国 BAAC 农村金融实践创新的经验[J].世界农业,2015,03:152—157.

陈丹妮,常志有.泰国第三方支付公司 PAYSBUY 金融营销研究[J].合作经济与科技,2015,23:52—54.

刘旺霞.波兰和泰国汇率制度改革经验与启示[J].改革与战略,2011,01:180—182.

李永明.1997 年泰国金融危机与 2008 年越南金融风波之比较研究[J].战略决策研究,2011,01:26—32.

陆建英,刘卫.中泰会计准则制定模式之比较[J].会计之友,2011,04:121—123.

刘卫.中国与泰国税收制度总体比较及启示[J].财会月刊,2011,14:26—27.

李村璞,赵守国.金融适度发展与经济增长——以泰国为例的非线性研究[J].未来与发展,2011,08:75—78+69.

秦强.泰国财政分权改革探析[J].东南亚纵横,2011,09:26—30.

贾晓松.美联储退出量化宽松对泰国金融业的影响[J].河北企业,2014,02:42.

陆建英.中泰企业会计准则体系比较——基于中国—东盟会计区域协调背景的思考[J].会计之友,2014,16:121—124.

宫岛贵之,柳弘.泰国、马来西亚的经常收支会持续恶化吗[J].南洋资料译丛,2014,02:37—43.

陈丰.泰国实施无息准备金的经验研究及对中国的启示[J].国际金融,2014,09:62—68.

陈丰.泰国无息准备金制度失败了吗——兼评当前中国跨境资金流动情况[J].海南金融,2014,09:24—28.

李孟菲.泰国外资银行发展现状及监管研究[J].时代金融,2014,29:86+88.

李彦.中国—东盟自由贸易区框架下中泰金融合作研究[J].金融教育研究,2014,06:49—54.

新加坡

李想.中国铁矿石贸易融资跨出国门看好新加坡[J].西部资源,2014,03:45.

蒋海勇.中国与新加坡扶植光伏产业的财税政策比较[J].经济师,2015,05:17—19.

新加坡金融市场改革的启示[J].中国机构改革与管理,2014,01:48.

中国企业直接上市新加坡的前景与挑战[J].时代金融,2014,04:51.

董鑫,严惟力,李天栋.中国(上海)自贸区商业健康保险发展的启示——基于新加坡和中国香港的经验[J].中国卫生政策研究,2014,03:12—16.

张建鹏,黄菁.新加坡经验对上海自贸区建设的启示[J].新金融,2014,03:38—41.

杨峰,刘先良.中国持有美国国债的风险及对策——以日本和新加坡为借鉴[J].国际贸易,2014,02:34—37+64.

金晓彤,崔宏静.亚洲国家"以房养老"模式的经验与借鉴——以日本和新加坡反向住房抵押贷款为例[J].亚太经济,2014,01:11—15.

高郑莹.新加坡两大主权财富基金的投资策略分析[J].时代金融,2014,06:124—125.

潘峰华,夏亚博,徐晓红.中国企业赴新加坡上市格局的演变[J].世界地理研究,2014,01:140—150.

许文君.新加坡—我国离岸信托避税的临近舞台[J].财经界(学术版),2014,04:272—273.

刘政.新加坡银行业管理经验及启示[J].宁波教育学院学报,2014,02:104—107.

新加坡正成为跨国企业总部的首选之地[J].新经济,2014,07:30.

王锦霞.充满机遇的新加坡离岸保险业务[J].中国保险,2014,06:57—60.

仇堃.在伦敦与新加坡建立人民币离岸市场的优势[J].经济纵横,2014,04:99—104.

太平.中国与新加坡可持续发展投资促进机制的对策选择[J].东南亚纵横,2014,05:51—55.

周文年.新加坡银行业支持中小企业发展经验借鉴[J].农业发展与金融,2014,06:87—88.

李爱华,姜旭艳.新加坡慈善组织会计信息监管对我国的启示[J].财会月刊,2014,16:98—100.

陈敏娟,廖东声.国际金融危机后新加坡金融监管体制改革及对东盟其他国家的启示[J].东南亚纵横,2014,08:13—17.

郑琦,夏以群.新加坡主权财富基金的治理特点及启示[J].宁波经济(三江论坛),2014,06:37—39+5.

王立.新加坡交易所的掉期交易初探[J].商,2014,18:53—54.

李卓.新加坡和日本养老保险制度比较研究[J].长春金融高等专科学校学报,2014,03:27—31.

曹婧,韩金凤,孙欣.新加坡金融监管经验及启示[J].金融纵横,2014,08:8—11.

戴利研.非资源型主权财富基金运营模式对中国的启示——以新加坡主权财富基金为例[J].辽宁大学学报(哲学社会科学版),2014,06:90—99.

邢天才,于凤芹.场外金融衍生品监管改革的国际比较——美国、欧盟和新加坡[J].生产力研究,2014,09:34—38.

赵立斌.FDI、异质型人力资本与经济增长——基于新加坡的数据分析[J].经济经纬,2013,02:67—71.

高宇曦,赵宇华.新加坡星展银行国际化发展战略对我国商业银行的启示[J].辽宁经济管理干部学院(辽宁经济职业技术学院学报),2013,01:15—16.

周玉强,汪川,武岩.国际金融危机后香港和新加坡金融监管体制比较研究[J].亚太经济,2013,02:98—103.

张玉.东亚危机中金融传染的研究——基于香港、日本和新加坡股票市场的实证[J].时代金融,2013,11:11—12+18.

邓越.香港与新加坡金融中心比较研究——两地争做人民币离岸中心对亚洲经济的启示[J].新西部(理论版),2013,05:162—163.

张琦.新加坡成为第二大人民币离岸交易中心的可行性分析[J].金融发展评论,2013,05:138—143.

刘进军.新加坡证券市场外国板规则探析[J].中国律师,2013,02:85—87.

钟坚.香港与新加坡财政预算制度之借鉴[J].特区实践与理论,2013,03:57—58.

苏海蓉.新加坡个人所得税费用扣除制度及其对我国的借鉴意义[J].经济师,2013,07:72—73.

范勇,王红晓.论新加坡2013预算案及对我国财税政策的启示[J].税收经济研究,2013,04:77—80.

郭林,邓海骏.公共养老金个人账户制度嬗变的政治经济分析——来自新加坡、智利、瑞典和拉脱维亚的经验[J].经济学家,2013,08:79—89.

刘秀秀.美国、瑞典、新加坡的养老保险制度比较及对我国的启示[J].商业经济,2013,15:

28—29.

李健,兰莹.3M 计划引领新加坡医保制度[J].中国医院院长,2013,17:68—70.

李欢丽,李石凯.新加坡人民币离岸中心的比较优势[J].中国金融,2013,17:37—39.

张正宗,吉敏.新加坡人民币离岸金融业务发展分析[J].吉林金融研究,2013,08:51—56.

朱丽婷.浅析新加坡外汇储备管理模式及其对中国的启示[J].经营管理者,2013,22:138—139.

新加坡:多部门政府采购存纰漏[J].中国政府采购,2013,10:10.

林铮凌.关于新加坡如何应对国际金融危机的文献综述[J].时代金融,2013,26:6+9.

冯鹏程.新加坡健保双全计划及启迪[J].上海保险,2013,11:53—58.

肖本华.政府引导下的国际金融中心建设:亚洲金融危机后的新加坡经验及其对上海的启示[J].华东经济管理,2011,01:13—17.

杨琨,韩蓓.新加坡银行业潜在风险防范[J].中国金融,2011,04:78—79.

杨琨,韩蓓.后危机时期新加坡银行业发展分析[J].银行家,2011,01:101—103.

杨琨,韩蓓."后危机时期"的新加坡银行业:潜在风险与经验启示解析[J].西南金融,2011,02:44—48.

柏高原.新加坡社会保险基金投资与监管制度的启示[J].医学与社会,2011,03:73—76.

杨沐,张秀琼.新加坡是怎样建成一个国际金融中心的[J].城市观察,2011,01:42—55.

陈彤.从国际金融危机看新加坡的国家治理[J].亚太经济,2011,02:65—68.

杨超,乐无穹,郑辉.有管理的浮动汇率:对新加坡汇率制度的实证研究[J].国际金融研究,2011,05:28—35.

吴鋆,张烁.养老基金投资管理国际比较的启示——以智利、新加坡和中国香港为例[J].价格月刊,2011,05:82—86.

李京波,苗迎春.新加坡主权财富基金的管理与借鉴[J].理论学刊,2011,05:76—79.

王光石.新加坡金融管理局网上银行合规性检查要点[J].金融电子化,2011,02:32—36+7.

苗艳梅,郭林.新加坡确定社保基金收益有一套[J].中国社会保障,2011,06:36—38.

胡湘勇.新加坡大华银行风险管理系统及其启示[J].农业发展与金融,2011,08:99—101.

王铁军.新加坡银行信贷风险防控机制的启示[J].农业发展与金融,2011,10:89—90.

刘胜军,金洁.新加坡金融业争议调解机制[J].西部金融,2011,11:34—35.

明红.工商银行在新加坡的竞争环境分析[J].东方企业文化,2011,23:112—115.

白琳.新加坡的资金管理环境[J].中国外汇,2011,22:56—57.

牛珂荣,孙毅.新加坡应对金融危机的措施及其启示[J].新金融,2011,12:15—17.

陈彤.香港与新加坡国际金融中心发展比较研究[J].亚太经济,2012,01:94—98.

刘开瑞,钱兰.集中化策略下房地产投资信托绩效评估与启示——以新加坡上市 REITs 为例[J].云南财经大学学报,2012,01:87—94.

文子房.新加坡的彩票发行管理[J].社会福利,2012,02:49—50.

关红玲,欧阳艳艳.新加坡金融服务双向贸易的决定因素[J].亚太经济,2012,02:70—74.

李莉莎.论新加坡电子支付体系的法律监管及其启示[J].东南亚研究,2012,02:76—80.

龙玉其.不同类型公务员养老保险制度的比较与启示——以英国、德国、新加坡为例[J].现代经济探讨,2012,05:73—77.

宋娟.美国、日本、新加坡存款保险制度经验借鉴及启示[J].甘肃金融,2012,04:52—54.

新加坡、日本和欧盟的会计发展[J].中国总会计师,2012,04:144—146.

孔祥金,李贞玉,李枞,邹明明,杨阳.中国与新加坡医疗保险个人账户制度比较及启示[J].医学与哲学(A),2012,04:46—48.

徐力.孔德之容唯道是从——中国工商银行新加坡分行拓展海外人民币业务之道[J].中国城市金融,2012,03:47—49.

胡清颀.新加坡购物离境退税政策的启示[J].上海商业,2012,06:12—13.

新加坡行业投资优惠政策[J].中国经贸,2012,04:86.

耿靖.养老金制度构架、市场发展与投资创新——新加坡的经验与启示(上)[J].上海国资,2012,08:95—97.

潘永,蒋愉.新加坡汇率状况研究:2001—2011年[J].东南亚纵横,2012,07:32—37.

胡潇文.新加坡政府鼓励和保护企业"走出去"的经验及对中国的启示——以淡马锡在华投资为例[J].东南亚研究,2012,04:67—74.

高长海.美国、德国、新加坡住房金融的经验对我国的启示[J].河南商业高等专科学校学报,2012,04:19—21.

蔡美珠.关于外汇储备资产的管理经验研究——基于日本、新加坡及台湾地区的视角[J].河南商业高等专科学校学报,2012,04:11—14.

龙玉其.不同类型公务员养老保险制度的比较研究——以英国、德国、新加坡为例[J].保险研究,2012,07:121—127.

牛芳.我国企业在新加坡上市的问题及对策分析[J].中国商贸,2012,28:188—189.

李倩.新加坡政府在国际金融中心建设中的作用及其启示[J].现代商业,2012,30:44—45.

白振锋.新加坡银行业经营管理理念对农信社的几点启示[J].内蒙古金融研究,2012,11:39—40.

姚永红.新加坡、韩国房产税比较及借鉴[J].中国证券期货,2012,12:178—179.

殷燕,吴洪.新加坡公共住房金融对我国的启示[J].中国证券期货,2012,12:200+202.

殷燕,吴洪.新加坡公共住房金融体系模式特点[J].中国证券期货,2012,12:240.

张惠彬.反腐倡廉与政府采购:新加坡的经验及启示[J].东南亚纵横,2012,12:30—33.

张兴祥,邱锦秀.国外促进培训和技术发展的税收优惠政策——以日本、新加坡、韩国为例[J].涉外税务,2012,06:48—51.

张兴祥,郑巍巍.新加坡的技术发展税方案及其经验总结[J].涉外税务,2012,11:31—35.

陈新中,俞云燕.从新加坡经验再看通道式个人账户的功能[J].卫生经济研究,2009,01:27—31.

蔺妍.新加坡投资并购要略[J].中国海关,2014,09:68—69.

刘莎.新加坡、伦敦离岸人民币业务的比较研究[J].经营管理者,2014,32:29.

刘伟.浅析新加坡淡马锡公司对我国主权财富基金管理的借鉴[J].科技展望,2014,19:156+158.

钱晓勤.新加坡医疗保障体系与我国体系的比较及启示[J].大家健康(学术版),2014,24:25.

陈济朋.新加坡养老金平稳改革之鉴[J].决策探索(下半月),2015,01:91.

陈菲菲.私人银行业如何反洗钱——来自新加坡的经验[J].财会学习,2014,10:73—75.

陈林,董登新.我国社会保障基金投资应借鉴国际经验——基于美国、新加坡的投资经验[J].武汉金融,2015,02:39—41+47.

于宁.新加坡国际金融中心启示录[J].金融博览,2015,05:44—45.

蒋海勇.中国与新加坡扶植光伏产业的财税政策比较[J].经济师,2015,05:17—19.

苏州工业园区地方税务局课题组,王群.中国与新加坡金融业的税制比较[J].税务研究,2015,
04:117—120.

田焱,陈政达,张静.新加坡、智利和香港的养老保险制度比较[J].管理观察,2015,12:52—53
+55.

穆辰,朱坤,张小娟,田淼森.新加坡医疗储蓄账户发展现状及对我国的启示[J].中国初级卫生
保健,2015,06:27—31.

许闲,董博,房至德.新加坡离岸保险及对中国的借鉴[J].亚太经济,2015,03:74—80.

张启健.新加坡公共预算管理及其启示[J].会计师,2015,11:14—15.

祝捷,冼先品,朱虹.新加坡海事信托融资模式及对我国的启示[J].长春工程学院学报(社会科
学版),2015,02:64—66.

周宏达.新加坡:离岸人民币创新之埠[J].中国金融家,2015,07:100—101.

刘敏."营改增"对新加坡工程项目的影响及对策[J].国际商务财会,2015,07:46—49.

惠献波.美国、德国、新加坡住房金融制度及经验借鉴[J].广西财经学院学报,2015,03:
85—88.

崔佳春,边慧敏.新加坡商业健康保险制度及对我国的启示[J].中国劳动,2015,18:73—77.

王雷.如何加强对反洗钱与反恐怖融资的监管——新加坡对银行业反洗钱与反恐怖融资监管
及其启示[J].银行家,2015,09:131—132.

杨小强,梁因乐.新加坡金融服务的商品与服务税处理[J].金融会计,2015,09:30—39.

尹剑扬.借鉴新加坡经验进一步完善税务信息化管理的思考[J].经济研究参考,2015,41:
63—65.

RobertSaville.从新加坡的经验谈再保险中心的建立[J].上海保险,2015,09:15—18.

于江.新加坡引入年值"劫富济贫"[J].新湘评论,2015,20:54.

陈宇,杨新兰.新加坡金融监管的"预应性"变革[J].中国银行业,2015,10:40—41.

马旋灵,马伟.新加坡税收管理的三大核心竞争力[J].国际税收,2013,11:44—46.

巴曙松,尚航飞,朱元倩.巴塞尔协议Ⅲ在新加坡的实施及其对中国的启示[J].新金融,2013,
12:28—32.

潘永,邓莉云.基于 Malmquist 指数法的新加坡金融结构变化研究:2000—2011 年[J].商业时
代,2013,34:67—70.

冯鹏程,荆涛.新加坡保健储蓄计划研究及启示[J].社会保障研究,2013,06:94—101.

杨新兰.新加坡金融发展与金融治理的经验借鉴[J].新金融,2015,11:24—26.

王晓燕,高翔.新加坡税收管理的经验对我国税收征管的启示[J].商业会计,2015,24:42—43.

王敏,张辉.新加坡金融业税收优惠政策及其借鉴[J].国际税收,2015,11:10—13.

王红晓,李顺明,于洪喜.新加坡和中国个人所得税税率变化比较[J].税务研究,2015,10:
102—105.

苏州工业园区地方税务局课题组,马伟.中国与新加坡财产税税制比较研究[J].国际税收,
2015,12:46—50.

岳金禄.新加坡金融业纠纷解决中心的运作及启示[J].西部金融,2015,11:28—35.

吴亮.新加坡发行上市制度:由核准制走向披露制[J].清华金融评论,2015,11:80—83.

印度尼西亚、东帝汶

邹小燕.金融伴我走世界(四)——东帝汶篇[J].进出口经理人,2011,05:62—63.

王金刚,王玥葳,李清亮,奇宝.澳大利亚和印尼煤炭税负增加对我国煤炭市场的影响[J].煤炭经济研究,2012,08:21—23.

周琼,张雪峰.印尼人民银行:小贷银行先行者[J].中国邮政,2013,03:20—21.

Audrey Angelina,于洋.印尼通货膨胀对 BCA(BankCentralAsia)银行房贷业务的影响研究[J].经营管理者,2013,09:52—53.

朱叶,谢晓冉.江苏省小额信贷公司可持续发展探析——基于孟加拉和印尼模式的成功经验[J].商场现代化,2013,19:192.

谢宇航,陈永正.印尼财产税改革的做法与启示[J].经济纵横,2013,09:72—77.

杨盼盼.印尼卢比:颓势难扭转[J].中国外汇,2013,18:72—73.

张锋,张玉玲.浅谈印度尼西亚与中国税法差异[J].会计之友,2011,02:109—112.

王晓青,王洪亮.小额信贷商业化运行机制之探讨——基于印尼人民信贷银行(BPR)实践的检验[J].农村经济,2011,02:126—129.

三泽伸太郎,司韦.印尼所面临的课题:通胀压力与资本流入[J].南洋资料译丛,2011,02:48—53.

刘兴华.印尼盾的汇率走势及成因:2001—2010 年[J].东南亚研究,2011,03:9—14+25.

王若羽.印尼人民银行小额贷款业务的经验及对我国的启示[J].西部金融,2011,07:76—77.

李晓鹏.印尼财产税改革及对我国的启示[J].财会月刊,2011,21:50—52.

朱冬.工银印尼为未来创造价值[J].中国金融家,2011,05:140—141.

刘爱东,杜丹丹.武钢胜诉印尼反倾销案中的会计支持及启示[J].中南大学学报(社会科学版),2013,05:1—7+13.

关利花.外资在印尼银行业中的分析[J].科技创新导报,2013,36:255—256.

罗雨.浅谈后经济危机时代中国应如何规避金融风险——以印尼为例[J].中国商贸,2014,05:108—109.

谭春枝,金磊.中国与印度尼西亚商业银行发展比较研究[J].广西大学学报(哲学社会科学版),2014,01:1—7.

蒋华.印尼税制对石油工程技术服务企业的影响及应对策略[J].国际石油经济,2014,09:61—66+112.

吴征兰,胡列曲.中国印尼金融合作问题研究[J].时代金融,2015,06:297—298.

李林木,薛迎迎,高光明.发展中国家综合与分类相结合的个人所得税模式选择——基于巴西、印度和印度尼西亚的比较[J].税务研究,2015,03:118—124.

郑鑫.浅谈印尼作业合作合同(KSO)模式下提高作业者效益的策略[J].中国总会计师,2015,07:104—105.

王莉莉.中国有望成为印尼最大外资来源国[J].中国对外贸易,2015,07:72—73.

本刊.国开行向印尼最佳银行发放基建贷款[J].时代金融,2015,25:45.

黄小萍.优化新圩镇"信用村"小额信贷模式的路径探析——基于与印尼 BRI 模式的对比分析[J].经济师,2012,06:200—201+203.

高久川,莫宇亭,吴振林,祁静.浅议印尼公司境外税务研究及对策[J].价值工程,2012,32:

167—168.

越南

阮秋霜. 越南商业银行信用风险案例[J]. 东方企业文化, 2013, 07: 171.

潘永, 刘贞汐, 韦玉容. 人民币与越南盾汇率协调研究[J]. 广西大学学报(哲学社会科学版),
　　2013, 02: 1—7.

李彬, 黎宇, 周海燕, 谢露. 中越两国反洗钱合作战略研究——以中国反洗钱法与越南反洗钱法
　　草案为视角[J]. 区域金融研究, 2013, 05: 4—9.

刘成忠, 裴氏红幸. 外国直接投资(FDI)影响越南金货币政策稳定性的分析[J]. 商场现代化,
　　2013, 16: 186—187.

张臻, 林天维. 中国与越南财务会计概念框架比较[J]. 东南亚纵横, 2013, 06: 45—48.

张自力. 政府管制及主导下的越南企业债券市场研究[J]. 东南亚研究, 2013, 03: 4—10.

王志刚. 革新开放以来越南汇率制度的演变[J]. 东南亚研究, 2013, 03: 11—17.

何曾. 越南外汇市场研究[J]. 东南亚纵横, 2013, 07: 22—25.

李家瑗, 陈尚超. 中越会计确认的比较研究[J]. 会计之友, 2013, 25: 122—125.

李家瑗, 陈尚超. 中越会计报告的比较研究[J]. 会计之友, 2013, 27: 124—128.

樊汉新. 选择人民币作为广西对越南蔗糖贸易结算货币的探讨[J]. 区域金融研究, 2013, 11:
　　57—60.

潘永, 邓莉云. 基于购买力平价法的人民币与越南盾中心汇率估计[J]. 区域金融研究, 2013,
　　09: 55—59.

何曾. 越南国家支付清算体系发展历程及对中国的启示[J]. 区域金融研究, 2013, 10: 65—67.

唐乐, 鲍广德. 银行业服务质量理论模型再研究——以越南商业银行信用卡为例[J]. 经营与管
　　理, 2015, 01: 105—111.

杜垂安, 任达. 越南股票市场联动性研究—基于 GRANGER 因果关系检验—GARCH 模型实
　　证分析[J]. 安徽工业大学学报(自然科学版), 2015, 01: 92—97.

PHAMVANNAM. 越南通货膨胀的原因及启示研究[J]. 现代经济信息, 2015, 04: 76.

谷壮海. 人民币与越南盾汇率定价机制研究——基于 VAR 模型的实证分析[J]. 南方金融,
　　2015, 03: 43—51.

何秀蝶. 沿边金融综合改革背景下人民币兑越南盾的均衡汇率研究[J]. 区域金融研究, 2015,
　　01: 54—58.

门淑莲. 2008 年越南金融动荡的原因与应对[J]. 国际融资, 2015, 06: 64—68.

吴清. 中越资产负债表的比较与风险分析[J]. 会计之友, 2015, 15: 86—87.

潘永. 中国和越南证券市场发展状况的系统性比较研究[J]. 商业时代, 2011, 02: 60—61.

梅新育. 越南危机冲击中国?[J]. 南风窗, 2011, 02: 74+76—77.

石佳弋. FDI 在越南的发展以及对其经济带来的影响[J]. 商业文化(下半月), 2011, 02: 127.

范祚军, 夏梦迪. 以区域金融合作缓解越南金融供给缺口的实证分析[J]. 区域金融研究, 2011,
　　02: 39—44.

滕莉莉, 颜氏燕玲. 国外证券投资对越南资本市场影响研究[J]. 东南亚纵横, 2011, 01: 78—82.

褚浩. 越南盾贬值, 又一轮亚洲金融危机的开始?[J]. 世界知识, 2011, 06: 32—33.

陆文宁, 何笑海, 梁学琼. 2010 年越南经济金融运行情况[J]. 区域金融研究, 2011, 03: 17—19.

罗跃华.中越边境地区本外币兑换市场建设的思考[J].区域金融研究,2011,03:10—16.

陈先明.越南盾自贬难抑通胀[J].大经贸,2011,03:58—59.

王鸾凤.后危机时代越南金融改革的路径选择[J].东南亚纵横,2011,04:21—24.

佘晓燕,郭婧嘉.越南注册会计师行业发展进程及启示[J].东南亚纵横,2011,04:25—28.

李莎,池昭梅.中越中期财务报告准则比较评析[J].广西财经学院学报,2011,02:15—19.

陈支农.越南盾自贬透视[J].时代金融,2011,13:50—51.

陆峰,郭勇.人民币与越南盾汇率协调机制研究[J].金融与经济,2011,07:29—32.

许前章.在越南执行EPC总承包项目的财务工作实践[J].中国西部科技,2011,26:53—54
   +56.

潘永,邹冬初.越南银行业改革:措施、成效、启示[J].区域金融研究,2011,09:27—31.

池昭梅,李莎.中越行政事业单位会计制度比较分析[J].财会月刊,2011,30:92—94.

阮氏秋河,何安妮.基于国外经验借鉴的越南证券投资基金业发展策略探讨[J].区域金融研
   究,2011,12:55—59.

增川智咲,乔云.越南的不良债权问题及其对策[J].南洋资料译丛,2013,04:58—63.

薛浩鹰.越南金融危机原因分析及启示[J].当代经济,2013,23:92—93.

王志刚.新兴市场经济体汇率制度的选择与实践:以越南为例[J].南洋问题研究,2013,04:
   10—19.

周平.越南金融危机对我国经济政策的启示研究[J].湖北科技学院学报,2013,12:40—41.

陈丽平,陶斌智.后危机时代越南外资银行监管策略分析——以新制度经济学为视角[J].梧州
   学院学报,2012,01:34—39.

刘松,马勇.开放经济条件下越南货币政策中介目标选择分析[J].商品与质量,2012,S4:
   78—79.

曾宪友,吕建.中越证券市场比较研究[J].东南亚纵横,2012,05:33—37.

蒋琳玲,黄秋培,黄攀.中国与越南会计准则的比较及趋同探析[J].商业会计,2012,13:
   26—27.

刘婷婷,欧阳晨雨.危机阴霾下的越南金融反腐[J].检察风云,2012,20:28—30.

卢珍菊.越南货币贬值的影响及中国的应对[J].东南亚纵横,2012,09:22—26.

黎世才.人民币在越南芒街流通状况调查[J].区域金融研究,2012,11:49—52.

左明,张人文.建立中老越三国边境区域金融合作实验区的思考——以普洱市江城县为例[J].
   时代金融,2014,02:379—380.

何曾.越南银行业改革及启示[J].区域金融研究,2014,02:46—49.

唐国淞.金融危机对越南经济影响分析[J].经营管理者,2014,14:3—4.

黄嘉宏.越南外债对经济增长影响的实证分析[J].北方经贸,2014,06:176—177.

何碧英,何曾.人民币与越南盾外汇市场现状思考[J].区域金融研究,2014,07:54—57.

杨孝萌.越南金融发展状况与人民币在越南发展成硬通货的展望[J].经济研究导刊,2014,22:
   250—251.

梁晶晶.越南资本市场发展探析[J].区域金融研究,2014,08:44—47.

常凌杰.基于中越行政事业单位会计制度比较研究以及对我国的启示[J].中国乡镇企业会计,
   2014,10:148—149.

郑涛.浅析越南盾货币流通现状及思考[J].中国钱币,2014,05:54—59+81.

李孟菲.亚洲发展中国家外资银行监管现状及经验借鉴——以越南为例[J].特区经济,2014,
　　09:137—138.

陈庆萍.中越跨境经济合作区税收政策研究[J].国际税收,2015,11:14—17.

2.7　外国投资与对外投资

东南亚地区外国投资与对外投资

李雅洁.东盟投资法律环境因素分析综述——以越南和泰国为例[J].法制与经济（中旬刊）,
　　2011,10:96—97＋99.

陈维芳.东南亚局势动荡影响投资者信心[J].中国橡胶,2014,13:10—11.

张勉.中国海外能源投资法律问题述评——以我国对东盟投资为视角[J].玉林师范学院学报,
　　2015,04:39—43.

李烈干.投资东盟国家矿业需"吃透"相关政策法规——东盟国家矿业投资相关政策法规概览
　　[J].南方国土资源,2015,10:12—13.

陈剑煜.东盟国家政府治理能力对其 IFDI 吸引力的影响——基于 2002—2011 年东盟国家面
　　板数据分析[J].财经界（学术版）,2014,12:28—30.

杨禄辉.中国—东盟投资促进措施研究[J].法制与社会,2012,06:101—102.

陈君.浅析中国—东盟投资争端解决机制[J].法制与社会,2014,05:114—115.

李福保,杨增雄.云南省中小企业对东南亚直接投资的必要性与可行性分析[J].云南财经大学
　　学报（社会科学版）,2011,05:13—16.

林丽钦.跨国公司在东南亚国家投资集聚的内在机理研究[J].东南亚南亚研究,2011,01:59—
　　63＋93—94.

熊彬,马世杰.云南企业对东南亚欠发达国家投资动因与障碍研究——以老挝为例[J].科技与
　　经济,2015,03:65—70.

毛倩倩.中资企业进入东盟市场的投资机会分析[J].科技和产业,2014,10:14—19.

庞晓东,周新生.民营企业对东盟直接投资的思考[J].国际经济合作,2011,05:18—21.

李继宏.CAFTA 背景下中国企业对东盟直接投资的条件与策略[J].对外经贸实务,2011,04:
　　80—82.

王世豪,袁满杰.广东企业对东盟国家直接投资的产业区位选择[J].国际经贸探索,2011,10:
　　46—52.

杨宙飞.借力东盟跨越中国"中等收入陷阱"——中国企业投资东盟的意义、作用与途径[J].企
　　业科技与发展,2014,22:3—4.

尹豪,王劲松,杨光,朱晓丽.民营企业在东盟农业市场的投资行为和特征研究[J].云南财经大
　　学学报,2015,03:148—154.

本刊.东盟成为中国企业投资首选地[J].时代金融,2015,28:47—48.

李继宏.广西民营企业对东盟直接投资的优势及对策分析[J].对外经贸实务,2013,07:
　　82—84.

坛,2013,08:29—32.

覃孟生,陈锐.中国企业加强对东盟直接投资机会的优劣分析及发展策略[J].市场论

高静,粘悦.中国企业投资东盟的 SWOT 分析[J].经济论坛,2012,03:154—156.

李佩源,王春阳.外资企业选址与企业生产率[J].南方经济,2015,09:66—79.

康儒嘉.海晏华侨农场国际直接投资研究[J].电子测试,2015,24:150—154.

张磊.后金融危机时代东盟十国引进外资的情况及特点分析[J].学术论坛,2013,12:45—49.

苏意君,陆小丽.促进广西对东盟直接投资的金融支持策略研究[J].区域金融研究,2014,01:
    28—33.

赵立斌.跨国公司 FDI 与东盟国家参与全球生产网络进程[J].国际经贸探索,2014,01:
    69—80.

魏占福.中国对东盟直接投资存在的问题及对策[J].企业技术开发,2014,07:104—105+112.

王常华.中日对东盟投资的比较与中国的投资策略[J].对外经贸实务,2014,08:83—86.

刘娜.东南亚国家投资环境分析[J].对外经贸,2014,07:27—29.

王伟明,尹豪.中国对东盟直接投资的政治风险预警分析[J].中国市场,2014,29:55+62.

郑磊,刘亚娟.中国对外直接投资的贸易效应研究:基于对北美自贸区、欧盟、东盟投资的比较
    分析[J].数学的实践与认识,2014,16:22—30.

韦大宇.中国企业对东盟直接投资的风险与规避策略探析[J].对外经贸实务,2014,10:
    77—79.

胡海情.中国对东盟直接投资的合理性分析[J].辽宁经济,2012,01:59—61.

金洪,赵达.中国对东盟直接投资影响因素分析[J].统计与决策,2012,08:135—137.

李斌,王婷婷.中国对东盟直接投资的影响因素研究[J].统计与决策,2012,07:118—120.

柴庆春,胡添雨.中国对外直接投资的贸易效应研究——基于对东盟和欧盟投资的差异性的考
    察[J].世界经济研究,2012,06:64—69+89.

王勇辉,周忆丽.中日对东盟投资的比较分析[J].东南亚研究,2012,05:38—45.

朱安迪,李锂.基于区位优势的中国和东盟吸引 FDI 竞争力比较分析[J].生产力研究,2012,
    08:116—118.

张湘莎.中国与东盟利用外资的对比分析[J].特区经济,2011,01:110—111.

高清.中国对东南亚直接投资环境分析[J].现代管理科学,2014,12:46—48.

李湘纯.东盟外国直接投资的决定因素研究——基于经济视角和制度视角[J].现代经济信息,
    2015,02:118—119+126.

刘蕾,易瑶瑶.中国对东盟直接投资的贸易效应实证研究[J].北方经贸,2015,04:21—22.

王曼怡,石嘉琳.新常态下中国对东盟直接投资研究[J].国际贸易,2015,05:44—46.

吴琼.中国—东盟直接投资问题研究[J].现代商业,2015,24:106—107.

吴琼.中国—东盟直接投资领域发展研究[J].现代商业,2015,24:117—118.

赵晓峰,李虹含.中国对东盟直接投资的现状、问题与对策探析[J].现代管理科学,2015,10:
    79—81.

李轩.中国对东盟直接投资对母国生态环境的影响效应研究[J].经济视角(上旬刊),2015,09:
    6—10.

李迎旭.日本对东盟直接投资的挤入挤出效应及对中国的启示——基于 1995—2010 年面板数
    据的实证分析[J].对外经贸,2013,07:37—39.

邓超正.中国对东盟国家投资选择的决定因素:动态分析及中日比较[J].海南金融,2013,08:
    31—37.

王长义,陈利霞.中国对东盟直接投资与贸易间关系的协整分析[J].山东财政学院学报,2013,05:58—63.

覃孟生,陈锐.中国企业加强对东盟直接投资机会的优劣分析及发展策略[J].市场论坛,2013,08:29—32.

蔡琦.外商直接投资、资本形成、经济增长关系研究——以东盟为例[J].法制与经济,2014,18:112—114.

谢泽宇,郭健全.基于直接投资中国与东盟产业双向转移现状研究[J].商业经济,2013,02:54—56.

张海波,俞佳根.对外直接投资对母国的逆向技术溢出效应——基于东亚新兴经济体的实证研究[J].财经论丛,2012,01:14—20.

张潇.服装企业在东盟五国投资的环境评估及相应对策[J].经贸实践,2015,12:63.

张媛.中国—东盟区域经济一体化FDI效应实证研究[J].现代商贸工业,2013,22:74—76.

王兰婷,陈丙先.东南亚华资在中国的分布及投资产业类型[J].决策探索(下半月),2015,01:63—64.

欧阳华.中国对东盟区域投资问题研究[J].广西社会科学,2015,07:37—41.

朱安迪.中国与东盟FDI变动关系的实证研究——基于格兰杰因果检验[J].中国商贸,2012,16:219—220.

黄登与.东南亚的外人直接投资与经济发展[J].台湾东南亚学刊,2012,01:25.

柬埔寨

本刊.中国企业纷纷进军柬埔寨市场[J].时代金融,2014,28:39.

梁瑞丽.柬埔寨:新投资实验场[J].中国纺织,2013,07:73—75.

曾圣舒.产业新秀与老将的有力握手中资企业投资柬埔寨渐成趋势[J].纺织服装周刊,2013,31:14—15.

陈军军,支国伟.柬埔寨旅游投资环境分析[J].旅游纵览(下半月),2015,02:184.

国相.投资柬埔寨正当时[J].中国对外贸易,2015,04:14—17.

李广兵,李苗苗.海外投资国家申诉机制亟待建立——以柬埔寨塞桑河下游2号水坝投资为例[J].WTO经济导刊,2015,05:32—34.

江景诗.对柬埔寨王国矿产资源开发的思考——以柬埔寨柏威夏省罗文铁矿项目为例[J].南方国土资源,2015,06:33—34.

方舟,罗湘丽.中国对柬埔寨直接投资现状、问题及对策分析[J].商,2015,22:157+152.

熊彬,马世杰.中国对柬埔寨投资企业绩效及其影响因素实证研究——基于广义定序Logit模型[J].国际贸易问题,2015,09:66—75.

沈德才.海外水电BOT投资项目风险管理与保险实务——柬埔寨水电站BOT项目风险管理案例解析[J].国际经济合作,2011,01:64—68.

郭继光.中国企业在柬埔寨的投资及其影响[J].东南亚研究,2011,04:37—44.

邓明翔,刘春学.GMS经济合作机制下的柬埔寨矿业投资环境分析[J].东南亚纵横,2011,12:35—39.

李清.柬埔寨法律体系中投资环境分析[J].法制与经济(中旬),2011,12:98—99.

严亚丽,万海龙,奚鹏.浅议柬埔寨甘再水电站BOT项目管理的投资控制[J].西北水电,2011,

S2:70—74.

张新元.柬埔寨矿政构架、投资潜力及填图现状[J].国土资源情报,2012,01:2—9.

陈隆伟,洪初日.中国企业对柬埔寨直接投资特点、趋势与绩效分析[J].亚太经济,2012,06:71—76.

柬埔寨投资与经贸风险分析报告[J].国际融资,2013,03:62—65.

项继来,叶浩亮.柬埔寨水电项目投资现状分析[J].国际工程与劳务,2015,12:58—60.

王钊.土地兼并及其引发的对外投资社会风险——以柬埔寨为例[J].东南亚纵横,2015,12:40—45.

郑国富,杨从平.柬埔寨吸引国际直接投资的特征、问题及前景展望[J].创新,2014,01:93—97+128.

钱华生.中国对柬埔寨服装业投资的几个问题[J].对外经贸实务,2014,03:81—84.

黄璐,张洪烈.柬埔寨发展稻米产业吸引中国企业投资的环境及对策研究[J].经济研究导刊,2014,09:251—253.

戴吉仙,鲍卫锋.境外水电投资项目运营管理探讨——以柬埔寨甘再水电站项目为例[J].中国管理信息化,2014,15:63—65.

谭家才,韦龙艳.柬埔寨投资法律制度概况[J].中国外资,2013,24:178—179.

老挝

熊彬,马世杰.云南企业对东南亚欠发达国家投资动因与障碍研究——以老挝为例[J].科技与经济,2015,03:65—70.

张毅.中国企业对老挝农业投资探析[J].经济师,2012,03:78—79+82.

黄循精.越南是老挝第三大投资者[J].世界热带农业信息,2012,12:6.

张毅,张玉.境外农业投资企业社会责任问题研究——以中国对老挝农业投资企业为例[J].经济研究导刊,2014,01:15—17.

雷瑞,张兰廷.在区域不确定性增长背景下的中国老挝农业投资战略转变研究[J].农业与技术,2015,07:178—180.

张毅,路遥,阚双双.中国企业农业投资对老挝社区和小农户的影响研究——基于老挝北部地区的实地调查[J].当代经济,2012,05:135—137.

隗京兰,李付栋,刘健哲.海外BOT项目的风险管理——老挝水电市场BOT项目的风险分析及防范措施[J].国际经济合作,2013,01:58—60.

纪新伟,刘健哲,李付栋,杨东方.境外工程项目的全过程风险管理——老挝赛德2水电站项目风险管理案例浅析[J].国际经济合作,2013,08:77—81.

蔡家勇.让境外项目投资细水长流——老挝南立1—2水电站项目投资工作的总结与思考[J].施工企业管理,2015,01:115—116.

蔡家勇.境外投资项目的思考——以老挝南立1—2水电站项目为例[J].国际工程与劳务,2015,02:48—49.

张昆,马静洲,吴泽斌,边丽江,贺晓锋.基于老挝南立1—2水电站的境外投资项目浅析[J].水利经济,2015,05:53—56+79.

虢晓芳,冷希洛.中国企业在老挝电力投资的前景和风险分析[J].云南财经大学学报(社会科学版),2012,03:8—10.

东辛治,司韦.老挝:迅速增加的外国直接投资[J].南洋资料译丛,2013,04:54—57.

李好,谢敏.对老挝直接投资:机遇与风险分析[J].对外经贸实务,2013,12:79—81.

Phanthavong Methta,徐敏丽.老挝利用外商直接投资的经济效应分析[J].科技视界,2013,33:33+42.

郑国富.老挝外贸、外资、外援的特征及其经济效应分析[J].对外经贸,2013,12:39—42.

李世飒.老挝的外资投资政策与发展趋势研究[J].中国市场,2015,08:146—147.

许正.浅析老挝外资状况[J].湖北科技学院学报,2012,10:32—33.

郭继光.中国企业对老挝的直接投资及其影响[J].东南亚研究,2013,05:36—42.

Methta Phanthavong,徐敏丽.中国企业在老挝投资的机遇与挑战——以南塔省为例[J].科技经济市场,2013,10:50—51.

李好.未来几年老挝投资环境及投资建议[J].广西大学学报(哲学社会科学版),2014,03:42—50.

春花.外商直接投资对老挝经济发展的影响[J].中小企业管理与科技(上旬刊),2011,08:88.

贾玉伟,刘春学,刘小平.老挝矿产资源投资环境分析[J].科技风,2011,08:230—232.

菲律宾、马来西亚

赵百胜,张建龙.菲律宾的矿业管理及矿业投资环境[J].中国矿业,2011,07:6—9+13.

杨贵生,刘天然.菲律宾矿业投资法律制度概述[J].矿产勘查,2011,04:445—450.

菲律宾投资与经贸风险分析报告[J].国际融资,2011,12:66—69.

李哲威,韩秋.浅谈外国公司在马来西亚设立公司及相关的资质要求[J].中国总会计师,2014,10:140—141.

周婧,刘静.中国企业对马来西亚投资现状与前景分析[J].现代商贸工业,2013,19:74—75.

周堃,陈丙先.2004—2013年马来西亚中资企业的投资及其影响[J].东南亚纵横,2015,04:69—73.

詹小颖.马来西亚"新经济模式"视角下中国企业FDI产业选择探析[J].东南亚纵横,2015,05:11—15.

本刊.马来西亚中小企业投资中国有商机[J].时代金融,2015,28:47.

沈祎.马来西亚:具有广阔市场前景的东盟投资目的地[J].国际市场,2014,02:70—71.

马来西亚鼓励投资出口导向性产业[J].中国经贸,2012,08:4.

缅甸

卢光盛,金珍.密松事件后中国对缅投资停滞了吗[J].世界知识,2015,11:22—23.

杨家府.影响中缅边境投资环境的主要因素[J].中共云南省委党校学报,2013,02:118—120.

廖亚辉.缅甸:中资莱比塘铜矿为何遭反对[J].世界知识,2013,09:26—27.

张起,燕桑奇.缅甸:台商下一个投资热土[J].海峡科技与产业,2012,08:14—19.

雷著宁,孔志坚.中国企业投资缅甸的风险分析与防范[J].亚非纵横,2014,04:89—96+128+133.

杨龙,李湘宁.谁的迷失:当中国资本遭遇民主缅甸[J].文化纵横,2014,05:54—59.

缅甸村民围攻中资铜矿[J].南风窗,2015,01:21.

李兆梁.缅甸新外商投资法给外资企业带来的机遇和挑战[J].中国总会计师,2013,08:

69—71.

王珍,林刚,李增,赵明东.基于层次分析法的缅甸矿业投资风险分析[J].国土资源情报,2014,08:31—35.

卢光盛,李晨阳,金珍.中国对缅甸的投资与援助:基于调查问卷结果的分析[J].南亚研究,2014,01:17—30.

郑国富.缅甸新政府执政以来外资格局"大洗牌"与中国应对策略[J].对外经贸实务,2015,01:36—39.

袁帆,刘岩.缅甸引进 FDI 新态势与中国投资战略调整[J].印度洋经济体研究,2014,06:32—44+157—158.

万宠菊.基于 SWOT 分析的云南中小企业投资缅甸的对策研究[J].价值工程,2015,06:204—206.

李汉曦.浅谈缅甸水电站投资税务筹划[J].财经界(学术版),2015,06:267—268.

林诗婷.缅甸媒体对中国在缅投资项目与中缅关系的评述摘编[J].南洋资料译丛,2015,01:68—79.

黄剑.缅甸曼德勒皎施铜矿床矿产资源价值及投资环境分析[J].价值工程,2015,14:192—194.

郑国富.2014—2015 财政年度缅甸外资发展的特征、趋势及中国应对策略[J].经济论坛,2015,05:94—98.

马强.中国已是缅甸最大贸易伙伴和最大投资来源国中缅拓展经贸投资合作面临的六大挑战与七大机遇[J].中国经济周刊,2015,23:22—23.

高潮."孟中印缅经济走廊"建设中缅甸投资机遇[J].中国对外贸易,2015,05:62—63.

刘景.中企对缅甸投资的机遇与挑战[J].中国有色金属,2015,16:64—65.

吉芯莹,陈斌云.缅甸公众意识的觉醒对中国在缅投资形象的影响研究[J].经贸实践,2015,06:173—174.

薛紫臣,谢闻歌.缅甸国际直接投资环境分析[J].现代国际关系,2015,06:47—56.

吴崇伯.缅甸石油天然气产业发展与外资对缅甸油气资源的开发[J].创新,2013,01:60—63+127.

缅甸投资与经贸风险分析报告[J].国际融资,2013,02:59—64.

李家真.对外投资面临的政治风险及其对策研究——以中国对缅甸投资为例[J].今日中国论坛,2013,01:65—66+68.

王倩.缅甸联邦油气勘探投资风险分析[J].江汉石油职工大学学报,2013,02:94—96.

祝湘辉.缅甸新政府的经济政策调整及对我国投资的影响[J].东南亚南亚研究,2013,02:46—51+109.

陈玉琴,马慧娟.缅甸新投资法对我国企业"走出去"的影响研究[J].法制与社会,2013,24:100—101.

黄秀云.提升中老缅泰四国毗邻地区贸易与投资便利化研究[J].时代金融,2013,17:23—24.

韩光,张克利,胡乃联.新形势下缅甸有色矿业投资环境分析[J].中国矿业,2013,10:48—50+72.

蒋姮.中国在缅甸的投资风险评估——中缅蒙育瓦铜矿调研报告[J].中国经济报告,2013,06:105—110.

藤井英彦,司韦.加速进展的缅甸经济——转换为投资主导型并取得增长[J].南洋资料译丛, 2013,03:22—24.

王志刚,袁明江,李志超.缅甸炼油工业现状及投资机会分析[J].中外能源,2013,10:67—70.

蒋红彬,漆思剑.缅甸外资法律政策研究[J].东南亚纵横,2011,01:60—63.

肖洵.中国成为缅甸最大投资国[J].时代金融,2011,10:47.

蒋姮.高冲突地区投资风险再认识——中国投资缅甸案例调研[J].国际经济合作,2011,11: 9—12.

汪爱平.缅甸利用外资的状况、特点及其原因分析(1989 年—2009 年)[J].法制与社会,2011, 36:88—89.

李洋.缅甸联邦水电项目投资环境与模式分析[J].中国发展,2011,S1:34—39.

蔡亮亮,杨骏,朱婉宁.论参与式发展在海外投资中的意义——以中国对缅甸投资为例[J].现 代商业,2014,04:73.

米良.试析缅甸大选以来外国投资制度的变化[J].云南大学学报(法学版),2014,01: 133—136.

郑国富.缅甸国际直接投资的特点、问题与前景[J].东南亚南亚研究,2014,01:69—72+109.

缅甸环保部门公布在缅七类投资须进行环评[J].中国制衣,2014,03:55.

朱立.经济政治化:中国投资在缅甸的困境与前景[J].印度洋经济体研究,2014,03:33—46+ 157—158.

林婷婷.中国和缅甸外资立法对比之研究[J].法制与社会,2014,25:281—282.

缅甸皎漂经济特区亟待外国投资[J].时代金融,2014,25:45—46.

中国对缅投资企业遭遇挫折的启示[J].时代金融,2014,22:45—46.

詹姆斯·林奇.缅甸交通业的投资和发展现状[J].广西质量监督导报,2014,07:30—32.

韦有文.简析 Partnering 模式在缅甸水电投资项目中的运用[J].市场周刊(理论研究),2014, 08:19—20.

徐红磊.中国企业投资缅甸的风险及策略[J].内江科技,2013,12:124—125.

吴敏丹,许丽丽.缅甸与外国直接投资问题[J].南洋资料译丛,2013,04:32—53.

张金宝.外资投资缅甸的经济和金融风险分析[J].前沿,2013,17:101—104.

瑞丽江一级水电有限公司课题组,马立鹏,彭詠军,姜琪伟,赵明,杨立成.中缅合作水电项目投 资风险防控[J].中国电力企业管理,2013,13:34—36.

柴正猛,胡小莲.中小企业海外直接投资国家风险模糊层级评估——以云南中小企业到缅甸投 资为例[J].昆明理工大学学报(社会科学版),2012,01:14—18.

柴正猛.云南中小企业到缅甸直接投资的国家风险评估——基于模糊层级评估方法[J].云南 社会科学,2012,02:36—39+49.

上官朝锋,黄丽,段春梅.投资缅甸伊江上游水电项目国家风险分析[J].价值工程,2012,12: 128—129.

缅甸投资说明会在北京举行[J].石材,2012,06:57.

金鑫锐.浅谈投资缅甸财务管理风险[J].中国外资,2012,09:173—174.

牟雪江.美企投资缅甸油气意图[J].中国石油企业,2012,08:41.

卢光盛.中国对缅甸投资遭受环境和社会问题非议的原因[J].世界知识,2012,24:24—25.

缅甸联邦议会通过外国投资新法案[J].国外测井技术,2012,06:78.

泰国

泰国柬埔寨成为投资新选择[J].中国制衣,2013,07:54.

潘艳贤.浅析外资企业在泰国的合法形式——兼论我国投资者赴泰投资注意事项[J].商场现代化,2014,33:4.

黄河,陈美芳.中国企业赴泰国投资的政治风险规避[J].经济研究参考,2015,71:33.

李仁良.从文化角度分析促进中国企业在泰国投资的可持续发展策略[J].东南亚纵横,2011,10:32—36.

黄河,陈美芳.中国企业在泰国直接投资现状及政治风险研究[J].地方财政研究,2015,11:28—35.

曾海鹰,陈琭婧.泰国直接投资环境分析与评价——基于主成分分析法的比较研究[J].东南亚纵横,2013,02:40—44.

潘艳贤.泰国吸引外资模式对中国的启示[J].中外企业家,2014,32:248—249.

泰国迎来更优惠资政策[J].中国投资,2015,05:64—66+10.

金志新.泰国投资促进7年战略(2015—2021)促进投资的政策以及准则[J].现代经济信息,2015,20:8—9+13.

黄河,陈美芳.中国企业在泰国直接投资现状及政治风险研究[J].地方财政研究,2015,11:28—35.

庄国土,李佳蓉,杨光勇.中泰直接投资合作的影响因素研究:基于灰色关联分析[J].现代管理科学,2014,04:55—57.

黄丽华.泰国对外直接投资的现状及动机[J].人力资源管理,2014,08:29—32.

彭牧青.基于VAR模型的中国对泰国直接投资与贸易促进研究[J].玉溪师范学院学报,2014,04:34—38.

孔方方,刘小平.泰国汽车产业投资环境分析[J].汽车工业研究,2013,08:38—42.

泰国投资政策与经商成本[J].中国经贸,2012,03:92—93.

新加坡

高郑莹.新加坡两大主权财富基金的投资策略分析[J].时代金融,2014,06:124—125.

张娟,廖璇.解密新加坡外资管理模式[J].国际市场,2014,01:50—53.

太平.中国与新加坡可持续发展投资促进机制的对策选择[J].东南亚纵横,2014,05:51—55.

刘洋.优惠性原产地规则如何影响投资流向——以中国—新加坡自贸区为例的分析[J].世界经济研究,2014,09:62—67+89.

祝树金,彭思思,谢锐.投资自由化背景下新加坡对华投资的动态一般均衡分析[J].中国软科学,2011,03:46—55.

李皖南.新加坡推动企业海外投资的经验与借鉴[J].国际贸易问题,2011,08:48—57.

薛友祥.新加坡招商引资鉴[J].中国经济和信息化,2011,22:26.

杨妍.试论社会资本与新加坡华商跨国行为的关系——以傅春安投资中国为例[J].中国外资,2012,12:10—12.

新加坡行业投资优惠政策[J].中国经贸,2012,04:86.

胡潇文.新加坡政府鼓励和保护企业"走出去"的经验及对中国的启示——以淡马锡在华投资

为例[J].东南亚研究,2012,04:67—74.

张军.新加坡贸促机构促进企业"走出去"的经验及借鉴[J].中国对外贸易,2012,11:56—57.

侯静超.自由贸易协定对中国与新加坡双边投资的影响[J].中国经贸导刊,2013,32:9—10.

孟繁瑜.房地产投资的东道国选择分析——以东盟最大房地产企业新加坡嘉德置地为例[J].
广西经济管理干部学院学报,2015,01:1—7+13.

印度尼西亚

单勇起,张宇."一带一路"之投资印度尼西亚:土地征用工作实践与探索[J].中国矿业,2015,
S1:51—54.

高潮.印尼市场4万亿:中国企业将面临众多投资机会[J].中国对外贸易,2015,01:68—69.

刘静,周婧.中国企业对印度尼西亚投资现状与前景的探究[J].东方企业文化,2013,17:
107—108.

单勇起,张宇."一带一路"之投资印度尼西亚:土地征用工作实践与探索[J].中国矿业,2015,
S1:51—54.

赵国华,陈岩."一带一路"战略契机下我国钢铁企业对印尼的直接投资[J].对外经贸实务,
2015,08:84—86.

王文江.印尼煤炭投资机会SWOT分析[J].内蒙古煤炭经济,2015,10:59—60.

刘志雄,黄寒.中国对印尼能源投资存在问题的分析及对策[J].江苏商论,2012,12:44—48.

林志峰,杨建龙,洪托.印度尼西亚镍资源投资策略分析[J].昆明理工大学学报(社会科学版),
2015,06:73—76.

侯永忠.印尼镍铁投资现状[J].铁合金,2012,06:46—48.

汪绪涛.印度尼西亚矿业投资制度研究[J].资源与产业,2014,04:47—51.

林梅,王艺蓉.新丝路倡议下印尼投资的新机遇及策略[J].亚太经济,2015,04:74—82.

王莉莉.中国有望成为印尼最大外资来源国[J].中国对外贸易,2015,07:72—73.

吴婷.苏西洛执政以来印尼外国直接投资(FDI)流入结构变化及其原因分析[J].东南亚纵横,
2011,11:66—70.

王绮绮.印度尼西亚2004—2012年外国直接投资研究[J].国际工程与劳务,2013,06:27—29.

张春雷,黄曦.印尼投资市场:机会与建议[J].国际经济合作,2012,03:73—77.

蔡青龙、蔡攀龙.印尼和泰国的经济发展、外人直接投资与国际劳工移动:IMDP分析架构之验
证[J].台湾东南亚学刊,2012,01:79.

越南

陆宇豪.从越南打砸抢烧事件看我国对外投资保护[J].哈尔滨学院学报,2015,06:49—52.

陈丽娟.中国企业海外投资风险的法律保证制度研究——以中国企业在越南投资为例[J].学
理论,2012,17:117—118.

杨阳.中国企业投资越南之法律环境OT分析——以《越南投资法》与《中国—东盟全面经济合
作框架协议投资协议》为视角[J].东南亚纵横,2011,01:83—87.

宋波龙,涂婷.我国企业赴越南投资的法律环境[J].知识经济,2011,14:100.

李亮国,王书华.我国对越南投资的国际法框架及完善[J].昆明理工大学学报(社会科学版),
2011,06:17—21.

张斌.到越南投资去[J].法制与经济(上旬),2012,09:40.

付平.SWOT视角下的中国企业对越南的投资前景分析[J].学理论,2011,06:77—78.

许梅,陈炼.中国企业投资越南的主要国家风险与防范[J].东南亚研究,2011,03:61—67.

王健康.TCL集团在越南的投资战略分析[J].东南亚纵横,2014,03:76—79.

章建华.越南:中企投资因骚乱面临拐点[J].中国外资,2014,11:24—26.

周劲波,林氏虹幸,郭格.中国企业在越南创业投资的现状与问题研究[J].福建商业高等专科
    学校学报,2014,03:63—67.

陈晓蔚,居晓红.基于浙商视角的浙江与越南投资环境比较分析[J].经营与管理,2013,12:
    110—113.

龙宇.我国中小企业投资越南纺织行业的可行性探析[J].对外经贸实务,2011,08:74—76.

梁昕诺.印度新政支持投资越南[J].纺织机械,2015,08:58.

阮文俊.越南,新一代投资热土?[J].纺织报告,2015,12:5—6.

李志雄.中国企业到越南投资水电站有关问题的研究[J].云南水力发电,2013,04:158—163.

徐维维,江玮.外资为什么去越南?[J].中国外资,2014,11:14—17.

覃丽芳.越南对外直接投资:发展历程与投资领域[J].东南亚纵横,2015,06:9—13.

雷文晶,梁永莉.中国对越南直接投资问题分析[J].现代商贸工业,2012,12:68—69.

罗有亮.中国对越南直接投资的环境优势分析[J].东南亚纵横,2012,08:41—44.

覃丽芳.越南的FDI结构:发展与趋势[J].东南亚研究,2012,05:11—18.

罗有亮,尹琳.中国对越南直接投资的环境优势分析[J].红河学院学报,2012,05:1—4.

李元媛,张捷.中国对越南直接投资分析——基于要素禀赋互补的发展中国家FDI理论[J].
    经济问题探索,2012,12:22—28.

越南投资与经贸风险分析报告[J].国际融资,2011,03:63—66.

滕莉莉,颜氏燕玲.国外证券投资对越南资本市场影响研究[J].东南亚纵横,2011,01:78—82.

蒋玉山.试析越南FDI结构变化及其对越南经济的影响[J].东南亚研究,2011,01:23—29.

秦磊.中国对外直接投资对GMS东道国影响分析——以越南、柬埔寨、老挝为例[J].学术探
    索,2011,04:39—42.

赖映虹.浅析广东与台湾对越南投资的异同[J].嘉应学院学报,2011,06:39—42.

龙宇.金融危机后的越南投资环境分析[J].市场论坛,2011,10:3—4.

阮兰英,隋丹,黄逸晓.越南外商直接投资及经济增长关系的实证研究[J].上海管理科学,
    2011,05:41—45.

黄鸿.试析近年中国台湾对越南直接投资及其影响[J].南宁职业技术学院学报,2014,06:
    42—45.

覃丽芳.越南对外直接投资:发展历程与投资领域[J].东南亚纵横,2015,06:9—13.

刘培生,薛勇军.越南吸引外商直接投资(FDI)结构分析[J].东南亚纵横,2013,12:23—26.

侯洋,贾博.中国对越南直接投资的问题及建议[J].北京工业职业技术学院学报,2013,04:
    123—126.

梁志坚,阮明德.日本"中国加一"战略及其对越南投资的影响[J].国际经济合作,2014,05:
    36—38.

李志鹏,向云.我国对越南直接投资研究[J].时代金融,2014,17:16—17.

唐晓宇.后金融危机背景下越南宏观投资环境分析[J].商,2014,14:96—98+90.

NGUYENTHUCHUY,夏云,谭砚文,熊启泉.越南农业利用外国直接投资及其对中国的启示[J].世界农业,2015,12:171—174.

杜明坚,张文松,吴海兵.外商投资企业对越南出口贸易的影响[J].求索,2015,11:58—61.

高潮."海上丝绸之路"建设中的越南投资机遇[J].中国对外贸易,2015,11:78—79.

顾继先.越南BOT电站项目投资的风险管理实践[J].项目管理技术,2013,03:90—94.

赵明东,林刚,许珂,候菲菲,李耕振,孔皖军.越南矿业投资风险分析[J].国土资源情报,2013,08:18—21.

Nguyen Hong Truong.越南是一个适宜投资的国家[J].建筑,2013,16:20.

郑国富.外贸、外资、外援与越南经济增长关系的实证研究[J].石家庄经济学院学报,2013,03:28—31.

刘芝平,刘疆.冷战后越南吸引外资情况及对其经济发展的影响[J].南昌航空大学学报(社会科学版),2013,02:53—59.

黄登与.外人直接投资与经济发展:越南经验[J].台湾东南亚学刊,2012,01:55.

2.8 国际经济关系

2.8.1 东南亚地区经济合作

石现明.东盟国家国际商事仲裁中的证据制度[J].重庆与世界(学术版),2013,04:42—47+59.

王小梅,周威.泰国和马来西亚共同开发案研究[J].法制与社会,2015,09:146—147.

宋颖慧.东盟经济共同体建设现状及其前景[J].现代国际关系,2014,11:29—37+63.

唐奇芳.东盟国家TPP政策探析[J].和平与发展,2012,04:42—48+72.

范磊.东盟地区公共产品供给模式与困境分析[J].南洋问题研究,2013,02:17—25.

李艳,韦国善.社会主义核心价值观在东盟经济一体化中的地缘战略研究[J].现代商业,2014,35:255—256.

黄昌朝,胡令远.东盟区域安全公共产品研究[J].求索,2013,07:176—179.

巩在峰,吴艳妮,蒋萍,欧阳天凌.以东盟为先驱的区域经济合作历程研究[J].经济研究导刊,2015,11:138—139.

朴米塞,THIPKHAMPHANH.2015年东盟经济共同体(AEC)与老挝战略利益[J].现代营销(下旬刊),2015,04:14.

王伟.东盟经济共同体建设与发展评述[J].亚太经济,2015,05:14—19.

李文韬.东盟区域经济一体化战略及其对APEC合作影响[J].南开学报(哲学社会科学版),2012,04:85—94.

李军林,姚东旻,许晓晨.东盟区域经济一体化——基于边境效应的实证分析[J].经济理论与经济管理,2012,04:102—112.

刘通.东盟经济共同体进程初探[J].经济视角(上),2012,05:36—38.

通萨·班亚辛,罗芳玲.东盟各国关系[J].东南亚纵横,2012,10:10—11.

许宁宁.RCEP:东盟主导的区域全面经济伙伴关系[J].东南亚纵横,2012,10:35—38.

东盟一体化 2015 年完成:机遇还是挑战? [J].中国机电工业,2012,12:16.

张彦.东盟经济合作的建构主义解读[J].海南师范大学学报(社会科学版),2011,03:162—165.

王领西.从欧洲一体化看东盟发展路径[J].人民论坛,2011,20:144—145.

吴奕.东盟知识产权一体化对中国的影响[J].东南亚纵横,2011,07:21—25.

周怡蕾.论东盟经济争端解决机制的建立[J].肇庆学院学报,2011,06:33—37.

张锐.东盟共同体:智慧的创造与超越[J].金融管理与研究,2011,12:40—42.

韦民,胡振虎,周强武.东盟经济一体化前景分析[J].中国财政,2014,06:72—74.

清水一史,邵鸣.东盟的地区一体化——以东盟经济共同体的进展为中心[J].南洋资料译丛,2014,02:12—15+18—20+36.

孟丽君.东盟经济一体化的演进机制[J].现代工业经济和信息化,2014,Z2:10—12.

于晓.从东盟第 24 届峰会看东盟经济一体化进程[J].中国经贸导刊,2014,19:38—39.

袁群华.1993—2014 年东盟经济一体化水平测度[J].东南亚纵横,2015,12:8—12.

王勤.东盟经济共同体建设的进程与成效[J].南洋问题研究,2015,04:1—10.

东盟经济共同体建设面临多重挑战[J].经济导刊,2013,Z5:42—43.

陆彩丽.东盟与欧盟区域经济一体化差异分析[J].经济视角(上),2013,10:51—53.

刘京华.东盟区域经济一体化绩效评估[J].长江大学学报(社会科学版),2013,11:54—56.

许红艳.东盟成立的原因——基于政治经济学的分析[J].云南民族大学学报(自然科学版),2013,S1:109—111+114.

本刊.泰老缅经济走廊的发展机遇[J].时代金融,2015,31:49—50.

于向东.简析越南的东亚合作和共同体建设新对策[J].东南亚南亚研究,2011,02:11—13+92.

2.8.2　对外经济关系

雷仲华.以中马建交 40 周年为契机促进广西与马来西亚深化合作[J].广西经济,2014,08:44—46.

李宜强.论南宁—新加坡经济走廊的构建——基于区域公共管理与欧盟经验[J].山东行政学院学报,2015,02:14—19+26.

雷巧冰.借鉴新加坡经验扎实推进"电商广西电商东盟"工程——新加坡信息化建设经验对广西商务信息化建设的启示[J].广西经济,2013,12:55—57.

王金根.进一步提升新中两国双边关系合作——专访新加坡副总理张志贤[J].当代世界,2013,10:29—31.

刘夷.中新合作向深层次发展——访新加坡驻华大使罗家良[J].经济,2013,10:68—70.

高方.中国东盟合作背景下的中泰灾害合作研究[J].法制与社会,2014,22:186—188.

蔡鹏鸿.中国—东盟海洋合作进程及其特点[J].当代中国史研究,2015,05:122.

周建明.21 世纪海上丝绸之路视角下的广西与东盟贸易[J].东南亚纵横,2015,11:3—7.

邓颖颖.21 世纪"海上丝绸之路"建设背景下中国—东盟旅游合作探析[J].广西社会科学,2015,12:40—45.

左宝琪,梁茂林,刘雪娇.中国与东盟区域经济合作的效应分析[J].对外经贸,2015,10:

31—34.

李杨,黄宁.东盟四国加入 TPP 的动因及中国的策略选择[J].当代亚太,2013,01:101—124+159—160.

毕晶.越南加入 TPP 的国内经济与政治因素探析[J].国际经济合作,2014,10:68—72.

杨思灵.试析印度加强与亚太国家战略合作及其影响[J].南亚研究,2012,01:1—14.

李大陆.中国与中南半岛国家经济合作的地缘战略意义[J].兰州学刊,2012,12:181—186.

张磊,徐昕,夏玮.《跨太平洋伙伴关系协议》(TPP)草案之知识产权规则研究[J].WTO 经济导刊,2013,05:85—88.

李彬,黎宇,周海燕,谢露.中越两国反洗钱合作战略研究——以中国反洗钱法与越南反洗钱法草案为视角[J].区域金融研究,2013,05:4—9.

张霞.东兴—芒街跨境经济合作区法律运作探析[J].知识经济,2014,12:26—27.

廖沛伶.浅析日本对越南的政府开发援助(ODA)[J].东南亚纵横,2011,09:17—21.

张勉励.中国对柬埔寨经济技术援助的历史探析(1956—1970)[J].中国浦东干部学院学报,2014,01:108—115+128.

卢光盛,李晨阳,金珍.中国对缅甸的投资与援助:基于调查问卷结果的分析[J].南亚研究,2014,01:17—30.

李昕.印度与缅甸互联互通发展探析[J].南亚研究,2014,01:57—74.

戴永红,秦永红.中缅油气管道建设运营的地缘政治经济分析[J].南亚研究季刊,2015,01:16—22+117.

潘晓蕾.中国与东盟各国 BIT 保护伞条款研究[J].法制与社会,2013,19:3—4.

宋梁禾,吴仪君.中国对缅甸援助的现状及建议[J].国际经济合作,2013,07:64—67.

韩凝.2008 年以来美国国际开发署对缅甸的援助活动[J].东南亚南亚研究,2015,03:49—54+109.

于晓.美缅关系破冰与中缅经济关系[J].中国经贸导刊,2013,28:33—34.

刘务,贺圣达.油气资源:缅甸多边外交的新手段[J].南亚研究,2012,03:15—30.

惠雅莉,钱乙,唐艺丹,田马爽.萨尔温江国际水能合作之政治博弈探析[J].东南亚南亚研究,2012,03:13—17+92.

亨凯.伊江风波的来龙去脉[J].南风窗,2011,23:84—85.

尹鸿伟.缅甸骤变警示中国企业变革[J].大经贸,2011,10:39—41+38.

缅甸再认识[J].大经贸,2011,09:76—77.

张子宇,张愉.缅甸"大博弈"[J].大经贸,2011,09:78—79.

马欢,张瑜.在缅中国人:缅甸开放挡也挡不住[J].大经贸,2011,09:80—81.

张子宇,张愉.缅甸新一代:中国既近且远[J].大经贸,2011,09:82—84.

杨振发.中缅油气管道运输的争端解决法律机制分析[J].红河学院学报,2014,02:65—69.

邹春萌.农业合作——中缅关系破局之举[J].世界知识,2014,11:73.

朱雄关.缅甸形势变化对中缅油气管道安全的影响与对策[J].昆明学院学报,2014,04:72—75+98.

曹平,杨鹏.中国涉东盟商贸纠纷之仲裁机制的现实困境及其解决对策——以广西壮族自治区解决涉东盟商贸纠纷实践为研究视角[J].学术论坛,2014,09:85—88.

曹平.中国涉东盟商贸纠纷解决之基本原则及路径研究——以广西壮族自治区解决涉东盟商

贸纠纷实践为研究视角[J].社会科学家,2014,12:100—104.

曹平.中国涉东盟商贸纠纷解决机制及其践行[J].社会科学家,2013,09:31—34.

版),2012,01:20—24.

邓瑞平,尚妍.构建中国—东盟关税同盟:可能与设想[J].北方法学,2012,06:143—149.

曹璐.从东南亚烟雾污染事件看跨界污染的解决机制及中国与东盟的环境合作[J].法制与社会,2013,01:163—164.

王柏松.中国—东盟经济安全合作的障碍及动力分析[J].探索,2013,05:75—80.

学版),2013,05:21—28.

董建,王峰坤.中国与东盟国家社会保障双边合作问题研究[J].大众科技,2014,04:148—151.

韦红,魏智.中国—东盟救灾区域公共产品供给研究[J].东南亚研究,2014,03:33—39.

曹平,李冬青.中国与东盟在"一带一路"建设合作中的法律保障机制研究——以广西与东盟共建海上丝绸之路为视角[J].改革与战略,2015,12:184—188.

蔡鹏鸿.中国—东盟海洋合作:进程、动因和前景(英文)[J].China International Studies,2015,04:26—40+2.

张励.经济外交与中国—东盟区域合作:内涵、实践与效用[J].东南亚纵横,2011,09:64—68.

古炳玮,李国淮.中国与东盟国家之间的利益关系分析[J].广西财经学院学报,2011,05:6—10.

秦南茜.中国—东盟区域气候合作问题研究[J].法制与经济(中旬刊),2011,09:102—103.

徐进.略论中国与东盟的环境保护合作[J].战略决策研究,2014,06:30—40.

韦红,魏智.中国—东盟救灾区域公共产品供给研究——基于能力、效率、价值的三因素分析[J].东南亚纵横,2014,07:16—21.

康霖,罗亮.中国—东盟海上合作基金的发展及前景[J].国际问题研究,2014,05:27—36.

中国与东盟可探索共建科技园区互利共赢[J].广东科技,2013,23:33.

张美慧,朱明侠.上海自贸区可以为泰国企业带来哪些商机[J].经济师,2015,05:31—32+62.

雷小华.中国—东盟跨境经济合作区发展研究[J].亚太经济,2013,03:112—117.

苏东辉,骆华松,蔡定昆.区外大国与东南亚地缘经济关系测度分析[J].世界地理研究,2013,01:1—11.

刘畅,张义.中国与东盟区域经济合作的前景及主要障碍分析[J].商,2013,10:43.

王婷婷.江苏——东盟科技合作探索[J].企业科技与发展,2013,11:5—6.

刘建文,雷小华.云南与东盟开放合作新举措对广西的启示[J].广西经济管理干部学院学报,2013,03:1—5.

杨亚非,陈禹静.广西与东盟10年合作发展的轨迹与思考[J].东南亚纵横,2013,08:46—49.

张彦.日本与东盟的经济相互依赖分析——基于贸易与FDI的实证分析[J].东南亚纵横,2013,07:37—41.

赵壮天,雷小华.中国与东盟互联互通建设及对南亚合作的启示[J].学术论坛,2013,07:198—202.

陆建人.当前中国—东盟合作面临的新挑战与对策[J].广西大学学报(哲学社会科学版),2013,04:1—4+10+2.

王敏.台湾与东盟经济关系发展新趋势、成因与前景分析[J].台湾研究,2014,02:46—54.

于东平,陈龙.中国—东盟人力资源开发合作的溢出效应分析[J].价值工程,2014,30:

167—169.

盟经济关系[J].东南亚纵横,2013,09:27—32.

俞淼.中国—东盟经济一体化面临的挑战与对策分析[J].赤峰学院学报（自然科学版）,2014,
　　24:106—108.

贾宁,奚旺.推进中国—东盟水务合作的思考与建议[J].环境保护,2014,23:39—41.

Sum Chhum Bun,梁薇.在东盟背景下的柬埔寨—中国合作:共同建设中国—东盟自由贸易区
　　升级版[J].东南亚纵横,2014,10:61—64.

屠年松,熊玫.中国—东盟经济发展对策研究——基于边界效应视角[J].中国商贸,2014,29:
　　135—136.

王玉主.利益捆绑与中国—东盟关系发展[J].南洋问题研究,2014,04:1—7.

明君.中国和东盟经济关系发展现状[J].现代经济信息,2015,02:124.

马敏象,张维,尚晓慧.中国与东南亚、南亚科技合作战略与对策研究[J].云南科技管理,2015,
　　01:17—21.

戴学明.广西—东盟经济开发区产城融合发展研究[J].中共南宁市委党校学报,2014,05:
　　24—27.

李佳锚.中国与东盟互联互通的经济效应探讨[J].学理论,2015,04:104—105.

盛斌,果婷.亚太经济一体化进程中的东盟与中国——如何理解RCEP与东盟的"中心性"地
　　位诉求[J].人民论坛·学术前沿,2015,05:68—75.

吴凡.国际性区域合作中的政府行为研究——以中国—东盟为例[J].学术论坛,2015,03:
　　77—81.

刘秋芷.中国—东盟知识产权争端解决机制构建[J].人民论坛,2015,17:249—251.

王雨泽.中国与东盟的合作的问题[J].商,2015,12:113.

黄征学,王丽.推进中国与东南亚国家合作的政策建议[J].中国经贸导刊,2015,18:24—26
　　+46.

屠年松,张松.中国与东盟经济合作研究综述[J].昆明理工大学学报（社会科学版）,2015,04:
　　59—67.

顾海旭,相洪波,李娜.谈"海上新丝路"背景下中国与东盟矿产资源合作[J].中国国土资源经
　　济,2015,08:61—63+16.

吴凡.协同治理视角下的中国—东盟跨境区域合作研究[J].社会科学家,2015,07:45—48.

胡逸山.东南亚国家期望中国扮演领头羊角色[J].北大商业评论,2015,06:32—33.

本刊.东盟—欧盟伙伴关系的新进展[J].时代金融,2015,28:48.

陈志龙.中国与东盟合作前景及发展趋势的思考——"21世纪海上丝绸之路"视野下[J].当代
　　经济,2015,28:6—7.

李红,韦永贵,徐全龙.基于中国视角的地缘经济合作研究进展——以中国—东盟合作研究为
　　例[J].热带地理,2015,05:719—729.

王淑芳,刘玉立,葛岳静,王惠文.中国—东盟地缘经济研究综述[J].热带地理,2015,05:
　　730—738.

周方冶."一带一路"视野下中国—东盟合作的机遇、瓶颈与路径——兼论中泰战略合作探路者
　　作用[J].南洋问题研究,2015,03:39—47.

陈彤.新丝路倡议与中国在东盟区域合作机制的创新[J].经济界,2015,06:48—53.

左宝琪,梁茂林,刘雪娇.中国与东盟区域经济合作的效应分析[J].对外经贸,2015,10:31—34.

赵德森,黄晓晖,秦超.中国对东盟技术转移的动机与模式研究[J].技术经济与管理研究,2015,11:109—112.

吕娜.东盟国家对华经济政策分析[J].法制与社会,2012,08:89—91+105.

胡超,王新哲.中国—东盟区域经济深度一体化——制度环境与制度距离的视角[J].国际经贸探索,2012,03:77—87.

高兰英,宋志国.《2004—2010年东盟知识产权行动计划》及实施述评——兼论其对构建中国—东盟知识产权合作机制的启示[J].广西师范大学学报(哲学社会科学版),2012,01:79—85.

黄信.中国—东盟全面经济合作框架协议10周年回眸展望[J].法制与经济(上旬),2012,03:39—40.

李文韬.东盟参与"TPP轨道"合作面临的机遇、挑战及战略选择[J].亚太经济,2012,04:27—32.

周士新.中国—东盟经济关系与地区整合的前景[J].创新,2012,05:122—125+128.

张蕴岭.中国—东盟关系能经受住考验吗?[J].东南亚纵横,2012,10:8—9.

宋春奔,陈红升.加强中柬经济合作[J].东南亚纵横,2012,10:12—13.

Datuk M Supperramaniam,谭林.加强东盟与中国的经济关系[J].东南亚纵横,2012,10:14—15.

田圆.关于深化中国与东盟的合作的研究[J].商,2012,12:56.

欧阳华.投资政策对中国—东盟区域经济合作的影响研究[J].河北科技大学学报(社会科学版),2012,04:8—14.

代长友.地缘安全关系和地缘经济关系的相互影响——以印度与东盟关系为例[J].商,2012,22:64—65.

王莛兴.广西—东盟科技合作:机遇、挑战与前景[J].广西经济,2012,12:29—31.

杨筠.中国西南—东南亚南亚国际产业带雏形研究[J].特区经济,2011,02:20—22.

李世泽,李焕.北部湾经济区对接东盟的特征分析与价值重估[J].广西经济管理干部学院学

梁育民.试论广州与东盟的城市合作[J].战略决策研究,2011,02:58—63.

王君,张彦.浅析东盟与中国的经济合作——基于建构主义的研究视角[J].广东技术师范学院学报,2011,02:66—69.

文韬.东南亚区域合作与中国西南边疆发展战略[J].发展研究,2011,03:8—14.

朱耀顺,孙康,丁红卫.非传统安全视角下的中国与东盟经济合作研究[J].经济问题探索,2011,06:147—151+180.

陆建人.20年来中国与东盟的经济合作[J].创新,2011,04:5—9+134.

卢珍菊.中国—东盟框架下推进中越跨境经济合作区建设研究[J].中国报业,2011,10:68—69.

董友涛.中国—东盟区域合作新态势——基于"和谐世界"理念的新视角[J].桂海论丛,2011,04:42—46.

武井泉,国松麻季,邵鸣.日本东盟全面经济伙伴关系协定履行的现状与课题[J].南洋资料译丛,2011,03:12—17.

魏历.试论中国与东盟区域经济合作的共享价值[J].西南民族大学学报(人文社会科学版),2011,10:105—108.

杨力刚.中国—东盟区域经济合作动因探讨[J].时代金融,2011,24:181.

吴明旭.广西—东盟科技交流与合作服务平台建设研究[J].沿海企业与科技,2011,08:12—14.

古炳玮,李国淮.中国与东盟国家之间的利益关系分析[J].广西财经学院学报,2011,05:6—10.

郑军健.中国—东盟合作模式特点分析研究[J].广西民族大学学报(哲学社会科学版),2011,05:122—126.

修小婷.中国—东盟经济一体化进程中对中国经济贸易的促进作用[J].中国外资,2011,21:144.

于瑾.建构主义视角下的中国东盟经济的关系发展[J].现代经济信息,2011,18:15.

李海军.浅析东盟与上合组织的合作[J].经营管理者,2011,21:77.

本刊评论员.20年对话:中国与东盟合作开启新时代[J].当代广西,2011,22:1.

吕玉敏.中国—东盟建立对话关系20年回顾与展望[J].东南亚纵横,2011,11:11—13.

约瑟思·艾思塔尼斯劳,庞奔奔.中国—东盟合作的前景[J].东南亚纵横,2011,11:17—19.

赵明龙.中越在中国—东盟合作中的地位和作用[J].东南亚纵横,2011,11:35—39.

王勤.中国—东盟经济关系20年:回顾与展望[J].南洋问题研究,2011,04:20—26.

张昱,田兴.国际贸易,金融市场及国际经济政策协调——中国—东盟经济周期同步性的影响因素分析[J].中山大学研究生学刊(社会科学版),2011,03:146—158.

梁文捷.广西与东盟国家科技合作的模式及支撑体系研究[J].经济视角(中旬),2011,11:8+130.

周艳波.中国东盟经济周期同步性及传导机制研究[J].财经理论研究,2014,01:58—63.

王蕊.中国与日本在东盟国家的经济竞争分析[J].国际经济合作,2014,04:62—65.

唐文琳,李雄师.中国东盟区域经济一体化程度测量——基于时序主成分分析框架[J].亚太经济,2014,04:23—27.

牛瑞芳.中国—东盟深化合作过程中面临的问题及对策分析——基于国际政治经济学的视角[J].经济问题探索,2014,07:45—48.

胡剑波,汤伟,安丹.合作博弈架构下中国—东盟区域经济互利共赢条件分析[J].经济问题,2014,10:91—96.

钟振清.广西与东盟国家科技合作现状与对策研究[J].决策咨询,2014,04:10—13.

黎鹏,杨宏昌,王勇.区位理论视阈下中国—东盟沿边跨国区域合作开发研究[J].广西社会科学,2014,09:42—47.

尹豪,陈龙.云南—东盟国家科技合作的现状、问题及对策分析[J].中小企业管理与科技(中旬刊),2014,09:211—213.

谢静."一带一路"与中国—东盟互联互通中的印度因素[J].东南亚纵横,2015,10:38—41.

李文."一带一路"与中国—东盟命运共同体建设[J].东南亚纵横,2015,10:9—14.

鞠海龙,邵先成.中国—东盟减贫合作:特点及深化路径(英文)[J].China International Studies,2015,04:115—132+3.

伍星.中国与东南亚国家区域经济合作研究[J].商,2013,19:247.

伍启明.建立中国—东盟互联互通先行试验带的设想[J].广西经济,2013,10:15—16.

邓瑶.新时期下泛北部湾次区域经济合作机制[J].杨凌职业技术学院学报,2013,04:21—24.

朱朝霞.中亚与东盟区域经济合作的共性分析[J].学术论坛,2013,12:36—40.

王玉主.RCEP倡议与东盟"中心地位"(英文)[J].China International Studies,2013,05:119—132+3.

钟源,欧阳东,雷俊.南宁—东盟经济开发区转型动力机制与路径模式研究[J].规划师,2013,S3:5—9.

赵春珍.中国与印尼能源关系:现状、挑战和发展策略[J].南洋问题研究,2012,03:17—26+46.

吴崇伯.中国—印尼海洋经济合作的前景分析[J].人民论坛·学术前沿,2015,01:74—85+95.

吴崇伯.韩国与印尼的经济关系分析[J].南洋问题研究,2014,02:1—10.

郭仁燕.浅析中国与印尼"丝路经济"合作[J].现代商业,2015,30:92—93.

张洁."一带一路"与"全球海洋支点":中国与印尼的战略对接及其挑战[J].当代世界,2015,08:37—41.

许培源,陈乘风.印尼与"海上丝绸之路"建设[J].亚太经济,2015,05:20—24.

徐凡.G20全球经济治理与穆斯林世界——印尼视域下的国际关系基础[J].亚太经济,2015,02:15—20+27.

陈晓律,叶璐.中国构建海上丝绸之路的两个节点:马来西亚与泰国[J].南京政治学院学报,2015,01:73—78+141.

翁忠义,融汐.马中经济合作方兴未艾[J].博鳌观察,2013,02:124—125.

李志龙.中国与马来西亚经济合作的发展特点与前景分析[J].对外经贸实务,2015,08:21—24.

刘昌黎.泛太平洋战略经济伙伴关系协定的发展与困境[J].国际贸易,2011,01:38—43+63.

陈慧.中国与马来西亚经济关系探析[J].东南亚纵横,2014,07:32—35.

本刊编辑部.中国马来西亚多领域合作持续深化[J].广西经济,2011,10:17—18.

胡潇文,刘鹏.新加坡在印度"东进"过程中的地位与角色扮演[J].云南财经大学学报(社会科学版),2012,01:4—9.

黄志勇.共商共建共享中国—新加坡经济走廊[J].东南亚纵横,2014,09:3—9.

韦朝晖,张磊.第七届中国—东盟智库战略对话论坛暨首届中国—新加坡经济走廊智库峰会会议综述[J].东南亚纵横,2014,10:3—8.

马加力.中国—新加坡经济走廊建设的若干问题[J].东南亚纵横,2014,10:42—44.

陈红升,李碧华.中国—新加坡经济走廊国家单一窗口建设与通关便利化研究[J].东南亚纵横,2014,11:22—30.

韦红.关于中国—新加坡经济走廊建设的政治学思考[J].东南亚纵横,2014,11:38—40.

韦朝晖,罗梅.中国(南宁)—新加坡经济走廊交流合作机制建设研究[J].东南亚纵横,2015,01:20—25.

杨超,黄耀东.中国(南宁)—新加坡经济走廊的产业发展[J].东南亚纵横,2015,01:36—43.

覃辉银.建设21世纪海上丝绸之路战略下深化广东省—新加坡合作研究[J].东南亚纵横,2015,07:8—13.

张光南,邱杰宏.中国台湾、香港、内地与新加坡建立共同市场的影响研究[J].学术研究,2013,02:86—90+160.

尤洪波.论美国对菲律宾的经济援助[J].亚太经济,2011,06:79—82.

丘杉.开放经济视野下广东与越南的合作与互鉴[J].战略决策研究,2011,01:20—25+61.

佘伯明.中越跨境经济合作区建设的实践与展望[J].东南亚纵横,2011,05:50—54.

左晓安.广东产业转型与越粤产业合作[J].战略决策研究,2011,02:29—33.

江文国.中越粮食安全合作[J].商场现代化,2014,30:27—28.

阮辉贵,贾精华.越南—中国跨境经济合作区[J].东南亚纵横,2011,11:40—42.

陈坤明.试论中越跨境经济合作区建设的路径——以广西为例[J].改革与开放,2011,18:124—127.

陈江虹.中国与越南经济依赖关系不对称性研究[J].中外企业家,2015,02:23—24.

张勉励.中国对越南经济建设援助的历史考察(1958—1964)[J].史林,2015,01:151—157+221.

毕晶.国际格局演变与越南加入TPP的外部因素分析[J].国际经济合作,2015,02:57—60.

陈江虹.中越经济依赖关系敏感性研究[J].合作经济与科技,2015,05:44—45.

赵晋.新中国对外工业援助的初次尝试——以1955—1956年越南统一火柴厂的筹建为例[J].当代中国史研究,2015,03:66—74+127.

广西壮族自治区重点课题《广西促进中越合作与发展对策研究》课题组,崔忠仁,徐绍才,冯其卫,高歌.加快中越跨境经济合作区建设的若干建议[J].广西经济,2012,04:18—19.

高剑平,罗芹.市场经济体制下越南与中国合作建立"两廊一圈"的动因探析——基于利益与价值的分析视角[J].学术论坛,2012,10:134—137+150.

张帆,杜宽旗,阮有仲.广西北部湾经济区与越南北部三省经济合作边界效应研究[J].广西社会科学,2015,11:36—41.

毕世鸿.越南对外经济合作上演"大国外交"[J].世界知识,2013,15:38—39.

杨荣海,李亚波.边界效应会制约中国跨境经济合作区建设吗——以中越、中老和中缅的数据

韦国善.中越跨境经济合作区建成后的经济效应分析[J].现代商业,2014,06:63—64.

廖建夏.试论中越"两廊一圈"生态文明建设合作[J].创新,2014,01:34—40.

杨磊.中越边境口岸经济优势分析与沿边产业规划研究[J].经济研究参考,2014,05:32—35.

刘盈,邵建平.中国河口—越南老街跨境经济合作区建设的SWOT分析[J].东南亚纵横,2014,05:14—17.

于臻.中国因素于老挝对外经济影响的综合分析[J].广西民族大学学报(哲学社会科学版),2011,06:117—121.

韦健锋,董晓光.大国参与下的老挝发展及大国博弈[J].和平与发展,2014,05:52—64+118—119.

刘馨蔚."海丝"促中老两国加强区域合作[J].中国对外贸易,2014,12:66—67.

梁茂林,骆华松,左宝琪,李君.新形势下对建设昆明—万象经济走廊的构想[J].东南亚纵横,2015,09:55—61.

许正.浅析面向未来的中老合作关系[J].全国商情(理论研究),2012,17:78—79.

Chanthaphilith Chiemsisouraj,陈红升.丝绸之路与老挝[J].东南亚纵横,2014,10:27—29.

罗圣荣.西方国家在缅甸大力开展软实力建设[J].世界知识,2015,08:74.

吴玲.孟中印缅经济走廊[J].商业文化,2014,22:25—28.

俞家海."一带一路"在缅甸实施的可行性探究[J].黑河学刊,2015,11:32—33.

殷永林.21 世纪以来印度与缅甸经济关系发展研究[J].东南亚纵横,2015,04:29—34.

韩凝.2008 年以来美国国际开发署对缅甸的援助活动[J].东南亚南亚研究,2015,03:49—54
　　+109.

焦世新.中缅孟印经济走廊重获动力[J].社会观察,2015,06:30—32.

赵洪.中国—缅甸经济走廊及其影响[J].东南亚南亚研究,2012,04:35—39+91.

2.8.3　次区域经济合作

阮俊英,何艳红,马金案.冷战后日本对湄公河次区域 5 国的官方发展援助(ODA)[J].东南亚
　　纵横,2011,10:55—57.

刘日红,张文韬.提升澜沧江—湄公河次区域合作水平的思考与建议[J].时代经贸,2011,10:
　　55—61.

雷珺.区域性安全公共产品供给的"湄公河模式"——以湄公河流域联合执法安全合作机制为
　　例[J].南洋问题研究,2015,03:28—38+47.

澜沧江—湄公河合作首次外长会举行澜湄合作机制正式建立[J].世界知识,2015,23:7.

邵建平,刘盈.大湄公河次区域合作:东盟共同体的重要依托[J].国际论坛,2014,06:13—18
　　+77.

屠年松,熊玫.大湄公河次区域边界效应的实证研究——以中泰、中越数据为例[J].云南社会
　　科学,2015,03:68—73.

卢光盛.中国与湄公河国家经济关系:新发展与新问题[J].东南亚纵横,2012,10:42—47.

卢光盛,金珍,宋清润,宋均营."澜湄机制":亚太次区域合作新风景[J].世界知识,2015,22:
　　14—15.

卢光盛,金珍."澜湄机制":湄公河次区域合作的新尝试[J].世界知识,2015,22:16—18.

柴瑜.论亚行大湄公河次区域合作未来发展规划与中国的任务[J].创新,2011,01:31—38+
　　126—127.

谢彩.泛北部湾区域金融合作分析[J].商业经济,2011,03:113—114.

曹尚上.大湄公河次区域五国贸易合作探究[J].中国商贸,2011,06:203—204.

周士新.中国和东盟在大湄公河次区域的合作[J].东南亚纵横,2011,01:14—19.

贾新华,宋伟轩.湄公河次区域整合发展的理论与实践[J].特区经济,2011,03:102—103.

谭春枝,李国英,杨盛友.泛北部湾地区金融监管合作研究[J].金融与经济,2011,03:67—70.

罗圣荣.非传统安全视角下的大湄公河次区域合作评析[J].亚非纵横,2011,03:54—58+60.

卢光盛.国际公共产品与中国—大湄公河次区域国家关系[J].创新,2011,03:5—9+126.

范祚军.基于国家干预视角的泛北部湾区域金融合作推进策略[J].广西大学学报(哲学社会科
　　学版),2011,02:1—7.

马进,谢巧燕.泛北部湾经济区金融支撑效率研究[J].学术论坛,2011,03:116—120.

郭延军.大湄公河次区域经济合作的新进展及评估[J].东岳论丛,2011,04:130—132.

李欣广.次区域经济合作理论及其在大湄公河次区域合作中的应用[J].广西财经学院学报,
　　2011,02:1—4.

熊彬,襦巨能.大湄公河次区域合作对云南—GMS贸易绩效分析——基于引力模型实证研究[J].经济问题探索,2011,06:156—160.

阳凡.泛北部湾区域航运中心建设及海事纠纷解决制度[J].世界海运,2011,07:28—31.

杨阳,张亚芬.基于人力资本的大湄公河次区域人力资源开发研究[J].东南亚纵横,2011,07:57—61.

叶乔.泛北部湾经济区对广西农产业发展的影响[J].现代营销(学苑版),2011,10:160—161.

吴世韶.中国—东盟次区域经济合作机制的现状与展望[J].社会主义研究,2011,05:127—133.

廖国一,白爱萍.泛北部湾地区的历史发展共性及其当代影响[J].广西师范大学学报(哲学社会科学版),2011,05:107—113.

胡列曲,孙兰,丁文丽.大湄公河区域国家经济金融一体化实证研究[J].亚太经济,2011,05:26—31.

余小军.关于积极推动广西与泛北部湾地区旅游合作发展的思考[J].旅游论坛,2011,05:33—36.

李汝凤,梁双陆.大湄公河次区域产业结构对西南边疆生产要素聚集的影响分析[J].经济问题探索,2011,11:60—64.

卢光盛,邸可.大湄公河次区域金融合作与中国(云南)的参与[J].云南师范大学学报(哲学社会科学版),2011,06:39—45.

魏乾梅.广西高等教育与泛北部湾区域经济协调发展的调研报告[J].山西财经大学学报,2011,S3:31—33.

尹鸿伟.湄公河上的中国困局[J].大经贸,2011,10:33—37.

王庆忠.大湄公河次区域合作:域外大国介入及中国的战略应对[J].太平洋学报,2011,11:40—49.

蓝清,郭达越.泛北部湾—大湄公河邮轮旅游的前景及SWOT分析研究[J].东南亚纵横,2011,12:46—51.

路娜,张捷.大湄公河次区域合作与桥头堡建设[J].中国发展,2011,S1:82—86.

冯东明.试析冷战后日本对大湄公河次区域政府开发援助政策[J].内蒙古财经学院学报,2011,06:24—27.

姚东.论大湄公河次区域经济发展与区域刑事司法合作——从湄公河惨案谈起[J].亚太经济,2012,01:18—21.

刘主光.跨国次区域经济合作区与自由贸易区的分析——以GMS和CAFTA为例[J].亚太经济,2012,01:8—12.

袁柳,朱一超,李智.泛北部湾区域经济合作为广西县域经济的发展带来的良机[J].市场论坛,2012,01:20—21.

李平.大湄公河次区域(GMS)合作20年综述[J].东南亚纵横,2012,02:34—38.

毛胜根.大湄公河次区域合作:发展历程、经验及启示[J].广西民族研究,2012,01:155—163.

任娜,郭延军.大湄公河次区域合作机制:问题与对策[J].战略决策研究,2012,02:61—66.

张婷.后金融危机时期泛北部湾旅游圈协同发展研究[J].改革与战略,2012,02:106—109.

谢丽霜,谢彩.泛北部湾区域金融合作抑制因素分析[J].区域金融研究,2012,02:45—49.

任伟,谢巧燕.泛北部湾经济区金融结构的调整与优化——基于金融合作的角度[J].社会科学家,2012,04:53—57.

杨倩.大湄公河次区域经济合作(GMS)的制度化问题研究[J].现代经济信息,2012,07:
    318—320.

沈铭辉.大湄公河次区域经济合作:复杂的合作机制与中国的角色[J].亚太经济,2012,03:
    13—18.

施江义.西双版纳参与澜沧江—湄公河次区域经济合作的对策思考[J].科技信息,2012,24:
    142—143.

谢露.泛北部湾经济区中小外贸企业网络营销创新[J].企业技术开发,2012,17:38—39.

阙晋园.泛北部湾经济合作背景下城市群发展问题研究[J].河南商业高等专科学校学报,
    2012,03:50—53.

张文,汤金丽,王声跃.云南在大湄公河次区域经济合作中的地位及作用研究[J].玉溪师范学
    院学报,2012,06:49—51.

曹监平.泛北部湾区域贸易与投资便利化合作[J].国际经济合作,2012,09:70—74.

覃雪香,孟琳琳.建设泛北部湾区域经济增长极——基于北部湾经济区的SWOT分析[J].西
    部经济管理论坛,2012,04:54—57.

阙晋园.泛北部湾港口合作形势及对策[J].现代物业(上旬刊),2012,08:54—56.

杜进森,范红燕,贾精华.从越南视角看泛北部湾合作[J].东南亚纵横,2012,10:16—20.

李旋.解析大湄公河次区域经济合作的新进展及评估[J].商,2012,11:85.

赵梅,袁静梅,谭淑娟.中国云南省参与大湄公河次区域贸易状况及对策研究[J].东南亚纵横,
    2012,11:47—51.

肖祥.泛北部湾区域生态安全问题及其对策[J].广西社会科学,2012,11:120—122.

赵姝岚.日本对大湄公河次区域(GMS)五国援助述评[J].东南亚纵横,2012,12:13—16.

陈洁,骆华松.GMS五国对待大湄公河次区域合作的态度分析[J].商,2012,22:62—63.

李健,范祚军,谢巧燕.差异性金融结构"互嵌"式"耦合"效应——基于泛北部湾区域金融合作
    的实证[J].经济研究,2012,12:69—82.

陈昕.大湄公河次区域东西经济走廊发展研究与借鉴[J].管理世界,2012,12:179—180.

曹春苗,胡涛.我国对大湄公河次区域国家投资与贸易环境影响的估算研究[J].环境与可持续
    发展,2014,01:77—80.

曹春苗,胡涛.中国企业在大湄公河次区域投资环境履职问题及其建议[J].东南亚纵横,2014,
    02:70—75.

刘澈元,陈庆鹏.台湾参与泛北部湾经济合作的必要性与效应[J].河北师范大学学报(哲学社
    会科学版),2014,01:157—160.

金师波,许红艳.大湄公河次区域非法劳工移民问题研究[J].发展研究,2014,03:115—119.

吴应运.抓住"钻石十年"机遇推动广西对外开放——大力推进广西参与大湄公河次区域经济
    合作建设[J].中国集体经济,2014,09:8—9.

杨紫翔.多层治理理论的亚洲经验:以大湄公河次区域治理中的亚洲开发银行为例[J].理论
    界,2014,07:37—40.

蓝国兴.论泛北部湾经济合作中的共建产业园合作模式[J].黑河学刊,2014,06:16—18.

蓝国兴.论泛北部湾经济合作的模式创新[J].吉林广播电视大学学报,2014,05:15—18.

付联志,尚昱吟,陈宏.泛亚铁路下的大湄公河次区域经济合作研究[J].中国集体经济,2014,

19:26—27.

赵亮.大湄公河流域次区域合作机制研究[J].现代商贸工业,2014,12:52—53.

从泛北部湾经济合作到"海上丝绸之路"[J].广西经济,2014,05:12.

黄娜.大湄公河次区域(GMS)电力互联互通合作状况及前景分析[J].现代经济信息,2014,16:456+460.

杨倩,赵鸿鑫,雷茜.云南"桥头堡"战略下 BCIM 经济走廊建设多边权益解读——兼论次区域经济合作法律博弈[J].法制与社会,2014,17:104—106+108.

高永刚.在大湄公河次区域合作(GMS)框架下积极利用亚洲开发银行项目支持的对策研究[J].东南亚纵横,2014,06:21—23.

宫斐.基于"竞合理论"的泛北部湾旅游合作模式研究[J].东南亚纵横,2014,07:28—31.

高雪,王艳路.泛北部湾经济合作从地方战略提升到国家战略的路径与对策[J].企业技术开发,2014,24:130—131.

赵姝岚,王国平.大湄公河次区域合作的制约因素分析——以昆曼通道为例[J].亚非纵横,2014,05:57—67+124—125+128—129.

张庆霖.次区域经济合作模式的演化:边境区域经济合作——GMS 框架下以我国西南边境为例[J].经济问题探索,2014,11:81—86.

张文韬.云南参与大湄公河次区域合作的经验研究[J].经济问题探索,2014,11:94—101.

李圣华,文华.基于核心—边缘模型视角的图们江区域开发与大湄公河次区域开发比较——以吉林省和云南省为中心[J].经济研究导刊,2014,27:267—268.

蒋翠云.泛北部湾经济合作中跨国(境)不同层级政府间协商、协调机制的构建与运行[J].商,2014,23:245—246.

第六届湄公河次区域传统医药交流会将于 10 月下旬在丽江召开[J].中国民族民间医药,2013,17:143.

倪印锋,王术坤.中国参与大湄公河次区域贸易探究[J].现代商贸工业,2013,24:65—67.

邓瑶.新时期下泛北部湾次区域经济合作机制[J].杨凌职业技术学院学报,2013,04:21—24.

张国磊,张燕妮.广西泛北部湾区域经济合作中的政府作用研究[J].市场论坛,2013,11:26—28.

张建伦,赵明.大湄公河次区域农业合作研究综述[J].世界农业,2011,06:15—21.

泛北部湾中国区域合作与发展[J].开发研究,2013,06:84.

袁天昂.云南银行业的沿边发展战略研究——兼谈大湄公河次区域的金融合作与展望[J].时代金融,2013,02:89—91.

程俊,王致杰,贾晓希,曾鸣.大湄公河次区域电力贸易中心设计及政策建议[J].水电能源科学,2013,01:219—222.

孙倩.中国参与大湄公河次区域能源合作现状与前景展望[J].现代经济信息,2013,04:251+267.

孙海燕,王泽华.新形势下大湄公河次区域经济合作(GMS)发展趋势分析[J].东南亚纵横,2013,01:45—49.

赵娴.大湄公河次区域旅游合作的机制建设[J].开放导报,2013,01:88—90.

李璐璐,肖祥.泛北部湾区域生态文明共享的行为监督机制研究[J].潍坊工程职业学院学报,2013,01:83—85.

许红艳.大湄公河次区域劳工移民研究[J].东南亚纵横,2013,04:61—66.

傅强,伍习丽.泛北部湾区域经济与金融发展不平衡的实证研究[J].重庆理工大学学报(社会科学),2013,05:30—34.

毕亮亮.加大中国参与大湄公河次区域资源合作开发力度的政策建议[J].中国科技论坛,2013,04:78—83.

苏毓敏,贺琛,汪卓妮.泛北部湾次区域合作中的税收协调问题研究——以中国与新加坡的税制分析为例[J].广西师范大学学报(哲学社会科学版),2013,02:8—12.

王景敏.泛北部湾中国区域港口物流资源整合优化探究——基于中国—东盟互联互通的视角[J].对外经贸实务,2013,06:90—93.

毛秀利,周佩.大湄公河次区域的发展与概况[J].现代商业,2013,21:73.

董海伟,刘艳霞.泛北部湾邮轮旅游的SWOT分析及开发举措[J].法制与经济(上旬),2013,11:69—70.

郭振雪.大湄公河次区域合作国内外研究:回顾与分析[J].东南亚纵横,2013,09:72—78.

宋效峰.湄公河次区域的地缘政治经济博弈与中国对策[J].世界经济与政治论坛,2013,05:37—49.

陈炜,程芸燕.旅游管理专业应用型人才培养国际化合作研究——基于泛北部湾区域经济的视野[J].广西民族师范学院学报,2013,05:118—121.

钮菊生.大湄公河次区域国家安全合作缘何"雷声大,雨点小"?[J].唯实,2014,12:91—94.

周章贵.中国—东盟湄公河次区域合作机制剖析:模式、问题与应对[J].东南亚纵横,2014,11:52—56.

宫斐.发展泛北部湾海上旅游合作的要素分析[J].国际经济合作,2014,12:66—69.

李克强访问哈萨克斯坦、塞尔维亚并出席上合组织总理会议、中国——中东欧国家领导人会晤、赴泰国出席大湄公河次区域经济合作领导人会议[J].世界知识,2015,01:7.

肖祥,史月兰.区域生态文明共享的生态正义问题——基于泛北部湾的分析[J].广西师范大学学报(哲学社会科学版),2014,06:39—44.

刘国斌."一带一路"基点之东北亚桥头堡群构建的战略研究[J].东北亚论坛,2015,02:93—102+128.

李丹,李跃波.大湄公河次区域经济发展水平比较与分析[J].新西部(理论版),2015,11:53—54.

颜艳."一带一路"战略下广西参与大湄公河次区域经济合作战略研究[J].市场论坛,2015,05:1—3.

崔艳萍,马欣然.大湄公河次区域铁路联盟发展的探讨[J].铁道运输与经济,2015,08:69—73.

周忠菲."丝绸之路经济带"与亚欧经济互动——兼论泛北部湾与印度的经贸合作[J].亚太经济,2015,04:9—14.

颜艳."一带一路"战略下广西参与大湄公河次区域(GMS)经济走廊建设的思考[J].市场论坛,2015,06:1—3.

刘梦醒,吴增明,李光泗.大湄公河次区域国家农产品贸易比较优势分析[J].粮食科技与经济,2015,04:17—20+53.

广西财政厅联合课题组.广西参与大湄公河次区域合作研究[J].经济研究参考,2015,17:73—77.

卢光盛,金珍."一带一路"框架下大湄公河次区域合作升级版[J].国际展望,2015,05:67—81
　　+148.

张林,葛雷.异质性视角下泛北部湾经济区能源合作战略[J].热带地理,2015,05:671—679.

施梅超.深化泛北部湾区域合作广西打造新经济增长极[J].中国港口,2015,10:26—29.

屠年松.影响大湄公河次区域边界效应的因素研究[J].云南民族大学学报(哲学社会科学版),
　　2015,06:79—85.

刘从水,高睿霞.大湄公河次区域会展产业的融合动力[J].曲靖师范学院学报,2015,05:
　　75—79.

陈思慧.泛北部湾经济的发展对区域经济发展的启示[J].中外企业家,2015,35:22—24.

苏振华,杨振和.大湄公河次区域国家进口大米对我国稻米产业的影响[J].粮食与饲料工业,
　　2015,12:1—5.

秋千.澜沧江—湄公河流域其他主要次区域合作机制有哪些[J].世界知识,2015,22:22—23.

崔艳萍1,马欣然2.大湄公河次区域铁路联盟发展的探讨[J].铁道运输与经济,2015,08:
　　69—73.

2.8.4　南海资源开发与合作

高婧如.南海渔业合作机制研究——以双边渔业协定为视角[J].海南大学学报(人文社会科学
　　版),2015,06:15—22.

张丽娜.南海争议海域油气资源共同开发探析[J].海南大学学报(人文社会科学版),2015,06:
　　8—14.

公衍芬,杨文斌,谭树东.南海油气资源综述及开发战略设想[J].海洋地质与第四纪地质,
　　2012,05:137—147.

张丽娜.南海油气资源共同开发的主体适格性[J].法学杂志,2012,11:107—111.

王佩云.中国南海油气开发与主权维护[J].国际石油经济,2012,10:1—4+108.

李国强.南海油气资源勘探开发的政策调适[J].国际问题研究,2014,06:104—115+132.

许浩.南海油气资源"共同开发"的现实困境与博弈破解[J].东南亚研究,2014,04:18—27.

胡晓红.中外合作开发南海石油资源法律制度之不足与完善路径[J].兰州学刊,2015,01:95—
　　102+158.

牛文杰.南海油气资源开发生态补偿机制研究[J].海南广播电视大学学报,2015,02:60—65.

丁洁琼,张丽娜.南海油气资源共同开发"区块"选择探究[J].中国海商法研究,2015,02:
　　46—53.

黄少婉.南海油气资源开发现状与开发对策研究[J].理论观察,2015,11:91—93.

张荷霞,刘永学,李满春,李飞雪,洪武扬,孙超.南海中南部海域油气资源开发战略价值评价
　　[J].资源科学,2013,11:2142—2150.

罗婷婷.南海油气资源共同开发合作机制探析[J].海洋开发与管理,2011,05:1—7.

安应民.论南海争议区域油气资源共同开发的模式选择[J].当代亚太,2011,06:123—140.

郭渊.冷战时期菲律宾南海石油开采及行为特征分析[J].浙江海洋学院学报(人文科学版),
　　2013,01:1—7.

张丽娜.南海争议海域油气资源共同开发的困境与出路[J].海南大学学报(人文社会科学版),

2013,04:13—20.

严耀.南海油气资源共同开发的理论基础探析[J].湖南广播电视大学学报,2013,03:45—48.

康拜英.关于海南开发南海油气资源的若干问题与建议[J].新东方,2012,05:16—21.

许浩.南海争议区油气资源共同开发的战略构想[J].太平洋学报,2012,09:77—86.

肖风.中国南海石油勘探风云录[J].石油知识,2014,05:24—27.

王征.基于南海局势的我国能源战略发展方向及其相关投资领域[J].当代经济管理,2015,02:78—82.

石乔,岳鹏升.海峡两岸在南海海域开展油气资源勘探开发合作的思考[J].中国矿业,2014,S2:14—18.

谢玉洪.南海西部深水区自营油气田勘探开发现状及展望[J].石油钻采工艺,2015,01:5—7.

张丽娜.争议海域油气资源共同开发中的第三方权利——中国在南海共同开发中的实践及权利维护[J].学习与探索,2015,12:62—67.

张艾妮,陆江.南海油气资源开发的国际法思考——中国—东盟框架下构建南海能源共同体[J].法制与经济(中旬刊),2013,09:86—87.

陈肖威,许浩.南海油气资源共同开发机制研究[J].现代妇女(下旬),2014,12:9+11.

李志传."海洋石油981"发现大气田南海深水勘探开发取得历史性突破[J].国际石油经济,2015,01:24—25.

张丽娜.促进南海油气资源共同开发的法律对策[J].南海学刊,2015,01:82—88.

薄玉宝.南海深水油气开发海洋工程方案选择策略探讨[J].中国造船,2015,02:179—184.

李金蓉,朱瑛,方银霞.南海南部油气资源勘探开发状况及对策建议[J].海洋开发与管理,2014,04:12—15.

安应民,蒋涛.我国南海争议区域油气资源共同开发问题及其模式选择[J].新东方,2011,04:28—32.

张绍波.争来争去的南海油气之争[J].中国石油企业,2011,12:24—27+4.

居占杰,李平.南海油气资源开发研究——基于石油安全的视角[J].技术经济与管理研究,2013,10:101—105.

罗佐县,谭云冬.南海周边国家油气工业动态及合作可行性研究[J].中国石油和化工经济分析,2011,08:30—33.

本刊编辑部.中国科技论坛:专家热议南海资源开发与保护[J].广东造船,2014,05:107.

吴秀凤.海上丝绸之路受关注南海现新商机[J].广东造船,2014,06:34.

莫志宏.中国南海石油开发问题研究[J].化学工程与装备,2015,03:217—218.

郭冉.南沙油气资源开发的法律困境与对策研究——以中越南沙油气开发之争为例[J].广西大学学报(哲学社会科学版),2015,04:79—87+121.

李国强.南海油气资源勘探开发的政策调适(英文)[J].China International Studies,2014,06:126—143+3.

杨明.合作开发南海海洋旅游共同建设海上丝绸之路[J].新经济,2014,31:70—74.

蔡鹏鸿.启动"21世纪海上丝绸之路"建设南海和平之海[J].当代世界,2015,02:28—31.

专家学者为南海渔业资源开发利用进言献策[J].中国水产,2013,02:6—8.

田野.南海共同开发案例透析[J].中国石油企业,2014,09:80—83.

邓小辉.关注南海油气开发系列之南海,蓝海?黑金,白金?——谁先切到南海开发的第一块蛋糕?[J].广东造船,2012,05:38—43.

越南、菲律宾等国抢采南海油气资源[J].国土资源,2012,07:25—27.

南海资源知多少?[J].国土资源,2012,07:64—65.

郭杰,张惠."五国"加紧掠夺南海油气资源[J].中国石化,2012,08:68—69.

周伟.推进南海整体性开发的现实思考[J].社会主义研究,2012,03:127—131.

麦日利,童玉和,陈积明,李向民.南海诸岛海域渔业捕捞现状及发展建议[J].福建水产,2012,04:344—346.

金永明.论南海资源开发的目标取向:功能性与规范性[J].海南大学学报(人文社会科学版),2013,04:1—6.

魏德才,魏德红.南海渔业涉外事件产生原因探析[J].浙江海洋学院学报(人文科学版),2013,03:12—16.

徐新华,徐晓苏.南海资源开发中的金融支持体系构建[J].经济纵横,2013,06:107—109.

李梦桃,黄鑫淼.引入BOT投资方式解决南海海上石油资源开采的主权问题——以中国与马来西亚在南海海上石油资源开采争议为例[J].东方企业文化,2011,24:133+126.

安应民,刘廷廷.论南海争议区域经济合作开发模式的构建[J].亚太经济,2011,05:108—113.

朱保成.加强南海护渔维权扶持南海渔业生产[J].农村工作通讯,2011,23:9—11.

周大卫.两岸南海合作的现状和潜力[J].团结,2014,06:64—66.

张晗.南海渔业资源增殖养护项目启动[J].海洋与渔业,2014,06:48.

薛桂芳,徐向欣.由岛屿维持其本身的"经济生活"标准的界定谈对我国南海岛礁的保护性开发[J].比较法研究,2013,06:63—69.

黄慧.南海能矿对外合作开发的问题与对策——相关法制问题探析[J].法制博览(中旬刊),2014,03:265.

Stewart Taggart.南海共同开发区与亚洲海上丝绸之路[J].能源,2014,01:80—83.

唐茂林.南海共同开发原则及其实施[J].广东行政学院学报,2013,06:59—63.

葛红亮.试析南海地区经贸关系的发展[J].南海学刊,2015,03:83—93.

张尔升,吴晓东,岳方明.南海资源开发组织模式探讨[J].河北经贸大学学报(综合版),2015,03:84—86.

吴杰,符振峰,宁凌.南海资源开发战略的国际经验比较与借鉴[J].河北渔业,2015,08:57—62.

廖维晓,孙娜.南海资源开发的对策和建议[J].理论与改革,2014,06:100—103.

李飞星.中国南海渔业经济发展战略探析[J].中国海洋大学学报(社会科学版),2015,01:30—37.

姚莹.南海环境保护区域合作:现实基础、价值目标与实现路径[J].学习与探索,2015,12:68—73.

2.9 海洋经济

翟崑.中国与印尼:共同推进海上全球互联互通[J].世界知识,2014,23:24—25.

刘畅.试论印尼的"全球海洋支点"战略构想[J].现代国际关系,2015,04:8—13+61.

刘畅.印度尼西亚海洋划界问题:现状、特点与展望[J].东南亚研究,2015,05:35—40.

林梅.印度尼西亚佐科政府的"全球海洋支点"战略及中国与印度尼西亚合作的新契机[J].东
     南亚纵横,2015,09:35—39.

3 社会文化问题

东南亚国家的社会概况

林琼芳,巫丽霞.东南亚留学生留学期望的调查研究[J].广西民族大学学报(自然科学版),2014,03:98—100.

罗圣荣.马来西亚华印社会比较研究[J].南洋问题研究,2012,01:62—68+102.

吕春霞.狮城新加坡[J].商业文化(下半月),2014,11:66—75.

刘笑言.家庭角色的式微——新加坡家庭政策的现状和挑战[J].东南亚南亚研究,2012,02:83—88+94.

尹蒙蒙.移民大潮中菲佣所体现的自身形象[J].学理论,2014,03:69—72.

吕亚军.当代越南女企业家群体的现状分析[J].广西大学学报(哲学社会科学版),2012,01:109—113.

吕亚军.数字化时代的越南妇女:性别、文化与技术[J].创新,2014,01:87—92+128.

陆汉斌.泰国社会文化面面观[J].东南亚纵横,2012,08:28—31.

熊丽英.文莱:富有安乐的和平之邦[J].今日民族,2012,09:41—44.

许晨.关于河口外籍人员现状及对当地影响的调查报告[J].普洱学院学报,2015,01:24—28.

黄昊.越南社会价值观探究[J].传承,2015,07:136—139.

吕亚军.越南艾滋病防控战略探析[J].东南亚研究,2014,01:4—9.

李霞.艾滋病流行中的弱势群体分析——以中越边境马关县为例[J].云南警官学院学报,2012,03:28—31.

万蕙,朱竑.中越通婚中越南女性的空间排斥研究——以云南省河口县桥头村为例[J].地理科学,2013,05:570—575.

黎文升,易连云.当代越南大学生儒家道德观继承现状的调查研究[J].高等教育研究,2013,07:75—82.

胡文勇,李慧玲,喻承甫,阮伯夫.越南青少年网络成瘾的现状及其影响因素[J].华南师范大学学报(社会科学版),2012,05:61—67+163—164.

亓华,刘汉武.来华越南留学生跨文化适应研究[J].云南师范大学学报(对外汉语教学与研究版),2012,06:70—77.

李冬梅,李营.越南留学生在华跨文化适应研究——广西师范大学个案透视[J].广西师范大学学报(哲学社会科学版),2013,03:161—166.

刘鹏.中美日印在越南的软实力评估——以在滇越南留学生为调查对象[J].东南亚研究,2013,05:60—69.

甘开鹏,牟军.边疆安全视野下越南难民的民族认同心理研究——基于云南河口县岔河难民管理区的实证调查[J].思想战线,2015,02:75—80.

蔡昌卓,赵燕华.广西高校越南留学生教育研究[J].教育评论,2011,04:130—132.

郑进.脱嵌与悬浮:越南媳妇的关系网络的建构及其困境——以鄂东北四村为例[J].云南社会
　　科学,2015,06:146—151.

武艳华.我国农村地区越南新娘的生育行为及其形构机理研究——以福建省 T 县为例[J].南
　　京工业大学学报(社会科学版),2015,04:118—124.

曹彦.从"越南新娘"现象看大龄青年婚姻现状[J].当代青年研究,2015,05:105—109.

陈劲波.中越边境越南籍散工身份建构的讨论——以广西 D 市越南籍旅游小商品流动商贩为
　　例[J].广西民族大学学报(哲学社会科学版),2015,01:116—123.

张墨宁."越南新娘":婚姻市场的风险和门槛[J].南风窗,2013,26:58—61.

李碧华.越南到 2020 年文化外交战略[J].东南亚纵横,2011,08:19—23.

克里斯·曼宁,魏必.经济繁荣和经济危机时期的全球化和劳动力市场:以越南为例[J].南洋
　　资料译丛,2011,02:18—32.

范俊雄,刘志民.越南中部小城镇居民健身行为与生命质量的特征研究[J].体育科研,2014,
　　06:23—26.

钟珂.广西桂林越南校友会发展历史及现状[J].东南亚纵横,2015,11:30—34.

赵燕华,蔡昌卓.广西高校越南校友资源开发研究[J].东南亚纵横,2011,06:36—40.

程思炜,尚黎阳,谭林,霍瑶,张昊,孙俊彬.越南新娘在中国[J].农村.农业.农民(A 版),2015,
　　04:39—41.

陆海燕.发展中国家劳资关系及其行动者研究——基于越南、印度以及中国的比较研究[J].理
　　论月刊,2015,01:183—188.

王柏中.触变与持守:越南瑶族的黑齿习俗——基于越南老街省保胜县田野调查的探讨[J].广
　　西民族大学学报(哲学社会科学版),2012,01:22—28.

阮成功.越南关于人力资源质量的问题[J].现代经济信息,2014,21:137+141.

谢德富.越南学生在广西留学现状分析[J].东南亚纵横,2012,06:75—78.

韩道铉.韩国与越南宗族村落之结构与变动的比较研究——以宗族集团的结构和宗族意识为
　　中心[J].广西民族大学学报(哲学社会科学版),2013,04:59—71.

曹薇娜.越南苗族妇女跨国通婚及国家认同意识变迁研究[J].云南社会主义学院学报,2014,
　　03:38—40.

王明富.文山州边境地区"濮侬"和越南侬族的文化认同与国家认同——基于实地田野调查
　　[J].文山学院学报,2012,01:29—32.

郑实.在越南成为别人的风景[J].中国新时代,2014,12:108—111.

杨浪,段中性.硝烟中的越南战场[J].中国摄影家,2015,08:66—69.

陈碧兰,蔡望.在越中资企业跨文化交际调查研究[J].科教文汇(上旬刊),2015,07:189—190.

陈劲波,郭帅旗.中越边境越南籍散工社会支持网络的讨论——以广西 C 市越南籍家具工人
　　为例[J].广西民族大学学报(哲学社会科学版),2014,02:62—71.

秦红增,陈劲波,韦艳丹.文化相融与合作共享——基于中国广西 D 市越南籍散工的讨论[J].
　　广西民族大学学报(哲学社会科学版),2013,02:111—116.

衣远.美国越南人族群的形成和政治参与[J].东南亚纵横,2011,02:67—72.

谢秋萍.在桂越南留学生跨文化人际交往实证研究——以广西师范大学为个案[J].桂林师范
　　高等专科学校学报,2015,01:90—93.

黄颉刚,张增峰,樊晓晖,潘文宝胜,赖振屏,罗金莲,刘金颖.广西越南医学新生 H6 亚型禽流感病毒血清抗体调查[J].中国学校卫生,2012,12:1412—1413.

闭文侯,李彩云.越南岱族家庭——传统与变革[J].百色学院学报,2014,01:91—95.

程映虹.越南新一代知识分子的历史追寻和当代使命[J].文化纵横,2012,01:106—110.

夏玉花.越南女童入学机会提升的影响因素分析[J].现代教育论丛,2014,02:13—19.

陈友山,阮小虹.生态人类学视野下的越南瑶族森林和水源的使用[J].广西民族师范学院学报,2014,04:59—63.

陈胜辉,孙文桂,李小艺.越南青年发展问题探析[J].现代妇女(下旬),2014,06:42—44.

裴琼英.雇主品牌对高校毕业生求职意向的影响研究——以越南商业银行为例[J].中国商贸,2014,29:223—224

钟珂.试析广西与越南留学教育交流中的文化认同[J].教育教学论坛,2012,34:185—187.

吕亚军.越南国企改革的性别视角分析[J].太原理工大学学报(社会科学版),2011,03:70—74.

吕亚军.经济转型时期越南收入差距的性别分析[J].中华女子学院学报,2011,05:89—94.

段梅花.红河学院越南留学生汉语学习焦虑调查分析[J].教育与教学研究,2014,05:40—43.

赵薇.认同与抵触的纠结——中国电视剧在越南热播的社会文化心理探析[J].当代电视,2013,04:15—16.

吕亚军.越南青年就业问题探析[J].云南财经大学学报(社会科学版),2012,01:10—13.

朱宏,王丽.论心态文化对越南留学生跨文化适应的重要性——以华北科技学院越南留学生为例[J].华北科技学院学报,2013,03:102—105.

殷越.一个如同村庄的城市——越南沙巴[J].中华建设,2011,09:42—45.

吕亚军.当代越南妇女所有企业的发展[J].云南财经大学学报(社会科学版),2011,04:13—16.

阮氏秋恒.越南胡志明市劳动力市场发展的现状与对策[J].知识经济,2013,03:88—89.

张朋,郑小凤.红河学院越南留学生体育消费情况调查与分析[J].价值工程,2011,36:125—126.

马燕坤.国际化进程中地方性知识的性别主体创造——以越南老街省达芬村红头瑶妇女为例[J].湖州职业技术学院学报,2012,02:41—44+57.

越南兴起"新产业"——"新娘经济"[J].决策与信息,2013,03:9.

马燕坤.历史场景隐喻价值的当代激活——越南老街省达芬村教堂之于红头瑶生活实践[J].吉首大学学报(社会科学版),2012,01:29—33.

杜熙茹,韩晗.中越女大学生体质比较研究[J].体育文化导刊,2014,08:145—148.

张智勇.劳动力成本、比较优势与投资区位选择——基于中越全球竞争力的比较[J].武汉科技大学学报(社会科学版),2015,02:187—192+197.

蒋鸿基.泰越留学生跨文化适应透视——以广西科技师范学院为例[J].柳州师专学报,2015,04:123—126.

段雁,谷家荣.涉越通婚边民国家认同和民族认同意识实证研究——基于云南麻栗坡县铜塔村涉越通婚边民数据分析[J].云南社会主义学院学报,2015,03:74—78.

陈碧兰,蔡望.在越中资企业跨文化交际调查研究[J].科教文汇(上旬刊),2015,07:189—190.

国忠.性别比严重失衡潜伏的巨大危害[J].中国工人,2013,01:28—34.

徐永志,赵旭峰.国家政治场景下的边民认同探究——以近代以来中越边境地区云南段为例[J].学习与探索,2014,10:147—152.

郑宇,曾静.社会变迁与生存理性:一位苗族妇女的个人生活史[J].民族研究,2015,03:52—61+124.

杨玉.云南民族文化对外传播效果研究——以东南亚留学生为对象[J].贵州民族研究,2014,11:121—124.

梁茂春."跨界民族"的族群认同与国家认同——以中越边境的壮族为例[J].西北民族研究,2012,02:40—52+20.

郭家骥.云南周边跨境民族文化交流互动与边疆繁荣稳定[J].云南社会科学,2015,06:117—122.

黄鹤飞,陈苏豪.中越边境跨国婚姻的实例分析——以广西A县的调查为例[J].东南亚纵横,2011,08:82—86.

刘计峰.中越边境跨国婚姻研究述评[J].西北人口,2011,06:64—68.

谷家荣,陈晨.边境民族心理、文化特征与社会稳定实证研究——基于滇越边境10个民族的调查问卷分析[J].广西民族研究,2014,06:67—73.

张黎,杜氏秋姮.中越边民互市语言生活调查研究——以浦寨和新清市场为例[J].语言文字应用,2014,01:104—112.

盛雯聪.越南劳动力对我国制造业影响分析[J].现代商贸工业,2013,21:77—79.

罗文青.亚洲婚姻移民视角下的中越跨国婚姻问题研究[J].长江师范学院学报,2013,03:1—6.

刘妮娜,马庆斌.边境经济合作区吸引外来务工人员对策研究——以广西东兴市为例[J].改革与战略,2013,05:68—71+86.

龙庆华.哈尼族民族认同与边疆社会稳定[J].红河学院学报,2015,01:6—8.

李尔平,甘日栋.从"了解"到"认同"——东盟大学生"东盟意识"实证分析[J].广西社会科学,2015,03:44—48.

周磊,黄晓昱,张丽华.近期劳动力市场趋势会导致亚洲劳动权进步吗?——对4个亚洲国家劳动力市场趋势及其对劳动者权利影响的国际比较研究[J].中国人力资源开发,2015,11:83—93.

何良俊,乔艳艳.迁徙与认同:中越跨国"艾人"初探[J].广西民族大学学报(哲学社会科学版),2015,05:123—128.

陆琴雯.云南边民通婚引发的社会问题及其应对[J].学术探索,2013,08:88—91.

卢鹏.中越哈尼族跨境流动与边疆稳定研究[J].红河学院学报,2015,06:4—8.

徐杰舜,丁苏安.大湄公河次区域合作民族基础论——兼论去中国中心主义[J].广西民族研究,2015,06:61—67.

肖中安.云南边疆地区跨境婚姻中的认同现状——基于对马关县金厂镇金厂村的实地调查[J].学理论,2015,29:31—33.

许利平.绿色的风自西而来[J].世界知识,2015,07:19—21.

张党琼.印度尼西亚:千岛之国的多样文化[J].今日民族,2013,02:40—44.

楚鹏.神秘古老的爪哇国[J].今日民族,2014,03:37—41.

张弓.印尼电站项目劳务问题的化解[J].国际工程与劳务,2014,03:38—40.

Berliana Raja Guguk.印尼性别透视和对女性运动的影响[J].经营管理者,2012,11:26.

张海纯.东南亚多国调高工资,劳动力成本骤增[J].今日工程机械,2012,23:26.

秦为芬.印尼大众文化冲突之分析[J].现代妇女(下旬),2013,11:260—262.

郑一省.移民认同与民族关系初探——以亚太地区一些国家为例[J].东南亚纵横,2011,11:51—55.

印尼:童婚推高孕产妇死亡率[J].人口与计划生育,2013,07:62.

印尼调高最低工资拖鞋投资者转战柬埔寨[J].中国皮革,2013,02:39.

廖谌婳,封志明,李鹏,张景华.老挝北部刀耕火种农业变化及植被恢复效应[J].地理学报,2015,04:591—603.

荣忠霞.姚宾:老挝人"最信任的中国女婿"[J].潮商,2013,06:48—49.

Chanthaphilith Chiemsisouraj,许欣,姚佳君.老挝赴泰国劳务人员的工作及社会状况研究[J].广西民族大学学报(哲学社会科学版),2012,03:109—115.

周晓瑛.老挝王室子弟中国留学记[J].档案春秋,2012,04:26—29.

林琼芳,巫丽霞.东南亚留学生留学期望的调查研究[J].广西民族大学学报(自然科学版),2014,03:98—100.

毛小玲,陆永辰.东南亚留学生来华适应性的调查研究[J].广西民族大学学报(自然科学版),2014,03:101—103.

刘菊,李玉龙.高职院校老挝留学生心理问题及对策分析[J].当代职业教育,2013,12:88—90+14.

李瑾.浅谈新加坡社会工作发展模式对我省社会工作发展的启示[J].河南广播电视大学学报,2015,01:30—32.

罗婷.少数族群与国族共同体的建构——以泰国老族人和日本爱努人为例[J].民族论坛,2015,08:76—78.

马翀炜,张雨龙.对泰国北部山区一次村民选举的人类学考察[J].广西民族大学学报(哲学社会科学版),2011,06:63—69+106.

龙庆华.哈尼族民族认同与边疆社会稳定[J].红河学院学报,2015,01:6—8.

张锦鹏.历史遗忘与国家观念的重建——透视泰国北部美良河村拉祜族的国家认同[J].广西民族大学学报(哲学社会科学版),2013,01:27—33.

郑晓云.泰国傣泐人的传统维持与族群认同——基于泰国两个村寨的田野考察[J].云南社会科学,2013,03:115—118.

郑晓云.泰国北部傣泐人的文化认同考察——以帕腰府景康县勐满村为例[J].世界民族,2012,01:90—96.

王磊,周沛.泰国残疾人赋权模式及启示——兼论我国现代残疾人社会福利模式构建[J].甘肃社会科学,2015,01:20—24.

姚林.社会性别视角下的泰国人妖[J].企业导报,2013,13:176—177.

龚浩群.文化间性与学科认同——基于泰国研究经验的方法论反思[J].广西民族大学学报(哲学社会科学版),2013,03:36—43.

亓华,陈玉凤.在京泰国留学生跨文化适应调查研究[J].云南师范大学学报(对外汉语教学与研究版),2015,06:75—82.

余海秋.从阿卡人的社会经济生活中解读其非农就业途径及其启示[J].南宁职业技术学院学

报,2014,01:34—38.

李佳源.社会心理学视角下的女性旅游性安全:以泰国导游性骚扰为例[J].中国性科学,2014,
　　08:87—90.

赵永胜.泰北山地民族的社会组织与社会运行[J].思想战线,2014,06:50—53.

Chanthaphilith Chiemsisouraj,许欣,姚佳君.老挝赴泰国劳务人员的工作及社会状况研究
　　[J].广西民族大学学报(哲学社会科学版),2012,03:109—115.

王会莹,Warunee Wang.泰东北伊沙恩人社会记忆重构中的族群认同——以"Heet Sibsong"节
　　日文化为视角[J].湖北民族学院学报(哲学社会科学版),2012(05).

庞海红.泰国对南部马来人的整合进程及其困境[J].红河学院学报,2012(05).

徐艳文.泰国的就业形势及留学前景[J].职业,2015,16:32—33.

莫力.跨国族内婚中"缅甸媳妇"的社会文化适应——以中缅边境云南盈江傣族、景颇族两寨为
　　例[J].广西民族大学学报(哲学社会科学版),2013,05:121—126.

马翀炜,张振伟.身处国家边缘的发展困境——缅甸那多新寨考察[J].广西民族大学学报(哲
　　学社会科学版),2013,02:96—101.

郭锐.从"碎片"到"镜片"——一份来自缅北佤邦的田野报告[J].云南民族大学学报(哲学社会
　　科学版),2012,05:27—36.

高志英,段红云.缅甸傈僳族的多重认同与社会建构[J].广西民族大学学报(哲学社会科学
　　版),2012,05:111—116.

罗杨.吴哥的微笑:柬埔寨人的生活观[J].西南民族大学学报(人文社会科学版),2013,01:
　　21—29.

石全.浅谈柬埔寨甘再水电站运行员工培训管理[J].中国高新技术企业,2013,30:148—149.

柬埔寨吴哥窟的三"多"[J].旅游纵览(行业版),2011,04:3.

陈燕玲.菲律宾青少年关于中美日国家形象的认知——基于"词语自由联想"测试的分析[J].
　　当代修辞学,2014,02:29—35.

张世平.菲律宾社会移民文化的形成与在海外劳务输出中的作用[J].航海教育研究,2012,01:
　　18—21+36.

韦娌.菲律宾海外劳务法律制度评析与借鉴[J].学术论坛,2015,05:105—111.

梁瀛尹.菲律宾流浪儿童非正规教育援助策略及启示——基于五个成功援助案例的分析[J].
　　世界教育信息,2015,08:43—49.

秦瑞,赵玉遂,方乐,俞敏.中国和菲律宾少年的自杀意念现状及相关因素[J].中国心理卫生杂
　　志,2015,03:193—198.

华鸣.新加坡发展的硬道理是人才[J].国际人才交流,2014,08:46—47.

洪丽芬,刘树佳.马来西亚的文化差异:华裔和马来女性的婚姻状况比较[J].南洋问题研究,
　　2013,01:62—72.

冯桂玲.马来西亚人力资源市场的现状及其特点[J].东南亚纵横,2013,04:67—70.

陈建山.马来西亚华人与印度人的文化认同和政治参与[J].国际研究参考,2013,07:18—22
　　+45.

赵海立."一个马来西亚"多元族群的国度[J].中国民族,2014,06:70—75.

网瘾让马来西亚67%成年人自认健康变差[J].互联网天地,2014,01:37.

王向伟.马来西亚人才战略对黑龙江省的启示[J].对外经贸,2014,02:106—107.

陈晓律,王成.马来人特权与马来西亚社会[J].历史教学(下半月刊),2014,04:3—13.

朱明.马来西亚清理外劳建筑业将缺 10 万劳工[J].四川劳动保障,2014,12:28.

陆海燕.威权体制国家与地区及其转型后劳资关系的演进与行动者研究——以台湾、韩国、新加坡以及马来西亚为例[J].中共南京市委党校学报,2015,05:80—87.

王俊.马来西亚推组合政策吸引高技能人才[J].世界教育信息,2015,20:75.

张世平.菲律宾社会移民文化的形成与在海外劳务输出中的作用[J].航海教育研究,2012,01:18—21+36.

代帆.中日在菲律宾的软实力比较研究[J].世界经济与政治论坛,2014,02:92—112.

秦瑞,赵玉遂,方乐,俞敏.中国和菲律宾少年的自杀意念现状及相关因素[J].中国心理卫生杂志,2015,03:193—198.

吕亚军.当代菲律宾人力资源市场浅析[J].沈阳工程学院学报(社会科学版),2011,01:49—53.

苗政军,孙堂厚.菲律宾的境外就业研究及启示[J].外国问题研究,2013,03:62—66.

菲律宾的人力资源开发[J].党建研究,2011,05:60.

晓文.来自菲律宾参议院的英英翻译[J].国际人才交流,2011,08:12—13.

陈庆鸿.菲律宾海外劳工的喜与悲[J].世界知识,2011,17:58—59.

陈玲敏.服务外包产业人才的英语能力提升研究——基于对印度、菲律宾和中国的比较[J].中国商贸,2014,06:150—152.

何建军.游走于战争年代和战后现实之间——试析大冈升平的《再赴民都洛岛》[J].西安外国语大学学报,2013,01:92—95.

菲律宾"计划生育"么?[J].人口与计划生育,2013,05:60.

王健.菲律宾非劳动人口超过 2000 万[J].四川劳动保障,2014,12:28.

黄凌.东南亚的"天堂":马尼拉[J].住宅与房地产,2015,16:75—78.

徐莉,祝凡,卢幼卿.中菲高职生课余时间消遣方式调查分析[J].中小企业管理与科技(下旬刊),2011,03:121—122.

杨军.来琼东南亚留学生跨文化身份认同与交往模式研究[J].海南广播电视大学学报,2012,01:35—39.

王毅凤,农梅东.东南亚留学生的跨文化敏感度调查——以广西高校为例[J].科教导刊(上旬刊),2015,05:186—188.

肖耀科,陈路芳.在中国的东南亚留学生的文化适应问题——对广西民族大学东南亚留学生的调查[J].东南亚纵横,2012,05:38—42.

周琬訾,罗雁龙.东南亚留学生的社会支持状况调查报告——以云南两所高校为例[J].中国证券期货,2012,12:309.

黄新宇.中国西南与东南亚壮傣族群文化认同及其启示[J].钦州学院学报,2013,10:96—100.

王瑜贺.东南亚女性政治家崛起现象研究[J].南华大学学报(社会科学版),2014,04:32—35.

阳阳.外来族群影响下的东南亚妇女的经济角色:历史的探源[J].东南亚纵横,2011,02:80—85.

付雪.南亚和东南亚女性领导人频出现象原因分析[J].淮北职业技术学院学报,2015,05:1—2.

康永超.新加坡政社互动的社会管理经验与启示[J].辽宁行政学院学报,2014,05:35—36.

范立强.新加坡的民族整合——以公共住房模式为视角[J].民族论坛,2014,09:29—34.

黄婧.新加坡福利院社工职责与多专业合作[J].社会福利,2014,12:52—53.

李瑾.浅谈新加坡社会工作发展模式对我省社会工作发展的启示[J].河南广播电视大学学报,2015,01:30—32.

陆海燕.威权体制国家与地区及其转型后劳资关系的演进与行动者研究——以台湾、韩国、新加坡以及马来西亚为例[J].中共南京市委党校学报,2015,05:80—87.

杨文杰,陈姿璇.新加坡就业保障措施经验借鉴及其对我国的启示[J].经营管理者,2015,30:132.

张国忠.新加坡基于家庭的社会管理政策分析[J].中国浦东干部学院学报,2012,04:15—17.

徐凌云.儒家伦理思想视角下的新加坡共同价值观及其启示[J].枣庄学院学报,2012,04:139—142.

钟奇峰.新加坡精英培养及选拔机制[J].科技创业家,2012,20:170.

王涛,王萌.新加坡社会核心价值体系建设对我国的启示与借鉴[J].内蒙古财经学院学报(综合版),2012,05:1—4.

程萍.构建以民为本的社会保障体系——新加坡夯实和谐社会的经验[J].行政管理改革,2013,02:36—41.

杨华.新加坡就业保障研究及其启示[J].清远职业技术学院学报,2013,01:52—56.

胡小武.苏州:如何"嫁接"新加坡社会管理经验[J].决策,2013,05:46—48.

陈凯.中国梦与家庭梦——新加坡社会建设的启示[J].中国党政干部论坛,2013,09:101—102.

张丽.新加坡"民众联络所"的服务与管理[J].上海文化,2013,04:104—113.

3.1　人口

管飞.洪水:一个越南人在中国的传奇[J].党史博采(纪实),2012,12:51—52.

吴喜.中越边境云南段"三非"人员问题的原因及对策[J].云南警官学院学报,2013,01:58—60.

吴昊.越南难民问题与美国《1980年难民法》[J].渤海大学学报(哲学社会科学版),2013,03:49—52+82.

梅文松,范春城.中越边境地区苗族人居民在可持续发展战略中的当地知识[J].经济研究导刊,2013,23:108—109.

汪昱廷,李勇.对云南红河州越南难民处置安排的法律意见[J].法制与社会,2011,11:144—145.

衣远.简论日本越南人社群的形成与社会地位[J].南洋问题研究,2011,01:54—60+72.

周聿峨,郑建成.在华印支难民与国际合作:一种历史的分析与思考[J].南洋问题研究,2014,03:41—47.

王令兴.广西边境越南人非法入境问题及对策探析[J].公安海警学院学报,2014,03:58—62.

钱雪珉.边民跨边境拐卖妇女犯罪活动研究——以拐卖"越南新娘"为视角[J].法制与社会,2014,32:281—284.

王晓丹.中越边境跨国婚姻中女性婚姻迁移的原因和影响——以云南省文山州为例[J].楚雄

师范学院学报,2011,08:91—95.

王艳斌.中国边境"三非"越南公民问题研究——以崇左市为视角[J].广西警官高等专科学校学报,2011,05:69—72.

Amtilorlathtayot,罗家珩,杨静.老挝的外籍和越南籍居住民法律及政策探析[J].广西民族大学学报(哲学社会科学版),2012,03:102—108.

梁茂春.美国赫蒙难民的历史与现状[J].世界民族,2013,01:63—68.

S.斯巴克斯,左志安,赵秋云.老挝休恩辛博恩电站扩建工程移民安置规划[J].水利水电快报,2013,08:24—28.

覃元义,刘建.合作方式安置老挝某水电站移民可行性探讨[J].红水河,2013,05:106—108.

于浩淼,唐欢,郑勇.水电行业非自愿移民政策——国际经验与老挝实践[J].水利经济,2013,01:66—70+78.

于海利,刘静,胡志丁,熊理然,李灿松,付磊.缅甸果敢难民涌入对中国边境地区的影响[J].热带地理,2015,04:585—591.

梁思振,侯志强.缅甸水电开发项目建设征地移民安置工作方式[J].云南水力发电,2015,05:5—8+39.

王伟,赵远翔,桂威.缅甸伊江上游水电开发移民安置规划探索[J].人民长江,2013,02:46—48+53.

汪爱平,MYOTHEIN.泰缅边境的缅甸难民问题[J].东南亚纵横,2013,06:24—28.

林超.国际法视野下的缅甸克钦难民潮[J].法制与社会,2012,12:148—149.

李小辉,罗春梅.中缅边境地区边民涉外婚姻管理初探[J].职大学报,2012,03:96—99+61.

钟贵峰.中国边疆治理中的缅甸难民问题[J].云南行政学院学报,2012,06:66—68.

杨超.难民问题治理上的各相关行为体分析——对缅甸罗兴伽难民的个案研究[J].东南亚纵横,2012,12:39—45.

陈松涛.缅甸的国内流离失所者问题[J].经济与社会发展,2012,11:97—100.

上官朝锋.缅甸伊江上游水电项目移民模式浅述[J].西北水电,2011,06:1—3+8.

邵建平.浅论泰国境内的缅甸难民问题[J].东南亚研究,2011,06:35—41.

石晨炜,徐祗朋.浅析瑞丽段中缅边民偷越国境问题[J].广西警官高等专科学校学报,2014,02:36—40.

李枫.1942—1972年云南人滇缅陆路迁徙[J].南洋问题研究,2014,02:56—64.

黄艳平.云南边境"三非人员"滞留不归问题研究[J].云南警官学院学报,2014,05:66—69.

邵建平.缅甸的外国移民:历史、现状及其影响[J].红河学院学报,2014,05:94—97+120.

徐扬民.缅甸古浪水电站建设征地移民安置设计实践与体会[J].红水河,2014,04:75—77.

李涛.推力与拉力:菲律宾人移民海外的动因初探[J].东南亚纵横,2013,08:60—64.

覃晚萍.中越跨国婚姻纠纷问题探析[J].广西社会科学,2015,09:40—45.

黄雪燕.中越边民跨国婚姻问题探析——对广西那坡县百南乡边民与越南边民非法通婚的调查[J].传承,2014,04:106—107.

杨耀勋.金平县跨国婚姻探析[J].红河探索,2015,04:43—47.

陈松涛.东盟一体化背景下的内部移民问题[J].学术探索,2015,09:29—32.

孟令国,胡广.东南亚国家人口红利模式研究[J].东南亚研究,2013,03:31—40.

张莹莹.新加坡人口变动及其成因分析[J].人口与经济,2013,03:35—42.

刘中一.印度、越南和尼泊尔的出生人口性别比:问题、原因与对策[J].南亚研究季刊,2012,02:95—100+112.

龙海波.城市人口流动管理的几点思考与建议——新加坡、越南"结构转型与城镇化"调研启示[J].中国发展观察,2014,05:8—10.

李守石,路阳.香港的越南难民和船民问题:缘起、过程及解决[J].理论界,2011,07:175—177.

韦福安.越南砍蔗女工的跨国流动研究[J].广西民族大学学报(哲学社会科学版),2014,02:72—77.

戴宏军,韦福安.越南劳工非法涌入的成因与对策[J].开放导报,2013,05:48—51.

莫金山.中越边境瑶族迁徙往来的实例、原因、路线及规律[J].广西民族大学学报(哲学社会科学版),2015,05:31—37.

越南:日益增长的性别比失衡[J].人口与计划生育,2013,11:61.

甘开鹏,黎纯阳,王秋.历史记忆、族群认同与国家认同——以云南河口县岔河难民村为例[J].贵州民族研究,2012,05:24—29.

方天建.中越边境跨境民族婚姻调查与分析——以云南省富宁县田蓬镇、木央镇为例[J].民族学刊,2015,06:55—67+111—112.

王富文,赵秀云.对国内国际移民理论研究的反思——以"蒙"苗人为例(英文)[J].民族学刊,2013,05:74—75+118—126.

艾买提,冯瑞.中国周边国家和地区回族的跨国分布及人口探析[J].新疆大学学报(哲学·人文社会科学版),2013,05:87—92.

龚达伟.新加坡人口政策的转型与发展评估[J].河南师范大学学报(哲学社会科学版),2013,04:116—120.

王峥.新加坡人口老龄化问题浅析[J].文化学刊,2015,08:236—239.

王鹏.新加坡人口与发展的经验和启示[J].南方论刊,2012,07:54—55+67.

常铁威,龚桢梽.新加坡、南非解决城市外来人口公共服务的做法与借鉴[J].宏观经济管理,2014,05:85—87.

王隽.云南边境地区人口迁移与边防管理[J].边疆经济与文化,2015,07:135—137.

董建中.云南边境民族地区跨境婚姻问题研究[J].西南民族大学学报(人文社会科学版),2013,05:38—43.

郝国强.老挝苗族新年上的跨国婚姻——以老挝川圹省丰沙湾市蒙毕县邦洋村为例[J].广西民族大学学报(哲学社会科学版),2013,01:34—37.

陆琴雯.云南边民通婚引发的社会问题及其应对[J].学术探索,2013,08:88—91.

云南跨界民族跨界婚姻调研[J].今日民族,2014,02:23—25.

陈德顺,普春梅.境外流动人口对云南边境地区社会治理的影响与对策[J].社会学评论,2014,04:40—47.

张峰峰.中越边境跨国民族社会中的跨国婚姻问题分析[J].原生态民族文化学刊,2012,01:80—86.

路云辉.新加坡、香港老年人就业政策及启示[J].特区实践与理论,2013,04:78—81.

陶杰.新加坡限制移民数量吸收高素质人才[J].现代人才,2012,02:60—61.

汤梦君.中国生育政策的选择:基于东亚、东南亚地区的经验[J].人口研究,2013,06:77—90.

赵永胜.缅甸与泰国跨国民族的种类、分布和人口[J].世界民族,2011,02:82—87.

赵永胜.缅甸与泰国的跨国民族孟人及其分布[J].玉溪师范学院学报,2012,09:8—14.

黄光成.从中缅德昂（崩龙）族看跨界民族及其研究中的一些问题[J].东南亚南亚研究,2012,02:68—73+94.

吴芸.马来西亚的多元文化及族群问题研究[J].思想战线,2014,04:44—47.

洪丽芬.马来西亚印度人社群研究——以印度人社群语言状况为例[J].南洋问题研究,2011,04:72—80.

陈松涛.解读马来西亚的难民政策——以缅甸难民为例[J].黑龙江教育学院学报,2011,12:190—192+198

蒋炳庆.多元文化背景下的民族和谐实现——基于马来西亚族群关系观察[J].贵州民族研究,2015,08:137—140.

黄永宝,张焕萍.穆斯林的流动与中国新移民——马来西亚回族流动个案研究[J].华侨华人历史研究,2013,02:13—29.

罗圣荣.马来西亚的族群边界与少数族群的认同——以印度人穆斯林为例[J].南洋问题研究,2014,01:90—96.

曾繁靖.人类学、现世关怀与通学致用——读《亚洲的城市移民——中国、韩国和马来西亚三国的比较》有感[J].创新,2015,02:125.

孟令国,张杰,吴宇帆.东南亚国家人力资本投资对经济增长的影响及启示——基于人口红利的视角[J].东南亚研究,2015,06:10—18+42.

人口红利将托起东南亚经济[J].创造,2013,04:23.

3.2 宗教

东南亚地区宗教

马景.伊斯兰教宣教团体在东南亚的传播与发展[J].世界宗教文化,2015,03:94—101.

李晨阳.研究宗教对东南亚政治的影响需要新视角[J].世界知识,2014,21:71.

章远.东盟在区域族裔宗教问题治理中的角色拓展[J].世界民族,2015,01:92—98.

李斯颖.芒飞节神话的流传及其认同功能——基于泰国、老挝、越南的研究[J].创新,2013,03:99—104+128.

李建军."返本开新"与"以教保学"——1980年以来马来西亚、越南、印尼儒学与孔教研究述评[J].黑龙江史志,2014,16:45—49.

陈阳.佛韵向东南[J].世界知识,2015,07:17—19.

刘盼红.模拟巫术视角下东亚傩文化研究[J].池州学院学报,2015,05:86—88.

古小松.东南亚的儒释道文化[J].东南亚纵横,2014,02:51—59.

李晨阳.宗教"万花筒"的东南亚[J].世界知识,2015,07:16—17.

王玲霞.东亚道教研究的开山之作——读孙亦平教授新著《东亚道教研究》[J].世界宗教研究,2015,04:167—169.

吴云贵.东南亚伊斯兰教的趋势与特点[J].中国宗教,2015,10:56—57.

梁明柳,关熔珍.东南亚地区伊斯兰信仰的传播及华人在其中发挥的作用[J].东南亚纵横,2012,02:76—79.

柳思思.伊斯兰教的"和平"与"中道"理念——伊斯兰教对于文莱政治社会发展的作用[J].东南亚研究,2013,02:48—53.

夏敏莉.试论在伊斯兰教影响下文莱的商业文化交际[J].经营管理者,2014,05:355.

张锦鹏.拉祜族跨境迁徙与互动中的宗教因素[J].云南社会科学,2012,05:20—24.

王芳.浅析大乘佛教与小乘佛教流行于不同区域的原因[J].沧桑,2013,06:23—25.

钟晋兰.粤东梅州与东南亚真空教的关系初探[J].嘉应学院学报,2015,12:12—17.

司聘.东南亚宗教的转型与创新——第四届东南亚宗教研究高端论坛综述[J].世界宗教研究,2015,06:186—189.

段凌平.开漳圣王信仰及其海外传播的特点初探[J].漳州师范学院学报(哲学社会科学版),2012,03:15—19.

刘金光.东南亚宗教的特点及其在中国对外交流中的作用——兼谈东南亚华人宗教的特点[J].华侨华人历史研究,2014,01:28—33.

胡建敏,龙宇晓.东南亚山地民族宗教研究的民族志典范——帕特丽夏·西蒙兹的《招魂》述评[J].原生态民族文化学刊,2014,01:85—91.

肖月萍,陈鹏.泉州古陶瓷与东南亚宗教信仰文化[J].东方收藏,2014,06:57—60.

侯贺良,马霖霖.万象香昆的宗教之美[J].走向世界,2014,41:78—83.

吴杰伟.东南亚印度教神庙的分类及特点[J].南洋问题研究,2013,04:78—85.

杨莉,王伟.全球化时代背景下的东南亚宗教——第三届东南亚宗教研究高端论坛综述[J].世界宗教研究,2014,06:180—183.

东南亚宗教的"多元之美"[J].世界知识,2015,07:14—15.

英加布.山神与神山信仰:从地域性到世界性——"南亚与东南亚山神:地域、文化和影响"研究综述[J].世界宗教文化,2012,04:114—117.

贺圣达.东南亚南传上座部佛教文化圈的形成、发展及其基本特点[J].东南亚南亚研究,2015,04:74—82+110.

刘锡诚."东南亚文化区"与同胞配偶型洪水神话[J].长江大学学报(社科版),2015,09:1—4.

项敏.天台宗在东南亚的百年传播[J].台州学院学报,2012,02:10—11+17.

李子贤.东亚视野下的兄妹婚神话与始祖信仰——以中国彝族相关神话为切入点[J].民间文化论坛,2012,01:5—13.

菲律宾

杨静林.印度锡克教徒在菲律宾的历史与现状[J].南亚研究季刊,2011,03:74—78+6.

施雪琴.解放神学在菲律宾:处境化与回应[J].南洋问题研究,2011,01:73—82.

史田一.天主教会推动菲律宾民主化转型的意愿与优势[J].武汉科技大学学报(社会科学版),2015,06:634—640.

史阳.菲律宾阿拉安人巫术治疗的宇宙观和原理[J].南洋学报,2015,69:35—50.

霍然.神圣与世俗的跨越——从马尼拉黑耶稣节看菲律宾民间天主教节日[J].世界宗教文化,2015,02:63—69.

施雪琴.试论当代菲律宾天主教社会行动之肇始[J].南洋问题研究,2012,04:83—91.

杨凯.菲律宾天主教会的再政治化与战后菲律宾社会转型互动机理研究[J].东南亚纵横,2013,06:18—23.

史阳.巫术的世界观:菲律宾阿拉安人的精神信仰和巫术治疗[J].南洋问题研究,2014,03:83—91.

柬埔寨

吴为山.我看柬埔寨吴哥时期的宗教与艺术[J].美苑,2013,03:98—100.

尚荣.略论柬埔寨吴哥时期宗教文化的来源及其形成[J].南京艺术学院学报(美术与设计),2015,01:139—141.

钟楠.柬埔寨的涅达神信仰[J].东南亚纵横,2014,12:69—74.

邱勇哲.神王合———谈柬埔寨宗教与宫殿建筑[J].广西城镇建设,2015,02:92—97.

钟楠.论柬埔寨的祖先神信仰[J].东南亚纵横,2015,05:32—37.

黄家庭.也谈吴哥宗教文化[J].美苑,2013,03:104—105.

老挝

肖耀科.当代老挝佛寺教育的社会功能及其挑战[J].乐山师范学院学报,2015,02:126—130.

袁同凯,陈石.老挝 Lanten 人的宗教信仰与仪式[J].中南民族大学学报(人文社会科学版),2013,02:20—24.

谢英.老挝万象市西勐娘娘庙文化特征探析[J].东南亚纵横,2011,08:71—73.

任珂瑶,钮菊生.佛教在老挝的传播和发展[J].苏州教育学院学报,2014,01:74—77.

陈有金.老挝佬族人"厄"信仰文化探析[J].广西民族大学学报(哲学社会科学版),2012,06:117—120.

董宸.西双版纳地区南传佛教跨界诵经风格的传统和变迁——以中缅打洛、小勐拉为例[J].音乐探索,2013,02:68—74.

李祖义.《肖萨瓦》的佛教轮回观初探[J].东南亚纵横,2014,08:63—66.

陈俊璁.老挝佛教艺术[J].世界宗教文化,2012,05:117.

马来西亚

王文俊.论伊斯兰教在马来西亚政治中的作用和影响[J].东南亚纵横,2013,11:46—49.

穆哈穆德·罗斯兰,商万里.马来西亚宗教包容述论[J].民族论坛,2013,03:97—100.

许红艳.马来西亚的锡克人[J].世界宗教文化,2014,06:62—66.

曹庆锋.国外马来西亚伊斯兰复兴运动研究述评[J].陕西学前师范学院学报,2014,06:82—86+90.

许红艳.马来西亚的锡克人[J].世界宗教文化,2014,06:62—66.

曹庆锋.马来西亚伊斯兰金融体系初探[J].中国穆斯林,2015,04:17—20.

辉明.试论马来西亚伊斯兰党的发展演变[J].世界宗教文化,2013,03:92—95+119.

廖大珂,辉明.论马来西亚伊斯兰复兴运动的组织[J].南洋问题研究,2012,04:92—102.

马强.改信穆斯林研究述评:欧美、马来西亚和中国[J].北方民族大学学报(哲学社会科学版),2011,04:95—104.

韩雪莉.一次难忘的心灵之旅——马来西亚清真寺见闻[J].中国穆斯林,2014,06:48—51.

欧阳镇.发展中的马来西亚道教[J].中国道教,2012,06:52—53.

缅甸

郭继光.缅甸政治转型过程中的宗教冲突探析[J].东南亚研究,2014,06:4—9.

宁威.缅甸最新宗教冲突揭秘[J].世界知识,2013,09:24—25.

村主道美,刘务.缅甸佛教徒与穆斯林冲突对其民主改革的影响[J].印度洋经济体研究,2014,
    02:121—138+160.

贺嘉洁.教派冲突考验缅甸民选政府[J].社会观察,2014,07:63—65.

李欣.浅谈缅甸的寺院文化[J].保山学院学报,2011,06:99—103.

马锦丹,马强.缅甸的伊斯兰教[J].中国穆斯林,2012,03:50—55.

泰国

卢家银.佛教国家亵渎宗教言论的法律规制研究——基于对泰国、斯里兰卡和柬埔寨三国的比
    较[J].前沿,2014,Z2:75—77.

岳蓉.泰南穆斯林融入主流社会的挫败根源探析[J].贵州师范大学学报(社会科学版),2014,
    05:43—47.

李毓贤.佛使比丘与泰国佛教改革[J].南通大学学报(社会科学版),2013,02:75—81.

张录文,龙宇晓.泰国学者阿南达《泰国瑶人》述评与反思[J].贵州师范学院学报,2015,02:
    42—46.

孟庆顺,谢金凤.普密蓬国王与泰国伊斯兰教[J].世界宗教文化,2015,02:77—84.

张红云,熊来湘.素可泰国王尊号与宗教信仰的演变[J].玉溪师范学院学报,2014,11:12—18.

段袁冰.联想与差异:颜色里的泰国文化[J].云南社会主义学院学报,2015,02:141—144.

张红云.达摩影响下的普密蓬·阿杜德国王[J].红河学院学报,2015,06:61—65.

项莉.湄公河次区域跨境山地民族宗教舞蹈的审美特征——以泰国北部阿卡族为例[J].才智,
    2015,35:210—211.

龙飞.论贵州苗族与泰国苗族宗教信仰的相似性[J].才智,2015,36:225.

李毓贤.从"树木出家"看泰国僧侣对森林资源的保护[J].学术探索,2013,02:14—18.

吴圣杨,赵燕兰.佛教与民间信仰的相遇——泰国《鬼妻》与中国《白蛇传》的比较分析[J].东南
    亚研究,2012,01:97—101.

龚浩群.佛教与社会:佛使比丘与当代泰国公民—文化身份的重构[J].世界宗教文化,2011,
    01:68—73.

胡建敏,龙宇晓.宗教民族志视阈下的泰国苗族世界观——基于海外苗学名著《招魂》一书田野
    资料的分析[J].民族论坛,2014,02:64—68.

马银福.从水灯节来历看泰国二元宗教信仰[J].成都大学学报(社会科学版),2014,02:
    119—124.

沈岚.论析泰南穆斯林社会问题的历史演变及研究现状[J].成都大学学报(社会科学版),
    2014,03:85—88.

卡尼达·玛达,高金和.全球化进程中掸族维护宗教信仰仪式的动态研究——以夜丰颂府拜县
    掸族为例[J].临沧师范高等专科学校学报,2014,02:12—15.

陆丽静,黄小明.人文视野下的东南亚舞蹈艺术宗教文化研究——以泰国舞蹈艺术为例[J].黄
    河之声,2014,11:116—117.

黄云静.泰国现代三波复兴比丘尼运动探析[J].世界历史,2014,03:75—91+160.

杨丽周.泰国谚语中的佛教哲学思想研究[J].云南民族大学学报(哲学社会科学版),2014,05:67—72.

雷晓丽.佛使比丘"法的社会主义"与环境保护[J].法音,2015,04:4—8.

周寒丽,李莲.泰国清迈地区南传佛教艺术的田野考察[J].思茅师范高等专科学校学报,2012,04:55—58.

巩丽丽.泰国佛教与芸芸众生[J].文学界(理论版),2012,10:387—388.

段颖.现代世界中的泰国佛教——一个人类学的视野[J].东南亚研究,2012,05:99—105.

释心平,释白朴.巴利律比丘戒与泰国礼仪之探讨[J].法音,2014,06:29—39.

梁洁.泰北的回族穆斯林及其族群认同复苏现象[J].中国穆斯林,2014,01:67—69.

饶睿颖.浅析佛教文化对泰国兰那社会的影响[J].昭通师范高等专科学校学报,2011,03:48—51.

张飞祥.从泰国的宋干节和水灯节看泰国的水崇拜文化[J].长春教育学院学报,2013,11:17+35.

段召阳.浅析佛教对泰国旅游业的影响[J].剑南文学(经典教苑),2011,12:208—209+211.

新加坡

圣凯.李光耀如何促进新加坡宗教和谐[J].中国宗教,2015,04:34—36.

张文学.全球化背景下新加坡宗教和谐的机遇与挑战[J].东南亚研究,2015,04:92—98.

蒲长春.新加坡和中国宗教政策比较研究[J].科学社会主义,2014,02:70—73.

张沙领.浅析新加坡宗教政策[J].商,2014,22:260+258.

陈景熙.先天道坤道的宗教生涯与宝卷的感化作用——以新加坡坤道许慈惠为案例[J].宗教学研究,2015,03:270—278.

李栋材.新加坡联合宫信仰模式探究[J].世界宗教文化,2013,01:49—52.

张文学.跨国佛教组织在新加坡的发展——以新加坡佛光会为例[J].东南亚纵横,2011,08:78—81.

徐李颖.新加坡的道教与民间教派、"信仰群"——以黄老仙师信仰为例[J].宗教学研究,2011,04:35—44.

李建军.现代化浪潮中的狮城儒学透视——1980年代以来新加坡儒学与孔教研究述评[J].学理论,2014,23:33—37.

许源泰.新加坡汉传佛教文物辩证——以碑铭与匾额为中心[J].泉州师范学院学报,2013,01:32—37.

印度尼西亚、东帝汶

AkhMuzakki,王艳.印尼华裔穆斯林:一个未完成的反歧视项目[J].世界宗教文化,2012,01:69—76.

廖建裕,康晓丽.当代印度尼西亚佛教与孔教的新发展[J].南洋资料译丛,2012,01:46—53.

闫坤.印度尼西亚政治伊斯兰的发展及其与穆斯林国家的关系[J].河北学刊,2012,03:141—143.

辉明.论印尼恩鲁克网络的形成与发展[J].东南亚研究,2012,04:54—60.

周新华.试论伊斯兰教对独立后的印度尼西亚民族国家整合的促进[J].宁夏社会科学,2011,03:71—75.

龙异.印度尼西亚议会宗教构成分析[J].东南亚南亚研究,2013,04:24—27+107—108.

王爱平.印度尼西亚孔教:中国儒教的宗教化、印尼化[J].世界宗教文化,2015,05:51—58.

王爱平.印度尼西亚孔教的祭天仪式[J].世界宗教研究,2011,04:167—176.

李世伟.域外存圣道华人开新章——评王爱平《印度尼西亚孔教研究》[J].华侨华人历史研究,2012,01:70—74.

刘岩.三宝垄的郑和崇拜[J].海洋世界,2015,02:24—25.

杨桂萍.信仰且行善印尼穆斯林组织的社会服务[J].中国宗教,2013,10:70—72.

杨晓强.试论印度教在印尼巴厘岛的本土化[J].东南亚研究,2011,06:29—34.

越南

胡柳婷.论百越民族的鸟图腾崇拜[J].大众文艺,2014,01:62—63.

赵明龙.中越民间始祖信仰重构比较研究——以布洛陀信仰和雄王信仰为例[J].广西民族研究,2011,03:116—124.

阮氏锦.越南北传佛教戒律的传承与当代弘扬概述[J].世界宗教文化,2015,06:119—123.

金梓芳.浅析儒家文化对越南社交礼仪的影响[J].文学界(理论版),2012,11:336—337.

孙亦平.从跨文化视域看道教在越南传播的特点[J].西南民族大学学报(人文社会科学版),2013,03:70—78.

牛军凯."海为无波":越南海神南海四位圣娘的传说与信仰[J].海交史研究,2011,01:49—60.

宇汝松.北属时期道教南传越南研究[J].世界宗教研究,2015,02:80—88.

马强,马雯.越南的伊斯兰教[J].东南亚研究,2012,01:16—24.

宦玉娟,吕士清.越南鸟图腾崇拜的起源问题[J].东南亚南亚研究,2012,02:74—78+94.

李春霞.从冲突到融合:天主教在越南的本土化过程[J].东南亚研究,2012,04:39—45.

阮荣光,叶荣椿,刘明修,宋振宇,曾伟.越南女神信仰概况[J].莆田学院学报,2014,06:23—26.

郑青青,张吟松,武洪述,刘铁军.越南民间信仰中的福神信仰探究[J].世界宗教文化,2014,05:28—31.

聂慧慧.占婆国故地婆尼教寻踪——越南本土化伊斯兰教初探[J].世界宗教研究,2013,02:167—177+194.

徐方宇.试析越南公祭雄王的理据[J].东南亚研究,2011,06:86—90+96.

阮黄燕.简论越南石敢当信仰[J].泰山学院学报,2015,05:21—24.

滕兰花.清代以来越南境内的伏波信仰研究[J].民族文学研究,2012,05:166—176.

徐方宇.论16—18世纪越南雄王信仰的发展[J].东南亚南亚研究,2014,02:88—93+110.

吴清心,黑颖,杨莉.近年来越南北部苗族新教皈依者的民族性和跨国性[J].世界宗教文化,2013,02:78—83.

范文俊.闽南明海法宝禅师与越南南方佛教史[J].泉州师范学院学报,2015,05:11—15.

陈氏红茸.越南与中国佛寺命名比较[J].现代语文(学术综合版),2015,10:146—148.

增尾伸一郎.伪经和善书在越南的流传—以儒佛道三教与民间信仰的交涉为中心[J].民间文化论坛,2014,03:5—16.

徐祖祥.中越边境政治社会稳定的重要影响因素——深析越南北部地区的复杂宗教生态[J].人民论坛·学术前沿,2014,09:52—61+79.

左荣全.从越南竹林禅派的判教立宗看其兴衰之缘由[J].世界宗教文化,2014,05:32—35.

阮春宏.阿育王的塔寺与越南佛教起源[J].南阳师范学院学报,2012,01:41—43.

牛军凯.18世纪越南的三教寺和三教思想[J].东南亚南亚研究,2013,02:76—82+110.

阮春宏.褚童子故事与越南佛教起源[J].长江师范学院学报,2012,03:70—73+139.

徐祖祥.越南北部民族地区宗教生态发展趋势及对我国的影响[J].社会学评论,2014,04:31—39.

黄玲.记忆、实践与文化遗产:中越跨境族群侬智高信仰比较研究[J].广西民族研究,2014,06:87—93.

郑阿财.《佛顶心大陀罗尼经》在汉字文化圈的传布[J].敦煌学辑刊,2015,03:1—19.

王莉.说"翁仲"[J].甘肃广播电视大学学报,2015,05:22—24.

卢潇,刘荫凉.论中越边境的马援崇拜[J].科技信息,2013,11:206+259.

李传斌.19世纪基督教在中越两国传播的比较研究[J].宗教学研究,2015,02:220—225.

滕兰花.从蔡廷兰的《海南杂著》看中越共同的马援崇拜——岭南伏波信仰研究之二[J].前沿,2012,14:16—17.

李尚全.汉传佛教圈的信仰特征及其衍生规律[J].南京晓庄学院学报,2012,04:103—108.

3.3　各项文化事业

马雪雪.爪哇文化变迁下的潘查希拉解读[J].华中师范大学研究生学报,2015,01:135—139.

李荣娟.中越毽球运动技战术对比分析[J].体育科技,2012,03:121—122+131.

徐艳文.新加坡的留学与求职[J].职业,2014,16:30—31.

王克修,王露曼.新加坡社区文化建设的经验和启示[J].思想政治工作研究,2013,04:61—62.

薛松.改革时期印度尼西亚媒体发展与民主化[J].东南亚研究,2015,06:29—35.

赵永华.印度尼西亚近百年来的新闻传播业(1615年至21世纪初)[J].新闻界,2012,18:68—74.

田园,颜春龙.跨国移民族群的媒体生态与异域传播——以印尼华文报《国际日报》广告为例[J].贵州民族大学学报(哲学社会科学版),2013,03:134—141.

王以俊.东帝汶印刷媒体业简介[J].印刷世界,2011,01:60—61.

堵琳嘉.大马多元文化的书写者——雅斯敏·阿末[J].当代电影,2013,07:148—151.

毛建军.新加坡国家档案馆A_2O建设研究[J].浙江档案,2013,06:18—19.

王丹,王红.新加坡"鱼尾狮传说"传承与保护研究[J].南宁职业技术学院学报,2013,05:25—28.

秦为芬.印尼大众文化冲突之分析[J].现代妇女(下旬),2013,11:260—262.

吕睿.感受马六甲[J].四川统一战线,2011,11:46.

廖国一,白爱萍.多元文化的交融:泛北部湾历史文化圈[J].学术论坛,2012,01:102—106.

赵姝岚.马六甲:马来西亚的精神家园[J].今日民族,2012,11:19—23.

陈曦.论中国传统文化在新加坡的继承形态(1819—1911)[J].廊坊师范学院学报(社会科学版),2015,05:99—102.

杨俐玲.新加坡"家庭为根"的价值观分析及其启示[J].高等函授学报(哲学社会科学版),2013,02:36—37.

黄朝翰,戚畅.吴庆瑞和新加坡的中国研究:从儒学到"现代中国问题研究"[J].东南亚研究,2011,05:14—26.

王国珍.新加坡的网络监管和网络素养教育[J].国际新闻界,2011,10:122—127.

谭鹏,高金平.新加坡文化特质的生成机制及其启示[J].桂海论丛,2012,06:22—26.

韩锋.新加坡智库的现状、特点与经验[J].东南亚研究,2015,06:4—9.

赵靳秋.新加坡电影审查与内容分级制度的演进[J].吉首大学学报(社会科学版),2014,S2:83—86.

张世平.菲律宾社会移民文化的形成与在海外劳务输出中的作用[J].航海教育研究,2012,01:18—21+36.

史阳.想象的地方性神圣历史——菲律宾阿拉安人的神话观[J].东南亚研究,2012,06:86—93.

张成霞.西方文化在菲律宾的传播与融合——以西班牙、美国为例[J].贵州大学学报(社会科学版),2013,06:43—46+68.

周季礼.2014年越南网络空间安全发展综述[J].中国信息安全,2015,04:94—99.

陈文波.微博谣言的传播与应对——以马航客机失联事件为例[J].文化与传播,2014,02:94—97.

展江,黄晶晶.开明、威权与自由之光——160年缅甸新闻法制史管窥[J].杭州师范大学学报(社会科学版),2013,05:92—99.

王以俊.缅甸信息媒体部门取得新进展[J].印刷世界,2011,04:61—62.

朱学东.缅甸媒体:拥有现在,创造未来[J].中国经济报告,2014,04:123—124.

张涛甫,伍庆祥.社会运动中的媒体行动者——以缅甸媒体的昂山素季事件报道为例[J].国际新闻界,2011,10:114—121.

胡帅.缅甸拟规范国民在新媒体上的行为[J].计算机与网络,2014,17:9.

叶绍凡,李乃琼,尹继林,蓝水萍.越南武术研究[J].体育文化导刊,2015,06:61—64.

丁克顺.越南儒学研究的历史与现状[J].复旦学报(社会科学版),2013,06:38—44+176.

秦炜棋,覃柳姿.越南武的形成和发展研究[J].体育文化导刊,2013,11:124—127.

杜进森.越南中国当代史研究的现状与展望[J].当代中国史研究,2013,05:111—114+128.

韦红萍.越南保护物质与非物质文化遗产现状[J].中国浦东干部学院学报,2013,06:117—122.

徐智敏.越南民间传统节日习俗初探[J].法制与经济(下旬),2011,01:134—136.

郝晓静.越南非物质文化遗产保护机制及其当代进路[J].求索,2013,08:232—234.

于向东,屈琰涵.越南理论思维革新下的影视文化发展[J].东南亚纵横,2012,12:51—55.

刘荫凉.试述越南现代祭祖文化[J].科技信息,2012,33:623+521.

侯尚宏.浅析越南莲花文化[J].南宁职业技术学院学报,2012,04:36—39.

黄丽英.越南青铜文化研究初探[J].黑龙江史志,2013,11:7—9.

杜文晓.从中国文学研究实践看越南接受美学的情况[J].南都学坛,2013,04:39—46.

玉时阶.越南瑶族地区的旅游开发与文化变迁——以越南老街省沙巴县大坪乡为例[J].广西民族研究,2013,03:103—109.

韦凡州.越南的蟾蜍文化[J].广西民族师范学院学报,2013,06:39—42.

金丹.越南放弃亚运会的启示[J].合作经济与科技,2015,04:44—46.

覃柳姿.石灰瓶:被遗忘的越南文化符号[J].百色学院学报,2015,02:129—132.

耿祝芳.越南及其茶文化[J].农业考古,2012,05:300—302.

钟珂.越南万柱"哈节"的举行仪式及名称之考察[J].广西民族研究,2011,01:115—120.

宋亮,岑新明.浅谈越南奥黛与人文因素[J].法制与经济(下旬),2011,07:125+127.

李荣娟,李锋.越南毽球运动的开展现状研究[J].体育成人教育学刊,2015,05:19—21.

武文登,郑涛.越南青少年田径后备人才培养体系的现况与对策研究[J].当代体育科技,2015,16:232—233.

朱鑫雅.陈英雄电影中的"故国情节"——以"越南三部曲"为例[J].电影评介,2012,23:8+41.

李娜.从越南民间故事看其忌讳三人合影的习俗[J].黑龙江史志,2014,11:353—354.

覃丽芳.中国壮族和越南侬族、岱族的传统婚姻习俗[J].广西民族师范学院学报,2014,06:17—22.

覃柳姿.论榕树在越南文化中的内涵[J].吉林广播电视大学学报,2015,11:91—92.

覃肖华.我国广西壮族与越南岱侬族中元节文化习俗的比较[J].开封教育学院学报,2015,12:252—253.

海风哈调请神听歌:京族非物质文化遗产[J].百色学院学报,2015,03:2+165.

郑向春,田沐禾.圣俗互渗:京族文化的行为文本制作[J].百色学院学报,2015,03:85—92.

何波.对越南毽球男队制胜的优势因素分析[J].肇庆学院学报,2011,05:92—95+100.

杨然.略论越南的"水文化"[J].东南亚纵横,2012,12:60—62.

孙衍峰.越南越族亲属称谓的类型[J].解放军外国语学院学报,2014,01:136—143.

阮金勇,白羲.越南近年来的文化遗产保护及社会参与[J].百色学院学报,2013,01:82—85.

覃丽芳.中国壮族与越南岱族、侬族的传统丧葬礼仪[J].广西民族师范学院学报,2015,02:7—10.

谷建恩.越南弃办亚运会给我们的启示[J].学周刊,2015(33).

越南弃办亚运会,太轻率?[J].领导文萃,2014,16:29—30.

阮苏兰.越南京族庙会民间演唱活动研究——基于汉喃文献资料考察[J].广西民族师范学院学报,2012,04:45—48.

李彩云.中国壮族与越南岱族、侬族清明节文化习俗探析[J].时代文学(下半月),2015,09:177—178.

章建华.越南的世界文化遗产[J].中国报业,2015,21:53.

覃肖华.浅析越南西原少数民族的呷酒文化[J].吉林广播电视大学学报,2014,05:96—97.

李峻.越南婚俗见闻——海燕和阿凤[J].中国电视(纪录),2011,05:72—77.

高嫲.中越苗族芦笙比较研究——以中国云南文山与越南老街沙巴为例[J].艺术探索,2014,03:50—54.

范春城,范春方.越南国家公园系统战略管理研究[J].新西部(理论版),2012,07:186+188.

练樟勇.越南青少年足球发展瓶颈及举措[J].西北成人教育学院学报,2014,05:91—93.

杨然.越南广义文化的新发展[J].东南亚纵横,2011,12:57—59.

钟成华.新颖别致的越南塑料流通钞[J].东方收藏,2012,01:104—105.

孟艳,翁锡全,王仁纲,徐国琴,杨氏莲.2010年越南羽毛球集训队运动员身体机能调查[J].体育科技文献通报,2012,04:30—31+71.

尚力沛,程传银.越南放弃第十八届亚运会主办权引发的思考[J].体育科技文献通报,2015,
　　07:112—113.

贺倩如."踩花山"节日的结构演化与动力机制——以越南老街省坡龙乡为例[J].思想战线,
　　2012,05:137—138.

王杰.东亚山岳文化研究的大集结——评王雷亭先生主编的《泰山文化研究(第一辑)》[J].泰
　　山学院学报,2015,02:144.

秦艳峰,王超.传承与发展:中越清明节探析[J].经济研究导刊,2015,08:253—254.

樊荣.有关中越跨界民族音乐文化研究的中文文献综述[J].中国音乐,2015,02:51—58+72.

陈杭,陈家友.先人崇拜冥俗的同源与异流——越北岱侬地区与桂东南民间丧葬礼俗之异同
　　[J].玉林师范学院学报,2015,01:23—28+37.

曹司雨,李停停,曹青军,张矛矛.亚洲室内运动会研究[J].体育文化导刊,2013,10:67—70.

邱婧.粤北过山瑶及其瑶歌研究状况述评[J].宿州学院学报,2015,05:76—78.

潘玥.浅谈印度尼西亚四大风物传说的文化内涵[J].东南亚南亚研究,2015,02:68—71+109.

肖莉娴.婚礼仪式与物品所呈现的地方性知识——以印度尼西亚爪哇族婚礼为例[J].佳木斯
　　教育学院学报,2012,09:405—406.

高拉·曼卡卡利达迪普,白羲.保护印度尼西亚非物质文化遗产:保护系统、保护计划、相关活
　　动及其所出现的问题[J].民间文化论坛,2012,04:94—98.

赵成彬,梁美花.中国羽毛球队与印度尼西亚羽毛球队的比较研究[J].凯里学院学报,2011,
　　03:114—115.

彭放,彭华.中国男双运动员蔡赟/傅海峰对阵印度尼西亚选手亨德拉/普拉塔玛的杀球技战术
　　应用分析[J].体育世界(学术版),2014,07:10—12.

PT Bambu,奥尔多·兰德威尔,约翰·哈迪.绿色学校,巴东,巴厘,印度尼西亚[J].世界建
　　筑,2011,05:66—71.

王红.印尼巴迪克的服饰文化特征研究[J].广西民族师范学院学报,2012,02:37—39.

覃柳算,陈丽琴.印尼日惹特区爪哇族婚俗研究[J].南宁职业技术学院学报,2013,04:28—31.

陈扬.印尼人姓名中的文化差异与融合[J].东南亚研究,2011,05:92—96.

张兆龙,张明亚,秦尉富,李乃琼.老挝龙舟竞渡的文化解析[J].沈阳大学学报(社会科学版),
　　2015(02).

王献军,占塔皮利.老挝布劳族的文身习俗调查[J].中南民族大学学报(人文社会科学版),
　　2013,02:25—28.

卫彦雄.全球化背景下的老挝传统节日——以塔銮节为例[J].东南亚纵横,2015,11:73—75.

郝国强.老挝佬族入赘婚的类型及功能分析[J].世界民族,2013,06:63—69.

叶剑锋.老挝—中国传统婚俗文化比较——以老龙族和汉族为例[J].文学界(理论版),2012,
　　04:282—283.

古小松.谈谈中南半岛中西部区域文化[J].东南亚纵横,2013,10:54—65.

柯群英.文化遗产保护与旅游发展:以新加坡白沙浮街为例[J].广西民族大学学报(哲学社会
　　科学版),2012,05:63—69.

李琳琳.新加坡大众体育参与研究[J].山东体育学院学报,2013,05:17—22.

侯兴华,张国儒.再探中泰傈僳族研究现状之比较[J].东南亚纵横,2011,05:67—70.

王晓晨,赵光圣,乔媛媛.仪式·教育·人:泰拳赛前仪式的理性教育检视[J].上海体育学院学报,2015,04:46—49+63.

邓丽娜.浅析泰国的传统文化与民俗[J].赤峰学院学报(汉文哲学社会科学版),2013,01:120—121.

王雅莲.从泰北民族原生态产品设计反思中国旅游品开发的地域性[J].设计,2012,10:40—41.

杨妮妮,阿南·甘加纳潘.浅析泰国北部仪式治疗中"莫孟"的影响力和地位变化[J].才智,2014,27:293.

张淑维.浅析泰国色彩在泰国社会生活中的运用[J].美术大观,2015,09:79.

张万强.浅谈泰王国文化[J].菏泽学院学报,2011,03:82—84.

侯兴华,张国儒.再探中泰傈僳族研究现状之比较[J].东南亚纵横,2011,05:67—70.

彭若木.泰国城镇文化复兴之于旅游城镇发展的启示[J].经营管理者,2014,29:125—126.

邓丽娜.文化交流促进城市国际化功能的发展——成都文化与泰国文化差异性、互补性研究[J].湖北广播电视大学学报,2012,10:61—62.

马君涛.武术散打运动与泰拳运动的对比研究[J].科技创新导报,2011,02:217.

黄寰.浅析若干中泰文化的差异[J].法制与经济(中旬),2011,12:164—165.

闫晓庆,杜亮.泰国校车及安全制度研究[J].比较教育研究,2013,02:78—81.

秦炜棋,阳亚妮.略论泰国民间体育[J].体育科技文献通报,2013,09:117—118.

梅潇丹,丁志磊.浅析中泰文化中的小费文化[J].商,2013,08:64—65.

邓丽娜.揭开泰国的神秘面纱——评《泰国民俗与文化》[J].当代教育科学,2014,20:67.

陈军军,Anchalee Chang-In.泰国生活习俗研究[J].旅游纵览(下半月),2015,06:280.

郑启龙,崔哲瑞.论中泰武术文化差异[J].当代体育科技,2015(15).

史先建.泰国府名的历史文化内涵[J].东南亚纵横,2012,12:67—70.

刘建琼,陆自彬.泰国民间故事的变迁与保护[J].湖南大众传媒职业技术学院学报,2014,06:78—81.

巴胜超,蔡珺.知识性文化遗产——泰国非物质文化遗产保护的经验与启示[J].兰州大学学报(社会科学版),2014,06:136—141.

陈军军,AnchaleeChang—In.泰国节庆文化研究[J].旅游纵览(下半月),2015,06:277.

沈清清.泰国泰族传统出生习俗及其文化内涵探究[J].钦州学院学报,2014,09:88—91.

祁琳.SPA空间设计中的地域文化元素运用探索——以泰国度假酒店SPA为例[J].民族艺术研究,2012,06:130—135.

吴春兰.浅析近年来泰国文化对中国人的影响[J].戏剧之家,2015,09:255.

韦雨彤.文化视野下的中泰戒烟公益广告对比研究[J].美与时代(城市版),2015,05:103—104.

邓丽娜.刍议泰国传统婚俗的文化内涵[J].西南农业大学学报(社会科学版),2012,12:85—86.

戴承良.泰国文化创意产业发展与大学标杆[J].上海经济,2014,04:56—58.

陈婧.泰国文化创意产业价值源头研究[J].法制与经济(下旬),2013,10:80—81.

王建超,王生伟.中泰大学生课余体育活动现状比较研究[J].大理学院学报,2013,10:66—70.

常源.泰国文化与中国文化差异分析[J].知识经济,2012,13:48.

唐蒋云露.论泰国传统节日的佛教文化特色[J].传承,2012,16:87—89.

韩爱群.从英拉跪拜公主看泰国的见面礼仪[J].旅游纵览(下半月),2013,11:298.

余海秋.泰国文化产业政策初探[J].学术探索,2013,06:101—105.

杨丽周,岳淑芳.泰国泰族与云南西双版纳傣族拜水习俗比较[J].云南民族大学学报(哲学社会科学版),2013,04:153—157.

吴振海.论当今泰国的"乒乓热"——以一个泰国留学生的视角[J].科技信息,2011,24:658.

马君涛.武术散打运动与泰拳运动的对比研究[J].科技创新导报,2011,02:217.

周东杰,纪秀生.跨文化交际视角下的汉泰亲属称谓及其泛化差异分析[J].武汉职业技术学院学报,2015,03:113—120.

杨锦芬.缅甸掸邦果敢人名现状研究[J].滇西科技师范学院学报,2015,04:11—14+28.

陈军军,支国伟,陈明星,Anchalee Chang-In.马来西亚民俗研究[J].旅游纵览(下半月),2015,05:296.

Sombo Manara,李春霞.柬埔寨少数民族文化遗产续存因素探析[J].贵州社会科学,2013,07:27—29.

陈军军,支国伟.柬埔寨节庆文化[J].旅游纵览(下半月),2015,02:107+109.

陈军军,支国伟.柬埔寨风俗文化[J].旅游纵览(下半月),2015,02:287.

温玉清.法国远东学院与柬埔寨吴哥古迹保护修复概略[J].中国文物科学研究,2012,02:45—49.

李昌,杨艾伦.传统民族文化的数字化开发策略分析——以柬埔寨艺术与宗教文化为例[J].时代文学(下半月),2015,09:131—132.

朱青松.马来西亚体育发展研究[J].体育文化导刊,2014,12:31—34.

李谋.东南亚文化的特征[J].南洋学报,2015,69:3—34.

周灿,谢若龄,李炯华.中外民族文化村发展价值研究——以马来西亚砂朥越文化村和中国德宏民族文化村为例[J].云南财经大学学报(社会科学版),2012,05:11—14.

叶冉青.马来西亚青年夏令营鼓励青少年支持环保[J].世界教育信息,2014,08:77.

朱青松.马来西亚体育发展研究[J].体育文化导刊,2014,12:31—34.

康敏.马来西亚本土人类学发展述评[J].国外社会科学,2013,06:133—143.

陈军军,支国伟,陈明星,Anchalee Chang-In.马来西亚民俗研究[J].旅游纵览(下半月),2015,05:296.

韦娌.菲律宾海外劳务法律制度评析与借鉴[J].学术论坛,2015,05:105—111.

赖林冬.菲律宾孔子学院的发展现状、问题和展望[J].佳木斯教育学院学报,2011,07:80+89.

袁建军,刘海阁.中国民族传统体育在菲律宾中小学教学现状调查研究——以武术教学为例[J].搏击(武术科学),2013,02:48—52.

张求阳.浅析世界文化景观遗产——以菲律宾的稻米梯田为例[J].绿色科技,2014,12:112—115.

陈耀华,张帆,BOJERCAPATI.基于土著社区参与和发展的自然遗产保护——以菲律宾伊格里特·巴科国家公园为例[J].安徽农业科学,2015(04).

赵忠宇.中菲心理学本土化运动之比较[J].学术探索,2013,01:140—144.

刘毅.对第16届亚运会男子篮球赛前八名球队攻防能力的应用研究[J].辽宁体育科技,2011,03:61—65.

王成军.亚洲男子篮球发展分析[J].体育文化导刊,2013,11:54—57.

梁小军,徐剑.亚洲篮球运动非均衡化发展探析[J].体育文化导刊,2014,11:84—87.

王妍,董鹏.远东运动会与东亚社会的发展[J].体育成人教育学刊,2015,04:39—41+95.

郭道全.远东运动会对近代竞技体育的发展及变化的影响[J].兰台世界,2015,25:118—119.

张伟.论远东运动会对近代中国体育事业的推动[J].兰台世界,2014,25:123—124.

吴杰伟.东南亚的中国文化消费[J].东南亚研究,2012,01:102—106.

朱锦程.东南亚国家文化资源产业开发探讨[J].东南亚纵横,2011,10:70—73.

王云庆,向怡泓.中国—东南亚共同文化遗产的现状及保护对策[J].五邑大学学报(社会科学版),2014,02:70—73+95.

胡江华,邓文勇.传统文化产品质量创新策略与扶贫增长战略——来自南亚、东南亚国家的经验[J].经济研究参考,2013,29:46—49.

吴杰伟.韩国流行文化在东南亚的传播分析[J].东南亚研究,2015,06:86—92.

王红.东南亚各国保护非物质文化遗产的措施[J].东南亚纵横,2015,06:48—53.

高轩,冯泽华.中国与东南亚共享非物质文化遗产保护制度研究——以"一带一路"战略为制度构建机遇[J].东南亚研究,2015,04:46—53.

李星萍.试论东南亚非物质文化遗产概况及其传播和发展[J].南宁职业技术学院学报,2012,05:39—42.

俞小玲,胡满生,刘新权.新加坡公共文化建设的启示[J].上海文化,2014,04:112—119.

杨明全.儒家伦理课程对现代文化价值观的形塑:新加坡的经验与启示[J].比较教育研究,2014,06:12—17.

王娜.新加坡对吉林省文化创意产业发展与建设的启示[J].经济研究导刊,2014,36:42—43.

郭小香.20世纪以来儒家文化在新加坡传播的政治解读[J].理论月刊,2015,10:177—182.

刘笑言.新加坡文化软实力的制度载体与价值内核[J].社会科学,2015,02:23—30.

赵申洪.浅论新加坡战略文化[J].红河学院学报,2015,06:77—80.

庞英姿.新加坡文化产业发展的经验及启示[J].东南亚南亚研究,2013,04:75—79+109—110.

王芳.新加坡对儒家文化传统价值观的倡导[J].晋城职业技术学院学报,2011,02:33—35+38.

向海英.动力还是助力:儒家传统文化与新加坡的现代化[J].东南亚研究,2011,03:83—88.

张丽.新加坡文化创意产业的发展战略及其启示[J].大连教育学院学报,2012,02:76—77.

蔡曙鹏,周雪帆.社区在保护无形文化遗产中扮演的角色:——以新加坡的马来舞为例[J].贵州社会科学,2013,07:32—34.

任明.新加坡二十一世纪以来城市文化发展观测[J].上海文化,2014,10:102—111.

焦玉莉.兼容并蓄和谐发展——新加坡文化建设的经验与启示[J].科学社会主义,2014,06:96—98.

黄慧彬.中新国际交往中新加坡英语和华语文化解析[J].文化学刊,2015,05:185—187.

3.4　教育

东南亚地区教育

孟庆涛.加强合作与交流构建完善的现代教育体系——访东帝汶国立大学副校长弗朗西斯科·米格尔·马丁斯[J].世界教育信息,2014,22:8—11.

何崇军.东南亚国家高等教育国际化的不平衡发展[J].经济视角(中旬),2011,04:67—68＋70.

秦启蒙.社会责任对商业伦理教育的影响——以泰国博仁大学中国东盟国际学院为例[J].管理观察,2014,21:172—176.

王兰.东南亚高等教育国际化进程研究——以老挝、越南、泰国为例[J].前沿,2013,18:15—17.

李馨,张春明.中国—东盟高等教育合作制度比较研究——以中国、越南、泰国和新加坡的具体承诺为例[J].昆明理工大学学报(社会科学版),2012,01:19—25.

张新朋.东亚视域下的童蒙读物比较研究——以《千字文》与《开蒙要训》之比较为例[J].浙江社会科学,2015,11:107—113＋159.

许利平.东南亚伊斯兰教育现代化及影响[J].东方论坛,2013,05:31—38.

杨静,管建华.东南亚三国音乐教育的人类学考察:中国传统音乐教学的突围[J].中国音乐,2013,04:29—31.

宋佳.亚洲高等教育枢纽之争:路径、政策和挑战[J].外国教育研究,2015,12:79—91.

安砚贞,易露霞.全球化与民族化之平衡——马来西亚、新加坡教学语言立法与政策评析[J].中国证券期货,2011,02:150—151.

冯钟宁.浅谈中国东盟成人教育的发展背景及作用[J].中小企业管理与科技(下旬刊),2011,06:101—102.

江健.东南亚国家语言教育政策的发展特征及趋势[J].比较教育研究,2011,09:73—76.

张建新.东南亚高等教育的国际化特征[J].昆明理工大学学报(社会科学版),2011,05:97—102.

张海彬.东南亚艺术设计教育的民族性和开放性初探——以泰国婆昌艺术学院为例[J].装饰,2011,12:90—91.

Choltis Dhirathiti,张成霞.构建高等教育合作关系:东盟大学联盟在东南亚的实践经验[J].东南亚纵横,2013,11:62—65.

许利平.东南亚伊斯兰教育现代化及影响[J].东方论坛,2013,05:31—38.

马早明,陈晓菲.东南亚国家科技大学通识课程模式探析——以南洋理工大学为例[J].比较教育研究,2014,11:74—78.

李化树,叶冲.论东盟高等教育共同空间构建及启示[J].比较教育研究,2015,03:10—15.

柯克·佩森,吕盈盈.可持续发展的多语教育政策:来自东南亚的启示[J].世界教育信息,2014,16:47—48.

吴芸.当代东南亚国家外语教育及其启示[J].语文学刊(外语教育教学),2014,09:102—103.

MollyN. N. Lee,张建新.东盟高等教育自治[J].学园,2008,03:76—80.

吴全全.老挝、泰国、越南职业教育发展的研究——现状·问题·对策·趋势[J].职教论坛,
　　2004,22:58—61.

张成霞.东盟大学联盟在促进东盟高等教育发展中的作用[J].世界教育信息,2011,02:
　　33—37.

李馨,张春明.中国—东盟高等教育合作制度比较研究——以中国、越南、泰国和新加坡的具体
　　承诺为例[J].昆明理工大学学报(社会科学版),2012,01:19—25

张伟远,傅璇卿.搭建教育和培训的资历互认框架:东盟十国的实践[J].中国远程教育,2014,
　　05:46—53+96.

刘立伟.东南亚陆地国家留学生管理问题思考——基于跨文化视角[J].苏州教育学院学报,
　　2013,03:85—88.

李涛.文化软实力视阈下中外文化交流思考——以中国—东盟教育合作为例[J].江西社会科
　　学,2013,09:230—234.

杨静,管建华.东南亚三国音乐教育的人类学考察:中国传统音乐教学的突围[J].中国音乐,
　　2013,04:29—31.

张欣.东南亚歌曲在教学中的运用[J].歌海,2014,02:98—99.

菲律宾

杨琼.菲律宾高等教育质量保障体系考察——以菲律宾学校、学院和大学认证协会为例[J].复
　　旦教育论坛,2011,04:80—83.

李娅玲.菲律宾语言教育政策的历史演变及启示[J].外语教学与研究,2011,05:756—762
　　+801.

柯莉群.菲律宾高等教育国际化述评[J].东南亚纵横,2011,09:34—37.

EcclesiastesPapong,孟莹.菲律宾职业技术教育与培训改革探析[J].职教通讯,2013,31:
　　39—43.

章石芳,范启华.菲律宾语言教育政策的回顾与反思——兼论华文教育的新机遇[J].海外华文
　　教育,2013,04:356—361.

刘常庆.菲律宾能力本位的教师标准述评[J].外国教育研究,2012,01:51—58.

黄建如,柯莉群.菲律宾高等教育国际化的实践与利弊[J].东南亚纵横,2012,02:71—75.

鞠慧敏,王文槿.菲律宾职业技术教育与培训的特色及启示[J].外国教育研究,2012,09:
　　81—88.

李伟,田谧.菲律宾私立高等教育对我国民办高校的启示[J].东南亚纵横,2012,12:71—74.

崔晴晴.菲律宾成人教育的特点及其启示[J].河北大学成人教育学院学报,2013,01:99—103.

高皇伟.菲律宾基础教育改革新动态——K—12基础教育体制述评[J].世界教育信息,2013,
　　07:49—54.

张珣.菲律宾职业技术教育研究[J].太原城市职业技术学院学报,2013,05:31—33.

沈丹妮.当前菲律宾基础教育改革趋势研究[J].科技展望,2014,18:275.

梁瀛尹.菲律宾流浪儿童非正规教育援助策略及启示——基于五个成功援助案例的分析[J].
　　世界教育信息,2015,08:43—49.

张善强,姚立杰,沈雷.菲律宾护理解剖学教学浅析[J].解剖学研究,2015,04:306—308.

孙建光.菲律宾社区教育初探——基于在卡布尧希望日托中心的访谈[J].世界教育信息,

2015,18:34—36＋41.郑阳梅.菲律宾国家教育概况及其教育特色研究[J].广西青年干部学院学报,2015,04:68—72.

梁瀛尹.浅谈菲律宾 ALS 计划的实施情况——以达雅台市为例[J].科教导刊(上旬刊),2014,02:11＋16.

梁瀛尹.菲律宾选择性学习系统的发展与建构:不断实现全民教育[J].当代继续教育,2014,01:37—41.

高皇伟.菲律宾中小学生学习效果评价指南解读[J].世界教育信息,2014,03:50—53.

张少华,陈志超,段文彪,陈晓霞.中菲护理教育的对比研究[J].卫生职业教育,2014,12:58—61.

梁瀛尹.浅谈菲律宾 K—12 基础教育计划的机遇与挑战[J].学周刊,2014,13:215—216.

王彦丽,蔡敏.菲律宾强化基础教育法探析[J].世界教育信息,2014,07:47—52.

陈昌文.菲律宾高校公共音乐教育特点及启示[J].铜陵学院学报,2014,03:113—115.

玛丽亚·梅赛德丝·埃斯蒂戈·阿扎登,贾晓燕.基于母语的菲律宾多语教学制度[J].世界教育信息,2014,19:17.

李培隆.借鉴菲律宾 ESL 教学模式,优化 EFL 环境下大学英语教学[J].右江民族医学院学报,2011,05:707—708.

曾莉.菲律宾健康开端计划述评[J].外国中小学教育,2012,10:26—30.

安德鲁·冈萨雷斯,胡六月.菲律宾学生基本法引起私立高等教育抗议[J].浙江树人大学学报(人文社会科学版),2012,05:10.

张雁凌.菲律宾高校教学质量监控体系探析——以圣卡洛斯大学为例[J].赤峰学院学报(汉文哲学社会科学版),2015,11:263—265.

董晓玲.中菲贫困大学生资助政策探析——基于教育公平视角[J].吉林广播电视大学学报,2012,12:73—74.

柬埔寨

张战毅.柬埔寨近代学校体育史研究[J].体育文化导刊,2015,12:185—188.

王胤丹.柬埔寨国家教育概况及其教育特色研究[J].广西青年干部学院学报,2015,06:38—44.

杨启光,丁力,吕佳岭.柬埔寨教育中的家长参与:现状、问题与对策[J].世界教育信息,2012,02:56—59.

韩南南,汪涛.柬埔寨教育经费的来源与趋势分析[J].教育与经济,2012,01:68—71.

占本尼,梁薇.1940—1953 年间柬埔寨教育的佛教模式[J].东南亚纵横,2012,11:52—57.

朱有明.中国—东盟区域合作背景下校企联合海外办学实践探索——以"南洋红豆学院(柬埔寨)"项目建设为例[J].中小企业管理与科技(下旬刊),2012,11:249—250.

朱神海.柬埔寨中小学课程设置简述[J].科教文汇(中旬刊),2011,10:34—35.

张成霞,刘羽.柬埔寨高等教育发展历程及面临的问题[J].东南亚纵横,2011,12:75—78.

冯增俊.柬埔寨高等教育的世纪走向[J].外国教育研究,2003,01:54—56.

彭运锋.柬埔寨基础教育简况[J].基础教育研究,2008,09:48—49.

王喜娟.柬埔寨大学治理问题研究[J].黑龙江高教研究,2013,06:1—4.

王佳玮.从广义知识分类出发浅析柬埔寨汉语口语教学的问题及策略[J].才智,2013,28:192.

刘书琳.柬埔寨语言政策、语言规划探微[J].宿州教育学院学报,2015,01:145—146+148.

姚秋兰.柬埔寨计划将职业技能培训纳入高中课程[J].世界教育信息,2015,07:76—77.

桑南,卢无忧.柬埔寨中学英语教材(EFC)改革刍议——以 EFC1 为例[J].科教文汇(中旬刊),2013,01:95—96.

老挝

孙文桂.老挝国家教育概况及存在问题研究[J].广西青年干部学院学报,2015,06:45—49.

谢冬平,樊洁.老挝高等教育政策简析[J].牡丹江大学学报,2011,10:162—164.

朱欣.试论老挝高等教育运行现状及发展理路[J].现代教育科学,2009,09:66—68.

骏河辉和,ONPHANHDALA Phanhpakit,司韦.老挝的教育和劳动力市场的进展[J].南洋资料译丛,2009,03:46—55.

袁同凯.老挝北部 Lanten 人的学校教育——人类学视野中的个案研究[J].民族教育研究,2009,06:54—58.

朱欣.老挝高等教育现状与发展方向探讨[J].世界教育信息,2009,07:74—77.

蒋珍莲.回顾与展望:老挝高等教育研究 30 年[J].东南亚纵横,2013,03:73—76.

尹少君,零宏惠.老挝语言政策探微[J].云南社会主义学院学报,2014,03:365—366.

肖耀科.当代老挝佛寺教育的社会功能及其挑战[J].乐山师范学院学报,2015,02:126—130.

袁同凯.老挝基础教育改革述评[J].云南民族大学学报(哲学社会科学版),2012,06:121—125.

黄玲.老挝教育政策分析[J].中国校外教育,2014,07:9.

张传鹤,梁大宗.老挝人民民主共和国的教育文化政策和教育文化事业[J].东南亚,2007,02:60—64.

彭运锋.老挝基础教育现况简介[J].基础教育研究,2008,04:50—51.

梁真,李隽华.中国与老挝师资培养比较研究[J].云南农业大学学报(社会科学版),2010,05:62—65.

史蒂文·安德鲁.老挝大学教育的课程[J].比较教育研究,2001,04:61.

冯增俊.老挝高等教育的世纪走向[J].比较教育研究,2002,12:33—36.

马来西亚

郑海蓉,郭丽君.跨国高等教育输入国质量管控比较分析与启示[J].现代大学教育,2014,06:43—49.

龙思思.马来西亚小学道德教育新课标探析[J].比较教育研究,2015,02:84—90.

陈伟容.信息通信技术对马来西亚语言教育政策的影响——东南亚国家语言与文化身份认同研究系列论文之二[J].沿海企业与科技,2015,01:48—50.

马立武.马来西亚的穆斯林教育[J].中国穆斯林,2015,02:74—79.

王璞,傅慧慧.马来西亚跨国合作教育质量保证的政策法规综述[J].重庆高教研究,2015,03:105—111.

李静,陈立.马来西亚高等教育国际化:概念的本土化分析[J].宁波大学学报(教育科学版),2015,03:32—37.

蒋鑫鑫.马来西亚学校价值观教育的特点及其实现途径[J].高教学刊,2015,10:5—6.

黄文杰,文娟,陈婧怡,郭宇航,黄凤菱,蒋基昌.马来西亚中医学高等教育对我校国际教育的启示[J].广西中医药大学学报,2015,02:129—130.

王向伟.马来西亚人才战略对黑龙江省的启示[J].对外经贸,2014,02:106—107.

邵颖.马来西亚私立高等教育:公立高等教育的有效补充[J].东南亚研究,2014,02:61—66+74.

王喜娟.马来西亚高等教育私有化政策研究[J].重庆高教研究,2014,03:101—104.

王喜娟.马来西亚高等教育私有化政策研究[J].当代教育科学,2014,03:42—44.

郑秋盈,叶忠.马来西亚公立高校招生政策变更前后的效应分析[J].东南亚纵横,2014,08:45—49.

王喜娟.中国—马来西亚高等教育合作路径探析[J].继续教育研究,2014,11:142—144.

卢华,王毅,张晓青.高等教育国际化背景下对外合作办学模式的研究——以马来西亚私立高等院校国际化合作办学为例[J].职业教育(下旬刊),2013,01:60—63.

冈本义辉,司韦.马来西亚的教育制度[J].南洋资料译丛,2013,01:34—37.

黄敏.马来西亚跨国高等教育质量保障体系的构建与实践[J].高等农业教育,2013,02:121—124.

张颂.马来西亚农村小学教育政策现状调查研究与启示——以玻璃市浮罗吉胆村为例[J].当代教育科学,2013,08:49—51.

刘李春.马来西亚高等教育质量保障制度探析[J].煤炭高等教育,2013,03:41—43+52.

刘佳龙.马来西亚国际合作办学发展探析[J].闽西职业技术学院学报,2013,02:54—57.

吴海荣,李佳.马来西亚学校道德教育改革的历程及其特点[J].比较教育研究,2013,07:42—46.

杜晶晶.新马两国思想政治教育异同分析及启示[J].科教文汇(上旬刊),2013,09:11—14.

王葆方,刘宛娘.合作开办中医学本科教育模式探讨[J].天津中医药,2013,11:696—697.

马来西亚:多元文化背景下的道德教育[J].中小学德育,2013,10:93.

邓杰.走向知识型社会的挑战——基于马来西亚高等教育改革[J].科教文汇(下旬刊),2013,10:39+41.

王喜娟.马来西亚公立大学自治改革及其成效[J].外国教育研究,2015,12:57—66.

宋佳.亚洲高等教育枢纽之争:路径、政策和挑战[J].外国教育研究,2015,12:79—91.

邵颖.健全的立法是教育发展的重要保障——以马来西亚私立高等教育为例[J].北京教育(高教),2015,12:53—55.

丁霞.马来西亚宏愿开放大学OER项目的特色与启示[J].甘肃广播电视大学学报,2015,06:72—75.

郭彩霞,张治国.马来西亚中小学语言教育政策研究[J].长春教育学院学报,2015,21:63—66.

房建军.马来西亚语言教育政策规划及对少数民族语言的影响[J].内蒙古师范大学学报(教育科学版),2012,04:32—34.

罗丹丹.欧盟将助马来西亚成为高等教育中心[J].世界教育信息,2012,05:77.

邢慧斌,杨立杰,Azizan Marzuki,鲍纽曼.马来西亚工商管理类本科人才培养模式研究——以马来西亚理科大学(USM)为例[J].云南财经大学学报(社会科学版),2012,01:154—157.

莫利N.N.李,胡建伟.马来西亚私立高等教育的国际合作[J].浙江树人大学学报(人文社会科学版),2012,05:8—10.

邹长虹.马来西亚语言政策及其对中国外语教育政策的启示[J].长春理工大学学报 2012,12:151—152.

邓己红.马来西亚私立高等教育的跨国教育课程研究[J].科技信息,2012,36:268—269.

黄业茵.孕育心智的良伴开启智慧之钥——记珠心算教育在马来西亚[J].珠算与珠心算,2013,06:23—24.

陈俊青.务本求实一步一脚印再让珠心算教育深植马来西亚[J].珠算与珠心算,2013,06:24—25.

许长青,季婷.马来西亚职业教育与培训改革探究[J].职教通讯,2013,31:33—38.

王佩佩.马来西亚音乐教育的人类学考察[J].中国音乐,2013,04:45—46.

魏建华.马来西亚外国留学生教育快速发展的"拉力"因素分析及启示[J].中国电力教育,2011,07:1—3+5.

鲁芳,李三青.马来西亚私立院校留学生教育的发展及启示[J].法制与经济(中旬刊),2011,03:47—48.

袁利平,杨琴琴.马来西亚开放大学办学特色及其启示[J].国家教育行政学院学报,2011,04:91—95.

曼瑟·法济勒,拉蒂法·阿卜杜勒·拉蒂夫.扩大开放远程学习的规模并提高保持率——马来西亚开放大学的策略(英文)[J].开放教育研究,2011,04:72—78.

吴江萍.他山之石——介绍马来西亚中学英语文学网站建设经验[J].海外英语,2011,11:342—344.

刘苗苗.马来西亚高等教育发展历史轨迹[J].沙洋师范高等专科学校学报,2011,04:56—59.

杨娟,孙丽娜.马来西亚开放大学的特点及启示[J].中国成人教育,2011,21:124—125.

熊耕.马来西亚顶尖大学的规划与建设[J].世界教育信息,2011,11:52—54.

蒋洪池.马来西亚学生事务部门专业化探析[J].外国教育研究,2011,07:50—54.

欧阳忠明,雷青.本位化:马来西亚终身学习战略推展研究[J].中国职业技术教育,2015,09:79—86.

马峰,任红民,刘盈盈,马永良.马来西亚终身学习平台建设及其启示[J].南京广播电视大学学报,2013,03:18—21.

伯先,谢丽莎."呈堂"的借鉴与本土化——中国内地大学对马来西亚"呈堂"教学法的借鉴与本土化研究[J].成都师范学院学报,2015,02:25—28.

刘娟娟,马路平,王后雄.马来西亚 MTS 教师标准及启示[J].教育理论与实践,2013,11:26—29.

潘雅.马来西亚斥资8000万保障学生通勤安全[J].世界教育信息,2013,08:78—79.

邢慧斌,王蕾.中马旅游高职人才培养模式比较及其启示[J].职业技术教育,2013,17:85—89.

缅甸

李佳.缅甸的语言政策和语言教育[J].东南亚南亚研究,2009,02:75—80+94.

朱耀顺,丁红卫,孙康.缅甸高等教育发展状况及需求研究[J].云南农业大学学报(社会科学版),2012,01:68—72.

朱耀顺,丁红卫,朱家位,李兴奎.云南省与缅甸高等教育合作问题研究[J].中共云南省委党校学报,2012,01:106—109.

赵瑾.殖民时期缅甸教育发展研究[J].东方论坛,2013,05:44—47.

刘利民.试论英国殖民统治对缅甸教育的影响[J].云南师范大学学报(哲学社会科学版),
　　2007,04:17—20.

陈德洲.缅甸高等教育现状研究[J].科技视界,2015,06:48—49.

李佳.缅甸英语教育及对我国英语教育的启示[J].河南工业大学学报(社会科学版),2015
　　(01).

刘绍怀.缅甸高等教育见闻与思考[J].云南财贸学院学报,2003,02:117—118.

希罗.细微深处见"阳光"——缅甸教育点滴[J].云南财贸学院学报,2003,02:119—120.

刘书琳,邹长虹.缅甸语言政策及其对中国外语教育政策的启示[J].长春教育学院学报,2014,
　　07:126—127.

张妙丽.对于缅北华人青少年教育不均衡问题的思考——基于果敢青少年教育现状分析[J].
　　普洱学院学报,2014,02:115—118.

李建祥,石函早.缅甸高中数学教学内容简介与认识[J].保山学院学报,2014,05:15—17.

彭运锋.缅甸基础教育发展简介[J].基础教育研究,2008,01:49—50.

桂源海.中缅两国高校体育教育的比较分析[J].云南财贸学院学报,2005,04:113—116.

缅甸小学生忙着上补习班[J].世界教育信息,2010,04:5.

刘琼.基于文化差异的个性化教学法——论缅甸留学生对外汉语课程的教学方法[J].临沧师
　　范高等专科学校学报,2012,02:108—111.

泰国

李静,任友群.数字化学习在高等教育中的创新应用——访泰国网络大学项目专家查瓦勒·勒
　　查罗兰教授[J].开放教育研究,2011,02:4—9.

王进军.泰国多元化外语教育政策的发展特征及趋势[J].比较教育研究,2011,09:69—72.

吕晶晶,廖锦超.论泰国的语言政策[J].科技信息,2011,30:31+33.

张凡.泰国的教育制度与汉语教学现状[J].湖北广播电视大学学报,2011,12:123—124.

邵魁德.东盟教育服务贸易市场研究——以泰国教育市场研究为例[J].中华民居,2011,11:
　　5—7.

叶艳.中国留学生眼中的泰国大学教育——以易三仓大学教育学院为例[J].世界教育信息,
　　2011,12:60—61.

郑佳.泰国高校国际学生流动的原因、路径及特点[J].比较教育研究,2014,11:85—91.

谭晓健.19世纪中叶以来泰国语言教育政策嬗变[J].云南师范大学学报(对外汉语教学与研
　　究版),2015,01:71—79.

于鹏.泰国青少年汉语教育传播的历史、现状及展望[J].海外华文教育,2015,01:126—131.

常州大学与泰国开启教育合作新模式[J].实验技术与管理,2015,02:243.

缪薇,殷梅,韩剑虹,容伟,朱榆红.泰国医学生培养制度对我国医学生教育的启发[J].科技创
　　新导报,2015,03:156—157.

孙世伟.基于佛教的泰国教育概论[J].学理论,2015,08:144—145.

徐程.泰国跨国高等教育研究生培养模式研究[J].浙江万里学院学报,2015,01:102—106.

刘悦,刘华平.泰国玛希隆大学护理研究生教育的启示[J].中华护理教育,2015,05:399—401.

谭晓健.泰国多元化外语教育的演变、特征及其走向[J].东南亚纵横,2015,02:63—68.

张春海.泰国 SathyaSai 学校道德教育的特色及其启示[J].现代中小学教育,2015,05:112—116.

郑阳梅.泰国国家教育概况及其教育特色研究[J].广西青年干部学院学报,2015,01:64—70.

李红宾,梁红敏.泰国朱拉隆功大学医学院皮肤科教学体会[J].皮肤病与性病,2015,04:224—225.

陈汉青.小学教育政策与实践应用研究——以泰国 Sarasas 学校某分校小学部为例[J].科教文汇(中旬刊),2015,08:105—106.

黄玛丽.泰国高考制度发展及其提升路径分析[J].经济研究导刊,2015,20:212—214.

李晚月.泰国的佛教教育对我国德育的启示[J].学理论,2015,17:263—264.

王晓晨,赵光圣,乔媛媛.仪式·教育·人:泰拳赛前仪式的理性教育检视[J].上海体育学院学报,2015,04:46—49+63.

谭晓健.泰国基础外语教育的特点及启示[J].学理论,2015,26:119—121.

王思婷,李朝晖,马秋平,韦丽华,张媛媛.中泰高等护理本科课程设置的比较[J].护士进修杂志,2015,21:1953—1957.

SIRIWANWORRACHAIYUT.浅析泰国语言政策与汉语教育政策[J].海外华文教育,2012,01:105—110.

欧阳常青,孟竹.泰国高等教育三十年研究主题之分析(1980—2011)[J].牡丹江大学学报,2013,03:133—136.

陆海娟.泰国学校德育对我们的启示[J].广西广播电视大学学报,2013,01:42—46.

姜立刚.略论泰国佛教教育与世俗教育关系的演变[J].临沧师范高等专科学校学报,2013,01:1—5.

姜立刚.略论泰国佛教教育与世俗教育关系的演变[J].红河学院学报,2013,05:110—113.

唐敏莉.从女性教育管窥泰国妇女的解放历程[J].现代交际,2014,01:97—98.

王振华.泰国曼谷培知公学小学数学学业评价实践与经验[J].现代中小学教育,2014,01:110—115.

蓝秀华,卢锦珍.泰国开放大学的质量保障及对我国的启示[J].成人教育,2014,01:103—106.

蓝秀华,卢锦珍.泰国高等教育质量保障体系及启示[J].煤炭高等教育,2014,02:26—29.

陶媛.泰国教育改革引进"移动教室"[J].世界教育信息,2014,06:78.

吴美灵.泰国基础教育核心课程的目的和范围[J].课程.教材.教法,2014,03:126—127.

李妮.泰国开放大学的经验与启示[J].广东广播电视大学学报,2014,03:25—29.

高鹰.泰国高等院校竞争性对抗战略研究——以博仁大学中国东盟国际学院为例[J].管理观察,2014,19:166—170.

孙彬青,张蕾,黄利强,李光.泰国农业大学包装专业的研究生教育[J].包装世界,2014,04:70—71.

万群,欧玉松,杨轶浠.中泰两国高校学分制的比较与思考[J].教育与教学研究,2014,10:61—64+90.

李倩,王卫,陈泽林,玄明实,邹天行.泰国针灸教育与发展[J].天津中医药,2014,10:631—633.

高源.佛教文化对泰国教育的影响以及对中国学校道德教育的启示[J].成都大学学报(社会科

学版),2014,04:85—88.

李妮.迈向有质量的开放与远程学习——来自泰国国立开放大学的经验[J].广州广播电视大学学报,2014,05:19—25+108.

朱微,韩娟.印度、泰国全纳教育政策与中国随班就读教育政策的比较与反思[J].科教导刊(上旬刊),2012,02:17—18..

陆海霞,李石羽.从旅游业的发展管窥泰国的外语教育政策[J].吉林省经济管理干部学院学报,2012,03:128—130.

贾秀芬,庞龙.泰国职业教育的机制、政策与评价[J].职教论坛,2012,27:89—92.

夏莉.中泰高校英语教育文化比较分析[J].广西教育学院学报,2015,05:52—55.

刀宁娜,李和铮.国际合作视角下的中泰高等教育对比浅析[J].昆明冶金高等专科学校学报,2015,06:6—8.

胡义详.泰国童子军教育及启示[J].东南亚纵横,2015,11:76—78.

钱金枞.创新办学体制培养应用型人才——泰国蓝实大学的办学启示[J].大理学院学报,2011,10:7—8.

文莱

王喜娟.文莱全纳教育的实施与挑战[J].中国电力教育,2013,34:26—27+45.

蒋珍莲.文莱高等教育研究的回顾与展望[J].牡丹江大学学报,2013,11:153—155.

王喜娟.文莱2012—2017年教育部战略规划:愿景、使命与战略[J].中国电力教育,2014,33:7—9+11.

郑阳梅.文莱国家教育概况及其教育特色研究[J].广西青年干部学院学报,2015,02:64—67.

刘子云.文莱大学办学特点研究——基于文莱高等教育发展的视角[J].钦州学院学报,2011,01:34—38.

新加坡

路宝利.新加坡大学自主政策的分析与解读[J].黑龙江高教研究,2011,01:33—35.

周文华.学校价值观教育的有效衔接[J].北京教育(德育),2014,03:77—79.

朱寿清.20世纪50—80年代的新加坡语文教育政策研究[J].学术探索,2013,02:143—148.

杨春林.新加坡教育发展特色及启示[J].教育教学论坛,2013,01:1—2.

赵银生.新加坡推进智能教育的经验对我们的启示[J].中国电化教育,2013,03:29—31.

安宁.新加坡职业教育校企合作的特色及启示[J].教育与职业,2013,07:100—101.

王祥.新加坡"劳动力技能资格认证体系"述要[J].职业技术教育,2013,01:82—87.

曹惠容.论新加坡教师教育政策有效执行的制度保障[J].中国职业技术教育,2013,03:56—59.

傅敏,陈效飞.论新加坡公民教育课程的分轨制度[J].河南师范大学学报(哲学社会科学版),2013,01:70—73.

陈曦.新加坡道德教育研究综述[J].江苏教育学院学报(社会科学),2013,01:45—47.

李惠兴.新加坡职业教育的文化审视[J].江苏教育学院学报(社会科学),2013,01:43—44.

张俊洪,陈铿,杨文萍.以罗尔斯公平与正义理论的视角评述新加坡教育的新政策[J].贵州师范大学学报(社会科学版),2013,01:134—139.

黄一顺.新加坡国立大学本科教育教学管理及启示[J].高等理科教育,2013,01:79—84.

过磊.新加坡南洋理工学院职业教育创新理念及启示[J].当代职业教育,2013,02:91—93
+79.

王聪,唐玲.新加坡南洋理工学院"教学工厂"模式对我国高等职业教育的启示[J].牡丹江师范
学院学报(自然科学版),2013,01:65—66.

杨绪光.新加坡职业教育对我国高职旅游管理专业建设的启示[J].教育与职业,2013,09:
104—105.

张等菊.综合与寻隙:对新加坡高职教育发展路径的思量[J].职业教育研究,2013,04:
176—178.

张昊民,郭敏,马君.新加坡创业教育的国际化策略[J].创新与创业教育,2013,01:87—91.

张倩.商科高等职业教育"教践研"一体化的思考——新加坡南洋理工学院"教学工厂"理念借
鉴[J].教育理论与实践,2013,09:24—26.

张玲.新加坡教学实践特色研究——以德明政府中学为例[J].大连教育学院学报,2013,01:
25—27.

黄日强.新加坡开拓国际职业教育市场筹措办学经费研究[J].安徽商贸职业技术学院学报(社
会科学版),2013,01:65—69.

张艳丰.新加坡双语教育政策及其对中国的启示[J].教育理论与实践,2013,15:10—12.

刘新春,刘芬.新加坡思想政治教育的层次性构建及启示[J].学理论,2013,12:360—361.

殷竹钧.新加坡大学生廉洁教育的实践经验及其借鉴[J].东南亚纵横,2013,04:71—75.

李占军,王桂玲,王云.中新高职教育师资队伍建设的比较研究与实践[J].青岛职业技术学院
学报,2013,02:82—86.

宋科凡,李晓东.新加坡职业教育对我国职业教育办学的启示[J].中国校外教育,2013,08:133
+58.

麦秋玲,刘强.以行业工作经验为准入条件的高职教育师资队伍建设与管理——新加坡职业教
育师资管理的启示[J].职业技术教育,2013,08:93—95.

曹惠容.新加坡教师教育政策执行的制度保障[J].世界教育信息,2013,08:41—43.

曹惠容.影响新加坡教师教育政策有效执行的制度分析[J].当代教育论坛,2013,03:40—44.

宋庆清.新加坡修订幼儿园课程框架以提高学前教育质量[J].世界教育信息,2013,06:76.

寇玉生,王永萍.人性化教育在新加坡高校学生教育管理工作中的应用探究[J].教育教学论
坛,2013,24:11—13.

希拉姆·拉马克里斯南.世界一流大学建设:新加坡的经验[J].世界教育信息,2013,05:
27—29.

刘莉萍,赵韩强.日本和新加坡道德教育比较研究及启示[J].教学与管理,2013,18:155—157.

姜峰,程晴晴.政府资助计划推动下的新加坡学前教育发展及其启示[J].外国教育研究,2013,
06:36—43.

王佳,褚宏启.新加坡英才教育的举措与启示[J].比较教育研究,2013,05:43—47.

张国胜.新加坡公民教育及对我国公民教育的启示[J].三峡大学学报(人文社会科学版),
2013,S1:15—16.

林静.从效益教育到卓越教育——新加坡高等教育国际化的成功启示[J].成人教育,2013,05:
127—128.

白洁.新加坡消费教育对我国大学生消费教育的启示[J].北京教育(德育),2013,04:78—80.

魏娇.新加坡南洋理工学院教学模式对我国高职教育的启示[J].成功(教育),2013,07:11—13.

任学雯.用超前创新的理念指导职业教育教学改革[J].科技信息,2013,15:315—316.

陈晓蓉.二战前新加坡华人基督教教育探析[J].华侨华人历史研究,2013,02:63—70.

孟娜.借鉴新加坡经验探寻我国职教师资队伍培养新路[J].中国培训,2013,07:60—61.

向亚雯.经验与启示:新加坡国际合作办学的发展[J].厦门城市职业学院学报,2013,02:67—72.

黄洁.新加坡思想政治教育的特点及其现代启示[J].内蒙古电大学刊,2013,04:79—82.

华路宏.新加坡职业教育的"三大积累"[J].九江职业技术学院学报,2013,02:17—18.

王攀花,张肖.新加坡与中国的基础教育信息化比较研究[J].软件导刊(教育技术),2013,07:6—8.

段晓明.学校变革视域下的新加坡教师教育图景[J].比较教育研究,2013,06:61—65.

王核心.教学工厂办学理念在职业教育中的成功运用——赴新加坡参加职业教育专能开发项目研修培训有感[J].装备制造技术,2013,07:258—260.

蔡明宏.新加坡华语教育历史之殇与儒学认同[J].西南交通大学学报(社会科学版),2013,04:73—77+96.

章立新.新加坡工艺理工教育模式的研究[J].中国职业技术教育,2013,18:79—81.

楚明珠.新加坡网络健康展促进儿童网络健康教育[J].世界教育信息,2013,12:78—79.

邓莉.新加坡高等教育系统跻身世界10强[J].世界教育信息,2013,11:76.

崔淑鑫,任程坤.新加坡职业教育的教学管理给我们的启示[J].哈尔滨职业技术学院学报,2013,04:17—18.

王辉.新加坡高等职业教育特色对我国的启示[J].职教通讯,2013,22:54—56.

陈东,吴梅平.我国航海教育与培训模式面临的问题及对策分析——新加坡高级海员工会wavelink培训模式的借鉴与启示[J].武汉交通职业学院学报,2013,03:27—30.

杜晶晶.新马两国思想政治教育异同分析及启示[J].科教文汇(上旬刊),2013,09:11—14.

董海霞.新加坡中小学道德教育的文化旨趣及其启示[J].外国教育研究,2013,09:66—69+111.

吴雅莉,刘彦笈.新加坡高职教育特色对汽车专业建设启示[J].现代商贸工业,2013,21:94—95.

周进,刘金柱.新加坡双语教育与国家形成[J].天津师范大学学报(社会科学版),2013,06:70—74.

张陟遥,戴玉琴.核心价值观教育范式问题探析——以新加坡高校的核心价值观教育为例[J].毛泽东邓小平理论研究,2013,09:34—39+92.

谢宗顺.新加坡教育改革的核心理念[J].教育学术月刊,2013,10:14—18.

新加坡:中小学道德教育注重培养国家认同感和责任感[J].中小学德育,2013,11:93.

聂惠俊.新加坡职业教育对我国高等职业教育的启示[J].职业,2013,33:76—77.

陈阳.构建"生产教学法"教学方式的设想——新加坡中职示范教育学习感想[J].中国职工教育,2013,22:150—151.

楚明珠.新加坡教育储蓄金计划将惠及2万多名学生[J].世界教育信息,2013,18:77.

吴玉剑.新加坡学前教育认证框架述评[J].世界教育信息,2013,18:55—58.

孙立友,梁宏英.新加坡南洋理工学院职业教育成功经验解析[J].教育与职业,2013,29:172—173.

赵建梅.提高小学教师质量:来自新加坡的经验与启示[J].荆楚学刊,2013,04:82—86.

赵革委.新加坡职业教育模式启示[J].陕西教育(高教版),2013,10:73—74.

刘鹏.新加坡的教育国际化及对中国的影响[J].东南亚南亚研究,2013,03:59—66+110.

张智美,薛岩松.浅析新加坡、香港高等教育评价体系及其对我国大陆的启示[J].东南大学学报(哲学社会科学版),2013,S1:165—167.

张渝新.新加坡思想政治教育的特点及其对我国的启示[J].世纪桥,2014,11:81—82.

谢宗顺.新加坡教育改革的核心理念[J].理论参考,2014,08:48—49+57.

王晓梅.新加坡的品德和公民教育[J].课程.教材.教法,2014,10:39.

陈英华.新加坡高职教育对我国高职教育人才培养途径的启发与探索[J].科教导刊(上旬刊),2014,10:8—9.

陈丽丽,刘唐宇.新加坡职业院校的经验与启示[J].漯河职业技术学院学报,2014,05:91—92.

田爱丽.美、加、新、澳基础教育领域慕课和翻转课堂进展研究[J].创新人才教育,2014,03:75—80.

王丹.新加坡国立大学教学特点及启示[J].太原城市职业技术学院学报,2014,10:114—115.

梁涛.浅谈新加坡南洋理工学院职业教育办学理念[J].科技视界,2014,35:241.

孔旭.新加坡音乐教育考察[J].戏剧之家(上半月),2014,06:116—118.

林炜.新加坡学校德育对我国高校德育的启示[J].湖北科技学院学报,2014,10:126—128.

符聪,林虎,周伟,郑国强.创建海南职业教育联盟的思考[J].中国教育技术装备,2014,23:159—160.

刘伟.新加坡南洋理工学院海外研习基地项目运行特色及启示——以广州番禺职业技术学院为例[J].职业技术教育,2014,29:88—92.

张治贵.开放且系统的新加坡教育管理体系[J].科学咨询(教育科研),2014,12:7—9.

钟善盈.新加坡学校道德教育发展过程探微[J].海南师范大学学报(社会科学版),2014,12:111—117.

秦朝霞.新加坡中小学诚信教育特色及其启示[J].教学与管理,2014,36:154—156.

郑宇.美国和新加坡的高等教育管理及对我国的启示[J].教书育人(高教论坛),2014,11:56—57.

曹惠容,王兵.试论新加坡教师教育政策的价值基础[J].琼州学院学报,2014,06.

林纬.论新加坡德育经验对中国高校德育的借鉴作用[J].广西民族师范学院学报,2014,06:129—131.

施雨丹,卓泽林.新加坡私立高等教育的评估要素及其相互影响[J].比较教育研究,2014,11:92—97.

徐畅.中国与新加坡职业院校学生素质教育比较[J].常州信息职业技术学院学报,2014,06:59—62.

石林.小议"一天一题"与"终身学习"——新加坡NYP办学理念与教学管理研修体会[J].河南科技,2014,23:239—240.

伍琼.浅谈新加坡的通识教育——以新加坡义安理工学院为例[J].科技展望,2014,22:82.

侯相斌.新加坡职业与工艺教育概况[J].汽车维修与保养,2015,01:91—93.

赵红军,王奕俊.论职业教育适应经济转型的发展——台湾和新加坡的发展经验促成的启示[J].高等农业教育,2014,12:110—113.

李小红,靳玉乐.新加坡儒学价值观教育:历史、经验及启示[J].中国教育学刊,2015,01:47—53.

李颖,郝和平.中国与新加坡高等职业教育的比较研究——以新加坡南洋理工学院为例[J].中小企业管理与科技(上旬刊),2015,02:234—235.

维克托·迈尔·舍恩伯格.用大数据改变未来的学习和教育——在华东师范大学杏坛高议文化讲坛的演讲[J].世界教育信息,2014,24:3—6.

徐亮.新加坡高校信息技术教育借鉴[J].教育与职业,2015,01:104—105.

杨学祥.新加坡成人教育体系、特色及其启示[J].继续教育,2015,01:3—6.

张佳.新加坡校长专业发展与培训体系探析[J].外国教育研究,2015,02:90—98.

张时碧.论新加坡高职教育特色对我国高职教育的启示[J].高教论坛,2015,01:126—129.

哈聪颖,付路,冯蓉.国内外高等教育信息化发展战略综述及比较研究[J].赤峰学院学报(自然科学版),2015,03:264—266.

杨长伟,何大为,赵志青,李明.参加新加坡医学急救教育培训的体会[J].中国继续医学教育,2015,04:1—2.

何澍炜.关于职业教育的几点思考——赴新加坡学习点滴[J].中国校外教育,2014,S3:608—609.

郝伯为,赵玉娟,刘清水.新加坡南洋理工学院办学特色对专业教育改革的启示——以马铃薯生产加工专业为例[J].新课程研究(中旬刊),2015,01:14—16.

袁玉娟,向国红.新加坡高等教育新兴技术应用的策略与启示[J].新课程研究(中旬刊),2015,02:12—13.

罗丹.职业教育如何应对"中等收入陷阱"——新加坡的经验与启示[J].中国高教研究,2015,01:87—91.

罗丹.由"适应"到"引领"——职业教育应对产业转型升级的新加坡模式研究[J].职教论坛,2015,06:92—96.

罗丹.职业教育应对产业转型升级的新加坡模式研究——由"适应"到"引领"[J].职业技术教育,2015,01:75—79.

叶冉青.新加坡将推动"人手一机"网络学习模式[J].世界教育信息,2015,03:78.

林中威.教育与城市化关系探析[J].教育评论,2015,02:155—157.

贾引狮.新加坡知识产权教育与人才培养研究[J].南宁职业技术学院学报,2015,01:35—37.

方子春.学访澳大利亚和新加坡远程教育的启示[J].继续教育,2015,03:78—80.

罗丹.产业升级与职业教育发展:新加坡的经验研究[J].现代教育论丛,2015,01:58—62.

杨婉,李波.新加坡学生校际流动对我国的借鉴意义[J].管理工程师,2015,01:65—68.

刘莉萍.日本和新加坡创业教育比较研究及启示[J].工业和信息化教育,2015,02:4—7+11.

陈雁,符崖,陈晔,田婧.国外高校创业教育模式与中国高校创业教育的思考[J].创新与创业教育,2015,01:134—136+156.

段萍.新加坡双语教育对中国新疆双语教育的启示[J].牡丹江教育学院学报,2015,03:54—55.

党杰,张琳. 新加坡职业教育人才培养的启示[J]. 职业,2015,08:29—30.

吴海鸥. 新加坡继续教育与培训在线课程网站开通[J]. 世界教育信息,2015,06:78.

常素芳. 比较视域下中国与新加坡的青少年法制教育[J]. 教学与管理,2015,12:122—124.

史梅,邵溢. 浅谈新加坡高校学生事务工作对当下学生工作的启示——以新加坡义安理工学院、工艺教育局为例[J]. 科教文汇(上旬刊),2015,04:135—136.

职教园地[J]. 天津中德职业技术学院学报,2015,02:112.

邹颖. 新加坡早期的多元化教育[J]. 才智,2015,10:138.

纪江明,葛羽屏. 分层模型视角下中心城市基础教育满意度影响因素研究——基于"2012 新加坡连氏中国城市公共服务质量调查"的实证分析[J]. 教师教育研究,2015,02:1—7.

曹惠容,王兵. 试论新加坡解决教师教育问题的对策及其启示[J]. 教师教育论坛,2015,03:88—91.

李存永. 新加坡南洋理工学院职业教育模式的启示[J]. 科技风,2015,09:231—232.

李寿泉. 南洋理工学院创新创业教育对职业教育的启示[J]. 江苏建筑职业技术学院学报,2015,01:52—55.

罗志高,倪陈岑. 韩国新加坡快速国际化中外语教育政策沿革及其启发[J]. 科教导刊(上旬刊),2015,05:7—8.

吴颖. 新加坡职业教育特色对我国高职人才培养模式改革的启示——以艺术类项目课程教学改革研究为例[J]. 武汉职业技术学院学报,2015,02:102—104+120.

职业教育如何应对"中等收入陷阱"——新加坡的经验与启示[J]. 职教论坛,2015,13:67—68.

王玉洁,李佳涛,崔鸿. 新加坡小学科学课程大纲分析[J]. 教学与管理,2015,14:53—56.

邵贵平. 中新卓越教育理念的比较研究[J]. 现代教育科学,2015,05:152—156+166.

韩芳芳. 新加坡职前教师教育伙伴合作模式探析——聚焦《21 世纪教师教育模式》[J]. 考试研究,2015,03:79—83+78.

胡骏. 由新加坡儒家伦理教育引起的几点思考[J]. 商,2015,04:40.

靳义亭. 新加坡青少年思想政治教育的经验及启示[J]. 思想教育研究,2015,05:89—92.

郁有凯. 新加坡思想政治教育的特点及其启示[J]. 濮阳职业技术学院学报,2015,02:140—142.

徐士强. 日韩新三国实施 IB 课程述析[J]. 外国中小学教育,2015,05:58—61+57.

魏丽君,吴海波. 高职校企合作、产教融合教育模式探析——新加坡南洋理工学院与湖南铁道职业技术学院之比较[J]. 工业和信息化教育,2015,04:14—17+30.

兰丽宁. 新加坡教育信息化现状梳理与分析[J]. 中国教育信息化,2015,07:36—41.

张明,宋妍. 新加坡研究生培养模式及对我国研究生教育的启示[J]. 山东高等教育,2015,06:26—32.

刘明秀. 新加坡高等职业技术教育经验及特色[J]. 教育教学论坛,2015,24:89—90.

魏志慧. 新加坡终身学习政策与实践发展研究[J]. 世界教育信息,2015,07:31—37.

方勇. 职教园地[J]. 天津中德职业技术学院学报,2015,03:108.

何郁冰,丁佳敏. 创业型大学如何构建创业教育生态系统?[J]. 科学学研究,2015,07:1043—1051.

尹蕾. 论"双轨系统"教学模式在职业教育中的应用和推广[J]. 职业,2015,20:78.

林仕岛,李汶锦,刘思雨,黄燕莉. 新加坡高校创业教育机制模式及其路径研究——以南洋理工大学为例[J].海南广播电视大学学报,2015(02).

杨眉.新加坡教师教育模式对我国教师教育改革的启示[J].继续教育研究,2015,07:126—128.

王常静.以新加坡职教模式反观我国高职校企合作建设[J].继续教育研究,2015,06:127—128.

陈韫韬.国外职业教育服务区域经济社会发展路径探索[J].继续教育研究,2015,07:123—125.

于博,任伟.新加坡南洋理工学院教学模式与启示[J].漯河职业技术学院学报,2015,03:9—10.

吴晓涵.新加坡:培养国人高尚品格是教师首要任务[J].人民教育,2015,10:13.

费磊,范凯波,李兆鹏,张利国.新加坡大学生国家认同教育及其对我国教育的启示[J].市场周刊(理论研究),2015,07:74—77.

徐静.新加坡:双语教育成功的典范[J].世界教育信息,2015,11:8—9.

张杨.冷战前期美国对东南亚华文高等教育的干预与影响——以南洋大学为个案的探讨[J].美国研究,2015,03:114—132＋7—8.

管弦.国外高职教育卓越发展的典型经验——以美国、德国、瑞士、澳大利亚、新加坡为例[J].教育学术月刊,2015,08:33—39.

卢菲菲.新加坡高等职业教育人才培养特色探析[J].广州职业教育论坛,2015,04:55—59.

兰丽宁.新加坡免除公立学校学生的各项考试费用[J].世界教育信息,2015,11:76—77.

叶冉青.新加坡各理工学院新生须接受60小时职业辅导[J].世界教育信息,2015,13:75.

吕燕宁.新加坡高等教育观察与启迪[J].北京教育(高教),2015,Z1:124—126.

卢亚莲.新加坡南洋理工学院"教学工厂"理念的启发与思考[J].贵州工程应用技术学院学报,2015,03:117—121.

喻忠恩.职业教育如何念好外来的经——以新加坡"教学工厂"为例[J].职教通讯,2015,19:34—39.

何李方.新加坡中小学督导评价机制对我国的启示[J].教育现代化,2015(07).

王健.赴新加坡南洋理工学院考察报告[J].科教导刊(下旬),2015,08:8—9.

卢菲菲.新加坡高等职业教育人才培养特色探析[J].教育与考试,2015,02:87—91.

史大胜,楚琳.新加坡幼儿园教师专业化发展准则与规划研究[J].外国教育研究,2015,09:119—128.

郑鑫,张文华.新加坡教师专业学习共同体:政策、理念与实施[J].外国中小学教育,2015,08:45—52.

戴均峰.新加坡中学教学的特点及现状分析[J].才智,2015,25:121.

刘笑言.新加坡文化软实力的制度载体与价值内核[J].社会科学,2015,02:23—30.

杨茂庆,王远.新加坡高中课程国际化的主要特点与实现方式[J].现代中小学教育,2015,10:104—107.

刘占山,王文槿.走进狮城——新加坡职业教育考察报告[J].职业技术教育,2015,21:70—76.

蔡楚发.新加坡教育中信息通信技术的应用[J].世界教育信息,2015,15:26—27.

李明慧,巢虹玉.新加坡学前双语课程特点及启示——以某机构绘本课程为例[J].科教文汇(中旬刊),2015,09:74—75.

熊倪.新加坡双语教育的成功经验及对国际化人才培养的借鉴[J].天津中德职业技术学院学报,2015,05:56—58.

潘晖君,洪跃雄.中新两国之国家认同教育比较及启示[J].泉州师范学院学报,2015,04:43—46.

刘虹豆.从族群关系视角看新加坡教育分流政策[J].高教学刊,2015,20:10—11.

曹漱芹,高黎阳,樊江琴.当代孤独症学校教育质量特征与启示——基于30所国外孤独症学校的研究[J].比较教育研究,2015,09:97—106.

安涛,鲁长芬,胡海,罗小兵.英国、加拿大、新加坡体育教师培养模式对我国体育免费师范生培养模式的启示[J].北京体育大学学报,2015,10:103—108.

吴旭乾,李倩.高职制药技术专业建设探究——基于新加坡职教理念[J].黄冈职业技术学院学报,2015,05:35—37.

王勇,李勇华.新加坡中医学院职业教育的启示[J].中国中医药现代远程教育,2015,22:92—94.

符聪.借鉴新加坡教育理念助推海南教育长效发展[J].今日海南,2015,10:29—30.

张奂奂,高益民.批判话语分析在大学章程文本中的应用研究——以新加坡国立大学章程为例[J].中国高教研究,2015,11:49—54.

许南,廖志强.日本、新加坡大学生考试作弊的预防和惩戒机制及其对我国的启示[J].湖南人文科技学院学报,2015,05:115—118.

李文璟.新加坡职业教育校企合作对我国高职市场营销专业建设的启示[J].湖北函授大学学报,2015,21:21—22.

徐斌,陈志鹏.新加坡职业教育特色研究[J].科技创业月刊,2012,01:114—115.

康海玲.从"国戏杯"大赛看戏曲教育在新加坡[J].中国戏剧,2012,02:72—73.

戴家毅.新加坡分流制的教育评价原则解读[J].中国成人教育,2012,01:135—136.

马庆荣.新加坡实施"少教多学"教育理念及其给我们的启示[J].教育实践与研究(B),2012,01:4—6.

李露,邓剑.新加坡高等教育"钻石体系"的竞争优势及启示[J].现代教育科学,2012,01:49—52.

卜晓苑.新加坡职业教育发展对我国骨干高职院校建设之启示[J].职业教育研究,2012,01:174—176.

徐昆.中国与新加坡职业教育比较研究[J].职业教育研究,2012,01:177—178.

王冰,谷峪.新加坡乐龄教育:策略与启示[J].河北师范大学学报(教育科学版),2012,02:19—23.

杜以德,孙龙存.成人高等教育国际化:新加坡PSB学院的启示[J].河北师范大学学报(教育科学版),2012,01:61—66.

纪春梅,邹华.新加坡初等教育分流对西藏的启示[J].湖南师范大学教育科学学报,2012,01:93—96.

张社强.日本、韩国、新加坡学校道德教育比较研究[J].思想理论教育导刊,2012,01:101—105.

丁丽红,王嘉毅.从新加坡双语教育反思我国高校双语教学的误区[J].成功(教育),2012,01:47—48.

徐李颖.道教社会教育之路:新加坡道教学院办学经验探索[J].中国道教,2012,01:57—63.

孙淑秋.新加坡学校公民道德教育中隐性教育资源的运用及其启示[J].学校党建与思想教育,2012,09:91—93.

唐素林.理念超前人性化管理特色立校——新加坡职业教育考察散记[J].北京政法职业学院学报,2012,01:96—100.

权麟春.美国与新加坡思想政治教育的广泛性[J].宁波大学学报(教育科学版),2012,02:69—73.

谈征宇.浅谈新加坡人才战略给我国高职教育的启示[J].交通职业教育,2012,01:41—43.

刘凤存.新加坡成人教育特色及其启示[J].湖北大学成人教育学院学报,2012,01:25—28.

张海莲.美国和新加坡的思想政治教育比较[J].重庆科技学院学报(社会科学版),2012,03:159—161.

林植平,倪瑛.新加坡职业教育特色及成功原因探讨[J].成人教育,2012,02:123—124.

邱志军,Tan Ching Hong,王文涛.新加坡南洋理工学院护理教学特色及启示[J].中华护理杂志,2012,04:363—365.

黄明.新加坡双语教育模式与语用环境及语言转移[J].西南民族大学学报(人文社会科学版),2012,04:190—192.

韩玉萍,郭佳.新加坡英语教师职前教育略论[J].长治学院学报,2012,01:85—87.

田立臣,李志伟,刘殿阁.印象新加坡理工学院及 CDIO 工程教育模式的启示[J].职业技术,2012,01:119—120.

周伟.新加坡国民教育的特点[J].吉林省教育学院学报(下旬),2012,03:1—2.

李友文.高等教育国际化的新加坡经验——以新加坡国立大学及南洋理工大学为例[J].嘉应学院学报,2012,01:87—91.

朱芳芳.值得借鉴的新加坡职业教育理念[J].辽宁高职学报,2012,01:10—12.

赵刘,郭胜.新加坡高职教育的特色与启示[J].无锡职业技术学院学报,2012,02:22—24+31.

夏裕富.关于新加坡教育文化的思考[J].大连教育学院学报,2012,01:65—66.

王灵芝.儒家伦理思想在新加坡道德教育中的升华及启示[J].湖南工业职业技术学院学报,2012,02:24—26.

蔚蓝.日本、韩国、新加坡、以色列——教育信息化建设及应用综述[J].中国教育技术装备,2012,11:130—132.

杨锐.中国、新加坡幼儿园科学教育之比较[J].湖北第二师范学院学报,2012,04:97—99.

赵丽娜.新加坡特殊教育师资与中国特殊教育师资的比较研究[J].绥化学院学报,2012,02:13—14.

夏元庆.首届新加坡青奥会赛会的教育目标解析及其启示[J].南京体育学院学报(自然科学版),2012,02:113—114+117.

新加坡:社区教育满足不同人群需求[J].成才与就业,2012,09:63.

陈玉清,黄明.新加坡双语教育与华人语言习惯和态度的变迁[J].集美大学学报(教育科学版),2012,02:55—58.

刘孟.新加坡高等教育国际化战略探究[J].学理论,2012,14:205—206.

高伟浓,张应进.东南亚教育部长组织新加坡地区语言中心对中国的支教活动[J].东南亚纵横,2012,04:39—41.

张虹.新加坡高等教育走向国际化的策略[J].天津市教科院学报,2012,02:18—20.

黄明.论高等职业教育校企合作的新模式教学工厂——赴新加坡学习考察心得[J].企业导报, 2012,06:216.

邵迎春,黄伟.新加坡职教与我国高职教育的对比[J].职业技术,2012,03:100.

杨玮玉.新加坡(2000—2009年)中等教育的改革与发展[J].现代教育科学,2012,06:20—22.

刘淑艳,吴婷.新加坡的发展对我国的借鉴与启示[J].价值工程,2012,16:143—144.

李静.新加坡基础教育分流制度的演变及启示[J].重庆科技学院学报(社会科学版),2012,12: 179—180+188.

段江.以临床需要为本的医学教育模式探讨——新加坡与中国医学教育体系比较[J].卫生软 科学,2012,06:553—554.

王岩.新加坡学前教育发展政策探析——基于新加坡教育部加大学前教育投入的政策[J].四 川教育学院学报,2012,06:118—120.

曹惠容.影响新加坡教师教育政策制定的宏观因素探讨[J].乐山师范学院学报,2012,06: 119—121+129.

朱竞雅.试论新加坡高等教育特色及对中国的启示[J].焦作师范高等专科学校学报,2012,02: 65—67.

沙尔娜.新加坡高等教育投资机制研究及启示[J].教育教学论坛,2012,19:4—6.

戴冬秀.我国高职教育发展中几对矛盾的探析——来自新加坡高职教育的启示[J].江苏广播 电视大学学报,2012,03:36—38+67+2.

杨海澜.新加坡职业教育教学质量体系的考察——以义安理工学院为例[J].武汉交通职业学 院学报,2012,02:6—8+29.

杨勇,聂羚.新加坡教育信息化概览[J].世界教育信息,2012,05:32—35.

唐雯雯,曾庆毅.新加坡职业教育的发展特点及经验借鉴[J].职业教育研究,2012,08: 177—178.

黄瑾,姜勇.新加坡"精神"取向的教师教育课程改革述评[J].外国中小学教育,2012,08: 32—37.

黄明.新加坡双语政策作用下的教育制度改革[J].集美大学学报(教育科学版),2012,03: 60—64.

齐欣.论高职院校教育资源的合理利用——中国与新加坡高职院校教育资源利用情况比较分 析及启示[J].辽宁高职学报,2012,07:28—30.

权麟春.从德育的基本机制审视新加坡中小学道德教育[J].教学与管理,2012,25:85—88.

王喜娟.新加坡现代大学制度建设的背景与前提初探[J].黑龙江高教研究,2012,10:8—11.

张晶.新加坡的职业教育研究[J].金华职业技术学院学报,2012,04:13—16.

刘佳.多元文化背景下新加坡道德教育的成功之道[J].四川教育学院学报,2012,09:12—15.

王兵,李旭中.新加坡双语双文化精英教育探析[J].教育探索,2012,08:157—159.

曾玉平.新加坡精英教育培养体系及其经验借鉴[J].太原师范学院学报(社会科学版),2012, 04:124—127.

范辉君.新加坡"教学工厂"对我国骨干高职院校建设的启示[J].南通航运职业技术学院学报, 2012,03:100—103.

谢金红,陈华强,吴小兰.新加坡工艺教育学院教学理念对我国职教改革的启示[J].广东交通职业技术学院学报,2012,03:110—114.

李方芳,黄冬梅.新加坡语言政策和语言教育研究——以语言经济学为视角[J].长白学刊,2012,06:151—152.

黄新辉.新加坡教育信息化对我国高校"数字化资源建设"的启示[J].东南亚纵横,2012,09:68—71.

曹雪.新加坡公司将社交媒体融入教育[J].世界教育信息,2012,09:80.

张敏.新加坡培养学生全面发展的理想素质管窥[J].常州大学学报(社会科学版),2012,04:123—125.

魏晓燕.新加坡职业院校创新教育成功因素探析[J].江汉大学学报(社会科学版),2012,05:67—70.

喻军,张泽强.中国和新加坡高校法制教育的比较与启示[J].邵阳学院学报(社会科学版),2012,05:83—86.

陈海英.儒家德育思想的外明内照——新加坡儒家德育对我国思想政治教育的启示[J].边疆经济与文化,2012,09:178—179.

于丹,周先进.新加坡东方价值观教育的制度性支撑及其启示[J].高等农业教育,2012,10:91—95.

刘宝清,周春宇,郝瞳,尹可欣,刘会良,吴伟.中国与新加坡医学生对GMER的态度比较[J].中医教育,2012,06:1—3+7.

杜兰晓.韩国、新加坡国家认同教育的特点及启示[J].学校党建与思想教育,2012,34:92—95.

黄静婧.新加坡隐性道德教育特色及其启示[J].学校党建与思想教育,2012,35:7—9.

刘晓亮,赵俊峰.新加坡高等教育国际化问题研究[J].外国教育研究,2012,12:98—105.

蒋庆荣.新加坡高职师资增值培养的启示与思考[J].新课程研究(中旬刊),2012,12:29—31.

侯永娟.新加坡多元文化教育模式[J].重庆科技学院学报(社会科学版),2012,22:171—173.

曾长秋,胡佳.儒学文化滋润核心价值观教育——对新加坡儒学教育的观察[J].中国德育,2012,12:75—79.

李宏俭.中国与新加坡职业教育师资培养之比较——新加坡NYP师资培养成功经验启示[J].职业教育研究,2012,12:59—60.

徐顺,陈吉利,王锋.新加坡基础教育信息化发展规划对我国基础教育信息化的启示[J].中国远程教育,2012,12:80—84.

杨艳.论新加坡思想政治教育对中国的启迪[J].东方企业文化,2012,23:103.

郭立伟.新加坡职业教育经验对国际商务专业建设的启示[J].南京广播电视大学学报,2012,04:28—30.

杨燕玲.新加坡教改学习与与应用思考[J].黔东南民族职业技术学院学报(综合版),2012,04:37—39.

姚山泉,李天凤.20世纪90年代以来我国关于新加坡道德教育研究述评[J].学园,2012,05:43—46.

王俊杰.以行动为基础的职业教育理念最具感召力——赴新加坡学习情况报告[J].黔东南民族职业技术学院学报(综合版),2012,04:9—10.

张秀君.新加坡职业教育的特色及启示[J].职教通讯,2012,36:78—80.

刘书华.专业设置与建设是职业教育发展之本——新加坡研修学习的见闻与思考[J].黔东南

民族职业技术学院学报(综合版),2012,04:19—24.

吴寿峰.新加坡职业教育的启示[J].黔东南民族职业技术学院学报(综合版),2012,04:29—31.

龙章烈.新加坡职业教育的启示[J].黔东南民族职业技术学院学报(综合版),2012,04:51—52+57.

吴德诚.从新加坡高职教育的"教学工厂"说起——赴新加坡高校学习的体会[J].黔东南民族职业技术学院学报(综合版),2012,04:25—26.

黄明.新加坡英汉双语教育对汉语方言的影响——汉语方言在新加坡华人社会日常交际中的使用现状研究[J].新疆大学学报(哲学·人文社会科学版),2012,05:144—148.

陈苗苗.新加坡的思想政治教育对我国的启示[J].中共乐山市委党校学报,2012,06:86—88.

黄祖辉,张碧霞.新加坡公民教育对我国高校道德教育的启示[J].广东医学院学报,2012,06:686—689.

李洪伟.日本、韩国、新加坡思想政治教育的特色及对中国的启示[J].世纪桥,2012,23:62—63.

李真.新加坡与无锡职业教育比较与分析[J].烟台职业学院学报,2012,03:5—8.

段会冬,黄睿.精英教育背景下新加坡莱佛士书院课程设置述评[J].世界教育信息,2012,Z1:86—89.

王鹏.新加坡大学生主流价值观教育探析[J].思想理论教育导刊,2012,12:100—103.

章新友,肖飞飞.新加坡教育体制的探究及其启示[J].江西中医学院学报,2012,05:92—97.

符家庆,孙建波.新加坡职教师资培养对我国"双师型"教师培养的借鉴与启示[J].常州大学学报(社会科学版),2014,01:118—121.

英吉卓玛.新加坡双语教育改革与启示[J].中国民族教育,2014,01:57—59.

谢丽梅.学以致用立足创新——新加坡东亚管理学院[J].教育与职业,2014,01:98—99.

高扬.新加坡南洋理工学院人才培养特色与启示[J].教育教学论坛,2014,06:250—251.

邹长虹.新加坡的语言政策及其对我国外语教育政策的启示[J].社会科学家,2014,02:114—116.

高茹,刘振平.新加坡双语教育政策中因材施教理念的注入与发展——新加坡教育政策报告书解读[J].外国教育研究,2014,03:22—32.

史海燕.新加坡教育考察随想[J].中国民族教育,2014,02:59—61.

王寅枚,冯超,程黎.新加坡天才教育的现状及特色[J].外国教育研究,2014,03:12—21.

兰明明,王玥.新加坡爱国主义教育经验借鉴[J].科教文汇(上旬刊),2014,02:22+24.

张淑娟,王亚妮,王瑜,巩明发.新加坡百汇护理学院护理教育与我院护理教育之比较[J].卫生职业教育,2014,06:79—80.

林卫红.从校园文化建设知新加坡教育价值观——赴新加坡考察、交流所见所思[J].中小学德育,2014,02:36—37.

雷瑞瑞,姜峰.新加坡《2009年私立教育法案》:强化管理确保质量[J].中小学管理,2014,02:53—54.

郭英芳.新加坡NYP++职业教育对我们的启示与思考[J].杨凌职业技术学院学报,2014,01:53—55.

练长城.新加坡高职教育模式及思考[J].中国成人教育,2014,02:115—116.

章燕.新加坡与韩国道德教育比较研究及对我国的启示[J].广西社会科学,2014,02: 201—204.

范新民.创业与创新教育——新加坡高校教育成功的启示[J].河北师范大学学报(教育科学版),2014,02:57—62.

汤锋旺.移民社群整合与新加坡女子教育之发展[J].河南师范大学学报(哲学社会科学版),2014,01:71—75.

易琳琅.新加坡创新教育对我国创业教育的启示[J].当代教育理论与实践,2014,02:25—26.

程晴晴,滕志妍.新加坡新品格与公民教育述评[J].外国教育研究,2014,04:113—121.

江渝,田文红,刘佳.新加坡多元文化教育对四川少数民族地区基础教育的启示[J].中华文化论坛,2014,03:156—161.

闫智勇,殷新红.新加坡南洋理工学院校企合作内生策略[J].中国职业技术教育,2014,06: 62—67.

许晓峰.新加坡学校体育教育和教学改革发展探究[J].中外企业家,2014,02:180.

任鸿儒,孙河川.新加坡教育体系的基本框架及制度设计特点[J].世界教育信息,2014,04: 12—16.

张凌瑶.新加坡学前教育专业的课程设置及启示[J].职业教育研究,2014,04:175—177.

牛红军,王立晖,孙昊,孙波.新加坡职业教育发展现状及对我国的启示[J].教育评论,2014, 04:162—164.

程秀玮,魏玮.新加坡职业教育对我国职业教师发展的思考[J].科教文汇(中旬刊),2014,03: 23—24.

谷峪,楚姗.寓实践经验于高等教育改革——以新加坡南洋理工学院为例[J].吉林师范大学学报(人文社会科学版),2014,03:74—76.

.新加坡南洋理工大学教育管理硕士研究生(体育专业)招生简章[J].天津体育学院学报, 2014,01:2+93.

张丽冰.新加坡职前教师教育中的服务学习[J].高教探索,2014,02:87—92.

裴长安,张红艳.新加坡中小学公民教育的特点及其启示[J].兵团教育学院学报,2014,02: 64—67+63.

范真.新加坡南洋理工学院护理教育介绍及其启示[J].护理研究,2014,14:1782—1784.

向春.新加坡群育经验及启示[J].现代教育论丛,2014,02:25—30.

王沛.文化产业发展背景下高职教育比较研究——以中国与新加坡为例[J].邢台学院学报, 2014,02:168—169.

周海英,冯荷兰.新加坡南洋理工学院高等职业技术教育对我国高职教育的启示[J].职教通讯,2014,14:78—80.

朱莎,张屹,杨浩,吴砥.中、美、新基础教育信息化发展战略比较研究[J].开放教育研究,2014, 02:34—45.

陶媛.新加坡基础教育改革时机成熟[J].世界教育信息,2014,07:76—77.

吴志勤.新加坡基础教育的特色及其对我国的启示[J].教学与管理,2014,14:58—60.

刘韵.新加坡义安理工学院教育特点对高职院校的启示[J].黄冈职业技术学院学报,2014,03: 25—27.

屈超,周林军.借鉴新加坡职教办学理念构建一流高职教育师资队伍[J].教育教学论坛,2014,

16:35—37.

彭建国,周霞.论新加坡共同价值观教育对我国社会主义核心价值观培育的启示[J].思想教育
研究,2014,05:47—50.

孙兴华,马云鹏.兼具深度广度:新加坡基础教育改革的启示[J].外国教育研究,2014,06:
68—78.

刘建良.新加坡中小学公民教育新进展及其启示[J].外国中小学教育,2014,05:29—32.

杨勇.从 PISA 的表现看新加坡基础教育发展理念[J].外国中小学教育,2014,06:6—10.

王兵,曹惠容.制约新加坡教师教育政策价值基础的主观因素探讨[J].琼州学院学报,2014
(03).

王运武.中新教育技术发展比较研究[J].电化教育研究,2014,05:114—120.

陈桂梅.新加坡职业教育政策实践及其启示[J].常州信息职业技术学院学报,2014,03:4—6.

谢欧,张凌洋.新加坡教师教育模式评述与启示[J].教师教育学报,2014,04:102—107.

吴大平.广西高校助学贷款诚信教育探索——基于对新加坡大学诚信教育的经验借鉴[J].广
西社会科学,2014,06:50—52.

李红艳.与经济发展互生共荣的新加坡职业教育[J].三门峡职业技术学院学报,2014,02:
31—33.

姜辉军,张继生.新加坡学校体育发展研究[J].体育文化导刊,2014,06:142—145.

王国珍,罗海鸥.新加坡中小学网络素养教育探析[J].比较教育研究,2014,06:99—103.

仇志海.新加坡 NYP"教学工厂"理念对我国高职创新教育的启示[J].创新与创业教育,2014,
03:103—104.

刘霞.新加坡 NYP 项目教学对我国职业教育的启示[J].教学研究,2014,02:111—113.

汪静.新加坡职业教育校企合作长效机制研究[J].深圳信息职业技术学院学报,2014,02:36—
39+47.

王莉.高职酒店管理专业职业素养教育探析——新加坡莎瑞酒店管理学院的启示[J].科技创
业月刊,2014,10:124—126.

尉啸尘,王晓雨,杨亚希,穆青青,刘东东.充满智慧的新加坡现代教育剖析[J].海峡科技与产
业,2014,08:68—70.

顾丹颖.新加坡孝道教育及其对我国的启示[J].科教导刊(中旬刊),2014,09:222—223.

杨小刚.新加坡职业教育对重庆职教的启示[J].中国校外教育,2014,21:124.

袁玉娟,向国红.职业教育应坚持"以人为本,因材施教"——新加坡"因材施教"教育理念对我
国高职教育的启示[J].职业时空,2014,08:11—12+16.

潘骏.人本导向:新加坡教师培训模式的经验借鉴[J].煤炭高等教育,2014,05:44—47.

程晋宽.日本、韩国、新加坡义务教育优质学校办学标准论析[J].教育测量与评价(理论版),
2014,10:9—15.

罗明煜.美、英、新加坡国家教师荣誉制度的共性研究[J].教师教育研究,2014,05:107—112.

陶媛.新加坡教育改革优先关注基础教育[J].世界教育信息,2014,15:76—77.

尹晗笑.新加坡高等教育发展战略研究——基于升大学渠道委员会关于 2015 年后《更大的多
样性,更多的机会》报告的文本分析[J].吉林省教育学院学报(下旬),2014,10:44—45.

冯帆.行业企业参与职业教育的国际经验借鉴与启示——以新加坡"教学工厂"人才培养模式
为例[J].继续教育研究,2014,09:136—140.

程丽琴.浅析新加坡南洋理工学院创业能力培养模式对高职院校设计教育的几点启示[J].品牌,2014,03:42—43.

艾政文.新加坡青少年核心价值观教育及其启示[J].教育评论,2014,10:165—167.

苏奕姣.新加坡高职教育课程特点探析与启示[J].宁波教育学院学报,2014,05:1—3+15.

孙彤,高志敏.从新加坡道德教育的特点谈对我国的启示[J].河北师范大学学报(教育科学版),2014,06:89—93.

金家新.社会资本视角下的新加坡高校公民道德教育研究[J].山东师范大学学报(人文社会科学版),2014,03:89—94.

肖红波.新加坡"少教多学"教育理念解读与启示——以义安理工学院为例[J].求知导刊,2014,07:70—72.

陈庆.新加坡工艺教育学院学生国内交流培训活动的开发与实施[J].轻工科技,2015,12:171—172.

李鹏飞.新常态视角下的新加坡高等工程教育特点及其启示[J].教育现代化,2015,13:76—79.

赵月.新加坡职业教育特色研究[J].教育观察(上半月),2015(12).

唐彪.新加坡公民教育及其对我国高校的启示[J].改革与开放,2015,21:62—63.

马克·贝磊,马丽明,游蠡.新加坡、香港地区的比较教育与教师教育:基于时空转换的比较[J].比较教育研究,2015,11:38—45+58.

杜祖贻,董江华.新加坡与香港地区教师教育比较[J].比较教育研究,2015,11:33—37.

杨非.新加坡南洋理工学院办学特色对高职教育教学的启示[J].湖南大众传媒职业技术学院学报,2015,05:78—80.

杨异卉,宋永彬,甘春丽.新加坡药师继续专业教育模式[J].药学教育,2015,06:70—75+78.

刘翠,吴坚.新加坡通识教育新进展及其对我国的启示——基于耶鲁—新加坡国立大学学院的研究[J].湖南人文科技学院学报,2015,06:115—119.

阳夏冰,胥秋.新加坡和我国职业教育课程开发与实施比较及其启示——以义安理工学院和武汉工业职业技术学院为案例[J].宁波职业技术学院学报,2015,06:12—15+48.

张建军,方招祥.新加坡职业教育对高职院校市场营销专业建设的启示[J].包头职业技术学院学报,2015,04:67—69+77.

张松.中国新加坡机械工程专业本科课程设置比较研究[J].商,2015,50:264.

权麟春.美国和新加坡思想政治教育的层次性分析及启示[J].思想理论教育,2011,04:20—24.

马晓莉.新加坡中小学的学校道德教育特点及其启示[J].当代教育论坛(综合研究),2011,01:110—111.

朱括,徐梅.新加坡双语教育对重庆小学双语教学的启示[J].重庆教育学院学报,2011,01:23—26+68.

邬国强,李彧,杨苏.新加坡南洋理工大学国际化发展战略及其对我国高等中医药教育发展的启示[J].中医药管理杂志,2011,02:160—163.

岑小林.新加坡经验及其在我国高职教育体制改革中的借鉴意义[J].科技信息,2011,02:196.

梁美.新加坡教学工厂模式对我国职业学校教师能力培养的启示和借鉴[J].物流工程与管理,2011,01:132—134+137.

吴伟彬,陈惠萍,陈丁力.新加坡学校教育市场化的政策与实践[J].城市观察,2011,01:94—103.

黄明.新加坡双语教育模式对学校语言环境的影响——新加坡华族学生在学校环境中讲英语、华语、方言的现状调查[J].英语广场(学术研究),2011,Z1:73—77.

郑琦.新加坡南洋理工学院(NYP)"教学工厂"对我国高职教育的启示与思考[J].中国市场,2011,09:145—146+148.

郑长虹.略谈新加坡的教育制度[J].读与写(教育教学刊),2011,02:74+93.

汪长明.新加坡职业教育成功因素分析[J].当代职业教育,2011,02:93—95.

宋丽霞.新加坡职业教育对我国教师科研能力培养的启示[J].中国成人教育,2011,05:109—111.

孟瑞霞,任转娣,何继龄.浅析新加坡小学公民道德教育[J].牡丹江教育学院学报,2011,02:66—67.

李建伟.近二十年新加坡职业技术教育综述[J].继续教育研究,2011,03:136—138.

刘红委.新加坡职业教育教师绩效评价的特点与意义[J].继续教育研究,2011,05:155—157.

韦如意.新加坡高等职业教育成功经验浅析[J].青岛职业技术学院学报,2011,02:65—68.

丁立群,宫麟丰,鲁凤宇.新加坡"教学工厂"模式对我国高职教育的启示[J].辽宁农业职业技术学院学报,2011,02:32—34.

刘必旺.新加坡教育办学理念的经验和启迪——新加坡南洋理工学院培训有感[J].学理论,2011,13:246—247.

徐志伟.新加坡教育公共服务的特色及对我国的启示[J].基础教育研究,2011,05:53—55.

刘峰.新加坡"立交桥"式职业教育体系给我们的启示[J].职业教育研究,2011,05:177—178.

谢丽英.新加坡"教学工厂"模式给我国职业教育教学的启示[J].成人教育,2011,05:127—128.

肖艳双,徐大真.新加坡南洋理工学院教育理念对中国职业教育的启示[J].新疆职业教育研究,2011,01:5—8.

李娟.新加坡职业技术教育先进理念借鉴与思考[J].广东水利电力职业技术学院学报,2011,02:45—48.

梁卿,黄选明,黄晔明.新加坡儿童文学教育元素与人才培养[J].东南亚纵横,2011,06:61—65.

姚静.新加坡中小学公民道德教育的探析及借鉴[J].教学研究,2011,03:79—82.

周文玲,陈修焕.新加坡高等职业教育校企合作的特点及启示[J].青岛职业技术学院学报,2011,03:82—86.

黄建如,向亚雯.新加坡建设地区教育中心的经验与不足——以环球校园计划为例[J].大学(学术版),2011,04:81—85+70.

陈成志,唐鹏.新加坡中小学公民道德教育的特点[J].科技信息,2011,18:413—414.

高进.新加坡共同价值观教育对我国德育的启示[J].教育探索,2011,07:157—159.

陈元进.对新加坡职业教育超前办学理念的思考[J].乐山师范学院学报,2011,07:123—126.

胡育辉.新加坡职业教育双轨制教学的特点及启迪——以南洋理工学院为例[J].现代教育管理,2011,07:121—123.

马宁,寿劲秋.新加坡南洋理工学院高职教育创新模式初探[J].价值工程,2011,22:265—266.

王燕.体裁阅读教学法:来自新加坡的英语教育启示[J].广东第二师范学院学报,2011,04:
80—85.

张晓琳.新加坡"面向21世纪教师教育模式"的建构及启示[J].现代交际,2011,07:7.

赵爱芹.新加坡与中国基础教育的异同比较[J].教育实践与研究(A),2011,09:4—7.

黄建君.国外社会课程的政治教育内容比较——以美国、英国、日本和新加坡中小学为对象
[J].教育科学,2011,04:79—85.

武咏梅.议新加坡高等职业教育的特色及其借鉴意义[J].出国与就业(就业版),2011,13:
120—121.

彭正文.新加坡中小学的社会教育[J].外国中小学教育,2011,10:51—55+60.

张渊,何霞.浅析新加坡中小学生公民教育的借鉴价值[J].职业时空,2011,09:86—88.

新加坡:半数以上学生选择职业技术培训[J].现代班组,2011,10:47.

曹惠容.试论新加坡政府投资高等教育的特点[J].东南亚纵横,2011,09:38—41.

刘宇.高职秘书写作课程项目教学创新模式探讨——新加坡南洋理工学院项目教学法的启示
[J].辽宁高职学报,2011,09:39—40+89.

王杨红.浅析新加坡高等学校的入学政策——以新加坡国立大学为例[J].牡丹江教育学院学
报,2011,05:76—77.

李国渝.新加坡公立理工学院课程模式与学生创新实践能力培养[J].重庆广播电视大学学报,
2011,05:23—28

瞿惠芳,曹连众.新加坡青奥会文化教育活动的审思与南京青奥会的文化自觉[J].南京体育学
院学报(社会科学版),2011,03:21—23.

刘海蓉.借鉴新加坡"教学工厂"模式经验大力发展职业教育[J].山东电力高等专科学校学报,
2011,05:61—64+70.

何咏瑞,唐炜梅.浅析新加坡双语教育[J].旅游纵览(行业版),2011,09:81—82.

新加坡教育将以价值为导向[J].教育与职业,2011,31:10.

汪明帅,陈传东.教育实习如何真正走进中小学——以美国和新加坡为分析对象[J].教育发展
研究,2011,22:42—46.

刘婷婷.中国与新加坡思想政治教育比较及启示[J].安徽电气工程职业技术学院学报,2011,
04:119—122.

李岩,杨文君,张玮玮.新加坡教育的国际化视野及启示[J].中医教育,2011,06:72—74.

王艳萍,黄明.浅析新加坡英汉双语教育分流制度[J].沈阳大学学报,2011,06:13—16.

杨索宇.新加坡中小学公民教育特点分析[J].湖北第二师范学院学报,2011,11:102—104.

王杨红.新加坡成人教育的特色及其启示[J].天津电大学报,2011,04:46—47.

马庆荣,姚宏伟.新加坡"少教多学"教育理念的启示[J].河北师范大学学报(教育科学版),
2011,12:33—36.

李艳藻,赵孔满.新加坡的种族和谐教育经验及其启示[J].白城师范学院学报,2011,04:
72—75.

谈李清.感受新加坡的职业教育[J].出国与就业(就业版),2011,24:226+233.

麦影.职业教育"工学结合"之途径分析——新加坡南洋理工学院的经验借鉴[J].安徽商贸职
业技术学院学报(社会科学版),2011,04:61—63+68.

汤岚.基于不同教育理念的中新高职教育差异分析——新加坡义安理工学院考察报告[J].武

汉交通职业学院学报,2011,04:8—10+47.

孙乃玲,张晖.新加坡英语教学的嬗变:多语政策和双语教育视角[J].外国教育研究,2011,11:47—51.

卢艳兰,张在喜.新加坡理工类大学人文素质教育刍议——以南洋理工大学为例[J].南昌航空大学学报(社会科学版),2011,04:103—108.

李国娟.新加坡中小学开展"共同价值观"教育的特色及启示[J].外国中小学教育,2011,12:52—55.

胡学梅.产学结合之教学工厂对我国高等职业教育的启示[J].武汉船舶职业技术学院学报,2011,06:12—15.

吴晓平.上海与新加坡教育行政部门比较及启示[J].东南大学学报(哲学社会科学版),2011,S2:123—125.

吴钊.新加坡学校德育教育对我国高校辅导员工作的启示[J].成功(教育),2011,20:249.

张忠宝.新加坡基础教育一窥[J].世界教育信息,2011,07:51—52.

邹瑞睿.新加坡国立理工学院项目学习法解析[J].世界教育信息,2011,10:59—60.

代礼前.浅谈新加坡的高职教育理念[J].陕西教育(高教版),2011,03:102—103.

黄小玲.新加坡思想政治教育对我国的启示[J].成功(教育),2011,23:234.

谢冯浩,梁瑶.浅析新加坡公民教育对我国的启示[J].学理论,2013,30:388—389.

秀林.新加坡"教师成长模式"[J].现代特殊教育,2013,11:18.

谢汉文.新加坡教育信息化促进学习变革[J].世界教育信息,2013,20:7—10.

刘俊利.中新两国思想政治教育内容比较探微[J].学理论,2013,33:344—345.

俞丽君.新加坡独具特色的职教发展模式[J].教育与职业,2013,34:104—105.

朱文富,周进.新加坡特选中学的双语教育及其历史经验[J].河北大学学报(哲学社会科学版),2013,05:1—8.

张力玮.新加坡教育信息化:理念、挑战与经验——访新加坡教育部教育技术司副司长陈丽萍[J].世界教育信息,2013,24:22—24+31.

陈丽萍,潘晶晶.新加坡教育信息化进程与实践创新[J].世界教育信息,2013,24:25—27.

楚明珠.新加坡以兼顾广度和深度为原则改革中小学教育[J].世界教育信息,2013,22:75.

李春英,马洪斌.新加坡教育理念对我国高等教育的启示[J].佳木斯大学社会科学学报,2013,05:157—159.

卢艳兰.新加坡国立大学人文素质教育评介[J].武汉理工大学学报(社会科学版),2013,05:813—817.

彭晓敬.知识经济时代的新加坡职业技术教育及启示[J].长沙民政职业技术学院学报,2013,03:92—95.

严婷婷.浅谈新加坡中小学道德教育的特点[J].才智,2013,33:15+17.

李晓杰.新加坡职业教育发展理念演进论析[J].职教论坛,2013,31:85—88.

吴映洁.新加坡工艺教育学院考察启示[J].合作经济与科技,2013,24:112—113.

谢冬慧.试析新加坡高等教育的独特理念[J].江苏教育学院学报(社会科学版),2013,05:24—28+141.

姜峰,刘婷婷.新加坡《2015年后大学教育途径委员会报告》述评[J].教育与考试,2013,05:78—82.

李晓杰.新加坡职业教育发展理念演进论析[J].继续教育研究,2013,12:155—157.

王兵,曹惠容.独立以来新加坡中小学教师教育的发展历程及其启示[J].教师教育论坛,2013,10:88—91.

王喜娟.新加坡高等教育问责制研究[J].高教探索,2013,06:84—87.

权麟春.美国和新加坡的思想政治教育比较及其启示[J].内江师范学院学报,2013,11:130—133.

陈国符,管建华.新加坡国立教育学院 CARE 的人类学考察[J].中国音乐,2013,04:38—41.

程诚.新加坡音乐教育的人类学考察[J].中国音乐,2013,04:42—44.

刘蕾.美国、日本、新加坡大学诚信教育及对我国大学诚信教育的启示[J].武夷学院学报,2013,06:19—22+48.

符聪,林虎,韵小娟.新加坡职业教育的特点分析及其经验启示[J].高等职业教育(天津职业大学学报),2013,06:17—20.

田其英.中国与新加坡高职院校学生教育管理的比较及启示——以 JSFSC 和 NYP 为例[J].求实,2013,S2:291—292.

郭海礁.市场作为导向大赛引领专业——新加坡职业教育与培训的经验及启示[J].电脑知识与技术,2013,33:7505—7506

李光胜.核心价值体系融入大学生素质教育的新加坡经验和启示[J].中国成人教育,2013,24:25—29.

王慧.新加坡青奥会文教活动简析[J].体育文化导刊,2013,10:100—103.

陈沁,余大敏,杨玉南.卫生职业教育实践教学中的问题与对策[J].广东职业技术教育与研究,2013,02:149—151.

杨建良.学习新加坡职业教育的思考[J].广东职业技术教育与研究,2011,04:5—6.

黄晶.借鉴新加坡教学模式促进配送管理课程改革[J].物流工程与管理,2014,11:207—208+185.

朱国奉.国外创业教育对我国高职院校的启示[J].现代交际,2014,11:142—144.

季俊峰.一流大学的建设经验与启示——以新加坡南洋理工大学为例[J].南昌航空大学学报(社会科学版),2014,04:103—108.

庞杰."一校两园"走出高职教育改革新路[J].中国电子教育,2014,04:56—59.

蒲丽芳.新加坡《小学数学教学大纲》探析(上)[J].世界教育信息,2015,03:54—56.

何细林,丘建雄.基于"教学工厂"的"双导师制"人才培养模式探索实践[J].职业,2015,09:36—37.

杨蓉荣,徐小换.国外职业教育发展的经验与启示——来自亚洲国家的案例研究[J].唯实(现代管理),2015,04:42—44.

胡远望.NYP"教学工厂"理念对高职院校"工学结合"的启示[J].襄阳职业技术学院学报,2015,02:114—116.

蒲丽芳.新加坡《小学数学教学大纲》探析(下)[J].世界教育信息,2015,04:50—53.

刘力.职业院校教师专能提升途径探究——基于新加坡南洋理工学院经验[J].陕西教育(高教),2015,03:67—68.

金进.冷战、南来文人与现代中国文学——以新加坡南洋大学中文系任教师资为讨论对象[J].文学评论,2015,02:147—158.

佟凤伟,佟景龙.浅谈国际智慧教育对中学教育教学的反思[J].中国校外教育,2015,10:8.

何小陆,叶仁荪.发达国家地方高校服务经济社会发展的经验与启示——以美、德、英、日、新加坡等国为例[J].教育学术月刊,2015,05:25—29.

翁秀木.教学工厂模式对中国职业教育的启示[J].中外企业家,2015,12:250—251.

新加坡"不一样"的教师绩效管理[J].人民教育,2015,08:69—70.

王爱国.德、美、澳、新、英等国家与中国职业教育对比分析及启示[J].安阳工学院学报,2015,02:86—91.

陈勇,邢彦明.当今世界主要职业教育体系考察及其启示[J].北京政法职业学院学报,2015,02:1—7.

张瑞瑞,Lee Yong TAY,林质彬.希望实践:新加坡崇辉小学信息通信技术应用实践[J].世界教育信息,2015,09:53—57.

杨道."以就业为导向"的职业教育改革与实践——以我校室内设计专业"职场化实训工场"教育教学理念的改革实践为例[J].当代教育实践与教学研究,2015,07:98—101.

徐超,吴琳.中新两国少年思想政治教育过程中法纪教育的比较分析[J].法制博览,2015,20:295—296.

孙志河,柳靖.新加坡工教局专业课程建设的经验与启示[J].中国职业技术教育,2015,21:58—61.

杨萍.谈国外品格教育及对我国中小学教育的启示[J].辽宁师专学报(社会科学版),2015,03:113—114+119.

丁小楼.智慧之塔新加坡南洋理工大学学习中心[J].室内设计与装修,2015,05:60—65.

荆晓丽.浅析新加坡小学科学课程[J].中小学教材教学,2015,08:78.

高素华.国外高校价值观教育分析——基于态度理论视角[J].教育评论,2015,08:150—152.

曹绪中.南洋理工大学基于创新与创业精神培育的人才策略[J].创新人才教育,2015,03:82—84.

邓菲菲,魏大琼.国外高职高专护理教育中院校合作的现状及对我国的启示[J].护理学杂志,2015,19:75—77.

新加坡国立大学向创业型大学转型之战略[J].职教论坛,2015,25:74.

董影."教学工厂模式"给技工学校的启示[J].就业与保障,2015,10:44—45.

时杰.赴南洋理工学院研修的体会[J].产业与科技论坛,2015,22:124—125.

陈桃珍.新加坡高职人才培养模式的启示——以数字时代出版人才培养为例[J].高教探索,2012,01:119—122.

赖永辉.论新加坡南洋理工学院"教学工厂"模式[J].职教通讯,2012,03:75—77.

王林,黄为良.美国、日本、新加坡小学数学课程评价改革的主要特点及启示[J].江苏教育研究,2012,10:52—57.

王冬梅.新加坡"未来学校"的实践探索及其对我国的启示[J].外国教育研究,2012,04:38—45.

朱颖.新加坡高职院校师资队伍建设的特点与启示[J].中国成人教育,2012,07:119—121.

王淦生.惩戒教育,掌握力度很重要——"我看惩戒教育"座谈纪实[J].华夏教师,2012,05:75—76.

张永军.南洋理工学院办学理念对我国高职教育的启示[J].陕西教育(高教版),2012,05:

107—108＋116.

王淦生."罚"出来的美好——"我看惩戒教育"座谈纪实[J].中国农村教育,2012,06:59—63.

何伟莲.新加坡南洋理工学院办学理念对我们的启示[J].辽宁高职学报,2012,05:19—22.

新加坡:符合国情的"教学工厂"奥地利:有特色的"模拟公司"[J].现代班组,2012,08:47.

杨琼.新加坡高职航空维修专业教学模式探析[J].陕西教育(高教版),2012,Z2:136—137.

邓凡.更大的自由和主导权——新加坡新"教师成长模式"及其启示[J].全球教育展望,2012,
    09:72—76＋26.

李涛.网络时代高校教学信息化的机遇、挑战与应对——基于新加坡与中国的比较[J].南京审
    计学院学报,2012,05:103—109.

孙鑫.轨道交通信号专业人才培养借鉴新加坡职教模式的思考[J].科技信息,2012,32:
    263—264.

张海水.新加坡增加公立大学学位数量[J].世界教育信息,2012,15:76.

刘修泉,李艳红,渠川钰,卢飞跃.借鉴新加坡职教先进理念推动高职科研工作的开展[J].新疆
    职业教育研究,2012,03:15—16＋20.

公伟庆.新加坡国立大学学生资助政策特点研究[J].东南亚纵横,2012,11:62—66.

潘盛荣.赴新加坡南洋理工学院培训学习的几点启示[J].黔东南民族职业技术学院学报(综合
    版),2012,04:1—8.

吴勇.新加坡学习情况汇报及心得体会[J].黔东南民族职业技术学院学报(综合版),2012,04:
    48—50.

魏佳,蔡艳华.新加坡普通课程班英语教师教科书使用及启示——基于教师信念的视角[J].宁
    波教育学院学报,2012,06:88—92.

曹惠容.新加坡实现人才立国战略的"三步曲"[J].东南亚纵横,2012,12:63—66.

杨全会,孙晓玲.新加坡NYP职教理念与教学管理经验[J].职业技术,2011,01:35—37.

耿德平,蔡菁.新加坡南洋理工学院学生心智培育与管理的启示[J].太原城市职业技术学院学
    报,2011,02:94—95.

于晓珉.学习南洋理工学院办学经验逐步改进和完善高职教育[J].辽宁经济管理干部学院(辽
    宁经济职业技术学院学报),2011,01:65—66.

阮彩霞.新加坡高职院校教师专业发展的特色及启示[J].南方职业教育学刊,2011,01:35—38
    ＋111.

胡全裕.新加坡南洋理工学院办学理念与教学管理考察报告[J].无锡职业技术学院学报,
    2011,02:48—49＋79.

杨东献.新加坡人才战略的主要做法[J].中国人才,2011,07:58—59.

赵芝英.新加坡南洋理工学院办学模式及启示[J].中国成人教育,2011,08:88—90.

程宏.新加坡中小学校长培训的实践及启示[J].现代教育论丛,2011,02:60—64.

邹瑞睿.浅谈新加坡国立理工学院项目学习法[J].中小企业管理与科技(上旬刊),2011,07:
    225—226.

刘家枢,申珅.新加坡南洋理工学院学生发展经验研究[J].辽宁高职学报,2011,05:90—95.

张健.由NYP办学理念和教学模式引发对职业教育的思考[J].辽宁教育行政学院学报,2011,
    05:118—119.

王伟.新加坡南洋理工学院(NYP)"教学工厂"理念及对我国高职院校产学研合作办学的启示

[J].职业技术,2011,07:7—8.

张风琪.新加坡南洋理工学院的办学特色[J].教育与职业,2011,22:96—98.

张玲.浅析新加坡"环球校园"计划[J].四川教育学院学报,2011,10:1—3.

王德斌.创新理念,有效推进一体化教学改革——新加坡南洋理工学院学习体会与思考[J].职业,2011,36:35—36.

秦剑军.新加坡的人才强国之路及启示[J].生产力研究,2011,12:194—195+259.

王伟.新加坡"教学工厂"的办学模式带来的思考与启发[J].江苏社会科学,2011,S1:46—48.

阚丽.面向校企合作的高职院校组织结构再造探析——以新加坡南洋理工学院为例[J].中国职业技术教育,2011,07:63—66.

孙峰.境外院校开展海外实习综述及对我国高职教育的启示[J].职教论坛,2011,36:87—91.

阿旺米玛.国内外小学信息技术教育比较研究[J].江苏教育研究,2015,34:48—52.

陈丽娜,曹红英.国外高职院校核心价值观教育对我国的启示[J].教育观察(上半月),2015(12).

王义.职业教育国际化路径比较及其启示[J].宁波职业技术学院学报,2015,06:6—8+27.

卢菲菲.新加坡"双师型"教师队伍建设探析[J].纺织服装教育,2015,06:510—513.

陈淑娟.谈"因材施考"的精细化教学管理模式[J].新疆职业教育研究,2015,03:27—30.

孟可可.新加坡将建立综合网络学习空间[J].世界教育信息,2013,21:79.

曹宏伟,姜立哲.浅谈国外公民意识教育及其借鉴意义[J].前沿,2013,15:143—144.

陈坤,殷莎莎.新加坡制度文化建设对我国大学的启示[J].学术交流,2013,12:187—190.

李鹏虎,田小红.新加坡《2015年以后升大学渠道委员会报告》评析[J].现代教育管理,2013,12:120—123.

陈丽晖.高校廉洁教育的基本经验与道路探索[J].荆楚理工学院学报,2013,06:31—35.

高燕.新加坡"未来学校"的发展及启示[J].外国教育研究,2013,01:61—65.

李晓东,宋科凡.经济转型升级背景下高职教育人才培养目标的重新认识[J].职教通讯,2013,05:15—19.

李洁麟,刘甜.新马英语政策的比较及其发展趋势[J].汕头大学学报(人文社会科学版),2013,01:27—32+94.

李旭东.无界化教学在职业教育经贸专业的推广与运用[J].科技与企业,2013,06:233.

李仲伟.新加坡南洋理工学院办学模式的启示[J].教育教学论坛,2013,15:173—174.

崔鸿,李佳涛,杨胜英.新加坡初中科学课程大纲述评[J].外国中小学教育,2013,05:55—60.

张世凭.新加坡南洋理工学院教学工厂模式的探究[J].成都工业学院学报,2013,02:78—81.

李琳.新加坡和韩国德育的特点及其启示[J].教学与管理,2013,18:152—154.

邬厚民,余靖中.新加坡南洋理工学院师资队伍建设对广东省高职院校的启示[J].中国校外教育,2013,21:149—150.

楚明珠.新加坡成立儿童早期发展局[J].世界教育信息,2013,09:75.

杨子初.从英式医学教育得到的启示——亲历英、泰、新三国医学教育之体会[J].中国高等医学教育,2013,08:22—23.

喻胜华.中国新加坡硕士研究生培养模式的比较研究[J].湖南科技大学学报(社会科学版),2013,05:178—181.

宋志轩,白智童.新加坡南洋理工学院教学模式及其启示[J].职业技术教育,2013,20:93—95.

刘君.概念营销性质下的 NYP 教育国际化发展模式探析[J].吉林广播电视大学学报,2013,09:119—120.

吴琼,高夯.美国、新加坡、中国小学数学教材编写的指导思想及其特点——基于教师用书的比较分析[J].外国教育研究,2013,09:120—129.

李倩雯.新加坡最新初中历史课程标准探析[J].课程教学研究,2013,11:76—80.

赵杰.新加坡、德国、美国的普职分流模式及其对我国的启示[J].教育与职业,2013,29:17—20.

侯丹丹.新加坡裕峰中学办学模式研究[J].吉林省教育学院学报(上旬),2014,01:71—72.

王敏.新加坡南洋理工学院"教学工厂"理念下的"双轨系统"教学模式[J].教育教学论坛,2014,01:165—166.

沈艳春.新加坡中小学教师培训现状带给我们的启示[J].现代教育科学,2014,02:77—78.

符家庆,孙建波.新加坡职教师资对我国"双师型"教师培养的启示[J].烟台职业学院学报,2014,01:30—33.

王志刚.新加坡南洋理工学院(NYP):办学理念、特色及启示[J].当代职业教育,2014,03:110—112+81.

陈文海.高职院校无界化管理:内涵、意义和路径选择——新加坡南洋理工学院考察思考[J].广州职业教育论坛,2014,02:3—7+32.

孟可可.新加坡加大对大学生的资助力度[J].世界教育信息,2014,11:74.

刘冬岩,刘家访.新加坡"投入型"学习框架述评[J].全球教育展望,2014,08:41—48.

符聪,林虎,韵小娟.基于新加坡经验推进高职师资队伍建设研究[J].高等职业教育(天津职业大学学报),2014,02:19—22.

王瑜生.新加坡南洋理工学院教师管理制度及其启示[J].中国成人教育,2014,11:111—113.

何芳.东西方四国学校公民教育概述[J].当代青年研究,2014,02:29—35.

曹素红.浅析国外职业教育经验及对我国职业教育发展的启示[J].工业和信息化教育,2014,10:1—3+27.

陈耀华,杨现民.国际智慧教育发展战略及其对我国的启示[J].现代教育技术,2014,10:5—11.

方华.新加坡南洋理工学院发展论略[J].重庆第二师范学院学报,2014,01:140—143.

林吉曙.浅析南洋理工学院办学模式,增强危机意识[J].成都纺织高等专科学校学报,2013,01:46—48.

曾明凤.NYP 与我国高职院校公共基础课教学之对比剖析——以成都职业技术学院为例[J].成都纺织高等专科学校学报,2013,01:55—58.

李红,何晓薇,陈国钢.亚洲一流大学教育主体特点研究[J].黑龙江教育(高教研究与评估),2013,01:75—77.

罗能.新加坡南洋理工学院办学理念的分析与启示[J].重庆第二师范学院学报,2013,02:123—125+135.

赵炜."教学工厂"人才培养观的文化内生性鉴析[J].职教论坛,2013,05:13—15.

崔丹.国外金融服务专业人才培养模式的分析与借鉴——以新加坡南洋理工学院的"教学工厂"为例[J].黑龙江教育学院学报,2013,02:65—66.

权少宁.借鉴新加坡学生管理经验培育学生全面发展[J].陕西教育(高教版),2013,Z1:116.

王云鹏.新加坡高校"校企合作"模式分析[J].现代商贸工业,2013,06:122—123.

孙海波,倪晋尚.将NYP"教学工厂"理念植入校内实训基地建设[J].九江职业技术学院学报,2013,01:19—20.

张芝敏.新加坡南洋理工学院考察报告[J].世纪桥,2013,01:113—114.

宋庆清.新加坡帮助学生矫正阅读困难[J].世界教育信息,2013,08:77.

吴笛.新加坡南洋理工学院的办学优势及借鉴意义[J].兰州石化职业技术学院学报,2013,02:51—53.

黄亚梅.他山之石可以攻玉——新加坡南洋理工学院办学启示[J].甘肃水利水电技术,2013,06:58—59+62.

戴丽霞."教学工厂"理念在政法类高职教育中的运用[J].长春教育学院学报,2013,04:127+141.

王耀辉.基于南洋理工学院能力开发策略的高职院校师资培训体系构建[J].青岛职业技术学院学报,2013,03:71—73+76.

孟燕,高祖梅,罗伟,陈静.观摩新加坡义安理工学院卓越七步教学法的体会[J].中国护理管理,2013,05:102—104.

李望,刚海菊,周小林,黄宇.新加坡南洋理工学院高职护理专业教学分析及其启示[J].护理研究,2013,25:2810—2811.

黄雪莲,李莉.国外思想政治教育模式对我国高校的启示[J].学理论,2013,19:201—203.

杨梅.新加坡《交互作用的科学》教材特点分析——结构框架及内容编排特点[J].中国教育技术装备,2013,18:141—144.

刘敏,孙百鸣,赵宝芳,李晓兵.NYP"教学工厂"理念对高职院校内涵建设的启示[J].哈尔滨职业技术学院学报,2013,04:1—3.

宋志轩,白智童.新加坡的高职教学模式给予我们的启示[J].技术与教育,2013,01:54—57.

王永哲.新语境下的"枢纽"理念及其实践——新加坡南洋理工学院(NYP)的培养模式[J].金华职业技术学院学报,2013,04:10—13.

张宝辉,Peter Seow,张金磊.环境教学中挑战型体验式无缝学习的设计研究[J].中国电化教育,2013,10:128—135.

苏晓红,杨秀益.高职院校教师专业发展策略研究[J].高等职业教育(天津职业大学学报),2013,04:11—14.

高丽敏.南洋理工学院办学理念对导游专业建设的启示[J].北京财贸职业学院学报,2012,01:17—20.

张玲.新加坡教师专业发展的特点及启示[J].大连教育学院学报,2012,01:63—64.

孟杨."精英治国"理念下的学校人才管理模式[J].大连教育学院学报,2012,01:67—68.

李毅坚.中新两国高等职业教育人才培养模式之比较[J].科技视界,2012,08:90—92.

陈志勇.也谈高职教育的"双元制"[J].中国电力教育,2012,19:18—19.

孙春华.高等职业院校物流专业推广教学工厂理念的探索[J].物流工程与管理,2012,05:204—205+219.

倪春丽,李玉春.新加坡NYP"教学工厂"的十大特色[J].人力资源管理,2012,06:207—208.

许璐,闫子鹏,王翠敏,安慧子.对"问题启发式"教学的探讨[J].合作经济与科技,2012,16:118—119.

李雨田.创建实训"教学工厂"的思考[J].价值工程,2012,20:255—256.

王秀会.中国与新加坡中小学德育的比较与启示[J].天津市教科院学报,2012,03:46—48.

陈秀虎.新加坡南洋理工学院项目教学简介与思考[J].清远职业技术学院学报,2012,03:92—94.

李成,张京娟,樊尚春,李成贵.透过新加坡高校看服务于学生的人文角色[J].中国教育技术装备,2012,24:135—136.

赵永兵.国外中职德育教学目标及教学内容分析[J].新课程研究(中旬刊),2012,11:134—135.

安进.浅析南洋理工学院的办学理念与实践创新[J].佳木斯教育学院学报,2012,10:160.

郭强.新加坡职业院校学生管理模式的特点及启示[J].教育与职业,2012,31:104—105.

叶永春.NYP办学理念学习的启示与借鉴[J].泸州职业技术学院学报,2012,03:93—95+89.

唐玉兵.浅析NYP项目化教学[J].泸州职业技术学院学报,2012,03:96—99.

张会娟.中、美、新三国小学数学课程标准中分数加法部分的比较研究[J].北京教育学院学报(自然科学版),2012,03:44—49.

鲍蓉.新加坡南阳理工学院办学理念与教学管理的研究及启示[J].生物技术世界,2012,06:67+69.

郑芳霞.香港及亚洲各国教育信息化的发展[J].科技视界,2012,31:161+108.

杨恩霞,孔凡凯,李立全.现代教育技术下国外机械类创新型人才培养模式及启示[J].中国现代教育装备,2012,23:38—40.

秦如明,刘凯.新加坡南洋理工学院与我国职业院校模式之比较[J].辽宁高职学报,2012,11:15—17.

新加坡NYP办学理念与教学管理研修班学习考察剪影[J].黔东南民族职业技术学院学报(综合版),2012,04:2+73.

叶锋."教学工厂"给高职平面设计工作室教学带来的启迪——以南通航运职业技术学院为例[J].美术教育研究,2012,24:144.

范迪新.南洋理工学院管理模式视域下的高职院校管理创新研究[J].产业与科技论坛,2012,17:244—245.

赵佩华,钱兴.新加坡南洋理工学院办学理念的思考[J].江苏技术师范学院学报,2012,06:88—90.

林波.中新社会工作者教育培训比较研究[J].东北财经大学学报,2012,S1:118—121.

樊正斌.南洋理工学院的职业教育特色与启示[J].职业,2011,03:121.

田爽.2010年新加坡中小学英语教学大纲述评[J].教学与管理,2011,01:87—88.

王洪庆.新加坡南洋理工学院人才培养模式及启示[J].哈尔滨职业技术学院学报,2011,02:8—9.

麻一青.国内外高等职业教育的比较分析[J].中国成人教育,2011,04:124—125.

林峰.富有特色的职业教育理念值得借鉴的素质教育方法[J].价值工程,2011,10:311—312.

张荣娟,刘玉强,王春颖.NYP的办学理念与启迪[J].辽宁教育行政学院学报,2011,02:25—27.

刘燎原.关于"教学工厂"理念与实践的思考[J].出国与就业(就业版),2011,10:116—117.

杨世铎,王正扬,李国琴.南洋理工学院学生心智培育与管理的启示与思考[J].徐州建筑职业技术学院学报,2011,02:50—52.

皮连根,孙海波,于瑞.浅析高职教育中"教学工厂"模式[J].九江职业技术学院学报,2011,02:
　　1—2+14.

韩秀芹.浅析国外职业教育与科研[J].河北能源职业技术学院学报,2011,02:12—14.

刘杰,桂艳.借鉴南洋理工办学模式探索高职教育创新之路[J].职业教育研究,2011,07:
　　176—178.

王素艳.新加坡南洋理工学院制造工程专业人才培养模式与课程研究[J].辽宁高职学报,
　　2011,06:41—43.

买琳燕.创新思想指导下的系统化实践——从南洋理工学院的培养实践反观我国高职关键能
　　力培养模式的构建[J].出国与就业(就业版),2011,11:113—114.

刘凯.借鉴南洋理工学院教学管理模式促进我国职教发展[J].辽宁高职学报,2011,08:
　　14—17.

刘海蓉.南洋理工学院"教学工厂"模式与启示[J].金融理论与教学,2011,05:96—98.

何洪亮.浅谈新加坡南洋理工学院的办学特色——赴新加坡南洋理工学院考察报告[J].中国
　　西部科技,2011,34:76—77.

刘海蓉.南洋理工学院"教学工厂"模式与启示[J].晋城职业技术学院学报,2011,06:15—17
　　+38.

杜佩莲.借鉴国外的成功经验,促进我国创业教育发展[J].广州城市职业学院学报,2011,03:
　　75—79.

李世杰.NYP印象及启示[J].河北软件职业技术学院学报,2011,04:1—4+9.

刘海蓉.南洋理工学院"教学工厂"模式与启示[J].南宁职业技术学院学报,2011,06:25—28.

刘海蓉.南洋理工学院"教学工厂"模式与启示[J].浙江纺织服装职业技术学院学报,2011,04:
　　85—88.

姚钟华.基于核心能力的NYP学院文化建设分析[J].浙江交通职业技术学院学报,2011,04:
　　57—59.

严大龙,郭彦辉,黄静.高等教育国际化视域下的创新人才培养[J].当代青年研究,2011,11:
　　50—53.

丰华涛,赵聪."工厂化办学"与"教学工厂"培养模式比较浅析[J].辽宁广播电视大学学报,
　　2011,04:5—6.

宋劲军,刘汾涛,陈炳炎."321"教学模式的实践与探索[J].中国职业技术教育,2011,23:
　　54—56.

王生宁.新加坡南洋理工学院"教学工厂"育人模式给我们的启示[J].中国培训,2011,02:
　　60—62.

刘海蓉.南洋理工学院"教学工厂"模式与启示[J].重庆工贸职业技术学院学报,2011,03:
　　28—32.

马智国.南洋理工学院办学理念的启示[J].产业与科技论坛,2014,02:185—186.

赵红霞.NYP的办学理念和模式的几点认识[J].海外英语,2014,01:237—238.

赵宏强.提升高职院校教育教学质量之道——来自NYP经验的思考[J].中国成人教育,2014,
　　03:129—131.

李倩雯.新加坡2013年初中历史课程标准摘译[J].课程教学研究,2014,02:91—93.

李颖,刘佳,郭春明.新加坡 NYP"教学工厂"办学理念对骨干高职的启示[J].价值工程,2014,
13:243—244.

吴雨龙.高职第三学年"双轨制"教学模式的设计与思考[J].轻工科技,2014,03:147—148.

潘绿萍.新加坡南洋理工学院课程设置概况及启示[J].教育探索,2014,02:153—154.

黎明珠.构建"与专业融合,以就业为导向"的高职公共英语教学模式——新加坡南洋理工学院
教学模式分析与借鉴[J].职业教育研究,2014,05:174—176.

寒辛.新加坡、韩国生育政策变化及启示[J].决策与信息,2014,04:51—52.

王琼芝."教学工厂"对高职营销专业实践教学的启示[J].价值工程,2014,15:278—279.

孔伟艳.对我国当前完善基本公共教育服务的政策建议[J].中国经贸导刊,2014,06:65—67.

胡国胜.浅谈南洋理工学院"以人为本"的办学精神[J].职业教育研究,2014,08:174—177.

陈志强.新加坡南洋理工学院管理文化及其启示[J].黄河水利职业技术学院学报,2014,03:
64—67.

孟艾菊.中新小学数学教材中问题解决比较研究——以人教版实验教材和 shapingmaths 教材
为例[J].课程教学研究,2014,09:69—71.

周永平."教学工厂"对独立学院专业培养模式的启示[J].才智,2014,23:49—50.

陈道志,邓琦琦.新加坡南洋理工学院师资培养经验对我国职教师资建设的启示[J].教育教学
论坛,2014,29:18—20.

崔晓芳.新加坡"教学工厂"的课程模式启示[J].现代妇女(下旬),2014,10:49—50.

肖静,闫秦勤.基于新加坡教学工厂理念下的高职酒店管理教学模式探析[J].现代经济信息,
2014,20:440+442.

黄璐,金茂竹.新加坡商学院 MBA 案例教学模式与运行模式探讨[J].经营与管理,2014,09:
156—159.

崔晓琳.以 NYP 教学工厂为例深化经贸管理专业实践教学[J].天津中德职业技术学院学报,
2015,05:59—60.

张长青.南洋理工学院课外体育模式对我国高职院校课外体育的启示[J].科教导刊(下旬),
2015,11:9—10.

邢繁辉.用大学文化引领大学品牌建设——对新加坡国立大学的考察与思考[J].航海教育研
究,2014,01:30—33.

卢艳兰,胡杨.新加坡国立大学国际化人才培养的"无墙文化"理念探析[J].学校党建与思想教
育,2015,19:89—91.

李建刚.新加坡南洋理工学院"治理文化"剖析及启示——教育部 2010"高职院校领导海外培
训项目"研修报告[J].重庆城市管理职业学院学报,2011,03:43—50.

李春明.新加坡南洋理工学院人才培养的顶层设计[J].成都航空职业技术学院学报,2013,03:
89—92.

李鹏虎,田小红.新加坡《2015 年以后升大学渠道委员会报告》评析[J].现代教育管理,2013,
12:120—123.

黄雯花.新加坡双轨制职业教学的启示[J].清远职业技术学院学报,2012,02:118—120.

新加坡:符合国情的"教学工厂"奥地利:有特色的"模拟公司"[J].现代班组,2012,08:47.

印度尼西亚

石磊.印度尼西亚特布卡大学在线教学模式及其效果评析[J].中国远程教育,2014,10:
27—31.

辛慧.印度尼西亚汉语教学概观[J].焦作师范高等专科学校学报,2014,03:47—49+64.

郑阳梅.印度尼西亚国家教育概况及其教育特色研究[J].广西青年干部学院学报,2015,03:
56—62.

张灵,陆瑞旗.困境与挑战:印度尼西亚高等教育法人化和市场化的改革[J].湖南师范大学教
育科学学报,2013,03:79—82.

李昭团.印度尼西亚高等教育法人化改革研究[J].扬州大学学报(高教研究版),2014,03:
26—29.

赵静.印度尼西亚全纳教育的演进、模式与挑战[J].中国民族教育,2012,Z1:73—75.

邹长虹,胡静芳.简论印度尼西亚语言政策[J].湖北函授大学学报,2012,10:74—75.

中国在以色列、印度、印度尼西亚三国留学人员情况调研[J].世界教育信息,2011,07:58—61.

李启辉,姜兴山.印尼孔子学院现状与发展探析[J].福建师范大学学报(哲学社会科学版),
2015,03:161—166+172.

李思静,吴亚妮.浅议印尼和中国初中学校教育形式上的差异——以印尼泗水新中三语学校为
例[J].教育教学论坛,2015,43:258—259.

姜冬梅.印尼孔子学院的建设现状分析及解决方案[J].湖南科技学院学报,2011,03:13—15.

方展画,王胜.印尼高等教育的发展分析[J].比较教育研究,2013,01:42—46.

肖莉娴.浅谈本科阶段非通用语的口译教学——以印度尼西亚语为例[J].黑龙江教育学院学
报,2013,06:171—172.

张行才.印尼特布卡大学办学特色及其启示[J].佳木斯教育学院学报,2011,07:115—116.

方展画,王胜.中国与印尼民办高等教育发展比较研究[J].河北师范大学学报(教育科学版),
2013(05).

赵一博.印尼推出在线教学新平台提高偏远地区高等教育质量[J].世界教育信息,2014,
23:78.

杨超有,刘荣愉.印尼高等教育的发展与改革历程[J].东南亚纵横,2013,02:54—58.

李启辉,姜兴山.印尼孔子学院工作刍议[J].东南亚研究,2013,03:86—92.

赵琦.印尼日惹艺术大学音乐教育的人类学考察[J].中国音乐,2013,04:32—34+69.

李之怡.浅谈印尼兼读制研究生的针灸教学[J].继续医学教育,2013,01:54—56.

刘荣愉.加查马达大学的办学特点及启示[J].玉林师范学院学报,2013,01:148—152.

陈扬,石金花.外语非通用语网络课程建设实践——以印尼语视听说网络课程为例[J].现代教
育技术,2013,08:90—94.

陈海峰.福建师范大学印尼留学生汉语速成教学模式初探[J].云南师范大学学报(对外汉语教
学与研究版),2011,06:85—89.

耿娟.印尼英语教育问题与前景浅析[J].教学与管理,2012,18:157—158.

吕宏岩.印尼留学生汉语语音偏误及教学策略[J].文学教育(下),2012,05:149.

郭天池.巴厘音乐教育的人类学考察[J].中国音乐,2013,04:35—37.

越南

丁爱玲.中越世界一流大学建设研究[J].高教探索,2012,06:63—66.

房广顺,阮维程.当代越南政治思想教育工作研究[J].理论界,2015,02:17—23.

尚紫薇.21世纪初越南高等教育发展的法律保障——解读越南《高等教育法》[J].东南亚纵
　　横,2012,04:26—30.

胡玲.中越马克思主义理论教育制度比较分析[J].广西大学学报(哲学社会科学版),2013,02:
　　12—17.

闫杰花,黄东桂.中越马克思主义理论教育发展历程微观考察[J].广西大学学报(哲学社会科
　　学版),2013,02:18—21.

王进.越南的汉语教学[J].首都师范大学学报(社会科学版),2013,S1:166—169.

毛殊凡,谢春红,韦日平,唐旭彬.越南革新时代的高校思想政治教育探析——兼谈社会主义国
　　家高校思想政治教育的发展[J].思想理论教育导刊,2011,04:103—107.

吕亚军.革新开放以来越南高等教育的国际化[J].外国教育研究,2011,07:29—35.

覃玉荣,毛仕舟.越南跨境高等教育合作:政策、实践与问题[J].比较教育研究,2015,03:22—
　　29+36.

周欣,冯江英.越南少数民族双语教育经验及其启示——以联合国儿基会越南项目为例[J].学
　　前教育研究,2013,10:59—63.

覃玉荣,毛仕舟.高需求背景下的越南国际合作教育研究[J].广西大学学报(哲学社会科学
　　版),2014,06:136—140.

陈树峰,徐彩玲.越南汉语国际推广策略研究[J].楚雄师范学院学报,2015,04:51—55+59.

曾小燕.越南汉语教学发展的现状及问题探讨[J].东南亚纵横,2015,05:52—56.

汪津生,沈军.越南私立高等教育的现状、问题和发展趋势评析[J].外国教育研究,2011,09:
　　65—69.

陈凡.浅析越南高校管理体制改革[J].东南亚纵横,2013,11:66—69.

欧以克.越南21世纪教育发展的新战略:理念、目标及策略[J].外国教育研究,2011,11:
　　13—17.

尚紫薇.21世纪初越南教育政策的特点与趋势[J].东南亚纵横,2011,10:9—12.

阮国治,武陈金莲.越南高校办学自主权现实困境及对策思考[J].高校教育管理,2015,02:
　　72—78.

阮清雄."人才培养与社会需求相结合":越南高等教育改革趋势探析[J].教育观察(上旬刊),
　　2013,11:35—39.

欧阳丽,梅氏玉英.社会转型与越南大学职能的历史演变——以河内国家大学为例[J].比较教
　　育研究,2014,11:79—84.

董维春,邓春英,刘晓光.越南高校人才引育政策评价[J].东南亚纵横,2015,04:54—58.

陈氏金鸾.越南高校大学生科研现状及能力培养浅谈[J].东南亚纵横,2015,11:25—29.

阮黎琼花.越南高等教育发展现状及对策研究[J].东南亚纵横,2014,06:50—54.

阮氏垂玲.2001—2010年越南教育发展战略计划之回顾[J].外国中小学教育,2014,01:
　　29—35.

尚紫薇.21世纪初越南少数民族双语教育发展及特色探析[J].民族教育研究,2013,01:

94—98.

陈立,刘华.越南大学质量评估:规则与趋势[J].高教发展与评估,2013,03:64—73＋124—125.

贺争平,施鹏.越南高校思想政治教育的特点研究[J].东南亚纵横,2013,08:17—20.

刘汉武.越南高校汉语师范专业课程设置研究[J].海外华文教育,2015,01:64—70.

王春晖.CFG:教师专业发展新模式——以一项越南外语教师教育的研究为例[J].全球教育展望,2011,05:55—59.

王叶林,田然.我国高校思想政治教育发展的方法论——基于对越南高校思想政治教育革新的研究[J].重庆理工大学学报(社会科学),2012,08:68—71.

张成霞.越南高等教育国际化进程及实践[J].兴义民族师范学院学报,2012,04:103—108.

苏彩琼.浅谈基础越南语课程教学中教学翻译手段的运用[J].南宁职业技术学院学报,2015,01:69—73.

莫子祺,黎巧萍.略谈越南语口语课课堂教学效率的提高[J].高教论坛,2015,05:68—73.

李太生.中国东盟自贸区背景下应用越南语特色专业及课程一体化建设[J].教育与职业,2015,20:78—80.

阮英青云,陈永芳.越南职教师资队伍建设存在的问题与对策[J].中国职业技术教育,2012,12:84—87.

阮春面.21世纪越南中小学教师教育的改革与发展情况综述[J].贵阳学院学报(社会科学版),2012,06:73—76.

杜氏盛.浅谈越南学生高级汉语听力训练中的问题及对策[J].现代语文(语言研究版),2013,02:88—89.

闫杰花,黄东桂.越南马列主义理论教育的历史透视与当代思考[J].广西民族师范学院学报,2014,02:58—61.

黄卫炀,司徒柳晨,廖倩.高职高专越南语语音教学研究与实践[J].广西政法管理干部学院学报,2015,06:114—118.

孙进.越南独弦琴专业教育调查——以越南国家音乐学院为例[J].艺术探索,2013,01:84—87.

曹贵雄.滇越边境地区教育现状及优惠政策比较研究——以云南金平县和越南莱州省为例[J].内蒙古师范大学学报(教育科学版),2015,08:35—37.

韦红萍.广西新办越南语专业面临的困境及对策研究[J].广西民族师范学院学报,2015,04:139—143.

马祥凯.越南留学生学习动机的特点研究[J].科教文汇(上旬刊),2013,01:41—42.

杨洁.东盟视野下越南语教学(第二外语)在广西高职院校的定位与实践研究[J].科技视界,2014,33:16＋60.

胡牧君.越南瑶族农村中小学教育发展现状与启示——以越南老街省沙巴县大坪乡为例[J].外国教育研究,2011,03:29—33.

邓玉春.高职高专越南语专业复合型人才培养的探索与实践[J].经济研究导刊,2011,23:258—260.

曾小燕.越南汉语教学发展的现状及问题探讨[J].东南亚纵横,2015,05:52—56.

谢小玲.语境与越南语称呼语教学[J].广西民族师范学院学报,2015,05:135—138.

范金玉,邱团.广西开拓越南高校国际体育教育服务贸易市场的思考[J].运动,2012,08:72—74.

陈媛,韦有多.越南高校马克思主义理论教育课的教材特点和启示——兼论我国思想政治理论课教材体系与教学体系的关系[J].广西教育学院学报,2012,04:86—88.

团云庆.越南高校教师队伍建设的现状与提高策略[J].现代教育科学,2014,03:36—40.

覃肖华.越南高校德育课程研究[J].湖北函授大学学报,2014,09:43—44.

陈祺.初级阶段越南留学生汉语学习动机调查研究[J].才智,2014,35:79.

孙小晴.影响越南留学生汉语学习动机的因素分析[J].佳木斯职业学院学报,2015,01:159.

梁姗姗.越南概况课程教学改革初探[J].品牌,2015,01:280.

阮光兴.越南高等教育发展探究[J].产业与科技论坛,2015,03:182—183.

李睿.越南职业技术教育改革探究[J].教育教学论坛,2015,18:89—91.

李彩云,周彩玉."三语习得"视阈下广西壮族地区高校越南语课堂多元文化教育研究[J].传承,2015,07:154—155.

张惠鲜.边疆民族地区高校越南语教学现状及思考——以广西民族师范学院为例[J].广西民族师范学院学报,2011,05:128—130.

陈继华.浅谈越南语教学中的缩略语[J].东南亚纵横,2012,07:13—15+17.

韦宏丹.越南语视听说教学探析[J].南宁职业技术学院学报,2013,04:35—37.

滕兰花,王柏中.《中国历史文献学》课程中的越南汉喃文献的生成式教学实训[J].黑龙江史志,2013,23:249—250.

钟娇.任务型教学模式在越南语翻译教学中的应用初探[J].湖北函授大学学报,2015,09:138—139.

徐智敏.越南语基础阶段教学法探讨[J].南宁职业技术学院学报,2011,01:64—67.

郑虹,陈继华.双外语教学模式在越南语基础会话课程中的运用[J].教育教学论坛,2013,29:81—84.

《越南高等教育发展研究》简介[J].宁波大学学报(人文科学版),2012,02:133.

杨洁.高职东盟越南语人才课程体系设置的研究与实践[J].科技资讯,2014,28:183.

梁婧.中外合作办学对出国学生管理问题的探讨——以南宁职业技术学院应用越南语专业为例[J].品牌(下半月),2014,11:122.

杨松,陈红梅.留学生中医汉语教学中志愿者辅助教学模式探讨——以天津中医药大学越南暑期班为例[J].中国中医药现代远程教育,2015,02:87—89.

劳灵玲."翻转课堂"教学模式在越南语教学中的应用[J].经营管理者,2015,28:383.

何艳.云南省高校越南语专业教学现状与改革初探[J].西部素质教育,2015,15:50.

张庆,薄彤.关于HSK四级听力教学的思考——以天津中医药大学越南短期汉语强化班为例[J].南昌师范学院学报,2015,05:80—82+98.

覃肖华.《越南语听力》教学中存在的问题及对策[J].办公室业务,2013,23:243—244.

农斯淇.浅谈高职院校越南语听力教学[J].广西政法管理干部学院学报,2011,05:121—122+126.

黄丽华.浅谈越南语语言学习能力的培养[J].科技信息,2011,23:248.

阮氏容.中国当代影视在越南汉语教学中的作用[J].视听,2011,04:39—42.

谢小玲,邓显奕.高职越南语实践教学现状分析及对策[J].高教论坛,2012,09:60—63+107.

阮福禄.国家外语教学标准化——越南汉语教学的新挑战[J].国际汉语教学研究,2014,03:3—4.

宋亮.越南语作为独立院校第二外语教学现状研究——以北京航空航天大学北海学院为例[J].法制与经济(中旬),2013,01:124—125.

江海燕.综合越南语课中的翻译教学[J].教育教学论坛,2013,34:63—64+49.

杨爽.浅谈初学者学习越南语的汉字谐音学习法[J].读与写(教育教学刊),2013,12:17.

黄铮.提高学生越南语阅读能力的教学思考[J].新西部(理论版),2014,23:154+138.

赵冬梅,刘娟.英语交际教学法中教师的理解与实践——《教学的文化:来自越南的声音》评介(英文)[J].海外英语,2013,21:52—53+63.

沈锐,黄薇.新技术背景下越南来华留学生自主学习能力培养[J].思想战线,2013,S1:282—283.

杨士花,陈泓霖,张吟松.越南高校留学生人本管理模式的构建——以云南农业大学为例[J].中国市场,2015,27:259—260.

陶媛.越南教育部改革高中毕业考试机制[J].世界教育信息,2013,23:75.

楚明珠.越南3.1万名少数民族学生受益于个性化课堂[J].世界教育信息,2013,20:77.

甘叠虹.越南语教学探究[J].长春教育学院学报,2013,03:113+149.

曾秋梅,柳艳.如何提高本科专业留学生的教学质量——以红河学院商学院越南留学生为例[J].红河学院学报,2013,02:104—106.

汪霞.越南马列主义教育对中国高校思政教育工作的启示[J].学理论,2012,33:278—279.

李艳敏.原型理论在越南留学生汉语多音字教学中的应用[J].红河学院学报,2012,06:117—119.

张婕.在高职高专院校中开展二外越南语教学的理论探索——以广西交通职业技术学院为例[J].科教文汇(上旬刊),2014,05:129+173.

罗传沛.谈中职学校商务越南语专业人才培养模式的创新及意义——以广西华侨学校为例[J].职业,2014,15:78—79.

武氏惠,武氏暄.浅谈越南高校外语专业教学的状况——以汉语专业教学为例[J].现代语文(学术综合版),2014,02:75—79.

黄晓芬,普希宁.论以科学发展观引领来华越南留学生的教育——基于红河学院越南留学生教育的思考[J].技术与市场,2011,06:331—332.

李燕.云南省高校与GMS国家教育合作模式探析——以云南省红河学院与越南教育合作为例[J].西华大学学报(哲学社会科学版),2012,03:110—112.

温志雄.浅谈中职商务越南语专业的建设——以广西华侨学校为例[J].南宁职业技术学院学报,2012,04:69—71.

魏诗航.越南幼儿教育概况及其启示探寻[J].安徽文学(下半月),2012,09:154—155.

黄缨焱.通过中古汉词对汉越词影响的稳定性进行越南语教学[J].大众科技,2012,11:147—148.

谢小玲."双校园"模式下应用越南语专业课程设置优化与改革——以广西民族师范学院为例[J].湖北科技学院学报,2012,10:115—116.

李彩云.百色学院与越南高校合作存在的不足与对策[J].东方企业文化,2012,24:230—231.

李彩云.《越南语翻译》实践教学设计研究[J].办公室业务,2013,01:160—161.

温志雄.从企业需求谈商务越南语人才培养[J].职业,2013,09:30—31.

陈碧兰,阮金燕.论语言与文化在越南语教学中的运用[J].教育教学论坛,2013,26:98—99.

黄恒拾.论高职应用越南语专业的行业化方向改革[J].才智,2013,22:23—24.

邓莉.越南减缓高等教育扩张速度[J].世界教育信息,2013,16:76.

郑青青,张敏,冯军.浅谈隐喻思维与越南语词汇学习[J].云南农业大学学报(社会科学版),
    2014,04:106—110.

易丽丽,阮琼花.越南河内汉语培训机构发展状况[J].东南亚纵横,2014,08:67—69.

白晓晶.越南开放大学建设及其远程教育的发展[J].北京广播电视大学学报,2011,03:
    27—31.

蓝婷.英语在越南语教学中的正迁移探索[J].科技资讯,2012,04:207.

劳灵玲.参与式学与教法在大一越南语教学中的应用[J].经营管理者,2014,10:367.

邓莉.越南欲在 2020 年前打造至少一所世界一流大学[J].世界教育信息,2014,06:74.

张婕.越南语在广西高职院校开展二外教学的定位与出路[J].科教导刊(中旬刊),2014,05:47
    +49.

陶媛.越南运用电子书推动教育改革[J].世界教育信息,2014,11:78.

陶媛.越南取消剑桥英语教学课程[J].世界教育信息,2014,16:75—76.

周莉莉.越南革新开放下的高等教育发展历程[J].中国校外教育,2011,08:14.

马娅丽,何张明.新建本科院校应用越南语专业建设初探——以文山学院为例[J].科技信息,
    2011,11:244+277.

张婷婷.教科文组织与越南签署可持续发展教育倡议书[J].世界教育信息,2013,07:75.

黄薇,沈锐.对越南学习者副词教学的思考及建议[J].佳木斯教育学院学报,2013,06:
    142—143.

赵薇,江海燕.越南语专业应用型涉外课程设置探析[J].吉林省教育学院学报(下旬),2013,
    02:35—36.

郭婧.联合国教科文组织携手三星集团支持越南教育[J].世界教育信息,2013,04:79—80.

江海燕,何会仙.浅谈越南语阅读课程教学中的快速阅读[J].红河学院学报,2012,06:
    114—116.

阮英青云.试论越南职教师资队伍建设存在的问题与对策[J].职业,2012,05:94—95.

越南拟培养 2.9 万名"博士"大学教师[J].世界教育信息,2012,02:79.

李太生.中国—东盟自由贸易区背景下中国与越南高等教育合作对策研究[J].东南亚纵横,
    2011,10:13—16.

孙晓冬.浅析高职应用越南语专业培养方案制定与实施[J].沿海企业与科技,2011,10:
    119—121.

段氏金翠.越南人如何进行汉语写作训练[J].福建论坛(人文社会科学版),2011,S1:99—100.

谌莉,何宏华.涉外职业培训模式实践探索——以针对越南某自备电厂岗前培训为例[J].中国
    电力教育,2012,03:43—44.

本刊编辑部.越南私立大专院校举行会议探索发展之路[J].世界教育信息,2012,06:11.

本刊编辑部.越南师范专业报考人数回暖[J].世界教育信息,2012,08:10.

顾小玲,罗文娟.浅析对外汉语量词教学——以越南学生学习量词的情况为例[J].群文天地,
    2012,20:65.

金妮娅.中高级汉语口语成段表达能力训练——以越南、韩国留学生为例[J].台州学院学报，2012,05:89—93.

曹雪.越南教育与培训部要求大学缩小职业培训规模[J].世界教育信息,2012,17:75.

黄铮.旅游越南语课程教学的思考[J].科技信息,2012,36:204.

李彩云.浅谈游戏教学法在越南语语音课程教学中的运用[J].成功(教育),2012,18:126.

付兴.初级汉语水平越南籍留学生听力理解学习策略个案研究[J].科教导刊(上旬刊),2013,03:84—85.

江海燕.越南语阅读教学现状及策略初探[J].中国校外教育,2013,21:89+99.

江海燕,雷明珍.越南研究生教育培养模式及问题浅析[J].吉林省教育学院学报(上旬),2013,08:126—128.

张婕,张苑.高职院校路桥专业越南语选修课教学的理论探索——以广西交通职业技术学院为例[J].现代妇女(下旬),2014,05:219.

秦悦.台湾地区教育部门公开遴选汉语教师赴越南15所大学任教[J].世界教育信息,2014,16:79.

唐文江,卢惠兰.拔罐疗法的 PBL 教学法应用实例研究——针对越南留学生的说课设计[J].中小企业管理与科技(上旬刊),2014,09:268—269.

林英.浅谈高职高专越南语口语训练习题设计的创新[J].商业文化(上半月),2012,02:357.

阮进勇.越南学生外语学习动机研究[J].福建论坛(人文社会科学版),2011,S1:97—98.

李嘉燕.浅谈中介语石化现象及提高越南汉语教学的相关建议[J].福建论坛(人文社会科学版),2011,S1:243—244.

唐文江.《中医养生学》教学方法之我见——针对越南留学生的课程教学方法设计[J].中小企业管理与科技(下旬刊),2014,08:253.

欧玲丽.越南语视听课程教学探析[J].求知导刊,2014,04:146.

江海燕.试论越南语教学中语感的培养[J].科教文汇(中旬刊),2013,05:126+133.

张晓雁.广西英越双外语交通类人才培养初探[J].西部交通科技,2013,11:83—85+102.

张韵.对越汉语教学中学生声母偏误的现象分析[J].科教文汇(中旬刊),2015,01:45—47.

施鹏,贺争平,赵乐子.中越高校思想政治教育理论课教学比较[J].科教导刊(上旬刊),2013,06:17—18.

彭正文,赵永斌.中越中小学学校体育教育理念比较研究[J].体育世界(学术版),2012,02:115—116.

朱神海,何历蓉.中越高校英语教师成为"研究者"之比较研究[J].铜仁学院学报,2012,03:112—115+144.

何智.中越高校马克思主义教育对比研究的意义及策略[J].理论观察,2014,10:130—131.

3.5　语言、文字

黄海玉.王室用语在泰国的文化体现研究[J].科技资讯,2012,16:202+204.

郑克晓.浅析越南语称呼语的语用礼节[J].现代交际,2015,05:58+57.

蓝水萍.浅析归化与异化在越语熟语汉译中的运用[J].才智,2013,30:276—277.

韦长福.从认知角度看汉越人体词"头(dau)"的概念隐喻[J].广西民族大学学报(哲学社会科

学版),2012,04:180—183.

Chong Shze Ling.新词是如何产生的?——中国 vs 新加坡,简析语义的发展过程及其规律
　　[J].中外企业家,2015,23:217—218.

安绪丽.浅析新加坡的语言政策[J].文学教育(中),2012,07:70.

张妍岩.新加坡英语与香港英语词汇特点比较[J].武汉大学学报(人文科学版),2014,02:
　　109—114.

刘凌玲,王海燕.标准英语与本土英语变体的交叉转换——以新加坡网络播客节目"SIMI"为
　　例[J].湖北师范学院学报(哲学社会科学版),2013,06:41—43.

梁丽娜,杨德权.新加坡英语的闽南语借词语料库的创建及应用[J].黎明职业大学学报,2015,
　　01:54—57.

唐一丹.浅析汉字对周边国家的影响[J].才智,2014,05:281.

艾杰瑞,杨帆帆.语言的历史作用——中国南部和越南北部台语民族语言文化史考察[J].百色
　　学院学报,2011,04:28—39.

钱伟.试析菲律宾和新加坡的"多官方语言"现象及语言政策[J].东南亚研究,2015,03:
　　103—107.

李洁麟,刘甜.新马英语政策的比较及其发展趋势[J].汕头大学学报(人文社会科学版),2013,
　　01:27—32+94.

蔡明宏.新加坡华族对华语的认同度考察——基于文化合流视角[J].云南师范大学学报(对外
　　汉语教学与研究版),2014,01:81—87.

郑青青.越南语吸收十九世纪汉语新词特点分析——以其对马西尼《十九世纪文献中的新词词
　　表》词语的吸收为例[J].外语教学与研究,2013,01:49—57+160.

刘汉武,丁崇明.汉语"了"在越南语中的对应形式及母语环境下越南初级汉语学习者"了"的习
　　得[J].语言教学与研究,2015,04:25—32.

郑青青,张敏,张吟松.浅析越南语双音节越创汉越词的形成原因及构词特点[J].云南农业大
　　学学报(社会科学),2015,01:65—71.

朱晓农,阮廷贤.越南语三域八调:语音性质和音法类型[J].民族语文,2014,06:3—17.

彭臻.越南留学生汉语助词"了"的偏误分析[J].海外华文教育,2013,01:61—70.

陈建,陈宇思.非华裔越南留学生汉语写作常见偏误现象分析及纠正对策——兼论汉越语言类
　　型比较[J].时代文学(下半月),2011,02:174—176.

盘美花.越南罗刚瑶勉语语音系统研究[J].广西民族大学学报(哲学社会科学版),2014,03:
　　119—124.

彭臻,周小兵.越南留学生汉语体标记"了_1"习得研究——基于情状类型的考察[J].广西民族
　　大学学报(哲学社会科学版),2015,01:168—172.

何婧.浅谈越南汉籍中的避讳字——以嗣德三十年《会庭文选》为中心[J].汉字文化,2015,06:
　　66—68.

刘汉武.越南学生"出"组趋向补语习得考察[J].海外华文教育,2013,04:382—387.

黄卫炀.高职高专越南语发音难点分析与研究[J].广西政法管理干部学院学报,2015,05:
　　121—124.

许瑞娟,张玉婷.越南语四音格词的文化内涵阐释——以动物类、人体部位类、颜色类四音格词
　　为例[J].语文学刊(外语教育教学),2015,07:11—13.

莫子祺.中国学生关于越南语人称代词的偏误分析及对策[J].南宁职业技术学院学报,2014,06:37—41.

冯桂玲.越南留学生的汉语学习特点实证研究[J].东南亚纵横,2011,04:71—73.

王恩界,武玉香篱,范氏清平.汉语学习动机、策略与汉语水平的关系研究——基于对越南汉语学习者的调查[J].扬州大学学报(高教研究版),2013,03:74—78.

尹少君,邹长虹.越南语言政策及其对中国外语教育政策的启示[J].广西师范学院学报(哲学社会科学版),2014,03:105—108.

阮越雄.越南国语字的发展及其替代汉字和喃字的过程[J].现代语文(语言研究版),2014,01:90—93.

刘雍.越南学生汉语助词"了"偏误分析[J].玉林师范学院学报,2011,01:85—88.

杨柳.越南留学生汉语范围副词"都"、"全"、"只"、"就"教学探析[J].百色学院学报,2011,04:126—130.

林丽.面向信息处理的越南语主谓谓语句句式转换研究[J].解放军外国语学院学报,2013,05:33—38.

刘娟.越南语副词"cung"和汉语副词"也"用法比较[J].云南师范大学学报(对外汉语教学与研究版),2013,05:70—76.

张飞祥.越南留学生汉语比喻习得情况调查与分析——以文山学院越南留学生为例[J].文山学院学报,2015,01:70—74.

黎明清,陈张黄黎.越南语中汉源佛词演变类型摭谈[J].重庆师范大学学报(哲学社会科学版),2015,04:69—72.

马雪燕.汉语和越南语结果补语对比研究[J].普洱学院学报,2013,04:95—99.

行玉华.关于越南留学生汉语学习影响因素的研究[J].现代语文(语言研究版),2015,12:85—87.

刘汉武,丁崇明.汉语介词"跟"和越南语介词"với"的异同[J].海外华文教育,2012,03:289—293.

陈晨.越南留学生汉语"了"习得特点及语际迁移现象研究[J].海外华文教育,2011,03:18—26.

王琳.越南学生汉语习得偏误及其原因[J].海外华文教育,2012,03:311—317.

武氏暄.汉语"得"字与越南语"duoc"字对比研究[J].现代语文(学术综合版),2015,12:158—160.

Hoàng Tố Nguyên.现代汉语与越南语存在句语用比较研究[J].海外华文教育,2013,02:165—178.

肖小平.越南留学生习得汉语比较句的结论项偏误分析[J].海外华文教育,2012,02:184—190.

马娅丽,何张明.越南语言文字演变探究[J].学理论,2011,13:181—182.

尹少君,邹长虹.中国与越南语言政策语言规划的对比研究及启示[J].吉林广播电视大学学报,2013,04:91—92.

彭茹.越南高平侬语和广西靖西壮语的初步比较[J].河池学院学报,2014,04:44—52.

杨健.越南京族语言系属辩析[J].思想战线,2012,02:133—134.

刘婧.越南学生学习汉语的语音偏误分析[J].文学界(理论版),2012,04:90—91.

唐桓,陈继华.语料库驱动的越南语地名语词特征定量分析[J].解放军外国语学院学报,2012,
　　05:32—36+105.

林莉.汉语与越南语缩略语的构成对比研究[J].南宁职业技术学院学报,2015,03:76—79.

李丽丽,陈碧银.留学生汉语离合词习得偏误调查研究——越南留学生的视角[J].重庆工商大
　　学学报(社会科学版),2012,05:134—138.

王琳,马萌萌.越南学生汉语习得研究综述——视角、成果和问题[J].云南师范大学学报(对外
　　汉语教学与研究版),2012,05:82—88.

阮大瞿越.越南语语源研究百年回顾——越南语、孟高棉语和台语之间的联系[J].广西民族师
　　范学院学报,2012,04:89—94.

蓝婷.越南语网络词汇初探[J].科技资讯,2014,28:245.

黄卫炀.汉字越南语发音特点及其规律初探[J].广西政法管理干部学院学报,2012,06:90—95
　　+99.

成汉平.全球化背景下再论非通用语专业有序发展的重要性与必要性——以越南语专业为例
　　[J].红河学院学报,2013,05:101—105.

阳琦兰.越南语单词的记忆技巧探究[J].才智,2012,01:223—224.

何黎金英.越南人学习汉语的中介语表现[J].云南师范大学学报(对外汉语教学与研究版),
　　2011,05:75—83.

林莉.越南语缩略语的构成方法及特点[J].东南亚纵横,2015,01:59—62.

林丽,毕玉德.越南语给予类动词框架语义分析[J].解放军外国语学院学报,2012,02:42—46
　　+127.

郑青青.越南语中"ăn"(吃)的隐喻及文化内涵[J].广西民族师范学院学报,2012,02:80—84.

黄卫炀.浅析越南网络语言的特点[J].广西政法管理干部学院学报,2012,03:117—119.

阮庭复.仓山、梦梅,越南词的两个不同境界[J].中国韵文学刊,2013,01:75—79.

刘汉武.初级汉语水平越南学生的趋向补语偏误分析[J].云南师范大学学报(对外汉语教学与
　　研究版),2013,04:69—73.

行玉华.越南学生汉语定语状语偏误分析[J].读与写(教育教学刊),2013,05:24—25.

马祥英.越南学生汉语词语学习负迁移现象探析[J].重庆科技学院学报(社会科学版),2011,
　　05:121—123.

刘雍.越南学生"不"和"没(有)"偏误分析及教学对策[J].佳木斯教育学院学报,2011,02:
　　160—161.

黄美新.壮语和越南语颜色词的构词特点比较[J].广西民族师范学院学报,2011,05:
　　106—108.

阮氏明庄,何洪峰.汉语主谓谓语句与越南语相关句式的对比[J].江汉大学学报(人文科学
　　版),2012,01:99—102.

霍伯承,周毅.越南地名汉字译写问题浅析[J].中国科技术语,2012,06:37—39.

赖艳凌,岑新明.浅谈越南语词汇中的西方外来词现象[J].东南亚纵横,2012,11:58—61.

李文奇.越南学生学习时间副词"正在"、"正"的偏误考察[J].柳州职业技术学院学报,2011,
　　04:81—85.

吴丽华.浅谈越南语中的称呼词[J].出国与就业(就业版),2011,16:250—251.

黄玉贞.浅谈越南学生学习汉语量词的偏误及教学探讨[J].福建论坛(人文社会科学版),

2011,S1:101—102.

马雪燕,马娅丽.从类型学角度看汉语和越南语补语的异同[J].文山学院学报,2013,01:85—89.

马丽红.越南留学生汉字书写偏误分析及教学对策——以文山学院太原大学留学生为例[J].文山学院学报,2013,02:95—98.

郑青青,冯军,张敏.论现代越南语中的类词缀[J].广西民族师范学院学报,2013,05:97—100.

丁坤.越南留学生学习汉语词语色彩义的偏误分析[J].中国校外教育,2012,09:75—76.

阮氏明庄,魏金光.越南语与汉语状语语序对比分析[J].辽宁工业大学学报(社会科学版),2012,03:27—29.

齐春红.越南语母语者汉语趋向补语习得顺序研究[J].云南师范大学学报(对外汉语教学与研究版),2014,04:42—49.

贾盖东.越南汉籍《大越史记全书》俗字研究——谈"撥"[J].现代交际,2014,08:36—37.

黄健红.越南语拒绝言语行为的语用策略选择[J].解放军外国语学院学报,2011,04:50—54.

韦树关.关于越南语中汉语借词的分类问题[J].广西民族大学学报(哲学社会科学版),2012,03:159—163.

孙晓冬.越南人名翻译初探[J].科技信息,2012,21:191+206.

王艳琳.对外汉语教学中汉语副词作单项状语的偏误研究——以越南留学生为例[J].黑河学院学报,2012,05:92—95.

李蓓.越南语中汉语借词构词形式的越化模式浅析[J].安庆师范学院学报(社会科学版),2012,05:39—41.

谢婧怡,殷贤英.越南语与汉语颜色词"黑"非颜色意义的对比研究[J].河池学院学报,2012,06:59—63.

齐春红,阮崇友.越南留学生汉语连词"和"的习得研究[J].现代语文(学术综合版),2013,08:140—143.

黄建新.浅谈越南语翻译技巧[J].才智,2014,23:284.

易斌,阮氏发.越南语单音节词声调特征的实验统计分析[J].民族语文,2014,03:45—53.

廖灵专.越南学生常见的汉语补语病句分析[J].现代语文(语言研究版),2013,01:112—114+163.

刘汉武.现代汉语和越南语词缀异同初探[J].现代语文(语言研究版),2013,04:131—132+161.

谢氏花,肖奚强.现代汉语"有"字句与越南语"có"字句对比研究[J].语言研究,2014,04:75—79.

肖小平.越南留学生习得汉语比较句比较项偏误分析[J].湖南人文科技学院学报,2011,05:97—98+128.

王宣予.中级阶段越南留学生汉语"得"字补语句偏误分析[J].广西教育学院学报,2011,06:98—102+110.

陈氏顺.越南留学生汉语能愿动词的偏误分析[J].福建论坛(人文社会科学版),2011,S1:95—96.

谭群瑛,言秀华,谢小玲.汉语和越南语称谓语语用对比探究[J].语文建设,2014,11:66—67.

吉小霞.越南学生汉语中介语实词初探[J].柳州职业技术学院学报,2012,02:65—69.

李凌,晏玉屏.越南语中"死亡"("chết")一词的禁忌现象[J].剑南文学(经典教苑),2012,
　　04:75.

吴景芝,王红霞.越南军事缩略语浅谈[J].求实,2012,S1:299—300.

马雪燕.语言类型学视野下的汉语和越南语结果补语对比研究[J].濮阳职业技术学院学报,
　　2013,02:73—76.

赵雪艳.越南语文字拼写中值得注意的几个规则[J].品牌,2015,06:136.

刘汉武.高级汉语水平越南学生的趋向补语偏误分析[J].西华大学学报(哲学社会科学版),
　　2014,01:44—46.

黎庆松.越南语俚语构成特征探析[J].南宁职业技术学院学报,2014,04:36—39.

董茜.越南留学生汉语中介语偏误合成词分析[J].云南师范大学学报(对外汉语教学与研究
　　版),2011,04:76—80.

黄东超.试析汉语与越南语中主要颜色词的文化内涵[J].视听,2015,02:186—187.

阮氏芳,阮氏日秋.汉语与越南语缩略语构成方式之比较[J].东南亚纵横,2013,08:71—74.

刘莉.越南留学生汉语词汇理性义的偏误分析[J].剑南文学(经典教苑),2012,06:114—115.

包广将.倾听越南另一种语言——奥黛[J].今日民族,2012,06:37—39.

杨柳.越南留学生习得范围副词"都""全""只""就"过程研究[J].百色学院学报,2012,06:
　　128—135.

梅氏玉英.汉语与越南语人体五官词语之比较[J].南宁职业技术学院学报,2013,01:78—80.

黄薇,张曦.越南学习者常见汉语频率副词的习得偏误考察[J].语文建设,2013,17:70—72.

陈继华.汉字译写越南地名工作面临的问题及对策浅析[J].中国地名,2011,02:23—25.

廖灵专.汉语基础词汇与汉越词的对比研究[J].现代语文(语言研究版),2015,01:131—133.

何会仙,陈智睿.浅析中国云南与越南老街边界红河流域语言文化[J].佳木斯教育学院学报,
　　2013,10:53+58.

黄铮.越南语定语位置初探[J].科技信息,2011,18:545.

闫丹辉.对越南语"cuộc+动词"式名词结构的认知理解[J].吉林广播电视大学学报,2011,08:
　　144+137.

何艳红.越南电影《穿白丝绸的女人》字幕汉译分析[J].广西民族师范学院学报,2013,05:
　　101—105.

阮氏明.现代汉语"不"和越南语"khong"的语义指向及其翻译[J].百色学院学报,2014,01:
　　57—61.

顾珈瑗.越南学生汉语元音习得研究[J].科教导刊(中旬刊),2014,05:156—157.

刘汉武,丁崇明.汉语新程度副词"超"和越南语"siêu"的异同[J].云南师范大学学报(对外汉
　　语教学与研究版),2012,01:80—82.

阮氏金和.略谈双音节汉越词的越化方法[J].现代语文(语言研究版),2015,02:149—150.

张惠鲜.汉语与越南语句子成分对比研究[J].现代语文(语言研究版),2013,05:142—144.

李锦芳.论中越跨境语言[J].百色学院学报,2013,04:48—55.

周小兵.汉越语言对比研究的若干问题——《汉越语言对比研究论文集》序[J].华文教学与研
　　究,2013,03:5—11.

王光和,段素娟.略谈汉越词特点及其对汉越互译的影响[J].大理学院学报,2011,07:42—47.

苏武诚,栾育惠.从"一"看中越数字及其文化含义的异同[J].文山学院学报,2012,02:76—79.

陈芸.越化汉语词之越化方式分析[J].科教导刊(中旬刊),2015,05:132—133+174.

范明芳.双音节汉越词词义特点研究[J].湖北科技学院学报,2015,09:125—128.

高鲜菊.广西爱店镇勉话语音研究[J].广西民族大学学报(哲学社会科学版),2015,06:166—169.

陈碧兰,隆佳丽.论汉、越社交称谓语异同及交际策略[J].东南亚纵横,2013,11:56—61.

林源.喃字造字法研究[J].广西民族师范学院学报,2013,06:48—51.

裴氏恒娥.汉越生肖动物作为构词语素的复合词构词情况对比[J].时代文学(下半月),2014,09:120—121.

陈海丽.中越跨文化语用失误分析[J].钦州学院学报,2014,12:63—66.

莫小芃.汉语三字格惯用语越译方法研究[J].才智,2015,27:276—278.

张智丹.构建汉越/越汉平行语料库——以机械制造业汉越语料库建设为例[J].企业科技与发展,2015,23:11—14.

李彩云.越语中含"ǎn"字俗语蕴藏的内涵[J].广西民族师范学院学报,2012,06:88—90.

赵倩,林昱.泰越本土学生汉语学习的内在需求对比研究[J].语言教学与研究,2012,05:18—25.

齐春红,陈海燕.东南亚三国学生汉语趋向补语习得顺序研究[J].江苏科技大学学报(社会科学版),2015,01:64—71.

倪博洋.中古果假合摄考——兼谈取消中古 a 元音构拟的假想[J].古汉语研究,2015,01:47—56+96.

林华勇,吴雪钰.语义地图模型与多功能词"到"的习得顺序[J].语言教学与研究,2013,05:10—18.

谢小玲.汉越社会称呼语对比研究[J].文化学刊,2015,03:210—214.

裴氏恒娥.汉越十二生肖动物词语文化内涵的对比分析[J].科技资讯,2013,27:223—225.

孙宏开.跨喜马拉雅的藏缅语族语言研究[J].民族学刊,2015,02:69—76+122—125.

黄氏冰心.汉越人称代词及其语用特征对比分析[J].南阳师范学院学报,2014,04:22—26.

李双双.汉越语"V 起来"的对比研究[J].黔南民族师范学院学报,2014,06:38—41.

阮廷贤.喃字及其相关问题[J].广西民族师范学院学报,2012,06:80—83.

DINHBICHTHAO.汉越语言空间维度词"深/浅(s(a)u/n(o)ng)"的空间语义分析[J].吉林省教育学院学报(上旬),2015,04:129—131.

闻静.初级阶段印尼学生"把"字句习得偏误分析[J].云南师范大学学报(对外汉语教学与研究版),2012,03:84—89.

周芍.国际汉语教育视角下的虚词词典编撰方法论——以印度尼西亚留学生连词"而"偏误为例[J].华南师范大学学报(社会科学版),2014,02:153—15

胡明亮."把"字句的综合分析及对外汉语教学[J].现代语文(语言研究版),2014,12:64—66.

程潇晓.五种母语背景 CSL 学习者路径动词混淆特征及成因分析[J].华文教学与研究,2015,04:9—21.

时悦.印尼留学生汉语语音习得偏误分析[J].文学教育(上),2015,07:134.

倪宏鸣.重叠构词法在黏着语中的表现——以维吾尔语和阿美语为例[J].双语教育研究,2014,03:56—60.

韦九报.韩日印尼学生缘由目的类词语的混淆特征及成因[J].华文教学与研究,2015,04:1—8

＋21.

胡明亮.汉语和印尼语的话题结构[J].岭南师范学院学报,2015,04:123—127.

刘畅.汉语"年、岁"和印尼语"Tahun"的语义对比[J].开封教育学院学报,2014,12:35—37.

庄初升,陈英纳.早期荷兰人编印的两种印尼客家方言文献[J].文化遗产,2013,02:128—134
　　＋158.

萧频,刘竹林.印尼学生特异性汉语易混淆词及其母语影响因素探析[J].华文教学与研究,
　　2013,01:37—45.

朱湘燕,黄舒萍.印尼苏北华语口语词汇与现代汉语词汇差异调查[J].华文教学与研究,2013,
　　01:54—62.

季安锋,蔡爱娟.印尼语与汉语语音对比及印尼学生习得汉语语音难点分析[J].海外华文教
　　育,2013,01:79—87.

闻静.初级阶段印尼学生"把"字句习得偏误分析[J].云南师范大学学报(对外汉语教学与研究
　　版),2012,03:84—89.

张金桥,王燕.印尼留学生汉语句子产生中的跨语言句法启动[J].心理与行为研究,2012,04:
　　297—300.

季安锋.印尼学生汉语习得的语法偏误考察[J].华侨大学学报(哲学社会科学版),2012,04:
　　101—111.

王茂林.印尼、韩国留学生汉语单元音韵母发音分析[J].华文教学与研究,2011,04:16—25.

姜冬梅.汉语印尼语语序中的顺序象似性和接近象似性对比[J].云南师范大学学报(对外汉语
　　教学与研究版),2012,01:76—79.

刘金凤.印尼学生汉语语篇连接词语偏误研究[J].长春理工大学学报,2012,01:150—151.

杨晓强.语言接触与英语对当代印尼语词汇的影响——兼论印尼语的英语化问题[J].解放军
　　外国语学院学报,2011,05:53—57.

丁雪欢.印尼、泰国学生"连"字句习得考察[J].语言教学与研究,2013,04:25—31.

甘于恩,单册.印尼"先达国语"词汇语法特点概说[J].华文教学与研究,2013,04:90—95.

陈爱锋.印尼学生使用"了"的偏误及教学对策——从句法、语义、语用三个平面切入[J].肇庆
　　学院学报,2011,03:32—36.

王功平.印尼留学生普通话舌尖前/后辅音发音偏误实验[J].华文教学与研究,2011,02:46—
　　55＋86.

戴丽芳.印尼留学生复合趋向补语偏误分析[J].福建论坛(人文社会科学版),2011,S1:
　　245—246.

孙丹.印尼留学生汉字偏误情况调查分析[J].佳木斯教育学院学报,2012,03:65—66.

孙丹.印尼留学生语法偏误情况分析[J].吉林省教育学院学报(下旬),2012,04:88—89.

钱伟.试论东南亚五国的"一国多语"现象及语言政策的历史演变[J].东南亚纵横,2015,03:
　　59—63.

齐春红,黄意财.现代汉语结构助词"的"和老挝语结构助词 thi～(˅33)的对比研究[J].云南民
　　族大学学报(哲学社会科学版),2011,06:139—143.

林御霖.初级汉语水平老挝留学生标点符号功能使用偏误分析[J].思茅师范高等专科学校学
　　报,2011,05:79—84.

齐春红,陈海燕.老挝留学生汉语结构助词"的"习得考察[J].云南师范大学学报(对外汉语教

学与研究版),2011,02:70—77.

许瑞娟,饶瑾.老挝语四音格词的文化内涵阐释——以宗教类、风俗类、节日类、水类四音格词为例[J].亚太教育,2015,35:159—161.

余金枝,李春风,张琪.老挝克木族的双语关系——以老挝琅南塔省汇单村为例[J].民族教育研究,2011,04:123—128.

黄霞,游汝杰.华语运动与新加坡的语言使用考察[J].西部学刊,2013,12:61—66.

张铭洲.新加坡闽南话借词balu的语义发展路径[J].闽商文化研究,2011,02:71—87.

丘学强.新加坡"中英对译物名"中的汉语方言信息[J].武汉大学学报(人文科学版),2015,02:121—126.

张益家,陈原艳.语言接触下老缅语中汉语借词研究[J].六盘水师范学院学报,2014,05:37—41.

刘浩平.老挝留学生汉语学习中的近义词偏误分析[J].才智,2014,28:284.

黄锦华,Nicom Charumanee,零青松.泰国、老挝的石家语来源探索[J].西南民族大学学报(人文社会科学版),2015,03:56—59.

齐春红.老挝语母语者汉语趋向补语习得情况分析[J].西南石油大学学报(社会科学版),2015,01:75—83.

章富刚.老挝学生汉语程度副词作状语的偏误分析研究[J].楚雄师范学院学报,2014,12:16—22.

陈展.基于老挝留学生发音特征的汉语语音评价体系研究[J].现代语文(语言研究版),2015,03:81—82.

王红羽.老挝留学生初学写作阶段标点符号书写及使用偏误分析[J].科教文汇(上旬刊),2015,06:39—40.

赵岩.老挝留学生新汉语水平考试(HSK)成绩分析与教学启示[J].柳州师专学报,2015,04:119—122.

杨锦芬.老挝汉语云南方言调查研究——以乌多姆赛为例[J].广西民族师范学院学报,2015,05:49—52.

林御霖.初级汉语水平老挝留学生标点符号使用偏误原因分析和教学建议[J].普洱学院学报,2015,05:112—115.

白佳芳.老挝英语的口音特征及其对口译听辨的影响[J].海外英语,2013,03:269—271.

陈海燕,薄巍.老挝留学生汉语单项定语习得考察[J].云南师范大学学报(对外汉语教学与研究版),2013,02:71—82.

叶剑锋.老挝学生学习汉字的难点及对策探析[J].新西部(理论版),2013,07:88+90.

薄巍.老挝留学生汉语多项定语偏误分析[J].西南石油大学学报(社会科学版),2013,03:104—111.

孟艳丽,布文佩.基于岗位需求的老挝军事人员汉语使用情况调查[J].云南师范大学学报(对外汉语教学与研究版),2013,04:56—62.

林御霖.汉语老挝语标点符号使用功能对比分析[J].普洱学院学报,2013,01:116—120.

王仲黎,冯佳.汉语老挝语辅音比较研究[J].云南师范大学学报(对外汉语教学与研究版),2013,06:52—57.

付国强.老挝学生习得汉语的发音偏误[J].现代语文(语言研究版),2013,11:114—116.

银莎格.国内老挝语研究综述[J].铜仁学院学报,2014,01:113—116.

盘晓愚,朱明恒.初学汉语的东南亚留学生汉字书写偏误分析[J].贵州民族大学学报(哲学社会科学版),2014,03:112—116.

黄平.老挝南塔省克木语借词研究[J].广西民族师范学院学报,2012,01:104—106.

牟春丹.老挝、柬埔寨学生汉字书写情况调查与分析[J].大理学院学报,2012,07:92—95.

戴庆厦,朱艳华.琅南塔克木语浊塞音、浊塞擦音的死灰复燃[J].语言研究,2012,01:117—123.

林御霖.汉语老挝语标点符号书写形体和书写位置对比分析[J].思茅师范高等专科学校学报,2012,06:73—77.

万陈毅.泰国、老挝学生对汉语中 g、k 的发音偏误及应对策略[J].北方文学(下半月),2012,08:114—115.

万波.香港与新加坡大专学生繁简字认读能力调查[J].语言文字应用,2001,02:91—102.

罗爱梅.新加坡双语教育课程极准及实施[J].课程.教材.教法,2003,06:59—60.

钱进.新加坡简化字运动及其经验述评[J].连云港师范高等专科学校学报,2007,04:1—3.

赵永胜,赵树芬.缅甸与泰国跨国民族语言文字述论[J].昆明学院学报,2014,05:112—117+107.

蔡惠敏.初探经贸泰语词汇的特点及翻译[J].现代语文(学术综合版),2013,02:124—125.

彭思祥.中泰非英语专业学生英语词义发现策略对比研究[J].云南农业大学学报(社会科学版),2014,04:100—105+122.

温锐,吴佳,王淑雪,张勤.美国和泰国的语言政策探析[J].昆明冶金高等专科学校学报,2013,06:78—80.

刀国新,印凡.泰语人称代词"ฉัน"和"ผม"的探析[J].剑南文学(经典教苑),2011,05:85—87.

赵燕.试论汉语在泰国语言政策中的地位变迁[J].东南亚纵横,2014,08:50—53.

李娅静.现代泰语新词新语特点探析[J].科技展望,2015,01:269+271.

杨丽周.佛教因果业报思想在泰国谚语中的体现[J].东南亚纵横,2014,07:55—58.

李春风.论泰国优勉族群的文化及语言使用——以泰北清莱府都龙县促猜乡坤美蚌村为例[J].华侨大学学报(哲学社会科学版),2014,04:21—29.

谢繁.浅谈泰语语用中的性别差异特点[J].现代语文(语言研究版),2013,11:94—96.

全莉.从泰语中汉语借词看泰国民族对华语言态度[J].大学教育,2013,24:154—157.

朱艳华.中泰跨境民族拉祜族兼用本国通用语现状之比较[J].云南师范大学学报(哲学社会科学版),2011,02:123—130.

乔翔,朱艳华.泰国清莱拉祜族和谐双语生活剖析[J].民族论坛,2011,20:90—94.

赵京武,王胜香.壮、泰语共有汉借词统计分析[J].邢台学院学报,2012,02:141—142+145.

许鲜明.双语教育对少数民族语言的保护作用[J].玉溪师范学院学报,2012,05:11—15.

陈兵.泰国的语言政策——东南亚国家语言与文化身份认同研究系列论文之一[J].沿海企业与科技,2015,01:45—47.

张鹏,白小静.汉、泰时间词对比分析[J].昆明学院学报,2012,05:87—92.

杨刚.在滇泰国学生汉语交际能力层次划分及训练标准[J].重庆理工大学学报(社会科学),2014,05:114—117+151.

周敏.美泰学生汉语口语学习策略对比研究[J].楚雄师范学院学报,2014,08:37—41.

兰夏玲.泰语习得者的跨文化语用失误分析及教学策略[J].才智,2014,16:24+26.

云秀礼.汉泰人称代词比较研究[J].学周刊,2015,03:11.

陈燕.泰国中学生繁体字简体字转换调查研究[J].学周刊,2015,03:21.

游辉彩.目的论视角下的泰国电影片名汉译[J].东南亚纵横,2013,12:57—61.

赵丽梅.对泰汉语词汇教学中发现的常见偏误与对策研究[J].中国电力教育,2011,10:
202—203.

罗秀莲.壮泰语动物熟语文化对比研究[J].才智,2011,16:184.

李丽丽,江玉芬.汉泰语中含"红(แดง)"字词语引申意义对比研究[J].洛阳师范学院学报,
2013,07:92—95.

戴庆厦.语言接触与浊音恢复——以缅甸语的浊音演变为例[J].民族语文,2011,02:3—9.

张兰仙.缅甸留学生在云南的汉语学习及使用[J].教育评论,2013,05:138—140.

王德仙.略论缅甸语语音教学——兼与汉语语音比较[J].保山学院学报,2013,01:104—108.

吴海燕.汉缅语音对比与针对缅甸学生的汉语语音教学研究[J].云南师范大学学报(对外汉语
教学与研究版),2011,03:82—86.

王德仙.缅语畜牧词汇的文化内涵初探[J].保山学院学报,2011,04:104—108.

刘书琳,邹长虹.中国与缅甸语言政策、语言规划的对比研究及启示[J].广西师范学院学报(哲
学社会科学版),2015,06:167—171.

钟楠.柬埔寨语次要音节优选论分析[J].解放军外国语学院学报,2015,06:52—60.

宋鹏.柬埔寨留学生汉语比较句习得研究[J].和田师范专科学校学报,2011,03:57—59.

关熔珍,彭雪秋.东盟十国英语语言变体研究之二——柬埔寨英语变体研究[J].东南亚纵横,
2011,06:88—91.

牟春丹.老挝、柬埔寨学生汉字书写情况调查与分析[J].大理学院学报,2012,07:92—95.

许瑞娟,陈昱.柬埔寨四音格词的文化内涵阐释——以动物类、人体类四音格词为例[J].亚太
教育,2015,32:97—99.

刘书琳.柬埔寨语言政策、语言规划探微[J].宿州教育学院学报,2015,01:145—146+148.

陈兵.影响柬埔寨语言国情的外来语研究[J].西安外国语大学学报,2013,01:14—17.

吴菲.泰语借词探析[J].教育观察(上旬刊),2013,06:87—91.

张淳,徐艳飞.菲律宾的语言资源与语言经济研究[J].武汉科技大学学报(社会科学版),2015,
04:460—464.

陈钧.中国英语教师与菲律宾英语教师称赞语回应策略对比研究[J].西安外国语大学学报,
2012,02:6—10.

尹少君,邹长虹.中国与菲律宾语言政策、语言规划的对比研究及启示[J].广西师范学院学报
(哲学社会科学版),2013,02:119—123.

邱克威.19世纪末马新方言文献中马来语音节末尾流音—r、—l的对音——兼论中古汉语入
声弱化问题[J].马来西亚人文与社会科学学报,2014.02:01.

洪丽芬,罗荣强.闽南语与马来语的词汇互借现象[J].闽商文化研究,2012,02:19—29.

谢军,梁春莲.中国南方方言对东南亚英语生成与发展的影响[J].柳州师专学报,2012,05:
44—47.

吴思娜.韩国及马来西亚学生句法认知难度初探[J].语言教学与研究,2013,02:26—33.

李蒂娅,李柏令.马来西亚华英双语者请求行为的中介文化风格实证研究[J].现代语文(语言

研究版),2013,01:91—94.

陈燕玲.菲律宾青少年关于中美日国家形象的认知——基于"词语自由联想"测试的分析[J].
当代修辞学,2014,02:29—35.

杨丽婷.从CDA角度分析菲律宾总统关于香港人质事件的官方声明[J].牡丹江大学学报,
2012,01:183—187.

尹绪彪.对菲律宾留学生的语音字调的调查及思考[J].中国校外教育,2013,06:100.

周念哲.菲律宾总统府发言人"小心一点"措辞的修辞学解读[J].宜春学院学报,2013,08:
98—102.

钱伟.东南亚、南亚地区的"一语两名"及"一语两文"现象[J].东南亚南亚研究,2015,02:72—
76+110.

行玉华.东南亚留学生汉语语用失误浅析[J].天津电大学报,2014,02:44—47.

毛春洲.多元文化背景下海南特区语言政策与语言规划研究——东南亚岛屿国家和地区的语
言政策和规划对海南的启示[J].海南广播电视大学学报,2012,02:11—17.

黄美新.从亲属称谓词看大新壮族和泰国泰族的亲缘关系[J].柳州师专学报,2013,01:
40—43.

利莉.从数字中看中泰文化异同[J].文学教育(中),2013,04:31.

朱蒙.简析泰国皇家学术院在泰国标准语发展中的作用[J].东南亚研究,2015,03:108—111.

杨丽周.泰国谚语的夫妇伦理规范研究[J].东南亚纵横,2015,05:38—41.

刘荫凉,卢潇.越语植物成语浅析[J].科技视界,2013,06:101+176.

阮廷贤.喃字分类研究[J].广西民族师范学院学报,2013,01:80—85.

张婷婷.越语修辞学研究综述[J].解放军外国语学院学报,2013,01:47—50+66.

黄薇,彭杰.汉越语言中的常见副词对比研究[J].现代语文(语言研究版),2013,01:143—146.

朱瑶.汉喃《二十四孝演音》考辨[J].民族文学研究,2011,02:115—120.

3.6　文学

陈氏绒.中越《金云翘传》《翘传》比较研究评议[J].中国文学研究,2014,03:121—125+128.

萧成.漫议印尼苏门答腊岛华文诗歌[J].世界华文文学论坛,2014,04:3—6.

王晓娟,阿里夫.《哈比比与艾努恩》——印尼前总统哈比比阁下的亲笔传记[J].世界知识,
2013,19:68—69.

何娜.寻找光明的黑色眼睛——追忆卡洛斯·布洛桑[J].世界文化,2013,06:18—20.

牛军凯."越南苏武"黎光贲及其在华诗作《思乡韵录》[J].东南亚研究,2015,04:99—105.

吴晓东.复活母题的变异:中越月亮神话比较研究[J].广西民族师范学院学报,2012,02:
30—36.

朱崇科.(被)离散(诗学)与新加坡认同的困境——英培安《画室》的叙事创新[J].华文文学,
2014,06:91—97.

柯木林."与君话冷炎州月"——古典诗文中的新加坡[J].华侨大学学报(哲学社会科学版),
2013,03:141—147.

吕小蓬.越南古代汉文小说中的中国人形象研究[J].华文文学,2014,06:26—31.

王霞.论越南文化里的汉字正统意识[J].西南科技大学学报(哲学社会科学版),2014,06:

72—77.

陈益源.越南阮朝图书馆所藏的《红楼梦》及其续书[J].明清小说研究,2014,01:226—240.

宗亮.越南汉喃古籍新见《红楼梦》资料考述[J].红楼梦学刊,2015,05:264—281.

刘玉珺.越南诗人蔡顺及《吕塘遗稿诗集》考论[J].外国文学评论,2013,04:26—39.

胡世河,阮孟进,夏露.从民歌探析越南苗族心理[J].内蒙古师范大学学报(哲学社会科学版),
2015,05:116—120.

彭丹华.越南使者咏屈原诗三十首校读[J].湖南科技学院学报,2011,10:35—40.

黄晔明,梁卿,黄选明.越南童话的德育价值特点及作品赏析——以《蟋蟀历险记》为例[J].现
代交际,2012,02:72—73.

严明.越南古代七律诗初探[J].学术界,2012,09:50—61+286.

李奎.越南《太平广记》研究[J].暨南学报(哲学社会科学版),2012,09:110—116+163.

黄以亭.从女性文学形象看当代越南妇女生存现状[J].东南亚研究,2012,06:102—108.

吕小蓬.越南汉文历史小说《皇越春秋》的文化研究[J].东南亚研究,2013,03:107—112.

黄以亭,张程."女性意识":从沉潜到回归——以越南战争题材作品中的女性形象为例[J].东
南亚研究,2013,05:99—105.

刘志强.越南古典文学名著《征妇吟》述论[J].广西民族大学学报(哲学社会科学版),2011,02:
175—178.

陆小燕.越南金龟传说源考[J].东南亚南亚研究,2013,04:91—94+110.

李志峰,金晓燕.越南汉文小说研究现状及其文学文化转向[J].文化与传播,2013,04:39—46.

牛军凯."越南苏武"黎光贲及其在华诗作《思乡韵录》[J].东南亚研究,2015,04:99—105.

陈益源,赖承俊.寓粤文人缪艮与越南使节的因缘际会——从笔记小说《涂说》谈起[J].明清小
说研究,2011,02:212—226.

刘玉珺,何洪涛.论越南古代流传的歌诗[J].黄钟(中国.武汉音乐学院学报),2011,02:63—69
+96.

黄玲.民族叙事与女性话语——越南阮攸的创作及《金云翘传》的经典[J].苏州科技学院学报
(社会科学版),2011,06:40—45.

刘婷婷.才子佳人小说在越南的传播与影响[J].科教导刊(中旬刊),2015,12:152—153+168.

彭敏.元结纪咏诗文研究——以湖南浯溪碑林与越南燕行文献为中心[J].湖南科技学院学报,
2012,01:16—20.

张婷婷.21世纪初越南文学的特点[J].东南亚纵横,2012,08:67—71.

祁广谋.越南古代女诗人胡春香喃字诗歌的人文意识[J].东南亚纵横,2015,05:46—51.

于向东,高昂.透视革新开放前后越南社会万象和人生百态的窗口——读《越南当代小说选》
[J].东南亚纵横,2015,06:54—57.

彭丹华.越南使者咏周敦颐诗六首[J].湖南科技学院学报,2014,12:13—15.

彭丹华.越南使者咏永州(七)[J].湖南科技学院学报,2015,01:38—43.

彭丹华.越南使者咏永州(八)[J].湖南科技学院学报,2015,02:36—42.

彭丹华.越南使者咏永州(二)[J].湖南科技学院学报,2013,09:15—20.

彭丹华.越南使者咏柳宗元[J].湖南科技学院学报,2011,03:27—29.

刘玉珺,王昕.越南诗人阮飞卿及其汉诗创作[J].古典文学知识,2015,05:110—118.

任晓鸶.越南《昭君贡胡书》故事源流考[J].东南亚南亚研究,2014,02:70—74+109.

何娟.比较文学视域下的越南汉文小说《传奇漫录》[J].经济与社会发展,2014,03:69—71.

张京华."北南还是一家亲"——湖南永州浯溪所见越南朝贡使节诗刻述考[J].中南大学学报(社会科学版),2011,05:160—163.

郝晓静.越南神话同西方神话之比较[J].名作欣赏,2011,35:157—159.

潘秋云.赋体与东方思想——论越南《玉井莲赋》与中国《子虚》、《上林》赋[J].中国韵文学刊,2015,02:26—31+87.

张惠鲜.浅析越南阮攸的左江流域印象[J].东南亚纵横,2015,05:57—61.

黄以亭,林明华.越南女作家潘氏黄英作品中的时间建构[J].广西民族大学学报(哲学社会科学版),2015,02:121—125.

卢锦缨.越南现实主义作家南高[J].安徽文学(下半月),2012,12:41—45.

胡佳.越南使者咏贾谊[J].湖南科技学院学报,2013,06:17—23.

余富兆.越南当代文学的主要特点[J].淮阴师范学院学报(哲学社会科学版),2011,01:92—97+106+140.

刘志强.《花笺记》的越南改写本——《花笺传》述论[J].东南亚纵横,2011,06:41—44.

刘济民.越南汉诗《昭君出塞》简析[J].三峡论坛(三峡文学·理论版),2015,02:114.

余富兆.悲剧的人生:越南当代著名军旅作家黎榴的长篇小说《遥远的时代》[J].东南亚纵横,2011,02:73—79.

庞希云.从独脚神到猖狂神——越南神话《越井传》的本土化变异兼论文学变异体的生成[J].文化与传播,2012,02:12—17.

喻梦.越南美国人=越南人+美国人?——从越战创伤解读托马斯·A.巴斯《越南美国人》中的身份主题[J].海外英语,2012,24:215—218.

黄可兴.论越南现代作家吴必素的儒家文化情结[J].广西民族大学学报(哲学社会科学版),2012,03:154—158.

王志强.越南汉籍《阮述〈往津日记〉》与《建福元年如清日程》的比较[J].东南亚纵横,2012,12:56—59.

方晨明.从中国诗歌看越南古体诗歌特点[J].红河学院学报,2014,03:6—10.

彭丹华.越南使者咏永州(一)[J].湖南科技学院学报,2013,07:14—20.

刘葵兰.越南战争中的外乡人——评林浩聪的《校长的赌注》[J].外国文学动态,2014,04:47—48.

彭丹华.越南使者咏永州(四)[J].湖南科技学院学报,2014,01:26—32.

刘玉珺,夷萍.越南诗人阮德达及其《葫样诗集》[J].古典文学知识,2014,04:103—111.

李娜.考究与中国赴越南使臣有关的三首诗作者[J].东南亚纵横,2014,05:75—78.

陶铜殿.论越南新诗中的诗人形象[J].时代文学(下半月),2014,06:119.

吴侠.浅析越南汉文历史小说《皇黎一统志》中蕴含的礼仪制度和文化[J].湖南工业职业技术学院学报,2012,05:46—48.

张娇,刘玉珺.唐风遗韵:越南诗人蔡顺的七言律诗[J].古典文学知识,2013,02:104—112.

章雄.影像越南的诗意修辞[J].阜阳师范学院学报(社会科学版),2015,06:45—47.

彭丹华.越南使者咏永州(五)[J].湖南科技学院学报,2014,02:40—42.

张泽槐.越南使者咏舜诗选注[J].湖南科技学院学报,2014,04:50—54.

彭丹华.越南使者咏永州(六)[J].湖南科技学院学报,2014,04:55—59.

陶铜殿.越南新诗运动的革新成就初论[J].文学教育（上）,2014,10:114.

郝素玲.诗情画意背后的那段历史——论越南裔美国作家黎氏艳岁与她的《我们都在寻找的那个土匪》[J].郑州大学学报（哲学社会科学版）,2011,03:96—100.

彭丹华.越南使者咏永州（三）[J].湖南科技学院学报,2013,10:26—29.

甘文平.一个文化、政治、文学命题——解答诺曼·梅勒的《我们为什么参加越南战争？》[J].西安电子科技大学学报（社会科学版）,2012,02:67—73.

余富兆.越南当代文学创作中的民间精神[J].解放军外国语学院学报,2011,01:122—126.

何娟.论越南汉文小说《传奇漫录》中的儒家思想——以《项王祠记》为例[J].广西民族师范学院学报,2014,02:88—90.

黄玲.从文学叙事到文化记忆:中越跨境族群宋珍故事的互文性阐释[J].民族文学研究,2014,06:93—101.

曹双.试论20世纪80年代以来国内学术界对《金云翘传》的研究[J].洛阳理工学院学报（社会科学版）,2015,01:37—41.

吴侠.越南汉文历史小说《皇黎一统志》的语言艺术浅析[J].四川职业技术学院学报,2013,01:27—31+44.

赵锋.越南《皇越春秋》黎利与中国《三国演义》刘备人物形象的相似性[J].襄樊学院学报,2012,03:11—16.

陈金文.中越灰姑娘型故事之比较[J].文化遗产,2015,02:78—83.

梅丽.越战小说中的记忆伦理[J].重庆邮电大学学报（社会科学版）,2015,06:108—113.

简圣宇.惩恶扬善,庄谐相济——评越南国家歌剧院选送剧目《返老还童》[J].大众文艺,2014,12:140.

黄可兴,宋百灵.《越甸幽灵集》神话角色功能的文化阐释[J].广西民族大学学报（哲学社会科学版）,2015,04:150—154.

欧华恩.《烟树》中的家庭伦理困局[J].社会科学,2015,02:183—191.

刘介民,刘小晨.从《岭南摭怪》看中越艺术审美[J].岭南文史,2014,03:13—19.

岑园园.浅析《皇越春秋》中神话传说[J].四川职业技术学院学报,2014,01:52—57.

张丹柯.最真实的越战小说——《马特洪峰》[J].外国文学动态,2012,06:36—37.

宋庄.徐怀中:《底色》是我戎马一生的手模足印[J].博览群书,2015,09:56—61.

张京华.黎贵惇《潇湘百咏》校读[J].湖南科技学院学报,2011,10:41—48.

张悦.关于《文静的美国人》中主人公善与恶的探析[J].辽宁工业大学学报（社会科学版）,2012,05:48—50.

薛五莉.《金云翘传》的灵异文化探析[J].民族论坛,2014,05:88—90+94.

黄世香,罗翎."他者"的创伤记忆与文化适应——论越裔美国作家曹兰作品《猴桥》的叙事策略[J].玉林师范学院学报,2015,06:90—95.

陆凌霄.《南翁梦录》诗话略析[J].中央民族大学学报（哲学社会科学版）,2015,01:139—141.

甄周亚.冯克宽诗集写本笔画类俗字研究[J].现代交际,2015,11:79—80.

黄权才.明清两朝来华使节的花山诗篇[J].广西师范学院学报（哲学社会科学版）,2013,02:48—52.

李娜.1849年越南如清使臣与清朝伴送官唱和诗刍议[J].广西师范学院学报（哲学社会科学版）,2014,06:59—63.

刘志强.略论越南占婆文学[J].国外文学,2012,04:65—71.

陈旋波.种族和解与诗学对话——论印尼文、华文双语诗集《印度尼西亚的轰鸣》[J].华侨大学
学报(哲学社会科学版),2011,01:105—109.

萧成.漫议印尼苏门答腊岛华文诗歌[J].世界华文文学论坛,2014,04:3—6.

古大勇,李聪泳.印尼与中国民间故事比较研究[J].怀化学院学报,2014,04:9—12.

谢英.老挝澜沧文学繁荣面面观[J].广西民族大学学报(哲学社会科学版),2011,04:
170—173.

陈有金.试论老挝古代文学的特征[J].东南亚纵横,2012,05:72—74.

沈伟赳.尼采存在主义与英培安和吴宝星的作品[J].华文文学,2014,06:98—105.

金进.新加坡作家希尼尔笔下的"城"与"人"[J].外国文学研究,2013,03:133—142.

金进.新加坡作家英培安创作中的外来影响[J].外国文学研究,2012,04:78—86.

黄勇.16—17世纪老挝世俗文学及其特点[J].东南亚纵横,2012,01:53—56.

沈玲.多重身份观照下的文学书写——文莱诗人孙德安的诗歌研究[J].世界华文文学论坛,
2013,03:19—23.

马峰.马来西亚、文莱的跨界书写者——论煜煜的小说创作[J].世界华文文学论坛,2013,03:
14—18.

南治国.探访"浮城"——希尼尔作品的一种解读[J].华文文学,2012,01:70—75.

刘延超.族群认同与文化认同的双重困惑——新加坡英语文学中的身份认同困惑初探[J].广
西师范大学学报(哲学社会科学版),2012,02:55—59.

覃秀良.女性话语权的丧失与复得——评析林宝音的短篇小说《出租车司机的述说》[J].文学
界(理论版),2012,11:44—45.

刘延超.新加坡英语文学创作的缩影——评新加坡著名英语女作家林宝音的小说创作[J].学
术论坛,2011,02:92—96.

古远清.有南洋风味的作品选集——读蓉子编《鱼尾狮之歌》[J].世界华文文学论坛,2011,01:
31—32.

刘延超.论新加坡英语文学创作风格的流变[J].南方文坛,2011,04:127—130+133.

梁卿,黄选明,黄晔明.新加坡儿童文学教育元素与人才培养[J].东南亚纵横,2011,06:
61—65.

刘延超.新加坡英语文学创作述评[J].译林(学术版),2011,01:14—21.

王润华.探索"存在的遗忘":浪子、橡胶树、榴莲、铁船、鱼尾狮——新加坡的移民、后殖
民、边缘、魔幻写实、多元文化的书写与世界文学[J].华文文学,2011,05:45—51.

梁卿,李珊.The Clay Marble(《泥弹珠》)——新加坡儿童文学作家 Minfong Ho(何明方)作品
赏析[J].广西青年干部学院学报,2011,05:67—71.

梁卿,黄选明.新加坡英语儿童文学(1978—2012年)发展研究[J].东南亚纵横,2014,02:
60—64.

赵颖.中国古典诗艺在海外的传播及其影响——以当代新加坡华文旧体诗为考察视阈[J].世
界华文文学论坛,2013,04:47—51.

黎楠.中国文学在东南亚的传播途径和传播内容——评饶芃子主编的《中国文学在东南亚》
[J].开封教育学院学报,2015,04:5—7+24.

李晓黎.论新加坡集句诗人林峻坚和他的集陆诗[J].江南大学学报(人文社会科学版),2014,

01:86—90.

李晓黎.论新加坡集句诗人林峻坚和他的集陆诗[J].阜阳师范学院学报（社会科学版），2014，01:47—51.

宋晓英.底层与草根：贾平凹与新加坡作家怀鹰自传体写作比较[J].山东青年政治学院学报，2012，01:140—143.

李小梅.泰国古代文学初探[J].临沧师范高等专科学校学报，2012，02:35—39.

刘莉，蒋应辉.泰国古典文学发展述略[J].攀枝花学院学报，2014，05:41—44.

陆秀英.土地的寓意和伦理——生态解读当代泰国作家皮拉·苏塔姆的农民叙述[J].时代文学（上半月），2012，06:137—139.

高倩.克立·巴莫与巴金笔下的男性形象——试论泰国名著《四朝代》与《家》的文学创作的文献综述[J].大众文艺，2012，15:159.

和跃，马靖.试论从泰国谚语中女性喻体看泰国女性地位[J].艺术科技，2014，05:175.

李斯颖.侗台语民族祈雨仪式的口头叙事隐喻——以壮族史诗《布伯》与泰国神话《青蛙神的故事》的比较为例[J].黔南民族师范学院学报，2015，01:34—39.

杨丽周.泰国谚语的夫妇伦理规范研究[J].东南亚纵横，2015，05:38—41.

赵瑾.《红楼梦》缅甸语译本赏析[J].红楼梦学刊，2013，02:263—276.

寸雪涛.缅甸俗语的文化内涵[J].前沿，2013，06:117—120.

刘利民.从貌鲁埃系列小说看德班貌瓦的文学创作特点[J].文学教育（上），2012，01:20—22.

黄姗姗.试论缅甸民间文学的地缘性[J].科教导刊（中旬刊），2013，10:136—137.

寸雪涛.社会语境下的缅甸民间口头文学——以缅甸联邦仰光省岱枝镇区三个村为例[J].广西民族大学学报（哲学社会科学版），2011，03:115—119.

辛金顺.地景的再现——论吴岸诗中砂劳越的地志书写[J].绍兴文理学院学报（哲学社会科学），2013，01:52—58.

万志全.意象、意趣与意味的纯真世界——论马来西亚诗人苏清强的儿童诗[J].云南财经大学学报（社会科学版），2012，05:143—145.

史阳.想象的地方性神圣历史——菲律宾阿拉安人的神话观[J].东南亚研究，2012，06:86—93.

卢菁菁.浅析菲律宾史诗神话中洪水神话的人文特点[J].文化与传播，2015，01:11—13.

丁东粮.论菲律宾的家庭关系——从菲律宾小说《睡垫》说起[J].南都学坛，2011，03:43—44.

梁卿，曾萍.菲律宾儿童文学发展历程探析[J].吉林广播电视大学学报，2012，06:73—74.

王增红，张旭东.从女性角度析《美国在心中》中菲裔美国人的寻梦三部曲[J].南洋问题研究，2014，04:78—86.

胡可清.伪饰和神经质人格——《食狗人》中的新殖民女性形象[J].淮北职业技术学院学报，2014，02:64—66.

唐晓雪.后殖民主义视域下解读《美国在心中》的文化身份建构[J].科技信息，2012，30:216.

张亚丽，陈世丹.论《美国在心中》的殖民者与被殖民者的双向模拟策略[J].外国文学研究，2013，01:117—125.

赵娇娇.《美国在心中》的三位一体叙事策略解读[J].安徽文学（下半月），2013，09:35—37＋39.

郑有利.颠覆与重建——评《美国在心中》表现的族裔反抗[J].科技信息，2011，31:448＋433.

刘晗,梁羽,贺斯佳.《如果梦太远》主人公光蒙的反英雄形象分析[J].湖北函授大学学报,
　　2013,01:165—166.

姚静媛,李元素.黄孟文微型小说人物心理分析[J].广西民族师范学院学报,2011,04:70—73.

3.7 艺术

章旭清.越南百年电影事业回顾(19世纪末—21世纪初)[J].东南亚研究,2012,02:107—111.

何振纪.大越国时代的漆艺及其遗泽[J].岭南文史,2012,01:1—5.

尹明.京族独弦琴艺术[J].歌海,2012,03:2.

邱慧婷.以《青木瓜之味》为例浅论父权制社会下女性的失语[J].教育观察,2012,06:56—57
　　+61.

马晓虎.电影《青木瓜之味》之色彩隐喻[J].电影文学,2013,03:146—147.

胡禹,黎燕.析京族民歌创作特点[J].黄河之声,2014,06:108—109.

李亚楠.中越天琴音乐形态的共性特征[J].艺术探索,2014,03:55—56+75.

杨春雨.从明朝北京城和阮朝顺化城看中越建筑文化交流[J].东南亚纵横,2011,06:45—49.

陈强,黎珏辰.从电影《Just follow law》看新加坡的法治文化[J].学理论,2013,26:162—163.

樊祎雯.海派对20世纪新加坡水墨画的影响[J].美术,2012,04:118—122.

陈强,黎珏辰.政治文化对新加坡电影发展的影响及趋势[J].电影文学,2014,06:15—16.

蔡曙鹏,李修建.舞蹈中的多元文化主义:新加坡的经验[J].内蒙古大学艺术学院学报,2011,
　　04:5—11.

曾子越.心灵革命是根本革命——访新加坡艺术大师陈瑞献[J].南风窗,2011,12:86—92.

张方方,高君扬.《昂山素季》:政治电影,还是女性电影[J].世界知识,2012,20:62—63.

骆韬颖.浅析大足石刻与吴哥石窟雕刻的造型艺术特征[J].美术教育研究,2015,19:32+34.

陈军军,支国伟.吴哥建筑群的历史文化内涵[J].旅游纵览(下半月),2015,02:140.

王红.印尼巴迪克的服饰文化特征研究[J].广西民族师范学院学报,2012,02:37—39.

唐莲.多元化解构的真情流露——泰国纯爱电影探析[J].传播与版权,2013,02:77—79.

王小盾.域外汉文音乐文献述要(上)——越南、韩国篇[J].中国音乐学,2012,02:85—99.

何振纪.越南漆画艺术[J].中国生漆,2014,04:34—38.

何振纪.从《李南帝后像》看越南的传统漆绘文化[J].创意与设计,2015,01:64—69.

陈盼.越南北部音乐田野考察综述[J].歌海,2013,05:10—15.

杨元.世界民族音乐之梦萦东南亚——越南音乐专场综述[J].大众文艺,2015,24:139.

吴德识.浅析越南东湖年画中的动物形象及其文化含义[J].大众文艺,2013,24:123—124.

陈民喜.越南河内印象[J].中外建筑,2011,07:24—29.

梁小贞,杨健,何振纪.越南对漆画艺术的保护与发展——以河内为中心的探讨[J].中国生漆,
　　2012,03:24—28.

张倩芸.越南水上木偶戏田野札记[J].歌海,2014,02:71—74.

阮菲菲,何振纪.越南当代漆画与漆艺家[J].中国生漆,2014,03:17—19.

刘伟.浅谈广西与越南的独弦琴艺术[J].才智,2013,28:232.

陈曦.试评《第一东盟随想曲》[J].大众文艺,2015,12:143.

戴丽霞.越歌元素的创造性运用探究——以室内乐《边寨之夜》为例[J].歌海,2015,03:67—69

＋90.

何振纪.漆画的革命:近现代越南漆画艺术的变革与创新[J].中国生漆,2013,03:36—40.

王红.生态学视野中的越南水上木偶戏研究[J].四川戏剧,2013,05:110—113.

长北.越南漆器工艺考察[J].创意与设计,2012,02:9—12.

王茜."歌筹"中的三件宝——越南音乐的活化石(上)[J].乐器,2015,03:52—53.

游歆睿.越南音乐研究综述[J].民族音乐,2011,05:18—19.

朱鑫雅.陈英雄"越南三部曲"中的艺术表现手法[J].电影评介,2013,05:17—18.

吴巧.血脉相连的民族,一脉相承的瑶歌——广西优勉瑶歌与越南优勉瑶歌比较[J].大众文艺,2011,20:195—197.

杨汤琛.他者镜像下被规训的越南女性[J].电影文学,2012,15:100—101.

宦玉娟.从电影《恋恋三季》看20世纪末的越南社会[J].电影评介,2012,13:43—46＋69.

王茜."歌筹"中的三件宝——越南音乐的活化石(下)[J].乐器,2015,04:52—53.

付才郦.美丽的白丝绸演绎坚定人生——浅评越南电影《穿白丝绸的女人》[J].传播与版权,2013,03:105—108.

蔡克振.重返河内的思考——越南漆画五十年有感[J].艺术生活—福州大学厦门工艺美术学院学报,2012,01:8—11.

李亚楠,胡馨怡.越南天琴探微[J].大众文艺,2012,11:188—190.

紫玉.青韵绵长——朝鲜、日本、越南青花瓷赏读[J].收藏界,2011,04:62—67.

侯琰慧.一朵来自越南的罪恶之花——电影《三轮车夫》主题及创作手法赏析[J].电影评介,2011,12:37—39.

陈可唯.审慎的东方情爱:越南电影《夏天的滋味》[J].世界文化,2011,06:24—25.

杨乃运.越南,多元文化的诱惑[J].中关村,2011,05:114—115.

黎珏辰,李浩,刘绽霞.比较艺术学研究方法在中越天琴比较研究中的运用[J].山东广播电视大学学报,2015,03:41—44.

方楠.论陈英雄电影的东方艺术[J].电影文学,2014,21:57—58.

魏珍珍.徐克电影的美学特质与意蕴[J].电影评介,2015,19:74—76.

黎珏辰.龙州天琴艺术与越北天琴艺术之内在关系考察——以比较艺术学为视角[J].经济与社会发展,2012,02:101—103.

戴丽霞.越歌元素的创造性运用探究——以室内乐《边寨之夜》为例[J].歌海,2015,03:67—69＋90.

林祥雄.浅述南洋画风[J].美术,2015,11:140—144.

何明智.中越岱语喃字手抄本文献研究[J].文化与传播,2015,06:60—64.

张爱坤.《忘返天堂》:话语悖反与镜像重构[J].电影文学,2015,07:114—117.

王乙好.印度尼西亚"哇扬"的传承特色[J].浙江艺术职业学院学报,2015,01:51—56.

隋立新.隽永迷人的印度尼西亚木雕[J].文物天地,2015,04:94—97.

尹佳鸽.浅析中国与东南亚国家面具舞蹈的研究——以广西环江毛南族与印度尼西亚巴厘岛为例[J].艺术科技,2015,10:33—34.

范子泉.浅析印度尼西亚传统民族音乐——甘美兰[J].民族音乐,2013,01:58—59.

张玉雯."千面"印度尼西亚音乐——2012世界音乐周"中国·印度尼西亚音乐国际研讨会"综述[J].中央音乐学院学报,2013,01:140—143.

谢佳音.印度尼西亚的民俗音乐[J].音乐生活,2014,05:30—31.

周末."千岛之国"的回响——记《生命的轮回》印度尼西亚音乐舞蹈专场[J].音乐时空,2015,24:8+190.

孟晶晶.形式实验背后的失落——评印度尼西亚小剧场戏剧《炸弹》[J].艺苑,2012,01:33—35.

哇扬皮影偶戏[J].文化艺术研究,2015,03:2.

张一鸿.印度尼西亚哇扬戏[J].世界文化,2011,05:33.

李芸.浅谈印度尼西亚加美兰音乐地方样式的形成与发展[J].音乐天地,2011,11:62—64.

温洁.浅析打击乐在不同地区甘美兰音乐的特点[J].黄河之声,2013,19:20—21.

周末.乐音妙舞皆传神——佳美兰舞蹈工作坊与印尼佳美兰音乐专场演出纪实[J].音乐时空,2015,24:9—10.

曾颖.盆地珍宝——东南亚传统音乐的特点[J].大众文艺,2013,22:136.

张小梅.迈克尔·阿斯马拉《第一交响曲》分析[J].艺术探索,2015,06:126—128.

欧芮.从印尼哇扬皮影戏看印尼传统文化的神秘色彩[J].广西教育学院学报,2015,05:78—80+84.

王巍.置身于安格隆的海洋[J].乐器,2015,01:16—19.

苏特里斯诺·哈塔纳,陈珂瑾.甘美兰在加拿大地区的跨文化互动与混合[J].星海音乐学院学报,2013,01:44—50.

谢佳音.错落有致的甘美兰(三)[J].音乐生活,2014,04:26—27.

陈敏红.异国传乡音——印尼东方音乐基金会南音传承中意识与关系空间[J].人民音乐,2014,04:21—24.

伍璐璐.探析小吴哥寺回廊浮雕的艺术语言[J].天津美术学院学报,2011,02:65—66.

郭学智.欧洲艺术音乐与印尼甘美兰的比较研究[J].天中学刊,2014,06:114—116.

陈敏红.印尼东方音乐基金会南音传播现状调查研究[J].中国音乐,2014,04:252—256.

李丽敏.音乐习俗的模式同构——从印尼巴厘岛甘美兰音乐田野调查三个实例引发的思考[J].音乐艺术(上海音乐学院学报),2015,02:146—154.

唐甜甜.十指流转哇扬戏[J].中华手工,2013,02:44—46.

庄典.清妙南洋音,神奇萨山多——印尼东努山登加拉的弹拨乐器萨山多[J].乐器,2013,05:67—69.

石峻山.赛诺·古米拉·阿吉达玛的《雅加达2039》与印尼戏剧的良知[J].文化艺术研究,2014,02:113—119.

约书亚·奥本海默,陈向阳.为什么杀戮——约书亚·奥本海默访谈[J].电影艺术,2014,04:37—45.

李成,赵鑫.浅析纪录片《杀戮演绎》的创作手法[J].影视制作,2014,11:88—91.

王健.《杀戮演绎》:令人不安的洞察[J].中国电视(纪录),2013,12:70—73.

帅民风.形意——对印尼巴厘岛之"阴阳门"的阐发[J].美术大观,2012,05:81.

李未醉.略论中国与老挝的音乐交流[J].交响(西安音乐学院学报),2015,04:61—64.

常龙飞.中老跨界民族音乐概观——以苗—赫蒙、克木人(族)为例[J].解放军艺术学院学报,2015,01:87—92.

杨民康.云南与东南亚傣仿南传佛教文化圈寺院乐器的比较研究——以太阳鼓及鼓乐的传播

与分布为例[J].中央音乐学院学报,2013,02:52—61+83.

吴长鹏.老挝风情画[J].新经济,2013,28:64—67.

韦丹芳.中缅、中老跨境民族传世铜鼓比较研究[J].贵州民族研究,2014,04:25—29.

杨民康."宫廷与寺院为中心":老挝琅勃拉邦音乐文化发微[J].民族艺术,2014,04:48—56
　　+163.

覃海伦.老挝电影发展历程及前景探析[J].东南亚纵横,2012,06:62—66.

陆晓芹.从民间歌唱传统中看壮泰族群关系——以中国壮族"末伦"和老挝、泰国佬族Mawlum
　　的比较为个案[J].东南亚纵横,2012,09:54—59.

若贫.拒绝平庸的帝国建筑——访文莱帝国大酒店[J].中华建设,2013,12:48—49.

蔡曙鹏.在创新中传承新加坡戏曲艺术[J].艺术百家,2012,01:99—106.

陈洁.清新自然抒情隽永——论新加坡作曲家周炯训艺术歌曲的创作特征[J].艺术百家,
　　2011,S1:311—313.

欣毅.新加坡雕塑家林援发[J].上海工艺美术,2013,04:27—29.

张天怡,朱琳.石之韵——新加坡女雕塑家韩少芙的人生与作品[J].公共艺术,2013,04:
　　88—91.

朱恒夫.论新加坡传承、发展戏曲的经验[J].文化遗产,2014,02:68—74+157—158.

蔡碧霞.新加坡潮剧的潮落潮起[J].新世纪剧坛,2012,05:45—48.

张玉安.略谈东南亚的史诗表演艺术[J].东方论坛,2013,05:18—22.

陆晓芹.泰国民间说唱艺术Maw Lum的传承与发展[J].歌海,2014,01:85—90.

邬丹.泰国当代美术的语言特征[J].成都大学学报(社会科学版),2014,01:102—105.

孙敏.浅谈泰国流行歌曲与泰国文化的关系[J].品牌(下半月),2014,11:269.

陆晓芹.跨文化比较视野下的壮族"末伦"艺术[J].贵州大学学报(艺术版),2015,06:43—49.

于晓晶.泰国传统乐器的人文价值探析[J].大舞台,2013,03:47—48.

孔敏素.泰国灵异电影探索[J].云南农业大学学报(社会科学版),2011,06:112—115+121.

邓丽娜.影片《想爱就爱》对泰国社会的透视[J].电影文学,2014,05:74—75.

牛明慧.别让爱成为生命的系链——解读泰国伦理电影《永恒》[J].电影评介,2012,14:
　　61—62.

王会莹,谢益民.民间艺术传承机制中民间精英话语权的阐释——以泰国东北地区"布邦法节"
　　为例[J].思想战线,2012,02:90—94.

陈柳玲.试论泰国君建寺主塔地宫中的《中国人群图》[J].南京艺术学院学报(美术与设计版),
　　2012,05:46—49+181.

仲锐锐.从《拳霸》、《冬荫功》等影片看泰国泰拳动作片的艺术特征[J].戏剧之家(上半月),
　　2014,01:80.

杨民康.南传佛教节庆仪式中的吟唱艺术——以泰国清迈乔木通佛寺安居节仪式为例[J].民
　　族艺术,2014,03:53—60.

刘云春,刘波维.近年泰国影视热播的文化艺术探析[J].中华文化论坛,2013,03:174—179.

黄进炎,唐旭阳.泰国小说《画中情思》的艺术风格[J].广东外语外贸大学学报,2013,03:71—
　　74+93.

邹毅.电影《永恒》的音乐魅力[J].电影文学,2013,19:124—125.

差漠恩录·坦南望农,张力平.泰国电影百年:1900—2000[J].戏剧艺术,2011,01:79—89.

钱国宏.泰国的皮影戏[J].中国民兵,2011,02:53.

李果.当代泰国电影音乐初探[J].当代电影,2011,05:136—140.

杨祖爽.论泰国电影《下一站说爱你》的艺术表现[J].大众文艺,2011,10:182+193.

邱晓霞.中泰飞天艺术形象比较[J].群文天地,2011,18:119—120+122.

钱国宏.泰国的皮影戏——"喃戏"[J].国际市场,2011,10:52—53.

宋帆.泰剧中的文化传播——以《蜜色死神》为例[J].西部广播电视,2014,21:94—95.

陆丽静.泰剧《舞蹈娃娃》的艺术分析[J].当代电视,2015,03:36—37.

张婧.浅析泰国 NangYai、NangTalung 皮影戏及其对中国皮影戏保护的启示[J].艺术与设计（理论）,2015,07:134—136.

郭婧.从泰国尚巴修寺庙壁画探究现代城市壁画的发展[J].美术教育研究,2015,16:18.

杨志晓.克制美学——东南亚舞蹈访记[J].歌海,2015,04:107—108.

王珺.论泰国导演韦西·沙赞那庭的电影色彩思维[J].创作与评论,2013,22:79—81.

杜洁,马银福,芭莉妮·玉彤昆.泰国孔剧的现代传承及其对川剧振兴的启示[J].四川戏剧,2013,09:60—63.

李俊,张倩霞.孔剧面具与川剧脸谱的比较研究[J].四川戏剧,2015,11:118—122.

项莉.湄公河次区域跨境山地民族宗教舞蹈的审美特征——以泰国北部阿卡族为例[J].才智,2015,35:210—211.

孟岩.理性消解与感性回归——浅谈十年泰国爱情电影[J].北京电影学院学报,2012,02:58—63.

鲁忠欣."泰国人寿"广告片《无名英雄》中的人文关怀[J].西部广播电视,2015,08:104+107.

刘明厚.《暹罗之恋》:青春的觉醒[J].当代电影,2011,05:141—144.

于晓晶.泰国传统乐器的人文价值探析[J].大舞台,2013,03:47—48.

李百晓.中泰家庭伦理剧比较研究[J].电影文学,2013,17:6—8.

卢笛.壮泰民族传统音乐的渊源与共性[J].音乐创作,2012,03:154—156.

王慧琪.简析泰国动作电影中的传统文化特征[J].大众文艺,2015,19:180.

陆丽静,黄俊雅.关于泰国南部地区传统民间舞蹈"穆鲁娜"的研究[J].艺术科技,2014,08:9—10.

黄小明,左静.泰国南部舞蹈"诺拉"的佛性色彩[J].北京舞蹈学院学报,2015,03:78—82.

陆丽静,王瑜,曾斯奇.泰国曼谷芭提雅景区舞蹈特色探析[J].艺术科技,2015,05:123.

常龙飞.中老跨界民族音乐概观——以苗—赫蒙、克木人（族）为例[J].解放军艺术学院学报,2015,01:87—92.

饶文心.泰国传统乐器的乐律研究——东南亚民族乐器与乐律实地考察之一[J].黄钟（武汉音乐学院学报）,2015,01:90—100.

程多佳.泰国传统音乐的发展历程及其乐器简介[J].黄河之声,2015,14:83—84.

刘莉,张倩霞,陈欣.后殖民主义语境下的民族自白——评泰国新浪潮电影《最后的木琴师》[J].成都大学学报（社会科学版）,2013,06:53—58.

丁秋月,刘纪新.论泰国电视剧《橙花皇冠》对《妻妾成群》的改编[J].吉林艺术学院学报,2014,03:9—11.

赵轩.从"鬼妻"到"鬼夫":泰国恐怖片转型及其文化意义[J].东南亚研究,2014,04:100—106.

卢笛.壮族和泰族民间歌曲的共性比较研究[J].民族音乐,2011,01:30—31.

李果.当代泰国电影音乐初探[J].当代电影,2011,05:136—140.

孔敏素.泰国灵异电影探索[J].云南农业大学学报(社会科学版),2011,06:112—115+121.

罗杨.评《泰国东北部的佛教和神灵信仰》[J].西北民族研究,2012,01:172—175.

陈晓达.透视当代泰国电影产业的崛起[J].浙江传媒学院学报,2012,01:67—74.

张彩虹.泰国电影的秘密:类型·明星·异域风情[J].电影新作,2012,02:39—43+47.

吴圣杨,李金耘.泰国悬疑小说家蓬萨甘作品的国际化与本土性——以"鬼布"系列《溯爱》《咒布》《旗袍》为例的分析[J].广东技术师范学院学报,2013,04:16—20.

厉震林.新世纪泰国电影文化及其表演形态[J].当代电影,2011,05:131—136.

李玥阳.泰国恐怖片:你背后的幽灵是谁?——后殖民语境中的"文化寻根"[J].当代电影,2013,08:130—133.

刘金晶.泰国影视作品对我国影视产业的启示[J].新闻世界,2013,08:267—268.

代辉.浅析泰国电视剧的受众接受心理[J].电影评介,2014,16:93—94.

苏濛.谈泰剧热播对中国影视产业的启示[J].湖北广播电视大学学报,2014,10:74—75.

张雪姣.跨文化与本土化:泰国电影的叙事策略探究[J].名作欣赏,2014,32:59—60.

史婷.泰国影视业发展的 SWOT 分析[J].长安大学学报(社会科学版),2014,04:59—62.

张松波.浅析中泰影视广告的特点[J].艺术教育,2015,02:175.

陆丽静,曾宪欣,石梦媛.中泰民间舞蹈文化的对比研究[J].戏剧之家,2015,13:164—165.

邹由.论泰国电影在高校泰语教学活动中的重要性[J].当代教育实践与教学研究,2015,12.

戴承良.泰国创意设计特色初探[J].上海经济,2014,08:68—71.

秦婕.佛国觅鼓音——缅甸仰光缅玛呗佼星围鼓乐队的个案研究[J].中央音乐学院学报,2013,04:87—94.

易嘉.传统与求新:缅甸贡榜时期的戏剧[J].云南民族大学学报(哲学社会科学版),2013,03:120—123.

鞠肖男.缅甸蒲甘佛塔艺术[J].世界宗教文化,2013,04:2.

秦婕.佛国觅鼓音(上)——缅甸围鼓(HsaingWaing)乐队历史探源[J].乐器,2013,09:76—78.

秦婕.佛国觅鼓音(中)——缅甸围鼓(HsaingWaing)乐队历史探源[J].乐器,2013,10:80—82.

秦婕.佛国觅鼓音(下)——缅甸围鼓(HsaingWaing)乐队历史探源[J].乐器,2013,11:74.

饶文心.缅甸传统赛外乐器的乐律研究——东南亚民族乐器与乐律实地考察之二[J].黄钟(武汉音乐学院学报),2015,03:70—80.

柬埔寨皇家舞剧[J].文化艺术研究,2013,01:+4.

高红清.理解柬埔寨吴哥时期艺术的三个要素——以"高棉的微笑——柬埔寨吴哥文物与艺术"展为例[J].艺术品,2015,01:28—39.

吴为山.神圣与世俗:柬埔寨吴哥艺术纵论[J].南京艺术学院学报(美术与设计),2015,01:135—138+236.

潘国平,孙秀萍,胡立敏,朱铁权,黄慧怡.高棉瓷器制作工艺初探[J].文物保护与考古科学,2011,01:19—24.

覃彩銮.东南亚考察见闻(1)——柬埔寨吴哥窟的"高棉微笑"[J].广西民族研究,2011,01:4+209.

王林安,顾军,霍静思,王明,禹琦,侯卫东.柬埔寨吴哥古迹茶胶寺塔门整体结构三维有限元数值分析[J].文物保护与考古科学,2011,04:26—33.

王林安,王明,霍静思,顾军,侯卫东.柬埔寨吴哥石窟建筑结构形式及其破坏特征分析[J].文物保护与考古科学,2012,03:14—19.

林静静.论柬埔寨吴哥时期浮雕艺术模式[J].雕塑,2014,02:26—29.

张乐.威严与骄傲——论中柬两国石狮艺术的差异[J].艺术教育,2011,01:125.

甘在斌.皇家雪兰莪:马来西亚的锡器名品[J].光彩,2013,08:66—68.

曹强.马来西亚漫画中视觉语言的运用——从 Ujang 漫画中得到论证—我是 Minang 男孩[J].江苏理工学院学报,2015,06:87—93+102.

章旭清.跨界型的全才——解读马来西亚新浪潮导演李添兴[J].当代电影,2013,07:156—160.

翟源.浅谈马来西亚古筝音乐的传播与发展[J].陕西教育(高教版),2013,09:19.

帅民风.解读马来西亚的峇迪画——东南亚美术现象研究(之四)[J].美术大观,2012,04:91.

周俊杰.南洋书坛一符公——记马来西亚书法家符永刚[J].中国书法,2013,03:180—181.

胡正跃.美的使者——记马来西亚著名画家钟正山[J].世界知识,2014,02:53—55.

彭慧.20 世纪菲律宾的戏剧与民族主义运动初探[J].华侨大学学报(哲学社会科学版),2011,03:97—103.

米莉亚姆·T.斯塔克,佟珊.菲律宾卡林阿地区陶器制作传统中的社会因素[J].南方文物,2011,03:117—127+99.

Kenneth Cobonpue,陈雅男,肖俊.从宿雾到好莱坞——菲律宾家具设计师 Kenneth Cobonpue 的设计传奇[J].现代装饰(家居),2011,03:114—120.

刘洋.感受千岛之国的音乐——菲律宾民族弹拨乐队"朗德拉亚 Rondalla"[J].黄河之声,2011,16:53—55.

杨弋枢.第三电影与民族影像书写[J].读书,2015,09:41—46.

王巍.安格隆的制作(上)[J].乐器,2011,04:26—28.

刘洋.朗达拉亚乐队和乐器[J].乐器,2013,01:72—75.

吴杰伟.东南亚清真寺建筑中的多元文化元素研究[J].世界宗教文化,2012,01:59—64.

王亚.呼吸——东南亚风格别墅室内设计[J].现代妇女(下旬),2013,02:156—157.

孙朗富.浅析东南亚风格元素在会所空间设计中的运用[J].大众文艺,2012,09:93—94.

李卉.东南亚民间美术的文学价值探究[J].大舞台,2011,11:175+29.

李维建.南亚东南亚清真寺建筑艺术[J].世界宗教文化,2011,01:1.

杜卡.既熟悉又陌生的东南亚艺术[J].艺术与投资,2011,06:102—111.

帕特里克·D.弗洛斯,李佳.东南亚的策展转向及现代的身后事(2008)[J].当代艺术与投资,2011,07:90—93.

张慧瑜,李玥阳.亚洲电影的复兴之路——以东亚、东南亚及南亚电影(2001—2010)为例[J].当代电影,2012,02:138—144.

帅民风.探小吴哥窟的回廊浮雕壁画之意趣——东南亚造型艺术研究之十[J].美术大观,2012,10:78.

梁姚姚.东盟民族音乐文化研究的意义与现状分析[J].歌海,2014,04:101—102.

帅民风.陈说中国与东南亚漆艺之"因缘文化价值"——东南亚美术现象研究(之十二)[J].美

术大观,2012,12:94.

宾丽燕.20 世纪 80 年代以来西方视野中的东南亚传统音乐[J].戏剧之家,2015,05:82—84.

王薇薇,王瑞年.东南亚锣群文化之美——2012"世界音乐周"暨中国·印度尼西亚音乐国际研
    讨会综述[J].艺海,2013,04:190—191.

吴迎君.西南地区的东南亚影视传播问题域勘察[J].电影文学,2013,07:4—5.

李桐.谈影视人类学视野中的图文比较研究——以壮侗语民族传统文化与东南亚民族传统文
    化图文比较为例[J].广西教育学院学报,2013,06:13—17+33.

梁明柳.东南亚电影中的土生华人文化现象解读[J].电影文学,2013,11:8—9.

尹佳鸽.浅析中国与东南亚国家面具舞蹈的研究——以广西环江毛南族与印度尼西亚巴厘岛
    为例[J].艺术科技,2015,10:33—34.

王锐.东南亚美术在广西高校美术史教学中的重要意义[J].艺术探索,2015,02:119—121+
    131—132.

杨民康.云南与周边南传佛教音乐文化圈论纲[J].民族艺术,2014,01:45—51+111.

传超.新加坡双林寺:多元文化互鉴的结晶[J].中国宗教,2015,08:84—85

朱琦.水墨双城记——谈香港与新加坡的水墨画源流[J].美术观察,2013,07:129—131.

庄乃祯.新加坡四首新南音及钢琴伴奏设计艺术[J].泉州师范学院学报,2015,05:86—90.

蔡曙鹏.新加坡琼剧现代戏创演的回顾与思考[J].艺术百家,2014,01:158—161+167.

鲁艺.《爸妈不在家》:新加坡电影的新拓展[J].电影文学,2015,21:46—48.

周宇龙.从戏曲看社会变迁对话纪录片 Tomorrow Will You Love Me 导演 BillOng[J].数码
    影像时代,2015,12:62—63.

陈雪薇.在记忆中认同?——阅读电影《大世界》[J].世界华文文学论坛,2013,04:72—76.

周建秋,潘锡清.浅析电影《小孩不笨 2》中的语码转换现象[J].黑龙江教育学院学报,2011,
    01:127—129.

梁晓奋.世界乐坛的亚洲后起之秀记新加坡交响乐团[J].音乐爱好者,2011,09:16—18.

洪帆.当代泰国电影的文化品牌与类型归属[J].当代电影,2013,08:127—130.

张婧.浅析泰国 NangYai、NangTalung 皮影戏及其对中国皮影戏保护的启示[J].艺术与设计
    (理论),2015,07:134—136.

4 历史问题

4.1 历史及对外关系史

东南亚地区历史及对外关系史

王丽敏.中国和西方对东南亚称谓略考[J].东南亚纵横,2014,01:61—65.

杨姣.1949—1990:云南对东南亚的传播交流史[J].文化与传播,2015,03:14—36.

施国新.明清广州府志所载外番问题初探[J].西北民族大学学报(哲学社会科学版),2014,06:
　　84—88.

李亚男.从"南洋"到"东南亚"——东南亚地区名称变迁与中国地区政策的调整[J].天津大学
　　学报(社会科学版),2014,06:515—520.

牛军凯.武景碑与东南亚古史研究[J].世界历史,2014,06:90—100+160.

贺圣达.东南亚历史和文化的整体性与多样性——兼评几部国外名著对这一问题的看法[J].
　　东南亚南亚研究,2014,04:68—76+109.

白宁丽.论莱佛士在东南亚的殖民活动[J].安顺学院学报,2014,06:122—124.

张明亮.从"源头"认识东南亚之"利器":《东南亚古代史》评析[J].东南亚研究,2015,01:
　　106—110.

郭渊.冷战中期日本南海政策及在东南亚势力的加强[J].齐鲁学刊,2015,02:40—47.

王昱.分明侵略为何"感恩"日本在东南亚和印度如何被美化成"解放者"[J].当代广西,2015,
　　16:63.

林澜.北部湾经典著述《岭外代答》海外学者研究略评[J].钦州学院学报,2015,06:8—11+17.

唐若玲.海南人下南洋的历史考察[J].南海学刊,2015,03:110—118.

丁丽.清政府与南洋劝业会[J].商丘师范学院学报,2015,11:62—64.

温荣刚.艾森豪威尔政府时期美国的东南亚政策分析[J].渤海大学学报(哲学社会科学版),
　　2011,02:96—101.

刘信君.中朝与中国和东南亚藩属国朝贡制度之比较[J].广东社会科学,2011,01:122—130.

何新华.清代东南亚国家贡象研究[J].东南亚研究,2011,01:79—83+94.

谢茂发.晚清南洋海军经费管窥[J].晋阳学刊,2011,02:97—100.

O·W·沃尔特斯,程鹏.东南亚视野下的历史、文化与区域:文化模式的特征[J].南洋资料译
　　丛,2011,01:46—51.

O·W·沃尔特斯,王杨红.东南亚视野下的历史、文化与区域:区域内部关系中的历史范式
　　[J].南洋资料译丛,2011,01:52—59.

毕世鸿.太平洋战争期间日本对东南亚的财政金融统制[J].东南亚纵横,2011,03:91—95.

毕世鸿.太平洋战争期间日本对东南亚的贸易统制研究[J].东南亚研究,2011,02:83—88.

梁志明,李一平.中国东南亚史学研究的进展与评估[J].世界历史,2011,02:120—127.

郑先武.东南亚区域间主义的历史考察[J].南洋问题研究,2011,02:22—35+80.

白雪峰.冷战后美国东南亚政策的调适[J].厦门大学学报(哲学社会科学版),2011,04:
86—93.

张艳明.中国如何瓦解东南亚反华军事同盟[J].兰台内外,2011,04:63.

李意愿.东南亚地区农业起源研究综论[J].东南文化,2011,04:35—41.

梁志明.试论古代东南亚历史发展的基本特征和历史地位[J].东南亚研究,2011,04:86—96.

潘岳,何玉艳.东南亚那伽信仰特点研究[J].广西民族大学学报(哲学社会科学版),2011,05:
94—98.

施雪琴.郑和形象建构与中国—东南亚国家关系发展[J].海南师范大学学报(社会科学版),
2011,05:46—52.

O·W·沃尔特斯,李静.东南亚视野下的历史、文化与区域:地方文化表述[J].南洋资料译
丛,2011,04:48—54.

O·W·沃尔特斯,陈姗姗.东南亚视野下的历史、文化与区域:地方文学[J].南洋资料译丛,
2011,04:55—64+80.

宓翠.古代东南亚国家对中国朝贡原因探析[J].东南亚南亚研究,2014,01:73—78+
109—110.

郭绮.冷战前后印度东南亚政策比较[J].经营管理者,2014,07:391.

赵启栋.19世纪上半期英俄争霸与东南亚殖民格局[J].南方论刊,2014,02:57—59.

郭渊.冷战初期日本南海政策及东南亚战略取向[J].日本问题研究,2014,01:50—60.

徐建华.美国与20世纪60年代日本对东南亚的经济援助[J].武汉大学学报(人文科学版),
2014,04:49—54.

徐桑奕.明清时期中央政权南海管制式微与海上丝绸之路的衰落[J].历史教学(下半月刊),
2014,06:9—13.

明成满.民国僧侣在东南亚的抗日宣传研究——以"佛教访问团"和"步行宣传队"为中心[J].
南洋问题研究,2014,02:74—83.

陈巍.战后日本"重返"东南亚与英国的应对[J].日本问题研究,2014,03:36—43.

李方恩.痛恨日本人的东南亚盟军司令[J].文史博览,2014,08:36—37.

陈先松,焦海燕.晚清南洋海军购造舰船述论[J].历史档案,2014,03:103—110.

杨蓓,杜洁.从中立走向介入:二战前后美国东南亚政策的实用主义思维分析[J].成都大学学
报(社会科学版),2013,05:11—14.

贺圣达.稻米之路:中国与东南亚稻作业的起源和发展[J].东方论坛,2013,05:23—30.

李晨阳,张荣美.东南亚史研究的新突破——评《形异神似:全球背景下的东南亚,公元800—
1830年》[J].世界历史,2013,04:142—144.

王琛发.张弼士:在槟榔屿神道设教的晚清官员[J].粤海风,2012,01:46—52.

李富强.百越古道:一个历史的考察[J].百色学院学报,2012,02:74—81.

南沙群岛属于中国的六类史记[J].西部资源,2012,04:71.

陈洪波.试论华南与东南亚新石器时代的文化特点及历史贡献[J].广西民族研究,2012,04:
110—115.

陈晓倩,李昆声.东南亚青铜时代文化百年研究综述[J].思想战线,2013,01:135—136.

曾友和."中国佛教国际宣传步行队"东南亚宣传抗日记[J].云南档案,2013,02:24—25.

石少颖.论南朝时期东南亚国家对"华夷秩序"的认同问题——以中国正史资料为视角[J].东南亚研究,2013,01:92—100.

熊林,何英德.广西史前文化对东南亚暨海洋史前文化的影响[J].社会科学家,2013,04:137—140.

朱大伟,谢燕菲.第二次世界大战与美国东南亚观的转变[J].信阳师范学院学报(哲学社会科学版),2013,04:137—140.

王守栋.清朝前期中国与苏禄关系考[J].德州学院学报,2013,03:102—106.

李怡净.郑和下西洋对周边访问国影响及中断原因分析[J].兰台世界,2013,30:105—106.

贺圣达.东南亚历史和文化发展:分期和特点[J].学术探索,2011,03:118—122.

O·W·沃尔特斯,赵雪峰.东南亚视野下的历史、文化与区域:关于东南亚历史的界定[J].南洋资料译丛,2011,02:54—66.

张振江.中国与东南亚:历史汇编和现实观照——《中国与东南亚》(六卷本)介评[J].东南亚研究,2011,03:89—93+96.

安东尼·瑞德,黎嘉玲.东南亚历史之所以重要的三个原因[J].东南亚研究,2014,04:4—10.

王国平.中国的东南亚历史研究:回顾、评估与展望——梁志明教授访谈录[J].东南亚南亚研究,2013,03:87—93.

潮人移民海外纪略[J].潮商,2015,06:65—66.

庞卫东.新加坡与马来西亚分离原因探析[J].史学月刊,2012,09:132—135.

董波.从文化的层次解析东南亚古代历史与文化[J].学术论坛,2012,11:210—214.

陈尚胜.朝贡制度与东亚地区传统国际秩序——以16—19世纪的明清王朝为中心[J].中国边疆史地研究,2015,02:4—20+180.

杨勇.可乐文化因素在中南半岛的发现及初步认识[J].考古,2013,09:76—86+2.

万辅彬,韦丹芳.试论铜鼓文化圈[J].广西民族研究,2015,01:109—115.

陈进国.南海诸岛庙宇史迹及其变迁辨析[J].世界宗教文化,2015,05:1—34+158.

周乾."燕行使进紫禁城——14至19世纪的宫廷文化与东亚秩序"学术研讨会综述[J].故宫博物院院刊,2014,06:147—151.

郭渊.冷战后期日本在南海地区的存在及对南沙争端的关注[J].南海学刊,2015,03:35—42.

张旭鹏.大历史、东亚的世界史研究与亚洲的现代性——亚洲世界历史学家学会第二次大会纪要[J].世界历史,2013,01:134—139.

黄才贵."一线道"与"边墙":历史上的"苗疆"[J].广西民族大学学报(哲学社会科学版),2014,03:10—13.

徐蒙.老挝的"中立"与胡志明小道[J].韶关学院学报,2015,03:87—90.

王佳.浅析20世纪60至70年代泰国在老挝开展秘密军事行动背后的美国因素[J].中山大学研究生学刊(社会科学版),2014,04:50—54.

庞卫东.冷战时期的印支形势与胡志明小道的兴起[J].史学月刊,2015,08:133—136.

熊沛彪.二战中日本干预泰、法印领土争端论析[J].武汉大学学报(人文科学版),2013,06:49—52.

李德霞.近代早期西班牙在东亚的天主教传播活动[J].历史档案,2011,04:33—40.

耿昇.明末西班牙传教士笔下的广东口岸(上)[J].华侨大学学报(哲学社会科学版),2011,04:23—31.

朱诺.二战期间东亚傀儡领导人的命运[J].小康,2015,22:90—93.

王文光,朱映占.哀牢研究三题:历史人类学视角[J].广西民族大学学报(哲学社会科学版),2014,04:133—137.

韦红萍.明清时期的东南亚语种人才培养[J].东南亚纵横,2012,07:50—55.

贺圣达.东南亚文化发展史[J].世界知识,2012,10:69.

许正.国际关系影响下的战后东南亚文化发展探析[J].湖北科技学院学报,2013,10:65—67.

张明亮.探究东南亚本土族群间互动之力作——评《占婆与马来世界的文化交流》[J].东南亚研究,2014,02:108—111.

刘志强.东南亚占人与马来人的民族和谐关系论[J].广西民族大学学报(哲学社会科学版),2012,01:29—34.

李婉珺.辞典与话语权:19世纪马来文化的现代化转型[J].南洋问题研究,2013,04:86—95.

吴杰伟,聂慧慧.占婆文化交流中的"二次本土化"现象探析——评《占婆与马来世界的文化交流》[J].东南亚纵横,2014,02:65—69.

印度尼西亚、东帝汶

库苏马·西.苏腊巴亚之战中的"圣战"精神[J].军事历史,2015,06:61—63.

彭慧.论印尼的庇护主义传统与华人[J].南洋问题研究,2015,02:55—63.

武政文,张友国.民主改革以来印度尼西亚的反腐败工作[J].东南亚纵横,2015,08:19—24.

邱武德,马艳艳.当代印尼历史和外交研究的新视野——评刘宏著《中国与印度尼西亚的建构,1949—1965》[J].东南亚南亚研究,2012,04:85—86.

杨强,李蓉.从强制仲裁到劳动法庭:印度尼西亚劳动争议解决机制的晚近发展[J].东南亚纵横,2012,05:66—71.

班翔.荷属东印度公司强迫种植制度对印度尼西亚的社会经济影响[J].思想战线,2011,S1:17—20.

沈燕清.鸦片与印度尼西亚八月革命[J].东南亚南亚研究,2012,03:68—73+94.

代保平.印度尼西亚"九·三零事件"与美国关系的探讨[J].湖北科技学院学报,2013,05:33—36.

秦为芬.印尼殖民地末期青年知识分子的文化定位危机之解读[J].文学界(理论版),2012,11:287—289.

吉见义明,王亚琴.日本陆军中央与"从军慰安妇"制度——以金原节三《陆军省业务日志摘录》为中心[J].军事历史研究,2015,02:42—48.

廖国一,郭健新.从出土出水文物看唐宋时期中国对印尼的影响[J].广西师范大学学报(哲学社会科学版),2015,04:1—5.

熊仲卿.印尼马鲁古群岛二元社会结构与聚落模式研究[J].广西民族大学学报(哲学社会科学版),2015,05:49—56.

李雯.马林在荷属东印度的社会主义实践及其影响(1913—1918)[J].当代世界与社会主义,2013,06:75—78.

库苏马·西.苏腊巴亚之战中的"圣战"精神[J].军事历史,2015,06:61—63.

赵晓宇.浅析欧洲列强失去海外帝国的原因[J].新西部(理论版),2015,18:90—91.

松浦章,孔颖.成化二十二年苏门答剌国使节[J].福建论坛(人文社会科学版),2012,02:80—87.

秦为芬.论印尼国考问题之争议[J].学理论,2013,17:269—270.

王晓娟,阿里夫.《哈比比与艾努恩》——印尼前总统哈比比阁下的亲笔传记[J].世界知识,2013,19:68—69.

罗伯特·海夫纳,尚萌,施雪琴.宗教复兴时代的民主化:印尼的个案[J].南洋资料译丛,2013,03:60—72.

潘玥,范若兰.爪哇封建社会王权继承和统治中的母系因素[J].东南亚南亚研究,2013,03:70—74+110.

沈燕清.战后初期印尼欧亚裔移民荷兰浅析[J].东南亚南亚研究,2013,03:75—81+110.

张小欣.印(尼)马对抗初期的美国外交(1963—1964)[J].史林,2011,02:157—164+190.

高艳杰.印(尼)马对抗与美印(尼)友好关系的断裂[J].厦门大学学报(哲学社会科学版),2015,01:68—79.

熊仲卿.印尼摩鹿加群岛的陶业民族考古[J].广西民族大学学报(哲学社会科学版),2014,04:144—151.

马来西亚

庞卫东.反思与重释:英国殖民统治对马来西亚的影响[J].史学月刊,2013,09:131—135.

D.K.巴西特,廖文辉.英属马来亚的商贸和农业[J].南洋资料译丛,2013,03:51—59.

马强.中国和马来西亚穆斯林交流的历史回顾与深远意义[J].中国穆斯林,2014,05:22—25.

陈益南.设在中国的马共电台[J].炎黄春秋,2015,08:44—46.

高艳杰.印(尼)马对抗与美印(尼)友好关系的断裂[J].厦门大学学报(哲学社会科学版),2015,01:68—79.

岳蓉.《五国防御协议》:马来西亚安全困境下的合作[J].历史教学(下半月刊),2014,06:19—22.

范若兰.通过平衡达到和睦——解析《战后马来西亚族群关系》[J].华侨华人历史研究,2013,04:69—72.

赵姝岚.马六甲:马来西亚的精神家园[J].今日民族,2012,11:19—23.

新加坡

萧萧.新加坡陷落:英军史上最大规模的投降[J].军事文摘,2015,07:70—72.

陈文山.李光耀的实用主义福利思想研究[J].苏州科技学院学报(社会科学版),2011,02:81—85.

彭慧.新加坡华族文化的建构与彷徨——以新谣运动与七月歌台为例[J].世界民族,2015,05:65—72.

李兴刚.新加坡检证大屠杀与战后日本的认知[J].吕梁学院学报,2011,01:41—45+56.

夏玉清.试论新加坡组屋政策与国家认同[J].河南师范大学学报(哲学社会科学版),2011,04:152—156.

魏炜.英属时期新加坡的社会政策[J].南洋问题研究,2014,03:73—82.

菲律宾

杨小辉.究竟谁是法西斯？——重返菲律宾被日军侵略的历史现场[J].社会观察,2015,07: 74—77.

吴浩.越战时期美国与菲律宾的同盟关系——以美菲两国围绕菲律宾出兵越南问题的交涉为 例[J].南洋问题研究,2015,02:88—100.

杨宏云.20世纪前期菲华族际关系演变中的美国因素[J].郑州大学学报(哲学社会科学版), 2011,01:131—135.

韩晗.遥远的大陆共同的命运——菲律宾与西属美洲独立运动中的两位何塞[J].拉丁美洲研 究,2011,03:54—59+80.

温荣刚.杜鲁门政府时期美国的菲律宾政策[J].聊城大学学报(社会科学版),2014,04: 99—104.

董仲瑜.20世纪初菲律宾自由雇佣劳动力的发展与成效[J].人民论坛,2015,17:237—239.

田敏.美国在菲律宾的殖民统治政策分析[J].昆明学院学报,2011,05:86—88.

刘睿亮,郑晓愉.对战后菲律宾森林政策的全面解读——评包茂红《森林与发展:菲律宾森林滥 伐研究(1946—1995)》[J].东南亚研究,2011,03:94—96.

邱普艳.西属菲律宾殖民制度研究回顾[J].南洋问题研究,2011,03:93—100.

刘坤."失信之地"——试论菲律宾综合土改[J].南洋问题研究,2013,01:82—94.

王胜,华涛.1908年菲律宾群岛地图研究——黄岩岛主权归属研究之一[J].中国边疆史地研 究,2015,01:17—27+179.

刘大禹,李荔.蒋介石对20世纪50年代菲律宾侵占南沙群岛之应对[J].台湾研究集刊,2015, 02:22—29.

刘义勇.美国人的文明观及其对菲律宾的占领(1898—1914)[J].四川大学学报(哲学社会科学 版),2012,03:44—51.

陈兵.西、美殖民菲律宾时期的语言政策对比研究及其启示[J].云南师范大学学报(对外汉语 教学与研究版),2011,05:69—74.

侯毅.论菲律宾在南海诸岛主权问题上的"历史依据"[J].云南师范大学学报(哲学社会科学 版),2013,04:34—41.

赵树冈.族群互动的历史隐喻:菲律宾南吕宋岛的凯萨赛圣母[J].开放时代,2012,12: 130—145.

董仲瑜.殖民统治初期美国在菲律宾的税制改革——以1904年《国内税收法》为中心[J].攀 登,2015,01:97—102.

杨静林,王茜.殖民地时期菲律宾土地制度与土地问题[J].农业考古,2014,01:191—198.

彭慧.二战后菲律宾穆斯林民族构建的尝试——对摩洛分离运动的另一种解释[J].世界民族, 2011,03:29—35.

沈燕清.从门户开放政策看美属菲律宾政府的鸦片政策[J].南洋问题研究,2011,03:77—86.

刘坤.菲律宾的火药桶——论20世纪中吕宋农村骚乱的起源[J].南洋问题研究,2012,01: 78—89.

邹志明.日菲关系正常化进程中的战争赔偿交涉探析[J].历史教学(下半月刊),2012,06: 59—65.

郭琼,陈一一.论冷战后美菲关系及中菲黄岩岛争端的美国立场[J].烟台大学学报(哲学社会科学版),2012,04:90—95.

邹志明,黄正柏.论战后菲日关系中的战争赔偿问题[J].安徽史学,2012,06:77—83.

杨津涛.蒋介石计划在台湾失守后流亡菲律宾[J].决策与信息,2013,07:75—76.

保罗·哈齐克罗夫特,宓翠,施雪琴.1900—1913美属菲律宾的中央集权与地方自治:殖民统治者、中央政客以及地方领主[J].南洋资料译丛,2013,03:34—50.

石源华.中菲联合抗日的历史不能遗忘[J].世界知识,2015,19:72.

周运中.南宋台湾毗舍耶人与谈马颜人新考[J].福州大学学报(哲学社会科学版),2015,01:5—9+17.

郗玲芝.古苏禄东王留华后裔两份家谱的比较研究[J].中南民族大学学报(人文社会科学版),2013,03:41—45.

新天下.美国大兵在日本战俘营的地狱生活[J].兰台内外,2013,04:59—60.

杨宏云.二战后菲美关系的变化对华菲族际关系的影响[J].合肥工业大学学报(社会科学版),2011,01:62—68.

程蕾.对巴丹"死亡行军"的认识与思考[J].齐齐哈尔工程学院学报,2015,02:49—51+82.

康狄.日本鬼子,我们拒绝去死——解密日本大牟田17号战俘营[J].世界知识,2012,13:62—63.

陈丙先,钟奇峰.清代典籍中的吕宋[J].东南亚南亚研究,2012,04:54—57+91.

泰国、文莱

彭基兰·卡里姆·彭基兰·哈齐·奥斯曼,苏莹莹,梁燕.从考古遗迹看文莱—中国友好关系[J].南洋资料译丛,2015,02:42—54.

郭华,王秀红.试论近代泰国地主土地所有制的形成原因[J].滁州学院学报,2011,01:52—53+66.

高巍.20世纪中叶美国对泰国的政治介入[J].石家庄职业技术学院学报,2014,04:43—46.

蒋玉保.近代泰国免于沦为殖民地的主要原因[J].唐山师范学院学报,2012,01:50—52.

计爽,吴广辉.冷战初期美国对泰国的心理战策略初探[J].长春大学学报,2012,07:868—870.

李丹,张艳教.简述"泰国之父"兰甘亨大帝对泰国的贡献[J].东南亚纵横,2013,03:77—79.

何新华.《红楼梦》暹罗物品考析[J].红楼梦学刊,2013,06:259—268.

谢子卿.17世纪法国和暹罗邦交过程中的巴黎外方传教会[J].南洋问题研究,2015,01:90—98.

刘俊彤.从《暹罗馆译语》看明清时期中泰贡赐关系[J].东南亚纵横,2015,05:62—66.

孙建楠.权力欲望中的主权想象——试论1863年《法柬条约》的历史意义[J].南洋问题研究,2011,04:89—98.

蒋玉保.近代泰国免于沦为殖民地的主要原因[J].唐山师范学院学报,2012,01:50—52.

沈燕清.暹罗曼谷王朝时期的鸦片问题[J].东南亚纵横,2012,01:57—61.

赵丽.近代早期的暹西关系暨西方在暹罗的角逐问题[J].吕梁学院学报,2012,01:53—56.

吕颖.17世纪末法国与暹罗外交的斡旋者——塔查尔[J].南洋问题研究,2012,02:95—102.

王连浩,陈勇.抗战时期国民政府及知识界对大泰族主义之回应[J].南京大学学报(哲学.人文科学.社会科学版),2012,03:86—95+159.

杜振尊,于文杰.《曼谷条约》前后登嘉楼与暹罗和英国关系考略[J].历史教学(下半月刊),
　　2014,06:3—8.

汪诗明.论文莱的民族独立进程[J].杭州师范大学学报(社会科学版),2011,03:89—95.

米尔斯,廖文辉.砂拉越的拉惹布洛克及其对文莱海盗的剿灭[J].南洋资料译丛,2014,03:
　　44—56.

金勇.泰国銮披汶时期的文化政策及其意涵[J].东方论坛,2013,05:39—43.

史澎海.冷战初期美国对泰国的心理战行动——以 PSBD—23 心理战计划为核心的考察[J].
　　西南大学学报(社会科学版),2012,03:157—165+176.

何平."八百媳妇"——"兰那王国"及其主体民族的政治、社会与文化[J].思想战线,2013,01:
　　107—112.

赵永胜.曼谷王朝对泰国东北部高棉人的社会文化整合[J].玉溪师范学院学报,2015,02:
　　18—23.

马银福.论泰国庇护制及其对民主政治的影响[J].绵阳师范学院学报,2015,07:145—150

易文明.论清代乾隆时期暹罗来华朝贡贸易的特征[J].前沿,2012,24:182—183.

王连浩.抗战时期知识分子对大泰族主义的反驳[J].苏州科技学院学报(社会科学版),2011,
　　04:54—58.

朱大伟.銮披汶·颂堪政府时期的泛泰主义研究(1938—1944)[J].淮北师范大学学报(哲学社
　　会科学版),2013,02:73—77.

贺圣达.孟莱王建都清莱的历史功绩和兰那(八百媳妇)的历史发展[J].东南亚南亚研究,
　　2013,02:62—66+109—110.

朱大伟.二战时期美国未接受泰国宣战的原因[J].淮北师范大学学报(哲学社会科学版),
　　2012,04:76—78.

李敏.论 19 世纪泰国外交成功维护国家主权独立之原因[J].东南亚研究,2012,05:106—112.

李魏巍.二战结束后泰国摆脱战败国地位的原因探析[J].大庆师范学院学报,2013,05:
　　114—118.

余芳琼.浅析 20 世纪泰国政府对苗族政策的演变[J].临沧师范高等专科学校学报,2011,01:
　　53—57.

饶睿颖.泰北早期孟高棉语民族与女王国的兴衰研究[J].学术探索,2013,07:101—106.

越南

赵珉.南越吴庭艳政权的战略村计划问题研究[J].吕梁学院学报,2012,01:57—61.

曾丽虹.二征夫人起义的性质和归属国问题[J].邢台学院学报,2012,02:47—49.

徐秉君.北越上空的秘密较量[J].党史纵横,2012,05:28—30.

吴智刚.中法战争前后清廷的中越近边"区画"及其流变[J].中山大学学报(社会科学版),
　　2012,06:107—118.

刘东明.杜鲁门政府与法国在印度支那殖民统治的重建(1945—1949)[J].北京师范大学学报
　　(社会科学版),2012,06:46—53.

李之涵.胡志明在广西轶事(中)胡志明在柳州[J].农家之友,2013,06:36—37.

王永平.唐高宗、武则天时期中国与林邑的关系[J].首都师范大学学报(社会科学版),2014,
　　01:23—27.

吕桂霞.印支危机与美国在南越喷洒除草剂的设想与试验[J].辽宁大学学报(哲学社会科学版),2011,01:86—90.

白芳.西汉南越国"夫人"玺印考[J].考古与文物,2011,01:64—68.

亓娟莉.《越裳操》本事考[J].宝鸡文理学院学报(社会科学版),2011,01:75—78.

韩博,王海毅.胡志明的七次中国之行[J].钟山风雨,2011,02:10—12.

于向东.《刺安南事诗》与《三羞诗(之二)》关系略考[J].史学月刊,2011,07:116—120.

高绍萍.从考古发现谈闽越与于越的传承关系[J].福建文博,2011,01:63—65.

史文涛.现代版的"西西里远征":摩根索对越南战争的批判[J].外交评论(外交学院学报),2013,04:108—127.

齐鹏飞.中越陆地边界谈判的历史及其基本经验再认识[J].当代中国史研究,2013,03:60—68+125—126.

王琨宇.历史上中法关于越南宗主权与保护权之争[J].黑龙江史志,2015,01:16—17.

杨帆.晚清民国时期桂越边境烟土走私探析[J].兰台世界,2015,07:101—102.

古永继,李和.清末滇南猛乌、乌得割归法属越南事件探析[J].中国边疆史地研究,2015,01:124—140+182.

丁雁南.史实与想象:"嘉隆王插旗"说质疑[J].南京大学学报(哲学·人文科学·社会科学),2015,04:88—101+158—159.

于向东.从悠久历史与文明的角度来看越南的过去与现在——简评萨德赛的《越南:过去与现在》[J].东南亚南亚研究,2015,03:105—107.

王尘子.宗藩关系下的现实主义外交——1788至1790年中越关系的历史考察[J].桂海论丛,2014,01:129—132.

梁志明.中越关系的历史渊源与发展前瞻[J].人民论坛·学术前沿,2014,09:19—29.

黄耀东.纪念奠边府战役胜利60周年研讨会综述[J].东南亚纵横,2014,04:14—15.

李娜.10—18世纪中国赴越使臣与越南官员交流方式浅析[J].新西部(理论版),2014,09:89—90.

梁庭望.古骆越方国考证[J].百色学院学报,2014,03:33—41.

何新华,石家铸.清代雍正三至六年中越赌咒河边界争议研究[J].东南亚研究,2014,03:81—86.

王晓影.近代中越关系史研究新论——读王志强著《李鸿章与越南问题(1881—1886)》[J].东南亚纵横,2014,06:69—71.

王志强.李鸿章与清代最后的越南来华使节[J].兰台世界,2013,06:67—68.

张卫明."执盟府之成书,援万国之公法":中法战争前宗藩关系的合法性建构[J].史林,2013,02:109—114+190.

李正亭.元明清时期云南毗越边地民族与中越疆界变迁[J].红河学院学报,2013,05:1—5.

赖兆年,梁琳林.龙州与越南抗法革命早期活动的关系探析[J].鸡西大学学报,2014,11:28—31.

孙宏年.传承与嬗变:从黎峻使团来华看晚清的中越关系——兼议清代东亚"国际秩序"的虚实[J].中国边疆史地研究,2014,02:39—51+179.

李胜伟.古代中越关系史的多重解读与正确定位[J].河南师范大学学报(哲学社会科学版),2011,03:157—160.

张慧丽.初探越南黎圣宗时期的民族意识[J].学理论,2015,36:85—86.

赵繁星,赵金文.艾森豪威尔政府在越南的"隐蔽行动"[J].传承,2011,14:68—69.

李连广.论南越吴庭艳政权的倒台及其对美国冷战政策的影响[J].武汉大学学报(人文科学版),2011,05:124—128.

左荣全,于在照.越南古代兵制沿革及特点[J].东南亚南亚研究,2014,03:62—67+109.

于向东.西方入侵前夕越南阮朝的"外洋公务"[J].历史研究,2012,01:124—142+192.

覃主元.先秦时期岭南越人的航海活动与对外交通[J].海南师范大学学报(社会科学版),2012,03:96—101.

徐方宇.越南历史上的雄王叙事及雄王形象的嬗变——记忆视角的阐释[J].解放军外国语学院学报,2013,03:121—126.

陈国保.越南使臣与清代中越宗藩秩序[J].清史研究,2012,02:63—75.

陈明凡.越南政治革新的经验教训及其启示[J].探索与争鸣,2013,01:81—85.

郭声波.越南地名中的古代遗痕[J].暨南学报(哲学社会科学版),2013,01:19—27+3+161.

王志强,权赫秀.从1883年越南遣使来华看中越宗藩关系的终结[J].史林,2011,02:85—91+189.

周伟,于臻.试析入盟以前的越南与东盟关系(1975—1995)[J].南洋问题研究,2011,01:17—24.

邵笑.论福特政府的越南政策及其影响[J].世界历史,2011,06:62—72+159.

钟珊.近代越南文化的变迁[J].东方论坛,2013,05:52—57+71.

徐方宇.从雄王信仰的产生看15世纪越南国家与社会的变迁[J].东南亚南亚研究,2013,04:85—90+110.

陈国保.越南使臣对晚清中国社会的观察与评论[J].史学月刊,2013,10:55—67.

陈正宏.越南燕行使者的清宫游历与戏曲观赏[J].故宫博物院院刊,2012,05:31—40+159—160.

徐方宇.雄王公祭与越南民族—国家认同的建构[J].东南亚南亚研究,2012,03:52—56+93.

冯琳.1949—1954年台湾当局为"承认"越南保大政权之曲折"外交"[J].广东社会科学,2014,06:93—100.

钟明池.越南历史遗产对其外交政策的影响[J].淮北职业技术学院学报,2015,02:85—87.

刘芝平.越南的全方位开放战略及其成效[J].温州大学学报(社会科学版),2013,06:71—77.

于向东.试析越南阮朝明命帝的海洋意识[J].史学月刊,2015,12:72—78.

王承文.越南新出隋朝《舍利塔铭》及相关问题考释[J].学术研究,2014,06:95—102+2.

陈日红,刘国祥.《越南汉喃铭文拓片总集》述要[J].中南大学学报(社会科学版),2013,06:269—273.

彭长林.越南北部牙璋研究[J].华夏考古,2015,01:63—71.

孙建党."华夷"观念在越南的影响与阮朝对周边国家的亚宗藩关系[J].许昌学院学报,2011,06:110—113.

蒋晓俊.胡志明探索马列主义越南化的思想历程及启示[J].传承,2012,18:70—72.

胡玲,雷德鹏."中国—越南核心价值观国际学术研讨会"综述[J].哲学动态,2015,05:110—112.

丁进孝.1950年至1975年的中越关系研究[D].湖南师范大学,2014.

游览.技术援助中的意识形态输出——冷战时期中国对在华越南实习生的思想政治教育[J].
　　外交评论(外交学院学报),2012,06:30—51.

郝晓静.殖民背景下越南海洋意识的现代转型[J].人民论坛,2011,34:150—151.

叶少飞,田志勇.越南古史起源略论[J].东南亚南亚研究,2013,02:83—89+110.

董大亮,田宗会.论美国在越南战争中的"超大计划"[J].学术探索,2014,11:132—136.

梁允华.越南出土之唐代贞元时期钟铭——青梅社钟[J].中原文物,2014,06:100—103.

刘艳.论英国殖民主义政策与越南战争的起源(1940—1945)[J].赤峰学院学报(汉文哲学社会
　　科学版),2015,07:41—43.

赵卫华.抗战时期国民政府对越南独立运动政策的嬗变[J].求索,2015,07:136—140.

税贞建.法国殖民统治下越南儒学教育的嬗变与终结[J].长江大学学报(社科版),2015,07:
　　84—86.

左荣全.越南史学界对文郎国与安阳王的认知悖论[J].东南亚南亚研究,2015,03:58—63
　　+109.

陈立.越南教育"三性"的历史考察(1945—1976)[J].宁波大学学报(教育科学版),2014,03:
　　42—47.

虞俊俊,何安顺.越南早期的社会性质和特点研究[J].思想战线,2013,S2:203—205.

莫子祺,冯耀政.中越关系变化对独立学院越南语教育的影响及应对措施[J].南宁职业技术学
　　院学报,2015,06:65—68.

张慧丽.初探越南黎圣宗时期的民族意识[J].学理论,2015,36:85—86.

钟珂.越南科举考试中体现的本国文化烙印[J].东南亚纵横,2015,07:73—79.

夏路.越南武力统一的"复合权力结构"探析——兼论其对中国和平统一的启示[J].东南亚研
　　究,2011,04:10—16.

范宏贵.辛亥革命与越南[J].东南亚南亚研究,2011,03:72—76+94.

孙衍峰.越南史讳与地名变更[J].解放军外国语学院学报,2012,03:121—126.

陈文.越美混血儿:越南战争的悲情遗产[J].世界民族,2011,03:83—93.

梁允华.中华官制对越南影响述略—以10世纪—15世纪为观察期限[J].人民论坛,2015,08:
　　176—178.

李微,李桂峰.美国中央情报局对越南战争升级时期中国意图与举措的评估——基于"特别国
　　家情报评估"的解读[J].当代中国史研究,2014,06:70—78+127.

武明雄.19世纪法国对越南的侵略[J].郑州航空工业管理学院学报(社会科学版),2014,05:
　　54—58.

黄家庆.刘永福旅居越南积极作为的价值取向与钦州精神[J].钦州学院学报,2014,03:1—4.

韩周敬.越南阮朝初期建都的选址之争[J].东南亚南亚研究,2015,03:64—69+109—110.

赖兆年,梁琳林.龙州与越南抗法革命早期活动的关系探析[J].鸡西大学学报,2014,11:
　　28—31.

牛军凯.从占婆国家保护神到越南海神:占婆女神浦那格的形成和演变[J].东南亚南亚研究,
　　2014,03:55—61+109.

金光熙,郝欣.越南战争与朝鲜半岛南北关系[J].延边大学学报(社会科学版),2011,02:
　　48—53.

萧易,石鸣,袁蓉荪.越南瓯雒:最后的蜀王朝[J].西部广播电视,2011,08:152—157.

戴可来.越南封建士大夫与西方殖民地的初步接触[J].东南亚纵横,2013,08:50—51.

欧华恩,潘利锋.美国越南战争的伦理考量——以《烟树》为例[J].湖南科技学院学报,2014,12:58—62.

冯瑞梅."越南和中国商业道德的若干理论与实践问题"国际研讨会综述[J].哲学动态,2013,02:101—103.

韦伟燕.东山文化与越文化的关系——以越南海防市越溪二号墓的研究为中心[J].学术探索,2015,11:129—135.

邵笑.中美会谈与越美和谈——兼论越南战争期间的中美越三角关系(1971——1972)[J].中共党史研究,2014,04:38—50.

杨实生.晚清清流派援越抗法思想动机探析[J].江汉论坛,2015,07:127—130.

梁茂华.《大越史记全书》所记"鲳(鱼公)鱼"和"鲩鱼"考释[J].广西民族大学学报(哲学社会科学版),2015,03:162—165.

翟业高.邕钦线抗日战——桂南战役中钦廉人民抗日纪实[J].文史春秋,2015,06:42—47.

孙宏年.清代中国与邻国"疆界观"的碰撞、交融刍议——以中国、越南、朝鲜等国的"疆界观"及影响为中心[J].中国边疆史地研究,2011,04:12—22+147.

阮文俊.胡志明在广州的革命活动及其对越南革命的意义[J].华中师范大学研究生学报,2012,01:124—128.

叶少飞,田志勇.宋代中央政府对越南政权转移政策略论[J].吕梁学院学报,2012,04:15—18.

李鸿美.试论越南战争对日本的影响[J].商丘师范学院学报,2012,10:90—93.

谭天.中法战争后中法对两广与越南边界的勘定——从中国国家博物馆馆藏中越旧界碑谈起[J].中国国家博物馆馆刊,2013,03:115—124.

冯野.1884年至1975年越南南北分裂对社会差异的影响[J].云南开放大学学报,2014,02:69—74.

李国强.南海历史研究中的若干问题——对越南学术观点的分析与回应[J].齐鲁学刊,2015,02:34—39.

范光忠.存在主义在越南演变的过程[J].文化学刊,2015,09:167—168.

邵笑.论尼克松对北越的秘密承诺及其对越南战争的影响[J].暨南学报(哲学社会科学版),2012,02:119—123+163.

张秀阁.中美和解进程中的越南因素[J].历史教学(下半月刊),2014,05:58—62.

成思佳.从静海军节度使到安南国王——试论中国对越南的封号的变化(905—1174)[J].黑龙江史志,2014,07:11.

阳阳.法国殖民制度影响下的越南官僚政治文化[J].东南亚南亚研究,2014,03:68—72+109.

陶短房.越南大将武元甲:"一将功成万骨枯"[J].廉政瞭望,2013,12:68—69.

王武.越南视角:辛亥革命世界意义新认知[J].湖北社会科学,2011,05:109—112.

王琨宇.历史上中法关于越南宗主权与保护权之争[J].黑龙江史志,2015,01:16—17.

谭玉龙.浅析清廷在中法越南交涉初期之态度[J].黑龙江史志,2015,01:51.

古永继,李和.清末滇南猛乌、乌得割归法属越南事件探析[J].中国边疆史地研究,2015,01:124—140+182.

李标福.寓粤越南使臣邓辉著与清人之交谊及其他[J].五邑大学学报(社会科学版),2015,02:28—32+92—93.

刘旺余.《华盛顿邮报》关于中越南海争端报道之意识形态探微[J].湖北函授大学学报,2015,13:140—142.

王志强.李鸿章处理越南问题过程中的朝鲜因素[J].求索,2011,03:232—234.

程映虹.1956—1957:越南"双百"运动人物素描[J].炎黄春秋,2011,09:89—92.

松浦章,孔颖.清国帆船救济漂流至日本的越南人之史实考略[J].福建论坛(人文社会科学版),2011,11:83—86.

徐芳亚.越南史籍《大越史记全书》评介[J].兰台世界,2011,10:63—64.

阮秋红.清末中国戊戌维新运动与越南爱国革命运动关系初探[J].群文天地,2012,21:304—307.

孙国.铁道兵赴越南修建道路纪实[J].党史博览,2012,06:53—56.

李和.古代云南文山地区与越南关系述论[J].文山学院学报,2013,02:64—69.

刁含勇.1963—1966年间中国援助越南态度的变化[J].兰台世界,2011,09:35—36.

刘鹏.浅析朝鲜战争与越南战争[J].经济研究导刊,2011,29:205—206.

姜东平.文革时期越南实习生在长春[J].文史精华,2013,06:39—44.

刘剑飞.一张影响越南战争进程的照片[J].文史博览,2015,02:17—18.

潘玉玄.明太祖朱元璋与越南黎圣宗皇帝反贪政策比较[J].社会科学论坛,2011,09:213—219+236.

苗岩春.试析美国介入越南战争的原因[J].九江学院学报(社会科学版),2012,01:79—81+88.

刘明.辛亥革命对越南革命的影响[J].学理论,2014,21:93—94.

梁允华.潘辉注及其《历朝宪章类志》评介[J].东南亚纵横,2014,12:64—68.

王柏中,刘萍,沈茜.政治文化视域下的暴君——以越南前黎朝"卧朝王"黎龙铤为个案[J].广西民族师范学院学报,2012,01:50—54.

纪宁.赫德与中法越南交涉[J].青海师范大学学报(哲学社会科学版),2012,06:77—80.

王志强.国内外有关晚清越南问题研究述评[J].东南亚纵横,2013,06:49—53.

李之涵.胡志明在广西轶事(下)在龙州那坡领导越南革命斗争[J].农家之友,2013,07:53.

东山涛.越南国父与中国广东的终身情缘[J].档案时空,2014,09:34—37.

成思佳.略论阮廌的生平及其著述[J].黑龙江史志,2015,07:20+333.

孙俊华.浅析韩国参加越南战争的动因及其影响[J].大庆师范学院学报,2013,02:141—145.

张吕炎,何广平.我们在越南与敌斗与天斗[J].文史博览,2011,06:54—56.

崔雷.越南工作三月记[J].群文天地,2011,06:84.

杨春雨.浅述越南人阮安在营建明朝北京城中的作用[J].兰台世界,2011,19:22—23.

西默·托平,周燕.《纽约时报》前主编回忆:有关越南战争的另一种可能[J].社会观察,2012,06:79—80.

胡正跃.往事并不如烟——忆前驻越南大使两三事[J].世界知识,2012,14:50—52.

夏明星.1965年中国为何拒绝苏联援越"联合行动"[J].党史纵横,2015,11:36—38+45.

高森,胡振民.我是"越共"又是中共——一位二战老兵的追忆[J].文史春秋,2015,08:9—12

自卫反击战时越南"活捉张万年"真相[J].农家之友,2014,08:34—35.

越南傀儡抓和尚当兵[J].文史博览,2013,08:44—45.

钱秉毅.云南省图书馆藏《钦定越史通鉴纲目》特殊价值研究[J].东南亚研究,2015,05:

90—97.

许超.从对越态度窥视中法战争期间张之洞的作为[J].金陵科技学院学报(社会科学版),
　　2011,01:88—92.

对越自卫反击战[J].文史天地,2012,03:89—94.

马文宽.读者来信:有关《再谈中国出土唐代中晚期至五代的西亚伊斯兰孔雀蓝釉陶器》中的几
　　处失误[J].考古,2014,02:103—104.

许倬云.古代中国疆域延伸受制于交通?[J].文史博览,2015,08:45.

黄金芝.胡志明的师道观浅析[J].学理论,2013,33:342—343.

王辅一.韦国清与奠边府战役[J].百年潮,2013,12:45—46.

戴煌.我反对神化和特权的代价[J].炎黄春秋,2013,01:28—32.

许盘清,曹树基.西沙群岛主权:围绕帕拉塞尔(Paracel)的争论——基于16—19世纪西文地
　　图的分析[J].南京大学学报(哲学.人文科学.社会科学),2014,05:19—34+157.

郭渊.南越对西沙、南沙群岛的侵占及行为评析[J].云南师范大学学报(哲学社会科学版),
　　2013,01:8—19.

张智丹,刘会军.1940年国民政府派兵入越计划及其搁置[J].民国档案,2013,01:125—133
　　+116.

韦红萍.中越地名研究比较分析[J].百色学院学报,2014,03:104—108.

吴昊.吴庭艳下台与美国对越政策的转变[J].山东师范大学学报(人文社会科学版),2014,02:
　　135—148.

王涛.从"牛角Paracel"转为"西沙群岛Paracel"——18世纪末至19世纪初西人的南海测绘
　　[J].南京大学学报(哲学.人文科学.社会科学),2014,05:35—47+158.

于向东,梁茂华.历史上中越两国人士的交流方式:笔谈[J].中国边疆史地研究,2013,04:
　　108—116+150—151.

刘扬武.交趾古道——天保口岸[J].云南档案,2014,11:58.

徐蒙.老挝的"中立"与胡志明小道[J].韶关学院学报,2015,03:87—90.

康昊,高炜.桂南会战[J].国防,2015,09:79—81.

潘鸣啸,金大陆,陈磊.我经历的法国1968年运动——潘鸣啸自述[J].史林,2014,S1:
　　177—181.

申肖.外国人也有"生肖"[J].人才资源开发,2015,19:11.

孙宏年.历史与真实:1949年前的中越关系演变[J].世界知识,2011,14:15—17.

贾礼雷.中越在日内瓦会议上的差异分析[J].聊城大学学报(社会科学版),2011,02:
　　323—324.

闫斐.浅析徐延旭对法战争失败的原因[J].山东省农业管理干部学院学报,2011,05:89—90.

郝晓静.《安南供役纪事》及朱舜水在越情况探析[J].学术探索,2012,02:121—123.

张德维.成都会谈:中越相逢一笑泯恩仇[J].湘潮(上半月),2012,03:40—44.

刘剑飞.照片《战火中的女孩》背后的故事[J].湖北档案,2014,11:34—36.

彭程,孟彦.从澎湖的陷落再看中法战争结局[J].临沧师范高等专科学校学报,2014,04:
　　20—23.

陈仲洋.喃字研究——喃字的来源、历史发展和结构[J].广西民族师范学院学报,2012,04:
　　82—88.

赵卫华.秦代象郡位置新考[J].山西师大学报(社会科学版),2011,02:81—84.

欧阳江南.大清海盗在越内战中的传奇经历[J].档案天地,2011,02:28—32.

张勉励.中国援越历史回溯[J].世界知识,2011,13:18—21.

晁丽华.云南援越抗美的历程及特点研究[J].昆明学院学报,2011,02:86—89.

张祖涛.三国东吴威震南疆的百胜将军吕岱[J].文史天地,2011,09:57—59.

郝晓静.简论越战时期的"海上胡志明小道"[J].佳木斯大学社会科学学报,2011,06:84—85.

马德义.20世纪60年代下半期苏联对越援助及其影响[J].辽宁大学学报(哲学社会科学版),2013,04:139—146.

章卓."越战设计师"麦克纳马拉[J].领导文萃,2013,18:64—66.

约翰K·惠特莫尔,印驰.天长府的命运:从十五到十六世纪山地与海洋在大越地区的分裂[J].中山大学研究生学刊(社会科学版),2013,02:9—25.

杨馗.拓宽越战史研究的新尝试——评《牧场工行动:美国在越战中的落叶剂使用研究(1961—1971)》[J].聊城大学学报(社会科学版),2012,02:128.

冯晓蔚.援越抗美第一支运输船大队[J].文史春秋,2012,05:42—45.

春雨.亲历援越抗美战争[J].文史精华,2012,07:59—62.

颜梅生.李良汉:援越抗美第一将[J].文史春秋,2012,06:39—42.

张广华.中国援越抗法重大决策秘录[J].武汉文史资料,2012,10:4—11.

梁志明.奠边府战役的胜利:中越人民战斗友谊的历史丰碑——奠边府战役胜利60周年纪念[J].东南亚纵横,2014,04:3—9.

金点强.胡志明遗嘱留下诸多谜团[J].兰台内外,2014,04:18—19.

刘国祥.一花开两叶——从《大越史记》和《汉喃铭文》看中越两民族在文明的起源与延续方面的同一性特点[J].文化与传播,2014,02:98—107.

河氏秋.胡志明与孙中山的三民主义[J].中山大学研究生学刊(社会科学版),2014,02:46—53.

李家忠.洪水三次来中国[J].湘潮(上半月),2014,09:26—28.

牛军凯.潘陀浪王宫档案与晚期占婆史研究——占婆王府档案再讨论与补编[J].东南亚南亚研究,2012,01:71—77+94.

郭声波,王旭.滇、桂、越三角地——特磨道历史地理考[J].文史,2015,01:23—72.

贺大卫.传统方块壮字的区域性[J].广西民族大学学报(哲学社会科学版),2011,02:27—33.

侯艳.唐宋历史地理与诗歌地理中的岭南[J].广西社会科学,2014,11:104—109.

黎志.胡志明在广西轶事(上)[J].农家之友,2013,05:34—35.

党宝海.昔里吉大王与元越战争[J].西部蒙古论坛,2013,04:3—8+127.

叶少飞,田志勇.吴士连《大越史记全书》十五卷略论[J].东南亚南亚研究,2011,04:53—56+91.

牛军凯.《大越史记全书》"续编"初探[J].南洋问题研究,2015,03:82—90.

陈海宏.关于印度支那战争的回顾与总结[J].理论学刊,2015,05:106—114.

王文光,曾亮.《安南志略》与相关民族历史问题浅论[J].思想战线,2015,03:60—64.

毕雪婷.并非"不败而败"——对中法战争的几点认识[J].新西部(下旬.理论版),2011,02:116+107.

刘先飞.东游运动与潘佩珠日本认识的转变[J].东南亚研究,2011,05:69—73.

洪小夏.解放战争末期国民党残军从西南边境撤逃国外研究——以滞越国民党军为中心的考察[J].南京政治学院学报,2011,06:93—99.

郝晓静.沈佺期《初达驩州》中驩州位置辨析[J].西北师大学报(社会科学版),2012,02:95—98.

牛军凯.晚期占婆的港口与政治模式[J].南洋问题研究,2012,03:87—94.

张卫明."执盟府之成书,援万国之公法":中法战争前宗藩关系的合法性建构[J].史林,2013,02:109—114+190.

樊良树.汉魏六朝历史时空中的甘蔗[J].晋中学院学报,2014,06:69—71+74.

彭程.中法澎湖之战的背景和进程[J].濮阳职业技术学院学报,2015,01:35—38+52.

陈俊宇.李贲之乱与陈霸先定交州始末[J].广西地方志,2015,01:39—44.

宇汝松.葛洪交趾丹道之行考论[J].史志学刊,2015,02:69—73.

陈亚威.试析中国近代外交失败的原因——以中法战争期间清政府的外交为例[J].学理论,2015,29:72—73.

阮氏香.孙中山对胡志明的影响[J].东南亚纵横,2015,12:54—56.

李亚男.改革开放与中国的对越政策:嬗变及其意义(1978—1989)[J].红河学院学报,2014,03:1—5.

郝晓静.《大南实录》若干问题探析[J].中原文物,2012,02:88—91.

李建军.试论沐氏家族与明代中越关系[J].曲靖师范学院学报,2011,01:88—92.

刘鼎铭.法国驻龙州兼南宁领事奚居赫为法越当局欲加强对华关系事宜致蒋介石函[J].民国档案,2014,04:57—58.

唐剑玲.馆藏中越陆界广西段界碑研究[J].文物天地,2015,07:35—39.

吴智刚.清末革命党中越边境起义中的各方考量与博弈[J].佛山科学技术学院学报(社会科学版),2015,04:67—72.

吴杉杉,耿胜伟.略论美国侵越战争中的几个问题[J].赤峰学院学报(汉文哲学社会科学版),2012,05:72—74.

老挝、柬埔寨

刘莲芬.肯尼迪政府与解决老挝危机的日内瓦会议[J].南洋问题研究,2011,02:36—43.

温荣刚.1960—1962年老挝危机与美苏有限合作[J].历史教学(下半月刊),2012,03:62—68.

刘莲芬.试析肯尼迪政府和平解决老挝危机的抉择[J].贵州师范大学学报(社会科学版),2012,01:16—20.

蔡贻象.元朝周达观出使柬埔寨及今日意义[J].公共外交季刊,2015,02:112—115+130.

尚莲霞.近三十年来国内柬埔寨吴哥古迹研究概论[J].南通大学学报(社会科学版),2014,06:92—98.

翟强.周恩来与中柬合作关系的建立(1954—1965年)[J].当代中国史研究,2014,02:118.

陈巍.日本自卫队派遣柬埔寨述论[J].洛阳师范学院学报,2015,12:57—61.

CARLOSOTTERY.在柬埔寨旅游的元朝人(英文)[J].The World of Chinese,2015,04:70—71+4.

罗亮.论1969年美越巴黎和谈与秘密轰炸柬埔寨事件[J].重庆科技学院学报(社会科学版),2011,03:150—152.

李轩志.论法国殖民统治对柬埔寨社会文化的影响[J].东方论坛,2013,05:48—51＋71.

Khamboly Dy,王友琴."民主柬埔寨"时期的日常生活[J].炎黄春秋,2012,12:80—86.

王元林,余建立,乔梁.柬埔寨吴哥古迹茶胶寺考古工作纪要[J].中国文物科学研究,2014,01:89—94.

方天建,何跃.冷战以来柬埔寨地缘政治变动研究[J].世界地理研究,2014,04:32—42.

孙建楠.权力欲望中的主权想象——试论1863年《法柬条约》的历史意义[J].南洋问题研究,2011,04:89—98.

缅甸

章林,董文静.同仇敌忾之十中国远征军入缅作战[J].国防,2015,10:81—83.

仁安羌之战——中国远征军拯救七千英军[J].对外传播,2015,11:68.

章林,原媛.缅北、滇西反攻作战[J].国防,2015,11:82—83.

本尼·米歇尔松.缅甸战场的温盖特及其钦迪队[J].军事历史,2015,06:30—32.

马昌法.解放军"金三角"越境作战始末[J].党史纵横,2011,12:9—11.

杨清媚.16世纪车里宣慰使的婚礼——对西南边疆联姻与土司制度的历史人类学考察[J].云南师范大学学报(哲学社会科学版),2012,02:88—99.

李晨阳.二战期间的缅甸战场[J].世界知识,2015,16:74.

杨东.英国关于滇缅战场的具体设想[J].军事历史,2015,04:55—60.

姜帆.蒙巴顿对战后初期缅甸政局的影响[J].南洋问题研究,2013,02:78—88.

葛兆光.朝贡、礼仪与衣冠——从乾隆五十五年安南国王热河祝寿及请改易服色说起[J].复旦学报(社会科学版),2012,02:1—11.

陈明.须大拏太子诸名号考源[J].文史,2013,01:133—150.

钟贵峰.论缅甸民族政策的价值取向[J].赣南师范学院学报,2013,01.

刘务.缅甸奈温时期民族国家构建[J].遵义师范学院学报,2013,01:11—15.

赵玉敏.晚清中缅宗藩关系对西南边防建设研究的启示[J].大连大学学报,2013,02:35—38.

王丰.被遗忘的"金三角"秘密战争[J].北京农业,2013,14:40—42.

王楚英,王映竹.亲历1942:蒋介石三次赴缅[J].军事历史,2013,03:73—76.

毛德传.李弥与逃窜缅甸国民党军[J].钟山风雨,2013,04:40—43.

何新华.唐代缅甸献乐研究[J].东南亚研究,2013,03:103—106.

赵玉敏.清代中前期的中缅宗藩关系述论[J].大连大学学报,2012,01:25—29＋35.

曾猛.浅谈缅甸国名的由来[J].科教导刊(中旬刊),2012,03:146＋167.

陈一榕.百越古道的历史文化考察[J].广西民族研究,2012,01:103—107.

何平.缅甸太公王国真相考辩[J].思想战线,2012,02:121—124.

范宏伟.缅北蒋军撤台与蒋介石"反攻大陆":台湾与美国的分歧和妥协[J].南洋问题研究,2012,02:78—85.

李谋.缅甸的史前时代[J].南洋资料译丛,2012,03:54—65.

蔡艳宁.略论中国远征军第一次入缅作战及其失败的原因——纪念中国远征军出国作战70周年[J].佳木斯大学社会科学学报,2012,04:114—117.

吴臣辉.晚清民国时期腾越人入缅原因研究[J].保山学院学报,2012,06:47—53.

李林.二战亚洲战场的转折点——滇西缅北反攻[J].云南开放大学学报,2015,04:37—41.

李茂琳.缅甸(木邦)永贵土司与中国德宏干崖(盈江)土司的姻亲关系拾遗[J].时代文学(上半月),2015,12:252—254.

弗兰克·范,罗山爱.中情局官员回忆:国军残部撤离缅甸[J].档案春秋,2011,03:34—38.

徐磊.傣族与缅甸蛋生人龙女故事考论[J].东南亚研究,2011,01:84—89.

邹建达.乾隆年间"云南边外土司"建置研究[J].中国边疆史地研究,2011,02:81—92+149.

李博昊.古缅甸骠国乐舞入唐考论[J].学术交流,2011,10:186—189.

段红云.明代中缅边疆的变迁及其影响[J].云南民族大学学报(哲学社会科学版),2011,05:150—155.

胡礼忠,张绍铎.国民党军队残部在滇缅边境的活动及第一次撤退台湾始末(1950—1954)[J].史林,2011,05:125—133+190.

从仰光迁内比都缅甸政府为何迁都成难解迷团[J].中国地名,2011,11:78—79.

马昌法.中缅联合勘界警卫作战始末[J].档案天地,2011,11:22—25.

崔巍.国民政府的外交努力与滇缅公路的修建[J].江海学刊,2013,06:171—177.

邹巧宜,蔡兰兰.戳穿帝国谎言再现缅甸岁月——从新历史主义角度解读《缅甸岁月》[J].牡丹江教育学院学报,2013,06:9—10.

刘雪萍.清缅交往研究综述[J].学理论,2013,35:217—218+221.

韦健锋.论英殖民统治时期的印缅关系[J].昆明学院学报,2013,05:55—64.

唐清云,赵华富.肯尼迪政府时期的缅甸政策探析[J].赤子(中旬),2013,12:8—9.

姜帆.1946年对昂山谋杀的指控与英国对缅政策的调整[J].东南亚南亚研究,2014,04:77—83+110.

4.2　经济文化交流史

林南中.闽南发现的早期柬埔寨硬币[J].收藏,2012,07:98—99.

高伟浓,程露晞.晚清时期儒学在新加坡的传播与变革[J].东南亚纵横,2014,05:66—70.

张品端.朱子学在新加坡的传播与影响[J].武夷学院学报,2011,04:8—14.

刘军,柯玉萍.试析中国文化与古代马来西亚社会[J].思想战线,2011,S1:198—200.

黄家庆.刘永福旅居越南积极作为的价值取向与钦州精神[J].钦州学院学报,2014,03:1—4.

阮氏秋水.越南阮朝《皇越律例》与《大清律例》的异同[J].江汉论坛,2012,04:127—130.

陈文.科举取士与儒学在越南的传播发展——以越南后黎朝为中心[J].世界历史,2012,05:68—80+159—160.

马文锋.我国古代武举制度对周边国家的影响分析[J].兰台世界,2013,15:28—29.

王继东.中国传统涉外思想对越南的影响[J].郑州航空工业管理学院学报(社会科学版),2013,03:55—58+65.

陈文.试析法国人对越南科举考试的影响[J].教育与考试,2013,03:46—50.

李威.文化视野下瑶族祭祀与道教的关系[J].清远职业技术学院学报,2013,05:19—22.

翟华.越南人的中国情结[J].决策探索(上半月),2011,03:91.

马蛟,李粒.明代中越两国历史文化交流中的重要人物——阮安[J].黑龙江史志,2014,09:21.

杨姣.1949—1990:云南对东南亚的传播交流史[J].文化与传播,2015,03:14—36.

马晓粉.18至20世纪初缅甸的滇商会馆及其经济影响[J].天府新论,2015,06:155—160.

冯立军.认知、市场与贸易——明清时期中国与东南亚的海参贸易[J].厦门大学学报(哲学社会科学版),2012,06:49—56.

陈洪波,韩恩瑞.试论粟向华南、西南及东南亚地区的传播[J].农业考古,2013,01:13—18.

聂德宁.危机与机遇:18世纪末至19世纪初中国帆船的东南亚贸易[J].南洋问题研究,2013,03:65—72+86.

颜洁.南海丝绸之路最早始发港合浦兴衰史考证[J].东南亚纵横,2013,12:62—68.

朴现圭.海事交涉的背景与意义——以1880年飘着到朝鲜的中国潮州商人和泰国商人为个案[J].甘肃社会科学,2014,01:102—107.

刘子义,李倩.19世纪初期越南南圻地区运河开凿活动——以永济河为中心[J].广西民族师范学院学报,2013,06:43—47.

徐娟.朝贡贸易体制兴衰原因论[J].法制与社会,2013,14:82—83.

聂德宁.危机与机遇:18世纪末至19世纪初中国帆船的东南亚贸易[J].南洋问题研究,2013,03:65—72+86.

王敏.论明末海禁的废弛对郑芝龙海商集团的影响[J].兰台世界,2015,06:37—38.

冯立军.略论明清时期中国与东南亚的燕窝贸易[J].中国经济史研究,2015,02:103—112.

冯立军.论18—19世纪东南亚海参燕窝贸易中的华商[J].厦门大学学报(哲学社会科学版),2015,04:78—88.

俞如先.清前期政府海外贸易政策的调整与影响——以清代闽西四堡邹姓族商为视角[J].龙岩学院学报,2015,04:7—13.

余姗姗.中国明清贸易瓷的光芒[J].检察风云,2015,19:84—87.

陈志明.从《星槎胜览》看海上丝路的人文交流与贸易往来[J].广西民族大学学报(哲学社会科学版),2015,05:43—48.

朱潇琼.浅析清代我国与东南亚的海参贸易[J].才智,2013,11:351.

赵文红.1595—1670年荷兰经营下的东南亚与阿姆斯特丹远程贸易[J].学术探索,2012,03:81—84.

冯立军.认知、市场与贸易——明清时期中国与东南亚的海参贸易[J].厦门大学学报(哲学社会科学版),2012,06:49—56.

周建明.论民国时期中国与东南亚的贸易[J].广西师范大学学报(哲学社会科学版),2012,04:141—147.

陈奉林.东方外交与古代西太平洋贸易网的兴衰[J].世界历史,2012,06:35—50+158—159.

赵文红.17世纪初期荷兰在东南亚的贸易成就[J].海交史研究,2012,02:12—22.

赵文红.试论近代早期欧洲殖民者东来对东南亚海上贸易的积极影响[J].云南财经大学学报(社会科学版),2012,05:26—30.

赵文红.试论16世纪葡萄牙以马六甲为支点经营的海上贸易[J].红河学院学报,2011,05:50—53.

赵善庆.近代滇西商帮与滇缅贸易[J].东南亚南亚研究,2014,02:65—69+109.

熊仲卿.亚洲香料贸易与印尼马鲁古群岛的社会文化变迁[J].中山大学学报(社会科学版),2015,03:151—160.

贺圣达.17—18世纪的荷兰—印尼—中国贸易与多元文化交流[J].广西师范大学学报(哲学社会科学版),2015,04:6—14.

杨帆.近代桂越边境鸦片贸易浅议[J].广西民族研究,2015,01:132—135.

王丽敏.近代中国与越南的大米贸易[J].兰台世界,2015,07:84—85.

雷建飞.论清代和民国时期嘉禾县食盐贸易[J].盐业史研究,2015,02:51—55.

杨宏云,蒋国学,曹常青.闽商在越南南河的贸易及闽文化的传播[J].南洋问题研究,2014,02:
84—92.

杨帆,余海岗.近代桂越边境贸易发展的障碍性因素探析[J].沧桑,2013,01:76—78+139.

杨帆.近代桂越边境贸易发展动因浅析(1889—1949)[J].广西经济管理干部学院学报,2013,
01:7—11.

易嘉.试论明代的中缅贸易[J].学术探索,2012,04:83—87.

李涛.论清代前期对缅贸易政策及管理[J].华东经济管理,2012,11:125—127.

李晨阳,杨祥章.近代云南与缅甸的贸易往来及其影响[J].中国边疆史地研究,2013,01:75—
85+149.

杨帆.近代桂越民间贸易发展与民族经济融合[J].广西地方志,2013,06:48—51.

叶真铭.深受中华文化影响的越南古代铸币[J].东方收藏,2014,05:117—118.

辜美高.辛亥革命前夕新加坡《中兴日报》所刊小说的历史意义[J].内江师范学院学报,2012,
03:15—16.

庄乃祯.新加坡四首新南音及钢琴伴奏设计艺术[J].泉州师范学院学报,2015,05:86—90.

蔡曙鹏.新加坡琼剧现代戏创演的回顾与思考[J].艺术百家,2014,01:158—161+167.

顾卫民,钱盛华.越南古代以及中世纪的海外贸易史——越南学者黄英俊博士的一些观点介绍
[J].海交史研究,2015,02:74—80.

董春林,赵双叶."香药之路"的文化路径——宋代与东南亚交流路线再探讨[J].成都师范学院
学报,2015,02:20—24.

杨帆.近代桂越边境贸易与广西边区民族经济变迁[J].柳州师专学报,2014,01:52—54+57.

贾庆军.东南亚与"海上丝绸之路"精神:历史见证未来——兼论日本对"海上丝绸之路"精神传
承的破坏[J].宁波大学学报(人文科学版),2015,01:79—83.

庄国土.17世纪东亚海权争夺及对东亚历史发展的影响[J].世界历史,2014,01:20—31
+159.

黄明珍.见证闽南文化在东南亚传播的海外文物[J].文物鉴定与鉴赏,2015,02:60—67.

罗艺琳.评《东南亚的贸易时代:1450—1680年》[J].学理论,2015,06:120—121.

万辅彬,韦丹芳.试论铜鼓文化圈[J].广西民族研究,2015,01:109—115.

魏志江,魏楚雄.论十至十四世纪中韩海上丝绸之路与东亚海域交涉网络的形成[J].江海学
刊,2015,03:153—159+238—239.

胡文辉."翡翠"及"翠羽"、"翠毛"问题天堂鸟输入中国臆考[J].中国文化,2015,01:106—110.

杜晓萍.闽南方言与海上丝绸之路——以构建21世纪海上丝绸之路核心区为视角[J].福建论
坛(人文社会科学版),2015,06:182—186.

吴小玲.历史上广西北部湾地区与东南亚地区的海上交往[J].学术论坛,2015,07:92—96.

李昆声.中国云南与东南亚南亚的经济文化交流——自远古至战国秦汉时期[J].广西民族大
学学报(自然科学版),2011,01:37—41.

陈恒汉.从峇峇娘惹看南洋的文化碰撞与融合[J].沈阳师范大学学报(社会科学版),2011,03:
104—108.

孙琳.浅析《岛夷志略校释》中的陶瓷器[J].黑龙江科技信息,2011,17:158+157.

王娟.宋代与南洋地区航海贸易兴盛新探[J].大连海事大学学报(社会科学版),2011,04:91—94.

赵文红.试论近代早期欧洲殖民者对东南亚海上贸易格局的影响[J].东南亚纵横,2011,09:47—52.

夏时华.宋代香药走私贸易[J].云南社会科学,2011,06:153—157.

孟原召.西沙群岛海域出水元代青花瓷器初探[J].中国国家博物馆馆刊,2011,11:69—82.

李鑫.唐宋时期明州港对外陶瓷贸易发展及贸易模式新观察——爪哇海域沉船资料的新启示[J].故宫博物院院刊,2014,02:25—38+158.

郑海麟.建构"海上丝绸之路"的历史经验与战略思考[J].太平洋学报,2014,01:1—6.

王承文.越南新出隋朝《舍利塔铭》及相关问题考释[J].学术研究,2014,06:95—102+2.

陈媛.明代中国与东南亚国家的香药贸易及其影响探析[J].兰台世界,2014,24:10—11.

辛光灿.西爪哇下万丹遗址发现的中国陶瓷初探[J].故宫博物院院刊,2013,06:78—84+159.

林文勋."贝币之路"及其在云南边疆史研究中的意义[J].中国边疆史地研究,2013,01:1—9+147.

王巨新.论清朝前期对东南亚的贸易政策[J].社会科学辑刊,2012,02:144—151.

刘文胜.论清代中国与东南亚瓷器贸易对瓷业的影响[J].中国陶瓷工业,2012,02:25—27.

项坤鹏.浅析东南亚地区出土(水)的龙泉青瓷——遗址概况、分期及相关问题分析[J].东南文化,2012,02:85—95.

谭德睿.铜鼓——我国南方少数民族和东南亚的重器\\神器——《中国古代艺术铸造系列图说》之六十七[J].特种铸造及有色合金,2012,07:685.

李未醉,魏露苓.论古代中国与缅甸的农林技术交流[J].农业考古,2012,03:251—254.

韦红萍.明清时期的东南亚语种人才培养[J].东南亚纵横,2012,07:50—55.

段凌平.开漳圣王信仰及其海外传播的特点初探[J].漳州师范学院学报(哲学社会科学版),2012,03:15—19.

陈保亚.百越走廊及其向茶马古道的转型——从词与物的传播说起[J].思想战线,2012,06:9—14.

张晓辉.近代开拓南洋市场的广货商(1912—1937)[J].民国档案,2013,01:52—58.

储建国.中国古籍所载东南亚古国货币考[J].中国钱币,2013,01:45—53.

黄卫宁,周俏梅.源远流长——广西钱币博物馆馆藏东南亚货币精品[J].金融博览,2013,10:68—69.

林清哲.明末清初福建陶瓷文化在东南亚的传播及影响——以漳州窑系为中心[J].南方文物,2013,03:70—76.

钱江,陈佳荣.牛津藏《明代东西洋航海图》姐妹作——耶鲁藏《清代东南洋航海图》推介[J].海交史研究,2013,02:1—101.

欧七斤.晚清南洋公学留学教育述论[J].历史档案,2015,04:104—114.

刘涤宇.南洋公学与明治日本[J].黑河学刊,2013,06:78—80.

段立生,赵雪.从泰语和中文教学看中泰两国关系之发展[J].华侨大学学报(哲学社会科学版),2014,01:5—11+154.

李庆新.清代广东与越南的书籍交流[J].学术研究,2015,12:93—104+160.

顾卫民,钱盛华.越南古代以及中世纪的海外贸易史——越南学者黄英俊博士的一些观点介绍[J].海交史研究,2015,02:74—80.

詹志和.越南北使汉诗与中国湖湘文化[J].中南林业科技大学学报(社会科学版),2011,06:147—150.

陈益源,凌欣欣.清同治年间越南使节的黄鹤楼诗文[J].长江学术,2011,04:144—157.

张京华.从越南看湖南——《越南汉文燕行文献集成》湖南诗提要[J].湖南科技学院学报,2011,03:54—62.

张京华.三"夷"相会——以越南汉文燕行文献为中心[J].外国文学评论,2012,01:5—44.

范文明.莫言作品在越南的翻译与研究[J].山西大学学报(哲学社会科学版),2013,01:78—81.

程革,萧明当.二十世纪八十年代以来中国文学在越南的译介与传播[J].当代作家评论,2015,01:195—203.

吴云霞.越南北部乡村民俗对汉文化记忆的本土化建构[J].开放时代,2014,06:203—213+10.

陈益源.范仲淹《岳阳楼记》对清代越南使节岳阳楼诗文的影响[J].长江学术,2015,01:19—29.

张品端.朱子学在越南的传播与影响[J].泉州师范学院学报,2013,01:81—86.

吕小蓬.论越南古代汉文历史演义中的中国形象[J].北京行政学院学报,2013,02:114—117.

滕兰花.清代越南使臣眼中的伏波将军马援形象分析——以《越南汉文燕行文献集成》为视角[J].广西民族大学学报(哲学社会科学版),2013,03:137—143.

黎文升.儒教文化对越南文化的影响[J].咸宁学院学报,2011,02:39—43.

牛军凯.试论风水文化在越南的传播与风水术的越南化[J].东南亚南亚研究,2011,01:80—85+94.

农立夫.中国与越南现代教育合作回顾与展望[J].学术论坛,2012,02:206—210.

杜文晓.中国古代诗学在越南[J].南都学坛,2014,06:48—53.

屈小玲.越北汉文化实地考察及其在越南汉文小说中的反映[J].四川师范大学学报(社会科学版),2015,01:133—137.

张笑龙.学术界对越南史学史及中越史学交流的研究[J].湖南科技学院学报,2015,07:77—79.

瞿亮,毕世鸿.近代日本对越南的史地研究——以《安南史研究》为中心[J].外国问题研究,2015,02:32—38.

刘志强.20世纪50年代以来国内关于越南《金云翘传》的翻译与研究[J].广西民族大学学报(哲学社会科学版),2015,04:143—149.

孙福轩.中国科举制度的南传与越南辞赋创作论[J].浙江大学学报(人文社会科学版),2011,01:150—160.

何振纪.1962年"越南磨漆艺术展览"与中国现代漆画的兴起[J].南京艺术学院学报(美术与设计),2015,03:144—149

彭茜.试论国内学界对越南来华使节及其汉诗的研究[J].东南亚纵横,2013,08:52—55.

杨宁.越南语言文学的法国烙印[J].法国研究,2013,04:70—76.

李法宝,王长潇.从文化认同看中国电视剧在越南的传播[J].现代视听,2013,11:29—32.

陈日红,刘国祥.越南汉诗与中国古典诗歌关系再探——以《总集》中的七首汉诗为例[J].湖北民族学院学报(哲学社会科学版),2014,06:83—87.

刘玉珺.传入越南的明清小说考述[J].文献,2014,02:96—109.

夏露.黛玉《桃花行》的越南文译本与中越桃花美人意象之关联[J].内蒙古师范大学学报(哲学社会科学版),2015,01:84—89.

杜文晓.鲁迅作品中的精神话语及其在越南的影响[J].南都学坛,2015,06:47—51.

大西和彦.越南传说、故事对中国古典小说的改编与假托[J].民间文化论坛,2014,03:25—32.

陈莉.越南汉籍文化益彰——基于中山大学藏越南汉籍之考察[J].文化遗产,2014,05:144—150.

郑青青.越南语中的日源汉越词形成研究——从十九世纪末二十世纪初的革命文献看日源汉越词的传播[J].云南农业大学学报(社会科学),2015,06:108—115.

梁茂华.越南汉字兴衰史述略[J].东南亚纵横,2014,06:63—68.

何绵山.闽文化在东南亚的传播和影响[C]//中华文化与地域文化研究——福建省炎黄文化研究会20年论文选集[第二卷]2011,4.

"亲情中华—中原文化海外行"印尼演出受热捧[J].对外传播,2014,03:55.

杜文晓.越南读者接受中国80后文学的情况[J].南都学坛,2012,06:67—70.

杨勇.浅析儒学在越南兴盛的原因[J].红河学院学报,2011,03:34—36+45.

柯玲,杜氏清芳.电视剧《西游记》在越南[J].南京师范大学文学院学报,2011,02:170—174.

张一平,邢寒冬.清朝前期海南与越南的大米贸易[J].南洋问题研究,2011,03:87—92+100.

林符芳盈.《琵琶行》在越南近现代的传播及影响[J].中国文化研究,2013,02:203—212.

刘廷乾.中国文化与越南汉文笔记小说[J].中华文化论坛,2013,08:80—88+191.

杨然.试论越南民族文化的发展和对外交流[J].东南亚纵横,2013,08:21—23.

陈俊玉.浅谈广西与越南京族的舞蹈艺术[J].教育教学论坛,2014,11:152—153.

阮氏梅筝.鲁迅在越南[J].东吴学术,2015,04:86—90+109.

阮光兴.汉语与越南语言的关系及越南高校汉语教学情况[J].教育教学论坛,2015,1

王志强.从越南汉籍《往津日记》看晚清中越文化交流[J].兰台世界,2013,03:31—32.

黄强.论杜诗在越南的译介[J].杜甫研究学刊,2011,04:73—78+86.

冯超.越南曹洞宗的江南禅系源流与17—18世纪中越佛教交流[J].延边大学学报(社会科学版),2013,02:54—56.

陈文.试析法国人对越南科举考试的影响[J].教育与考试,2013,03:46—50.

大塚丰.五十年代中国援助越南发展高等教育的历史考察——以中央学舍区为例[J].大学教育科学,2012,02:3—11.

戴友胜.我国广西与越南体育教学训练互动研究[J].体育文化导刊,2012,06:120—122.

何仟年.中国典籍流播越南的方式及对阮朝文化的影响[J].清史研究,2014,02:45—54.

刘玉珺.清艺文志误收越南汉籍补正[J].四川文理学院学报,2014,03:32—36.

何明星,王丹妮.文化接近性下的传播典型——中国网络文学在越南的翻译与出版[J].中国出版,2015,12:56—60.

莫小芃.论儒家文化对越南社会主流家庭价值观的影响[J].才智,2015,25:308—309.

陈丽琴.越南传统戏剧衍生与传承的文化生态——基于中越族群交往[J].社会科学家,2015,12:156—160.

黄敏.汉语成语在越南传播的变异研究[J].东南亚纵横,2011,07:84—88.

陈文.科举取士与儒学在越南的传播发展——以越南后黎朝为中心[J].世界历史,2012,05:68—80+159—160.

黄玲.越南文学的民族叙事与中国民族文化[J].江淮论坛,2012,05:15—20.

芳榴.中国比较诗学的先锋性及其对越南诗学的影响[J].首都师范大学学报(社会科学版),2015,01:104—109.

王继东.中国易学象数对越南阮朝都城顺化的影响[J].华北水利水电大学学报(社会科学版),2015,03:148—151.

何振纪.中国对越南磨漆画的研究[J].岭南文史,2015,03:62—64.

黄勇荣,刘楚珂,黄氏桥莺.中国与越南教育交流合作的现状、问题及对策[J].企业科技与发展,2015,Z1:77—79.

陈莉.中山大学图书馆馆藏越南汉籍管窥[J].岭南文史,2014,02:55—59.

陈金文.越南财神信仰与中国民俗文化[J].社会科学家,2014,01:156—158.

韦宏丹.浅析中国歌曲在越南的传播途径及影响[J].创新,2011,02:13—15.

赵锋.论儒家文化对越南传统婚俗的影响[J].南宁职业技术学院学报,2011,05:69—72.

黎文宙.杜甫诗歌在越南的接受与传播[J].广东农工商职业技术学院学报,2013,03:66—71.

孙鹤云.明清小说《剪灯新话》在朝鲜和越南的传播[J].东南亚纵横,2013,10:70—75.

刘廷乾.中国古代小说对东亚小说影响的序列及模式[J].明清小说研究,2015,03:216—231.

庞希云,李志峰.越南汉文小说对中国文学的吸收和改造——以《状元甲海传》的流传变异为例[J].广西大学学报(哲学社会科学版),2013,02:8—11+17.

王晰博.中国云南与越南古代青花瓷关系初探[J].思想战线,2014,05:145—148.

李天锡.中华传统诗词在菲律宾的传播和影响[J].八桂侨刊,2012,04:49—54.

毛玉文.20世纪50—60年代越南诗人素友作品在中国的传播和影响[J].东南亚纵横,2014,08:75—78.

郑幸.《默翁使集》中所见越南使臣丁儒完与清代文人之交往[J].文献,2013,02:174—180.

阮越雄.汉语对越南语形成与发展的作用[J].现代语文(语言研究版),2013,08:134—136.

蔡立超.广西和越南教育文化交流与合作的现状及前景分析[J].玉林师范学院学报,2013,04:66—68.

戴友胜.广西与越南高校体育专业合作研究[J].广西社会科学,2014,04:39—42.

袁庆丰.越南电影与20世纪70年代的中国大陆社会——以1972年译制公映的《琛姑娘的松林》为例[J].文化艺术研究,2014,02:120—126.

唐珊珊.中国古代农业文化在越南的传播和影响[J].文学教育(中),2011,07:56—57.

潘秋云.越南《后白藤江赋》《续赤壁赋》与中国前、后《赤壁赋》之联系[J].辽东学院学报(社会科学版),2014,02:40—42.

张伟权."译介与重塑"——鲁迅在越南[J].鲁迅研究月刊,2013,09:27—36.

王继东.试析中西文化影响下的世界文化遗产越南阮朝都城顺化——以顺化外城墙为例[J].华北水利水电学院学报(社科版),2013,04:163—166.

曾强.浅析儒释两教在越南的传播及其对民族文化的影响[J].才智,2013,23:225.

芳榴.中国现代比较诗学的先锋性及其在越南的影响与启发[J].文化与传播,2014,06:19—23.

何氏草.中国电视剧在越南市场发展之路初探[J].电视研究,2012,04:78—80.

梁旭.试论李元吉对越南嗌剧发展的影响[J].阴山学刊,2012,05:46—48.

张海彬.从民间美术看儒家思想在越南的渗透和异化[J].美术观察,2013,03:111.

邱普艳.西方殖民主义者东来与越南的对外贸易[J].边疆经济与文化,2011,02:13—14.

李波.考镜源流开拓新境——评任明华《越南汉文小说研究》[J].厦门教育学院学报,2011,01:67—69.

常净睿.从中国漆艺到日本漆器再到越南漆画[J].艺术生活—福州大学厦门工艺美术学院学报,2013,06:34—36.

郭伟亮.打造文化交流品牌架设中越友谊桥梁——浅谈中越歌曲演唱大赛在越南举办的影响[J].视听,2013,06:47—48.

杨勇.儒学对古代越南社会的影响[J].企业家天地,2011,06:75—76.

沈文凡,范氏义云.越南十世纪到二十世纪对唐代绝句的移植与发展[J].吉林师范大学学报(人文社会科学版),2013,01:7—9.

郑振卿.我当越南留学生辅导员[J].文史精华,2011,03:46—49.

王小盾.东亚俗文学的共通性[J].中国社会科学,2015,05:164—186+207.

陈丽琴.中越清明节传说及节俗之比较[J].广西师范大学学报(哲学社会科学版),2015,04:75—80.

刘玉珺.宋代中越文学交流述论[J].学术论坛,2013,05:170—175.

刘玉珺.晚清壮族诗人黎申产与中越文学交流[J].民族文学研究,2013,03:29—37.

李育民.中越制度文化交流及其影响[J].晋阳学刊,2013,02:53—60.

庞希云,李志峰.文化传递中的想像与重构——中越"翁仲"的流传与变异[J].上海师范大学学报(哲学社会科学版),2013,02:76—85.

范丽萍.冷战时期社会主义国家的经济关系透视——以1955—1978年中越铁路国际联运中的货物运输为视角[J].东南亚研究,2014,01:73—78.

赵春婷,施鹤皋.亚细亚传来的乐音(八)——邮票中的亚洲传统乐器[J].乐器,2015,02:53—56.

何清新.从中越边境看文化边界的跨文化传播策略问题[J].广西民族研究,2014,06:130—135.

宋园园.胡志明对中越文化交流的促进[J].黑龙江史志,2015,03:183+185.

刘守华.中越国际学校忆往[J].档案春秋,2015,03:4—9.

刘廷乾.中国古代小说对东亚小说影响的序列及模式[J].明清小说研究,2015,03:216—231.

曾小梦.论唐代中原文化在安南地区的传播与接受[J].求索,2013,10:67—69.

曹刚华.清代佛教史籍流传东亚考述[J].文献,2015,04:182—191.

李国栋.稻作文化在贵州——基于传播途径的实证研究[J].贵州师范学院学报,2013,10:1—16.

陈金文.中越"望夫"型传说之比较[J].文化遗产,2013,05:49—52+158.

黄启臣.阿拉伯沉船的唐代商货文物实证海上丝路繁盛发展[J].岭南文史,2015,03:19—22+65.

何仟年.由《梅溪诗钞》《道南斋初稿》看清中期中越民间文人的交往[J].文献,2012,03:196—201.

谢小兰,滕兰花.从蔡廷兰的《海南杂著》看中越文化交流[J].广西民族师范学院学报,2012,04:62—66.

赵春婷,施鹤皋.亚细亚传来的乐音(七)——邮票中的亚洲传统乐器[J].乐器,2015,01:52—53.

王莉萍.论中越两国筝形制及其演奏技法的嬗变[J].民族艺术,2014,04:164—165.

冯小禄,张欢.古代中国与东南亚关系与文学交往研究述评[J].东南亚纵横,2015,07:67—72.

王爱虎.从海上丝绸之路的发展史和文献研究看新海上丝绸之路建设的价值和意义[J].华南理工大学学报(社会科学版),2015,01:1—14.

李庆南.元代侨居汉阳的安南才子黎崱事略[J].武汉文史资料,2013,11:56—60.

谭刚.西南土产外销与大后方口岸贸易变迁(1937—1945)——以桐油、猪鬃、生丝和药材为中心[J].近代史研究,2013,02:97—110.

孔喆.孔庙的祭祀[J].中国文化遗产,2014,05:50—57.

潘天波.丝路漆艺:被输出的中国之美与文化[J].文化遗产,2015,03:138—144+2.

林明太,黄朝晖.妈祖文化在海上丝绸之路沿线国家的传播与发展[J].集美大学学报(哲学社会科学版),2015,04:1—6.

方铁.简论西南丝绸之路[J].长安大学学报(社会科学版),2015,03:114—120.

韦树关.喃字对古壮字的影响[J].民族语文,2011,01:36—40.

范业红.儒家思想在古代东亚诸国的流变及影响[J].湖湘论坛,2015,01:137—140.

黄玲.人类学视阈下的中越民族戏剧交流[J].广西社会科学,2013,01:163—167.

马晓英.汉代儒学在岭南的传播[J].安顺学院学报,2013,05:97—101.

郭上人.海上丝绸之路名港——漳州月港[J].理论参考,2015,11:54—56.

朱玉兵.和顺"走夷方"研究[J].云南社会主义学院学报,2015,04:108—116.

陈玥辛.宋代水傀儡艺术研究[J].艺术百家,2015,S1:63—69.

杨帆.近代桂越民间贸易发展与民族经济融合[J].广西地方志,2013,06:48—51.

哈曼.正德青花瓷器与伊斯兰文化的特殊关系[J].收藏家,2012,12:23—27.

熊仲卿.亚洲香料贸易与印尼马鲁古群岛的社会文化变迁[J].中山大学学报(社会科学版),2015,03:151—160.

庄永平.燕乐调式音阶结构与东亚影响[J].音乐探索,2013,01:97—101.

卢冬,李永平."黑石号"沉船文物和"莫塞德斯"沉船文物归属引发的思考[J].文物世界,2013,02:62—64+80.

孙欣."井里汶号"沉船文物考察纪实[J].东方收藏,2013,09:113—115.

涂师平.井里汶越窑魂——印尼井里汶沉船揭秘宁波"海上丝绸之路"[J].宁波通讯,2011,02:38—39.

林亦秋.唐代越窑与印尼室利佛逝王朝[J].收藏,2011,12:52—61.

匡秋爽."梁祝"文艺在东南亚的传播及影响[J].长春师范大学学报,2015,05:189—190.

林亦秋.元磁州窑瓷在印尼满者伯夷王朝的风光[J].收藏,2012,21:68—75.

王玉果.印尼音乐对德彪西《塔》的影响[J].音乐时空,2014,13:74+82.

翟媛媛.汉语在东南亚的传播史[J].福建农业,2014,08:184.

张海军."黑石号"沉船有关问题再研究[J].东方收藏,2014,11:87—89.

费利西亚·休斯—弗里兰,高兰兰,李修建,李芳.艺术与政治:从爪哇的宫廷舞蹈到印尼的艺术(上)[J].内蒙古大学艺术学院学报,2015,04:31—38.

彭长林.石器时代环南海地区的文化互动[J].东南亚南亚研究,2015,04:83—89+110.

和跃,包珊珊.浅论印度宗教文学对泰国宗教文学的影响[J].才智,2014,18:281.

邢晓姿.论中国传统文化对泰国社会之影响[J].中国石油大学学报(社会科学版),2011,03:
　　68—72.

陈俊豪.罗摩衍那中哈奴曼形象在泰国的发展[J].中国校外教育,2013,S2:131+66.

杨丽周,邓云川.浅析《三国演义》在泰国广泛传播的原因[J].东南亚纵横,2011,01:57—59.

杨丽周.《三国演义》与泰国现代文学[J].文学教育(中),2011,03:15—16.

金勇.泰文《三国演义》经典译本产生的原因分析[J].解放军外国语学院学报,2011,02:
　　84—88.

闭晔.中国文化对泰国文学的影响[J].文学教育(中),2011,07:57—58.

何明星.从"三国演义"到鲁迅,中国文学在泰国的传播[J].济南大学学报(社会科学版),2011,
　　06:45—52+89—90.

金勇.试析《三国演义》在泰国的传播效果——从跨文化文学传播"反馈"的视角[J].东南亚研
　　究,2013,02:107—111.

徐佩玲.中国文学在泰国传播与发展概况[J].大众文艺,2012,01:122—123.

何明星.中国文化在东南亚国家的百年传播——以泰国为例析解如何提升中国文化在中华文
　　化区的影响力[J].出版广角,2012,09:39—41.

刘莉,李学仙,蒋应辉.泰国"三国热"成因及其现代表征[J].四川戏剧,2014,01:75—78.

陆广民.中泰民俗文化的交融与比较[J].四川戏剧,2015,02:49—51.

陈娴.中国现当代文学对泰国文学的影响[J].才智,2015,30:259.

邓秀美.福建青花瓷对泰国釉下铁绘彩陶器装饰题材的影响[J].装饰,2011,10:72—73.

邓丽娜,马银福.浅析泰中文化的融会贯通[J].赤峰学院学报(汉文哲学社会科学版),2013,
　　07:147—148.

李官.三国文化在东南亚的传播及其对我国文化软实力的启示——以《三国演义》在泰国的传
　　播为例[J].哈尔滨师范大学社会科学学报,2015,06:146—148.

梁雪婷.浅析以孔子为代表的儒家思想对泰国的影响[J].才智,2013,09:191+193.

张充.《西游记》在泰国传播态势分析——以对泰国曼谷纪伊国屋书店的调查为例[J].出版广
　　角,2014,12:19—20.

张充."安娜与国王"在泰国[J].世界文化,2012,11:25—27.

李敏.探析泰国影视剧在中国的传播[J].当代电视,2015,05:104—105+107.

刘莉,张倩霞,杜洁.蜀汉文化——中泰交流研究的新视阈[J].四川戏剧,2013,02:80—83.

田野.浅谈印度字母对泰国文字产生的影响[J].北方文学(下半月),2012,10:123.

金勇.论《五卷书》在泰国的传播及特点[J].内蒙古师范大学学报(哲学社会科学版),2014,04:
　　86—90.

韦健锋.文化视野下的古代印缅关系——兼论印度文明对缅甸的影响[J].东南亚南亚研究,
　　2013,02:67—75+110.

黄姗姗,黄雪娇.略论印度文化因素对缅甸文学的影响[J].钦州学院学报,2013,09:15—17.

吴臣辉.论滇缅商路的文化传承性[J].保山学院学报,2013,01:86—89.

李未醉,魏露苓.论古代中国与缅甸的农林技术交流[J].农业考古,2012,03:251—254.

冯立军,夏福顺.略述清代以前中国与柬埔寨的香药贸易[J].南洋问题研究,2011,02:89—96.

黄灏.古代中国与柬埔寨经贸交流综述[J].东南亚纵横,2012,08:63—66.

张成霞.西方文化在菲律宾的传播与融合——以西班牙、美国为例[J].贵州大学学报(社会科学版),2013,06:43—46+68.

孟昭毅,郑宁人.菲律宾作家黎萨尔与20世纪中国文坛[J].华文文学,2014,01:43—47.

李秀,杨国良,王群.太极拳在马来西亚的传播与发展——以马来西亚黄氏太极学会在马来西亚的发展研究为例[J].搏击(体育论坛),2011,05:85—87.

李秀.百年精武体育在马来西亚的发展及影响研究[J].黄山学院学报,2011,05:96—100.

王齐冰.南海:中国和马来西亚文化交流的主渠道[J].海南广播电视大学学报,2015,02.

苏莹莹.中国文化在马来西亚的传播与传承[J].中国高校社会科学,2015,06:96—102+154.

李秀.武术在马来西亚的传播及国际化发展研究[J].西南师范大学学报(自然科学版),2012,07:99—103.

韩笑.中国文化在马来西亚的传播——以《三国演义》为例[J].国际汉学,2015,03:61—66+202.

黄雪莹.马来西亚文化对北部湾经济、文化的影响分析[J].改革与开放,2014,03:36—37.

刘军,柯玉萍.试析中国文化与古代马来西亚社会[J].思想战线,2011,S1:198—200.

李彩霞.清代海南对外贸易的兴衰转变[J].兰台世界,2014,22:108—109.

李白薇.郑和下西洋:科学航海的发端[J].中国科技奖励,2011,07:76—77.

郑传炫.浅析河洛文化对东南亚宗乡社群的影响[J].黑河学刊,2013,01:24—25.

涂师平.越窑青瓷散落在海外的明珠[J].宁波通讯,2011,10:42—43.

陈晨.上海最早的菲律宾乐人[J].中国音乐,2014,03:113—115.

陈丙先,方园园.帝国相接与文化融合:明后期中国与西属菲律宾的文化互动[J].广西社会科学,2015,05:119—124.

梁悦悦.中国电视剧在菲律宾:播出历史与现状[J].电视研究,2011,09:78—80.

朱海鹰.重新认识"印度化国家"——东南亚的民族歌舞并没有多少印度文化元素[J].星海音乐学院学报,2014,01:21—27.

张成霞,罗进民.东南亚国家文化中的中国文化影响[J].东南亚纵横,2014,06:59—62.

翟京云,周庆杰.我国与东南亚国家宗教武术交流的历史与现状[J].体育文化导刊,2013,10:114—117.

段静琰.云南与东南亚国家文化特征比较研究[J].云南财经大学学报(社会科学版),2012,01:14—15.

柯玉萍,刘军.浅析印度文化与古代马来亚[J].思想战线,2013,S1:224—226.

王家平.鲁迅文学遗产在东南亚的传播和影响[J].首都师范大学学报(社会科学版),2014,05:96—106.

梁卿,李园,李珊.东南亚儿童文学中的汉文化元素[J].东南亚纵横,2012,09:60—63.

潘培忠,王汉民.福建歌仔戏向东南亚传播的历史回顾与探析[J].东南亚纵横,2012,04:59—63.

吴杰伟,聂慧慧.占婆文化交流中的"二次本土化"现象探析——评《占婆与马来世界的文化交流》[J].东南亚纵横,2014,02:65—69.

李卉.论广西及美国对东南亚民间文化的双重影响[J].文学界(理论版),2012,09:338+340.

古小松.华夏百越文化与东南亚——兼谈建设华夏百越文化博览园的构想[J].沿海企业与科技,2014,05:49—59.

黄水银.浅析东南亚文化中的中国因素[J].戏剧之家,2015,03:166.

黄明珍,苏黎琳.浅谈闽南文化在东南亚的传播——以《世界闽南文化展示中心》为例[J].黑龙江史志,2015,09:101—102.

赵康太.试析东南亚文化对海南文化的影响[J].学术研究,2012,12:126—127.

陈洪波.华南与东南亚早期文化关系研究述评[J].广西师范大学学报(哲学社会科学版),2013,01:12—17.

何绵山.闽都文化在东南亚的传播和影响[J].闽江学院学报,2011,01:1—5.

赵振祥,李啸,谷玉梅.中国学堂乐歌在东南亚地区的传播[J].交响(西安音乐学院学报),2014,02:48—53.

赵振祥,李啸,谷玉梅."学堂乐歌"在东南亚地区的传播和发展[J].新闻春秋,2014,03:69—76.

石坚平.江门海上丝绸之路文化探源[J].五邑大学学报(社会科学版),2015,03:18—23+93.

尹玉璐.印度两大史诗对印度及东南亚、南亚国家戏剧艺术的影响[J].东南亚南亚研究,2014,02:60—64+109.

张默瀚.浅谈琼剧在东南亚及国内的传播[J].戏剧文学,2014,08:111—115.

白勇华.辗转东南亚:高甲戏海外百年(1840—1940)[J].福建论坛(人文社会科学版),2011,08:64—68.

陈奉林.东方外交与古代西太平洋贸易网的兴衰[J].世界历史,2012,06:35—50+158—159.

4.3 民族史

胥思省.浅谈苗族向东南亚迁徙的过程及原因[J].品牌(下半月),2014,08:99+101.

黄世杰.骆越是壮族的祖先吗?[J].广西民族大学学报(哲学社会科学版),2012,03:108.

张应斌.博罗与骆越的起源[J].惠州学院学报(社会科学版),2013,01:5—10.

袁同凯,陈石.对马来西亚原住民的研究——写在陈志明教授即将荣休之际[J].西北民族研究,2012,03:124—130.

纳日碧力戈,贾鹰雷.欧美学者对东南亚苗族研究概况(下)[J].河西学院学报,2014,04:52—60.

纳日碧力戈,贾鹰雷.欧美学者对东南亚苗族研究概况(上)[J].河西学院学报,2014,03:54—64.

王献军.试论黎族古代文化与东南亚古代文化的共性[J].贵州民族研究,2011,03:125—130.

李桐.谈影视人类学视野中的图文比较研究——以壮侗语民族传统文化与东南亚民族传统文化图文比较为例[J].广西教育学院学报,2013,06:13—17+33.

许红艳.论东南亚南岛语民族的起源与早期迁徙[J].赤峰学院学报(汉文哲学社会科学版),2013,02:22—25.

许红艳.马来半岛地区南岛语民族的形成初探[J].广西民族师范学院学报,2013,04:83—87.

胡建敏,龙宇晓.宗教民族志视阈下的泰国苗族世界观——基于海外苗学名著《招魂》一书田野资料的分析[J].民族论坛,2014,02:64—68.

舒瑜.卡里斯玛的流动与物的神圣化过程——以云南新华村制作的六字真言手镯为例[J].云南民族大学学报(哲学社会科学版),2014,03:28—35.

赵永胜.泰北山地民族的社会组织与社会运行[J].思想战线,2014,06:50—53.

郑晓云.泰国北部傣泐人的文化认同考察——以帕腰府景康县勐满村为例[J].世界民族,2012,01:90—96.

龙晓燕.从西双版纳到兰纳:泰国清坎傣泐如何记忆历史[J].广西民族大学学报(哲学社会科学版),2012,01:13—21.

王亚军.从清代契约透视哈尼族农耕文明[J].农业考古,2012,03:236—238.

何平."八百媳妇"——"兰那王国"及其主体民族的政治、社会与文化[J].思想战线,2013,01:107—112.

黄美新.从亲属称谓词看大新壮族和泰国泰族的亲缘关系[J].柳州师专学报,2013,01:40—43.

赵永胜.缅甸与泰国的跨国民族孟人及其分布[J].玉溪师范学院学报,2012,09:8—14.

张锦鹏.拉祜族跨境迁徙与互动中的宗教因素[J].云南社会科学,2012,05:20—24.

饶睿颖.13世纪泰国兰那王国形成初期的主体民族——泰庸人[J].大理学院学报,2011,01:20—24.

侯兴华,张国儒.泰国傈僳族及社会文化变迁[J].临沧师范高等专科学校学报,2011,01:47—52.

饶睿颖.论早期泰北泰庸人的形成[J].云南民族大学学报(哲学社会科学版),2011,04:116—119.

侯兴华,张国儒.再探中泰傈僳族研究现状之比较[J].东南亚纵横,2011,05:67—70.

孔敏素,杨敏.傣、泰民族族源研究[J].才智,2011,19:219—220.

纳日碧力戈,龙宇晓.从学术谱系上重构世界苗学研究的中国视角[J].贵州师范学院学报,2015,08:1.

张录文,龙宇晓.泰国学者阿南达《泰国瑶人》述评与反思[J].贵州师范学院学报,2015,02:42—46.

莫金山.瑶族向越南迁徙的最早批次——《周玄柜信歌》之考证[J].广西民族研究,2013,01:95—102.

李正亭.元明清时期云南毗越边地民族与中越疆界变迁[J].红河学院学报,2013,05:1—5.

彭长林,韦江.现代越族形成的早期过程探研[J].广西民族研究,2015,01:49—58.

郑宇,曾静.社会变迁与生存理性:一位苗族妇女的个人生活史[J].民族研究,2015,03:52—61+124.

郑向春,田沐禾.圣俗互渗:京族文化的行为文本制作[J].百色学院学报,2015,03:85—92.

覃彩銮,付广华,覃丽丹.骆越文化研究一世纪(上)[J].广西民族研究,2015,04:90—97.

李艳峰.古代中国僚人和老挝泰佬族系的历史源流关系[J].云南农业大学学报(社会科学),2015,05:118—122.

覃彩銮,付广华,覃丽丹.骆越文化研究一世纪(下)[J].广西民族研究,2015,05:91—98.

莫金山.中越边境瑶族迁徙往来的实例、原因、路线及规律[J].广西民族大学学报(哲学社会科学版),2015,05:31—37.

钟珂.越南万柱"哈节"的举行仪式及名称之考察[J].广西民族研究,2011,01:115—120.

谢崇安.关于骆越族的考辨[J].广西民族师范学院学报,2011,02:6—11.

方潇.京族"哈节"仪式中文化与传播的同构解读[J].大众文艺,2011,19:185—186.

艾杰瑞,杨帆帆.语言的历史作用——中国南部和越南北部台语民族语言文化史考察[J].百色学院学报,2011,04:28—39.

王柏中.触变与持守:越南瑶族的黑齿习俗——基于越南老街省保胜县田野调查的探讨[J].广西民族大学学报(哲学社会科学版),2012,01:22—28.

李妍.壮族天琴源流探微——壮族天琴文化研究之二[J].广西民族研究,2012,02:95—105.

张应斌.雷州先民的上古渊源——兼论軷沐国与乌浒的渊源[J].湛江师范学院学报,2012,05:122—128.

屈永仙.东南亚的傣—泰民族文化圈和自称演变[J].广西民族师范学院学报,2012,06:39—43.

王文光,李艳峰.骆越的源流与分布考释[J].云南社会科学,2015,06:165—170+186.

谢永新,刘光创.广西壮族与越南岱族侬族的族源文化初探[J].广西师范学院学报(哲学社会科学版),2014,02:6—8+14.

郝国强.老挝佬族入赘婚的类型及功能分析[J].世界民族,2013,06:63—69.

吴正彪.苗语世界中的跨境苗学研究——老挝苗族田野调查札记[J].贵州师范学院学报,2015,08:7—10.

袁同凯.老挝 Lanten 人的度戒仪式[J].云南民族大学学报(哲学社会科学版),2011,05:94—97.

饶睿颖.泰北主体民族泰庸人与老挝泰佬人历史关系研究[J].广西民族研究,2012,01:108—112.

杨清媚.16 世纪车里宣慰使的婚礼——对西南边疆联姻与土司制度的历史人类学考察[J].云南师范大学学报(哲学社会科学版),2012,02:88—99.

赵娟.欢乐洒九州圣水迎宾朋——泼水节的由来[J].商品与质量,2012,16:46—47.

杨清媚.从"双重宗教"看西双版纳傣族社会的双重性——一项基于神话与仪式的宗教人类学考察[J].云南民族大学学报(哲学社会科学版),2012,04:22—29.

李红军.临翔南美拉祜族迁徙史考析[J].保山学院学报,2012,04:45—49.

李晓斌,段红云,王燕.缅甸崩龙族历史发展特点及其历史建构[J].思想战线,2012,05:23—27.

叶健.国内近三十年来阿昌族研究综述[J].红河学院学报,2013,06:35—38.

姚国军.佤族风情探秘[J].云南档案,2013,02:60.

石剑峰,石裕祖.独龙族"剽牛祭天"仪式辨析[J].内蒙古大学艺术学院学报,2015,01:113—120.

李晓斌,段丽波,周灿.中缅德昂族历史叙述差异比较分析[J].广西民族大学学报(哲学社会科学版),2014,02:118—123.

汪爱平.殖民地时期缅甸的印度齐智人社会研究[J].学术探索,2014,05:31—35.

何平.骠人的族属及其与今天中、缅、印三国诸民族的关系[J].广西师范大学学报(哲学社会科学版),2011,02:118—122.

罕燕.景颇族的"帕腊茶莎节"[J].今日民族,2013,06:53.

王虎,杨静林.菲律宾的印度人[J].世界民族,2011,03:62—66.

曾少聪.林惠祥对南洋马来人的研究[J].世界民族,2011,06:51—58.

孙丽琼.马来西亚的马来人、华人和印度人[J].黑龙江史志,2014,05:354—355.

丁赛,张继焦.国际人类学与民族学联合会 2015 年泰国中期会议综述[J].世界民族,2015,06:
106—107.

雨果.走进独特的卡米人群落[J].今日民族,2015,03:56—57.

袁焱.阿昌族的族群分化与语言变迁研究[J].思想战线,2012,04:129—130.

苟爽.从鲍克兰译著探寻仡佬族迁徙及其与东南亚族群的关系[J].贵州文史丛刊,2015,03:
85—89.

赵瑾.骠族的起源及其文化特征[J].东南亚研究,2013,06:96—103.

吴梦洋,朱芝兰,马天行.关于华南与东南亚民族考古的几个问题[J].南方文物,2013,03:
102—107+87.

魏国彬,周伦.缅甸果敢华人民族身份的民族学阐释[J].保山学院学报,2014,01:59—62.

徐杰舜.泰国的洛真人——东南亚土生华人系列之四[J].百色学院学报,2014,04:100—107.

玉时阶.瑶族进入越南的时间及其分布[J].社会科学战线,2013,01:140—148.

韦凡州.越南民族源自神农传说之探析[J].世界民族,2015,05:103—110.

徐杰舜.越南的明乡人——东南亚土生华人系列之二[J].百色学院学报,2014,02:77—84.

雷韵."中国、越南与东盟十国少数民族的融合与发展"国际研讨会综述[J].广西民族大学学报
(哲学社会科学版),2011,01:114—117.

刘鑫.越南彝族历史与文化探究[J].保山学院学报,2011,06:43—48.

王越平.越南侬族灵魂观念与取名制度研究[J].广西民族大学学报(哲学社会科学版),2014,
01:124—129.

龙倮贵.越南彝族传统丧葬仪式的文化象征意义和社会文化功能[J].红河学院学报,2014,05:
1—6+13.

黄玲.中越民族神话的历史景深与文化生态——以壮族与岱侬族为例[J].广西社会科学,
2015,06:189—193.

陆晓芹.跨文化比较视野下的壮族"末伦"艺术[J].贵州大学学报(艺术版),2015,06:43—49.

海风哈调请神听歌:京族非物质文化遗产[J].百色学院学报,2015,03:2+165.

宋明韬.京族喃字初考[J].视听,2015,12:34—35.

农林,农瑞群,严造新.侬峒节世界上独一无二的农耕文化展示[J].中国民族,2015,06:
64—67.

黄玲.中越跨境民族神话叙事及其文化功能——以"竹生人"神话母题的衍化为例[J].百色学
院学报,2011,05:71—76.

胡媛.京族文化的三重地理基因探究[J].原生态民族文化学刊,2015,04:134—139.

陈丽琴,李玢辛.论京族民间文艺的兼容性[J].广西师范学院学报(哲学社会科学版),2014,
06:1—4.

覃萍.论族源关系对中越边境壮族农商文化发展的影响[J].南宁职业技术学院学报,2015,06:
32—35.

韦江.馆藏瓯骆精品文物[J].文物天地,2015,07:10—14.

许红艳.印度尼西亚地区南岛语民族的形成初探[J].曲靖师范学院学报,2013,01:74—79.

徐杰舜.印度尼西亚的伯拉奈干人——东南亚土生华人系列之六[J].百色学院学报,2014,06:

70—76.

马翀炜,张雨龙.民族节日的拟仿与政治意义的表达——中、缅、老边境地区"嘎汤帕"节的人类学考察[J].开放时代,2015,02:202—216+8.

张雨龙.老挝北部阿卡人移居坝区的历程与文化调适——勐新县帕雅洛村的民族志个案研究[J].世界民族,2014,06:40—49.

张雨龙.老挝北部山区阿卡人移居坝区历程的人类学考察[J].广西民族研究,2015,01:59—64.

陆晓芹.从民间歌唱传统中看壮泰族群关系——以中国壮族"末伦"和老挝、泰国佬族Mawlum的比较为个案[J].东南亚纵横,2012,09:54—59.

薄文泽.中泰之间的族群互动——历史与现状[J].成都大学学报(社会科学版),2013,06:37—40.

何平.泰国东北部地区老族的由来及其历史变迁[J].贵州民族研究,2011,05:115—120.

潘岳.九隆再考:兼论哀牢夷与东南亚佬泰族关系[J].广西民族师范学院学报,2013,02:28—30.

段颖.《泰国北部的云南人:族群形成、文化适应与历史变迁》[J].中国民族,2013,09:80.

徐杰舜.泰国的洛真人——东南亚土生华人系列之四[J].百色学院学报,2014,04:100—107.

袁智中.《司岗里》传说:佤族走失文明的历史再现[J].河池学院学报,2011,04:124—128.

徐杰舜,丁苏安.大湄公河次区域合作民族基础论——兼论去中国中心主义[J].广西民族研究,2015,06:61—67.

刘玉兰,高金和.难府傣族信仰祖先神、寨神勐神的传统文化仪式及其对傣族村寨的凝聚力[J].临沧师范高等专科学校学报,2014,03:24—29+46.

敏登,李堂英.缅甸若开邦"罗兴伽人"研究[J].南洋问题研究,2013,02:61—77.

姚勇,姚鹏.简论缅甸"迈达"族群的形成[J].东南亚南亚研究,2011,03:67—71+94.

罗圣荣.评《马来西亚印度人的历史、问题及其未来》[J].南洋问题研究,2011,02:99—100.

徐杰舜.菲律宾的密斯蒂佐人——东南亚土生华人系列之五[J].百色学院学报,2014,05:83—87.

许红艳.菲律宾地区南岛语民族的形成初探[J].湘潮(下半月),2013,04:84—85+87.

俄多.中泰哈尼阿卡人的文化异同比较研究[J].红河学院学报,2011,03:5—8.

区缵,蒋斌.南岛民族与岛屿东南亚社会的比较研究——人类学学者访谈录之七十四[J].广西民族大学学报(哲学社会科学版),2015,02:90—98.

5 华侨华人问题研究

于亚娟,吴宏岐.华侨华人历史地理研究刍议[J].东南亚纵横,2012,01:47—52.

张秋生.加强大洋洲、南太平洋地区华侨华人问题研究的新思考[J].东南亚纵横,2012,09:34—37.

雷玉虹.戴国辉的东南亚华侨华人研究[J].华侨华人历史研究,2012,04:68—75.

曹云华,张彦.中国的海外利益:华侨华人的角色扮演——基于软实力的视角[J].暨南学报(哲学社会科学版),2012,10:20—26+160.

张秋生.关于加强华侨华人问题研究的新思考写在中国华侨历史学会成立30周年[J].东南亚之窗,2012,01:50—53.

牟松萍.新时期日韩华侨华人发展及其对中国投资和贸易影响的研究[D].山东大学,2013.

李正卫.新时期中国涉侨经济政策研究[D].华侨大学,2015.

黄文波.少数民族华侨华人与跨界民族区别刍议[J].广西民族研究,2011,02:78—81.

刘庄.以华侨文化精粹涵养新生代华侨华人民族认同感[J].上海市社会主义学院学报,2014,05:52—58.

童蓉.二十世纪五六十年代中国政府安置印尼归侨政策研究[D].暨南大学,2011.

林国阳.西班牙排华问题研究[D].暨南大学,2014.

赵静.以文化适应视角探究20世纪中国移民家庭在美国的生存法则[D].山东师范大学,2013.

杨瑞璐.中国移民文学在德国[D].南京大学,2013.

张远方.在德中国移民二代语言习得与家庭教育关系的实证研究[D].浙江大学,2013.

赵阔.赴美中国移民妇女的经济、家庭与社会生活(1834—1943)[D].鲁东大学,2013.

王琦予.俄罗斯研究界中国远东移民问题新趋势[D].河北师范大学,2013.

刘巧磊.21世纪初俄罗斯远东地区中国移民问题研究[D].四川外国语大学,2013.

董文婷.21世纪以来俄罗斯远东地区的中国移民问题研究[D].黑龙江大学,2014.

安妮斯(Correine Gratitude N. Aniceto).中国移民对菲律宾经济增长的影响研究[D].哈尔滨工业大学,2015.

程胜杰.改革开放以来中国移民潮研究[D].辽宁大学,2011.

王晶.加拿大中国老年移民医疗资源利用与障碍[D].天津医科大学,2011.

ValeriaDenisova(瓦莱丽娅).澳大利亚华人的语言使用考察[D].东北师范大学,2011.

福特.佛得角中国移民的生存状况研究[D].东北师范大学,2011.

李岚.国际华人移民二代社会融合研究[D].华东理工大学,2012.

赵义娟.美国移民史上难堪的一页[D].华中师范大学,2012.

白宁迪(NURIABARBERA).当代西班牙中国移民状况研究[D].南京大学,2012.

吴松辉.对俄罗斯国内"中国移民威胁论"的思考[D].华中师范大学,2012.

《不死的中国人》:天堂不在故土更不在异乡[J].创造,2012,01:80—81.

胡祖六.中国移民潮为何创世界纪录[J].商周刊,2012,07:18.

李靖宇,林靖.俄罗斯远东区域开发中的中国移民问题探讨[J].西伯利亚研究,2012,02:19—26.

周建英.浅析俄罗斯移民政策及其对中国移民的影响[J].西伯利亚研究,2012,02:27—31.

谢胜瑜.《大山作证》:一幅"航拍"的中国移民扶贫图[J].科技与出版,2012,06:45.

周大鸣.柏林中国移民调查与研究[J].广西民族大学学报(哲学社会科学版),2012,03:10—16.

谢胜瑜.《大山作证》:一幅"航拍"的中国移民扶贫图[J].老区建设,2012,09:64.

徐华炳.区域移民及其社会研究的价值——以温州为例[J].社会科学战线,2012,06:192—197.

荣文汉.新环境下走向衰落海外华侨华人"拯救"唐人街[J].八桂侨刊,2012,03:55.

朱燕颐.唐人区哀艳的中国红——论严歌苓《扶桑》中的自塑形象[J].温州大学学报(社会科学版),2014,01:77—82.

汤立媛."狼之子"的正反想象:杰克·伦敦眼中的中国移民[J].安阳工学院学报,2014,01:91—93.

解永照.中国移民制度的体系化考察[J].山东警察学院学报,2014,01:129—137.

谭浩俊.中国"移民潮"会压垮什么[J].当代社科视野,2014,02:47—48.

那丽,腾超男.从中国移民到华裔美国人的转变之路——身体社会学视阈下的《金山勇士》[J].东北农业大学学报(社会科学版),2014,02:54—58.

王凡.王清福:"美籍华人"第一人[J].国际人才交流,2014,06:56—58+72.

吴亮.海外中国移民及其族群特点[J].重庆科技学院学报(社会科学版),2014,05:113—114.

张建松.元明之际高丽境内中国移民考察[J].中州学刊,2014,06:137—140.

刘伟,祝春兰,马亮,张利.中国移民的文化适应研究综述[J].宁波大学学报(教育科学版),2014,05:5—9.

严晓鹏,廖一帆.普拉托中国移民问题国际合作研究案例分析[J].浙江工贸职业技术学院学报,2014,02:59—62+86.

安介生.现代化进程中的人口迁移规律——略论中外"移民法则"研究及其警示意义[J].人民论坛·学术前沿,2014,16:70—85.

张倩.论严歌苓小说中的中国移民者形象[J].名作欣赏,2014,29:175—176.

张焕萍.中国网络媒体中的移民报道框架——以新浪网为例的分析[J].华侨华人历史研究,2014,03:42—50.

赵慧青,宁艳红.一战期间远东地区中国移民情况概述[J].品牌,2014,06:86.

林小华,李佳明.加拿大中国移民创业模式新探[J].华侨华人历史研究,2014,04:1—9.

密素敏.21世纪以来德国的技术移民政策与中国移民[J].华侨华人历史研究,2015,01:45—55.

谢尔盖·梁赞采夫,王祎.俄罗斯外国劳务移民与中国移民研究[J].华侨华人历史研究,2015,01:34—44.

刘云刚,陈跃.全球化背景下的中国移民政策:评述与展望[J].世界地理研究,2015,01:1—10+37.

陈潜.中国"移民赤字"触目惊心[J].领导文萃,2015,05:32—33.

刘雪松.中国移民获赔6200万美元的启示[J].IT时代周刊,2015,01:59.

张丽娜.澳大利亚中印移民结构数量对比研究[J].八桂侨刊,2014,04:38—47.

魏雅华.商机:到俄罗斯种地去!——俄罗斯会成为中国的新粮仓吗?[J].上海企业,2015,04:35—37.

姜程淞.加拿大多元文化主义政策及其对中国移民的影响[J].人才资源开发,2015,12:252—253.

Е.И.涅斯杰诺娃,顾俊玲.俄罗斯远东的中国人:19世纪中期至20世纪初社会生活的几个视角[J].黑河学院学报,2015,03:10—14.

张含滋.专门用途葡语教学的需求分析个案研究——以在葡中国移民学习者为例[J].教育教学论坛,2015,35:75—76.

邵张彬.元末明初中国移民朝鲜半岛研究[J].河南科技大学学报(社会科学版),2015(04).

徐华炳.中国海外移民个体行动抉择分析——以旅欧温州人为例[J].社会科学战线,2015,06:177—186.

玛莉亚·图马金,周小进.禁止犬类、水果、武器,还有教授——谈中国移民学历过高在澳洲的工作困境[J].华文文学,2015,05:39—45.

朱恩地.浅析中国移民城市居民的身份认同——以深圳为例[J].新闻传播,2015,17:94+96.

于小琴.试析俄人力资源引入机制及俄东部地区中国移民的影响[J].俄罗斯中亚东欧市场,2011,04:7—11.

袁鑫.回望中国移民寻根里程碑——《祖先游戏》[J].科技信息,2011,16:534.

谢国先.略谈唐代中国移民活动的类型[J].三峡论坛(三峡文学.理论版),2011,04:13—18+147.

张恒.从《异教徒中国佬》看19世纪70年代美国排华浪潮[J].辽宁师范大学学报(社会科学版),2011,04:91—95.

姜占民.当代俄罗斯远东地区的"中国移民"现象探究[J].西伯利亚研究,2011,03:45—47.

余亮妹,周杏英.中国移民在美劳动市场的文化适应策略研究——以福建省琯头镇为研究对象[J].福建论坛(社科教育版),2011,08:65—67.

周建英.中国人前往俄罗斯的动因——俄罗斯学者的观点评析[J].西伯利亚研究,2011,04:44—47.

陈肖英.民族聚集区经济与跨国移民社会适应的差异性——南非的中国新移民研究[J].开放时代,2011,05:41—51.

陆文荣,杨晓龙.中国移民家庭的社会福利支持[J].江苏广播电视大学学报,2011,04:72—76.

龙长海.俄罗斯的中国移民:历史与现状[J].绥化学院学报,2011,05:86—89.

拉林АГ,臧颖,于涛.在俄罗斯的中国移民社会适应与社会宽容问题研究[J].西伯利亚研究,2011,06:78—85.

李滨.帝国话语的解构——论杰克·伦敦眼中的中国移民[J].安徽文学(下半月),2011,12:26—28.

盛静,牛瑞雪.多元读写模式及对习作教学的启示——以三名中国移民儿童的海外读写经历为例[J].课程·教材·教法,2011,06:33—38.

Mayra ACHIO,张焕萍.哥斯达黎加的中国移民:一个成功的故事?[J].华侨华人历史研究,

2015,04:47—53.

高远,赵耀,崔兆财.中国移民网络与 OFDI 流出的关系——基于中国经验的研究[J].商业经济研究,2015,35:77—80.

黄英湖.汉唐时期的丝绸之路及其对中西交往的影响[J].上海商学院学报,2015,05:28—34+48.

刘博雷.关于中国移民在纽约市法拉盛族裔聚居区求职和工作调动的质性研究[J].经济与社会发展,2015,05:64—70.

王碧颖.中国移民喜爱的国家[J].财会月刊,2014,29:12—13.

周培燊.美国早期华裔移民文化遗产巡礼三处遗迹一部移民史[J].大众考古,2013,04:81—85.

徐芳亚.中国古代移民移居越南析论[J].求索,2013,08:60—62.

张秋红,Jeffrey GAGE,Pauline BARNETT.医疗人员对居住在新西兰克赖斯特彻奇的中国人的精神卫生服务状况的观点(英文)[J].上海精神医学,2013,06:375—383.

胡其瑜.明末清初在西班牙属马尼拉的福建人群体[J].闽商文化研究,2012,02:101—104.

本刊编辑部.意大利华侨华人概况[J].八桂侨刊,2013,03:44.

亚·格·拉林,臧颖,于涛.俄罗斯中国移民社会适应与社会宽容问题研究[J].世界民族,2013,02:53—60.

周大鸣.柏林中国移民调查与研究[A].赣南师范学院、人类学高级论坛秘书处、客家文化高级论坛秘书处.族群迁徙与文化认同——人类学高级论坛 2011 卷[C].赣南师范学院、人类学高级论坛秘书处、客家文化高级论坛秘书处:,2011:12.

陈若萱.中国移民对朝鲜半岛文化的影响[J].大连近代史研究,2013,00:412—424.

郑士波.移,还是不移,这是个问题——中国移民潮透视[J].学习博览,2014,01:10—15.

陈思进."都怪你们中国人!"——那些全球抢房的中国移民[J].现代青年(细节版),2014,03:35—36+34.

郭小为.中国移民的谋生之道[J].北方人(悦读),2014,06:7—9.

王众.对中国移民与留学心中有"数"[J].留学,2014,Z1:14—15.

Tu—shi—inAleksandr.俄罗斯西伯利亚和远东地区的中国移民问题及其对本地区形势的影响[D].浙江大学,2015.

李琼英.从并存到同化:一个中国移民村的变迁之路——以北京"浙江村"为例[J].江淮论坛,2013,02:136—141.

河海大学中国移民研究中心[J].河海大学学报(哲学社会科学版),2013,01:2.

河海大学中国移民研究中心移民科学研究成果与合作交流[J].河海大学学报(哲学社会科学版),2013,01:93.

周红.俄罗斯学者视野下的"中国移民"[J].世界知识,2013,19:48—50.

BrianJ. Hall,Wen Chen,Yan Wu,Fangjing Zhou,Carl Latkin,陈秀红.中国移民潜在创伤性事件、抑郁、饮酒发生率与社会网络支持:一项在中国广州的流行病学研究[C]//浙江省医学会行为医学分会、国际创伤与应激研究学会.2014 年国际创伤与应激学术会议暨浙江省医学会行为医学分会第二届学术年会论文汇编.浙江省医学会行为医学分会、国际创伤与应激研究学会,2014:3.

陈米莉,李倩,高翠莲.当代华人艺术家的散居、迁移与流动性:海外华人艺术家的中国性认同问题[J].民族史研究,2011,00:404—428.

陈若萱.中国移民对朝鲜半岛文化的影响[J].大连近代史研究,2013,00:412—424.

季夫·汗·穆罕默德,王唱.中国人在布基纳法索:民间的中非合作[C]//中国非洲研究评论(2014)总第四辑[C],2015:25.

李影.论中国民营企业家投资移民问题[D].山东大学,2014.

ChangQiongli.劳工到精英—论美国华裔族群的美国梦[D].西安外国语大学,2013.

梅安妮.中国移民正常与长期在中国居留的外国人的困境[D].南京大学,2015.

张丽娜.澳大利亚中印移民对比研究[D].暨南大学,2015.

中国传媒大学副教授、宾夕法尼亚大学访问学者任孟山.中国移民家庭的文化冲突[N].华夏时报,2014—01—06034.

金昊.移民问题对中国的影响及对策研究[D].青岛大学,2012.

康璐.必需与奢侈:解读雷霆超《吃一碗茶》中唐人街单身汉生活[D].浙江师范大学,2012.

张贺.从鼓励到排斥:19世纪美国对华移民政策的调整[D].外交学院,2012.

张懿.美国华人初探—现状、问题和贡献[D].上海外国语大学,2012.

郭小为.中国海外移民的谋生之道[J].新城乡,2015,01:52—53.

廖保平.中国移民新地图[J].东西南北,2015,02:34—36.

彭玉磊.中国移民百年之变:从被动"卖猪仔"到主动"走出去"[J].云南教育(视界综合版),2013,12:33—34.

臧涓涓,杨彦鑫.在韩老华侨文化适应以及族群的认同性[J].青年作家,2015,06:15—16.

《秘鲁的中国移民研究——考古、历史及社会》[J].丝绸之路,2015,19:81.

王婷.中法移民聚居区更新政策比较研究[D].华中科技大学,2011.

杨希燕.外流移民与内流FDI:替代抑或互补?[D].复旦大学,2011.

美国洛杉矶加州大学周敏新加坡南洋理工大学刘宏.海外华人社会呈现不同发展模式[N].社会科学报,2013—01—31005.

陈熙.中国移民运动与城市化研究(1955—1980)[D].复旦大学,2014.

刘声.中国移民现状及未来发展趋势[J].留学生,2014,05:45—47.

中国社科院胡伟略.变革中国移民法文化[N].社会科学报,2012—03—22005.

LauraDePretto.意大利温州移民的社会认同:亚洲价值观的坚持和双文化的可能性[D].华东师范大学,2013.

陈学芬.自我与他者:当代美华移民小说中的中美形象[D].河南大学,2013.

肖可."婚姻状况"有变未申报赴加中国移民签证被取消[J].侨园,2012,01:30—31.

陈磊.中国移民悄然回归[J].新商务周刊,2012,08:20.

陈米莉,李倩,高翠莲.当代华人艺术家的散居、迁移与流动性:海外华人艺术家的中国性认同问题[J].民族史研究,2011,00:404—428.

5.1 华侨华人概况

庄围土.全球华侨华人知多少[J].四川统一战线,2012,04:19.

庄国土,张晶盈.中国新移民的类型和分布[J].社会科学,2012,12:4—11.

张秀明,密素敏.国际移民的最新发展及其特点——兼析国际移民与华侨华人的概念[J].华侨华人历史研究,2014,03:1—10.

万隆.《海外侨情观察》(2013—2014)出版[J].华侨华人历史研究,2014,03:79.

蒙奇."21世纪的美国华人"和"'后'新华侨时代的日本华侨社会"学术讲座综述[J].华侨华人历史研究,2013,04:79—80.

廖建裕.全球化中的中华移民与华侨华人研究[J].华侨华人历史研究,2012,01:1—17.

麦田.《美国华侨华人与台湾当局侨务政策》出版[J].华侨华人历史研究,2012,03:61.

麦田.美国华人教授王作跃、刘海铭应邀主讲中国侨联华侨华人研究系列讲座[J].华侨华人历史研究,2015,03:96.

陈啸,张军.为华侨华人撑起法律晴空[J].华人时刊,2015,09:30—33.

王志成.旅日华人悲欢掠影[J].侨园,2012,04:28—29.

2012全球华侨华人年度新闻[J].侨园,2013,01:8—9.

吕玉新."杀光中国人"言论背后的阴魂[J].世界知识,2013,24:49.

世界海外华人研究学会将在巴拿马举行2014年年会暨国际学术研讨会[J].华侨华人历史研究,2014,02:79.

东南亚地区华侨华人概况

张登及,赖剑文.印尼"华人"问题的历史足迹[J].人民论坛,2013,21:52—53.

温北炎.印尼民主改革时期华人社会几个热点问题[J].东南亚研究,2012,06:63—65.

江振鹏,丁丽兴.嬗变中的"他者"形象:论后苏哈托时代印尼当地社会华族观[J].东南亚研究,2012,06:78—85.

代帆.东南亚的中国新移民及其影响[J].东南亚研究,2011,02:89—96.

胡春艳.马来西亚华裔新生代对中国的认知——基于田野调查的分析[J].华侨华人历史研究,2015,04:75—83.

郭平.中国的东南亚华侨华人研究:历史、现状与前景——庄国土教授访谈录[J].东南亚南亚研究,2012,01:88—91.

乔印伟.中国大陆的马来西亚华侨华人研究——以1982—2011年间《华侨华人历史研究》刊发论文为基础的分析[J].华侨华人历史研究,2012,03:62—70.

陈丽园.社会变迁与跨国华人家庭的建立——以陈遗恩家庭为例[J].暨南学报(哲学社会科学版),2013,05:138—144.

周敏,刘宏.海外华人跨国主义实践的模式及其差异——基于美国与新加坡的比较分析[J].华侨华人历史研究,2013,01:1—19.

龚达伟.新加坡的中国新移民:角色定位与社会贡献[J].当代世界社会主义问题,2013,01:94—102.

刘宏.跨国华人社会场域的动力与变迁:新加坡的个案分析[J].东南亚研究,2013,04:56—67.

曾玲.从福建南安的"炉内潘"到新加坡的"潘家村":南洋华人宗族村落的个案研究[J].闽台文化研究,2013,03:44—56.

刘宏.新加坡的中国新移民形象:当地的视野与政策的考量[J].南洋问题研究,2012,02:69—77.

曲景毅.开放包容成就共生共荣——从《谏逐客书》的教学论新加坡政府的移民政策[J].琼州学院学报,2013,06:10—14.

各国华侨华人概况[J].人口与计划生育,2012,08:60.

万来志."中华文化的跨境传播:海外华人研究"国际学术研讨会综述[J].华侨华人历史研究,2014,01:74—75.

代帆,刘菲.柬埔寨华裔新生代的认同及对华认知[J].八桂侨刊,2015,04:3—10.

刘伯擎.从跨国经验到民族主义的跨越:以黄开物的侨批、侨信为参考[J].闽商文化研究,2011,01:29—39.

杨静林.中菲关系的华人因素及菲华人社会的转型[J].暨南学报(哲学社会科学版),2014,05:115—125.

罗杨.历史深度中的"华人问题"——以施坚雅《泰国华人社会:历史的分析》为例[J].海交史研究,2014,01:106—111.

徐杰舜.印度尼西亚的伯拉奈干人——东南亚土生华人系列之六[J].百色学院学报,2014,06:70—76.

徐杰舜.落地生根——东南亚土生华人研究[J].民族论坛,2015,08:31—39.

徐杰舜.马来半岛的峇峇人——东南亚土生华人系列之一[J].百色学院学报,2014,01:85—90.

徐杰舜.越南的明乡人——东南亚土生华人系列之二[J].百色学院学报,2014,02:77—84.

徐杰舜.缅甸的桂家人——东南亚土生华人系列之三[J].百色学院学报,2014,03:72—76.

徐杰舜.泰国的洛真人——东南亚土生华人系列之四[J].百色学院学报,2014,04:100—107.

徐杰舜.菲律宾的密斯蒂佐人——东南亚土生华人系列之五[J].百色学院学报,2014,05:83—87.

林瑜.泰国潮籍华人研究述评[J].今日中国论坛,2013,11:222—224.

陈绪情.近代泰国社会中的海南华侨华人[J].前沿,2013,22:177—178.

鞠玉华,陈子.泰国曼谷潮人群体调查研究——以文化认同为视角[J].东南亚纵横,2014,11:74—79.

黎相宜,周敏.抵御性族裔身份认同——美国洛杉矶海南籍越南华人的田野调查与分析[J].民族研究,2013,01:45—57.

邱普艳.越南华侨社会的形成与发展[J].东南亚南亚研究,2012,01:82—87.

康晓丽.20世纪60年代以来的越柬老华人海外移民[J].东南亚南亚研究,2015,02:61—67.

黄文波.浪沙淘尽始见"金"——老挝新华侨印象[J].八桂侨刊,2014,01:72—75.

野泽知弘,乔云.柬埔寨的华人社会——关于金边华人华侨聚居区的调查报告[J].南洋资料译丛,2012,02:44—55.

野泽知弘,乔云.柬埔寨的华人社会——关于新华侨社会动态的考察[J].南洋资料译丛,2013,01:38—56.

张亮.缅甸进入转型期后中日两国侨民在缅行为比较和影响[J].才智,2014,36:349—350.

凌彦.二战后归国难侨"复员"缅甸析论[J].东南亚研究,2014,06:92—99.

钟小鑫.都市中的熟人社会——缅甸曼德勒华人的生存场域、社会交往及其与缅人的族群关系[J].东南亚研究,2015,03:86—91.

段颖.城市化抑或华人化——曼德勒华人移民、经济发展与族群关系之研究[J].南洋问题研究,2012,03:67—75.

陈业诗."下南洋:东南亚华侨华人的过去、现在与未来"学术讲座综述[J].华侨华人历史研究,

2013,02:79—80.

陈业诗."东南亚华人的文化策略与贸易扩张:长时段的视角"讲座综述[J].华侨华人历史研究,2014,03:75.

刘宏.中国崛起时代的东南亚华侨华人社会:变迁与挑战[J].东南亚研究,2012,06:66—72.

潘君.民族主义与海外华侨华人[D].华中师范大学,2011.

周堃.《清代华侨在东南亚:跨国迁移、经济开发、社团沿衍与文化传承新探》一书出版[J].八桂侨刊,2015,01:9.

邱文君.金三角华侨华人若干问题的研究与思考[D].华侨大学,2012.

乔印伟.中国大陆的马来西亚华侨华人研究——以1982—2011年间《华侨华人历史研究》刊发论文为基础的分析[J].华侨华人历史研究,2012,03:62—70.

陈绪倩.近代泰国社会中的海南华侨华人[J].前沿,2013,22:177—178.

玉洁.1945年以来越南华侨华人社会认同变迁研究[D].广西民族大学,2012.

马有樊.仰光《华侨宝鉴》所反映的近代腾冲侨情[J].保山学院学报,2011,03:42—47.

野泽知弘,乔云.柬埔寨的华人社会——华人与新华侨的共生关系[J].南洋资料译丛,2011,04:29—47.

亚洲其他国家(地区)华侨华人概况

廖建裕.全球化中的中华移民与华侨华人研究[J].华侨华人历史研究,2012,01:1—17.

槟城."海外粤侨田野调查札记"学术讲座综述[J].华侨华人历史研究,2014,02:75—76.

一月·侨情[J].侨园,2012,10:4.

邵春芬.他们是中国人还是外国人:大陆出身的新移民[C]//北京理工大学法学院、北京国际法学会、中国与全球化研究中心.第四届移民法论坛:出境入境管理法、中国和世界论文集.北京理工大学法学院、北京国际法学会、中国与全球化研究中心,2012:15.

王志成.旅日华人悲欢掠影[J].侨园,2012,04:28—29.

李果.两会关注海外华侨华人"新生代"[J].侨园,2012,05:27.

徐辉.日本新华侨生活状况的考察——以东京筑地市场为例[J].马来西亚人文与社会科学学报,2014,02:89.

欧洲华侨华人概况

周大鸣.柏林中国移民调查与研究[J].广西民族大学学报(哲学社会科学版),2012,03:10—16.

宋全成.欧洲的中国新移民:规模及特征的社会学分析[J].山东大学学报(哲学社会科学版),2011,02:144—150.

李其荣."欧洲华侨华人与当地社会关系"国际学术研讨会述评[J].世界民族,2011,02:95—96.

耿鑫.从巴黎市十三区中国城看法国华人移民的社会融合情况[D].首都师范大学,2014.

斯蒂芬妮.欧洲海外华侨华人不同移民背景研究及其对移民语言习得的影响[D].浙江大学,2012.

季岳普.斯洛伐克华侨华人的发展与现状[C]//世界华文传媒论坛组委会.国际话语体系中的海外华文媒体——第六届世界华文传媒论坛论文集.世界华文传媒论坛组委会,2011:4.

本刊编辑部.意大利华侨华人概况[J].八桂侨刊,2013,03:44.

路阳.《华人族群及与德国社会的整合》出版[J].华侨华人历史研究,2013,01:73.

傅义强,张小平.欧盟国家的中国大陆新移民迁移动因的多维探讨[J].中国总会计师,2015,04:124—125.

非洲华侨华人概况

周海金.非洲华侨华人生存状况及其与当地族群关系[J].东南亚研究,2014,01:79—84.

徐薇.华侨华人在非洲的困境与前景展望[J].东南亚研究,2014,01:85—90.

卜一村.社会网络分析视角下的南非华人家庭移民网络[D].暨南大学,2015.

蒋生元.约翰内斯堡的"中国城"南非华人"抱团"打天下[J].世界博览,2014,22:19—21.

王晓鹏.我所知道的南非华人"富二代"和"官二代"[J].IT时代周刊,2012,02:71.

美洲华侨华人概况

星空."美国华裔研究的现状与前景"学术讲座综述[J].华侨华人历史研究,2011,03:73—74.

赵义娟.美国移民史上难堪的一页[D].华中师范大学,2012.

化工.秘鲁的华侨华人[J].侨园,2015,10:31.

大洋洲华侨华人概况

晓雾."华人在新西兰"学术讲座综述[J].华侨华人历史研究,2011,04:77—78.

吴丹,张秋生.大洋洲华侨华人研究综述[J].东南亚研究,2013,01:80—85.

张秋生.加强大洋洲、南太平洋地区华侨华人问题研究的新思考[J].东南亚纵横,2012,09:34—37.

燕金成.澳大利亚:受华人青睐的国度[J].新商务周刊,2014,09:34.

5.1.1　中国侨乡

孔结群.越南归难侨的本土关系建构历程——基于广东小岭华侨农场的个案分析[J].南方人口,2012,01:42—48.

李银兵,万霞.红河流域印尼和越南归侨特殊群体比较研究[J].钦州学院学报,2014,04:95—100.

龙耀,李雪岩.西南边疆民族地区归侨侨眷的历史与现状(云南篇)——西南边疆民族地区归侨侨眷调查研究系列之一[J].柳州职业技术学院学报,2015,05:17—25.

叶英.散居归侨的地域认同——以广西东兴镇越南归侨为例[J].八桂侨刊,2012,02:28—34.

刘子飞,黄开琼.云桂边陲越南归难侨聚居区发展面临的特殊问题及对策研究——以云南省麻栗坡县为例[J].南方农村,2011,06:39—44.

寸雪涛.和顺侨乡在中缅交往史上的地位及其成因分析[J].八桂侨刊,2015,02:54—59.

杨宏云,周燕玲.移植与重构:民国时期闽南侨乡与南洋华社的跨国文化互动[J].闽商文化研究,2015,02:54—62.

肖彩雅.略论泉州重修族谱中华侨华人史料的新变化[J].闽台文化交流,2011,02:64—66.

张燕萍.闽籍华侨我们的征途是星辰大海[J].福建人,2015,08:36—37.

常椿.让海外赤子感受家乡的活力台山:亲情不散根植故园[J].新商务周刊,2013,22:82—83.

中国部分地区侨乡撷英山川巨变看侨乡[J].新商务周刊,2013,22:75.

李庆新.历史视野下的广东与21世纪"海上丝绸之路"[C]//海南省社会科学界联合会、广东省社会科学界联合会.海上丝绸之路建设与琼粤两省合作发展——第三届中国(海南·广东)改革创新论坛论文集.海南省社会科学界联合会、广东省社会科学界联合会,2014:7.

黄浩.近代华侨在潮汕地区的投资研究[D].广西师范大学,2013.

30余国百名海外杰出侨界青年枣庄行[J].走向世界,2015,01:8.

童蓉.二十世纪五六十年代中国政府安置印尼归侨政策研究[D].暨南大学,2011.

任宣.广东召开建设21世纪海上丝绸之路侨胞座谈会[J].人民之声,2014,07:12.

密素敏.立足侨乡放眼世界——"广东华侨与中外关系"国际学术研讨会综述[J].华侨华人历史研究,2013,04:73—74.

党瑾.侨乡婚姻的变迁研究[D].广西民族大学,2013.

沈惠芬.海外华人与中国侨乡现代化研究的最新进展——"华侨华人与中国侨乡近代化"国际学术研讨会会议综述[J].南洋问题研究,2013,04:96—98.

山下清海,小木裕文,张贵民,杜国庆,司韦.侨乡青田县的变迁——从日本老华侨的侨乡到欧洲新华侨的侨乡[J].南洋资料译丛,2013,01:57—70.

王森林."海外华人与中国侨乡文化"国际研讨会综述[J].八桂侨刊,2013,04:77—78.

关耳.《传承与交融——多维视野下的海外华人与中国侨乡关系研究》一书出版[J].八桂侨刊,2015,02:20.

沈惠芬.构建中国侨乡女性史:资料与方法的探讨[J].福建论坛(人文社会科学版),2015,11:149—156.

石坚平."比较视野下的中国侨乡研究"学术研讨会综述[J].华侨华人历史研究,2013,04:77—78.

郑一省,王晓欧,喻良."海外华人与中国侨乡文化"国际研讨会综述[J].华侨华人历史研究,2014,01:72—73.

文峰.侨乡跨国家庭中的"洋"留守儿童问题探讨[J].东南亚研究,2014,04:85—92.

李晨媛."比较视野下的中国侨乡研究"学术研讨会会议综述[J].八桂侨刊,2015,03:77—79.

邱少华.第二届"海外华人与中国侨乡文化"国际研讨会综述[J].八桂侨刊,2015,04:69—72.

肖文燕,张宏卿.华侨与近代侨乡教育变迁——以广东梅州为例[J].福建师范大学学报(哲学社会科学版),2011,01:128—137.

陈世柏,李云.海外乡亲慈善事业与侨乡社区建设的契合[J].理论月刊,2011,07:100—102.

李飗,邓玲玲.漳州地方剧种芗剧的音乐特点[J].民族音乐,2012,04:32—34.

康晓玲.浅谈龙海歌仔戏(芗剧)的传承与保护[J].大众文艺,2015,12:4.

潘荣阳.高甲戏与闽台社会变迁[J].东南学术,2013,03:219—225.

芦敏.信阳海外移民的历史及对故乡的贡献[J].天中学刊,2013,03:114—116.

李正中.台湾青少年和海外华裔青少年"牵手"青奥畅游江苏[J].华人时刊,2011,08:6—7.

苏美贤.漳州芗剧的保护传承和发展对策[J].大众文艺,2011,22:112.

许艺燕.安溪籍华侨华人与近现代安溪教育研究[D].华侨大学,2014.

沈惠芬.福建泉州民间歌谣里的海外迁移与留守妇女[J].南洋学报,2012,66:53—66.

苏庆华.无奈何、炊甜粿:潮州过番歌研究[J].南洋学报,2013,67:59.

郑婷.植根故乡文化的"中国寻根之旅"夏令营思考——基于 2012 年温州优秀华裔青年文化营的调查[J].八桂侨刊,2012,04:72—75.

王敏,田银生,袁媛,陈锦棠.从房屋产权变更的角度对本土化的英国花园郊区住宅研究——以广州市华侨新村为例[J].建筑师,2012,02:15—22.

刘进,姚婷.比较视野下的国际移民与侨乡研究——第二届"国际移民与侨乡研究"国际学术会议综述[J].华侨华人历史研究,2012,04:76—77.

党瑾,王晓欧."国际移民与侨乡研究"国际学术会议综述[J].八桂侨刊,2012,04:76—78.

朱大华.兴化籍海外华侨华人回乡参加菜花节[J].华人时刊,2011,05:76.

白少玉.论《乡图》的美学品格——兼论其对侨文化的深度书写[J].五邑大学学报(社会科学版),2012,01:20—23+94.

广东"侨批"欲申遗[J].神州民俗(通俗版),2011,07:68.

黄志强.新会华侨义冢试探[J].才智,2014,20:275—276.

海南省华侨商业学校[J].新教育,2015,09:42—43.

刘庄.用侨乡文化精粹涵养海外新生代统战资源[J].云南社会主义学院学报,2014,01:4—6.

蔡朝双.华侨文化旅游开发探讨——以福建福清市为例[J].赤峰学院学报(自然科学版),2011,05:112—113.

章志诚.温州历史上对外开放与温州人走向世界[J].八桂侨刊,2013,02:61—67.

郭剑波.青田华侨肇始和经济萌动探析[J].八桂侨刊,2015,02:47—53.

5.1.2　归侨研究

欧阳玉容.印尼归侨的历史和现状[D].云南大学,2011.

李亚丽.侨港归侨咸水歌的传承保护研究[D].广西民族大学,2014.

杨茂桦.回归与重铸—宾川太和华侨农场归侨的文化适应[D].云南大学,2014.

杨雪翠.宾川越南归侨的语言生活状况调查研究[D].云南师范大学,2014.

许赟.从农村人到城里人:族群的适应性研究[D].广西民族大学,2014.

郑春玲.散居归侨社团研究[D].广西民族大学,2014.

王冠兴.东南亚归侨跨国网络研究[D].暨南大学,2014.

张文奎.香港归侨的历史与现状[D].华侨大学,2012.

叶英.散居归侨地域认同研究[D].广西民族大学,2011.

韦佳良.瑶族归侨的生计变迁与文化适应研究[D].广西民族大学,2011.

王少霞.归侨侨眷和华侨权益保护研究[D].吉林大学,2011.

杨秋有.归侨丧葬仪式研究[D].广西民族大学,2012.

汪全胜,张鹏.《归侨侨眷权益保护法》法律责任设置论析[J].华侨华人历史研究,2012,02:1—6.

熊志灵.试论建国后广西安置归侨工作[J].传承,2012,10:28—29.

赵菁菁.省人大常委会华侨外事工委对我省散居归侨侨眷生产生活情况进行调研[J].海南人大,2012,06:9.

潮龙起.澳门归侨与中国和平统一大业[J].东南亚研究,2012,03:70—77.

赵菁菁.关注散居归侨侨眷生活促进侨界和谐稳定——关于我省散居归侨侨眷生产生活情况

的调研报告(摘要)[J].海南人大,2012,07:25—27.

陈云云.归侨的归属感研究——以广西来宾市华侨农场为例[J].八桂侨刊,2012,02:19—27.

叶英.散居归侨的地域认同——以广西东兴镇越南归侨为例[J].八桂侨刊,2012,02:28—34.

李昱旻.保障归侨侨眷权益建设开放包容城市——《天津市实施〈中华人民共和国归侨侨眷权益保护法〉办法》解读[J].天津人大,2012,10:38—39.

李雪岩,龙耀.西南边疆民族地区青年归侨侨眷教育发展探索——西南边疆民族地区青年归侨侨眷发展问题研究系列之三[J].广西师范大学学报(哲学社会科学版),2012,04:104—108.

归侨村、风情园、花果村、生态园[J].中国产业,2012,05:103.

陈衍德.菲律宾华人在中华文化传播中扮演的角色——以菲华人士及归侨侨眷访谈录为主要研究材料[J].海交史研究,2012,02:48—64.

黄文波.内战时期华侨与归侨被征兵役探究——以粤闽两省个案为例[J].八桂侨刊,2012,04:63—66.

上官小红.归侨与侨乡社会:福建安溪归侨安置研究(1949—1960)[D].厦门大学,2014.

黄帆.归侨文化身份认同:关于侨乡鹤城的叙事探究[D].浙江大学,2014.

龙耀,李雪岩.西南边疆民族地区归侨侨眷的历史与现状(云南篇)[J].柳州职业技术学院学报,2015(05).

黄岩梅.我国归侨侨眷权利法律保护实例研究[D].黑龙江大学,2014.

林卫国.归侨外交家冀朝铸[J].文史月刊,2014,10:61—68.

钟雄浩.以人为本凝聚侨心——梅州市人大常委会开展归侨侨眷权益保护法执法检查侧记[J].人民之声,2014,11:31—32.

罗乔丽.广东归侨学生思想政治教育工作探析(1957—1966)[J].红广角,2014,12:18—21.

高伟浓,张应进.蒙古归侨的社会适应初探——以山西省为例的分析[J].华侨华人历史研,2015,01:21—28.

李静.积极实施"归侨侨眷关爱工程"扎实推进"侨爱工程"建设用心用力为"侨"服务[J].重庆与世界,2015,01:42—43.

秦艳峰.延安时期东南亚归侨报效祖国的当代启示[J].世纪桥,2015,03:8—9.

刘益梅.社会学视角下新归侨文化认同问题及其对策研究[J].上海商学院学报,2015,01:69—75.

熊志灵.建国后中国安置归侨工作及特点[J].黑龙江史志,2015,11:50—51.

姜帆.多层外交与救护侨胞——国民政府对战后缅甸归侨遣返危机的处置[J].华侨华人历史研究,2015,03:27—38.

刘太福.广西农垦国有良圻农场归侨建设浅谈[J].企业科技与发展,2015,12:103—104.

龙耀,李雪岩.西南边疆民族地区归侨侨眷的历史与现状(云南篇)——西南边疆民族地区归侨侨眷调查研究系列之一[J].柳州职业技术学院学报,2015,05:17—25.

刘太福.广西农垦国有良圻农场归侨建设浅谈[J].经营管理者,2015,26:123.

童蓉.二十世纪五六十年代中国政府安置印尼归侨政策研究[D].暨南大学,2011.

汪全胜,雷振斌.《归侨侨眷权益保护法》授权立法条款设置论析[J].华侨华人历史研究,2011,02:17—26.

陈金添.胡耀邦对归侨韦梓凯案件批示内幕[J].福建党史月刊,2011,07:31—33.

龚建雄.一个家庭和一部历史——访印尼归侨刘汉伟家庭档案馆[J].兰台世界,2011,11:44.

张文奎,许金顶.香港归侨社团调查报告[J].八桂侨刊,2011,02:47—51.

向大有.辛亥革命时期广西籍华侨归侨的作用和贡献[J].八桂侨刊,2011,03:3—9.

卢鹏.河口归侨群体的形成社会适应与事业发展研究[J].八桂侨刊,2011,03:44—48.

唐慧英,班文敏.武鸣法院:成立全区首个归侨侨眷维权岗[J].中国审判,2011,12:85.

陈思慧.瑶族归侨的社会记忆与认同建构——以广西十万山华侨林场为例[J].广西民族研究,2011,04:132—137.

郭明进.解放战争时期滇桂黔边纵队的女归侨医务人员[J].文史春秋,2011,12:36—38.

尹康平."走出国门的腾冲人"的教育情结——兼论腾冲华人华侨归侨对教育的贡献[J].保山学院学报,2011,06:69—76.

李妮娜.散居归侨的婚姻变迁研究——以广西东兴镇为例[J].思想战线,2011,S2:33—35.

张晶盈.华侨农场归侨的认同困惑与政府的归难侨安置政策[J].华侨大学学报(哲学社会科学版),2013,01:31—36.

唐仲.归侨后裔:一顿提前的年饭[J].今日海南,2013,02:10.

成岩,伟建.师法自然天人合一——国画新流派海外创始人、归侨画家叶阿林艺术人生[J].商场现代化,2013,16:57—61.

曹生.全国人大华侨委在我省开展归侨侨眷权益保护法及相关法律实施情况调研[J].人民之声,2013,06:15.

林小宇.试论"开拓新闻空间"——以《福建侨报》之《归侨故事》栏目为例[J].东南传播,2013,07:126—128.

路阳."房子如何记忆?归侨、物质性和文化遗产"学术讲座综述[J].华侨华人历史研究,2013,03:77—78.

赵菁菁.陈海波带队开展困难归侨侨眷生产生活情况专题调研[J].海南人大,2013,09:28.

孙波,于滨.发挥归侨及留学归国高级人才作用的实践[J].中国卫生人才,2014,03:88—89.

林卫国.山西归侨中的四名红色特工[J].党史文汇,2014,02:30—37.

李银兵,万霞.红河流域印尼和越南归侨特殊群体比较研究[J].钦州学院学报,2014,04:95—100.

王秀卿.当代侨情发展变化与归侨侨眷权益保护法的修改研究[J].山西农业大学学报(社会科学版),2014,08:786—789.

黎鹏昊.以人为本谋侨益一枝一叶关侨情——市人大常委会开展归侨侨眷权益保护法执法检查侧记[J].天津人大,2014,06:21—22.

杨喜南.新时期稳定安置归侨群众促进社会和谐发展探讨——以广西农垦国有良圻农场为例[J].企业科技与发展,2014,13:152—153.

孙幼兰.马来亚归侨李明辉在音乐研究所[J].中国音乐学,2014,03:19—26.

李雪岩,龙四古.西南边疆民族地区归侨侨眷青年创业路径思考——西南边疆民族地区归侨侨眷青年发展问题研究系列之二[J].八桂侨刊,2014,01:36—44.

李娜.全国人大调研新疆归侨侨眷权益情况[J].新疆人大(汉文),2014,09:8.

吴俊琰.聚侨心凝侨爱重庆市归侨侨眷子女夏令营举办[J].重庆与世界,2014,08:16—17.

陈丽琴,李亚丽.论北海侨港归侨咸水歌的传承[J].钦州学院学报,2014,09:11—18.

陈志阳.台湾团代表出席第九次全国归侨侨眷代表大会[J].台声,2014,01:69.

王卓.浅议在粤归侨侨眷和华侨权益的法律保护问题[J].品牌(下半月),2014,10:111—112.

王树人.开国将帅中的八位归侨将军[J].党史博采(纪实),2014,10:36—37.

密素敏.少数民族归侨及侨联工作对策研究——以广西与云南为例[J].八桂侨刊,2014,03:
　　50—55.

李雪岩,龙四古.西南边疆民族地区归侨社会保障问题探索——西南边疆民族地区归侨侨眷青
　　年发展问题研究系列之三[J].八桂侨刊,2014,03:56—62.

龙耀,李雪岩.西南边疆民族地区归侨侨眷的历史与现状(广西篇)——西南边疆民族地区归侨
　　侨眷调查研究系列之二[J].柳州职业技术学院学报,2015,06:11—19.

郑春玲.散居归侨社团网络初探——以广西凭祥市水果协会为例[J].八桂侨刊,2015,03:
　　57—65.

贾颉.与众不同的法国人[D].武汉大学,2014.

本刊编辑部.习近平等到会祝贺第九次全国归侨侨眷代表大会开幕[J].党史文苑,2013,23:1.

妙子.第九次广西壮族自治区归侨侨眷代表大会在南宁召开[J].八桂侨刊,2013,04:2.

李雪岩,龙四古.西南边疆民族地区归侨侨眷青年发展困境与优势分析——西南边疆民族地区
　　归侨侨眷青年发展问题研究系列之一[J].八桂侨刊,2013,04:30—37.

李铭,吴东泽.构建新形势下归侨侨眷青年的发展新路径——《西南边疆民族地区青年归侨侨
　　眷发展问题研究》书评[J].八桂侨刊,2013,03:70—72.

徐治国.归侨谏言"创新2020"[J].科学新闻,2011,06:34—35.

吴丽欣.辽宁省暨丹东市侨办"旅朝归侨技能培训班"在丹东启动[J].侨园,2015,12:49.

关于报送对市人大常委会执法检查组关于检查《北京市实施〈中华人民共和国归侨侨眷权益保
　　护法〉办法》情况报告审议意见研究处理情况的报告(书面)[J].北京市人大常委会公报,
　　2015,02:27—32.

张伟.南京市侨办为企业退休归侨购买家庭意外伤害综合险[J].华人时刊,2013,12:76.

南京模范马路社区组织归侨侨眷参加"汉字英雄擂台赛"[J].华人时刊,2013,12:76.

郑启东.第九次全国归侨侨眷代表大会在京隆重召开习近平李克强张德江俞正声刘云山王岐
　　山张高丽到会祝贺李源潮受党中央委托致祝词[J].海内与海外,2013,12:4—6.

河南省侨商联合会热烈祝贺第九次归侨侨眷全国代表大会隆重召开[J].新商务周刊,2013,
　　23:109.

张大志.辽宁省侨办开展"关爱工程—归侨侨眷职业技能培训"活动取得实效[J].侨园,2013,
　　12:50.

肖正球.大连市外侨办春节走访慰问归侨侨眷[J].侨园,2014,Z1:17.

苏州市华侨归侨侨眷权益滕办法[J].苏州市人民政府公报,2014,01:12—15.

综合各侨办.各地侨办开展春节慰问困难归侨活动[J].华人时刊,2014,02:75.

刘西水.红色的伴侣杰出的贡献——归侨将军叶飞与王于畊革命生涯侧记[J].泉州文学,
　　2014,07:43—49.

蔡婕.生物芯片里的家国情怀——归侨院士程京[J].全球商业经典,2014,11:124—127.

江智猛.归侨抗日女英雄李林[J].炎黄纵横,2015,12:4—5.

关于贯彻《北京市实施〈中华人民共和国归侨侨眷权益保护法〉办法》实施情况的报告(书
　　面)——2013年5月30日在北京市第十四届人民代表大会常务委员会第四次会议上北
　　京市人民政府侨务办公室[J].北京市人大常委会公报,2013,02:11—17.

李昭玲.北京市人大常委会执法检查组关于检查《北京市实施〈中华人民共和国归侨侨眷权益保护法〉办法》情况的报告——2013 年 5 月 30 日在北京市第十四届人民代表大会常务委员会第四次会议上[J].北京市人大常委会公报,2013,02:18—21.

聂传清.归侨翻译家粟秀玉[J].晚霞,2014,23:8—9.

乔轩.北京市第十四次归侨侨眷代表大会举行[J].海内与海外,2014,12:53.

严瑜.华侨农场:打造归侨侨眷温馨家园[J].全球商业经典,2014,12:40—41.

无锡崇安区江海街道.无锡江海街道"三举措"服务归侨老人[J].华人时刊,2015,03:77.

蔡嵘.金轮集团 8 万元关爱基金资助镇江特困归侨[J].华人时刊,2015,03:76—77.

冀敏.《老归侨》[J].海峡影艺,2013,03:91.

石岩,汪清.辽宁省第九次归侨侨眷代表大会召开[J].侨园,2015,07:6—7.

市政府对人大常委会执法检查组检查归侨侨眷权益保护法律法规实施情况所提意见和建议落实情况的书面报告[J].天津市人民代表大会常务委员会公报,2014,05:99—102.

苏醒.三位归侨将领的抗战人生[J].今日中国,2015,09:31—33.

文化部 2015 年归侨侨眷中秋联谊活动举行[J].文化月刊,2015,27:126.

聂传清.归侨院士程京:生物芯片里的中国心[J].初中生之友,2015,10:12—14.

情暖侨心我不孤单——大连"迎中秋庆国庆"归侨侨眷联谊会纪实[J].侨园,2015,11:23.

白杨,邱梅.归侨周达悟:侨务政策暖人心[J].华人时刊,2011,07:80.

白杨.归侨李毓铎:总在跳动的中国心[J].华人时刊,2011,07:81.

归侨心中的中国共产党[J].侨园,2011,07:4.

杨居琬.归侨的心声[J].山西老年,2011,09:9.

关于华人华侨、归侨侨眷、华裔的法律界定[J].侨园,2011,10:45.

高殿海.沈飞集团公司召开纪念"三胞"眷属联谊会成立 20 周年暨第一次归侨侨眷代表大会[J].侨园,2011,11:43.

孙胜祥.学海无涯勤为径——记优秀归侨侨眷、陕西省慈善书画协会理事吕连辰[J].金秋,2011,23:27—28.

南京市华侨归侨侨眷权益保护办法[J].南京市人民政府公报,2012,03:13—18.

汪清.侨心工程暖人心——辽阳市侨联扶助贫困归侨侨眷工作纪实[J].侨园,2012,12:22—23.

张辉.省侨办和苏州市领导走访慰问苏州归侨侨眷[J].华人时刊,2013,02:74.

浙江省人大民族华侨委员会关于归侨侨眷权益保护法律法规执行情况的调研报告[J].浙江人大(公报版),2013,01:34—37.

中央国家机关第三次归侨侨眷代表大会召开[J].紫光阁,2013,12:33.

5.2　华侨华人政治

东南亚地区华侨华人政治

彭慧.论印尼的庇护主义传统与华人[J].南洋问题研究,2015,02:55—63.

谢泽亚.后苏哈托时期印度尼西亚华人的政治生态:变化与延续[J].东南亚纵横,2015,06:62—67.

鲍文君.后苏哈托时代印尼华人政策调整与影响因素[J].淮阴工学院学报,2015,06:31—34.

鲍文君.后苏哈托时代印尼华人政治地位的变迁[J].西昌学院学报(社会科学版),2015,04:37—40.

龙异.印度尼西亚华人政策与华人政治参与的历史分析——以政治精英构成为解释要素[J].暨南学报(哲学社会科学版),2013,05:132—137.

廖小健.印尼华人与2014年印尼大选[J].东南亚研究,2014,05:14—18.

范若兰.马来西亚华人女性权力参与试析[J].华侨华人历史研究,2015,01:1—10.

范若兰.马来西亚华人与伊斯兰党关系——吉兰丹州个案分析[J].华侨华人历史研究,2011,01:31—39.

赵海立.马来西亚华人社团大选诉求事件探析[J].东南亚研究,2011,05:78—85.

范若兰.马来西亚华人社会与伊斯兰党关系简析[J].世界民族,2012,01:60—68.

欧阳晨雨."华人海啸":为改革而鸣[J].南风窗,2013,11:74—77.

罗杨."308与505大选后的马华公会:回顾与展望"讲座综述[J].华侨华人历史研究,2013,04:75—76.

陈晓律,王成.马来人特权与马来西亚社会[J].历史教学(下半月刊),2014,04:3—13.

原晶晶.2003—2008年马华公会的政策研究[J].南洋问题研究,2014,02:65—73.

骆莉.当代马华报刊文本中的华族政治参与意识表达[J].东南亚研究,2012,03:78—84.

牛华勇.南洋华人的文化与政治[J].中国经济周刊,2012,43:80.

汪鲸,戴洁茹.他者、中国与新加坡华人的身份认同——以《叻报》为中心的历史考察(1819—1912)[J].华侨华人历史研究,2015,01:76—84.

李奕志.论二战后新加坡华侨争取公民权运动——以中华总商会的领导及策略为中心的讨论[J].河南师范大学学报(哲学社会科学版),2014,04:115—121.

杨静林.马科斯的华人同化政策与菲律宾华人社会的嬗变(1975—1985)[J].八桂侨刊,2015,01:65—74.

周聿峧,郑建成.布热津斯基访华与中越华侨争端的公开化[J].东南亚研究,2015,03:92—96.

赵卫华.革新开放以来越南华人政策的调整与实践[J].武汉科技大学学报(社会科学版),2011,04:429—433.

罗雪珍.越南排华运动(1975年—1986年)的原因探析[J].红河学院学报,2013,04:4—7.

孙纯福.越南驱赶华侨实录[J].文史精华,2013,10:23—28.

慕风.越南"双向制衡"战略及其反华骚乱真相[J].唯实,2014,11:92—94.

赵卫华.革新开放以来越南华人政策的调整与实践[J].武汉科技大学学报(社会科学版),2011,04:429—433.

杨超. 老挝新华侨华人与中老友好交往[J]. 八桂侨刊,2011,02:60—64.

李灿松,葛岳静,马纳,胡志丁. 基于行为主体的缅甸排华思潮产生及其原因解析[J]. 世界地理研究,2015,02:20—30.

张安,李敬煊. 二十世纪五六十年代缅甸华侨双重国籍问题再探[J]. 中共党史研究,2015,08:77—87.

冯越. 中缅关于华侨双重国籍问题交涉过程的历史考察(1954—1960)[J]. 东南亚研究,2015,04:74—79.

范宏伟. 浅析缅甸华人的公民资格问题[J]. 世界民族,2012,03:51—56.

盛毅,任振宇. 发挥东盟国家华侨华人在"一带一路"中的桥梁作用[J]. 东南亚纵横,2015,10:28—31.

仁鬼. 金融危机中的印尼排华[J]. 八桂侨史,1999,03:30—34.

施雪琴. 华侨华人与中国在东南亚的公共外交:回顾与展望[J]. 创新,2013,01:12—18.

钟声,程舒伟. 19世纪末到20世纪20年代南洋华侨在居留地的政治地位——以《新国民日报》为中心的考察[J]. 学术探索,2015,10:115—119.

黄群芳. 冷战后越南的华人政策研究[D]. 山东大学,2011.

韩田田. 印度尼西亚庇护主义与华侨华人群体[D]. 华中师范大学,2015.

曾玲. 一部研究东南亚华人的力作——读游俊豪《移民轨迹和离散叙述:新马华人族群的重层脉络》[J]. 华侨华人历史研究,2014,04:73—75.

甘德政(KAMDEZHENG). 中英(英中)关系与马来亚华人的身份认同[D]. 复旦大学,2013.

高文文. 后苏哈托时代印尼华人政策的调整与影响因素研究[D]. 山东大学,2014.

屈琰涵. 越共理论思维革新与华人政策研究[D]. 郑州大学,2014.

密素敏. 《战后马来西亚族群关系——华人与马来人关系研究》出版[J]. 华侨华人历史研究,2012,04:75.

吕峰. 独立前马来亚华人与印度人政治活动及其比较[D]. 暨南大学,2015.

郑成林,贾俊英. 20世纪早期菲律宾马尼拉中华商会与西文簿记案[J]. 华中师范大学学报(人文社会科学版),2015,04:112—121.

杨静林. 上世纪40至60年代菲律宾共产主义运动与华人社会变迁[J]. 当代世界社会主义问题,2014,02:81—94.

陈晓宏. 战后中泰关系视域下的泰国华人认同研究[D]. 广西民族大学,2013.

向大有. 越南华侨华人抗日斗争的特征及贡献[J]. 八桂侨刊,2015,04:23—28.

张亮. 缅甸进入转型期后中日两国侨民在缅行为比较和影响[J]. 才智,2014,36:349—350.

李轶. 英印殖民时期的缅甸华人及其政治参与——从1923年仰光华社迎接英印总督访缅谈起[J]. 华侨华人历史研究,2015,02:46—55.

利亮时. 马来(西)亚族群政治的巩固—从联盟到国阵(1955—2008)[J]. 南洋学报,2012,66:87—101.

阮光安. 管窥二战前后砂华民族主义精神——辅以吴岸诗歌为例[J]. 马来西亚人文与社会科学学报》,2015年第四卷第一期,第71页。

何启才. 马来西亚共产党研究之回顾与展望[J]. 马来西亚人文与社会科学学报,2013,01:29.

游雅雯. 《一个马来西亚,两张社会契约?》[J]. 马来西亚人文与社会科学学报,2012,01:87.

陈爱梅. 二战前华人政治参与模式——以霹雳州之郑螺生、许武安、郑大平和梁燊南以例[J].

马来西亚华人研究学刊,2013,16:105.

王国璋.马来西亚数理英化政策(2003—2011)的语言政治解析[J].马来西亚华人研究学刊,
2013,16:129.

阮秋红.辛亥革命与越南民族解放运动的关系研究[D].湖南师范大学,2014.

郭秀玲.身份认同视角下的"黑色五月暴动"原因探析[J].湖北科技学院学报,2015,06:
88—90.

范锦荣.阿瑜陀耶王朝时期的华人政治活动研究(1350—1767)[J].统计与管理,2014,09:
148—149.

亚洲其他国家(地区)华侨华人政治

潘君.民族主义与海外华侨华人[D].华中师范大学,2011.

维尼."华侨华人与世界反法西斯战争"国际学术研讨会在广州召开[J].华侨华人历史研究,
2015,03:95.

叶英.散居归侨地域认同研究[D].广西民族大学,2011.

日本华侨华人共庆祖(籍)国65周年华诞[J].侨园,2014,10:27.

郑乐静.20世纪初日本排斥华工政策与旅日浙南华工群体[J].华侨华人历史研究,2015,01:
85—93.

段跃中.借力当地主流社会推广中日公共外交——日本侨报社出版日语图书、推进汉语角的实
践报告[C]//世界华文传媒论坛组委会."中国梦"世界变局与华文媒体的新使命——第
七届世界华文传媒论坛论文集.世界华文传媒论坛组委会,2013:7.

吴前进.台湾侨务公共"外交"与华侨华人关系互动[J].国际关系研究,2014,01:132—143.

曹云华,蔡秋燕.台湾的侨务政策:嬗变与延续[J].东南亚研究,2012,01:73—82.

麦田.《美国华侨华人与台湾当局侨务政策》出版[J].华侨华人历史研究,2012,03:61.

郑剑.彰显民族大义的正义呼声[J].两岸关系,2012,10:14—15.

董拔萃.加大反"独"力度加快促统步伐——纪念《反分裂国家法》颁行10周年[J].统一论坛,
2015,02:57—58.

李将,马光.新时期海峡两岸侨务工作的比较研究[J].汕头大学学报(人文社会科学版),2015,
05:54—60.

车英麟.坚信和坚持推动两岸实现和平统一[J].统一论坛,2014,05:62.

陈文源.近代澳门华政衙门的组织结构与职能演变[J].华南师范大学学报(社会科学版),
2011,01:34—39.

欧洲华侨华人政治

严晓鹏,廖一帆.普拉托中国移民问题国际合作研究案例分析[J].浙江工贸职业技术学院学
报,2014,02:59—62.

衣新发.2007年德国"黄色间谍"案解析[J].华侨华人历史研究,2011,04:50—61.

美洲华侨华人政治

梁茂春.具有中国血统者就是华人吗?——美国赫蒙人之案例分析[J].华侨华人历史研究,
2012,03:1—11.

程晶.巴西华侨华人反"独"促统运动的发展历程与经验[J].拉丁美洲研究,2015,04:45—50.

白玉广.美国族裔政治的发展与华侨华人在中美关系中的作用[J].国际论坛,2014,05:58—63.

娄亚萍.美国华侨华人与中国对美公共外交:作用机制与政策思路[J].美国问题研究,2011,02:68—81.

吴金平.排华对美国华侨华人的心理影响调查分析[J].八桂侨刊,2013,02:17—20.

秦素菡.康梁保皇派与美国华侨的认同问题[J].丽水学院学报,2012,03:21—25.

黎相宜.跨国集体维权与"回飞镖"效应——基于美国福州移民的个案研究[J].中山大学学报(社会科学版),2015,04:151—158.

栗晋梅.旧金山华侨华人争取医疗平等权利的斗争研究(1850—1970)[D].华中师范大学,2014.

廖小健.加拿大华人社会政治与经济探析[J].东南亚研究,2015,05:69—75.

非洲、大洋洲华侨华人政治

张晶.当代澳大利亚华人参政研究[D].华中师范大学,2014.

赵俊.论非洲华侨华人与中国对非公共外交[J].非洲研究,2013,00:206—218.

张秋生,王娟.澳大利亚华侨华人与世界反法西斯战争[J].民国档案,2015,03:47—52.

邓茜茜."白澳政策"终结后澳大利亚对华移民政策研究[D].华中师范大学,2015.

陈凤兰.南非华人族群的内部关系研究[J].八桂侨刊,2013,02:33—41.

槟城.《荣誉至上:南非华人身份认同研究》出版[J].华侨华人历史研究,2014,04:36.

5.2.1 中国侨务政策与侨务工作

卢文刚,黄小珍.中国海外突发事件撤侨应急管理研究——以"5·13"越南打砸中资企业事件为例[J].东南亚研究,2014,05:79—88.

黄文波.广西接待安置越南难侨概述[J].八桂侨刊,2011,03:77—79.

邱文君.略论果敢冲突与中国侨务理念的调整[J].剑南文学(经典教苑),2012,02:299—300.

何军洁,王立婷.中国侨务公共外交——以东南亚国家为示范区[J].黑河学刊,2015,08:69—71.

张秋生.关于加强华侨华人问题研究的新思考写在中国华侨历史学会成立30周年[J].东南亚之窗,2012,01:50—53.

田慧,李正中.2011"海外华侨华人高层次人才江苏行"暨"相聚长三角"活动在宁开幕江苏辟5亿引进海内外高层次人才[J].华人时刊,2011,07:4—5.

管如莉,颜军海."南京蓝卡"吸引海外高层次人才[J].华人时刊,2011,07:7.

张淑瑛.加强与泰国华侨华人文化交流工作刍议[J].广西社会主义学院学报,2012,06:40—44.

张弓长,郭晓明.以中华文化为纽带增进与泰国华侨华人的联系和交流[J].广西社会主义学院学报,2013,04:34—36.

青春成就梦想青年引领未来2015宁波世界华侨华人青年大会成功举行[J].宁波市人民政府公报,2015,11:2.

刘苗苗.广西面向东盟的华文教育工作探讨[J].八桂侨刊,2015,02:40—46.

国文.中医药推广列入惠侨计划[J].中医药管理杂志,2014,06:930.

宋磊.同心共圆中国梦——中国和平统一促进会访问奥地利、瑞典、法国侧记[J].统一论坛,
2014,05:57—59.

郁川虎,胡正远.中国和平统一促进会访问荷兰、瑞典、俄罗斯[J].统一论坛,2013,04:2.

以侨促统——欧洲中国和平统一促进会巡礼[J].统一论坛,2012,02:47—49.

王东宁,骆凡.中国统促会访问西班牙、瑞士和荷兰[J].统一论坛,2012,05:81.

黄薇.情牵赤子心共话统一梦——中国统促会访问团出访南非、纳米比亚侧记[J].统一论坛,
2015,06:68—71.

黄薇.天涯难隔骨肉情——中国和平统一促进会出访秘鲁、智利、阿根廷侧记[J].统一论坛,
2014,05:54—57.

魏红敏,骆凡.中国和平统一促进会访问日本[J].统一论坛,2011,05:79.

熊耘卉.新时期湖南省侨联组织海外联谊工作研究[D].湖南大学,2011.

火天.《中国侨务通论》(试用版)出版[J].华侨华人历史研究,2013,01:19.

中国侨联征集二战日本军国主义侵略罪行史料、图片[J].海内与海外,2014,07:46.

苏原.我的中国心[J].世界知识,2014,16:74.

陈啸.迎新春叙友情谋发展省侨办侨联宴请省政协会议港澳委员和特邀代表[J].华人时刊,
2015,03:74.

胡敏,杨建新.太仓市侨办慰问遭遇震灾的旅日侨胞[J].华人时刊,2011,04:82.

卓高鸿.海外华侨华人在"反独促统"活动中的优势和作用[J].中央社会主义学院学报,2012,
02:100—102.

和平统一振兴中华——德国华侨华人中国和平统一促进会巡礼[J].统一论坛,2012,03:
49—50.

史兰.桑梓情浓赤子心——中国和平统一促进会访问新西兰、汤加、澳大利亚侧记[J].统一论
坛,2015,04:62—66.

国家民委邀请新疆籍少数民族华侨华人回国参观考察[J].中国民族,2015,10:29.

宋磊.共同的梦想——中国和平统一促进会出访澳大利亚、斐济侧记[J].统一论坛,2014,01:
52—54.

黄潮平.对"中国梦和两岸关系"的思考[J].统一论坛,2014,05:60—61.

代帆.侨务与外交:对中国侨务政策的思考——以中印(尼)关系为例[J].东南亚研究,2012,
01:83—90.

金正昆,臧红岩.当代中国侨务公共外交探析[J].广西社会科学,2012,05:1—6.

张梅.论中国特色社会主义侨务理论[J].马克思主义研究,2012,06:27—33.

曹宏.广东应探索制定《华侨合法权益保护条例》[J].人民之声,2012,07:20—22.

马宾.中国侨务文化理论观照下的政策探索[J].苏州教育学院学报,2012,04:41—46.

张荣兴.中国侨务文化理论观照下的实践探索[J].苏州教育学院学报,2012,04:47—52.

张瑞云.中国侨务文化认识论[J].苏州教育学院学报,2012,04:53—57.

徐文永,谢林森.华侨华人社团与中国侨务公共外交——以巴西华人文化交流协会为例[J].八
桂侨刊,2012,03:18—23.

金正昆,孙冰冰.海外华侨华人参与:当代中国侨务公共外交路径研究[J].社科纵横,2012,11:

36—39.

文化品牌推动文化交流[J].重庆与世界,2013,05:32—33.

代帆.从统一战线到共赢:中国侨务政策的新发展及其思考[J].东南亚研究,2013,04:68—77.

赵可金,刘思如.中国侨务公共外交的兴起[J].东北亚论坛,2013,05:13—23.

庄国土,康晓丽.以色列的侨务政策及对中国的启示[J].国际观察,2013,06:56—62.

康晓丽.论印度的海外印度人政策及其对中国侨务政策的启示[J].南亚研究,2013,01:127—144.

麦田.《中国侨务政策研究》出版[J].华侨华人历史研究,2011,03:66.

方汉文,徐文.全球化时代中国侨务文化的理论体系建构[J].苏州教育学院学报,2011,05:55—61.

王静琦.湖湘文化对中国侨务政策的影响及其当代价值[J].长沙理工大学学报(社会科学版),2015,01:136—140.

何军洁,王立婷.中国侨务公共外交——以东南亚国家为示范区[J].黑河学刊,2015,08:69—71.

彭慧.全球视野及中国崛起背景下的中国侨务公共外交研究——评《海外华侨华人与中国的公共外交:政策机制、实证分析、全球比较》[J].华侨华人历史研究,2015,03:92—93.

林逢春,隆德新.崛起中的中国与海外高端新移民的趋同利益探析——兼论中国侨务公共外交的因应策略[J].青海社会科学,2014,02:24—30.

密素敏.少数民族归侨及侨联工作对策研究——以广西与云南为例[J].八桂侨刊,2014,03:50—55.

丘岳,柴歌.中国侨务"十二五"展望——全国侨务工作会议解读[J].侨园,2011,11:4—5.

陈云云.中国特色社会主义侨务理论研究[D].扬州大学,2012.

李红."文化中国":侨务公共外交的重要媒介——专访国务院侨务办公室副主任何亚非[J].今日中国,2015,04:80.

童少斌.锐意进取积极拓展——基层侨联工作浅谈[J].海内与海外,2015,06:13—15.

陈心香.中国的地方侨务政治:政策执行鸿沟之解析[D].华侨大学,2013.

郑建成.从难侨到难民:中国印支难民政策的形成(1978—1979)[D].暨南大学,2015.

侨讯乡情[J].华人时刊,2014,09:74—77.

黄贤强.中国政治在南洋:从厦大校长林文庆在新加坡遭枪击事件谈起[J].南洋学报,2013,67:3.

曹婷婷.纽马克翻译理论视角下侨务外宣翻译策略研究[D].广东外语外贸大学,2014.

田年丽.中国国籍法的修订之争:是否承认双重国籍[D].安徽大学,2015.

黄薇.心系家国万里情——意大利中国和平统一促进会访问团侧记[J].统一论坛,2014,06:50—51.

郭兆祥.践行和平发展思想推进和平统一进程——新时期历次全球反"独"促统大会回眸[J].统一论坛,2014,01:50—52.

宋磊.中国统促会访问团赴美国访问[J].统一论坛,2011,05:2.

郭兆祥.中国和平统一促进会访问美国、加拿大[J].统一论坛,2012,06:96.

骆凡.中国和平统一促进会访问巴西、美国[J].统一论坛,2013,06:1.

石岩,刘勇.部分在辽侨领参加辽宁省外侨办交流座谈会[J].侨园,2014,11:23.

郭兆祥.中国和平统一促进会访问团访问墨西哥、加拿大[J].统一论坛,2013,03:1.

刘苑生.中国和平统一促进会访问团赴巴拿马、巴西访问[J].统一论坛,2011,02:80—81.

苏原.世纪撤侨大开大合"中国形象片"[J].中国报道,2011,04:58—59.

毕泗建.利比亚撤侨,彰显"中国人"的价值[J].作文成功之路(上),2011,06:6—8.

王少霞.归侨侨眷和华侨权益保护研究[D].吉林大学,2011.

李雯.海外华侨华人统战工作的新政策与新实践[J].天津市社会主义学院学报,2012,02:22—26.

推进侨务立法加强外事工作监督——省人大常委会华侨外事工委 2011 年工作纪事[J].海南人大,2012,02:28—30.

陈啸,李珊珊.谱写"中国梦"的侨务新篇章——国内侨政工作会议在江苏昆山召开[J].华人时刊,2015,08:8—9.

彭宏科.凝侨心维侨益聚侨力——湖南召开省直"五侨"调研成果汇报会[J].人民之友,2014,Z1:47.

王晔,杨乔.扬州市侨办实施"五大工程"推进长效发展[J].华人时刊,2012,01:82—83.

胡正远.中国和平统一促进会访问南非、博茨瓦纳、津巴布韦[J].统一论坛,2012,06:1.

5.3　华侨华人经济

东南亚地区华侨华人经济

田华杰,邓雨晨.论华侨华人在中国与印尼经济、文化交流中的作用(1949 至今)[J].淮北职业技术学院学报,2014,06:110—112.

沈燕清.印尼慈善事业中华人精英角色之探析[J].八桂侨刊,2015,01:26—31.

廖永红.浅谈华侨华人对东南亚经济发展的影响——以印度尼西亚为例[J].新西部(下旬.理论版),2011,Z1:243—244.

原晶晶,杨晓强.印度尼西亚华人及其资本发展现状[J].东南亚纵横,2011,06:78—82.

陈燕南,乔云.印度尼西亚华人及其经济地位[J].南洋资料译丛,2013,03:73—76.

谢海生.潮商:南洋第一华商群体[J].潮商,2015,06:75—81.

李秉萱,孟庆梓.新加坡中华总商会研究现状述评[J].海南师范大学学报(社会科学版),2012,03:102—106.

刘文正.21 世纪初泰国华商经济地位初探[J].八桂侨刊,2012,03:12—17.

游辉彩,许邱良.泰国北部美斯乐村华人的生活及经济状况调查分析[J].东南亚纵横,2011,01:49—52.

衣远.试析革新开放以来越南华人经济新发展[J].东南亚纵横,2013,11:70—74.

庄国土,王望波.东南亚华商资产的初步估算[J].南洋问题研究,2015,02:1—19.

卢文刚,黎舒菡."21 世纪海上丝绸之路"背景下的海外华商风险管理研究——基于印度尼西亚华商的分析[J].探求,2015,05:89—99.

赵林海.东南亚华商企业战略转换的影响因素及动力机制[J].特区经济,2011,02:126—127.

陈凌,王河森.华人企业集团家族治理模式演进研究——以印尼哥伦比亚集团为例[J].东南亚研究,2011,03:73—78.

彭军.儒家文化与东南亚华人家族企业制度[J].商场现代化,2011,14:24—25.

黄兴华.1997年东南亚金融危机以来新加坡华人企业集团变化发展分析[J].东南亚纵横,2011,07:69—74.

孙方一.近代东南亚华侨家族企业经营管理特点及启示[J].常州大学学报（社会科学版）,2012,02:38—42.

林明忠.东南亚华商企业在中国SWOT分析[J].合作经济与科技,2012,12:10—12.

王浩云.东南亚华商创业中小企业融资的法律体系构建[J].东南亚纵横,2012,11:67—70.

袁建伟.华人企业家成长中的跨界网络构建——一个历史人类学的视角[J].绍兴文理学

陈肖英.海外华商研究:人口、经济与跨国主义[J].八桂侨刊,2014,02:3—9.

李国梁.东南亚华人企业集团的发展道路[J].闽商文化研究,2011,01:64—76.

杨宏云.台商与闽籍东南亚华商投资福建的比较分析[J].现代台湾研究,2011,05:49—52.

何启才.华人与外来华商在马来西亚的经济活动[J].东南亚纵横,2012,09:44—49.

罗荣强.从马来西亚闽商的投资问题看海外华人的困境[J].闽商文化研究,2011,01:56—63.

黄兴华.1997年东南亚金融危机以来新加坡华人企业集团变化发展分析[J].东南亚纵横,2011,07:69—74.

杨妍.试论社会资本与新加坡华商跨国行为的关系——以傅春安投资中国为例[J].中国外资,2012,12:10—12.

黄兴华.东南亚金融危机以来新加坡华人中小企业变化发展分析[J].东南亚研究,2013,03:78—85.

尚萌.东南亚华人企业投资云南农业的优势浅析[J].中国集体经济,2014,25:6—9.

曾丽虹.华人在越南经济发展中的地位和作用[J].黑龙江史志,2014,16:34—35.

陈燕南,乔云.印度尼西亚华人及其经济地位[J].南洋资料译丛,2013,03:73—76.

何启才.华人与外来华商在马来西亚的经济活动[J].东南亚纵横,2012,09:44—49.

刘文正.21世纪初马来西亚华商的经济地位[J].东南亚纵横,2013,07:52—57.

廖大珂.二战后马来西亚的闽商[J].闽商文化研究,2013,02:70—79.

李国梁.再谈华侨华人经济研究的几个问题[J].八桂侨刊,2013,01:7—11.

曹云华.1+1＞2:海峡两岸在东南亚的合作[J].亚太经济,2011,02:20—25.

王丽.以华商网络的视角看东南亚华人企业的发展与转变[D].暨南大学,2012.

甘德政(KAMDEZHENG).中英（英中）关系与马来亚华人的身份认同[D].复旦大学,2013.

杨海.聚焦华侨华人探索中国之梦——"第九届海外人才与中国发展国际学术会议"综述[J].华侨华人历史研究,2014,03:77.

曲江.印尼黄仲涵财团崛起之探源与反思[J].西安社会科学,2011,02:118—120.

郑成林,贾俊英.20世纪早期菲律宾马尼拉中华商会与西文簿记案[J].华中师范大学学报（人文社会科学版）,2015,04:112—121.

李伟权、利亮时、林开忠.聚焦印尼边陲:邦加客家人的经济与文化活动初探[J].亚太研究论坛,2011,51:126.

刘俊涛.从经济层面看华侨华人与中国软实力——以印度尼西亚为视角[J].科学经济社会,2012,03:35—37.

朱英,郑成林,魏文享.南洋中华商会研究:回顾与思考[J].华中师范大学学报（人文社会科学版）,2013,03:106—114.

高源.东南亚华人经济网络的发展与转型研究——评《当代东南亚经济析论》[J].中国教育学刊,2015,05:116.

亚洲或其他国家(地区)华侨华人经济

郑光辉,钟华创.创新驱动合作共赢——2013华侨华人创业发展洽谈会侧记[J].企业导报,2013,15:1—2.

郑光辉.2013"华创会"引资引智成果丰硕[J].企业导报,2013,15:4.

董清风.华商齐聚米兰谋发展——第九届世界华商(意大利)论坛即将盛大召开[J].新商务周刊,2015,08:78—79.

林广志,吕志鹏.澳门近代华商的崛起及其历史贡献——以卢九家族为中心[J].华南师范大学学报(社会科学版),2011,01:40—47.

余彬.世界华商网络发展的新趋势[J].商场现代化,2011,12:20—21.

曹一宁.海外华人商会与华人经济转型初探——以海外温州商会为例[J].特区经济,2012,03:279—281.

周欢怀,张一力.海外华人产业集群形成机理分析——以佛罗伦萨温商皮具产业集群为例[J].华侨华人历史研究,2012,04:50—58.

廖赤阳.日本中华总商会——以"新华侨"为主体的跨国华人经济社团[J].华侨华人历史研究,2012,04:19—30.

世界华人经济论坛在重庆举行[J].重庆与世界,2015,01:18—19.

欧洲华侨华人经济

文峰.欧洲主权债务危机对华侨华人经济的影响及其对策研究[J].东南亚研究,2012,02:96—102.

黄丽娟.欧债危机后欧洲华侨华人经济发展制约因素研究[D].暨南大学,2015.

董清风.华商齐聚米兰谋发展——第九届世界华商(意大利)论坛即将盛大召开[J].新商务周刊,2015,08:78—79.

Gabi Dei Ottati,张铭.意大利工业区与华人的双重挑战[J].华侨华人历史研究,2011,02:9—16.

李明欢.欧洲华人商城经济研究[J].世界民族,2013,03:53—60.

美洲华侨华人经济

林联华.美国华商发展概况、投资特点及未来展望[J].东南亚纵横,2011,06:92—95.

廖小健.金融危机对美国华侨华人专业人士的影响[J].八桂侨刊,2011,03:49—52.

袁艳.20世纪上半期古巴华侨华人经济的演变与特征[J].西南科技大学学报(哲学社会科学版),2014,02:6—11.

龙大为,张洪云,登高.从边缘走向主流——新移民与北美华人经济发展新动向[J].华侨华人历史研究,2011,02:1—8.

张洪云,王祎.华人企业家精神:跨越历史、国界与社会——北美华人学者清华论坛纪要[J].华侨华人历史研究,2011,03:78.

汤锋旺.全球化与本土化:阿根廷华人超市经济研究[J].阴山学刊,2012,06:95—101.

方玲玲.论美国南加州华商银行发展——以国泰银行为例[J].黑龙江史志,2014,24:
110—111.

王曙光.多伦多华人商业的发展演变及其社会影响[J].华侨华人历史研究,2014,04:24—36.

非洲、大洋洲华侨华人经济

舒光美.台山—亚拉腊华工淘金路及其旅游开发[J].五邑大学学报(社会科学版),2014,03:
7—10.

李其荣.在夹缝中求生存和拓展——非洲华商发展的特点及原因[J].广东社会科学,2013,02:
154—161.

王晓鹏.南非东方商城的幕后故事[J].光彩,2013,05:49—51.

张秋生.略论20世纪前半期澳大利亚华人的经济生活[J].八桂侨刊,2012,01:6—11.

王晓鹏.在南非开拓小商品王国[J].光彩,2013,01:52—53.

5.3.1 华侨华人与中国经济建设

王兰婷,陈丙先.东南亚华资在中国的分布及投资产业类型[J].决策探索(下半月),2015,01:
63—64.

潘一宁.广东企业"走进东南亚"的主要挑战与华侨华人的作用[J].华侨华人历史研究,2015,
01:11—20.

黄浩.近代华侨在潮汕地区的投资研究[D].广西师范大学,2013.

傅尔基.海外华侨华人经济转型及对上海经济转型的促进作用[C]//上海市社联、中共上海市
委党校、中国浦东干部学院、复旦大学、上海财经大学、上海外国语大学、上海师范大学、上
海市教育委员会.转型·创新·改革——上海市社会科学界第十届学术年会文集(2012
年度)经济·管理学科卷.上海市社联、中共上海市委党校、中国浦东干部学院、复旦大学、
上海财经大学、上海外国语大学、上海师范大学、上海市教育委员会,2012:4.

聂书芳.中国—东盟自由贸易区与东南亚华商[D].暨南大学,2011.

任宣.东南亚侨胞考察粤海上丝绸之路史迹[J].人民之声,2014,08:14.

李鹏.昆明市华商投资问题研究[D].云南大学,2015.

刘俊涛.从经济层面看华侨华人与中国软实力——以印度尼西亚为视角[J].科学经济社会,
2012,03:35—37.

曾晓祥.华侨华人与长江经济带、"一带一路"协同发展——第十届"海外人才与中国发展"国际
学术研讨会综述[J].华侨华人历史研究,2015,04:94—95.

郑建成."华侨华人与海上丝绸之路"研讨会会议综述[J].华侨华人历史研究,2015,04:96.

杨亚红,王小娟,彭慧."一带一路"新形势下的海外华人研究——"海外人才与中国发展"国际
学术会议综述[J].八桂侨刊,2015,04:73—75.

潘淑贞.当代菲律宾华商在华教育投资与管理的特点——以闽南地区为考察点[J].华侨大学
学报(哲学社会科学版),2014,04:30—37.

阎逸,姚海滨.鼓励浙籍华侨华人参与"一带一路"建设[J].今日浙江,2015,16:30.

朱大华.著名爱国侨领单声先生到兴化市访问[J].华人时刊,2012,06:80.

田东江.发挥侨胞在建设海上新丝路中的作用[J].人民之声,2014,07:6.

牟松萍.新时期日韩华侨华人发展及其对中国投资和贸易影响的研究[D].山东大学,2013.

周龙.新时期华侨华人专业人士回流现象探析[J].广西社会主义学院学报,2013,01:36—39.

马楠楠.山东省海外侨商投资管理问题研究[D].山东大学,2011.

李云路,刘欢,查文晔.提升"十二五"经济报道的海外攸关度[J].对外传播,2011,03:5—6+1.

边明社,涂华忠.发挥南亚侨胞优势,推动云南企业走向南亚[J].中国发展,2011,S1:78—81.

吴利富.论中国与海外华侨华人的协同发展[D].中南民族大学,2013.

王再华.潜在的力量——中国对外直接投资中不可忽视的华侨华人力量[J].特区经济,2012,02:25—27.

张建忠.第四届世界闽商大会再探福建机遇[J].福建轻纺,2013,06:23—24.

傅尔基.论上海经济转型与海外华侨华人经济转型推动[J].中国发展,2012,02:74—84.

李静.涵养侨源发挥侨力引资引智"侨资"成为助推重庆经济发展的重要力量[J].重庆与世界,2015,01:39—41.

陈昕.加强海外华人经济合作拉动国民经济发展[J].东方企业文化,2015,13:287.

陈史.努力打造21世纪海上丝绸之路重要门户全球华侨华人经济文化合作交流重大载体[J].潮商,2014,04:8—9.

5.3.2 华侨华人捐赠与汇款

玉置充子,乔云.二战后泰国华人的救济祖国运动——以暹罗华侨救济祖国粮荒委员会(1945—1948年)为中心[J].南洋资料译丛,2012,04:48—62.

焦建华.试析近代侨批跨国网络的历史变迁[J].中国社会经济史研究,2015,03:87—95.

李涛.菲律宾侨汇的特点、作用及其发展前景[J].经济问题探索,2012,09:177—180.

胡尧兵,张欣.华侨捐款助力孙中山推翻帝制[J].人民之友,2011,10:60.

陈颖.民国时期广州市立中山图书馆的发展[J].高校图书馆工作,2015,04:84—87.

赖有为.慈善捐赠者、慈善组织和政府相互作用研究[D].福建农林大学,2014.

张赛群.新中国华侨捐赠政策演变及其特征分析[J].广东社会科学,2013,02:147—153.

赵菁菁.维护华侨华人捐赠的合法权益促进我省公益事业健康发展——《海南省华侨捐赠公益事业若干规定》执法调研情况报告(摘要)[J].海南人大,2011,09:27—29.

张赛群.改革开放以来闽浙两省侨捐政策与落实比较研究[J].华侨大学学报(哲学社会科学版),2015,02:71—78.

王继远,纪晓虹.五邑华侨慈善教育捐赠现状、问题与对策——以五邑大学接受捐赠为例[J].五邑大学学报(社会科学版),2015,02:1—5.

钱旭文,陈子德.浙江省慈善事业创新发展的实践探索[J].中国民政,2015,11:37—38.

张康庄.广东省加强华侨港澳同胞捐赠公益事业立法的思考[J].八桂侨刊,2015,02:60—65.

高和荣.中国县域慈善组织的运作机制——基于福建省石狮市的调研[J].学习与探索,2014,07:32—37.

张赛群.改革开放以来福建省侨捐政策及其落实研究[J].八桂侨刊,2014,02:53—59.

李慧.澳大利亚华人慈善机构研究——以澳大利亚华人慈善基金会为例[J].郑州航空工业管理学院学报(社会科学版),2011,04:72—75.

陈世柏.海外华人的慈善理念及其思想渊源[J].中国宗教,2011,07:57—59.

李群锋.1970 年代以来美国华人慈善事业发展初探[J].八桂侨刊,2011,02:65—70.

刘芸.温州慈善现状及其完善对策探析[J].温州大学学报(自然科学版),2011,05:48—53.

杨祥银,王鹏.19 世纪末 20 世纪初香港的医院体系[J].社会科学战线,2013,06:92—97.

李云,陈世柏.发展华侨华人慈善事业的政策探讨[J].五邑大学学报(社会科学版),2013,04:74—78.

李朋飞.殖民时期新加坡华人慈善事业探析[J].呼伦贝尔学院学报,2012,06:41—45.

曹红梅.近代以来海外华人慈善活动析论[J].黑龙江史志,2014,03:175.

钟大荣,王珊珊.泰国华人慈善组织的主要功能及其对中国慈善组织的启示——以华侨报德善堂为例[J].华侨大学学报(哲学社会科学版),2014,03:23—30.

王莹.菲律宾华侨华人慈善事业研究[D].华侨大学,2015.

李朋飞.新加坡同济医院研究[D].华侨大学,2013.

5.4 华侨华人社会与文化

托马斯·F.巴博尔.酝酿中的风暴:亚洲华人社会的酒精滥用及公共卫生反应[J].马来西亚人文与社会科学学报,2014,02:15.

密素敏."巴黎温州人社会融合的再考察"学术讲座综述[J].华侨华人历史研究,2014,01:76—77.

李未醉.加拿大华侨华人与粤菜传播[J].八桂侨刊,2011,01:54—59.

方也.华裔孩子的困惑:我是谁?[J].基础教育论坛,2013,30:74.

陈业诗."东南亚华人的文化策略与贸易扩张:长时段的视角"讲座综述[J].华侨华人历史研究,2014,03:75.

密素敏.试析巴西华侨华人的社会融入特点与挑战[J].南洋问题研究,2015,02:64—73.

王颖.海外华侨华人在中华文化国际传播过程中的问题探析[J].教育教学论坛,2014,45:5—7.

林广志,陈文源.明清时期澳门华人社会研究述评[J].港澳研究,2014,01:83—93.

5.4.1 华侨华人社团组织

东南亚地区华侨华人社团组织

杨宏云.当代印度尼西亚棉兰华社发展的新态势——基于华人社团与社团领袖的考察[J].东南亚纵横,2015,04:59—64.

杨宏云.跨国主义视角的当代印尼华人认同新发展——基于华人社团与社团领袖的考察[J].八桂侨刊,2015,04:16—22.

黄玲毅,丁丽兴.后苏哈托时代福建籍华人社团与印度尼西亚多元社会的构建[J].东南亚纵横,2012,05:60—65.

郑一省.当代印尼华人社团与中国的软实力建设[J].东南亚南亚研究,2012,03:62—67.

杨宏云.印尼华人非政府组织研究——以印尼菩提心曼陀罗基金会为例[J].东南亚南亚研究,2011,04:69—73.

陈丙先,赵松月.马来西亚广西籍华人社团研究[J].玉林师范学院学报,2015,03:47—50.

原晶晶.论马来西亚华人公会对华人社团的统合[J].东南亚南亚研究,2014,03:91—95.

莫顺宗.马来西亚华人社团:从"整体网络"到"互联网络"[J].八桂侨刊,2012,04:26—29.

罗荣强.马来西亚华人社团信息化建设的法律规制[J].八桂侨刊,2012,04:30—34.

徐慕君,吴巍巍.近代新加坡华人社团探略[J].广西民族师范学院学报,2014,06:46—50.

陈志明,孟庆波.善堂——中国、新加坡和马来西亚的慈善寺堂[J].华侨华人历史研究,2014,02:24—38.

李金萍.二战后新加坡华族会馆的变迁、原因及未来的发展趋势[J].东南亚南亚研究,2014,03:102—107.

王玉娟.沟通与融合:新加坡华人宗乡会馆与中国新移民[J].东南亚研究,2013,05:92—98.

吴翠蓉.传承与创新:新加坡惠安公会的发展历程[J].八桂侨刊,2011,03:58—64.

黄玲毅,刘文正.试析新加坡的中国新移民社团[J].东南亚纵横,2011,11:56—61.

彭慧.试析近二十年新加坡中国大陆新移民社团的发展[J].华侨华人历史研究,2015,04:9—15.

潘少红.泰国华人同乡社团扫描[J].寻根,2012,01:136—141.

潘少红.泰国华人地缘性社团的历史考察[J].世界民族,2012,02:58—63.

陈思慧,郑一省.泰国的客家人与客属总会[J].八桂侨刊,2014,01:31—35.

钟大荣,王珊珊.泰国华人慈善组织的主要功能及其对中国慈善组织的启示——以华侨报德善堂为例[J].华侨大学学报(哲学社会科学版),2014,03:23—30.

李慧芬.试析泰国中华总商会的演变[J].八桂侨刊,2014,03:70—75.

黄素芳.暹罗华人秘密会社的兴衰及其原因分析[J].南洋问题研究,2011,02:73—80.

程芬.泰国华侨报德善堂对我国发展宗教慈善的启示[J].中国社会组织,2013,07:49—52.

野泽知弘,乔云.柬埔寨的华人社会——从潮州会馆和陈氏宗亲总会看华人社团的国际化[J].南洋资料译丛,2011,03:60—69.

廖大珂.二战后马来西亚闽商社团的发展[J].闽商文化研究,2013,02:80—90.

东南亚华侨华人社团当地化趋势增强后继乏人[J].八桂侨刊,2011,03:76.

夏雪,孙舫.近代洪门组织在东南亚安全空间中的生存与发展[J].八桂侨刊,2014,03:63—69.

高伟浓,张应进.对东南亚华人社团的整体性观察:渊源、功能、现状与前景[J].东南亚纵横,2015,12:46—53.

林联华.本土化与国际化——当代东南亚泉州籍同乡社团的发展变化[J].八桂侨刊,2011,02:42—46.

雷雨.《近30年来东亚华人社团的新变化》出版[J].华侨华人历史研究,2011,03:77.

东南亚华侨华人社团当地化趋势增强后继乏人[J].八桂侨刊,2011,03:76.

秦嫣,李正中.近百位世界华侨华人社团代表参访江苏[J].华人时刊,2012,05:6—7.

夏玉清,孔慧.缅甸华人社团与缅甸汉语教育:现状、问题与对策[J].东南亚纵横,2015,11:52—57.

林青青.浅谈英殖民初期的砂拉越华社之社会结构——从田汝康的《砂拉越华人》报告书说起[J].马来西亚人文与社会科学学报,2014,01:11.

石沧金.马来西亚四会籍华人的社团组织及阮梁圣佛信仰考察[J].马来西亚人文与社会科学学报,2013,01:45.

其他国家(地区)华侨华人社团组织

孙超."华社之光":团结互助,传播正能量[J].今日中国(中文版),2014,07:67—69.

田蕴祥.海外华人组织活动开展策略研究——以法国华侨华人妇女联合会为例[J].法国研究,
　　2014,02:31—35.

文峰,朱凌峰,林涛.欧华联会的欧盟治理参与:路径、实践与趋势[J].东南亚研究,2013,03:
　　70—77.

贾益民校长出席欧华联成立 20 周年大会并作发言[J].华侨大学学报(哲学社会科学版),
　　2012,03:113.

张卓辉.欧洲华侨华人青年联合总会在欧洲之都成立[J].华人时刊,2011,07:79.

陈华.欧洲青田新移民社团研究[D].暨南大学,2013.

高伟浓,徐珊珊.巴西华人社团的类型及发展特色——以 20 世纪 80 年代之后成立的社团为主
　　[J].八桂侨刊,2013,02:48—53.

朱康对.海外侨团的竞选风波及展望—以温州海外侨团为例[J].温州职业技术学院学报,2015
　　(03).

李爱慧.当代美国粤籍传统侨团的延续与变迁[J].东南亚研究,2014,04:75—84.

莫光木.二战后美国华人社团的发展[J].前沿,2012,14:169—170.

陈自强,张群.第 16 期华侨华人社团中青年负责人研习班在江苏举行[J].华人时刊,2014,
　　10:9.

杜倩萍.加拿大华人社区非政府组织功能探究[J].南开学报(哲学社会科学版),2015,05:
　　114—121.

袁艳,张芯瑜.20 世纪上半期古巴侨团述略[J].八桂侨刊,2013,01:28—34.

徐珊珊.南美主要侨居国的华人同乡会、商业与文化社团研究[D].暨南大学,2014.

5.4.2　华侨华人人口

康晓丽.战后马来西亚华人再移民:数量估算与原因分析[J].华侨华人历史研究,2012,03:
　　35—43.

文平强.马来西亚的华人新村:人口变化的影响与对策[J].东南亚研究,2012,05:73—81.

覃翊.近年越南华人数量的估算与分析[J].南洋问题研究,2015,01:61—78.

康晓丽.20 世纪 60 年代以来的越柬老华人海外移民[J].东南亚南亚研究,2015,02:61—67.

庄国土.世界华侨华人数量和分布的历史变化[J].世界历史,2011,05:4—14.

各国华侨华人概况[J].人口与计划生育,2012,08:60.

张慧婧.日本中国新移民人口迁移的特征分析——以名古屋个案为例[J].华侨华人历史研究,
　　2014,04:49—57.

约 5000 万:华侨华人总数首次得出较明确统计数字[J].八桂侨刊,2011,04:71.

中国内地移民占在美华侨华人比例最大[J].国际人才交流,2013,01:53.

王奕轩,陆毅茜,宗力.从统计数据看当代加拿大华侨华人的人口特征[J].华侨华人历史研究,
　　2014,04:37—48.

5.4.3 华侨华人文化

东南亚地区华侨华人文化

黄昆章.抢救华侨华人资料任重道远——以印度尼西亚为例[J].八桂侨刊,2012,04:6—8.

郑一省.印尼坤甸华人的"烧洋船"仪式探析[J].世界民族,2012,06:32—39.

廖开顺.印度尼西亚客家的文化生态与文化适应[J].河南科技大学学报(社会科学版),2014,
　　02:5—11.

郑一省.印度尼西亚山口洋华人的元宵大游行探析[J].广西民族大学学报(哲学社会科学版),
　　2014,01:119—123.

王琛发.客家先贤与马来西亚槟城海珠屿大伯公探析[J].八桂侨刊,2014,03:30—39.

刘云,李志贤.二战后新加坡华人族谱编纂研究[J].闽台文化研究,2015,02:47—57.

康志荣,王桂红.海外华侨华人新生代民族文化的传承与培养——以新加坡为例[J].泉州师范
　　学院学报,2015,04:95—98.

高伟浓,程露晞.晚清时期儒学在新加坡的传播与变革[J].东南亚纵横,2014,05:66—70.

曾玲.社会变迁、国家因素与当代新加坡华人社会宗乡文化之复兴[J].河南师范大学学报(哲
　　学社会科学版),2013,01:65—69.

孟庆梓.移植与再生:新加坡华人民间信仰的仪式建构[J].河南师范大学学报(哲学社会科学
　　版),2013,03:120—124.

李勇.当代新加坡陈嘉庚从边缘到回归——兼论陈嘉庚精神的"本土化"[J].河南师范大学学
　　报(哲学社会科学版),2012,02:61—65.

袁佳方."神缘"与身份认同:祖籍地信仰与海外华人——以猴屿张村与新加坡潘家村为例[J].
　　文化学刊,2015,07:62—64.

张莉,李航.菲律宾华人——中菲文化交流的桥梁[J].北方文学(下半月),2011,05:178.

纳静安.泰国北部云南华人的文化认同[J].内蒙古民族大学学报(社会科学版),2012,05:
　　75—79.

杨然.越南华侨华人文化的中心——胡志明市华侨华人文化浅析[J].东南亚纵横,2014,12:
　　59—61.

刘以榕.海外文化交流与东南亚华裔新生代的中华文化传承——基于晋江市的调研与思考
　　[J].福建省社会主义学院学报,2012,01:33—37.

吴杰伟.从华侨华人参与东南亚电影产业的历程看自身社会角色的变迁[J].暨南学报(哲学社
　　会科学版),2014,07:1—8.

何绵山.闽文化在东南亚的传播和影响[C]//中华文化与地域文化研究——福建省炎黄文化
　　研究会20年论文选集[第二卷].2011:4.

新加坡数百民众抢烧头香庆祝中国传统春节到来[J].留学,2015,05:16—17.

敖梦玲.20世纪菲华女性家庭和社会角色变迁的研究[D].华侨大学,2015.

王莹.菲律宾华侨华人慈善事业研究[D].华侨大学,2015.

胡沧泽.闽南文化在菲律宾的生存与发展[C]//世界(澳门)闽南文化交流协会.闽南文化的当
　　代性与世界性论文集.世界(澳门)闽南文化交流协会,2014:8.

刘美珠(YenjitLewwattanachotinan).中泰两国春节的比较研究[D].华南理工大学,2014.

平兆龙.越南华侨华人文化地理研究(1405—1945)[D].暨南大学,2015.

世华.柬埔寨华侨华人香港联谊会一行热烈祝贺老挝华侨华人香港联谊会成立七周年[J].世界华文文学论坛,2011,02:48.

晓姜.华侨华人与中华文化论坛举办[J].海内与海外,2012,10:76.

侨批档案入选世界档案名录[J].闽商文化研究,2013,01:6—8.

曹云华.海外客属华人的特性:以印度尼西亚外岛为例[J].南洋学报,2015,69:51—68.

白伟权、陈国川.从政治标示到族群边界:马来西亚柔佛州新山绵裕亭"汨"与"皇清"墓的研究[J].南洋学报,2014,69:85—118.

宋燕鹏.塑造"本土化"的东南亚华人研究——苏庆华教授《东南亚华人宗教与历史论丛》读后[J].南洋学报,2013,69:149.

白伟权.马六甲三宝山墓碑集录(1614—1820)[J].马来西亚人文与社会科学学报,2014,02:101.

安焕然.传承与建构——华人文化调适的研究思路[J].马来西亚人文与社会科学学报,2013,01:01.

蒋为文.越南会安古城当代明乡人、华人及越南人之互动关系与文化接触[J].亚太研究论坛,2015,61:131.

王睿欣.从马来语习得的文化适应模式透析马来西亚华人的族群认同[J].马来西亚人文与社会科学学报,2015,02:21.

陈志明.峇峇文化研究:启发与反思[J].马来西亚华人研究学刊,2013,16:161.

其他国家(地区)华侨华人文化

木子.国外过中秋习俗各不同[J].政府法制,2011,26:11.

晓姜.华侨华人与中华文化论坛举办[J].海内与海外,2012,10:76.

刘进.比较、借鉴与前瞻——"国际移民书信研究"国际学术会议综述[J].华侨华人历史研究,2014,01:70—71.

龙夫.海外中餐馆趣联[J].华人时刊,2011,03:67.

廖赤阳.日本有关客家问题的研究与著述:汉族观、中国观、华侨观与亚洲观交错的谱系(1)[J].客家文博,2013,01:86—92.

2015"文化中国·四海同春"慰侨访演活动走进韩国[J].侨园,2015,Z1:105.

郭剑波.浙南华侨华人与中欧文化交流[J].浙江师范大学学报(社会科学版),2013,04:9—15.

张曼新.欧洲华侨华人两岸中华文化之旅回眸与思考[J].统一论坛,2013,04:31—33.

郑婷.植根故乡文化的"中国寻根之旅"夏令营思考——基于2012年温州优秀华裔青年文化营的调查[J].八桂侨刊,2012,04:72—75.

陈斌.日本华侨华人文化认同状况研究[D].暨南大学,2015.

鞠玉华.海外新华侨华人子女文化传承状况论析——以日本新华侨华人子女为中心[J].东南亚研究,2013,01:54—58.

蒙奇."21世纪的美国华人"和"'后'新华侨时代的日本华侨社会"学术讲座综述[J].华侨华人历史研究,2013,04:79—80.

何彬.春节与海外华侨华人的文化认知[J].温州大学学报(社会科学版),2012,03:11—14.

鞠玉华.论东日本大地震对在日华侨华人未来发展走向的影响[J].东南亚研究,2011,06：56—61.

林祁.从"崛起"到"漂流"——日本新华侨华人诗歌研究[J].文艺争鸣,2014,06：138—147.

蒋丰.在日华侨华人春节不寂寞[J].走向世界,2015,06：36—37.

邵磊.民族视角下"华人"、"华侨"等意涵之再探讨[C]//中国少数民族哲学及社会思想史学会、中国石油大学(华东).中华民族复兴与民族哲学发展研究——2013年中国少数民族哲学及社会思想史学会年会中国石油大学(华东)60周年校庆学术研讨会文集.中国少数民族哲学及社会思想史学会、中国石油大学(华东),2013：8.

章涟漪.台湾中华炎黄文创教育经贸社团协会深化两岸沟通活络全球华侨[J].台声,2015,13：94—95.

5.4.4 华侨华人宗教

石沧金,欧阳班铱.马来西亚华人的三一教信仰考察[J].东南亚研究,2012,03：63—69.

高伟浓,陈华.近现代孔教会在东南亚华人社会中的改造与变异——新加坡、马来西亚和印尼孔教会的个案分析[J].东南亚纵横,2012,08：49—55.

石沧金.从保守走向开放,从传统走向变异——马来西亚华人的三一教信仰考察[J].世界宗教研究,2012,06：84—92.

孟庆梓.历史记忆、仪式场景与社群整合：新加坡华人社群保护神崇拜[J].东南亚研究,2012,05：82—87.

张钟鑫.华人网络与基督教网络的相互嵌入——近代新加坡华人基督教跨国网络探析[J].华侨华人历史研究,2015,04：64—74.

罗杨.柬埔寨华人的土地和祖灵信仰——从"关系主义"人类学视角的考察[J].华侨华人历史研究,2013,01：60—67.

许永璋.东南亚华侨华人的妈祖信仰[J].黄河科技大学学报,2012,05：86—89.

钟大荣,张禹东.东南亚华侨华人宗教的历史角色与当代价值[J].宗教学研究,2011,01：213—217.

古小松.东南亚的儒释道文化[J].东南亚纵横,2014,02：51—59.

李新铭.缅甸华人的民间宗教信仰研究[D].云南师范大学,2013.

朱峰.当代东南亚华人基督教浅析[J].世界宗教文化,2011,01：57—62.

周倩.儒家思想与东南亚华人企业家的成长之路[J].孔学研究,2011,00：86—92.

静水.《海外华人民间宗教信仰研究》出版[J].华侨华人历史研究,2014,03：73.

关耳.《海外华人民间宗教信仰研究》一书出版[J].八桂侨刊,2014,02：80.

张晶盈.新加坡华人基督教的发展现状、原因及趋势[J].世界宗教文化,2015,04：104—110.

陈业诗.同途殊归：孔教与南洋离散华人的公民权——"北京大学华侨华人研究讲座"系列之四综述[J].华侨华人历史研究,2014,02：77—78.

胡沧泽.菲律宾的佛教与华侨华人[J].世界宗教文化,2011,01：63—67.

林饶美(MissSiriwanLikhidcharoentham).泰文书籍中的孔子[D].浙江大学,2013.

李天锡.越南华侨华人妈祖信仰初探——以胡志明市穗城会馆天后庙为重点[J].莆田学院学报,2011,01：1—7.

李天锡.越南两方碑记解读——以妈祖信仰为中心[J].学术问题研究,2011,01:57—60

胡沧泽.菲律宾的佛教与华侨华人[J].世界宗教文化,2011,01:63—67.

杨瑞荣.武夷山:两岸道教文化交流窗口[J].今日中国(中文版),2014,01:90—92.

许齐雄.孔教是一种什么宗教?—实得力孔教会的自我认识[J].南洋学报,2014,68:119—134.

石沧金、吕峰.真佛宗简析[J].马来西亚人文与社会科学学报,2014,02:53.

刘丽川.中国大陆客民信仰与大马客民信仰之异同[J].马来西亚人文与社会科学学报,2013,02:1.

石沧金、李群峰.南洋德教总会探析[J].马来西亚人文与社会科学学报,2012,01:50.

陈琮渊.《砂拉越大伯公庙平面图汇集》[J].马来西亚人文与社会科学学报,2015,02:67.

何绵山.福州神明在纽约[J].闽都文化,2015,04:47—51.

巴拉提.海外新疆籍少数民族华侨华人访问团拜会中国伊协[J].中国穆斯林,2015,05:7.

5.4.5　华侨华人语言

黄素芳.浅析曼谷王朝初期(1782—1910)泰国的华人方言群[J].八桂侨刊,2012,03:51—55.

邱克威.马来西亚"居銮华语"调查研究——一个特殊的社会语言变异个案分析[J].南洋学报,2014,68:153—182.

梁震牧.语言符号与地方性的再裂:曼谷耀华力周遭的读写实践[J].亚太研究论坛,2015,61:87.

施安德.意大利中国移民语言学习现状的调查与分析[J].八桂侨刊,2013,03:40—44.

5.4.6　华侨华人文学、艺术

东南亚地区华侨华人文学、艺术

朱文斌.中国现实主义诗潮在东南亚华文诗坛的继承与发展[J].南洋学报,2015,69:121—138.

杨颖.晚清华工小说价值论[D].安徽大学,2013.

王子能,骆驼.种族与创新:东南亚华人艺术[J].艺术界,2014,02:138—145.

印度尼西亚

蔡宗德.印度尼西亚华人布袋戏的历史、演出形态与音乐[J].中央音乐学院学报,2015,02:69—88.

伍娟娟.论印尼当代华人文学中的中国影像[D].沈阳师范大学,2014.

马来西亚

马学博.伍连德年谱新编[J].黑龙江史志,2011,04:29—30.

林宛莹(LIMWOANYIN).传统的再生:中国文学经典在马来西亚的伦理接受[D].华中师范大学,2014.

黄美娥."根"的政治与语文斗争:台、马高中国文/华文教科书中"在地文学"的意义[J].南洋学报,2015,67—95.

洪淑苓.共享青春时光与艺文养分:台湾文学与流行文化在马华杂志《椰子屋》中的显影[J].南洋学报,2015,69:97—120.

潘碧华.论小黑的马共书写的构建与反思[J].南洋学报,2015,69:139—150.

谢川成.文人与马华现代主义文学的传播:以白垚为例[J].南洋学报,2014,68:17—30.

苏晖、李蕴芸.马华文学与中国文学和文化的关系研究:回顾与展望[J].南洋学报,2014,68:51—70.

朱文斌.新世纪中国大陆马华文学研究现状及思考[J].南洋学报,2014,68:71—84.

朱东芹.回首血与火的文字:现实主义的反思——评谢诗坚《中国革命文学影响下的马华左翼文学》[J].马来西亚人文与社会科学学报,2012,01:91.

史书美.反离散:华语语系作为文化生产的场域[J].马来西亚华人研究学刊,2013,16:01.

黄锦树.审理开端:重返"为什么马华文学"[J].马来西亚华人研究学刊,2013,16:23.

张锦忠.再论述:一个马华文学论述在台湾的系谱(或抒情)与分歧叙事[J].马来西亚华人研究学刊,2013,16:41.

贺淑芳.国之将临,告别往昔:方天在《蕉风》的现实主义书写(1955—1957)[J].马来西亚华人研究学刊,2013,16:65.

新加坡

骆曦.早期中国电影在新加坡的传播(1924—1925)[J].五邑大学学报(社会科学版),2015,03:51—55.

黄洁馨、金进.梁智强电影中的新加坡特色:从《新兵正传》系列看出新加坡人的危机意识[J].南洋学报,2015,69:247—261.

金进.学院素养与梁文福笔下的新加坡[J].南洋学报,2014,68:31—50.

黄文车.空间移位与身份认同——闽南语《过番歌》的新加坡记写与意义[J].南洋学报,2012,66:23—51.

张松建.文化与怀旧的政治—新加坡作家梁文福小说创作论[J].南洋学报,2012,66:67—86.

菲律宾

李天锡.从文学视角看《零售商菲化案》对华侨社会的影响——以《二十世纪五十年代商报小说选》为主的分析[J].华侨华人历史研究,2013,01:68—73.

陈丙先,姚春美.20世纪以来菲律宾华人文化认同的嬗变——以菲律宾华文文学为视角[J].华侨华人历史研究,2015,01:29—33.

泰国

许爱联(Chidhathai Puyati).曾心文学创作与80年代以来泰华文学思潮[D].吉林大学,2012.

曾心.华文六行内新诗体"创格"的尝试——以泰国华文"小诗磨坊"为例[J].中国艺术时空,2014,05:116—120.

高伟光.泰华文学与泰国华人的身份认同[J].福建师范大学学报(哲学社会科学版),2011,01:89—93.

易青媛.具有民族主义特征的身份认同在泰华文学中的体现[J].文教资料,2015,17:10—11.

符丽娃.反映泰国华人社会的泰国文学奖获奖泰文小说之研究[D].云南大学,2013.

孙语谦(Chonlaphat Temsongsai).20世纪80年代以来泰华小说中的国家认同[D].华东师范大学,2015.

杨月.泰华作家博夫作品中的中国传统文化色彩研究[J].青年文学家,2014,15:106.

其他国家(地区)华侨华人文学、艺术

张石.阴阳不到处一片好风光——"亚洲散居文学国际研讨会"侧记[J].华侨华人历史研究,2012,04:78—79.

张晶.华人博物馆:让历史流动起来[J].炎黄纵横,2015,01:64.

崔海正.澳大利亚(悉尼)的词学研究与传播述略[J].词学,2011,02:251—260.

刘晓娟.中国曲艺再度唱响巴黎——2013巴黎中国曲艺节北方曲艺专场演出在法成功举办[J].曲艺,2013,08:7—9.

刘晓娟.中国曲艺再度出征欧洲——中国曲艺艺术团首次赴德国、丹麦交流演出成功[J].曲艺,2013,10:6—7.

刘德波.略论古代中国音乐文化在日本的传播[J].音乐创作,2012,10:126—127.

张颖.试论海外华人华纯作品的生态情结[J].八桂侨刊,2013,04:52—55.

许诺.真情穿越生死,大美不拘国别大型舞剧《牡丹亭》赴澳新演出印象[J].舞蹈,2013,04:22—23.

池雷鸣.史料拼贴与历史书写——以几部加拿大新移民华文小说为例[J].海南师范大学学报(社会科学版),2015,04:41—45.

袁艳.古巴中国戏院的历史变迁——从表演木偶戏、粤剧到放映电影[J].拉丁美洲研究,2011,06:37—42.

张泽伟.省档案局(馆)祝贺南方日报侨批档案报道获奖[J].广东档案,2014,03:18.

谢聪.三十年来大陆的海外华文文学研究评述[D].苏州大学,2011.

常慧.从社会信任角度看侨批业的建构与发展[J].剑南文学(经典教苑),2012,06:269—270.

利峰,任健强,田银生.20世纪20年代以前蒙特利尔华人社区建筑形态特征研究[J].华中建筑,2014,02:178—182.

5.4.7 华侨华人新闻传播业

东南亚地区华侨华人新闻传播业

郑一省.后苏哈托时期印尼华文报的发展——以《国际日报》为例[J].东南亚南亚研究,2013,03:54—58.

李丽.闽侨海外办报实践探析[J].闽商文化研究,2011,01:47—55.

陈思.印度尼西亚华文报所建构的中国国家形象之研究[D].广西大学,2012.

梁悦悦.海外华语电视与中国电视"走出去"——以《中国好声音》在马来西亚的"本土化"传播为例[J].对外传播,2014,10:13—15.

李麒麟.近代新加坡华文报纸与华侨民族主义思想[D].东北师范大学,2014.

朱东芹.菲律宾华文报业的历史、现状与前景分析[J].世界民族,2011,01:55—61.

陈东霞,邢永川.海外华文媒体的沟通桥梁功能——以菲律宾《世界日报》为例[J].青年记者,2015,02:75—76.

刘娓.泰国华文报业的影响力研究[D].广西大学,2012.

王竹敏.20世纪前半叶泰国华文报刊所见之中国商品的广告[J].国家航海,2014,02:159—172.

崔贵强.评《王慷鼎论文集》—兼论他对新加坡华文报刊研究的贡献[J].南洋学报,2014,68:201—207.

其他国家(地区)华侨华人新闻传播业

李红.两个世纪的纪念——记海外华文媒体诞生200周年[J].今日中国,2015,12:72—75.

杨茸.非洲华文媒体的现状及发展态势——以毛里求斯华文媒体的发展和前瞻为例[C]//世界华文传媒论坛组委会.国际话语体系中的海外华文媒体——第六届世界华文传媒论坛论文集.世界华文传媒论坛组委会,2011:9.

戴华东.中国的发展给海外华文媒体带来机遇[C]//世界华文传媒论坛组委会.国际话语体系中的海外华文媒体——第六届世界华文传媒论坛论文集:世界华文传媒论坛组委会,2011:2.

姚宾.把握机遇开拓市场创办中文报刊[C]//世界华文传媒论坛组委会."中国梦"世界变局与华文媒体的新使命——第七届世界华文传媒论坛论文集:世界华文传媒论坛组委会,2013:2.

王春华.自媒体时代的中外人文交流[C]//世界华文传媒论坛组委会."中国梦"世界变局与华文媒体的新使命——第七届世界华文传媒论坛论文集.世界华文传媒论坛组委会,2013:3.

黄焕明.华文媒体应成为中外交流的民间大使[C]//世界华文传媒论坛组委会."中国梦"世界变局与华文媒体的新使命——第七届世界华文传媒论坛论文集.世界华文传媒论坛组委会,2013:3.

浙江省外宣办课题调研组,吕建楚.浙江籍人士在海外从事媒体传播情况调查与思考(一)[J].对外传播,2011,05:43—44.

林朱庆.欧洲华文电视台竭诚为全球华人服务[C]//世界华文传媒论坛组委会.国际话语体系中的海外华文媒体——第六届世界华文传媒论坛论文集.世界华文传媒论坛组委会:,2011:2.

尹红磊.非洲华文报纸整体面貌研究[D].湘潭大学,2011.

王娜君.南非华文报纸的发展困境及应对策略[J].青年记者,2013,23:102—103.

肖航.华文新媒体"软传播"方向:融媒新终端与极度仿真空间[J].对外传播,2015,10:59—60.

李宇.海外华语电视发展特点及展望[J].传媒,2011,09:64—66.

任传功.华文媒体的发展与"中国梦"的实现[C]//世界华文传媒论坛组委会."中国梦"世界变局与华文媒体的新使命——第七届世界华文传媒论坛论文集.世界华文传媒论坛组委会,2013:6.

郑屹,宋婧宇.用媒体融合形式讲"中国故事"[C]//国务院侨务办公室、贵州省人民政府、中国新闻社.华文媒体200年——薪火传承与时代担当(第八届世界华文传媒论坛论文集).国务院侨务办公室、贵州省人民政府、中国新闻社,2015:7.

王瀚东,郭习松.新西兰华文媒体现状考察[J].新闻前哨,2011,08:73—76.

钱海芬.海外华文媒体对民间公共外交的积极意义——以法国泛欧国际文化传媒公司为研究案例[C]//世界华文传媒论坛组委会."中国梦"世界变局与华文媒体的新使命——第七届世界华文传媒论坛论文集.世界华文传媒论坛组委会,2013:4.

丁建辉.浙江籍人士投资创办海外媒体研究[J].浙江学刊,2011,06:218—221.

尧雪莲.意大利华文报纸发展的现状与改进策略[J].传媒,2014,12:57—59.

周嘉雯.美国中文电视贴近华侨华人创新性浅析[J].青年记者,2014,11:86—87.

肖航.华文新媒体"软传播"方向:融媒新终端与极度仿真空间[J].对外传播,2015,10:59—60.

孙若男.海外华文媒体中国报道框架研究[D].北京外国语大学,2015.

于建一.海外华文媒体任重道远[C]//世界华文传媒论坛组委会.国际话语体系中的海外华文媒体——第六届世界华文传媒论坛论文集.世界华文传媒论坛组委会:,2011:7.

戴华东.中国的发展给海外华文媒体带来机遇[C]//世界华文传媒论坛组委会.国际话语体系中的海外华文媒体——第六届世界华文传媒论坛论文集.世界华文传媒论坛组委会,2011:2.

俞海萍.海外华媒呈现竞合发展新趋势[J].中国广播,2012,01:80.

雷小毅.发展海外华文媒体促进中南文化交流——访南非华人报社社长胥建礼[J].今传媒,2013,02:5—8.

5.4.8　华侨华人教育、华文教育

东南亚地区华侨华人教育、华文教育

曹云华.东南亚华文教育的过去、现在与未来:国家间关系的视角[J].东南亚研究,2015,01:66—74.

詹双晖.东南亚华文教育与我国文化软实力建设略论[J].创新,2013,05:107—110.

甘奇.20世纪上半叶东南亚华文教育的变迁[D].海南师范大学,2012.

庄汉文,刘艳.东南亚新形势与华文教育对策[J].大学教育,2012,07:10—12.

刘苗苗.中国—东盟合作背景下的华文教育创新研究[D].广西大学,2015.

印度尼西亚

施雪琴.印尼华文教学的发展现状:基于雅加达三语学校的调研分析[J].八桂侨刊,2015,02:29—34.

田伟,宋兴川.战后印尼华文教育发展的潜在动力——论华人文化认同对印尼华文教育的促进[J].浙江万里学院学报,2012,06:35—40.

梁英明.从中华学堂到三语学校——论印度尼西亚现代华文学校的发展与演变[J].华侨华人历史研究,2013,02:1—12.

郭健.印尼华校师资发展概况、问题及对策[J].赤峰学院学报(汉文哲学社会科学版),2011,02:257—258.

闫柯.从印尼华文教育发展的历史及现状浅析其存在的问题及应对策略[D].重庆师范大

学,2013.

徐天云.印尼区域性华语社会的特点、发展趋势及对华语教育的影响[C]//上海师范大学对外
　　汉语学院.第五届现代汉语虚词研究与对外汉语教学学术研讨会论文集.上海师范大学对
　　外汉语学院,2012:6.

马来西亚

王焕芝.抗争与坚守—马来西亚华文教师队伍历史演进研究[D].福建师范大学,2013.

徐云彪.1960—2000年代马来西亚国民型华文小学课本的内容和发展[J].马来西亚人文与社
　　会科学学报,2014,02:43.

文平强.马来西亚华文教育与筹款活动——华人文化传统的实践[J].马来西亚人文与社会科
　　学学报,2012,01:01.

曹淑瑶.沙巴客家族群与教育:以沙巴崇正中学之兴办为个案研究[J].马来西亚人文与社会科
　　学学报,2015,02:01.

王淑慧.教师在职进修.马来西亚华文独立中学的经验[J].马来西亚人文与社会科学学报,
　　2015,02:35.

周芳萍、张明辉.华小学生课业负担及学术表现[J].马来西亚人文与社会科学学报,2015,
　　02:49.

新加坡

程露晞.左秉隆与晚清新加坡华文教育[J].五邑大学学报(社会科学版),2014,03:29—33.

杨妍,李志贤.论新加坡早期潮侨教育在地化——以1930年代的端蒙学校为例[J].汕头大学
　　学报(人文社会科学版),2013,01:33—37.

陈晓蓉.二战前新加坡华人基督教教育探析[J].华侨华人历史研究,2013,02:63—70.

汤锋旺.二战前新加坡华人"会馆办学"研究[J].东南亚研究,2012,04:90—96.

康志荣,王桂红.海外华侨华人新生代民族文化的传承与培养——以新加坡为例[J].泉州师范
　　学院学报,2015,04:95—98.

张曦姗."翻转课堂"在高中文学教学的应用:以新加坡教材为例[J].南洋学报,2015,69:
　　191—206.

菲律宾

姜兴山.传承与融合:菲律宾华文教育变迁(1945—1975)[J].历史教学(下半月刊),2011,01:
　　61—67.

姜兴山.美国殖民统治时期菲律宾的华文教育[J].世界历史,2014,03:92—102.

刘许.菲律宾华文教育支持者分析研究[D].暨南大学,2011.

林羽,姜兴山.战后菲律宾华文教育研究综述[J].东南亚纵横,2011,12:79—83.

姜兴山,李凌晨.教育"菲化运动"对菲律宾华文教育的影响[J].南洋问题研究,2013,01:
　　73—81.

刘许.菲律宾华文教育支持者分析研究[D].暨南大学,2011.

李庆瑶.北吕宋地区华文学校办学现状及问题分析[J].闽南师范大学学报(哲学社会科学版),
　　2014,03:139—145.

泰国、文莱

曹淑瑶.砂拉越华族族群母语教育与文化传承的维护:以古晋中华第一中学之兴办为个案研究[J].东南亚研究,2015,01:75—83.

SIRIWANWORRACHAIYUT.浅析泰国语言政策与汉语教育政策[J].海外华文教育,2012,01:105—110.

黄文琳.泰国瓦莱岚大学汉语教学调研[D].苏州大学,2015.

高允星.《汉语》(泰国小学阶段)练习册设计分析[D].广西大学,2015.

越南、老挝、柬埔寨、缅甸

黄桂林.缅甸伊洛瓦底三角洲地区华文教育的调查与思考[D].广西民族大学,2011.

洪美英.对缅甸儿童汉语教材的趣味性研究[D].广西民族大学,2015.

徐祥生.缅甸南方华文教育概况[D].苏州大学,2013.

孙磊.浅谈缅甸的华文教育传播[J].学园,2015,27:105—107.

其他国家(地区)华侨华人教育、华文教育

彭伟步.少数族群传媒视野下华文新媒体社区化发展[C]//国务院侨务办公室、贵州省人民政府、中国新闻社.华文媒体200年——薪火传承与时代担当(第八届世界华文传媒论坛论文集).国务院侨务办公室、贵州省人民政府、中国新闻社,2015:7.

徐国梁.深化办学思想内涵,构建特色华文课程[J].上海教育,2014,10:84—85.

耿红卫.英国华文教育的历史与现状研究[J].海外华文教育,2013,01:99—103.

本刊资料室.南非侨界成立南非华文教育基金会[J].八桂侨刊,2013,01:71.

李金鹏.《中文》(修订版)和《美洲华语》知识文化项目比较研究[D].暨南大学,2012.

薛鸣,陈于华.日本中华学校的双语教育及其意义——以神户中华同文学校为例[J].国际汉语教育,2015,01:98—108.

尹叶."对外汉语教学"与"海外华文教育"的异同[A].厦门大学日本研究所.汉语国际推广专题研究论文集[C].厦门大学日本研究所,2012:6.

林如鹏,张宏,颜海波.以文化交流、教育改革和制度创新推进海峡两岸合作办学[J].台湾研究,2012,02:7—10.

本刊记者.首届两岸华文教师论坛在中国广州举行[J].海外华文教育,2011,03:68.

蔡锦钟.高等院校境外招生政策执行研究[D].华侨大学,2013.

王睿欣.汉语作为第二语言语法教学的情景化探讨[J].马来西亚人文与社会科学学报,2014,03:35.

张俐君.秘鲁天主教大学孔子学院零基础综合课课堂教学设计[D].上海外国语大学,2013.

5.5 华侨华人历史

王南.华侨华人100年:从边缘到主流[J].今日中国(中文版),2011,10:21—23.

刘芳彬.海外华侨华人与马列主义的早期传播[J].广州社会主义学院学报,2013,04:48—51.

陈业诗.东瀛学者谈"明乡"——北京大学华侨华人讲座系列之二[J].华侨华人历史研究,

2012,02:78.

陈爱梅.《马来西亚华人史:权威、社群与信仰[J]. 马来西亚人文与社会科学学报,2015,02:71.

宋燕鹏. 开辟早期马六甲华人史研究的新局面——《马六甲三宝山墓碑集录(1614—1820)》读后[J]. 马来西亚华人研究学刊,2013,16:183.

赵晔琴. 从边缘到主流:20 世纪 80 年代以来法国华人移民研究综述[J]. 法国研究,2014,02:24—30.

本刊资料室. 侨史并未随风而逝[J]. 八桂侨刊,2013,03:69.

王青荣. 浅析冷战以来越南华侨华人社会地位的演变[J]. 北方文学(下半月),2011,04:148—149.

刘敏. 20 世纪 30 年代海外华侨的家国认同建构:以《时事画报月刊》为例[J]. 编辑之友,2013,08:106—108.

袁艳. 融入与疏离:华侨华人在古巴(1847—1970)[D]. 南开大学,2012.

杨宏云. 二战后菲美关系的变化对华菲族际关系的影响[J]. 合肥工业大学学报(社会科学版),2011,01:62—68.

刘永连,刘奎. 试析女婢在华人与其他民族交往中的媒介作用——以吧城华人公馆《公案簿》资料为基础[J]. 东南亚研究,2013,01:86—91.

邵建平. 缅甸的外国移民:历史、现状及其影响[J]. 红河学院学报,2014,05:94—97.

崔承现,金惠连. "明代遗民":韩国华人历史探微[J]. 华侨华人历史研究,2012,01:54—64.

乔印伟. 中国大陆的马来西亚华侨华人研究——以 1982—2011 年间《华侨华人历史研究》刊发论文为基础的分析[J]. 华侨华人历史研究,2012,03:62—70.

邓达宏. 福建侨批多元文化价值探略[J]. 东南学术,2012,06:286—294.

邓达宏,李仲才. 福州侨批历史探究[J]. 福建论坛(人文社会科学版),2012,11:93—97.

王华. 华侨华人历史文献概述与搜集利用——以暨南大学图书馆为例[J]. 图书馆界,2011,02:50—52+58.

杨慧贤. 历史地理学视野下的华侨华人研究[J]. 长春理工大学学报,2011,07:100—101.

星空. "美国华裔研究的现状与前景"学术讲座综述[J]. 华侨华人历史研究,2011,03:73—74.

李章鹏. "从全球视角看华侨华人与侨务工作"学术讲座综述[J]. 华侨华人历史研究,2011,04:79—80.

梁茂华,项东. 不藉秋风声自远披肝沥胆为"侨学"——周南京教授学术成就述评[J]. 华侨华人历史研究,2011,04:70—74.

陈永升. "东南亚华人与祖籍国的关系"学术讲座综述[J]. 华侨华人历史研究,2011,04:75—76.

张静,黄清海. 从闽南侨批看近代中华文化的跨国传承[J]. 华侨大学学报(哲学社会科学版),2015,01:29—38.

颜敏. 启蒙话语的异域回旋——论司马文森、巴人的南洋叙事及其意义[J]. 暨南学报(哲学社会科学版),2015,06:9—16+161.

麦田. 美国华人教授王作跃、刘海铭应邀主讲中国侨联华侨华人研究系列讲座[J]. 华侨华人历史研究,2015,03:96.

密素敏. 立足侨乡放眼世界——"广东华侨与中外关系"国际学术研讨会综述[J]. 华侨华人历史研究,2013,04:73—74.

星空."从华侨、华人到马来亚人:梁宇皋认同转变的生命历程"讲座综述[J].华侨华人历史研究,2014,03:74.

赵红英.轨迹——读《历史的思考》有感[J].华侨华人历史研究,2015,04:90—93.

东南亚地区华侨华人历史

陈爱梅.被遗忘的工作女性——经济大萧条时期的马来亚客家琉琅女(1929—1933)[J].华侨华人历史研究,2015,02:56—66.

广府华侨文化肇庆篇课题组.略论广宁侨民在马来西亚的生根与镶嵌[J].东南亚纵横,2015,06:74—79.

广府华侨文化肇庆篇课题组.从全球视野角度分析近代广宁人移居马来西亚[J].东南亚纵横,2015,08:73—78.

陈巍.新加坡中华总商会与对日交涉"血债赔偿"[J].历史教学(下半月刊),2014,08:15—22.

胡亚丽.近代新加坡华人社会生活变迁——以1887—1932年《叻报》广告内容为中心[J].江西社会科学,2013,06:251—256.

汪鲸.早期新加坡华人族群的内部关系(1819—1912)[J].百色学院学报,2013,04:100—106.

李雯.身似断云零落——20世纪初期新加坡的妹仔[J].华侨华人历史研究,2011,01:47—55.

王再华.19世纪新加坡华人社会的帮权政治——以《新加坡华文碑铭集录》为中心[J].中国城市经济,2011,29:269—271.

王付兵.19世纪初至20世纪初新加坡华人的职业结构[J].南洋问题研究,2012,04:75—82.

本刊特稿.中国家族海外二百年:漳州薛氏[J].闽商文化研究,2013,02:25—35.

沈燕清.1851年新加坡华侨秘密会党反天主教暴乱浅析[J].八桂侨刊,2011,04:58—63.

李朋飞.殖民时期新加坡华人慈善事业探析[J].呼伦贝尔学院学报,2012,06:41—45.

赖晨.鲜为人知的南洋华侨义勇军[J].政协天地,2014,01:70—71.

钟日兴,宋少军.星华义勇军与新加坡保卫战[J].文史春秋,2014,09:27—31.

曾玲.一部研究东南亚华人的力作——读游俊豪《移民轨迹和离散叙述:新马华人族群的重层脉络》[J].华侨华人历史研究,2014,04:73—75.

曾玲.以数字实录华人社会的历史图像:华人社团账本与"二战"前东南亚华校研究[J].文史哲,2015,01:85—105.

白宁丽.论莱佛士在东南亚的殖民活动[J].安顺学院学报,2014,06:122—124.

王琛发.清末以来广西人开拓马来亚半岛的历史生态[J].八桂侨刊,2014,01:50—57.

陈元元.西治菲律宾时期对华侨六次屠杀原因探析[J].重庆科技学院学报(社会科学版),2013,06:171—173.

郑成林,贾俊英.20世纪早期菲律宾马尼拉中华商会与西文簿记案[J].华中师范大学学报(人文社会科学版),2015,04:112—121.

杨静林.上世纪40至60年代菲律宾共产主义运动与华人社会变迁[J].当代世界社会主义问题,2014,02:81—94.

姜兴山.试析菲律宾"甲必丹制"对华侨社会的影响[J].东南亚研究,2014,03:75—80.

黄素芳.吞武里王朝时期的泰国华人社会及其特点[J].广东工业大学学报(社会科学版),2012,06:72—76.

王琛发.清末以来广西人开拓马来亚半岛的历史生态[J].八桂侨刊,2014,01:50—57.

范锦荣.阿瑜陀耶王朝时期的华人政治活动研究(1350—1767)[J].统计与管理,2014,09:148—149.

段立生.泰国阿瑜陀耶时期的华人社会[J].八桂侨刊,2015,02:72—77.

高荣伟.下南洋:历史上持续时间最长的人口大迁徙[J].寻根,2014,04:139—142.

左荣全.略论越南亚朝贡体系——兼论与东亚朝贡体系之异同[J].南洋问题研究,2014,02:93—99.

范德伟.越南华侨与戊申云南河口起义[J].华侨华人历史研究,2011,03:23—31.

陈景熙.辛亥革命前后泰北华侨社会演变考——以南邦府为研究案例[J].华侨大学学报(哲学社会科学版),2012,01:31—37.

李轶.英印殖民时期的缅甸华人及其政治参与——从1923年仰光华社迎接英印总督访缅谈起[J].华侨华人历史研究,2015,02:46—55.

肖彩雅.19世纪初至20世纪初的仰光华侨社会[J].东南亚南亚研究,2011,02:67—72.

闫彩琴.17—18世纪越南海外贸易中的华商及其构成初探[J].八桂侨刊,2012,01:21—25.

高伟浓,莫光木.清代缅甸华侨商业网与"伊洛瓦底沿江市场体系"[J].东南亚纵横,2013,10:66—69.

马冠武.论华商在宋钱流入印尼古代诸国中的作用[J].广西金融研究,2004,S1:53—55.

夏雪.早期华侨华人共同体的生存与发展——以东南亚洪门为例[J].西部学刊,2013,10:63—65.

郭平.中国的东南亚华侨华人研究:历史、现状与前景——庄国土教授访谈录[J].东南亚南亚研究,2012,01:88—91.

张学军.美国解密档案DDRS与战后东南亚华侨华人研究[J].山西档案,2014,02:99—101.

黄昆章.抢救华侨华人资料任重道远——以印度尼西亚为例[J].八桂侨刊,2012,04:6—8.

连心豪.暹罗宋卡吴国主考略——一个显赫的海澄籍华侨家族[J].丝绸之路,2013,02:17—20.

夏玉清.1939年"南洋华侨机工"返国始末[J].南洋学报,2015,69:151—189.

吴龙云.度教之成—失业侨工与槟城平民工厂(1921—1923)[J].南洋学报,2012,66:103—119.

张德来.沙巴早期的客家移殖史,[J].马来西亚人文与社会科学学报,2014,01:01.

廖文辉.英殖民时期马新华商的社会服务和贡献[J].马来西亚人文与社会科学学报,2014,01:31.

白伟权、陈国川.认识早期华人社会面貌的视角——新山绵裕亭义山墓碑普查的研究[J].马来西亚人文与社会科学学报,2014,01:53.

郑名烈.扬美郑氏宗族南迁马来亚的原因和聚落形成之考证[J].马来西亚人文与社会科学学报,2012,01:18.

许振政.1958—1959年间印尼保守华人群体衰亡的背景和缘由[J].暨南学报(哲学社会科学版),2011,01:126—133.

亚洲其他国家(地区)华侨华人历史

张璐.清代旅朝华侨华人研究[D].山东大学,2012.

陈业诗.厘清海峡热点迷雾梳理朝韩古今侨史——北京大学华侨华人研究中心学术讲座纪要

[J].华侨华人历史研究,2011,03:76—77.

邢寒.掳日中国劳工殉难者遗骨送还问题研究[D].渤海大学,2013.

潘德昌.日本强掳中国劳工的铁证——《外务省调查报告书》[J].兰台世界,2015,31:64—67.

杨程屹.一战中国劳工被遗忘的"沉默工蚁"[J].工会博览(下旬版),2015,10:50—52.

欧洲华侨华人历史

林海曦,彭程.浅析欧战浙江青田华工群体[J].福建论坛(人文社会科学版),2015,12:101—106.

郑涛.一战期间的14万赴欧中国劳工[J].百姓生活,2011,02:55—56.

刘乾.俄罗斯对中国劳工爱恨交加[J].世界博览,2011,09:18.

徐国琦.英、法战场上的中国劳工[J].同舟共进,2014,08:13—16.

"一战"爆发100周年"一战"中的中国劳工[J].齐鲁周刊,2014,26:8—9.

美洲华侨华人历史

黄柏军.《委内瑞拉华侨史略》出版[J].海交史研究,2013,01:125—128.

荞芫.《委内瑞拉华侨史略》出版[J].华侨华人历史研究,2012,02:74.

杨发金.拉美华侨华人的历史变迁与现状初探[J].华侨华人历史研究,2015,04:37—46.

袁艳.融人与疏离:华侨华人在古巴(1847—1970)[D].南开大学,2012.

程晶.巴西华侨华人反"独"促统运动的发展历程与经验[J].拉丁美洲研究,2015,04:45—50.

袁艳.拓荒者:华人对墨西卡利早期开发的贡献[J].华侨华人历史研究,2011,01:56—63.

程珮.在历史中建构族性—比较视野下的加拿大新移民和华裔"先侨史"书写[D].暨南大学,2015.

秦祖明,梁继超.二战与美国华人社会变迁[J].兰台世界,2014,07:126—127.

王海龙.一个中国劳工与美国哥伦比亚大学东亚系[J].科学大观园,2014,03:66—68.

非洲、大洋洲华侨华人历史

谭志林.南非华人社会地位变迁[D].暨南大学,2015.

王士杰.南非"新侨民"发家史[J].中国中小企业,2011,02:74—76.

费晟.南太平洋岛国华人社会的发展:历史与现实的认知[J].太平洋学报,2014,11:55—62.

5.5.1 华侨华人与中国关系史

张光彩.缅甸华侨救护队回国抗日始末[J].党史文汇,2013,05:50—51.

陈永升."东南亚华人与祖籍国的关系"学术讲座综述[J].华侨华人历史研究,2011,04:75—76.

宋敏锋.东南亚华侨华人对中国软实力建构的作用——以"亲诚惠容"理念为视角[J].东南亚纵横,2014,06:72—76.

陈经纬.充分发挥港澳台和海外华侨华人在实施"一带一路"战略中的独特作用[J].四川统一战线,2014,11:4—5.

赵健.华侨华人:建设21世纪海上丝绸之路的独特力量[J].玉林师范学院学报,2015,03:

38—42.

杨敏.基于引力模型的华侨华人对中国出境入境旅游影响的研究[D].湖北大学,2014.

田野.马来西亚华侨华人与中国软实力的建构:路径、作用与对策[D].华侨大学,2015.

黄晓坚.海上丝绸之路与华侨华人——基于潮汕侨乡及海外潮人的历史考察[J].新视野,
　　2015,03:117—123.

梁志明.辛亥革命与东南亚:密切关系与巨大影响[J].东南亚南亚研究,2011,04:44—52.

刘世红.广东华侨华人与近代中国社会变迁[J].玉林师范学院学报,2013,06:25—29.

秦艳峰.延安时期东南亚华侨支援祖国的当代启示[J].党史文苑,2015,04:14—15.

陈琳.华侨华人支援抗战[J].今日中国,2015,09:28—30.

潘君.民族主义与海外华侨华人[D].华中师范大学,2011.

乔雪竹.中国双重国籍问题研究[D].中国社会科学院研究生院,2014.

江克飞.论民国时期缅甸华侨对云南社会发展的贡献[D].云南大学,2015.

张亮.华侨华人(华族)在中国软实力构建中的作用[D].外交学院,2015.

田华杰,邓雨晨.论华侨华人在中国与印尼经济、文化交流中的作用(1949至今)[J].淮北职业
　　技术学院学报,2014,06:110—112.

郑春玲,王晓欧,许赞."和谐与共赢:国家软实力及华侨华人的作用"国际学术研讨会综述[J].
　　八桂侨刊,2012,02:77—79.

陈奕平,宋敏锋.关于马来西亚华人与中国形象的问卷调查分析[J].东南亚研究,2014,04:
　　64—74.

海外侨胞来汉缅怀辛亥革命先驱[J].世纪行,2011,10:13.

付志刚.菲律宾华侨华人聚焦"美丽中国"[J].青海科技,2012,06:67.

杨静林.中菲关系的华人因素及菲华人社会的转型[J].暨南学报(哲学社会科学版),2014,05:
　　115—125.

张小欣,陈奕平."和谐与共赢:国家软实力及华侨华人的作用"国际学术研讨会综述[J].华侨
　　华人历史研究,2012,02:75—77.

黄晓坚.中泰民间关系的演进:以隆都镇为视域的研究[J].华侨大学学报(哲学社会科学版),
　　2013,03:23—34.

赖映虹.泰国华人身份属性及认同对中国软实力建构的启示[D].暨南大学,2012.

曾氏清香.越南华侨与辛亥革命研究[D].南京大学,2011.

杨超.老挝新华侨华人与中老友好交往[J].八桂侨刊,2011,02:60—64.

中国中医专家团在老挝开展义诊交流活动[J].中医药导报,2012,08:33.

何涵妃.华侨华人在中柬关系中的角色研究—1991年至今[D].广西民族大学,2015.

江克飞.论民国时期缅甸华侨对云南社会发展的贡献[D].云南大学,2015.

王国平,孔建勋.跨界视域下的范式构建——评刘宏教授的《跨界亚洲的理论与实践——中国
　　模式·华人网络·国际关系》[J].东南亚研究,2014,04:107—112.

常梦娜.论当代法国华人社会对中法文化交流的作用[D].外交学院,2012.

卢小花.日本华侨华人社会与中国公共外交[D].暨南大学,2013.

张月.日本华侨华人与中国对日公共外交[J].东南亚纵横,2012,07:61—66.

傅铁生.缅怀丰功伟绩完成未竟事业——在在日本举行的纪念辛亥革命一百周年座谈会上的
　　讲话[J].统一论坛,2011,06:5—6.

鞠玉华.论中日关系对在日华侨华人的影响[J].暨南学报(哲学社会科学版),2013,08:18—23.

鞠玉华.中日关系与在日华侨华人(2012—2014)[J].八桂侨刊,2015,01:3—9.

张玉龙,占善钦.华侨华人与"一国两制"理论的提出、实践和发展[J].当代中国史研究,2012,06:45—53.

潮龙起.澳门归侨与中国和平统一大业[J].东南亚研究,2012,03:70—77.

严格飞.大陆侨务立法及其对华侨华人投资影响研究[D].暨南大学,2011.

张秋生.关于加强华侨华人问题研究的新思考写在中国华侨历史学会成立30周年[J].东南亚之窗,2012,01:50—53.

林逢春,隆德新.中国国家海外利益与高端移民利益的异同点论析[J].攀登,2014,02:36—42.

宋燕鹏,潘碧华.20世纪30年代雪兰莪福建会馆对中国事务的关注[J].南洋学报,2014,68:135—152.

苏庆华.南洋"过番歌"的历史记忆和风土特色—以南洋与闽省侨乡流传的《过番歌》为探讨中心[J].南洋学报,2012,66:1—21.

梁立基.中国—东南亚国家关系的历史进程——从朝贡宗藩关系到战略伙伴关系[J].南洋学报,2013,67:89.

饶兆斌.孙中山、南洋与辛亥革命[J].马来西亚华人研究学刊,2013,16:175.

王志章,陈晓青.华侨华人与国家软实力建设研究——以美国硅谷为例[J].郑州航空工业管理学院学报,2011,06:102—112.

万晓宏.一部探讨华侨华人与中国软实力关系的力作——评陈奕平等《和谐与共赢:海外侨胞与中国软实力》[J].华侨华人历史研究,2013,02:71—72.

曾艳梅,李其荣,周柳丽.多维度探讨华侨华人与中外人文交流——第八届"海外人才与中国发展"国际学术研讨会述评[J].东南亚纵横,2013,06:78—79.

尤云弟.华侨支援:跨越边界的家国情[J].同舟共进,2015,09:25—28.

孙隽.美国华人高层次人才与中国的互动[D].暨南大学,2014.

李欢.浅析1970年以来加拿大华侨华人对中加关系的影响[D].暨南大学,2013.

刘小洁.浅析秘鲁华侨华人对中国与秘鲁关系的影响[D].外交学院,2015.

程晶.华侨华人与中国软实力在巴西的提升[J].湖北大学学报(哲学社会科学版),2012,06:105—109.

林明江.沧桑侨史与祖国情怀——访问莫桑比克侧记[J].海内与海外,2011,01:33—35.

任贵祥.华侨与辛亥革命百年研究述评[J].史学月刊,2012,03:5—14.

林仪.略论泉州族谱中泉籍华侨对祖国革命的积极参与[J].黑河学刊,2011,08:51.

抗战中的侨海赤子[J].中华儿女,2015,16:10.

刘小宁.海外华侨对抗战的贡献[J].钟山风雨,2013,06:48—50.

丁庆龙.辛亥枪声在南洋回响[J].华人世界,2011,03:40—43.

本刊编辑部.华侨抗战的四大贡献[J].海内与海外,2015,09:4.

杨会祥.以侨为桥建设21世纪海上丝绸之路的思考[J].南方论刊,2014,12:37—39.

5.5.2 中国留学生史

田美.批判实质主义:中国留学生跨文化经历的方法论研究[J].教育理论与实践,2011,03:15—17.

阎琨,David C Berliner.中国留学生在美国的师生互动压力:以美国某大学为例[J].复旦教育论坛,2011,01:77—82.

王电建.影响中国留学生在美大学校园文化学习适应的相关因素研究[J].兰州交通大学学报,2011,02:111—115.

韩亮.中国留学生在俄罗斯境内安全问题及对策研究[J].职业技术,2011,03:68—69.

周华.爱资哈尔大学的中国留学生[J].中国穆斯林,2011,03:43—45.

阎琨.中国留学生在美国状况探析:跨文化适应和挑战[J].清华大学教育研究,2011,02:100—109.

沈巧,施叶丽.不同时代的中国留学生文化休克现象成因分析——以英美中国留学生为例[J].科教导刊(中旬刊),2011,07:6—7+100.

党雪妮.中国留学生在泰国生活学习的基本礼仪与禁忌[J].科技信息,2011,21:597—598.

И.А.古丽施,刘昱洁.中国留学生《语言学导论》教学法探析[J].黑河学院学报,2011,02:46—50.

张昭军.孙中山"在东京中国留学生欢迎大会上的演说"的史实与文本[J].福建论坛(人文社会科学版),2011,08:98—103.

冯天瑜.法政大学中国留学生与《鄂州约法》的制订[J].江汉大学学报(人文科学版),2011,05:43—48.

在英中国留学生养宠物狗离奇骨折被法院判罚[J].中国工作犬业,2011,10:56—57.

Jiraporn Kingminghae,林易.中国留学生学业失败的性别差异及其原因分析——基于在泰中国留学生的调查数据[J].教育学术月刊,2011,12:22—26.

叶艳.中国留学生眼中的泰国大学教育——以易三仓大学教育学院为例[J].世界教育信息,2011,12:60—61.

美国华盛顿州社区大学低学费低门槛吸引中国留学生[J].世界教育信息,2011,04:6.

潘立春.从中国留学生在英国的学习表现看我国教育存在的问题及对策[J].中国教育技术装备,2011,33:166—168.

刘红.近代中国留学生教育翻泽研究(1895—1937)[D].华中师范大学,2014.

邵宝.清末留日学生与日本社会[D].苏州大学,2013.

李广超.近代中国留学生传播西学的方式[J].教育评论,2013,02:147—149.

沈诞琦.第一个中国人——一所美国大学的中国留学生史[J].书城,2013,04:59—70.

孟亚茹.美国大学的中国留学生助教课堂语用失误案例剖析[J].中南大学学报(社会科学版),2013,02:243—246.

张芬.改革30年来中国留学生归国政策分析[J].当代经济,2013,06:90—91.

肖琼,Ingemar Ottosson,Ingegerd Carlsson.留学瑞典的中国学生与瑞典大学生应激源及应对策略的跨文化比较[J].中国临床心理学杂志,2013,02:309—312.

茅家琦.周棉教授《中国留学生论》出版[J].江苏师范大学学报(哲学社会科学版),2013,

02:160.

吴原元.民国时期中国留学生对美国汉学的贡献述论[J].江苏师范大学学报（哲学社会科学版），2013,03:1—7.

东京美术学校中国留学生毕业自画像[J].美术研究，2013,02:38—40.

丁钢.20世纪上半叶哥伦比亚大学师范学院的中国留学生——一份博士名单的见证[J].高等教育研究，2013,05:83—87+94.

杜卫华.1898—1918年德国柏林大学中国留学生研究[J].江苏师范大学学报（哲学社会科学版），2013,04:1—5.

岳鹏，吴瑛.在澳中国留学生护理专业学习体验的质性研究[J].护理管理杂志，2013,04:245—247.

谢文帅.从"标签化"现象看媒体的新闻道德缺失——以两名中国留学生在洛杉矶被枪杀的新闻为例[J].清远职业技术学院学报，2013,04:110—112.

侯隽.一个中国留学生养活一个美国家庭[J].中国经济周刊，2013,24:66—68.

姚金安.在日中国留学生跨文化适应状况的考察[J].长沙铁道学院学报（社会科学版），2013,03:101—102.

张竟.回家—中国留学生归国当代适应调查[D].上海外国语大学，2013.

兴越.基于焦虑/不确定性管理理论的中国留学生跨文化传播研究[D].复旦大学，2012.

龚贺.二语环境中的留学生自主学习策略调查[D].东北师范大学，2012.

刘红，马萧.目的论视角下的近代中国留学生教育翻译研究(1895—1937)[J].理论月刊，2014,12:68—74.

谌佳.从跨文化交际看中国留学生的文化失语现象[J].怀化学院学报，2014,10:111—114.

中国留学生：印度与传闻不同素食丰富让人难忘[J].商业文化，2014,22:67.

刘晖，钟斌.让历史启迪启发高等教育学的想象力——以哥伦比亚大学的中国留学生为中心[J].高等教育研究，2014,09:84—91.

曾媛媛."中国留学生之父"容闳与不负众望的留美幼童[J].兰台世界，2014,34:114—115.

乌云其其格，袁江洋.获得美国科学与工程博士学位的中国留学生回流状况分析[J].全球科技经济瞭望，2014,12:38—46.

陈燕.既"来学"，则"往教"：美国教会接触和影响中国留学生的个案研究[J].华侨华人历史研究，2015,01:56—66.

逃离欧美的中国留学生[J].检察风云，2015,08:76—77.

谭岸青.西方语境·中国当代故事·跨文化解读——评《当代西方英语世界的中国留学生写作(1980—2010)》[J].暨南学报（哲学社会科学版），2015,05:155—160.

毛学勤.留德中国大学生的跨文化适应现状[J].世界教育信息，2015,07:56—59.

袁纪纲，尹海良.保加利亚中国留学生教育现状调查[J].世界教育信息，2015,09:61—65.

杨旭升，李敏华，曾琦，邓珩.中国留学生海外代购行为风险初探[J].特区经济，2015,06:149—150.

董庆文，陈迅.中国留美大学生学业和文化适应性问题研究——以美国加州太平洋大学为例[J].中国高教研究，2015,07:48—52+74.

李阳.谈影响中国留学生选择出游度假方式的因素[J].旅游纵览（下半月），2015,06:22.

冯兰."起承转合"思维模式对英国大学的中国留学生学术英语论文写作的影响[J].重庆与世

界(学术版),2015,07:114—118.

张乐金.1912—1949年曼彻斯特大学中国留学生与跨文化交流探析[J].江苏师范大学学报(哲学社会科学版),2015,04:6—19.

王凯,闫庆鹏,何江川,杨放,覃利.在泰中国留学生与泰国大学生心理结构特征分析[J].中国学校卫生,2015,08:1170—1172.

秦永章.发挥海外中国留学生群体在涉藏外宣工作中的作用[J].对外传播,2015,08:19—20.

朱润萍,赵晓泉.海外留学生爱国情怀的网络呈现——基于对澳大利亚中国留学生QQ群的内容分析[J].视听,2015,09:129—130.

杨旭升,李敏华,曾琦,邓珩.中国留学生海外代购现象的现状与启示[J].江苏商论,2015,08:8—11.

徐志民.敌国留学——抗战时期在日中国留学生的生活实态[J].近代史研究,2015,05:117—136.

康晓丽.略论美国华人专业人才的规模与分布——以中国留学生为例[J].江苏师范大学学报(哲学社会科学版),2015,05:7—14.

朱润萍.浅析海外留学生的"中国梦"——基于对墨尔本地区护理专业中国留学生的访谈[J].新闻传播,2015,19:27—28.

田丽娜,张宏莉.在俄中国留学生跨文化适应现状调查与分析[J].西伯利亚研究,2015,05:51—55.

胡雨雯.《留学生》杂志中的中国留学生媒介形象研究[D].湖南师范大学,2014.

蒋苇.中国留学生海外英语学习机会[D].华东师范大学,2013.

韩琳琳.中国留学生在法国高校学习适应情况研究[D].广东外语外贸大学,2013.

王婕霏.在国外的中国高校留学生的自我诠释对跨文化适应的影响[D].华东师范大学,2014.

彭琳茹.留英中国硕士生的英语学习动机研究[D].东北师范大学,2014.

刘锐.从文化智力与文化距离的角度分析中国留学生跨文化适应的对比研究[D].西南财经大学,2014.

马蕊.关于松本龟次郎和近代中国留学生日语教育的考察[D].东北师范大学,2014.

何先锋.中国留埃及学生历史与现状研究[D].浙江师范大学,2013.

聂莩辉.中国留学生回流的技术外溢效应研究[D].湖南科技大学,2014.

王一鸣.手机媒体发展与悉尼地区中国留学生社交生活研究[D].吉林大学,2015.

丁夏.中国留学生成人依恋、多元文化人格和跨文化适应关系研究[D].华东师范大学,2015.

杨密.实证分析在德中国留学生跨文化交际能力[D].华中科技大学,2012.

梁莉春.北美中国留学生学习压力及应对策略的研究[D].兰州大学,2013.

任雁."文化迁徙"背景下中国留学社交媒体使用的"两栖"性研究[D].山东大学,2015.

张奕婧.芬兰高等教育的职业导航特点及其启示——一个中国留学生对芬兰高等教育的体验与思考[J].中国林业教育,2012,01:75—78.

李芳.中国留学生教育服务贸易现状与对策[J].人力资源管理,2012,02:125—128.

贾勤,吴佳美.跨文化敏觉力与心理幸福感相关性初探——基于旅美中国留学生的调查[J].疯狂英语(教师版),2012,01:88—92+99+131.

王敏.关于日本法政大学清国留学生法政速成科与辛亥志士的考察[J].徐州师范大学学报(哲学社会科学版),2012,02:1—6.

邱超.组合干预法对泰国爱博大学中国留学生抑郁症状防治的效果——文化价值观的影响作用[J].中国伤残医学,2012,03:33—36.

韩京和,姚俊.英语学术论文写作教育的缺失——基于中国留学生批判性信息素质考察的研究[J].河北大学学报(哲学社会科学版),2012,02:133—138.

苏翊翔.我国海外留学生学习策略研究——以英国某大学 TESOL 专业中国留学生为例[J].北京第二外国语学院学报,2012,04:74—82.

许璟锋.被淡忘的西点军校中国留学生[J].文史春秋,2012,05:51—55.

付克翠,陈菊平,韦焕.北海道地区中国留学生体育运动习惯与身心健康状况调研[J].运动,2012,13:154—156+153.

金茗海,林易.家庭背景与在泰中国留学生的学业表现[J].广西民族大学学报(哲学社会科学版),2012,03:116—122.

张晶晶.一个中国留学生日记中的关东大地震[J].档案春秋,2012,07:24—28.

付克翠,陈菊平,韦焕.北海道地区中国留学生体育运动习惯与身心健康状况调研[J].体育科技,2012,02:143—147.

崔金海.在韩中国留学生学校生活适应研究[J].中国青年政治学院学报,2012,05:67—71.

严平.近代中国留学日本大学预科研究——以"五校特约"为中心[J].清史研究,2012,04:53—62.

古晋泽.中国留美学生的心理压力及其成因[J].晋城职业技术学院学报,2012,06:59—61.

王大青.在美中国留学生学术写作剽窃行为产生因素调查分析[J].沈阳农业大学学报(社会科学版),2012,03:353—356.

陈凤兰.中国留学生在南非的跨文化冲突与适应[J].合肥工业大学学报(社会科学版),2012,06:75—79.

移民紧缩政策影响显现中国留学生在英就业趋难[J].国际人才交流,2012,12:13.

宋爱芬,石川利江.在日中国留学生异文化适应中的应激与社会支持[J].广东第二师范学院学报,2012,06:44—49.

乔光辉.在韩中国留学生和韩国大学生休闲阻碍因素比较研究[J].学术探索,2012,11:55—57.

熊卫民,张志会.加州理工学院的中国留学生——郑哲敏院士访谈录[J].科学文化评论,2012,06:101—117.

李先知.试析中国留美高校学生的跨文化适应和对策[D].重庆大学,2011.

吕鑫.纽约大学中国留学生的文化认同研究[D].外交学院,2011.

张淑爱(TEOHSEOKAI).留学生跨文化效能的影响因素及其与生活满意度关系研究[D].浙江大学,2011.

吴佳美.跨文化敏觉力与心理幸福感相关性初探[D].湖北工业大学,2012.

元青.中国留学生对西方汉学的贡献——以 20 世纪上半期为中心的考察[J].天津师范大学学报(社会科学版),2014,03:7—12.

张凡迪.在美中国留学生社会支持状况调查[J].沈阳大学学报(社会科学版),2014,02:278—280+284.

黄敏.20 世纪中国留学生文学中的性爱观念考察[J].湘潭大学学报(哲学社会科学版),2014,03:117—120.

林晓雯,裴广红.1949 年前美国弗吉尼亚大学中国留学生情况考释[J].江苏师范大学学报(哲学社会科学版),2014,02:1—6.

梅良勇.中国留学教育的创新性成果——周棉的《中国留学生论》简述[J].海峡教育研究,2014,01:88.

雷宇.中国留学生在日本企业就职所面临的问题[J].四川职业技术学院学报,2014,02:105—107.

谭瑜.中国留学生自我概念与文化身份重构问题研究[J].当代教育与文化,2014,03:78—83.

孙璐.民国初年中国留学生群体考析——以 1912—1925 年留学生群体为对象[J].学术界,2014,03:195—205.

姬冰渐,徐莉.中国留美高层次人才回流不足问题探究[J].教育学术月刊,2014,07:56—61.

白冰.对在韩中国留学生的研究[J].商,2014,06:217+212.

曹玲.跨文化适应与挑战——澳大利亚职业教育与培训中的中国留学生[J].湖北经济学院学报(人文社会科学版),2014,06:154—156.

钱锋.1920—1940 年代美国建筑教育史概述——兼论其对中国留学生的影响[J].西部人居环境学刊,2014,01:6—11.

黄芳,夏鹏峥,王玉环.从中国留学生对荷兰教育文化的适应性调查谈我国跨文化外语教育[J].中国成人教育,2014,09:121—123.

郑萱,Norah FAHIM.美国大学教师对中国留学生英语学术作文纠错反馈的辩论(英文)[J].Chinese Journal of Applied Linguistics,2014,03:392—405+407.

王志亮.中国留学生在外国的罪与刑管窥[J].山东警察学院学报,2014,03:109—114.

自认海归没优势,加拿大中国留学生换学科求移民[J].国际人才交流,2014,08:10.

梁瀛尹.中国留学生在英国高校的跨文化求学体验[J].世界教育信息,2014,14:57—61.

庄若冰.浅议中国留学生海外跨文化适应状况[J].科学大众(科学教育),2014,09:149.

红帆,张丽花.京都府画学校与中国留学生[J].云南艺术学院学报,2014,03:81—84.

蒋国杰.近代安徽有影响的留学生群体构成分析——以入选《民国人物大辞典》和《中国留学生大辞典》的留学生为例[J].江苏师范大学学报(哲学社会科学版),2014,05:6—11.

朱美洁.跨文化语境下 20 世纪中国留学生文学形象研究[D].西南大学,2013.

王珅晨.中国留学生跨文化融合研究[D].广西大学,2013.

刘明超.推拉理论下的赴美中国留学生移动率研究[D].哈尔滨工业大学,2013.

吴紫娟.评估 EAPToolkit 软件对中国留学生的适用性[D].南昌航空大学,2013.

姜峰.社会文化视角下的语言学习策略实证研究——以德国某大学中国留学生为例[J].东北大学学报(社会科学版),2013,06:647—652.

王电建.中国留学生跨文化学业适应困难及应对策略研究[J].兰州交通大学学报,2013,05:147—150.

刘红.二十世纪上半期中国留学生教育翻译活动的反思与启示[J].教育研究与实验,2013,06:68—73.

耿剑,朱枭,胡志明.中国留学生勇救日本落水儿童[J].连环画报,2013,12:6—9.

张雷生.中国留学生的跨文化适应[J].神州学人,2014,01:14—17.

何龙.中国留学生"烧包"[J].杂文选刊(下半月版),2014,06:58.

王勇强.中国留学生在美超速被捕的无知与无助[J].现代青年(细节版),2014,03:37.

郭爽.中国留学生海外遭遇"成长烦恼"[J].健康,2014,07:74—75.

何龙.中国留学生"烧包"惊呆美国人[J].晚报文萃,2014,15:51.

林晓东.中国留学生在美国课堂里遇到的最大挑战[J].考试(理论实践),2014,06:8—10.

王丽婷.中国留学生婚恋观调查与社会学分析[J].文教资料,2014,14:140—141.

包蓓蓓.中国留学生背景如此高度相似,活得太严肃了吗?[J].祝你幸福(午后),2014,10:
47—48.

孙通.以色列:中国留学生的应许之地[J].留学,2014,12:30—33.

杨寿林.中国留学生创业的优势与挑战[J].成才与就业,2015,22:56—57.

张锦茹.中国留学生跨文化融合研究——以参加英国本科留学项目学生为例[J].才智,2015,
35:25.

杨奕捷,徐莹.中国留学生国际交流调查[C]//公共外交季刊,2015,04:102—106+129.

刘红,余文都.甲午战后中国留学生教育翻译活动兴起探因[J].教育研究与实验,2015,06:
72—77.

邢文良.草根的力量——记为中国留学生提供支援的日本加须市市民会议[J].神州学人,
2011,01:34—35.

李芮,高丽.数万中国留学生梦断英伦[J].人民文摘,2011,02:24—25.

金融危机使澳洲中国留学生"技工化"[J].教书育人,2011,09:25.

黄忠.大灾中的在日中国留学生[J].神州学人,2011,06:11—13.

周侃.中国留学生对于"协动学习"所持 Belief 的考察[J].时代教育(教育教学),2011,10:
138—141.

易齐涛,雷松林.韩国地方大学中国留学生教育现状分析[J].文教资料,2011,29:121—122.

杨帆.中国留学生之困[J].报林,2011,12:142—144.

杨奕捷,徐莹.中国留学生国际交流调查[C]//公共外交季刊2015年第4期冬季号,2015:6.

澳洲中学向中国留学生全面放开[J].留学,2014,01:13.

杨兴文.震撼美国的中国留学生[J].学习博览,2015,01:26—27.

杨军红.在美高校内中国留学生的学术适应困难及应对策略——以加州大学圣塔巴巴拉分校
的中国留学生为例[J].文教资料,2014,27:113—117.

董智.中国留学生跨文化沟通的影响因素分析[J].文教资料,2014,28:61—63.

沈淦.中国留学生在大阪博览会上的抗争[J].山西老年,2015,04:18—19.

林晓东.美国课堂:中国留学生遇到的最大挑战[J].云南教育(中学教师),2014,Z2:4—6.

陈晟.中国留学生成犯罪目标时有发生——"海外"治安到底有多糟?[J].新民周刊,2015,18:
50—51.

王毅.失落的留学梦——聚焦中国留学生退学[J].作文,2015,05:55—56.

何延萍.帮助中国留学生建立学术自信——哥大教育学院6学分研究生预科项目[J].留学,
2015,08:64—65.

鞠辉.两中国留学生在美遇害敲响留学生安全警钟[J].云南教育(视界综合版),2012,06:35.

中国留学生家长耶鲁大学开垦菜园获赞[J].课堂内外创新作文(高中版),2015,09:56.

彭爱芬,付香萍.从中国留学生英语写作中的语法错误角度分析大学英语语法教学的必要性
[J].考试周刊,2015,67:83+81.

王邦维.《大唐西域记》:历史、故事与传奇(十九)那烂陀与最早的中国留学生[J].文史知识,

2015,11:102—107.

覃巧云.启德教育首次发布《中国留学生跨文化适应调查报告》:人际交往是留学生在跨文化适应上的最大难关[J].留学,2015,20:14—15.

朱琳.巴黎恐袭产生蝴蝶效应:如何看待中国留学生在美抢购防弹衣[J].留学,2015,23:38—41.

华亭.中国留学生"占领"美国高校[J].世界博览,2012,03:74—75.

南皓天.浅析中国留学生跨文化交际障碍[J].神州,2012,09:17.

刘玲.中国留学生的自我挑战与自身发展——简评加拿大某高校中国留学生的学习适应过程[J].考试周刊,2012,31:20—21.

任莹.陌生化手法在《等待》中的体现及其对中国留学生海外写作的启示[J].青年文学家,2012,20:56.

中国留学生最爱扎堆十大国家[J].留学生,2015,17:28—29.

高思培.中国留学生对于德国文化的接受探究[J].商业故事,2015,13:130—131.庞泽欣.人际交往是中国留学生的难关[J].留学生,2015,29:22—23.

王震亚.中国留学生小说的回顾与前瞻[C]//这就是我们的文学生活——《当代文坛》三十年评论精选(上),2012:5.

李华民.拿绿卡难,在美中国留学生是否回国?[J].留学生,2013,12:9.

鲁晨成,杨扬.浅析中国留学生在国外留学就业时的文化休克现象[C]//中国武汉决策信息研究开发中心、决策与信息杂志社、北京大学经济管理学院."决策论坛——企业精细化管理与决策研究学术研讨会"论文集(上、下).中国武汉决策信息研究开发中心、决策与信息杂志社、北京大学经济管理学院,2015:1.

中国留日学生史

黄忠.大灾中的在日中国留学生[J].神州学人,2011,06:11—13.

徐志民.日本的中国留日学生政策(1937—1945)[J].历史研究,2013,03:71—84.

吕旸,姚远.《浙江潮》与其科学思想传播研究[J].西北大学学报(自然科学版),2013,06:1027—1032.

范方俊.中国现代戏剧的"舶来"路径及跨文化研究属性[J].艺术评论,2012,01:65—69.

李楠楠,王鹏飞.19世纪末20世纪初中国留日学生的译书活动及影响[J].科技信息,2012,04:165.

高放.中国人最早翻译的《共产党宣言》[J].四川统一战线,2012,04:18.

谢忠强.吴玉章留学日本期间革命活动考略[J].石河子大学学报(哲学社会科学版),2012,02:109—113.

徐志民.日本政府的庚款补给中国留日学生政策研究[J].抗日战争研究,2012,03:63—74.

孙璐.北京政府时期的留日学费借款[D].东北师范大学,2014.

赵瑞.日本第三高等学校中国留日学生之研究[D].浙江工商大学,2015.

陈声玥.1929年东京事件与中日交涉[J].民国档案,2014,01:119—124.

尹贞姬.论嘉纳治五郎对中国早期教育现代化的影响[J].延边大学学报(社会科学版),2014,05:112—118.

湛风.试谈《中国传统文化》(第三版)的文化观[J].华夏文化,2014,03:6—9.

石烈娟.近代中国留日学生对图书馆事业的影响述论——以考察20世纪初留日学生主要活动为中心[J].图书馆,2014,05:112—115.

余静.近代中国留日学生俄罗斯文学翻译简论[D].青海师范大学,2011.

杜敦科,岳珑.清末留日学生速成教育探析[J].福建论坛(人文社会科学版),2011,01:107—111.

咏梅,冯立昇.清末民初留日物理学生及其科学贡献[J].西北大学学报(自然科学版),2011,01:181—188.

魏浩浩.话剧回归[J].走向世界,2011,11:46—49.

刘德成,殷海芝.纪实作品《家在我心中》的美学阐释[J].新闻爱好者,2011,18:77—78.

刘功君.庚款补助留日学生述略[J].乐山师范学院学报,2011,08:73—77.

陈昌福.辛亥革命时期的中国留日学生[J].上海市社会主义学院学报,2011,04:9—17.

徐志民.九一八事变后日本政府对中华民国留日学生政策述论[J].抗日战争研究,2011,03:90—105.

毛俊哲.浅谈近代中国留日学生对辛亥革命的思想准备[J].四川统一战线,2011,10:10—11.

高立兴.清末时期的革命宣传:醒来,快快醒来![J].源流,2011,19:23—29.

谢忠强.1903年留日学生拒俄运动述略[J].兰台世界,2011,26:31—32.

刘凡夫.近代文化转型期的中日词汇交流[J].日本研究,2011,03:124—128.

谢忠强.1902年中国留日学生成城入学风波述略[J].西北工业大学学报(社会科学版),2011,03:56—59.

徐志民.九一八事变后日本政府对中国留日学生监控政策述略[J].抗战史料研究,2012,01:48—56.

小谷一郎,王建华.关于东京"左联"重建后中国留日学生的文学·艺术活动[J].上海鲁迅研究,2012,01:71—82.

小谷一郎,王建华.关于东京"左联"重建后中国留日学生出版的诸多杂志(九)——《小译丛》之二[J].上海鲁迅研究,2011,04:194—197.

小谷一郎,王建华.关于东京"左联"重建后中国留日学生出版的诸多杂志(十)——《剧场艺术》(一)[J].上海鲁迅研究,2011,04:198—201.

小谷一郎,王建华.关于东京"左联"重建后中国留日学生的文学艺术活动[J].上海鲁迅研究,2011,02:104—116.

小谷一郎,王建华.关于东京"左联"重建后中国留日学生的文学、艺术活动(续)[J].上海鲁迅研究,2011,03:206—225.

小谷一郎,王建华.关于黄新波的几张照片——1930年代后期中国留日学生的文学、艺术活动断章(一)[J].上海鲁迅研究,2014,03:143—148.

小谷一郎,王建华.关于黄新波的几张照片——30年代后期中国留日学生的文学、艺术活动断章(二)[J].上海鲁迅研究,2014,04:144—157.

小谷一郎,王建华.关于黄新波的几张照片——1930年代后期中国留日学生的文学、艺术活动断章(三)[J].上海鲁迅研究,2015,01:166—183.

小谷一郎,王建华.20世纪30年代后期中国留日学生的文学、艺术活动[J].上海鲁迅研究,2015,03:101—111.

周孜正.论中国留日学生在日的爱国反抗活动——以1937—1945年为考察时期[J].社科纵

横,2013,03:113—115.

汤逸佩.略论海派话剧的市场意识[J].艺术评论,2013,08:42—46.

巴志鹏.十月革命前马克思学说传入中国之途径考略[J].传承,2013,10:26—29.

马晶莹.浅析辛亥革命前中国留日学生活动[J].丝绸之路,2011,08:22—23.

刘娟娟,易萱,谢荣."创党一代"海外取经记[J].报刊荟萃,2011,10:33—36.

王琰,朱橙丽,余县华."中国式母爱"到底出了什么问题[J].北方人(悦读),2011,09:27—28.

日本何以成为辛亥革命大本营[J].民间传奇故事(A卷),2011,12:37.

葛文峰.清末留日学生的报刊编译与救国探索——以《译书汇编》与《游学译编》为中心[J].邢台学院学报,2015,01:107—108

周蕾.自费途径对近代中国留日学生群体特征的影响[J].亚太教育,2015,06:284—285.

周华斌.一部早期话剧史的重要文献《新剧史》(校勘本)序言[J].上海戏剧,2015(08).

高超.二十世纪二三十年代的留日学生鸟瞰[J].黑河学刊,2015,09:49—50.

徐志民.敌国留学——抗战时期在日中国留学生的生活实态[J].近代史研究,2015,05:117—136.

袁恺泽.清末河南留日学生与《中国新女界杂志》[D].郑州大学,2013.

王姝.留日学生对南京国民政府时期兵器工业发展的贡献及其影响[D].国防科学技术大学,2012.

王佳蕊.中国近代美术教育的开端[D].湖南师范大学,2014.

李凝.对清末日语教材《汉译学校会话篇》的考察[J].考试周刊,2013,93:10—11

王书亭.《初到东京》:棋盘上的人生[J].大众电影,2012,09:5.

中国留欧学生史

麦田."留学生在海外华人社区建设中的作用:基于英国诺丁汉华人社会的调查"讲座综述[J].华侨华人历史研究,2014,03:78—79.

陈雪芬.中国留英学生学术文化休克问题分析[J].教育评论,2014,10:79—81.

丁凤.教学环境下学习自主性发展空间的拓展——以中国留英学生为例[J].广东外语外贸大学学报,2012,06:95—99.

元青,潘崇.中国文化走出去的一段经历——以20世纪上半期中国留英学生为中心的考察[J].社会科学战线,2013,04:75—82.

薛惠娟.国际教育和职业发展之关系研究——以中国留英学生为例[J].教育学术月刊,2011,03:27—31.

英国启动实习生项目,为中国留英学生创造工作机会[J].留学,2014,05:13.

留学英国优劣势面面观[J].留学生,2013,04:27.

邓芸.中法信任文化的差异及其对跨文化交际的影响——中国留法学生情况分析[J].深圳职业技术学院学报,2012,04:34—38.

孟省.中国留德学生对社会主义核心价值观认同度研究[D].大理学院,2013.

李团结.中国留德学生与军事近代化[D].安徽师范大学,2015.

元青,王晓霞.20世纪二三十年代留德生与中国文化对德传播[J].天津师范大学学报(社会科学版),2013,02:25—30.

肖玉秋.19世纪末20世纪初的中国留俄学生[J].世界近现代史研究,2014,00:218—230.

元青,尹广明.留学俄国与中国文化的在俄传播——以20世纪上半叶为中心的研究[J].长白学刊,2014,03:119—124.

刘振宇.20世纪20年代留苏热潮的产物:留俄同学会[J].徐州师范大学学报(哲学社会科学版),2011,06:7—12.

汪嘉波,安娜."我他妈的得拼命赚钱啊!"——留俄学生异国打工心酸史[J].留学,2014,09:59—63.

中国留美学生史

王伟杰.中国留美学生月报[D].华东师范大学,2012.

陈钰.中国留美学生适应性问题浅论[J].云梦学刊,2011,04:110—112.

周伟.浅议庚款留美生的影响——以康奈尔大学留学生为例[J].长春工业大学学报(高教研究版),2011,02:101—103.

周棉.中国留美学生与国立西南联合大学[J].清华大学教育研究,2011,03:112—119.

赵晓阳.北美基督教中国学生会及其与中共的关系[J].近代史研究,2011,06:147—151.

程宏宇,Heidi Ardrade.思维风格对中美大学生课堂学习行为的影响研究[J].心理科学,2011,03:647—651.

林晓雯.1902—1928中国留美学生学位论文选题分析[J].江苏社会科学,2013,03:212—218.

吴原元.民国时期中国留学生对美国汉学的贡献述论[J].江苏师范大学学报(哲学社会科学版),2013,03:1—7.

杨影.中国留美学生留学情况调查与分析[J].经济研究导刊,2013,16:236—237.

袁泉,赵一君.对跨文化适应U型模式的新解——基于两名中国留美学生的个案研究[J].海外英语,2013,12:275—277.

王秋菊.走向多元化的当代中国留美学生——留美学生的新特点与新问题[J].江苏师范大学学报(哲学社会科学版),2013,04:6—16.

刘玉山.试论20世纪70年代海外保钓人士对两岸关系的贡献[J].台湾研究集刊,2013,05:78—85.

王莉.中国低龄留学生跨文化适应调查研究[D].安徽大学,2013.

任大伟.二十世纪初期中国留美学生研究[D].黑龙江大学,2014.

刘玉山.中国留美学生保钓统一运动几个问题再探讨[J].华侨华人历史研究,2012,01:36—46.

阿门.中国的脑力流失[J].宁波广播电视大学学报,2012,01:129.

黑幕下的美国:耶鲁偏心中国留学"官二代"[J].中关村,2012,05:108.

元青,马良玉.20世纪上半期留美学生与中国文化的对外传播[J].南开学报(哲学社会科学版),2012,04:100—111.

王媛.中国留美学生留学准备情况与文化适应性分析[J].安徽文学(下半月),2012,07:148—150.

刘玉山.试论1970年代中国留美学生的保钓运动[J].中共贵州省委党校学报,2012,04:109—114.

古晋泽.中国留美学生的心理压力及其成因[J].晋城职业技术学院学报,2012,06:59—61.

刘玉山.二十世纪七十年代中国留美学生保钓运动研究[J].八桂侨刊,2012,03:45—50.

刘松.晚清中国留美学生的构成及社会影响研究(1872—1911)[D].暨南大学,2011.

何洪禄.中国留美学生与音乐期刊、音乐社团——20世纪上半叶的"新音乐"文化建设[J].音乐传播,2014,02:41—52.

王德禄.寻找爱因斯坦给中国留美学生的回信[J].中国科技史杂志,2014,03:357—359

张帅.海外"保钓运动"缘起研究[J].当代中国史研究,2014,02:31—37.

秦悦.美国国际教育协会发布最新门户开放报告[J].世界教育信息,2014,23:78—79.

孙霞,陈国恩.20世纪80年代中国留美学生文学中的"美国形象"[J].武汉大学学报(人文科学版),2015,03:88—92.

张剑.落脚于"科学救国"的《科学》"一战"专号[J].科学,2015,02:2—5.

刘义杰."留学生凌虐同学案"给谁提了醒?[J].IT时代周刊,2015,07:60—61.

元青.民国时期留美生中国问题研究缘起——以博士论文选题为中心的考察[J].南开学报(哲学社会科学版),2015,05:96—105.

刘玉山.再论1970年代"保钓统一运动"中留学生编印的刊物[J].攀枝花学院学报,2015,04:41—47.

康晓丽.略论美国华人专业人才的规模与分布——以中国留学生为例[J].江苏师范大学学报(哲学社会科学版),2015,05:7—14.

新宝贝计划——新一代中国留美学生观察[J].中国青年,2013,04:42—43.

王楠,董德.为什么留美名校学生"无故"被开除?——学术表现差、学术不诚实、行为失当、违反法律,每年超8000中国留美学生被开除[J].留学,2015,11:28—35.

王楠.独家对话:学生被开除都是追名校惹得祸,家长常不知情[J].留学,2015,11:36—38.

刘秀英.千余名中国留美学生被开除[J].少年儿童研究,2015,08:59.

樊静,时畅,董德.海归创业:"大叔"与"小鲜肉"的博弈[J].留学,2015,16:22—23.

王楠.去年约8000名中国留美学生被开除[J].中学生阅读(初中版),2015,16:39.

程宏,姚蜀平,王作跃,刘志光.1949年前后留美学生组织及其期刊[J].神州学人,2015,11:36—43.

追梦音乐,笃定执着——中国留美学生赵朗的好莱坞梦旅[J].音乐大观,2014,01:8.

薛涌.留学就是风投[J].新民周刊,2014,37:24.

马想斌.中国留美学生高退学率是真的吗?[J].留学,2014,22:20—21.

紫西.奢侈品牌锁定中国留美学生市场[N].中国贸易报,2015—12—24.

卢晓东.中国留美学生数增加?[J].科学新闻,2012,03:17.

李先知.试析中国留美高校学生的跨文化适应和对策[D].重庆大学,2011.

彭子.我还年轻,渴望上路——80后夫妇的美国新长征[J].英语沙龙(实战版),2011,08:4—7.

新一代留美中国学生[J].课堂内外(高中版),2013,03:9.

5.5.3　中国侨务政策史

李志学."一战"期间北洋政府之侨务政策及保侨措施[J].学习与探索,2012,11:151—156.

文林.新中国首次大规模海外撤侨始末[J].档案春秋,2012,05:17—21.

黄文波.浅析战后初期广西地区遣送越法冲突难侨的工作[J].八桂侨刊,2012,01:59—61.

姜帆.多层外交与救护侨胞——国民政府对战后缅甸归侨遣返危机的处置[J].华侨华人历史研究,2015,03:27—38.

周明畅.《出使四国日记》与晚清侨务研究[J].华中人文论丛,2013,03:121—123.

张硕,凌文斌.海纳百川修志有为——福建省方志委收集史志文献团北美行见闻[J].福建史志,2015,01:7—10.

谢涛.抗战时期周恩来与海外统战工作[J].上海党史与党建,2015,12:16—19.

肖仁龙.战后广东省政府对侨资垦殖的恢复与发展[J].兰台世界,2011,09:30—31.

肖仁龙.抗战时期广东侨资垦殖与粤北山区的开发研究[J].安徽农业科学,2012,08:5091—5093.